조 바이든, 지켜야 할 약속

조 바이든,
지켜야 할 약속

나의 삶, 신념, 정치

조
바이든 지음 — 양진성 · 박진서 옮김

김영사

조 바이든, 지켜야 할 약속

1판 1쇄 발행 2020. 10. 19.
1판 2쇄 발행 2020. 11. 26.

지은이 조 바이든
옮긴이 양진성, 박진서

발행인 고세규
편집 박보람 디자인 조명이 마케팅 이헌영 홍보 이한솔
발행처 김영사
등록 1979년 5월 17일(제406-2003-036호)
주소 경기도 파주시 문발로 197(문발동) 우편번호 10881
전화 마케팅부 031)955-3100, 편집부 031)955-3200 | 팩스 031)955-3111

값은 뒤표지에 있습니다.
ISBN 978-89-349-8664-5 03340

홈페이지 www.gimmyoung.com   블로그 blog.naver.com/gybook
페이스북 facebook.com/gybooks   이메일 bestbook@gimmyoung.com

좋은 독자가 좋은 책을 만듭니다.
김영사는 독자 여러분의 의견에 항상 귀 기울이고 있습니다.

이 도서의 국립중앙도서관 출판예정도서목록(CIP)은 서지정보유통지원시스템 홈페이지 (http://seoji.nl.go.kr)와
국가자료종합목록 구축시스템(http://kolis-net.nl.go.kr)에서 이용하실 수 있습니다.(CIP제어번호 : CIP2020040812)

약속을 줄곧 지켜오신

아버지와 어머니에게

숲은 사랑스럽고 어둡고 깊다.

하지만 내겐 지켜야 할 약속이 있다,

그리고 잠들기 전에 가야 할 길,

그리고 잠들기 전에 가야 할 길이 있다.

_로버트 프로스트

차
례

일러두기

• 이 책은 Biden, Joe, *Promises to Keep: On Life and Politics*(New York: Random House, 2007)의 한국어판이다.

• 이 책의 맞춤법과 외래어 표기는 국립국어원의 어문 규정과 외래어표기법을 따랐다.

• 작품명을 표기할 때, 단행본은 겹화살괄호(《》), 신문·잡지 등 연속간행물과 보고서· 영화·연극·방송 프로그램은 홑화살괄호(〈〉)로 표기했다.

아래 본문:

정치학의 제1원칙, 그 기본 원칙을 나는 열두어 살 무렵인 1950년대에 할아버지의 식탁에서 배웠다. 우리 가족은 그 무렵 델라웨어로 이사했는데, 부모님은 대부분 금요일 밤이 되면 나와 여동생 발레리, 남동생 지미, 막내 프랭키를 차에 태우고 펜실베이니아주 스크랜턴까지 차를 몰고 가서 피네건 외할아버지네 집에서 주말을 보내곤 했다. 그래서 토요일에는 옛 동네 친구들과 야구, 농구, 경찰과 도둑 놀이 등을 하며 놀았다. 우리는 놀이 도중 그린리지 코너스로 내려가 핸디 댄디에서 캡건 모자를 구경하거나, 팝시즈 혹은 심미즈에서 1페니짜리 사탕을 사 먹곤 했다. 심미즈는 조지프 월시 가게 앞 보험 대리점 바로 옆에 있어 우리는 창문에 붙은 십자가를 지나쳐 갔다. 상점들에 십자가가 걸려 있는 모습을 늘 봐와서 이상할 게 전혀 없었다. 그린리지의 상점에서 쇼핑을 하는 사람들은 대개 우리와 같은 아일랜드 가톨릭 신자였다. 우리는 그 점에 대해 딱히 생각해본 적이 없다. 이웃 아이들도 대부분 가톨릭 신자인 것 같았고, 우리는 모두 우리가 받는 기대에 대해 알고 있었다. 토요일에 심미즈로 가는 길에 수녀님을 만나면, 우리는 모자를 벗고 "안녕하십니까, 수녀님" 하고 인사하고 수녀님을 위해 문을 잡아주었다. 동네에는 항상 신부님들이 계셨고, 존경받았다. 할아버지는 돈을 더 달라고 요구하던 본 주교님에 대해 불평할지도 모르지만 그린리지에서는 신부님을 무시하고 그냥 지나치는 사람이 아무도 없었다. "안녕하세요, 신부님."

그린리지에는 50년 전, 최초의 전동차 노선이 생겨나면서 동네에 사업장이 빼곡하게 많이 들어섰다. 아일랜드 사람들은 신선한 공기와 푸른 잔디밭이 좋아 가족을 데리고 그곳으로 이사 왔다. 심지어 어머니가 어릴 때 드나들던 가게도 아직 몇 곳 남아 있었다.

찰리 로스, 래리 오어, 토미 벨과 심미즈에서 푼돈을 다 쓰고 나면 우리는 루지 극장으로 가 12센트에 두 편을 동시 상영하는 영화를 보곤 했다. 보통 서부극과 타잔이 한 묶음이었다.

영화를 보고 난 후 시간이 남으면 톰슨 마켓에 들를 때도 있었다. 톰슨 마켓에는 살아 있는 원숭이가 있어서 사탕 살 돈이 없어도 충분히 구경할 만했다. 우리는 에블린과 이폴 상점 앞에서도 홈메이드 사탕과 아이스크림 냄새가 풍겨오기를 기다리며 죽치고 앉아 있었다. 그러나 해가 지기 시작하면 나는 찰리, 래리, 토미와 함께 이스트 마켓 스트리트를 따라 래커워너강으로 내려가 집으로 돌아갔다. 자라다 만 2.5미터짜리 작달막한 나무들이 우리가 지나는 쪽 강변에 늘어서 있어서 우리는 나뭇가지에 앉아 그네를 타며 방금 타잔 영화에서 본 장면을 따라 했다. 더 큰 모험은 40센티미터 파이프 위를 뛰어가며 강을 건너는 것이었다. 그러지 말아야 한다는 것은 우리도 잘 알고 있었다. 래키는 1950년대 당시 불결한 하수처리장이었다. 부모님은 항상 그곳에 가까이 가지 말라고 경고했다. 하지만 떨어지지만 않는다면 누가 알겠는가?

파이프 위를 달리는 일이 그렇게 죽을죄는 아니지 않은가?

강에서 놀고 나면 대개 저녁 식사 시간이었기 때문에 우리는 서둘러 집으로 돌아가곤 했다. 리치몬트 거리 뒤편 골목길에는 1층짜리 차고가 늘어서 있었다. 토미와 나는 차고 지붕 위를 여기저기 뛰어다녔다. "땅은 늪이야. 만지는 사람은 죽는 거야. 악어한테 잡아먹혀!" 찰리와 래리는 보통 악어들에게서 살아남았다. 가끔 리치몬트 거리 주민이 뒤 창문을 열고 "이 녀석들, 차고 위에서 내려와!"라고 호통을 치곤 했다. 어쨌든 찰리, 래리, 토미와 나는 토요일 저녁이면 거의 어두워져서야 집으로 돌아갔다.

일요일은 달랐다. 그날은 가족을 위한 날이었다. 일요일은 미사를 드리는 것으로 시작되었다. 성당에 가는 것은 선택 사항이 아니었다. 피네건 가족 전체가 함께 차를 타고 세인트폴 성당으로 갔다. 교회는 늘 집의 연장 같은 느낌이었다. 나는 볼티모어 교리문답을 내 방식대로 풀어냈다. 누가 우리를 만들었나? … 신은 누구인가? … 성령은 무엇인가? … 하나님이 선하시다는 건 무슨 뜻인가? 그리고 그에 대한 답변은 다음과 같았다. 여호와의 말씀은 옳고, 그분의 모든 일은 충실하게 이루어진다. 여호와는 자비와 심판을 사랑하며, 이 땅은 주님의 자비로 가득차 있다. 나는 교리문답 전체를 암송할 수 있었다. 주기도문과 사도신경도 외웠다. 첫 고해성사를 했고, 피네건 외할아버지는 묵주 기도 드리는 법을 가르쳐주셨다. 그리고 매일 밤 내가 굿나잇 키스를 하러 가면 할아버지는 늘 이렇게 말씀하셨다. "성모송 세 번을 바치는 것은 순결을 공경하기 위한 거야, 조이." 오랜 시간이 흐른 뒤에야 나는 할아버지가 정절에 대해 이야기한 것임을 깨달았다. 처음에 나는 할아버지가 사유의 순결함, 즉 우리가 세인트폴 성당에서 들은 강론과 관련된 사상을 이야기하는 것이라고 생각했다. 그건 선한 것이라기보다는 선을 행하는 일에 관련된 것이었다.

미사가 끝나면 피네건 가족과 친구들은 전동차 종점에 있는 노스 워싱턴가 2446번지에 있는 할아버지 집에 모였다. 저녁 식사는 이미 준비되어 오븐에서 데워지고 있어서 여자들은 식탁에 앉아 여유롭게 레이스 식탁보를 만지며 차를 마셨다.

그동안 할아버지와 동네 친구들, 〈스크랜턴 트리뷴〉의 친구들, 잭 삼촌과 부-부 삼촌은 부엌 식탁에 자리 잡고 앉았다. 그들은 오후 내내 가볍게 스포츠와 정치 이야기를 나눴다. 이 남자들은 교육을 많이 받았고, 정보에 밝으며, 취미도 다양했고, 토론을 좋아했다. 그들은 지역 정치, 주 정치, 세계 사건, 트루먼 대 맥아더, 트루먼 대 철강 회사를 놓고 토론을 벌였다. 그들은 트루먼이 민주당원이자 노동자, 또는 노동자의 아들이었지만 그가 영스타운 철강을 인수하려 할 때 너무 지나쳤다는 점을 인정했다. 아마도 대법원이 철강업체의 손을 들어준 게 옳았을 것이다. 대통령은 독재자가 아니라 대통령이다. 한 명의 미국인이다. 하지만 적어도 그는 거기에 대해 솔직하게 이야기했다. 그들이 해리 트루먼을 좋아한 것은 바로 그 점 때문이었다. 술책은 쓰지 않았다. 그는 자신이 어디에 서 있는지 알고 있었고, 그 말을 하는 것을 두려워하지 않았다. 할아버지 식탁에 둘러앉은 사람들은 민주당의 새 지도자 아들라이 스티븐슨을 믿지 않았다. 그들은 스티븐슨이 좀 부드러운 사람일 거라고 생각했다. 그들은 아이젠하워의 말을 믿으려고 했다. 어쨌거나 그는 전쟁 영웅이었으니까. 토론에 그다지 참여하지 않던 아버지는 아이젠하워를 신뢰했다. 그는 서부 동맹국들의 경쟁적인 국가 특권을 조율하고 프랭클린 루스벨트, 윈스턴 처칠, 샤를 드골, 몽고메리 육군 원수, 패튼 장군 등 대단한 자아를 지닌 인물들과 협상하며 전쟁에서 승리할 수 있었기 때문이다. 그러나 피네건가 사람들은 아이젠하워의 정책에 대해 논쟁하고 싶어 했다.

나는 할아버지의 주방에서 벌어지는 논쟁의 열기에 매료되었다. 논쟁에서 한 자리를 차지하기에는 너무 어렸지만, 그곳에 있던 남자들은 내가 가끔 토론에 귀를 기울이며 곁에 앉아 있어도 개의치 않았다. 스크랜턴이나 래커워너 카운티에서 일어나는 일 등 지역 정치 문제로 화제가 바뀌었을 때도 열기는 사그라들지 않았고, 그들은 나를 쫓아내지 않았다. 어느 일요일, 내가 기억하는 바로는 패트릭이라는 지역 정치가에 대한 이야기로 화제가 넘어간 적이 있었다. 그는 말주변이 좋은 아일랜드 출신 사업가로 교구의 친구, 노동자의 친구, 이웃 사람들의 친구, 가족의 친구였다. 어쩌면 너무 좋은 친구라고 할 수 있었다. 내 생각엔 패트릭의 정치적 성향은 심지어 사람들이 그를 후원하던 시절에도 지역 신문의 관심을 자주 끌었던 것 같다. 일부 젊은 남자들은 이제 패트릭은 길을 비켜주고 스크랜턴 민주당이 좀 더 현대적으로 바뀌어야 할 때라고 생각했다. 나는 할아버지의 친구들이 계속 패트릭을 공격할 때에도 할아버지는 그를 옹호한다는 것을 알아차렸다. 잠시 후 할아버지는 그를 옹호하던 것을 멈추고 일요일 토론에서 한 번도 해본 적 없는 일을 했다. 할아버지는 내게 고개를 돌리고 이렇게 말했다.

"조이, 할아버지가 왜 패트릭을 좋아하는지 궁금하겠구나."

"아니, 아니에요. 할아버지. 그렇지 않아요."

"너는 스크랜턴 씨를 좋아하지?"

내가 뭐라고 말해야 했을까? 내가 할아버지의 식탁에서 거짓말을 한 건 아니었다. 나에게 윌리엄 스크랜턴은 정직한 시민의 전형이었다. 그는 아버지가 존경하는 유형의 사람이었다. 그는 마을 설립자의 후손이었고 나의 영웅인 삼촌처럼 전쟁 때 비행사로 활약했다. 교육도 잘 받은 시민 지도자였다.

"으음, 네. 맞아요, 할아버지. 그 사람이 좋아요."

"조이, 패트릭과 윌리엄 스크랜턴의 차이점을 말해줄게. 내가 패트릭에게 부탁하면 패트릭은 승낙할 수도 있고 거절할 수도 있지. 그는 나를 보며 이렇게 말할지 몰라. '미안해, 앰브로즈. 난 네 심장을 도려내고 말 거야.' 그건 내가 감당할 수 있어. 패트릭은 무슨 말이든 내 얼굴에 대고 말할 거야. 내가 그 사람 말에 동의하지 않을 수도 있지만, 그 사람은 내 면전에 대고 이야기할 만큼 충분히 나를 생각하는 거야."

할아버지가 가까이 오라고 해서 옆으로 자리를 옮기자 할아버지는 내 허리에 팔을 두르고 나를 더 가까이 끌어당겼다. "스크랜턴 씨 가족이 사는 곳 알지, 조이?" 나는 스크랜턴 가족이 사는 집을 머릿속에 그릴 수 있었다. 커다란 저택일 것이다. 할아버지가 말했다. "지금 내가 당장 전화를 걸어 '스크랜턴 씨, 〈트리뷴〉의 앰브로즈 피네건입니다. 문제가 좀 있어요. 지금 좀 만나러 가도 될까요?' 하고 말한다면 그는 이렇게 대답할 거야. '물론이죠. 어서 와요, 앰브로즈.' 그것도 최대한 예의 바르게 말하겠지. 큰 계단을 걸어 올라가 문을 두드리면 그의 수족인 지브스가 문을 열 거야. 그가 안으로 들어오라고 하겠지. 내 코트를 가져갈 테고. 날 서재로 데려가 셰리주를 대접하겠지." 나는 셰리주가 뭔지 몰랐고, 할아버지도 말을 멈추고 그게 뭔지 설명해주진 않았지만 구하기 힘든 좋은 물건처럼 들렸다. "그다음에 스크랜턴 씨가 들어와서 말할 거야. '앰브로즈, 뭘 도와줄까요?' 그럼 나는 내 문제를 털어놓겠지. 그리고 그는 기꺼이 도와주겠다고 할 테고."

그러고 나서 할아버지가 손을 뻗어 내 등을 때렸다. 할아버지가 너무 세게 때려서 깜짝 놀랐다. 나는 할아버지가 화를 낼지도 모른다고 생각했다. 내가 할아버지를 실망시킨 모양이라고 생각했다. 얼굴이 화끈거리는 게 느껴졌다. 하지만 할아버지는 이야기를 이어갔다. "그는 이렇게 말할 거야. '앰브로즈, 기꺼이 도와줄게요.'"

"조이, 나는 외투를 받고 문밖으로 나와 처음 발을 내디딜 때에야 등줄기에서 따뜻한 피가 흘러내리는 걸 느낄 거야."

삼촌 한 분이 말했다. "조이, 우리 아일랜드 사람들이 그걸 뭐라고 부르는지 알지? 그런 걸 '상류층의 뒤통수치기 수법'이라고 하지."

할아버지는 삼촌은 바라보지도 않은 채 나를 빤히 응시하며 말했다. "조이, 이걸 기억해. 스크랜턴 씨 같은 남자들은 그들이 길거리에서 우리에게 할 만한 짓을 컨트리클럽 친구들에게는 절대 하지 않을 거야. 그들은 정치가들이 자기들보다 밑에 있다고 생각하지. 정치는 오직 폴란드인과 아일랜드인, 이탈리아인과 유대인을 위한 것이라고 생각하니까. 그러니 뭘 하든 그냥 내버려두는 거야."

나는 할아버지가 스크랜턴 엘리트들에게 불만이 많은 민주당원이라는 사실은 알고 있었지만, 스크랜턴 씨를 노골적으로 무시하는 게 지혜로운 행동이라고는 생각하지 않았다. 아버지는 어떤 사람이 부자라는 사실을 나무랄 수 없다고 늘 말해왔다. 하지만 나는 할아버지가 수업 시간에 배우는 것보다 좀 더 근본적인 내용을 가르치려 한다는 걸 알았다.

할아버지가 내게 가르치려고 한 건 크게 두 가지였다. 첫째, 그 누구도, 어떤 집단도 다른 사람 혹은 집단보다 우위에 있지 않다. 공무원들은 자신이 해야 하는 말이 마음에 들든 그렇지 않든 모든 사람에게 솔직하게 말해야 한다. 둘째, 정치는 개인의 명예에 관한 문제다. 말은 그 말을 한 사람에게는 속박과 같다. 약속을 하면 지켜야 한다.

나는 정치가 어때야 하는지, 어떤 방향으로 나아가야 하는지에 대해 일종의 이상적인 생각을 가지고 있었다. 나는 정치를 올바로 하기만 한다면 실제로 사람들의 삶을 더 좋게 만들 수 있다고 믿는다. 그리고 그 게임에 참여하려면 통합이라는 최소 비용이 필요하다. 정치에 발을 디딘 지 거의 40년이 지난 지금도 나는 정치와 공직의 가능성에 사로잡혀 있다. 사실 나는 할아버지가 그랬던 것처럼 내가 선택한 이 직업이 고귀한 소명이라고 믿는다.

나는 어릴 때부터 내가 되고 싶은 사람의 모습을 머릿속에 그려왔다. 그 그림은 어머니, 아버지와 내가 다녔던 가톨릭 학교의 가르침과 제2차 세계대전에서 격추된 조종사 보시 삼촌의 이야기, 내 미래의 가능성에 대한 믿음으로 채워졌다. 청소년기와 대학 시절에는 마틴 루서 킹 주니어와 존 F. 케네디, 로버트 케네디 등의 인물들이 나라를 바꾸고 있었다. 나는 그들의 웅변과 확신, 실현되기 어렵지만 순수한 꿈의 스케일에 매료되었다. 나도 그 변화의 일부가 되고 싶었다. 그 방법은 알지 못했고 계획도 없었지만 나는 내가 원하는 것을 알고 있었다. 그러다 보니 젊은 나이에 놀라운 정치적 기회가 열렸다. 그때 나는 뒤로 빼지 않고 그 기회를 좇았다. 그 기회를 이용하기 위해 내가 해야 할 일, 내가 어떻게 해야 하는지에 대한 그림을 이미 그리고 있었기 때문이다.

내가 킹 박사나 케네디 대통령에게 영감을 받아 정치에 입문하게 된 것은 사실이지만 초창기 나의 연설을 돌아보면 그 이상의 것이 담겨 있음을 알 수 있다. 미국의 복지는 지휘하는 리더에 따라 달라진다는 할아버지의 간단하고 직설적인 믿음에 기반한 것이었다. 나는 1972년 상원 의원직 출마를 발표하며 군중 앞에서 이렇게 말했다. "사람들은 누구를 믿어야 할지 모릅니다. 그리고 무엇보다 정치인을 믿는 것을 두려워합니다."

우리는 일어나 국민에게 자신의 생각을 정확하게 말할 공직자가 필요합니다. 최근 몇 년간 우리가 겪은 실패는 국민이 그들 앞에 놓인 도전에 부응하지 못했기 때문이 아니었습니다. 다수당이 도전 과제를 정직하고 용기 있게 국민 앞에 드러내지 못하고 정말 해야 할 일을 국민의 의지에 맡기지 못해서 겪은 실패였습니다. 우리 모두는 알고 있습니다. 우리는 국민이 분열되어 있다는 말을 끊임없이 듣습니다. 그리고 그 말이 어느 정도 진실임을 알고 있습니다. 우리는 서로의 의견 차이가 심화되는 것을 그냥 내버려두곤 했습니다. 우리는 너무나 자주 야망에 찬 사람들이 자신의 정치적 이익을 위해 이 차이를 이용하도록 내버려두었습니다. 그 차이를 넘어 우리를 이끌려고 하는 사람이 아무도 없을 때 우리는 너무 자주 후퇴해왔습니다. 하지만 그 차이는 우리의 공통 가치를 결코 이길 수 없습니다. 저는 상원의원 선거에 출마합니다. 이제 다시 체제를 정상화하고 싶기 때문입니다. 그리고 저는 미국인 모두 진정으로 그것을 원한다고 확신합니다.

1972년에 나는 그 사실을 믿었고 지금도 여전히 믿고 있다. 미국 개척자들은 흔치 않은 천재로 이루어진 정치체제의 틀을 만들었고, 미국인들은 그 체제를 이용해 여러 세대에 걸쳐 더 공정하고, 더 정의롭고, 더 관대하고, 개인의 권리를 더 잘 지키는 미국을 만들어왔다. 미국은 세계에서 가장 훌륭하고 공정한 통치 체제를 갖추고 있다. 그 체제에는 본질적으로 잘못된 것이 없다. 그 체제를 작동시키는 일은 우리 각자에게 달려 있다.

그 목적을 위해 봉사하는 것은 나의 특권이었다. 나는 반평생 넘게 델라웨어에서 상원의원으로 일해왔다. 그리고 거의 35년이 지난 지금, 나는 평생 해온 것보다 더 큰 열정을 가지고 내 일에 전념하고 있다. 사람들은 개탄을 금치 못하는 미국의 정치 상태, 한탄스러운 당파 분열, 유감스러울 정도로 조악한 담론에 대해 언제든 읽거나 들을 수 있다. 나는 그 사실을 부정하지는 않는다. 하지만 현장에 가면 돌이킬 수 없거나 치명적이라고까지 느껴지지는 않는다. 우리는 언제나 더 잘할 수 있다. 나는 그렇다고 믿는다. 그런 믿음이 없었다면 지금까지 정치에 몸담고 있지도 않았을 것이다. 사실 나는 지금 내 정치 여정 중 그 어느 때보다도 더 큰 기회를 감지한다. 어쩌면 그렇게 오랜 세월이 흐른 후에 사람들이 실제로 내 말을 듣게 되었기 때문일지도 모른다.

역사상 나보다 오래 상원에서 근무한 의원은 그리 많지 않다. 1972년 처음 상원의원에 당선되었을 때 나는 스물아홉 살이었는데 선서를 할 수 있는 나이도 아니었다. 그때도 상원에는 거인들이 버티고 있었다. 그들은 오늘날 봉사하는 의원들보다 낫지도 나쁘지도 않았겠지만 딕시크랫(Dixiecrats, 미국 남부 민주당 탈당파–옮긴이)에서 진보주의자에 이르기까지 너무나 잘 알려진 사람들이었다. 제임스 O. 이스틀랜드, 샘 어빙, 존 스테니스, 배리 골드워터, 워런 매그너슨, 스튜어트 시밍턴, 제이컵 재비츠, 헨리 '스쿠프' 잭슨, 에이브러햄 리비코프, 필립 하트. 그들 중 최고였던 마이크 맨스필드나 휴버트 험프리 같은 이들을 미국인들은 존경받아 마땅한 인물이라고 여겼다. 상원에 처음 들어갔을 때 그곳은 내겐 성지처럼 느껴졌고, 이후로도 그런 느낌은 사라지지 않았다.

35년이 지난 지금도 유니언역에서 나와 국회의사당의 돔을 볼 때면 전율이 느껴진다.

나는 바닥부터 시작했고, 연공서열로는 꼴찌였다. 사무실이 너무 작아 누군가 출입문을 열고 들어올 때는 직원들이 일어나서 옆으로 비켜서 있어야 했다. 그 당시 나는 6개월 이상 의원 활동을 할 생각이 없었다. 그러나 여러 차례 법사위원회와 외교위원회 위원장으로 활동하며 오랫동안 상원의원 생활을 지속해왔다. 여섯 번의 임기 동안 상황이 좋아질 때도 있었고 나빠질 때도 있었다. 나는 남부의 마지막 인종차별주의자들과 함께 일하기도 했고, 캐럴 모즐리 브론과 버락 오바마가 선서하는 모습을 지켜보기도 했다. 1973년에는 상원에 여성 의원이 단 한 명도 없었다. 오늘날에는 16명의 여성 상원의원이 있고 그중 한 명은 대통령직에 도전했다. 위원회실, 회의실, 휴대품 보관실, 그리고 상원에서 상식이 쇠퇴하고 타인의 눈을 통해 세상을 보려고 하지 않는 동료들이 늘어나는 모습을 목격했다. 선거운동과 정치 활동 모두에서 당파주의가 만연하고 돈의 힘이 커지는 모습도 보았다. 하지만 수많은 작은 친절과 개인적, 정치적으로 여러 용기 있는 행위도 목격했다.

상원에서는 봉사하는 남녀 의원들에게 최선을 다할 것을 요구하는 규칙과 전통이 있다. 내 첫 임기 초, 법원에서 리처드 닉슨 대통령에게 워터게이트 테이프를 넘기라고 명령했을 때 정부는 헌정 위기에 직면한 것처럼 보였다. 대통령은 존 스테니스 상원의원에게 자신을 위해 뒤치다꺼리를 해줄 것을 요청했고, 테이프를 듣고 동료들을 위해 요약해달라고 요구했지만 상원 전체에 공개하지는 말라고 했다. 스테니스는 항의했다. 그는 집행부의 간섭을 받고 싶지 않았다. 테이프 내용은 모두가 들을 수 있어야 했다. 존 스테니스는 헌법을 수호하기 위해 원칙에 따라 행동했다. 나는 그가 그날 민주당 전당대회에서 한 말을 기억한다. "나의 의무가 무엇인지 오랫동안, 그리고 열심히 생각해왔다. 나는 내가 어떤 명예로운 일을 해야 할지 결정했다. 그리고 나는 상원의원으로서 행동하기로 했다. 나는 대통령의 사람이 아니다. 그러므로 나는 테이프를 듣지 않을 것이다. 나는 상원의 의원이다." 나도 내가 상원의원이라고 말하는 것이 자랑스럽다. 상원의원이라는 직업은 나의 강점과 깊은 신념에도 부합한다.

나는 델라웨어 시민을 위해 일하지만 헌법과 국가를 위해서도 일한다. 조지 워싱턴은 상원을 '쿨링' 조직이라 불렀고, 이는 순간의 정치적 편의성을 넘어서 운영되는 조직으로 여긴다는 의미였다. 미국의 건국 문서는 상원의원에게 국내와 국제 문제에 장기적인 견해를 갖고, 모든 문제에 집단적인 그리고 개별적인 지혜와 지성을 쏟고, 다수의 파괴적인 격정에서 소수를 보호하며, 주어진 권력의 한계를 넘어서는 대통령이 있다면 계속 주시할 것을 요구한다. 상원은 이 독립적이고 온건한 역할을 수행하기 위해 조직되었으며, 이는 특정 시기와 시대의 당파 분쟁을 초월한 엄숙한 의무와 책임이다.

나는 미국 상원의원으로서 베트남전쟁, 워터게이트, 이란 인질 사태, 보크 판사 임명 청문회, 베를린장벽 붕괴, 독일 통일, 소련 해체, 9·11 테러, 두 번의 이라크 전쟁, 대통령 탄핵, 대통령 사임, 대법원에서 결정한 대통령 선거 등 역사적 순간을 지켜보았고 일부에서는 작은 역할을 담당하기도 했다. 나는 세계 전역의 전쟁 지역을 찾아갔으며 대량 학살을 가까이에서 목격했다. 나는 코시긴, 카다피, 헬무트 슈미트, 사다트, 무바라크, 밀로셰비치 등과 대면해 이야기를 나누었다. 닉슨, 포드,

카터, 레이건, 클린턴, 두 부시 대통령이 대통령직에서 분투하는 모습을 지켜보았다. 나는 대통령 선거를 위해 나만의 경주를 벌였고 만신창이가 되었다가 추스르고 일어나야 했다. 그러고 나서 뇌동맥류로 죽을 뻔한 경험도 했다. 그 후로 건강을 회복하고, 명성과 상원에서의 커리어를 새롭게 쌓아야 했다. 이후 몇 년 동안은 가장 보람 있는 시간이었다. 발칸반도에서 일어난 대량 학살을 종식시키고 여성폭력방지법 입법화의 발판을 다진 일은 공직 생활에서 가장 자랑스러운 순간이었다. 내가 다른 어떤 것도(그리고 그 이상의 것을) 성취하지 못했다 해도, 나의 오랜 경력에서 모든 어려움과 의심의 순간을 보상받을 수 있는 것은 그 두 가지 노력 덕분이다.

나는 지난 몇 년 동안 나 자신에 대해서도 많이 배웠지만, 그보다는 미국 국민들에 관련해 훨씬 더 중요한 교훈, 즉 특별한 자부심을 배웠다고 생각한다. 1972년 첫 상원의원 선거에서 승리한 직후, 나는 미국 국민에 대해 대단한 믿음을 가지고 있다고 말하곤 했는데 그것은 진심이었다. 그 이야기는 연설에서만 한 것은 아니었고 아내와 나눈 베개 토크기도 했다. 나는 1972년에 우리가 뛴 선거 레이스가 매우 자랑스러웠다. 정직하고 솔직하고 깨끗했기 때문이다. 정말로 나는 할아버지의 가르침에 부응했다고 믿었다. 나의 상원의원 선거 캠페인은 정치적 청렴성을 유지했고, 나는 우리가 그 노력을 충분히 입증했다고 느꼈다. 나는 아내 닐리아와 함께 커다란 새집에서 이야기를 나누곤 했다. "그래, 닐리아. 정말이야. 나는 미국 국민을 대단히 신뢰해." 닐리아는 언제나 나보다 더 현실적이었다. "조이, 당신이 졌어도 그런 기분이 들었을까?"

솔직히 고백하자면 나는 미국인들의 판단과 지혜를 절대적으로 신뢰하지는 않는다. 우리는 모두 인간이기 때문에 잘못된 길로 들어설 수 있다. 시민들과 눈높이를 맞추지 못하는 지도자가 올바른 판단을 할 거라고 기대할 수는 없다. 하지만 나는 미국인들의 심장만큼은 절대적으로 신뢰한다. 투지, 결심, 용기, 기본적인 품위, 그리고 시민들의 변치 않는 자부심이 이 나라의 가장 큰 자원이다. 나는 수천 명의 평범한 미국인은 부담을 지고 살아가고 있으며 많은 이들이 그 때문에 쓰러지기도 한다는 것을 안다. 하지만 어떻게든 살아가려고 매일 아침 일어나 한 발 한 발 내디딘다. 사람들은 대부분 특혜나 연민을 요구하지도 않지만 더 좋은 운을 타고난 사람들은 그렇지 못한 이들의 부담을 기꺼이 덜어주려고 나서기도 한다. 나는 동료들의 너그러움과 결단력, 능력에 대해 확신을 갖고 있다. 나는 그런 모습을 몇 번이나 목격했지만 확신을 가진 건 2001년 9월 11일 세계무역센터와 펜타곤 테러가 있은 후 몇 시간 만에 벌어진 극적 상황 때문이었다.

내가 윌밍턴에서 워싱턴으로 열차를 타고 가던 도중 비행기들이 부딪혔고, 그날 아침 유니언역으로 나왔을 때 포토맥 건너편 펜타곤에서 연기가 피어올랐다. 비현실적인 정적이 흐르던 아침이었다. 산들바람도 거의 없었다. 매우 조용했고, 국회의사당 돔을 향해 걸어가는 내 숨소리가 들렸다. 얼굴에 내리쬐는 따스한 햇살과 비행기로 손상되지 않은 코발트빛 도는 푸른 하늘이 눈을 찔렀다. 그러나 정적 속에서 워싱턴은 극심한 공포로 가득했다. 사람들은 국회의사당 건물에서 모두 대피한 뒤였다. 상원의원과 하원의원, 모든 직원이 국회의사당과 유니언역 사이 공원에 흩어져 있었다. 몇몇은 휴대폰으로 통화를 하고 있었다. 일부는 벌써 레이건의 스타워즈 미사일 방어 시스템에 자금을 지원해야 할 필요성에 대해 논쟁을 벌였다. 국회의사당 경찰은 누구든 건물 안에 다시 들어가는 것을 허락하지 않았다. 경찰은 상원 사무실 뒤편의 4층 건물

꼭대기 층에 사령부에서 선출한 관리들을 모아놓고 브리핑을 했다. 의원들 대부분은 아래층에서 진을 치고 있었다. 그래서 나는 층을 왔다 갔다 하면서 다시 회의장으로 돌아가 국민들에게 우리가 여전히 활동하는 모습을 보여주어야 한다고 의원들을 설득하려 애썼다. 하지만 아무도 움직이지 않았다. 양당 대표는 워싱턴을 떠날 준비를 하라는 말까지 들었다. 나와 마찬가지로 의원들에게 회기 복귀를 재촉하던 밥 브래디 하원의원은 결국 진저리를 치며 포기했다. 그는 자신의 고향 필라델피아에서 할 수 있는 일이 있을지 모른다고 생각했고, 가는 길에 나를 윌밍턴까지 데려다주겠다고 제안했다. 나가는 길에 브래디와 나는 건물 밖에 수많은 기자가 진 치고 있어 또 한 번 당황했다. 그들은 당연히 무슨 일이 일어나고 있는지 알고 싶어 했다. ABC 기자가 물었다. "바이든 상원의원님, 의원님 몇 분과 얘기를 나누었는데 우리가 지금 전쟁 중이라고 하더군요. 정보위원회 고위 위원인 셸비 상원의원은 실질적인 전시 상황이라는 겁니다. 전시체제를 갖춰야 한다고요. 그리고 척 헤이글 상원의원은 국경 지대를 단속하고 공항을 폐쇄하며 공공 기관을 보호할 방법을 다시 모색해야 한다고 말했습니다. 여기에 대해 어떻게 생각하시나요?"

나는 그녀의 말에 귀 기울이고 있는 청중에게 말했다. "그 말이 사실이 아니기를 바랍니다."

저는 다른 방식으로 말하고 싶습니다. 우리는 현실과 맞닥뜨린 겁니다. 우리는 그 현실이 존재하며 실현될 수 있는 일임을 알고 있었습니다. 그 현실은 여러 나라에서 다양하게 일어났습니다. 하지만 그 현실에 대응하기 위해 시민의 자유를 해치고 기능하는 방식을 바꾼다면 우리는 정말로 전쟁에서 패배한 것입니다. 전쟁에 대처한다고 해서 시민의 자유와 권리, 자유롭게 걷고 움직일 권리를 근본적으로 해쳐서는 안 됩니다. 국가의 성격을 바꾸지 않고서도 이런 일이 다시 발생할 가능성을 현저히 줄이기 위해 할 수 있는 일은 많습니다. 이 나라는 매우 크고 강하고 단단히 결속되어 있습니다. 우리의 응집력과 가치관이 지닌 힘은 어마어마해서 우리를 갈라놓게 놔두지 않을 것입니다. 그러니 그런 일은 일어나지 않을 것입니다. 그런 일은 없을 것입니다.

그때까지 상하원 지도부는 웨스트버지니아의 안전지대로 가기 위해 헬리콥터에 탑승하기로 되어 있었다. 부통령은 비밀리에 재빨리 은신처로 자리를 옮겼고 대통령은 에어포스원을 타고 안전지대에서 비행하고 있었다. 그는 워싱턴으로 돌아오는 것이 너무 위험하다고 믿었다.

우리가 윌밍턴으로 가고 있을 때 쌍둥이 빌딩이 무너졌다. 뉴욕의 사망자는 5000~7000명 혹은 그 이상으로 추정되었다. 그러나 집으로 돌아와 TV를 켰을 때, 나는 미국의 심장이 여전히 강하게 고동치고 있음을 확인했다. 의사와 간호사는 부상자를 치료할 준비를 하고 뉴욕의 병원에서 대기하고 있었다. 수혈할 혈액이 충분하다는 말이 전해졌음에도 헌혈하려고 기다리는 뉴요커들이 거리마다 줄을 이었다. 나는 그들의 얼굴에서 그들이 무언가 하기를, 무슨 일이라도 하기를 갈망한다는 걸 읽을 수 있었다. 아무도 전시체제나 보복을 이야기하지 않았다. 그들은 그저 자신의 역할을 하고 싶어 했다. 워싱턴에 있는 지도자들이 침묵만 지키는 순간에도 미국인들이 난국에 대처할 수 있다는 사실을 상기시킨 날이었다. 헌혈하려고 기다리고 있는 사람들을 보면서 나는 이 나라가 바닥을 딛고 일어나 새로운 도전에 정면으로 맞서고, 그 후에는 더 강해질 것이라고 확신했다.

내게는 이것이 인생의 첫 번째 원리, 근본 원리, 그리고 어떤 현인에게서도 배울 수 없는 교훈이었다. 일어나라! 쓰러진 뒤에는 그저 일어나는 것이 최선의 처세술이다. 이는 내가 본보기로 가르치며 실천을 통해 배우는 교훈이다. 나는 델라웨어주 윌밍턴 교외에 있는 별 특징 없는 이층집에서 자라며 매일 그 교훈을 얻었다. 아버지 조지프 로비넷 바이든 시니어는 과묵한 분이었다. 나는 아버지를 보며 직접 배웠다. 아버지는 젊었을 때 크게 무너지면서 재기 불능 상태에 처했다. 하지만 그는 결코 노력을 멈추지 않았다. 매일 아침 집에서 가장 먼저 일어나 수염을 말끔히 깎고, 단정하게 옷을 입고, 커피를 마시며, 좋아하지 않는 직업이지만 자동차 대리점에 갈 준비를 했다. 남동생 지미는 거의 매일 아침 부엌에서 아버지의 노랫소리를 들을 수 있었다고 했다. 아버지는 기품 있는 사람이었다. 그는 결코 포기하지 않고 불평하지 않았다. "조이, 세상이 우리 삶을 책임져주지 않아"라고 말하곤 했지만 원한 같은 건 품지 않았다. 아버지는 자기 연민에 빠지지 않았다. 아버지는 어떤 사람이 몇 번 쓰러졌는지가 아니라 얼마나 빨리 일어났는지를 보고 그 사람을 판단했다.

일어나! 아버지의 그 말은 내 인생에 메아리쳤다. 세상이 무너졌다고? 그럼 아버지는 이렇게 말했을 것이다. 일어나! 침대에 누워 자책만 하고 있을 거야? 일어나! 미식축구 경기장에서 엉덩방아를 찧었다고? 일어나! 안 좋은 성적을 받았다고? 일어나! 여자 친구 부모님이 가톨릭 신자와 사귀는 걸 반대하신다고? 일어나!

그 말은 사소한 일뿐 아니라 큰일을 겪을 때에도 들려왔다. 내 목소리밖에 들을 수 없을 때조차 들려왔다. 수술 후 "상원의원님, 말하는 능력을 잃을 수도 있습니다"라는 말을 들었다고? 일어나! 신문에서 '바이든은 표절자'라고 했다고? 일어나! "아내분과 따님이…. 죄송합니다. 살릴 방법이 없었습니다." 일어나! 로스쿨에서 낙제했다고? 일어나! 아이들이 말더듬이라고 놀려댄다고? 부-부-부-부-바이든이라고 했다고? 일어나!

1장

임페디멘타

조 임페디멘타. 고등학교 첫 학기에는 하루에 2시간씩 라틴어 수업이 있었다. 조 임페디멘타는 우리 반 친구들이 붙여준 별명이었다. 우리가 라틴어 시간에 처음 배운 긴 단어였다. 임페디멘타, 발달을 방해하는 응어리. 그래서 나는 조 임페디멘타로 불렸다. 혹은 대시(Dash). 많은 사람은 내가 미식축구를 잘해서 대시라고 불린다고 생각했다. 나는 빨랐고, 내 몫의 터치다운을 했다. 하지만 남학생만 있는 가톨릭 학교 아이들은 그렇게 멋있어 보이는 별명을 지어주지 않았다. 아이들이 나를 대시라는 별명으로 부른 이유는 내가 필드에서 할 수 있는 일 때문이 아니라 교실에서 제대로 하지 못하는 일을 놀리기 위해서였다. 나는 모스부호처럼 말했다. 닷-닷-닷-닷-대-대-대-대-대시. "너-너-너-너-희들 그-그-그-그-그만해!"

내 장애물은 말을 더듬는 것이었다. 그렇게 심각했던 건 아니었다. 동생들과 집에서 이야기하거나, 이웃 친구들과 어울리거나, 야구장에서 수다 떨 때는 괜찮았지만 새로운 상황에 처하거나 새 학교에서 수업 시간에 책을 읽거나 여자아이에게 데이트 신청을 하고 싶을 때는 여지없이 말을 더듬었다. 고등학교 1학년 때는 말더듬증 때문에 나만 공개 발표에서 제외되었다. 다른 아이들은 모두 조회 시간에 일어나 학생 250명 앞에서 발표를 해야 했다. 나만 예외였다. 그리고 모두 그 사실을 알고 있었다. 아이들은 각자 다른 걱정거리가 있어 내 문제에 그다지 신경 쓰지 않았을 테지만 나는 생각이 많았다. 그건 '바보'라고 적힌 모자를 쓰고 구석에 서 있는 것과 마찬가지였다. 다른 아이들은 멍청이 보듯 나를 쳐다봤고 비웃었다. 나도 다른 사람들과 똑같다는 사실을 증명하고 싶었다. 지금도 나는 그 두려움과 수치심, 절대적 분노를 그날처럼 생생하게 기억한다. 말더듬증이 세상의 종말인 것처럼, 나의 장애물처럼 생각될 때가 있었다. 말더듬이가 내 묘비명이 될까 봐 걱정스러웠다. 그리고 어떻게 하면 이겨낼지 매일같이 고민했다.

우습게 들릴지 모르지만 말더듬증을 이겨낼 수 있다 하더라도 그 암울했던 말더듬이 시절에서 완전히 벗어나고 싶지는 않았다. 그 장애물은 결국 내게는 신의 선물이었다. 그 장애를 짊어짐으로써 나는 더욱 강해졌고, 내가 바라던 더 나은 사람이 되었다고 믿는다. 그리고 이 장애물을 통해 배운 것은 내가 선택한 직업뿐 아니라 삶 전체에도 소중한 교훈이 되었다.

펜실베이니아 스크랜턴에서 초등학교에 다닐 때 나는 내 말더듬증에 대해 궁금해했다. 유치원에 다닐 때 부모님이 매리우드 대학의 언어병리학자에게 데려갔지만 별 도움이 안 돼 몇 번밖에 가지 않았다. 사실 나는 말더듬증 때문에 정말 중요한 일을 망치도록 놔두지 않았다. 나는 학년에 비해 어렸고 늘 나이에 비해 작았지만 배짱이 두둑하다는 것을 보여주며 그 부분을 만회했다. 나는 불타는 쓰레기 더미 꼭대기에 대담하게 올라가고 공사장 위에서 그네를 탔으며, 이삿짐 트럭 밑에서 달리기 경주를 하기도 했다. 그런 행동을 하는 나를 상상할 수 있다면 실제로도 분명히 해내리라는 걸 알았다. 할 수 없을 거라는 생각은 들지 않았다. 언어 소통 능력에 대한 자신감은 부족했지만 운동 능력만큼은 항상 자신 있었다. 말하기는 부자연스러웠지만 스포츠는 내게 무척 자연스러웠다. 스포츠는 내가 인정받을 수 있는 티켓임이 분명했다. 경기할 때 나는 쭈뼛거리지 않았고 심지어 말을 더듬을 때에도 "공 나한테 패스해" 하고 말했다.

누가 마지막 슛을 쏠 것인가? "공 패스해." 지금 당장 터치다운을 해야 한다. "공 패스해." 나는 여덟 살이었고, 필드에서 체구가 가장 작았지만 공을 갖고 싶었다. 그리고 그들은 내게 공을 주었다.

열 살 때, 우리 집은 내가 잘 알던 스크랜턴에서 델라웨어주 윌밍턴으로 이사했다. 아버지는 스크랜턴에서 좋은 직업을 찾는 데 애를 먹었고 프랭크 삼촌은 윌밍턴에 일자리가 있다고 거듭 말했다. 아버지와 삼촌은 학창 시절 대부분을 윌밍턴에서 보냈기 때문에 아버지에게는 고향으로 돌아가는 것과 마찬가지였다. 하지만 나머지 식구들은 고향을 떠나는 듯한 기분이었다. 그래도 스크랜턴에서 태어나고 자란 어머니는 아버지처럼 생각하기로 했다. 어머니는 다른 생각은 일절 하지 않았다. '이건 멋진 기회야. 우리는 새 출발을 할 거야. 우리는 새 친구를 사귈 테고 완전히 새로운 동네, 새로운 집으로 이사 가는 거야. 오래된 집도 아니야. 우리가 그 집에 처음으로 발을 들여놓는 사람이 될 거야. 모든 게 좋아.' 내 말더듬증 문제도 마찬가지였다. 어머니는 약점 따윈 개의치 않았다. "조이, 넌 정말 잘생겼어. 조이, 넌 정말 훌륭한 운동선수야, 조이, 넌 아이큐가 정말 높아. 넌 정말 할 말이 많구나, 아가야. 너의 뇌가 너를 앞지르는 거야. 다른 애들이 놀린다면 그건 그 애들한테 문제가 있어서 그런 거야. 너를 샘내는 거라고."

어머니는 아이들이 얼마나 상처받기 쉬운지 알고 있었다. 윌밍턴으로 이사 올 때 어머니는 나를 1년 유급시켰다. 어리고 작은 편인 데다, 이전 해에 스크랜턴에서 편도선과 아데노이드 제거 수술을 받아 결석 일수가 많았다. 그래서 윌밍턴으로 이사했을 때, 어머니는 다시 3학년을 다니라고 하셨고, 홀리 로사리의 아이 중 내가 어머니의 뜻에 따라 유급했다는 사실을 아는 사람은 없었다. 덕분에 윌밍턴에서 새 출발을 할 수 있었다.

우리가 이사한 곳은 펜실베이니아주 경계선 바로 건너편에 있는 클레이몬트 지역으로, 주로 노동자 계층이 거주하는 동네였다. 아직도 델라웨어로 차를 타고 들어가던 장면이 생생하게 떠오른다. 모든 게 모험처럼 느껴졌다. 아버지는 운전대를 잡고 있었고 어머니는 아버지와 함께 앞좌석에, 세 아이는 뒷좌석에 타고 있었다. 남동생 지미, 여섯 살짜리 여동생 발레리는 나의 가장 친한 친구기도 했다. 우리는 필라델피아 고속도로를 타고 주 경계선을 지나 연기를 내뿜는 워스 제철소와 제너럴 케미컬 컴퍼니, 정유소를 지나쳐 갔다. 우리가 탄 자동차는 세기가 바뀐 지 얼마 되지 않아 지은 제분소 노동자용 연립주택이 빽빽하게 들어찬 워스랜드와 오버룩 콜로니를 지나쳤다. 워스랜드는 이탈리아인과 폴란드인으로 가득했고, 오버룩 콜로니에는 흑인이 많이 거주했다. 브룩뷰 아파트와 새 정원이 딸린 우리 집까지는 1.5킬로미터 정도밖에 떨어져 있지 않았다. 우리 집은 필라델피아 파이크 바로 옆이었다.

브룩뷰는 달 표면처럼 황량했다. 개발지 위로 거대한 수탑이 어렴풋이 모습을 드러냈지만 나무 한 그루도 보이지 않았다. 완만한 커브길을 돌아 나갈 때 우리 몸도 함께 쏠렸다. 큰길을 벗어난 곳에 '법원'이 있었다. 한쪽은 다 지었지만 다른 한쪽은 아직 공사 중이었다. 흙더미와 황토 더미 사이로 공회전하는 중장비가 보였다. 무더운 여름날이라 우리는 자동차 창문을 내렸다. 나는 아직도 그 붉은 흙냄새, 땅속 깊은 곳에서 올라오는 역한 유황 냄새를 기억한다. 큰길을 따라 우리가 살 새집을 향해 내려갈 때, 답답해 보이는 1층짜리 아파트가 어머니의 눈에 들어왔다. 아파트는 전부 진한 겨자색이었다. 아버지가 새로운 동네를 쭉 훑어보는 어머니에게 말했다.

"걱정 마. 여기가 아니고, 우린 더 큰 집이야."

아버지는 길모퉁이 아래로 차를 몰고 내려가 차에서 내리지도 않고 넓은 잔디밭 너머 커다란 집을 가리켰다. 새집은 하얀색 이층집으로, 타라풍의 얇은 기둥을 사이에 두고 양쪽에 1층짜리 상자 2개가 이어진 형태였다. 아버지가 말했다.

"저거야."

어머니가 물었다.

"전체 다?"

아버지가 말했다.

"아니, 가운데만. 걱정 마, 임시로 사는 거니까."

뒷좌석에서 보니 어머니가 울고 있다는 것을 알 수 있었다.

"엄마! 왜 그래, 엄마?"

"그냥 너무 기뻐. 아름답지 않니? 아름답지 않아?"

사실 내가 봐도 그렇게 나쁘지 않았다. 중앙 현관은 식민지 시대 양식이었고 침실은 위층에 있었다. 내 침실은 뒤편으로 향해 있어 창밖으로 가장 깊은 욕망의 대상이자 나의 오즈(Oz)인 아치미어가 내다보였다. 제분소에서 1.5킬로미터도 채 되지 않는 거리, 브룩뷰 아파트 입구 건너편, 노동자 계급 철강 타운 한가운데에서 나는 생전 처음으로 저택이라는 것을 보았다. 나는 몇 시간이고 그 집을 살펴보았다. 제철소와 화학 공장, 정유소가 클레이몬트에 들어서기 전에 존 제이컵 라스코프가 가족을 위해 지은 집이었다. 피에르 듀퐁의 개인 비서던 라스코프는 돈으로 돈을 버는 일의 귀재였다. 그는 듀퐁을 설득해 제너럴 모터스의 지분을 다량 구매하게 했고 자금 총괄을 맡았다. 라스코프는 가톨릭의 영웅이기도 했다. 그는 재산 일부를 자선기금으로 내놓았고, 최초의 가톨릭 대통령 후보인 민주당 앨 스미스의 선거운동에 참여했다. 1928년에 민주당은 아치미어에 있는 그의 도서관에서 정치 전략 회의를 열었다. 라스코프는 엠파이어스테이트빌딩을 짓기 시작했다.

그가 클레이몬트에 지은 저택, 아치미어의 파티오는 델라웨어강이 내려다보이는 사유지에 세운 웅장한 이탈리아산 대리석 더미였다. 바다 옆 아치인 아치미어는 강 쪽으로 이어지는 내리막 언덕의 느릅나무가 아치 모양을 하고 있어서 붙은 이름이었다. 그러나 방앗간에서 들려오는 소음과 오염은 말할 것도 없고 노동자 가족들이 파티오에 몰려들자, 라스코프는 손해를 보고 가톨릭 수도회에 저택을 팔았다. 프레몽트레 수도회는 그곳을 사립 남학교로 바꾸었다. 내가 길 건너에 이사 왔을 때 아치미어 아카데미는 갓 20년 된 학교였다.

그해 내가 가톨릭 유스 미식축구 리그에 참여할 때, 코치는 듀퐁 대학의 화학 박사인 안젤로티였는데, 그의 아들도 그 학교에 다니고 있었다. 안젤로티 박사는 아치미어에서 허가를 받아 학교 운동장에서 우리

를 연습시켰다. 캠퍼스를 둘러싼 3미터 높이의 철제 울타리 안에 들어
간 순간부터-그들은 실제로 노란 벽돌길이라고 불렀다-나는 그 고등
학교에 들어가고 싶다고 생각했다. 아치미어가 내게 더 큰 영광의 길을
열어줄 거라고 생각해본 적은 한 번도 없었다. 열 살 때는 그냥 아치미
어에 들어가기만 하면 좋을 것 같았다. 나는 자리에 앉아 침실 창밖을
응시하며 현관문을 지나 내가 있어야 할 곳을 향해 걸어가는 꿈을 꾸곤
했다. 터치다운을 기록하거나 경기에서 끝내기 홈런을 치며 승리할 날
을 꿈꾸었다.

나는 필라델피아 파이크에서 반 마일 떨어진 곳에 있는 가톨릭 학교
홀리 로사리에 3학년으로 전학했다. 그곳의 성 요셉 수녀원은 나를 새
로운 세계로 이끌어주었다. 그곳은 스크랜턴과 클레이몬트의 연결 고리
였다. 수녀님들이 있는 곳이면 어디든 집과 같았다. 나는 신학적으로도
문화적으로도 가톨릭 신자다. 나 자신과 가족, 공동체, 더 넓은 세계에
대한 생각은 종교에서 비롯된 것이다. 그것은 내가 배운 성경과 지복(至
福, 가톨릭교에서 말하는 여덟 가지 천상의 행복-옮긴이), 십계명, 성찬이나
기도 때문이 아니라 바로 문화 때문이었다. 내가 아직 가톨릭 신자인 이
유 중 하나는 수녀님들 때문이다. 지난여름 아이오와주 더뷰크에서 지
역 정치 협력자인 테리 굿맨이 나를 성 프란치스코 수녀원으로 데려갔
다. 성 프란치스코 수녀원 건물은 아이비리그 캠퍼스처럼 아름답고 오
래된 건물이었다. 우리는 가는 길에 하이비에 들러 수녀님들에게 줄 아
이스크림을 샀는데, 진 피네건 바이든(조 바이든의 어머니-옮긴이)의 아
들은 빈손으로 수녀님들을 찾아가지 않기 때문이었다. 그 일로 초등학
교 때의 일이 떠올랐다. 크리스마스 연휴 전 마지막 날, 반 친구들은 모

두 수녀님께 드릴 작은 크리스마스 선물을 준비했다. 그 책상에는 자그마한 특제 비누가 잔뜩 쌓여 있었다. (수녀님들이 달리 받을 만한 게 뭐가 있겠는가?) 수녀님들에게서는 1년 내내 라벤더 냄새가 났다. 라벤더 냄새가 나지 않는 수녀님은 본 기억이 없다.

아이스크림 몇 리터를 들고 더뷰크 수녀원으로 걸어 들어가다 보니 아이스크림이 부족하면 어쩌나 걱정되었다. 테리는 이 행사에 수녀님 12분이 오기를 기대했는데, 내가 어릴 때 가르침을 받은 세대의 수녀님들을 포함해 40여 명이 한방에 앉아 있었다. 나는 이라크의 상황을 이야기하려고 그곳에 갔고, 수녀님들은 이라크의 종파 분쟁을 이해하고 싶어 했다. 그들은 나에게 수니파, 시아파, 쿠르드족에 관련된 질문을 퍼부었다. 그들은 쿠르드족 종교의 역사를 알고 싶어 했고, 내가 어떻게 이라크인의 관심사에 대해 공부했는지 궁금해했다. 수녀님들 중 많은 수가 지식을 가장 중요하게 여기는 교사였다. 우리는 성당과 여성 문제, 교육 문제, 국가 안보에 대해서도 이야기했다. 수녀님들은 나의 공적인 입장에 동의하든 동의하지 않든 모두 나에게 미소 지었다. 아이스크림을 개봉한 후에도 수녀님들은 계속 질문했다. 그리고 내가 떠날 준비를 할 때, 테리는 수녀님들이 앞으로 조 바이든의 공적인 여정이 성공을 거둘 수 있도록 기도해줄 것인지 물었다. 그러자 그분들은 그 이상을 해주었다. 수녀님들은 내 주위에 빙 둘러서서 두 팔을 머리 위로 치켜들고, 다음 장소에 하나님의 일을 하러 떠나는 자신들의 사람을 위해 축복의 노래를 불러주었다. "주님의 은총이 늘 함께하시길." 수녀님들은 너무 다정하고 진실해서 마치 어릴 때 나보다 더 큰 존재를 접촉할 때의 기분을 느꼈다. 주현절이나 영접 기도를 보는 것과는 달랐다. 항상 있던 곳에 와 있는 듯한 느낌이었다. 아이오와주 더뷰크에 있는 성 프란치스코 수녀원 수녀님들은 나로 하여금 집에 온 기분이 들게 해주었다.

수녀님들은 나의 첫 선생님이었다. 스크랜턴에 있는 성 바오로 학교처럼 홀리 로사리에서는 읽기와 쓰기, 수학, 지리와 역사를 가르쳤는데 교과과정에는 품위, 페어플레이, 미덕의 개념도 포함되어 있었다. 그들은 인간이 타인을 위해 목숨을 바치는 것보다 더 큰 사랑은 없다는 성경의 권고를 출발점으로 삼았다. 학교에서 우리는 그런 가르침과 한참 동떨어져 있었지만 목숨까지는 아니라도 길 건너편 아가씨를 도와주고, 가진 것이 적은 사람에게 도움의 손길을 내밀고, 불량배가 누군가를 괴롭히고 있을 때 끼어드는 일을 고귀하게 여길 줄 알았다. 개입하는 것은 숭고한 일이었다.

어느 날 홀리 로사리에서 마이클 메리 수녀님이 교실을 잠깐 비울 일이 생겼다. 수녀님이 방 밖으로 걸어 나갔을 때 소니 데라모는 지우개를 던졌고, 그녀가 돌아왔을 때 지우개는 여전히 바닥에 있었다. "누가 그랬지?" 수녀님은 알고 싶어 했다. 침묵이 흘렀고 아무도 말하지 않았다. "음, 누가 그랬는지 말할 때까지 너희 모두 방과 후에 남아 있게 될 거야." 그 말에 나는 손을 들었다. "수녀님, 제가 했습니다." 선생님은 수업이 끝나면 나만 혼자 남으라고 하셨다. "바이든, 방과 후에 남아요." 난 그게 무슨 뜻인지 알고 있었다. 아마도 칠판에 100번씩 이런 말을 쓰게 될 것이다. '지옥으로 가는 길도 좋은 의도로 포장되어 있다.'

교실이 비자 수녀님은 나를 자리에 앉히고 말했다. "네가 하지도 않은 일을 했다고 말했구나." 나는 수녀님이 금방 보내주실 줄 알고 고개를 끄덕였다. 마이클 메리 수녀님은 "정말 존경스럽다"고 했으나 "그래도 대가는 치러야지. 방과 후에 남아야 해"라고 말했다. 수녀님은 절대 잊을 수 없는 논지를 명백히 했다. 개입할 때는 결연하게 나서고 그 결과까지 책임져야 한다는 것이다.

신부님들은 일요일에만 왔지만 수녀님들은 매일 그곳에 있었다. 로런스 조지프 수녀님은 수녀복을 추어올리고 베이스를 뛰면서 우리와 야구를 하곤 했다. 나는 운동선수였지만, 성적도 유지했다. 그래도 키는 여전히 남자아이들 중 가장 작았다. 로런스 조지프 수녀님은 내가 키에 신경 쓴다는 사실을 알았다. 그래서 이렇게 말하곤 했다. "조이, 우리 오빠도 작았지만 정말 훌륭한 운동선수였어." 수녀님들은 내 기운을 북돋는 방법을 알고 있었다. 거의 모든 수녀님이 말더듬증 문제를 도와주려고 노력했다. 그분들은 어머니처럼 내가 착하고 똑똑한 아이, 훌륭한 운동선수라는 사실을 상기해주었다. 수업 시간에 반 친구들이 나를 놀리면 수녀님들은 내 편을 들어주었다. 그들은 말더듬증 문제를 해결해나갈 방법에 대한 조언도 아끼지 않았다.

나는 나만의 전략을 생각해냈고 그것을 게임이라고 불렀다. 그러려면 다른 사람들이 무슨 생각을 하는지 예상해야 했다. 1955년, 부모님이 개발 지역인 메이필드에 새집을 장만한 후, 나는 동네에서 신문 배달을 했다. 토요일 아침마다 이제 막 알게 된 사람들에게 수금을 하려면 긴장되었다. 나는 어떤 대화를 나눌지 예상하는 법을 터득했다. 옆집은 양키스 열혈 팬이었기 때문에, 나는 항상 그 집에 가기 전에 양키스의 박스 스코어를 확인했다. 옆집 아저씨가 그 질문을 할 거란 사실을 알았기에, 나 자신을 바보로 만들지 않고 무슨 말을 해야 할지 미리 준비했다. 나는 그가 현관문을 열기 전에 "어제 맨틀이 홈런 2개 친 것 봤어요?"라고 대화를 시작했다.

책을 소리 내서 읽어야 할 때면 항상 당황스러웠기 때문에, 학교에서 읽는 긴 구절을 전부 외워버렸다. 수녀님 한 분이 내게 노래 가사처럼 운율을 맞춰 읽어보라고 제안하셨다. 덕분에 입 근육이 마비될 때까지 힘들게 애쓰지 않아도 되었다. 수녀님들은 항상 나를 도와주려고 했다. 그래서 월터 롤리 경 사건 때 정말 놀라지 않을 수 없었다.

메이필드로 이사한 후, 나는 세인트헬레나 초등학교로 전학 갔다. 7학년 때에도 다른 학년과 마찬가지로 알파벳순으로 앉았다. 그 말은 내가 항상 첫째 줄에 앉았고, 뒤로 늘어선 의자가 몇 줄이나 있었다는 뜻이다. 그리고 수업 시간에 책을 읽어야 한다는 사실을 알았을 때, 어떤 단락을 읽을지 예상할 수 있었다. 내가 다섯째 줄에 앉아 있다면 다섯째 단락을 읽을 것이다. 내가 읽게 될 단락이라고 생각한 부분은 이것이었다. "월터 롤리 경은 신사였다. 그는 그 아가씨가 신발을 더럽히지 않도록 망토를 벗어 진흙 위에 깔았다." 그날은 내 예상이 꼭 맞았다. 내가 읽을 단락을 제대로 짚었다. 나는 그 부분을 전부 외웠다. 심지어 끊어 읽을 부분까지 표시해두었다. "월-터 롤-리 경은 신사…" 수녀님이 내 말을 끊었다. "바이든, 그게 무슨 말이야?" 나는 당황스러웠다. 머릿속이 하얘져 페이지에 있는 단어를 읽을 수 없었다. 그녀는 신사라는 단어를 다시 읽으라고 했지만 그럴 수 없었다. "시-시-시…" 수녀님이 또 내 말을 끊었다. "부-부-부-부-바이든…" 다리부터 뒷덜미까지 뜨거운 김이 확 올라오는 게 느껴졌다. 분노가 치솟았다. 나는 책상에서 일어나 수녀님을 바로 지나쳐 교실 밖으로 걸어 나갔다. 학교를 나와 메이필드의 윌슨 로드까지 3킬로미터를 걸었다. 집에 도착하니 어머니가 기다리고 계셨다. 학교에서 전화한 것이었다.

나는 현관문 안으로 들어가지도 않았다. "조이, 차에 타." 어머니는 나와 이제 막 걸음마를 시작한 동생 프랭키를 차에 태우고 세인트헬레나 학교 쪽으로 차를 몰았다. 어머니가 화가 났음을 알 수 있었다. 나는 곧

경에 처한 것을 알았다. "조이, 어떻게 된 거야?" 어머니가 물었다.

"엄마, 수녀님이 나를 놀렸어. 수녀님이 나를 부-부-부-부-바이든이라고 불렀어."

세인트헬레나 학교에 도착하자 엄마는 내 손을 잡고 프랭키를 안아 들었다. 우리는 아그네스 콘스턴스 교장 수녀님을 만나러 교장실로 향했다. 교장실은 마치 오래된 누아르 영화에 나오는 사립 탐정 사무소 같았다. 나무 패널이 120센티미터 높이까지 덧대어져 있고 위쪽은 유리였다. 엄마는 나를 대기실에 앉히고 프랭키를 내 무릎에 올려놓은 다음, 안으로 들어갔다. 햇빛이 비쳐 들었고, 주위가 눈에 들어왔다. 소리도 들렸다. 어머니 목소리였다. "수녀님 좀 내려오시라고 할 수 있을까요?" 수녀님이 와서 내가 한 일을 설명했다. 어머니가 수녀님의 말을 자르고 말했다. "네, 저도 알아요, 수녀님. 그래서 뭐라고 하셨나요?"

"음, 바이든 부인, 전 정말 아무 말도…."

"부-부-부-부-바이든이라고 하셨어요?"

"음, 그건 상관없는 일이에요."

아그네스 콘스턴스 수녀님이 말했다. 하지만 어머니는 계속해서 다그쳤다.

"부-부-부-부-바이든이라고 했나요?"

"그래요, 바이든 부인, 제가 문제를 짚어줬어요."

그러자 키가 155센티미터던 어머니는 자리에서 벌떡 일어나 꼿꼿이 섰다. 그렇게 소심하고 성당을 존중하던 어머니가 일어서서 수녀님 앞으로 걸어가 말했다.

"또 한 번 내 아들에게 그런 식으로 말하면 그땐 다시 와서 그 모자를 머리에서 벗겨내 갈가리 찢어버리겠어요. 알아듣겠어요?"

그런 후 문을 홱 열고, 어머니는 내 무릎에서 프랭키를 안아 들었다. 어머니는 자리를 뜨면서 말했다.

"조이, 교실로 돌아가."

어머니는 비열한 짓을 견디지 못했다. 그녀는 비열한 구석이라고는 눈곱만큼도 없는 사람이었고, 다른 사람이 비열한 행동을 하는 것도 참지 못했다. 어머니가 지미에게 당장 가서 작은 애들을 괴롭히는 녀석의 코피를 터뜨리라고 말한 적이 있었다. 그리고 그런 행동을 한 동생에게 1달러를 주었다. 종교계 인사와 권위 있는 인물도 예외는 아니었다. 권력을 남용하면 그들의 코피가 터질 것이라고 했다.

어머니는 습관도 존중하고, 제복도 존중하고, 유니폼도 존중했지만 그걸 입은 사람까지 존중할 필요는 없다고 말하곤 했다. 몇 년 후, 내가 어머니에게 영국 여왕을 알현할 것이라고 말하자 어머니가 제일 먼저 한 말은 "영국 여왕에게 고개 숙이지 마"라는 것이었다. 교황을 만나러 간다고 했을 때는 "그의 반지에 키스하지 마"라고 했다. "기억해, 조이, 넌 바이든이야. 너보다 나은 사람은 없어. 너도 다른 누구보다 뛰어나지 않지만, 너보다 뛰어난 사람은 아무도 없어."

자금 사정이 너무 빡빡해 전기회사에서 집으로 징수원을 보내 전기료를 독촉할 때에도, 아버지의 월급날까지 내 헌 신발 밑에 판지를 깔아 신어야 할 때에도, 어머니는 당황하는 법이 없었다. 8학년 때, 나는 공립학교 전교생과 함께 장로교회에 초대받았다. 나는 가톨릭 신자였고 메이필드에는 가톨릭 신자가 많지 않았다. 아버지의 와이셔츠를 입어야 했는데 너무 길어서 어머니는 프렌치 커프스 소매를 두 번 걷어 올려주었다. 하지만 커프스단추 같은 건 찾을 수 없었다. 금요일 밤이었고, 아버지는 늦게까지 일했기 때문에 어머니는 지하실로 내려가 세탁기 위에 있던 공구 상자에서 찾은 너트와 볼트 2개를 들고 나타났다. 어머니가 셔츠 소매를 공구로 고정하려 하자 나는 뒤로 물러섰다. "이거 안 할래, 엄마! 이거 안 입을 거야. 애들이 놀릴 거야."

어머니가 말했다. "조이, 날 봐."

"이거 안 할 거야. 안 한다고요."

"자, 봐, 조이, 누가 이 너트와 볼트에 대해 무슨 말을 하면 그냥 눈을 똑바로 쳐다보면서 '넌 이런 거 없지?' 하고 말해."

"어—어—엄마! 어—어—엄마! 나한테 그런 거 시키지 마."

하지만 나는 춤을 추러 가고 싶었다. 그래서 갔다. 그리고 펀치 볼 앞에 서서 잔을 채우고 있을 때, 누군가가 나의 임시 커프스단추를 슬쩍 보았다. 그 아이는 내 팔을 잡고 소매를 치켜들며 소리쳤다.

"바이든 좀 봐! 너트와 볼트야!"

창피해서 얼굴이 붉어지면서 분노가 치밀어 올랐다. 하지만 어머니가 한 말이 생각났다.

나는 이렇게 말했다.

"넌 이런 기 없지?"

죽음 같은 침묵이 흘렀다. 그러다가 나를 괴롭히던 녀석이 모두에게 들릴 정도로 큰 소리로 말했다. "그래, 그래, 나도 이런 거 있어. 나도 있다고."

10년 전쯤인가, 여동생 밸이 그 댄스파티를 기념하고, 그때 일을 상기시키기 위해 너트와 볼트 모양의 티파니 순은 커프스단추 한 쌍을 선물해주었다.

우리 중 누군가에게 문제가 생기면 우리는 어머니에게 갔고, 그러면 어머니는 문제를 바로잡아주었다. 나는 1년 동안 스쿨버스에서 힘든 시간을 보냈다. 내가 버스에 제일 먼저 탔을 것이다. 그리고 나서 예닐곱 정거장 가면 주근깨가 있고 할머니네 집 다락방에서 막 나온 것처럼 퀴퀴한 냄새가 나는 통통한 여자애가 버스에 타곤 했다. 버스는 거의 비어 있는데 그 애는 내 바로 옆자리에 앉았다. 나는 그 때문에 매우 당혹스러웠다. 모두 그 애를 놀렸고, 나도 마찬가지였다. 나는 어느 날 집에 가서 어머니에게 이야기했다.

"어떻게 할지 모르겠어, 엄마. 버스가 비어 있는데 그 애가 내 옆에 앉으니까 다들 내 여자 친구인 줄 알아."

어머니는 나를 보며 말했다. "그 애가 널 좋아하니?"

"응, 엄마. 그 애는 나를 좋아해. 그게 문제야."

그러자 어머니가 말했다. "음, 그럼 너도 잘해줘. 누구든 널 사랑하는 사람이 있다면 너도 사랑해줘."

사람을 존중해야 한다는 것이 우리 집안의 오래된 교훈이었다. 또 다른 교훈은 가족을 지켜주어야 한다는 것이었다. 우리 집안에서 쓰는 표현이 있는데 '물어봐야 한다면 이미 늦었다'는 것이었다. 우리 집에서는 나와 발, 지미, 프랭키가 서로를 돌봐야 했다. 어머니는 "형제보다 가까운 사람은 없다"고 강조하곤 했다.

"너희는 피로 연결되어 있어. 아빠와 엄마보다 너희가 서로 더 가까운 거야. 너희는 피를 나눈 사이야."

집 안에서 우리끼리 싸울 수는 있지만 밖에서는 형제에게 안 좋은 소리를 단 한마디도 할 수 없었다. 어떤 상황에서도, 결코, 절대로, 남동생이나 여동생이 무슨 짓을 했든 간에 동생과 다른 편에 서는 것은 적절하지 않았다. 형제들과 척지는 것은 냉전 중 러시아인에게 비밀 정보를 건네는 것과 마찬가지였다. 배신이었다. 초등학교 때 수녀님들은 나를 안전 순찰대 대위로 임명하고 반짝거리는 파란 배지를 주었다. 버스에서 내가 할 일은 나쁜 행동을 보고하는 것이었다. 발은 어느 날 버스에서 적절하지 않은 행동을 했고, 그날 밤 저녁 식사 때 나는 아버지에게 어떻게 해야 할지 물었다.

내가 설명했다.

"모두 알고 있어요. 발이 한 일을 신고해야 할 것 같아요."

"발은 네 여동생이야, 조이."

"하지만 아빠, 저는 파란 배지를 받았어요. 발을 신고해야 해요."

"음, 조이, 그게 유일한 선택은 아니라는 걸 너도 알 거야."

나는 내가 무엇을 해야 하는지 알고 있었다. 다음 날 나는 배지를 반납했다.

어머니와 아버지의 인생철학에는 이견이 전혀 없었다. 단지 어머니가 조금 더 목소리를 높일 뿐이었다. 아버지는 항상 조용했는데 나는 그저 아버지의 모습을 보면서 교훈을 얻었다. 아버지가 참을 수 없어 한 것은 불우한 사람 위에 군림하려는 자들이었다. 아버지는 돈 얘기는 절대 하지 말라고 말했다. 아버지는 어떤 종류의 권력이든 남용하는 사람들을 참을 수 없어 했다. 아버지는 우리 중 누구에게도 손을 댄 적이 없었다. 아버지는 말했다. "작은 아이를 때리는 남자는 작은 남자다. 어떤 상황에서도 남자는 여자에게 손을 댈 권리가 없다." 아버지는 오랜 시간 일했지만 대부분 저녁이면 1시간씩 차를 몰고 집으로 돌아와 식사를 같이 했다. 아버지는 식탁에서 규칙을 지키는 사람이었다. 우리는 흠잡을 데 없는 예의범절을 지켜야 했다. 아버지는 도덕, 정의, 평등 같은 중대한 주제로 대화를 이끌어가는 것을 좋아했다. 가끔은 홀로코스트에 대해서도 이야기했다. 아버지는 어떻게 사람들이 정체성 때문에 박해받았는지 절대 이해할 수 없다고 했다. "세상이 잘못되었다. 유대인에 대한 히틀러의 만행에 대응하는 데 실패했다는 걸 우리는 부끄러워해야 한다." 아버지는 우리는 그런 잘못을 봤을 때 목소리를 높여야 할 책임이 있다고 말했다.

부모님은 밖에 별로 나가지 않았기 때문에 외출할 때는 특별한 일이 있는 경우였다. 어느 해 발과 내게 지미와 프랭키를 돌보라 하시고, 당시 아버지가 관리하던 자동차 대리점의 크리스마스 파티에 가셨다. 그 대리점 사장은 키가 180센티미터가 넘고, 은행 계좌에 돈이 많았으며, 주 전역에 걸쳐 정치적 연줄이 있어 여러모로 힘깨나 쓰는 사람이었다. 그는 자신을 '노동자들의 친구'라고 광고하고 다니는 자수성가한 사람이었다. 그의 트레이드마크는 은화였다. 그는 단골 고객 모두에게 은화를 주었다. 그 정도는 그래도 용납할 만했지만 직원들의 급여까지 은화로 나눠줘 집으로 자루를 끌고 돌아가야 했을 때에는 아버지도 질색했다. 그것은 노동자들에게 그렇게 우호적인 행동처럼 보이지 않았다. 사장이 영업사원, 예비역, 정비사를 위한 크리스마스 파티를 열기로 했을 때 아버지는 무척 기분이 좋았다. 전시장을 치워 파티장을 만들고 그곳에 큰 밴드도 들일 계획이었다. 아버지는 빅 밴드 스윙 음악을 좋아했다. 아버지는 1930년대에는 클라리넷과 색소폰을 꽤 연주했고, 사교댄스도 우아하게 추었다. 어머니는 가장 아끼는 드레스를 입었고, 두 분은 밖으로 향했다.

부모님은 몇 시간도 안 되어 집으로 돌아왔는데 파티가 한창일 시간이었다. 아버지는 침실로 들어가면서 아무 말도 하지 않았다. 우리는 다음 날 아버지가 직장을 잃었다는 사실을 깨달았다. 나중에 어머니가 무슨 일이 있었는지 들려주었다. 저녁 식사 동안 부모님은 댄스장이 내려다보이는 테이블 상석에 앉아 있었다. 댄스파티가 시작되기도 전에 사장이 은화 한 통을 들고 나와 바닥에 쏟아붓고는 판매원과 비서, 정비사가 은화를 주우러 댄스장 바닥을 휘젓고 다니는 모습을 내려다보았다. 아버지는 잠시 얼어붙은 채 앉아 있다가 일어서서 어머니의 손을 잡고 파티장 밖으로 걸어 나갔다. 항의의 표시로 직장을 그만둔 것이었다.

나는 당시에는 몰랐지만 혹은 인정하지 않았지만, 우리 아버지는 메이필드의 물 밖에 나온 물고기나 마찬가지였다. 우리는 1955년 그 동네로 이사 온 네 번째 가족이었고, 집 주변에 침실 3~4개짜리 복층 주택이 생기면서 그곳은 이제 막 듀폰 회사에 들어온 젊은 전문직 직원들의 가족으로 채워졌다. 그들은 모두 젊고 대학 교육을 받은 화학자, 회계사, 변호사였다. 메이필드는 브룩뷰에서 크게 발전한 새로운 개발 지역이었지만 더 좋은 일자리, 더 큰 자동차, 더 큰 주택을 갖기 위해 사다리를 오르는 젊은이들에게는 중간 길목일 뿐이었다. 듀폰은 오늘날과 미래의 더 나은 생활을 보장한다는 의미였다. 다른 아버지들은 모두 회사의 트레이드마크가 새겨진 넥타이핀을 착용했다. 작은 타원형 넥타이핀으로 가운데 '듀폰'이라고 새겨져 있었다. 듀폰에 다니는 아버지들 사이에서 "이 타원형이 당신을 보살펴줄 것이다"라는 말이 돌았다. 마치 "올스테이트와 좋은 관계를 맺고 있다"는 오래된 말처럼 "이 타원형이 보살펴줄 것이다"라고.

나는 항상 아버지가 회사원이 아니라는 사실을 염두에 두었다. 아버지는 거의 혼자 힘으로 살아갔다. 하지만 그는 다른 아버지들처럼 자신의 미래에 대해 자신만만한 것처럼 보였다. 윌슨가에 있는 우리 집도 임시방편일 뿐이라고 아버지는 말했다. 그 시절에도 동생들과 나는 안정적이지 않다고 느낀 적이 없었고, 미국은 우리 전후 세대를 위해 재창조되고 있는 것 같았다. 새집, 새 학교, 새 자동차 모델, 새 기기, 새 TV, 그리고 우리 같은 사람들이 나오는 새 TV 쇼가 있었다. 그리고 모든 게 완벽하게 안전해 보였다. 공산주의의 위협은 니키타 흐루쇼프 공산당 서기가 TV 프로그램에 등장하는 클리버 가족의 식탁에 저녁 식사를 하러 나타난 것만큼이나 아무렇지 않아 보였다.

메이필드 사람들은 대부분 개신교 신자였기 때문에 일요일 미사에 참석하려면 좀 더 멀리 가야 했지만 그 밖에는 다른 가족들과 별 차이가 없었다. 일요일 저녁 식사 후에 아버지는 나에게 1달러를 주곤 했고, 나는 브레이어 아이스크림을 사러 커틀러 약국까지 자전거를 타고 갔다. 내가 아이스크림을 사가면 우리 가족 6명은 거실에 둘러앉아 〈래시〉와 〈잭 베니〉, 〈에드 설리번〉 등을 시청하곤 했다.

하지만 나는 항상 아버지가 메이필드에 잘 맞지 않는다는 느낌이 들었다. 아버지의 인생에 대해 많은 것을 물어본 적도 없고 뭔가를 제안한 적도 없지만 옷장 문을 열고 아버지의 폴로 스틱, 검정 가죽 승마화, 황갈색 승마화, 사냥용 의복 등을 보면 기분이 이상했다. 아버지가 말을 타던 롱아일랜드에 있는 사촌의 큰 저택에서 찍은 홈 비디오나 아버지가 가장 좋아하던 경주마 오베디아의 사진을 보았을 때도 그랬다. 나중에서야 많은 이야기를 들을 수 있었다. 한번은 지미가 여덟 살쯤 되었을 때, 아버지는 지미를 윌밍턴 공항으로 데려가 파이퍼 컵(Piper Cub, 소형 정찰기−옮긴이)을 빌려 솔로 비행을 했다. 두 사람만 도시 상공으로 날아올랐다. 델라웨어강으로 스키트 사격을 하러 가기도 했다. 대학 다닐 때라 나는 함께하지 못했지만, 아버지가 1.5미터짜리 보트를 빌려 식구들을 태우고 나갔는데 지미는 아버지가 배를 운전할 줄 안다는 사실에 충격받았다. 아버지가 델라웨어강을 헤엄쳐 건넌 적이 있다는 이야기도 들었다. 나는 아버지가 다이빙대에 올라 완벽하게 스완 다이빙(swan dive, 양다리를 뒤쪽으로 향하고 등을 구부려 물 위에서 턴을 하는 것처럼 양팔을 뻗는 다이빙-옮긴이)하는 모습을 보았다. 아버지는 델라웨어주 윌밍턴에서 가장 우아하게 차려입고 완벽하게 손톱 손질을 하고 맞춤옷을 입고 다닌 자동차 영업부장이었을 것이다. 아버지는 훌륭한 댄서이기도 했다. 노래 부르는 것을 좋아했고, 철저하게 품위를 유지했다. 나는 아버지가 사람들과 어울리는 것을 힘들어하는 모습은 한 번도 본 적이 없었다. 하지만 아버지의 과거에 대해 물어보곤 했던 동생 지미는 항상 아버지가 늘 약간의 우울감에 빠져 있다고 느꼈다.

아버지가 나한테 "대학생이 되어야 한다"고 말하던 기억이 난다. 세대가 다른 아버지다운 말이었다. "넌 대학생이 되어야 해." 그 생각을 하면 가슴이 벅차오른다. 아버지는 항상 대학에 가지 않은 것을 후회했고, 그 때문에 위축되었다. 아버지가 직접 그런 말을 한 적은 없지만 아버지의 메시지는 분명했다. 조이, 사람들은 결코 너의 학위를 빼앗을 수 없어. 힘센 사람이 널 끈으로 묶을 수 있고 네 직업을 앗아 갈 수 있고 네 돈을 가져갈 수 있고 연금을 가져갈 수도 있지. 하지만 교육을 빼앗을 수는 없어. 아버지와 프랭크 삼촌은 대학 문턱을 밟아보지도 못했다. 내가 아는 바이든 집안사람 중 대학에 간 사람은 없었다. 그러나 아버지 조지프 로비닛 바이든의 삶이 시작된 방식을 보면 대학 학위가 필요할 것 같지는 않았다.

아버지는 1915년 볼티모어에서 태어났는데, 나의 할아버지 조지프

H. 바이든은 블라우스타인이라는 가족과 알게 되어 말이 끄는 마차에 특별한 탱크를 싣고 집집마다 등유를 배달했다. 그 회사는 자동차 시대가 도래할 것을 내다보고 가솔린으로 눈을 돌려 아메리칸 오일 컴퍼니(훗날 거대 정유 회사 아모코가 됨)라는 작고 멋진 회사를 만들었다. 할아버지 조지프 H. 바이든은 그곳의 미국 석유 사업부를 운영하기 위해 윌밍턴으로 옮겨 갔다. 아버지는 여름이 되면 형제와 다름없던 사촌, 빌 신 주니어와 함께 보냈다. 그의 아버지, 빅 빌은 터프하고 술을 좋아하는 아일랜드인으로, 우리가 듣기로는 공동묘지 납골당에 사용하는 밀봉제를 발명했다고 했다. 신 부부는 볼티모어 수렵지에 땅을 가지고 있었는데, 단도직입적으로 말해서 부자였다. 빅 빌은 2년에 한 번씩 자신과 아내, 아들을 위해 새 캐딜락을 사곤 했다. 그리고 조카 조지프 로비넷 바이든에게 최신식 뷰익 로드스터를 사주었다. 아버지는 신사다운 취미 생활을 즐겼다. 사냥을 하고, 스피드를 즐기고, 비행기를 운전했다. 그는 좋은 옷, 훌륭한 말, 최신 댄스 스텝을 알고 있었다.

그래서 할아버지 조지프 H. 바이든이 윌밍턴에서 스크랜턴으로 옮겨 갔을 때, 아버지는 고등학교 마지막 학년을 위해 그의 아름다운 새 4홀 뷰익을 운전해 스크랜턴으로 갔다. 그는 스크랜턴 가톨릭 학교에서는 보기 드문 별종이어서 기를 펴지 못하고 친구들에게 따돌림을 당했다. 하지만 노스 워싱턴가의 진 피네건, 즉 나의 어머니는 아버지와 사랑에 빠졌다. 아버지와 어머니는 1941년 5월 스크랜턴에서 결혼했다.

전쟁이 진행되면서 신 가족은 미국 항구를 출발하는 상선에 자신들이 개발한 밀봉제를 선적하는 큰 계약을 따냈고, 아버지는 새 사업에 참여했다. 빅 빌은 버지니아의 노퍽 조선소에서, 빌 주니어는 뉴욕에서 사업을 운영했고, 아버지는 보스턴 사업을 맡았다. 빌 주니어와 아버지는 풍족한 생활을 했다. 그들은 전용기로 동부 해안을 오르내리고, 애디론 댁으로 가서 엘크 사냥을 했으며, 맨해튼의 바클레이 호텔 주방장의 메 추라기 요리를 맛보려고 직접 메추라기를 들고 나타났다. 전쟁 기간 동 안 신 가족은 아주 잘해냈고, 아버지는 그들과 계속 함께했다. 아버지는 그때 번 돈을 자신의 미래를 걸 사업에 투자할 계획이었다. 전쟁이 끝났 을 때 나는 세 살도 채 되지 않았다. 우리는 보스턴 교외에 있는 멋진 집 에서 편안하게 살았고, 아버지는 시내에 있는 건물을 사기 위해 오랜 친 구와 동업했다. 그들은 가구점을 낼 계획이었다. 그러나 거래가 성사되 기 전에 동업자가 돈을 몽땅 가지고 달아났다. 아버지는 고소하기를 거 부했다. 돈은 이미 다 써버렸다. 게다가 그는 아버지의 친구였다. 아버 지는 어머니에게 말했다. "그럴 수는 없어. 나는 그 친구 딸의 대부야."

아버지는 남은 돈으로 전쟁에서 조종사로 일한 다른 친구와 사업을 했다. 그들은 롱아일랜드에 있는 비행장을 사서 농약 살포 사업을 했다. 뉴욕 북부에 있는 사과 과수원과 롱아일랜드 감자 농장에 농약을 살포 했다. 하지만 그 사업도 망해서 가든 시티에 간신히 정착했고, 아버지는 돌아갈 곳이 없었다. 할아버지와 할머니 두 분 다 돌아가신 상태였다. 아버지의 삼촌 빌 신도 죽은 뒤였다. 그리고 아버지의 사촌 빌 신 주니 어는 롱아일랜드 저택에서 호화롭게 지내다 전쟁 때 늘어난 재산을 탕 진해버렸다.

1947년 내가 학교에 들어가야 할 때 우리는 스크랜턴으로 돌아왔 고, 파산했다. 어머니, 아버지, 발과 나는 어머니가 자라난 노스 워싱턴 에 있는 외할아버지네 집으로 이사했다. 어머니의 오빠 에드워드 블러 위트(우리에게는 부-부 삼촌)는 아직 그곳에 살고 있었고, 할아버지의 처 제 거티 블러위트 이모할머니도 그곳에 함께 있었다. 아버지가 지내기 쉬운 환경은 아니었다. 피네건 집안 남자들은 아버지가 돈을 벌 때도 꽤 엄하게 대하곤 했지만, 돈을 잃었을 때에도 그런 태도를 버리지 않았다. 피네건 가족은 아일랜드인의 근성인 뒤끝이 있었고, 결코 녹록지 않았다.

어느 날 밤 나는 3층에 있는 거티 이모할머니의 곰팡내 나는 방에 들어갔다. 이모할머니는 옆에서 내 등을 긁어주었다. "자, 애야, 네 아버지는 나쁜 사람이 아니야"라고 그녀가 말했다. 물론 이런 일은 처음이었다. "네 아버지는 나쁜 사람이 아니야. 그는 그냥 영국인이지. 하지만 좋은 사람이야."

우리 아버지는 훌륭한 분이었다. 아버지는 세상이 생계를 책임져주지 않는다는 사실을 깨달았다. 그는 과거가 어떻든 가족에게 돈이 필요하면 어떤 일도 마다하지 않았다. 아버지는 거의 1년 동안 카일 히터와 에어컨 청소를 하려고 스크랜턴에서 윌밍턴으로 통근했다. 또 여윳돈을 마련하기 위해 델라웨어주 뉴캐슬에 있는 주말 농부 시장에서 페넌트와 장신구를 파는 부스에서 일했다. 어느 토요일, 어머니는 서프라이즈로 아버지의 점심을 가져가기로 했다. 어머니는 부스에서 납작하게 눌린 트위드재킷을 입고 우아한 실크 보타이를 매고 포켓스퀘어 네 귀퉁이를 접어 사각형 주머니에 꽂은 아버지가 페넌트를 파는 모습을 보았다. 그것은 아버지에게 굴욕이었다. 아버지가 그런 일을 한다는 것은 충분히 좋지 않았고, 어머니가 그 모습을 보았다는 사실은 더 나쁜 상황이었다. 하지만 어머니는 아버지에게 다가가 안아주며 "당신이 너무 자랑스러워요"라고 말했다.

아버지는 나에게 꾸준함, 노력, 일의 가치를 가르쳐주었고, 품위를 잃지 않으면서 짐을 짊어지는 것에 대해 가르쳐주었다. 그는 벤저민 디즈

레일리(Benjamin Disraeli, 영국 정치가이자 소설가-옮긴이)의 말을 인용하곤 했다. "절대 불평하지 마라. 절대 변명하지 마라."

그렇게 해서 나는 아치미어에 들어갔다. 아버지는 아치미어에 대해 그다지 확신하지 못했다. 등록금이 1년에 300달러였기 때문이다. 아버지는 이렇게 말했다. "살레시아눔도 좋아, 조이. 살레시아눔도 좋다고." 살레시아눔 학교는 좋았고, 등록금도 3분의 1 정도였다. 마운트 플레전트라는 위치도 별문제가 없었다. 그곳은 학비가 무료인 공립학교였고 델라웨어에서 가장 좋은 고등학교였다. 하지만 난 아치미어로 마음을 정했다. 그곳에서는 학비를 감당하기 어려운 학생들을 위해 일과 공부를 병행할 수 있는 프로그램을 운영했다. 학기 중에는 일할 필요가 없기 때문에 돈이 없는 아이들도 곤란하지 않았다. 내가 입학시험에 합격하고 아치미어에 들어가자, 학교에서는 학기가 시작되기 전 여름 동안 내게 일자리를 주었다. 아치미어의 근로 학생은 10명 정도였는데, 목소리가 거친 도미닉이라는 남자가 맡아 관리하고 있었다. 그래서 나는 여름휴가를 조금 포기하고 매일 아침 8시부터 오후 4시까지 도미닉의 팀에서 일했다. 그는 학교에 거주하면서 교장인 저스틴 디니 신부님의 감독하에 일했다. 도미닉은 그해 여름 내내 기분이 안 좋아 보였다. "제길, 빌어먹을 디니 신부!" 도미닉이 내게 처음으로 할당한 일은 커다란 저택 옆에 있는 정원의 잡초를 뽑는 일이었다. 나는 며칠 동안 정원에서 잡초를 뽑았고 저택 창문을 전부 닦았다. 유리세정제를 뿌려 닦는 게 아니라 양동이에 물과 식초를 섞어 헝겊으로 닦고 신문지로 다시 물기를 닦았다. 창문이 거의 200개는 되었을 것이다. 그 후에는 쇠 울타리에 페인트칠을 했다. 그러다 9월이 되어 나는 아치미어에서 새 일자리를 얻었다.

학교 첫날은 꿈만 같았다. 모든 게 새로웠다. 나는 새 옷-매일 재킷에 넥타이를 매고-을 입고 새 공책, 새 파커 만년필, 날카롭게 깎은 넘버 2 연필 한 다스를 사용했다. 버스는 (금방 칠한 검정 페인트로 반짝반짝 빛나는) 연철 울타리와 정문 옆 큰 돌기둥을 지나 아침 햇살에 창문이 빛나는 라스코프의 저택으로 통하는 노란 벽돌 길을 달렸다. 상급생들은 아래쪽 낡은 차고와 일꾼 숙소에 주차하고 정원을 지나 정문을 향해 걸어 올라왔다. 그들은 대학생처럼 보였다.

우리는 앞쪽 포르티코(portico, 대형 건물 입구에 기둥을 받쳐 만든 현관 지붕-옮긴이) 아래 아치미어로 들어가, 개폐식 스테인드글라스 천장 아래 온통 대리석으로 이루어진 네모난 중앙 로비로 곧장 걸어 들어갔다. 그러면 정문에서 뒤편 테라스까지, 이어서 델라웨어강으로 이어지는 느릅나무 아치까지 훤히 보였다. 로비를 나서면 교실이 있었고, 식사하고 미사를 드릴 때 사용하는 식당, 교장실, 도서관이 있었다. 맨 처음 도서관에 들어갔을 때는 숨이 막힐 것 같았다. 고급스러운 짙은 색 나무판자로 장식된 건 다른 방과 다를 게 없었지만 바닥부터 천장까지 책이 늘어서 있었다. 나는 죽어서 예일대에 온 것 같은 기분이었다.

아래층은 로커 룸이었다. 아치미어는 스포츠로 유명한 학교였다. 메이필드의 복층 주택에 사는 14세 아이에게는 경이로움의 문이었다. 한쪽 문은 존 제이컵 라스코프가 지은 볼링장으로, 다른 쪽 문은 일꾼 숙소와 차고로 연결되는 통로로 이어졌다. 겨울에는 라스코프 씨의 낡은 차고와 일꾼 숙소에 있는, 교실로 가는 비밀 통로를 이용했다. 아치미어에 입학한 지 얼마 되지 않은 어느 날, 아래층 화장실로 내려가도록 허락을 받고 교실 밖으로 나왔다. 다시 계단 꼭대기로 돌아와 모퉁이를 돌았을 때, 디니 신부님이 상급생 2명을 부르는 소리가 들렸다. 그는 로비 바깥쪽으로 올라가는 계단에 있었고, 학생들은 계단 아래쪽에 있었다. 나는 기둥 뒤에서 얼어붙은 채 그 광경을 지켜보았다. 사람들은 내가 거기 있는지 전혀 몰랐다. 디니 신부님은 하얀 사제복에 하얀 망토를 걸치고 있었고, 나는 그가 "두 사람 모두 벌점이야"라고 말하는 것을 들었다. 그들은 허락도 받지 않고 교실 밖으로 나와 담배를 피웠고 각각 벌점을 받았다. 둘 다 묵묵히 듣고 있었지만 디니 신부님은 그중 1명의 표정을 보고 말했다. "다빌로스, 나한테 화났지? 나에게 주먹을 휘두르고 싶지?" 나는 떨고 있었지만 다빌로스는 당황한 표정조차 짓지 않았다. 그는 미식축구 팀에 속해 있었고, 몸무게가 90킬로그램이나 되었다. 당시 디니 신부님은 쉰다섯 살 정도였다. 하지만 다빌로스는 어리석지 않았다.

그가 말했다. "그렇게 하면 아버지가 절 죽일 걸요."

디니 신부님이 말했다. "그럼, 허락해주지."

"신부님, 이런 거 원하지 않으실 거예요."

"다빌로스."

신부님은 이렇게 말하면서 다빌로스가 서 있는 계단으로 내려와 망토를 벗어 다른 아이에게 건네주며 말했다.

"그래, 맞아. 어서 해봐. 한 방 날려봐." 그러더니 디니 신부님은 다빌로스의 얼굴을 후려쳤다.

다빌로스는 생각조차 못하고 있었을 것이다. 그는 흥분해서 주먹을 날렸지만 디니 신부님이 오른팔로 막았다. 신부님은 이어 왼쪽 스트라이크와 오른쪽 훅을 날렸다. 다빌로스는 쓰러졌다. 신부님은 손을 내밀어 망토를 돌려받았다. "다빌로스를 교실로 데려가."

나는 서둘러 교실로 돌아갔다.

아치미어에서의 출발은 쉽지 않았다. 나는 반에서 두 번째로 작았다. 키 155센티미터에 몸무게는 45킬로그램이 살짝 넘었다. 친구들이 말더듬증을 알아채는 데는 시간이 오래 걸리지 않았고 나는 1학년 때 수업 시간에 일어서서 발표하는 걸 면제받았다. 그렇지만 나는 어떤 면제도, 변명도 원치 않았다. 나는 말더듬증을 고칠 수 있기를 기도했지만 그저 운에 맡기지는 않을 생각이었다. 나는 말더듬증을 물리치려고 했다. 그래서 내가 아는 유일한 방법을 사용했다. 죽기 살기로 열심히 했다. 연습하고, 연습하고, 또 연습했다. 나는 예이츠와 에머슨의 긴 문장을 외우고 나서 윌슨 로드 쪽에 있는 내 방 거울 앞에 서서 말하고 말하고 또 말했다. "온순한 젊은이들은 도서관에서 자라난다…. 온순한 젊은이들은 도서관에서 자라난다…. 온순한 젊은이들은 도서관에서 자라난다…." 나는 얼굴 근육이 경직되지 않게 하려고 말할 때 얼굴을 응시했다. 경직된 내 얼굴을 보고 아이들이 웃을 때마다 얼어붙곤 했으니까. 턱에 힘이 꽉 들어가기 시작하면 말을 잠시 멈추고, 힘을 빼려고 노력하고, 미소를 지으며 다시 시작하려고 애썼다. "온순한 젊은이들은 도서관에서 자라난다. 그들은 키케로, 로크, 베이컨의 관점을 수용하는 것이 그들의 의무라고 믿는다. 키케로, 로크, 베이컨이 이 책들을 썼을 때 단지 도서관에 있던 젊은이였다는 사실을 사람들은 종종 잊어버린다. 이런 이유로 사색하는 인간 대신 책벌레가 생겨난다."

집에서는 어머니가 끊임없이 격려해주었지만 또 다른 자극제가 있었다. 바로 부-부 삼촌이었다. 어머니의 동생 에드워드 블러위트 '부-부' 피네건 삼촌은 1956년 외할아버지가 돌아가신 직후 윌밍턴에 있는 우리를 방문했고 그 후 17년간 그곳에 머물렀다. 블러위트는 매트리스 회사 썰타에서 출장 세일즈맨으로 일했는데 그곳을 그만둔 뒤로는 나와 내 형제들과 함께 메이필드에 머물렀다. 부-부 삼촌은 좋은 친구였고 뛰어난 남자였다. 어머니 집안에서 유일하게 대학 학위가 있는 사람이기도 했다. 삼촌은 내게 〈뉴욕 타임스〉 사설을 읽게 하고 나와 친구들을 앉혀놓고 논쟁을 벌이기도 했다. 어느 날 삼촌은 밥과 나를 수도 워싱턴 D.C.까지 차로 태우고 가서 구경시켜 주었다. 삼촌은 상원의원 에버렛 더크슨에게 걸어가 우리를 소개했다.

아버지처럼 블러위트 삼촌은 천박한 것을 참을 수 없어 했다. 지미나 내가 학교에서 주워들은 욕설을 했을 때, 부-부 삼촌은 비웃었다. "천박함은 자신의 편협한 마음을 그대로 드러내는 거야, 조이. 불쾌감을 표현할 때 좀 더 창의적으로 생각해내는 게 어떻겠니?"

하지만 부-부 삼촌은 그때까지도 심한 말더듬증을 고치지 못했고, 그 문제를 자신이 완수해내지 못한 모든 것에 대한 목발, 구실로 내세웠다. 삼촌은 결혼하지 않았고, 아이들도 없었으며, 자신의 집을 가진 적도 없었다. 재능이 많았지만 제대로 발휘하지 못했다. '진주만 공격' 이후 어머니의 네 형제는 군에 지원했다. 그들 중 셋이 군에 들어갔다. 앰브로즈 주니어 삼촌은 뉴기니에서 비행 중 사망했다. 잭과 제리 삼촌이 그 삼촌의 역할을 대신했다. 하지만 블러위트 삼촌은 군대에 가지 않았다. 그것도 말더듬증 때문이었을까? 한번은 삼촌이 술을 마시고 의사가 되는 것이 그에게 얼마나 큰 의미였는지 말해주었다. 삼촌은 그의 심신을 약화하는 말더듬증만 아니었다면 의대에 갔을 거라고 말했다. 어머니는 우리 모두에게 들리도록 큰 소리로 말했다. "그건 새빨간 거짓말이야, 에드워드 블러위트 피네건. 네가 의대에 가려면 20년은 걸렸을걸." 어머니는 삼촌의 변명을 받아들이지 않았다.

우리는 어렸지만 부-부 삼촌이 술을 조금 많이 마신다는 것을 알아챘다. 삼촌은 시간이 흐를수록 점점 더 비통해했다. 삼촌이 놀림을 받았다면―"이-이-이-이-이봐 부-부-부-블러위트"―강하게 반격했을 것이다. "내 이-이-이-이름으-으-은 프-프-프-프-피네건이야. 너도 알잖아. 피-피-피-피네건이 화나면 어-어-어-얼마나 무서운지 모르지! 누-누-누-누가 썼는지 몰라도 내-내-내-내기를 걸 거야." 그러고는 다른 사람에게 고개를 돌리고 말했다. "내-내-내-내가 내기할 수 있어. 저-저-저-저 애는 조이스도 한 번도 이-이-이-읽어보지 않았을 거야." 그는 부자들을 참기 힘들어했다. 아버지가 전쟁 중 돈을 벌고 있을 때, 삼촌은 아버지에게 바이든가에서 대학에 간 사람이 하나도 없다는 점을 상기시키곤 했다. "바-바-바-바이든은 돈이 있고, 조-조-조-조지프 경, 피네건 가족은 교육을 받고 있다." 그는 나이가 들면서 점점 더 억울해했고 때로는 천박함을 통제하지 못했다. "돈이면 다 돼. 조이, 빌어먹을 딴 건 꺼지라 그래."

나는 부-부 삼촌을 사랑했지만 결코 삼촌처럼 되고 싶지는 않았다. 그래서 밤에 거울 앞에 서서 얼굴을 응시하며 말했다. "바보 같은 일관성은 작은 정치가와 철학자와 점쟁이가 숭배하는, 작은 마음의 도깨비다." "조이, 이제 잘 시간이야!" "일관성 있는 위대한 영혼은 그야말로 할 일이 없다. 그는 벽에 그림자를 드리우는 일에 신경 쓰는 편이 나을 것이다. 지금 생각하는 것을 어려운 단어로 말하고, 내일은 내일 생각하는 것을 어려운 단어로 말하라. 비록 그것이 오늘 당신이 말한 모든 것과 모순되더라도 말이다.―'아, 너는 틀림없이 오해받을 것이다'―오해받는 것이 그렇게 나쁜 일인가? 피타고라스는 오해받았고, 소크라테스, 예수, 루터, 코페르니쿠스, 갈릴레오, 뉴턴, 그리고 모든 순수하고 지혜로운 정신은 육체를 빼앗겼다. 위대하다는 것은 오해받는 것이다."

한번은 데모스테네스의 방법을 써보기도 했다. 내가 읽은 책에서 그리스 웅변가 중 가장 위대한 데모스테네스는 말더듬이였지만, 자갈을 입에 넣고 발음하면서 연설하는 연습을 했다. 내가 기억하는 바로는, 조약돌을 입에 넣고 해변을 따라 뛰어다니며 '바다의 포효'보다 더 큰 목소리를 내려고 애썼다는 이야기가 전해진다. 근처에 해변이나 바다는 없었지만 나는 필사적이었기에 시도해보았다. 메이필드에 있는 이웃 1명은 뒷마당 정원에 작은 자갈길을 만들고 있었다. 그래서 나는 작은 조약돌을 10개쯤 움켜쥐고 우리 집 옆으로 가서 입안에 몰아 넣었다. 그리고 벽돌담 너머까지 들리도록 소리를 지르려고 했다. 분명히 말하면, 그 방법은 먹히지 않았다. 나는 조약돌 절반을 삼킬 뻔했다. 그래서 다시 내 방 거울 앞으로 돌아왔다.

나는 아치미어에서 말 그대로 나 자신으로 성장했다. 2학년 때 나는 입학할 때보다 30센티미터가 더 컸다. 평균 B보다 좋은 성적을 받은 적이 없었지만 여학생들과 반 친구들에게 인기가 있었다. 거의 모든 그룹에서 리더였다. 2학년 때 임원을 맡았고 3, 4학년 때 반장을 맡았다. 학생회장이 될 수도 있었지만 디니 신부님은 벌점이 많다며 선거에 나서지 못하게 했다. 나는 신부님의 뜻을 거스르면 안 된다는 것을 알고 있었다. 내가 지도자가 되려고 했다면 바른길로 가야 했다. 나는 놀림받는 아이를 유심히 지켜보았다. 나는 그 느낌을 잘 알았다. 놀림당하는 신입생 몇 명을 발견하고 집에 데려다주기도 했다. 가는 길에 숯 굽는 곳에 들른 것은 그 아이와 함께 있는 모습을 보이기 위해서였는지도 모른다. 나는 데이트 상대와 함께 어린아이를 학교 무도회에 데리고 가기도 했다.

나는 특히 스포츠에 뛰어났다. 3학년 때 우리 미식축구 팀의 무패와 고삐 풀린 득점 행진을 주도했고, 필드에서는 자신감이 넘쳤다. 나는 여전히 공을 원했다. 고교 시절 마지막 경기인 필라델피아 프렌즈 센트럴 경기에서 4쿼터를 몇 분 남겨두고 우리 팀으로 공이 넘어왔을 때 쉽게 승리할 수 있었다. 쿼터백 빌 피터맨이 한 말이 기억난다. "이거야, 얘들아. 우리한텐 마지막 볼 점유야. 그러니까 각자 한 번씩 공을 잡아 득점 기회를 차지하는 거야." 백 필드에는 쿼터백 4명이 있었다. 그는 나를 돌아보았다. "네가 먼저야, 조." 우리는 골라인에서 40미터 떨어져 있었다. 피터맨은 마지막에 공 잡는 사람이 득점할 확률이 가장 높다고 생각한 것 같았다. 그는 연극을 하고 있었다. "좋아, 내가 먼저 할게. 하지만 넌 그 빌어먹을 공을 되찾을 순 없을 거야, 피터맨." 나는 사이드라인에서 사이드라인으로 지그재그로 100미터 정도를 달린 것 같았다. 엔드존에 닿으려면 한도 끝도 없어 보였다.

그러나 아치미어에서 세운 가장 자랑스러운 업적은 내가 가장 자신 없는 곳에서 이루었다. 2학년 때, 나는 조회 시간에 일어나 5분 동안 스피치를 했고, 다른 아이들처럼 변명이나 면제 따위를 요구하지 않았다. 그리고 1961년 6월 졸업식 때, 나는 무대에 서서 한마디도 더듬지 않고 친구들과 어머니, 아버지를 맞이했다. 이로써 나는 말더듬증이 더 이상은 나 자신을 제지할 수 없다는 사실을 확인했다.

나는 말더듬증을 수많은 노력, 선생님과 가족의 도움으로 물리쳤다. 그러나 내 장애물을 진정으로 내려놓은 적이 없다. 무거운 짐은 아니었다. 그렇지만 그것은 누구나 자신의 짐을 짊어지고 있다는 사실(대부분은 내 짐보다 훨씬 더 큰 짐), 그 짐을 가지고 있다고 해서 누구도 작아질 필요는 없고 그 누구도 혼자가 아니라는 사실을 상기해준다는 의미에서 하나의 시금석처럼 늘 나와 함께한다.

2장

닐리아

J O E   B I D E N

굳이 말하지 않아도 혹은 말의 행간에서도 매우 많은 것이 소통된다. 나는 한부모 가정의 아버지가 되면서 그 사실을 배웠다. 나는 아이들과 특별한 시간을 함께 보내는 것만이 육아의 해결책이라고 생각해본 적이 없다. 내가 아이들을 키우면서 가장 좋았던 기억은 그저 함께 있는 조용한 공간에서 뜬금없이 일어난 순간들이었다. 나는 언젠가 노스스타에 있는 집 근처 공원에 차를 세웠다. 지붕이 열리는 67년산 코르벳을 몰고 있었는데, 당시 네 살이던 아들 헌터를 내 무릎에 앉혔다. 나는 아들을 그녀로 데려가면서 그동안 특별한 이유도 없이 수백 번씩 하던 말을 다시 해주었다. "사랑한다, 얘야."

헌터는 나를 똑바로 쳐다보더니 두 팔을 들어 크게 벌렸다. "하늘보다 더 사랑해, 아빠."

그것은 단지 겉으로 드러나는 행동에서 전달되는 애정과 존경만이 아니었다. 아이들은 어른들의 행동을 보고 그대로 흉내 낸다. 그리고 공기를 마시듯 가족의 가치를 들이마신다. 어머니는 이런 말을 즐겨 했다.

"아이들은 네가 그들에게 기대하는 대로 되는 경향이 있다."

헌트와 함께한 또 다른 생생한 기억이 있다. 그로부터 2년쯤 뒤였던 것 같다. 아이와 함께 시간을 보내던 어느 날, 헌터에게 질문했다. "그래서 헌터, 너는 커서 뭐가 되고 싶니?"

"중요한 사람이 되고 싶어요." 나는 그게 무슨 뜻인지 잘 알았다.

1961년 가을 델라웨어 대학교를 졸업하고 전공을 결정해야 할 때, 나는 흥미를 가졌던 정치학과 역사학을 선택했다. 하지만 내 계획은 로스쿨에 가는 것이었다. 1960년 봄, 매사추세츠 상원의원이던 존 F. 케네디가 민주당 대통령 후보 경선에 나섰을 때 나는 아치미어에 있는 도서관에서 그 아이디어를 얻었다. 케네디가 대통령 후보가 된다면 앨 스미스 이후 처음으로 지명된 가톨릭 신자가 될 것이었다. 많은 사람이 미국인은 결코 가톨릭 신자인 케네디를 선출하지 않을 거라고 했지만 그는 좌절하지 않았다. 그는 웨스트버지니아 경선에서 결정적 승리를 거두기 직전 군중에게 말했다. "세례를 받은 날에도 나는 대통령에 출마할 자격이 거부당했다고는 생각하지 않았습니다." 아일랜드 출신인 어머니는 그의 연설에 잔뜩 흥분했다.

케네디가가 바이든가와 공통점이 있는 듯 보이지는 않았다. 케네디의 아버지는 미국에서 가장 부유하고 잘 알려진 사람 중 1명이었다. 나는 그를 사진으로 본 적이 있었다. 그의 저택이 있었던 하이애니스포트는 메이필드와는 매우 달랐다. 케네디 상원의원은 돈이 많았음에도 나에게 호감을 주었다. 우리 가족은 사업이 잘된다고 해서 좋은 삶이 보장된다고 생각하지 않았다. 우리는 의인이 지상에서 얻을 것으로 보상받는다는 옛 칼뱅주의자의 시각에 항상 회의적이었다.

케네디의 품위와 자신감, 아름다운 아내, 완벽한 자녀도 나를 사로잡지는 못했다. 그저 정상적으로 보였을 뿐이다. 그의 젊음이나 그가 보여준 활력 때문이 아니었다. 그의 생각이 참신해서도 아니었다. 사실 1961년 1월에 열린 그의 취임 연설에서 받은 충격은 그 아이디어가 참신해서가 아니라 내가 세인트폴 성당과 홀리 로사리, 세인트헬레나, 아치미어, 특히 집에서 배운 교훈과 겹치는 부분이 많아서였다. 케네디는 그날 연설을 마치며 이렇게 말했다. "좋은 양심, 우리의 행동에 대한 유일하며 확실한 보상인 역사를 가지고 우리가 사랑하는 이 땅을 이끌어갑시다. 하나님께 축복과 도움을 요청하지만 지상에서는 하나님의 사업도 온전히 우리 몫이 되어야 한다는 사실을 알아야 합니다."

그가 한 말은 내가 자라면서 배운 것들에 대한 강력한 대중적 확인이었다. 우리가 가장 소중하게 여기는 것-평등, 공정, 그리고 단순한 정의-은 하나님의 것이 아니라 지켜야 할 우리의 것이다. 케네디 대통령은 내 세대의 다른 많은 사람에게 그랬듯, 나에게도 우리 세상을 더 나은 곳으로 만들기 위해 노력하는 것이 우리 의무임을 확실히 새겨주었다. 내가 이미 생각하고 있는 점이었다.

여느 10대처럼 고등학교 때 내 머릿속은 괴상한 몽상가처럼 한 쌍의 백일몽으로 채워져 있었다. 하나는 프로 미식축구 선수가 되는 것이었다. 다른 하나는 존경받는 공인이 되어 훌륭한 일을 하고 역사책의 한 자리를 차지하는 것이었다. 좋은 쪽으로 생각해야 하겠지만 어느 꿈이 더 우스꽝스러운 것인지는 모르겠다. 고등학교 3학년 때 몸무게가 63킬로그램이었는데, 우리 가족의 정치적 인맥은 지역 학교 이사회에까지 미치지 못했다.

하지만 냉정한 현실이 내 10대의 열정을 잠재우지는 못했다. 고등학교 3학년 말, 나는 스터디 홀에 있는 도서관에 가서 의회 인명록을 꺼내 전기를 읽었다. 워싱턴에 입성한 사람들에 대해 알고 싶었다. 그들은 어떻게 그곳에 갔을까? 그들의 개인적 역사를 훑어보다가 그들 중 많은 사람이 부유하고 안정된 가정 출신이라는 점 때문에 충격받았다. 오로지 스스로의 힘으로 그곳에 진출한 사람들은 거의 변호사였다. 그래서 나는 변호사로 진로를 정했다.

나는 대학 1학년 때부터 미식축구와 새로운 여자를 만나는 데 너무 관심이 많았던 것 같다. 만날 수 있는 여자는 많았다. 아치미어에서 엄격한 시간을 보낸 뒤라 대학 생활은 어렵지 않았다. 그것이 무엇이든지 간에 나는 스스로를 학자로 구분하지 않았다. 첫 번째 학점이 나왔을 때, 어머니와 아버지는 나에게 봄 학기에 미식축구를 하지 말라고 했다. 아버지는 내가 학점을 망치는 것을 원하지 않았다. "기억해, 조이, 넌 대학생이 되어야 해. 그 누구도 네 학위를 빼앗을 순 없어." 어느 날 오후 아버지가 기숙사 방에 들어왔는데 나는 야구 모자를 쓴 채 침대에 벌렁 드러누워 있었다. 방 안은 엉망진창이었고 훔친 도로 표지판이 어지럽게 널려 있었다. 펼쳐진 교과서 따위는 보이지 않았다. 아버지가 고개를 가로저으며 말했다. "그러니까 대학은 이런 곳이구나."

처음 2년간은 단지 본격적으로 힘을 쏟지 않았을 뿐이다. 심지어 기숙사 사감에게 소화기를 뿌린 일로 근신 처분을 받기도 했다. 나는 친구들과 라운지에서 많은 시간을 보냈는데 그곳에서는 항상 좋은 논쟁을 할 수 있었다. 때로는 민권운동, 피그스만 침공, 케네디와 흐루쇼프와의 만남, 쿠바의 미사일 위기, 자유세계의 미래에 대해 정치적 토론을 벌이기도 했다. 하지만 그보다는 우리의 미래에 초점을 맞추었다. 어느 날 나는 이런 질문을 던졌다. "너희는 졸업만 하면 미래를 보장받을 수 있어. 듀퐁에서 높은 초봉을 받고 평생 직장으로 삼으면서 말이야. 하지만 절대 1년에 4만 달러 이상은 벌지 못할 거야(1962년 당시에는 이 정도면 적지 않은 연봉이었다). 아니면 그 월급의 반 정도 받고 보장할 수는 없지만 얼마든지 많은 돈을 벌 수도 있는 일자리를 얻을 수도 있을 거야. 어느 쪽을 선택하겠니?" 그들 대부분은 확실하고 안전한 것을 선택했다. 엔지니어의 말처럼 나는 그들에게 말했다. "난 위험을 감수할 거야."

나는 공부를 해야 할 때 휴게실에서 논쟁을 일삼았다. 하지만 나는 4년 후 졸업하고 입학시험을 잘 봐서 로스쿨에만 들어가면 된다고 생각했다. 나는 내가 충분히 똑똑하다는 것을 알았다. 그런데 미적분이 내게 무슨 소용이 있었겠는가? 아니면 물리학이?

3학년 1학기가 되자 조금 걱정되기 시작했다. 내 학업 성적으로 좋은 로스쿨에 입학할 수 있을지 확신이 없었다. 그래서 정치학과의 젊은 교수이던 데이비드 잉거솔을 만나러 갔다. 그는 지금 내가 학교에 깊은 인상을 심어주는 유일한 방법은 능력을 보여주는 것이라고 말했다. 나는 세 학기 동안 부족한 부분을 메우고 성적을 보충하기 위해 노력했다. 큰 짐을 짊어지고 잘해내야 했다.

그렇게 하기로 마음먹자 해낼 수 있었다. 나는 다음 두 번의 학기 동안 37학점을 들으며 좋은 성적을 냈고, 심지어 미식축구 팀에서도 한 번 더 뛰었다. 2년 동안 뛰지 않았지만, 뎁스 차트(depth chart, 스타팅으로 나올 수 있는 모든 선수—옮긴이)에 빠르게 이름을 올려 코치들을 놀라게 했다. 매년 4월에 열리는 봄 경기가 끝난 후에는 수비 맨 후방으로 처진 것 같은 기분이 들었다. 9월 시즌까지 기다릴 수 없었다. 내 머릿속에는 벌써 가을 시즌이 펼쳐지고 있었다. 그래서 마지막 연습을 마치고 봄방학에 플로리다에 갔을 때는 기분이 꽤 좋아졌다. 그 여행은 모든 것을 바꿔놓았다.

나는 친구들과 함께 포트로더데일로 차를 몰고 갔다. 현금이 부족해 델라웨어 대학에서 온 여학생들의 임대주택에서 신세를 졌다. 하지만 해변에서 이틀을 보내고 나자 지루해졌다. 학교 사람 절반은 그곳에 있는 것 같았다. 같은 사람들이 매일 같은 옷을 입고 술에 취해 있었다. 나는 술을 마시지 않았다. 둘째 날 졸업을 앞둔 윌밍턴의 친구 프레드 시어스와 미식축구 팀의 또 다른 친구와 해변에서 이야기를 나누었다. 프레드도 심심한 것 같았다. "이봐, 조, 나소에 가본 적 있어?"

"음, 아니." 나는 비행기를 타본 적도 없었다.

"25달러면 카리브 항공으로 갔다 올 수도 있어."

주머니에 세금 환급금 89달러가 남아 있었다. 그래서 친구들과 셋이 함께 가기로 했다. 머물 곳을 찾지 못하면 하루만 있다가 집으로 돌아갈 생각이었다. 다음 날 아침 우리는 나소의 파라다이스섬으로 날아갔다.

바하마 공항을 나서면서 우리는 또 다른 대학생들을 만났다. 임대주택에 우리를 머물게 해준 학생들이었다. 하지만 우리는 그 주변에서 어슬렁거리지 않았다. 나소에서 보낸 첫날, 우리는 곧장 해변으로 향했다. 파라다이스섬에는 아름다운 백사장이 있지만 우리는 공공 해변 외에는 들어갈 수 없었다. 우리는 그 해변에 있는 유일한 대학생이었고—쇠사슬로 연결된 울타리가 물가까지 이어져 출입이 차단되었다—공공 해변 바로 옆은 감미로운 분홍색 브리티시 콜로니얼 호텔이었다. 울타리 안에는 브리티시 콜로니얼 해변에서 일광욕을 하는 아름다운 여대생이 수십 명은 보였다. 그 해변은 호텔 투숙객만 들어갈 수 있었는데 우리는 그냥 들어가기로 마음먹었다. 셋은 투숙객들이 말리려고 울타리에 걸어놓은 타월 3개를 가져다 브리티시 콜로니얼 호텔 마크가 보이도록 허리

춤에 두르고 정문의 경비요원들을 지나쳐 갔다. 우리는 호텔 투숙객처럼 보이도록 걸었고, 효과가 있었다.

나는 브리티시 콜로니얼 호텔 같은 곳에는 가본 적이 없었다. 그곳은 한가롭게 휴가를 보내기 위한 아치미어 같았다. 우리는 산들바람이 부는 안뜰을 지나 호텔 뒤쪽을 향해 걸어 나와 해변이 내려다보이는 수영장 덱으로 갔다. 대학생들이 사방을 배회하고 있었는데 우리는 해변에서 가장 가까운 긴 의자에 앉아 수영장 쪽을 보고 있는 두 소녀를 발견했다. 한 명은 갈색 머리였고, 다른 한 명은 금발이었다. 내가 말했다. "내가 금발 머리 찍었어."

친구가 말했다. "아니, 금발 머리는 내가 잡았어."

프레드가 말했다. "여기 동전 있어. 동전 던지기 해봐."

나는 누가 이겼는지 결과를 볼 때까지 기다리지 않고 금발의 소녀에게 다가갔다. 다른 친구는 갈색 머리에게 갔다. 그녀는 매우 매력적이었고, 꽉 끼는 호피 무늬 수영복을 입어서 친구는 별로 실망하지 않은 것 같았다. 나는 다가가서 금발 머리 옆에 앉았다. 어깨너머로 친구가 벽치는 소리가 들렸다.

"난 마이크야."

"마이크, 네가 내 햇빛을 가리고 있어."

"안녕, 난 조 바이든이야."

"안녕, 조. 난 닐리아 헌터야."

그녀가 내 쪽으로 돌아섰을 때, 나는 아름다운 미소와 멋진 녹색 눈동자를 보았다. 그녀는 오후의 온전한 태양 아래 영광스럽게 빛났고, 결점은 단 하나도 찾을 수 없었다. 나는 완전히 첫눈에 반했다. 그녀는 대화하기 쉬운 사람이었다. 그녀는 고향인 뉴욕의 스캐니틀리스 바로 아래쪽에 있는 시러큐스 대학교에 다녔다. 졸업한 지 두 달밖에 안 된 그녀는 시러큐스 중학교에서 9월부터 교편을 잡길 바랐다. 우리는 부모님에 대해 이야기했다. 그녀의 아버지는 식당을 운영하셨다. 형제자매에 대해서도 이야기했다. 그녀 역시 맏이였다. 짧게 이야기를 나누는 동안, 나는 브리티시 콜로니얼 해변 바로 앞에 멈춰 서는 큰 배를 언뜻 보았다. 나는 그렇게 큰 배를 직접 본 적이 없었다. 12미터는 족히 되는 것 같았다. 요트일 거라고 추측할 뿐이었다. 닐리아에게 나와 가족, 사는 곳에 대해 말하는 동안 나는 요트에 매료되었다. 닐리아에게 집중하면서도, 약 35미터 앞바다에 닻을 내리는 요트 위 남자에게 한눈을 팔았다. 요트에 타고 있던 사람은 소형 보트를 내리고 거기에 뛰어내려 해안쪽으로 노를 저었다. 그는 아주 쉽게 보트를 해변으로 끌어올리고 밖으로 나와 브리티시 콜로니얼 호텔 수영장 쪽으로 걷기 시작했다. 바로 나를 향해 걸어오는 것 같았다. 그는 위아래 흰색 옷을 입었는데 작고 흰요트 선수 모자를 썼고 바짓단은 접혀 있었다. 그가 맨발로 해변을 터벅터벅 걸어올 때, 그가 나를 향해 걷고 있다는 것이 점점 더 분명해졌다. 그는 우리 위에서 눈을 가늘게 뜨고 태양을 보았다. "안녕, 닐리아." 그가 말하자 내 가슴은 철렁 내려앉았다. 난 끝이야. 끝났어. 그가 말했다. "우리 오늘 밤에 만나는 거야?"

그녀는 그를 올려다보다가 나를 바라보았다. 그러고는 말했다. "오, 존, 미안해. 조에게 인사해."

"안녕, 조."

그는 우리 또래였는데 조금 더 나이가 많은 것 같았다.

"안녕, 존."

"오늘 밤에는 안 되겠어." 닐리아가 속삭이는 듯 작은 소리로 말했기 때문에 우리 둘 다 더 가까이 다가가서 들어야 했다. "조와 나는 오늘 저녁 먹으러 갈 거야."

심장이 가슴 밖으로 튀어나올 것처럼 쿵쾅거리는 게 느껴졌다. 난 그냥 하는 얘긴 줄 알았다.

존은 설명을 들으려고 계속 머무르지는 않았다. 그가 떠나자 닐리아가 나에게 사과했다. "내가 그렇게 말해서 기분 상하지 않았으면 좋겠어. 존과 데이트하고 싶지 않았거든. 존은 괜찮은 애야. 학교에서 만났어. 하지만 정말 오늘 밤에는 그 애와 데이트하고 싶지 않았어." 나는 닐리아의 말을 듣고 있었지만 조금 전에 그녀가 한 말이 여전히 머릿속에 울려 퍼졌다. '조와 나는 오늘 저녁 먹으러 갈 거야.'

"음, 저녁 먹으러 갈래?"

"그러고 싶어." 닐리아는 다시 속삭이듯 말했지만 거기에는 진심이 담겨 있는 것 같았다. "호텔 모퉁이를 돌면 깔끔하고 작은 식당이 있어."

내게는 17달러가 남아 있었다. 집으로 돌아갈 돈이었다. "음, 햄버거 먹을 수 있는 곳은 어떨까?"

그녀가 말했다. "그것도 괜찮아, 조." 나는 그것이 진심이라는 걸 알 수 있었다.

나는 그날 밤 호텔로 닐리아를 데리러 갔고, 그녀는 식당으로 안내했다. 그렇게 비싸 보이는 식당은 아니어서 천만다행이었다. 메뉴에는 햄버거도 있었다. 우리는 학교 이야기를 했는데 졸업하면 무엇을 하고 싶은지에 대해 많은 이야기를 나누었다. 그리고 주로 가족 이야기를 나눴다. 몇 시간 후, 저녁 식사가 끝나고 계산서가 나왔다. 그 섬의 물가에 대해 경고해준 사람은 아무도 없었다. 내가 지불해야 할 돈은 20달러였다.

술도 마시지 않았다. 당시는 1964년이었다. 웨이트리스가 내게 다가오며 돈 받을 준비를 했다. 식은땀을 흘리는데 그때 무릎에 무언가가 닿는 듯한 느낌이 들었다. 닐리아의 손이었다. 닐리아의 손을 맞잡으려고 손을 내밀자 그녀는 내게 20달러짜리 지폐 2장을 건네주었다. 내 얼굴에서 당황한 기색을 읽은 것이다. 웨이트리스가 거스름돈을 가지러 가자 나는 사과했다. "정말 당황스럽네."

"아, 그럴 필요 없어"라고 그녀가 말했다. "그러지 마. 우리 아버지도 그런 일을 많이 겪어. 당황할 필요 없어."

하지만 나는 그런 일을 겪지 않았다. 닐리아의 특별한 손길은 모두가 스스로를 편하게 느끼도록 만드는 것 같았다. 닐리아 옆에 있으면 누구도 위축되지 않았다.

우리는 저녁을 먹고 바로 헤어질 기분이 아니었고, 닐리아는 새 앨범을 홍보하는 젊은 브로드웨이 스타가 나오는 클럽을 알고 있었다. 닐리아는 호피 무늬 수영복을 입었던 친구가 클럽 주인과 사귀는 사이라서 공짜로 들어갈 수 있다고 했다. 그래서 우리는 작은 클럽의 라이브 쇼를 보러 갔다. 그러고 나서 나는 걸어서 닐리아를 호텔까지 데려다주었다. 하지만 발이 땅에 닿은 기억은 없다. 그 밤에 주차 요원들은 차들이 측면 도로에 접근하지 못하도록 체인을 걸어두었다. 내가 체인 밑으로 걸어갈 수 있도록 체인을 집어 올렸을까?

아니다.

나는 체인을 뛰어넘으려다가 발이 걸려 엉덩방아를 찧었다. 뒤에서 닐리아가 웃는 소리가 들렸다. 그러다가 그녀는 웃음을 멈추고 물었다. "괜찮아?"

나는 일어나서 먼지를 털었다. "난 괜찮아. 그냥 또 당황했어."

"아, 아니, 그러지 마. 너무 어두워서 제대로 못 본 거잖아."

어떻게 이런 여자를 사랑하지 않을 수 있을까?

나는 그녀를 호텔 앞까지 데려다주고 숙소로 돌아가는 길에 계속 생각했다. '바로 이 사람이다.'

나는 남은 휴가 기간 중 나흘을 나소에 머물렀고, 닐리아와 매일 밤낮으로 만났다. 나흘째 되는 날 나는 그녀에게 다음 주말에 아무 계획도 없다고 말했다. "뉴욕에 가면 만날 수 있을까?"

"그러길 바라."

나는 닐리아에게 말했다. "우리 결혼하게 될 것 같지 않아?"

그녀는 내 눈을 똑바로 쳐다보았다. "그럴 것 같아." 그녀가 속삭였다. "그럴 것 같아."

델라웨어로 돌아왔을 때, 곧장 기숙사로 향하지 않았다. 대신 소식을 전하기 위해 메이필드에 있는 집에 들렀다. 발의 말로는, 내가 문을 열자마자 안으로 들어서기도 전에 소리를 질렀다고 했다.

"발! 발! 이리 와봐. 그녀를 찾았어."

"누구를 찾아?"

"결혼할 여자를 만났어."

나는 모두에게 닐리아에 대해 말했다. 나는 그녀 이야기를 멈출 수 없었다. 발과 지미와 프랭키에게 말했다. 미식축구 팀 동료들, 친구들, 부모님에게도 말했다. 아버지는 상황을 파악하고 차를 빌려주셨다. 그다음 주 금요일 나는 새 여자 친구를 만나려고 스캐니틀리스까지 515킬로미터를 운전했다. 호수에 있는 닐리아의 집에 처음 차를 세웠을 때 헌터 가족은 바이든 가족과는 다르다는 것을 깨달았다. 그녀의 아버지는 식당 사업을 성공적으로 운영하고 있었다. 어둠 속에서도 그 집의 윤곽이 훤히 보였는데, 내 기준으로는 엄청나게 크게 느껴졌다. 문으로 걸어 갈 때 심장 뛰는 소리가 들렸다. 노크했고 문이 열렸다. 닐리아는 노란색 브이넥 스웨터를 입고 있었다. 음악이 흐르는 가운데 그녀가 미소 지었다. 그녀의 어깨너머, 납유리 너머로 호수가 내다보였다. 반대편 부두에서는 부드러운 불빛이 반짝였다. 내가 피츠제럴드의 개츠비처럼 느껴졌다. 내 비전, 내 꿈이 닿을 수 있는 바로 그곳에 서 있는 것 같았다.

닐리아의 집에서 그녀와 함께 있는 것은 나소에서 함께 보낸 시간만큼이나 편안했다. 우리는 하루 종일 이야기를 나누었다. 과거 이야기는 점점 줄고 미래에 대한 이야기를 점점 더 많이 했다. 우리는 일요일 밤에 헤어졌다가 다음 금요일 저녁에 다시 만나곤 했다. 나는 남은 학년 동안 주말마다 그녀를 만나러 갔다. 닐리아의 아버지는 보트를 가지고 있었다. "수상스키 타지, 조?"

"음, 한 번도 안 타봤어요. 하지만 할 수 있을 것 같아요."

닐리아는 수상스키를 '조금' 탄다고 말했는데 나는 곧 그녀가 이 지역에서 수상스키 영재일 거라고 생각했다. 헌터 씨가 겨울 창고에서 보트를 꺼내기 전 주만 빼고 나는 주말마다 스캐니틀리스에 갔다. 발의 친구인 진 페리가 포코노스에 있는 하베이스 호수에서 수상스키 타는 법을 가르쳐주기로 했기 때문이다. 하베이스 호수에서 휘발유를 45리터는 썼을 것이다. 하루는 6시간 연속 물 위에 서 있었다. 진은 소리를 지르곤 했다. "이봐, 조. 이제 충분하지?"

"조금만 더…. 슬랄롬(slalom, 활강-옮긴이)도 가르쳐줘."

마침내 호수에서 나왔을 때는 다리가 고무처럼 흐물흐물했지만, 다음 주말 스캐니틀리스로 돌아가 슬랄롬도 할 수 있었다. 여름이 끝날 때쯤에는 점프도 했다.

　대부분은 내가 닐리아를 만나러 갔지만 그녀도 발과 지미, 프랭키와 부모님을 만나기 위해 윌밍턴에 와서 한 차례 주말을 보냈다. 부모님은 성대하게 바비큐 파티를 열었고, 나는 아는 사람들을 모두 초대해 닐리아를 소개해주었다. 집에 남는 방이 없어서 닐리아는 발의 방에 머물렀는데 두 사람은 죽이 잘 맞았다. 발뿐만이 아니었다. 가족 모두가 닐리아를 마음에 들어 했다. 낯선 사람들로 둘러싸인 새로운 환경에서도 닐리아는 거북해하지 않았다. 아주 편안해 보였다. 그녀는 아버지에게 말했다. "훌륭한 바비큐 파티였어요, 바이든 씨. 정말 멋져요."

　부모님은 우리가 사랑에 빠졌다는 것을 알 수 있었고－그건 알아차리기 어렵지 않았다－그런 우리를 보며 매우 기뻐하셨다. 닐리아네 가족도 마찬가지였지만 그들은 우리 사이에 대해 확신을 가지지는 않았다. 그녀의 아버지도 나를 좋아하긴 했지만 오번 장로교회에서 저명한 인물이던 누이동생에게 압박을 받고 있었던 것 같다. 어느 금요일 밤 윌밍턴에서 장거리 운전을 해서 찾아갔을 때, 늘 그랬듯 닐리아가 문을 열어주었지만 그녀는 나를 밖으로 밀어냈다. 그리고 내게 말했다. "잠깐만, 조이, 아빠는 내가 널 더 이상 만나지 않기를 바라셔."

　나는 그 집 현관에서 죽는 줄 알았다. 이게 끝이라고?

　"네가 가톨릭 신자기 때문이야. 하지만 아버지한테 이렇게 말했어. '내가 선택하게 만들지 마, 아빠. 선택하게 만들지 마.'"

　헌터 씨는 그렇게 하지 않았다. 그는 나에게 아무 말도 하지 않았고, 닐리아에게도 더 이상 아무 말 하지 않았다. 이전에는 약간 의심만 했다면 이제는 확신이 들었다. 닐리아와 결혼하게 될 거라고. 나는 근처 선착장에서 가스 펌핑 일을 하게 되어 여름휴가 마지막 달을 스캐니틀리스에서 보낼 수 있었다. 미식축구를 어떻게 할지도 결정해야 했다.

가을 학기가 시작되기 2주 전에 훈련이 시작될 예정이어서 2주 일찍 스캐니틀리스를 떠나야 했다. 그리고 미식축구를 하면 주말을 반납해야 한다는 사실을 깨달았다. 플레이오프에 진출하기라도 하면 9월에서 12월 까지는 닐리아를 자주 만날 수 없을 것이었다.

나는 프리시즌이 시작되기 몇 주 전에 코치에게 전화를 걸었다. "코치 님, 이번 시즌에는 돌아가지 않겠습니다."

"누구지?"

"조 바이든입니다, 코치님. 이번 시즌은 뛰지 않을 겁니다."

"바이든? 올해 출전할 기회가 있다는 걸 알고 있겠지?"

"알고 있습니다, 코치님. 하지만 전 안 갑니다. 장난 아닙니다…. 실은 여자 친구를 만나는데 시러큐스에 살아요…."

뚜우우뚜우우우 소리만 들렸다. 그는 전화를 끊었다.

나는 주말마다 시러큐스에 갈 수 있도록 가을 학기에 금요일 수업을 간신히 비웠다. 차를 빌릴 수 없을 때는 히치하이킹을 했다. 심지어 닐리 아를 만나기 위해 여행 경비를 마련할 방법을 찾았다. 나는 사람들을 모 아 아버지를 위해 윌밍턴 주변의 다른 몇몇 자동차 대리점에 차를 실어 나르는 조건으로 1대당 10달러를 받기로 했다. 그래서 스테이션왜건을 빌려 매주 금요일 펜실베이니아주 랭커스터 근처의 맨하임 자동차 경매 소에서 5달러씩 돈을 받고 6~7명을 태워 윌밍턴에 있는 자동차 대리점 까지 차를 몰았다. 그들은 학교로 돌아가려고 히치하이킹을 했고, 나는 주말마다 적어도 30달러는 챙겼다. 괜찮을 때는 100달러를 벌었다.

스캐니틀리스를 오가는 도로에서 나는 혼자였다. 심지어 515킬로미 터를 5시간 만에 달려 스피드 기록을 깼을 때도 마음이 급했다. 나는 닐리아와 이야기한 미래를 질리도록 되짚곤 했다. 1년 후 졸업. 로스쿨. 결혼. 아이들. 닐리아는 5명을 원했고, 나도 좋았다. 그녀는 결혼 초기에 아이들을 낳아 아이들이 자랐을 때도 우리가 여전히 젊은 부부기를 바랐다. 우리는 부동산 전문가들이 소위 '완숙한 정원'이라고 부르는 진짜 나무가 있는 큰 튜더식 주택에 대해 이야기했다. 나는 재판 변호사가 되어 회사를 세운 다음, 공직에 출마할 생각이었다. 닐리아와 함께 있으면 그것은 백일몽이 아니라 하나의 계획이 되었다. 가족 이외의 사람이 닐리아만큼 날 믿어준 적은 없었다. 그녀의 눈을 통해 나 자신을 보면 뭐든 할 수 있을 것 같았다. 이제 로펌, 선거공보, 연설문, 유세 여행, 승리의 밤, 공직자가 되어 일하는 모습 등을 전체적인 그림으로 볼 수 있었다. 그것을 본다는 것은 끝까지 생각한다는 의미였다. 그리고 나는 변화를 감지할 수 있었다. 닐리아와 내가 어떻게 보일지, 무슨 말을 할지, 내가 임기 중 무엇을 하고 싶은지 알았다. 닐리아에게 그 이야기를 할 때, 나는 단지 공직에 진출하는 데서 그치는 게 아니라 그 자리에서 사람들의 상황이 더 나아지도록 하기 위해 일할 거라고 했다. 닐리아도 그 의견에 동의했다. 우리는 거의 모든 부분에서 의견이 일치했다. 우리 삶은 모험이 될 것이었다. 닐리아는 그녀의 방식대로 말했다. "우리는 해낼 수 있어. 확실해."

그다음 단계는 로스쿨에 입학하는 것이었고, 닐리아가 시러큐스에서 이미 교사로 일하고 있었기 때문에 나는 시러큐스 로스쿨에 지원했다. 닐리아가 내 미래의 일부분이 되었을 때, 훨씬 더 집중할 수 있었다. 나는 학과 공부에 그 어느 때보다 진지하게 임했다. 나는 뉴욕주 헌터 가족이 속한 지역의 의원에 관해 졸업논문을 썼다. 나는 닐리아가 정말로 집에 있고 싶어 할 경우에 대비해 뉴욕 북부 정치의 분위기를 파악하는 것이 좋겠다고 생각했다.

다음 두 학기 동안 성적은 상승했고, 로스쿨 입학시험에서도 좋은 성적을 거두었다. 1월에 원서를 냈을 때, 괜찮은 시험 점수와 교수님들의 추천서를 손에 넣었다. "바이든 군은 늦깎이였지만 마지막 해에는 큰 가능성을 보여주었다. 바이든 군은 최근 학업에서 뛰어난 재능을 보였다…. 그가 이제 더 잘해나갈 거라고 믿는다. 나는 그의 전반적인 능력에 대해 점점 더 높은 평가를 내리게 되었고… 빠르게 성숙해지고 있다…. 로스쿨에서 착실히 증명해주리라 기대한다…. 그는 '타고난' 변호사인 것 같다. 유능하고 논쟁적이며, 입장을 내세우고 강력하고 잘 제시된 주장으로 방어할 준비가 되어 있다." 나의 바람을 교수님도 알아챌 수밖에 없었을 것이다. 몇 주 후 시러큐스 로스쿨에서 나를 인터뷰한 교수진은 나를 인정하기로 했지만 그들이 주목한 것은 내 학업 성적이 아니라 갈망이었다. 그는 '동기'라고 썼다. 그것도 '강력한 동기.'

1965년 3월, 윌밍턴 부모님 댁에 편지가 도착했다. "친애하는 바이든 씨, 1965년 9월 학기에 시러큐스 로스쿨에 입학할 수 있음을 알려드리게 되어 기쁩니다. 환영합니다." 그것으로 첫 단계가 완료되었다. 하지만 첫해 등록금이 얼마인지 헤아려보니 3600달러였다. 여름에 일을 해서 600달러를 저축했지만 아버지는 돈에 쪼들리고 있었다. 지미는 공립 고등학교에 다녔지만 발은 대학에, 프랭키는 사립학교에 다니고 있었다. 그리고 아버지는 의료비와 치과 치료비 때문에 애를 먹고 있었다. 그래서 나는 재정 지원을 신청했고, 아버지는 우리 상황을 설명해야 했다. "아들의 대학원 교육에 500~600달러 이상을 마련하는 건 거의 불가능합니다. 유감스럽지만 저로서는 재정 지원이 절실합니다." 동창회 기금에서 1학년 등록금의 절반을, 델라웨어주에서 나머지 절반을 지원했지만, 등록금 외에도 필요한 비용이 많았기 때문에 나도 일을 해야 했다.

　로스쿨 학장이 학부 기숙사의 사감 일을 주선해 그 수입으로 기숙사 비용을 댈 수 있었다. 기숙사에서 나는 말더듬증이 있는 신입생에게 멘토가 되어주었다. 그 친구 이름은 내가 상상할 수 있는 최악의 이름이었는데, 볼스턴 스파 출신의 브루스 발무스였다. 나는 시간을 많이 들여 브루스의 자신감을 키워주려고 애썼다. 브루스를 닐리아의 집에 데리고 가기도 하고 내 친구들과 만나는 자리에 끼워주기도 했다. 그리고 거울 앞에 서서 내가 말더듬증을 물리친 방법을 보여주었다. 첫 학기가 끝날 때쯤 브루스는 내가 암송하는 에머슨의 문구를 거의 다 인용할 수 있게 되었다.

　나는 전해에 미식축구를 포기한 게 후회되어 반 친구 몇몇과 함께 로스쿨에서 팀을 꾸려 교내 리그에 출전했다. 팀원들은 내가 마치 올림픽에 출전하는 것처럼 행동했다고 말했다. 내가 윌밍턴에 있는 친구에게 라이델 스파이크화를 사서 부쳐달라고 했을 때 그들은 내가 미쳤다고 생각했을 것이다. 시러큐스에서는 그런 스파이크화를 파는 곳이 없었다.

　사회생활은 순조로웠다. 대학원 동기들은 대부분 결혼했거나 나처럼 결혼을 앞두고 있었다. 그래서 금요일 밤이면 누군가의 아파트에서 커플로 모이곤 했다. 동기들은 착하고 똑똑했다. 나는 동북 지역 각지에서 온 새로운 사람들을 만났다. 시러큐스에서 가장 친한 친구 중 한 명은 롱아일랜드 출신의 가톨릭 신자 잭 오웬스였다. 잭은 스타일이 좋았다. 그는 철마다 새 옷으로 바꿔 입었다. 우리는 그를 햄프턴 잭이라고 불렀다. 우리가 토요일에 미식축구 경기를 보러 가면 그는 바지 색과 매치되는 안감을 댄 낙타털 캐시미어 스포츠 코트를 입었다.

　잭은 누구와도 진지하게 사귀지 않았다. 그래서 닐리아와 내가 의논

한 끝에 의견의 일치를 보았다. 잭은 주말에 시러큐스를 방문할 여동생 발의 데이트 상대로 좋을 것 같았다. 잭과 발이 잘 맞으면 좋지 않을까? 그래서 나는 서둘러 일을 진행시켰다. "내 여동생 정말 괜찮아. 무척 똑똑하고 유쾌해. 아주 매력적이야. 델라웨어 대학 동창회에서 퀸이었어." 잭은 데이트해보기로 했다. 발은 그다지 확신하지 못했다. 그때는 몰랐지만 동생은 델라웨어에 사는 어떤 남자를 몰래 마음에 두고 있었다. 나는 발에게 전화를 걸어달라고 닐리아에게 부탁했다. "발, 네 마음에 들 거야."

"정말 관심없지만 거기 가면 하루는 데이트해볼게. 이틀은 말고."

닐리아가 말했다.

"약속할게, 발레리. 내가 세상에서 너를 위해 한 남자를 고른다면 그건 잭 오웬스일 거야."

"딱 하루야."

계획은 로스쿨의 대여섯 커플과 그룹으로 만나는 것이었다. 홈커밍 게임, 저녁 식사, 그리고 호수에 있는 닐리아의 부모님 집으로 돌아가는 것이었다. 잭과 발은 만나는 순간 불꽃이 튀었다. 발의 절묘한 표현에 의하면 잭은 '오만한 개새끼'였다. 잭은 나중에 나에게 발이 어떻게 동창회의 퀸이 되었는지 알 수 있을 것 같다고 말했다. 그날 토요일 밤 8시쯤 그는 공부를 하러 도서관에 가야 한다고 하면서 자리를 떴다. "만나서 반가웠어." 잭이 발에게 말했다. 그는 항상 공손했다. "다시 만났으면 좋겠어."

발이 대답했다.

"내가 널 먼저 보면 되지."

나는 토요일 밤마다 도서관에 가지 않았다. 나에게 로스쿨은 대학과 마찬가지였다. 내가 할 일은 오로지 졸업해서 사회로 나가는 것이었다. 그 일은 그다지 힘들지 않았고, 그저 지루해 보일 뿐이었다. 나는 허술하기 짝이 없는 오만덩어리였다. 1학기에 필요한 교과서를 다 샀는지도 기억나지 않았다. 수업에 자주 들어가는 학생도 아니었다. 일주일에 한 번은 클레이턴 헤일과 함께 차를 타고 집으로 돌아갔는데, 그가 복사하라고 노트를 건네주곤 했다.

첫 학기가 시작된 지 6주쯤 되었을 때 나는 기술적인 글쓰기 수업에서 논문을 완전히 망쳐버렸다. 우리 반 친구 중 1명은 내가 〈포담 로스쿨 리뷰〉 기사의 지문을 들먹였다고 비난했다. 나는 기사 내용을 인용했지만 제대로 된 것은 아니었다. 사실 나는 수업에 많이 빠져 법률 개요에서 인용문을 어떻게 처리해야 하는지 몰랐다. 교수진이 정기 회의에 내 문제를 안건으로 올렸고, 나는 직접 들어가 설명해야 했다. 학장들과 교수들은 내가 고의로 속인 게 아니라는 걸 이해했지만, 다음 해에 재수강하라고 말했다. 내게 하나님에 대한 두려움을 심어주려는 의도였다. 기본적으로 전하려던 메시지는 어느 정도 규율을 따라야 한다는 것이었다. 그렇지 않으면 1학년을 마치지 못할 것이라고 했다. 그러나 로스쿨 학장은 기숙사 지도 교수로 내 일을 감독한 학장에게 '그런 일이 일어나긴 했지만, 나는 그가 완벽하게 건전한 젊은이라는 의견에 찬성한다'고 썼다.

걱정했어야 하는 일이지만 대부분 지루했고, 1학기 성적도 괜찮게 나왔다. 이것은 단지 필기 성적일 뿐인데 1년간의 수업이 절반 정도 진행되었을 때 우리가 어떻게 지내왔는지 가늠하는 척도가 되었다. 정말 중요한 건 연말에 있을 마지막 학년말 시험뿐이었다. 하지만 나는 충분히 잘해냈기 때문에 굳이 거기 매달릴 필요가 없다는 것을 알았다. 내겐 일이 있었고 운동이 있었고 닐리아가 있었다. 나는 닐리아와 함께 시간을 보내고 기숙사 사감으로 일하며 브루스를 돕고, 미식축구 연습을 몇 시간씩 하고도 시험 전에는 학업을 따라잡을 수 있을 거라고 생각했다. 나는 항상 공부를 후다닥 해치웠고, 연애도 가능한 모든 시도를 해보며 돌진하는 편이었다. 그러다가 정말 당황하고 말았다. 기말고사를 열흘 앞둔 날이었다. 1년 중 유일하게 중요한 날을 앞두고 나는 너무 큰 구덩이에 빠졌다는 사실을 깨달았다. 1년 동안 내가 공부한 날은 벼락치기로 10일뿐이었다. 내 생애 처음으로 커피도 마셨다.

닐리아가 전략을 짰다. 통과해야 할 중요한 과목은 4개였다. 계약, 자산, 불법행위, 형법. 나는 계약과 자산 과목을 요약해 필기하고 그 내용을 공부했다. 닐리아는 클레이턴의 불법행위와 형법 노트를 가져갔다. 닐리아가 정리한 요약본은 매우 상세했고, 그녀가 만들어낸 기억법은 매우 영리해서 불법행위와 형법 시험도 순조롭게 넘어갔다. 계약 과목은 낙제했다. 자산 과목도 낙제할 뻔했지만 교수님이 돌아가시는 바람에 수강생 모두 합격했다. 로스쿨에서 좋은 성적을 거둔 잭은 나중에 자신도 낙제했을지 모른다고 말했다.

그래서 닐리아와 나는 함께 첫해를 보냈고, 몇 주 후 스캐니틀리스에서 성대한 결혼식을 올렸다. 헌터가 사람들은 결혼식을 집안 행사로 만들었다. 아버지, 어머니, 남동생과 여동생, 부-부 삼촌, 프랭크 삼촌, 사촌들 등 우리 가족 모두가 참석했고 로스쿨, 대학교, 아치미어 고등학교의 친한 친구들까지 모두 와주었다. 스크랜턴의 러닝메이트인 래리 오어와 찰리 로스도 결혼식에 참석했다. 식이 끝난 후 헌터 씨는 호숫가 큰 집에서 가까운 친구들과 가족에게 맛있는 음식을 대접했다. 오후에는 헌터가의 사람 중 더 많은 친척을 위한 컨트리클럽 파티가 열렸다.

그렇지만 헌터 씨가 나에게 해준 가장 관대한 일은 성당 문제였다. 닐리아는 로마 가톨릭 신부가 주례를 하는 것이 내게 얼마나 중요한 일인지 알았고, 거기에 동의했다. 헌터 씨는 이를 묵인했는데 그에게는 쉽지 않은 일이었을 것이다. 나는 헌터 씨처럼 잔뜩 긴장한 채 성당에 들어가는 사람은 처음 보았다. 그는 우리 결혼식 비디오에서 가톨릭 성당의 문턱 바깥쪽에 서서 뒷짐을 지고 있었다. 그는 끊임없이 불안에 떨었다. 그의 딸이 가톨릭 신자에 돈도 없는 남자, 게다가 민주당원과 결혼하고 있다. 그러나 헌터 씨는 닐리아가 나에게 영원한 믿음을 가지고 있다면 나에 대한 자신의 믿음도 그에 못지않으리라는 사실을 100가지 작은 방법으로 보여주었다. 그녀가 내게 인생을 걸려고 했다면 그 역시 그랬을 것이다.

나는 가장 지루한 수업에 집중하는 데 계속 애를 먹었지만, 연방 관할권, 입법권, 국제법 등 관심을 두는 분야에서는 높은 점수를 받았다. 졸업식이 가까워질수록 재판 변호사가 되어야겠다는 확신이 섰다. 나는 온타리오주 킹스턴에서 열린 소규모 모의재판 대회에서 우승했고, 불법행위 관련 답변을 한 후 급우들에게 갈채를 받았다. 초등학교와 고등학교 때는 두려움의 대상이었던 것이 강점으로 드러났다. 나는 내가 사람들 앞에서 말하기를 좋아한다는 것을 깨달았다. 에머슨의 말을 인용하는 연습 덕에 긴 구절도 쉽게 외우게 되었다. 대본을 내려다보며 글을 읽을 필요는 없었다. 그래서 이야기할 때 청중의 반응을 지켜볼 수 있었다. 청중의 집중력이 흐트러지는 기미가 보이면 즉흥적으로 농담을 던지고 주의를 기울이지 않는 사람을 골라 말을 걸었다. 나는 배심원단의 마음을 흔들 수 있고, 바로 눈앞에서 일어나는 일을 지켜본다는 생각에 짜릿했다.

그러나 로스쿨 마지막 학년이 끝나갈 때까지도 닐리아와 함께 살 곳을 정하지 못했기 때문에 일자리도 받아들이지 않았다. 부활절 휴가를 맞아 윌밍턴 부모님 댁을 방문했을 때, 아버지는 불안해 보였다. 도와주고 싶어 어쩔 줄 몰라 하시는 것 같았다. 자동차 사업에 종사하는 아버지의 친구 아들 중 상급 법원 판사로 일하는 사람이 있었다. 그리고 아버지가 자랑스럽게 말한 퀼런 판사는 기꺼이 내게 충고를 해주었다. 그래서 그 토요일 아침 나는 양복을 입고 로스쿨 이력서 2장을 든 채 시내에 있는 그의 법관 사무실을 찾아갔다. 빌 퀼런은 하버드 로스쿨 59학번이었다. 그는 델라웨어 주지사 찰스 레이먼 테리의 특별 보좌관으로, 31세에 판사로 임명되었다. 1968년 퀼런 판사는 30대에 불과했다. 그날 아침 그의 방에서 판사는 나에게 무엇을 하고 싶은지 물었고, 나는 사건을 심리하고 싶다고 대답했다. 나는 소송 담당자가 되고 싶었다. 그는 "델라웨어에서 가장 좋은 법률 사무소는 프리켓, 워드, 버트 & 샌더스야"라며 수화기를 들었다. "윌리엄스에서 대학 룸메이트가 로드 워드였는데 지금 거기 파트너로 있지." 몇 시간 후 나는 윙클러 레스토랑에 앉아 하얀 식탁보 너머에 있는 로드 워드를 바라보았다. 이력서를 건네주자 그는 만면에 미소를 지었다. 왜 안 그랬겠는가? 그 역시 어렸지만, 어려움을 겪은 적도 없고, 앞으로도 어려움을 겪지 않을 듯한 분위기를 풍겼다. 그는 올드 델라웨어의 사냥터에 큰 집도 갖고 있었다.

워드는 학업 성취도에서 그다지 내세울 것 없는 내 이력서를 한참 들여다보고, 오른쪽 구석에 붙어 있는 사진에 주목했다. "잘생긴 외모를 믿고 일자리를 구할 생각이시군요"라고 그가 말했다. 그는 현명한 사람이었지만 여전히 싱글거렸다. "그래서, 조, 왜 우리가 당신을 고용해야 할까요?"

나도 미소를 지어 보였다. 하지만 입을 다물고 있을 수만은 없어서 이렇게 말했다. "당신처럼 명망 있는 분이 반하셨으니 절 고용하고 싶어 하실 겁니다." 대체 무슨 소릴 한 거지? 나는 그들이 조 바이든을 고용하지 않을 것임을 알았다.

몇 주 후 프리켓, 워드, 버트 & 샌더스의 선임 파트너 윌리엄 프리켓에게서 편지를 받았다. 프리켓 씨는 모든 단락에 번호를 매기는 것으로 유명했다. 편지 내용은 이런 것이었다. (1) 바이든 씨, 당신의 이력은 그다지 인상적이지 않지만, 당신에게 기회를 주기로 했습니다. (2) 우리는 당신에게 연봉 5200달러의 일자리를 제공할 것입니다. 변호사 자격시험에 통과하면 연봉 8000달러를 지급할 예정입니다. (3) 승낙 여부를 알려주십시오.

나는 윌리엄 프리켓이 왜 내게 기회를 주었는지 몇 년 동안 궁금했다. 그는 조지타운대, 하버드대, 예일대 출신을 고용했다. 왜 그는 시러큐스 로스쿨 졸업 성적이 85점 만점에 76점밖에 안 되는 남자를 고용하려고 할까? 로드 워드는 그날 내가 윙클러 레스토랑에서 훌륭한 모습을 보였다고 생각하는 것일까? 내 지성과 추진력이 놀랄 만큼 뛰어났을까? 아마 아닐 것이다. 하지만 난 평생 내게 큰 기대를 거는 사람들에게 둘러싸여 있었고, 그 기대에 부응하려 최선을 다했다고 믿는다.

생각지도 못한 취업 제의를 받은 지 몇 년이 지난 후, 나는 내 로스쿨 서류와 교수님들의 추천서를 읽어볼 기회가 있었다. 로버트 밀러 학장은 '바이든 군은 뛰어난 재판 변호사가 될 수 있는 자신감과 능력을 갖추었음을 보여주었다'고 썼다. '그는 발로 뛰며 논리적으로 빠르게 사고하는 능력을 갖추었다. 또 통찰력 있는 분석적 연구를 할 수 있고 이를 문서로 작성할 수 있다.'

첫 학기에 망칠 뻔했던 기술적인 글쓰기 과목을 담당했던 제임스 위크스 교수는 '암송에서 (바이든 군은) 날카롭고 예리한 지성, 탐구 중인 특정 주제에 대한 지식을 보여준다'고 썼다. '그는 자신이 무엇을 하고 있는지 알고 있고, 특히 책임감이 매우 뛰어나다. 그는 모험도 기꺼이 불사할 사람이다. 그가 당신의 기대에 부응하지 못할 일은 없을 것이다.'

3장

평생 남을 것

내가 윌밍턴에서 제안한 일자리를 받아들일 거라고 친구들에게 말하자 그들 중 한 명이 오래된 농담을 꺼냈다. "바이든 씨가 당신을 위해 일하게 할 수 있다면, 당신은 정말 운 좋은 사람이다." 농담으로 듣긴 했지만 그냥 웃어넘길 이야기는 아니었다. 지금은 현실을 생각해야 했고, 나는 일할 준비가 되어 있었다. 나는 델라웨어 변호사 자격시험을 통과하기 위해 열심히 공부했다. 로스쿨에서 3년 동안 벼락치기로 했던 것을 3달 안에 해내야 했다. 그때 닐리아가 임신했다. 1969년 2월에 분만할 예정이었다. 우리는 가족이 될 예정이었고 살고 싶은 집에 대해 생각해야 했다. 사실 나는 이미 우리가 살 집에 대해 꽤 많이 생각해두었다. 나는 토요일에 닐리아와 함께 코르벳을 타고 윌밍턴 지역을 돌아다니며 견본 주택이나 매물, 집을 지을 수 있는 땅 등을 보러 다닐 생각이었다.

나는 고등학교 시절에도 부동산에 관심을 가졌다. 스쿨버스를 타고 학교에 갈 때 버스가 부자 동네인 마시 로드로 들어서면 아름다운 집에 관심이 쏠렸다. 가장 멋진 건 웨스트우드의 저택들이었다. 우리 동네인 메이필드의 주택가는 평평하고 나무 없는 농장 지대에 자리 잡은 데다 집이 들어선 것도 불과 몇 년밖에 되지 않았다. 우리 동네에는 그늘한 점 없었다. 거리는 평탄하고, 빠르게 달릴 수 있었으며, 좁았다. 속도를 낼 수 있게 조성되어 자전거 경주와 휘플 볼(whiffle ball, 구멍을 뚫어 멀리 날지 못하게 만든 골프 연습용 플라스틱 공으로 하는 경기-옮긴이)을 하기에 아주 좋았다. 그러나 그곳은 모든 것이 네모반듯하게 90도로 이루어져 있었다. 획일성의 법칙이 지배하는 곳이었다. 지붕 높이도 전부 같았다. 하지만 웨스트우드의 저택 앞길은 아침부터 저녁까지 넓은 거리가 휘황찬란하게 빛났다. 18~20미터의 느릅나무와 떡갈나무가 화려하고 웅장한 모습을 뽐내며 고요히 서 있었다. 잔디밭은 초록색이고 깔끔하게 손질되어 있었으며 경사가 져 있었다. 모두 벽돌과 나무로 된 네모난 집이 아니었다. 슬레이트 지붕, 불룩 튀어나온 내닫이창, 둥근 터릿(turret), 널찍하게 자른 석조 아치, 그리고 수백 제곱미터는 되어 보이는 석조 건물이 있었다. 아버지는 항상 메이필드 윌슨 로드에 있는 우리 집을 임시로 잠깐 사는 집이라고 하셨다. 웨스트우드 저택은 영원히 지속될 것처럼 보였다. 요즘 차를 타고 그곳을 지나가면 멋진 중산층 동네처럼 보인다. 특별할 건 없다. 그렇지만 1955년의 웨스트우드 저택은 역사와 전통에 특별한 연관성이 있고, 과거가 있고, 완벽한 은신처처럼 느껴지는 곳이었다. 춥고 축축한 겨울에는 내가 가장 좋아하는 튜더식 주택의 난롯가 풍경을 그려보았다. 나는 그 따뜻하고 아늑한 불빛이 퍼지는 커다란 돌 벽난로 앞에 모인 내 가족을 상상했다.

닐리아와 내가 윌밍턴에 돌아온 1968년 여름, 우리한테는 웨스트우드 저택이 무리라는 것을 알았다. 그래서 변호사 자격시험에 합격할 때까지는 집을 사지 않을 작정이었다. 우리는 마시 로드에 있는 작은 노란색 농가를 빌렸다. 닐리아와 나는 윌밍턴에 있는 집들도 보러 다녔다. 고등학교 때부터 꿈꿔온 집도 거의 손에 들어올 것 같았다.

내가 프리켓, 워드, 버트 & 샌더스 사무실에 들어간 날부터 이 회사는 스펙이 형편없는 시러큐스 로스쿨 출신 남자에게 모험을 걸고도 남을 만한 곳이라는 것을 알 수 있었다. 회사는 대형 보험사, 철도, 건설사, 석유 회사 등을 대리했다. 그들의 고객은 엄청난 자원을 가지고 있었다. 그들은 아무리 큰 사건이라도 담당자들에게 돈을 지불할 능력이 있었다. 나는 열의에 가득 차 일을 시작했다. 나는 회사가 내게 건 도박에 보상할 작정이었는데, 프리켓 씨가 내 안에서 뭔가를 본 것 같았다. 그는 나에게 회사가 매년 주최하는 델라웨어의 젊은 공화당원을 위한 크리스마스 파티를 맡아달라고 부탁했다. 그 회사의 몇몇 사람은 나에게 젊은 공화당원 모임에 합류하라고 제안했다. 나는 그들에게 리처드 닉슨이 이끄는 파티에는 절대 참석할 수 없다거나 대기업인 그 회사와는 빵과 버터 관계라 할 수 있는 고객들을 대변하는 일이 불편하다는 말은 하지 않았다. 회사에 들어간 지 얼마 되지 않았기 때문이다.

하지만 어느 날 아침 프리켓 씨가 윌밍턴 시내의 로드니 스퀘어에 있는 연방 법원에서 자신의 민사소송 변론을 지켜봐달라고 나를 초대했을 때 기회가 왔다. 회사는 직원 1명에게 고소당한 회사를 대리하고 있었다. 원고는 작업 중 심하게 화상을 입은 용접공이었다. 그 전날 오후 증언에서 그 용접공은 좁은 작업 공간에 비집고 들어가려고 안전복을 입지 않았다는 사실을 분명히 시인했다.

내가 그와 함께 법정에 간 날 아침 프리켓 씨는 직설적으로 용접공이 안전 의무를 소홀히 했다고 주장했다. 법에 따르면 우리가 배심원들 앞에서 변론하지 않아도 판사가 의뢰인을 위해 원고의 조성과실(피해자의 과실이 사건의 직접적 원인인 것-옮긴이)을 간단히 찾을 수 있다. 그날 아침 프리켓 씨가 지시평결(판사의 지시로 내리는 평결-옮긴이)을 해야 한다는 주장을 펼쳤을 때, 그는 관련 법을 인용했고 의뢰인을 잘 대변하고 있었다. 그런데 그가 판사석을 향해 변론할 때 나는 원고의 가족에게서 눈을 뗄 수 없었다. 용접공과 그의 아내는 닐리아와 나와 동갑이었다. 그리고 프리켓 씨가 변론하는 동안 그의 아내가 판사석에서 시선을 거두어 자신의 발을 내려다본 것을 기억한다. 판사는 바로 프리켓 씨의 발언을 인정하지 않았지만 프리켓 씨에게 간략하게 글을 써달라고 한 다음, 휴정을 선언했다.

혼자 연방 법원의 계단을 내려와 로드니 스퀘어를 가로질러 걸어가는데 명치가 꽉 막히는 듯한 기분이었다. 나는 프리켓 씨가 부도덕하거나 비윤리적 행위를 했다고 생각하지는 않았다. 사실 그는 자신의 일을 할 뿐이었다. 그러나 그 젊은 가족의 모습이 내내 머릿속에서 지워지지 않았다. 원고는 장애인이 되는 영구 손상을 입었지만 아무런 보상도 받지 못할 가능성이 있었다. 법이 그렇다고 해서 무조건 받아들일 수는 없었다. 법이 틀릴 수도 있었다. 내가 원고를 대표했어야 했다고 느꼈다. 내 역할은 제도의 손길이 닿지 않는 사람들의 편에 서는 것이라고 느꼈다. 로드니 스퀘어 중앙에 이르렀을 때쯤, 나는 회사를 그만두기로 결심했다. 그것은 해방이었다. 나는 닐리아가 나를 지지할 것이라고 확신했다. 무엇인가에서 멀어지는 느낌이 아니라 목표한 바를 향해 걸어가는 듯한 느낌이 들었다.

1968년 말, 윌밍턴 다운타운의 분위기는 뒤숭숭했다. 6개월째 계엄령이 선포되어 있었다. 민주당 주지사 찰스 테리는 지난 4월 마틴 루서 킹 박사 암살 사건이 며칠 동안 돌과 병 던지기, 저격, 약탈, 방화 등으로 이어지자 주 방위군을 소집했다. 나는 매일 회사에 출근하며 180센티미터의 거구에 제복을 입고 무장한 백인 병사들 옆을 걸어갔다. 분명히 그들은 나를 보호하기 위해 그곳에 있었다.

폭동이 끝난 지 7개월이 지났는데도 테리 주지사는 주 방위군을 무장 해제하지 않았다. 윌밍턴 시장의 요청을 받고도 테리는 거절했다. 그해 가을, 전국 뉴스 카메라 기자들이 주 방위군이 여전히 흑인 이웃을 감시하고 순찰하는 미국의 유일한 도시 상황을 보도하기 위해 간간이 모습을 보이기도 했다. TV 리포터들이 인터뷰한 백인 시민은 모두 그곳에 주 방위군이 주둔하는 데 찬성했다. 그들은 빈민가에서 폭동이 일어나 확산될까 봐 두려워했다. 그들은 윌밍턴 경찰이 폭동을 진압하기에는 역부족이라고 우려했다. 사람들은 대부분 불안에 떨었다. 그래서 시민들은 테리 주지사가 주 방위군이 주둔하는 것은 법과 질서를 유지하기 위해서라고 말했을 때 이에 동의했고, 평화를 확보하기 위해 약간의 자유를 포기할 용의가 있었다.

그러나 이스트 윌밍턴의 흑인 동네 주민들도 두려움에 떨기는 마찬가지였다. 매일 저녁 주 방위군이 무장한 채 거리를 휘젓고 다녔다. 해 질 무렵부터 새벽까지 야간 통행금지가 시행되었다. 어머니들은 자식들이 잘못해서 개죽음을 당하지는 않을까 겁을 냈다. 현지 주민들은 밤마다 정찰을 도는 주 방위군을 '쥐 순찰대'라고 불렀다. "그들은 우리를 동물 다루듯 하며 거리를 순찰했다. 그들은 우리 자존심을 짓밟았다"라고 흑인 시민들은 말했다.

야간 뉴스는 이런 윌밍턴의 이야기를 인종 간의 대화처럼 다루었지만 나는 흑인과 백인이 서로 대화하지 않는다는 사실을 알고 있었다.

1968년에 메이필드나 웨스트우드, 아덴크로프트에 있는 백인 중 대부분은 흑인과는 한 번도 대화를 나누지 않았을 것이다. 그리고 4만 명의 윌밍턴 흑인 시민 중 백인과 중요한 상호작용을 한 사람들은 극소수였을 것이다. 어느 해 여름, 도심 수영장에서 구조 요원으로 일하면서 그 사실을 알았다.

나는 1960년대 초에 그곳에서 일했다. 당시에는 프리덤 라이드(freedom rides, 인종차별 철폐를 위한 남부 지방 버스 여행 – 옮긴이), 연좌 농성, 불 코너의 경찰견, 소방 호스가 사람들의 관심사로 떠오를 때였다. 그 당시 여느 미국인처럼 나는 신문과 TV에서 인종차별과 시민권에 대한 놀라운 교훈을 얻곤 했다. 하지만 열아홉 살의 대학생이던 내가 얻은 가장 귀중한 교훈은 1962년 여름 프라이스 런 수영장에서 배웠다.

프라이스 런 수영장은 여름에 항상 만원이었다. 당시 인근 주택은 냉방 시설을 잘 갖추지 않았기 때문에 찌는 듯한 윌밍턴의 여름 더위를 식힐 수 있는 곳은 수영장뿐이었다. 그해 여름 수영장에서 일하던 구조 요원 12명 중 백인은 나뿐이었다. 매일 프라이스 런에서 수영하는 사람 수백 명 중에도 백인은 거의 없었다. 딱 1명 예외가 있었는데 수영장 기계를 수리하러 오는 빌 라이트라는 백인이 매일 그곳에 들렀다. 그래서 프라이스 런을 찾는 사람들은 거의 모두 내게 관심을 보였다. 내가 그곳에서 알게 된 사람들은 대부분 말 그대로 백인과 대화 나눈 적이 없었다.

어린아이들은 내 다리에 물을 튀기거나, 앉아서 내 젖은 머리가 햇볕에 마르면서 컬이 생기는 모습 지켜보기를 좋아했다. (그 소년들 중 일부는 그다음 해에 내가 이웃 아일랜드인 마을에서 공원 감독으로 일할 때도 찾아왔다. 그들은 분수대에서 술을 마셨다는 이유로 심하게 구타당했다.) 다른 구조 요원들은 나를 자신들의 농구 팀에 초대했다. 우리는 리버사이드 풀에서 3번가 다리를 건너 차를 몰았다. 나는 농구 코트에서도 유일한 백인이었다. 친구들은 나에게 인종차별을 일삼는 시내의 한 영화관에서 강제로 쫓겨난 일에 대해 말하곤 했다.

우리는 매일 점심시간에 열쇠 보관실에 앉아 이야기를 나누곤 했다. 남자들은 내게 백인 여자들은 어떤지, 그날 밤 데이트를 위해 내 바스 위준(Bass Weejuns, 미국 신발 브랜드의 로퍼-옮긴이)을 빌려줄 수 있는지 물어보곤 했다. 하지만 무엇보다 기억에 남는 건 그들이 들려준, 백인들에게 받은 대우에 대한 이야기였다. 내가 보기에 흑인은 매일같이 자신들이 미국에 속하지 않는다는 사실을 미묘하게 혹은 직접적으로 상기했다. 그들은 하루에도 10여 군데 작은 상처를 입었다. 수영장에서 친구들이 들려준 이야기는 노골적인 분노보다는 혼란과 고통에 더 가까웠다. 그다음 해 인종차별 철폐 문제에서 덜 공격적이고, 약간의 인내를 보여주길 바라는 지역의 백인과 흑인 성직자에게 킹 박사가 보내는 답변 형식의《버밍햄 감옥으로부터의 편지》가 출간되었을 때 나는 그들의 감정에 대해 생각해보았다.

여섯 살짜리 딸에게 TV에서 광고하는 놀이공원에 왜 우리는 갈 수 없는지 설명하려다 문득 혀가 꼬이고 말을 더듬거릴 때, 그리고 딸아이가 편타운에 유색인종은 들어갈 수 없다는 말을 듣고 눈물을 글썽일 때, 나는 딸의 작은 정신적 하늘에서 열등감의 불길한 기운이 형성되고, 백인에 대한 무의식적인 비통함이 커지며 성격이 왜곡되기 시작하는 것을 봅니다. "아빠, 백인은 유색인종에게 왜 그렇게 못되게 굴어요?"라고 묻는 다섯 살짜리 아들에게 무슨 말을 둘러대야 할지 모를 때, 자동차 여행을 하다가 받아주는 모텔이 없어 밤마다 불편하게 자동차 구석에서 쪽잠을 자야 할 때, '백인'과 '유색인종'으로 구분된 표지판을 볼 때, 이름이 '깜둥이'가 되고 미들네임은 '녀석'이 될 때(나이와 상관없이), 성은 '존'이 되고 아내와 어머니에게는 결코 존중의 표현인 '미세스'라는 칭호가 주어지지 않을 때, 낮 동안 괴롭힘당하고 밤마다 시달릴 때, 살얼음판을 딛는 심정으로 살아야 하며 다음엔 또 무슨 봉변을 당할지 모른 채 내면의 두려움과 외면의 억울함에 시달릴 때가 우리에게는 넘쳐납니다. 자신이 벌레만도 못한 존재라는 더러운 기분과 평생 싸워야 한다고 생각하면 왜 우리가 더 이상 기다리기 힘든지 이해할 것입니다.

프라이스 런 수영장의 열쇠 보관실에서 친구들과 이야기한 내용을 떠올리며 나는 킹 박사의 말을 더 잘 이해할 수 있었다.

그해 초여름에 나는 진짜 골치 아픈 일을 겪었다. 불량배 녀석들이 수영장에 와서 살다시피 했는데 그중에는 자신이 로마인이라고 말하는 사람들도 있었다. 로마인들은 머리에 포마드를 바른 사람과 마찬가지로 수영장에 들어갈 때 반드시 수영모를 써야 했다. 그들은 수심이 깊은 곳의 다이빙 타워에서 죽치고 있는 전형적인 10대 소년이었다. 어느 날 '콘 팝'이라고 불리는 한 로마인이 높은 다이빙대에서 계속 발을 굴러댔다. 엄연한 규칙 위반이었고, 난 모든 사람들에게 내가 만만한 사람이 아니라는 것을 보여주고 싶었다. 그래서 그에게 재빨리 다가가 당장 그만두라고 말했다. 하지만 그는 멈추지 않았다. 나는 다시 휘슬을 불었다. "이봐, 에스터! 에스터 윌리엄스!" 나는 모두에게 다 들리도록 큰 소리로 외쳤다. 에스터는 1950년대에 영화로도 만들어진 화려한 수상 쇼의 여왕이었다. "이봐요, 다이빙대에서 내려와. 여기서 나가요." 나는 그를 수영장 밖으로 내쫓았다.

다른 안전 요원들은 콘 팝이 철조망 울타리 밖에서 나를 기다리고 있을 것이고, 내가 차를 가지러 갈 때 면도칼을 들고 덤빌지도 모른다고 말했다. 몇 년 전 전직 구조 요원 총책임자인 백인이 등에 심한 자상을 입어 40바늘을 꿰매야 했다는 이야기도 있었다. 그래서 내 차까지 걸어갈 때 공원 경찰을 불러 경호를 받을 생각까지 했다. 하지만 그날 거기 있던 빌 라이트는 내가 경찰을 부르면 다시는 수영장에 못 나오게 될 거라고 말했다. 그는 당구장에서 쇠사슬을 꺼내 2미터 길이로 잘라 내 팔에 두른 다음 쇠사슬 위로 수건을 감쌌다. 그는 콘 팝이 덤벼들 때 정확히 뭐라고 말해야 할지 알려주었다. "콘 팝, 네가 나를 벨 수 있을지 모르지만, 그전에 내가 이 쇠사슬을 네 머리에 감을 거야."

차 앞에서 콘 팝과 마주쳤을 때 그에게 그대로 말했다. 그러나 나는 거기서 말을 멈추지 않았다. 나는 정말 그가 휘두르는 칼에 다치고 싶은 마음이 없었다. 또 열쇠 보관실에서 이야기를 나누며 뭔가 배운 게 있었다. 나는 콘 팝이 마땅히 들어야 할 말을 알고 있었다. "어쨌든 사과할 게 있어." 나는 다시 모두 들을 수 있을 만큼 크게 말했다. "너를 에스터 윌리엄스라고 부르지 말아야 했어. 그건 잘못한 거야. 네 친구들 앞에서 진심으로 사과할게. 하지만 또 그렇게 다이빙대 위에서 굴러대면 널 내쫓을 거야."

우리는 둘 다 무기를 버리고 결국 친구가 되었다. 콘 팝과 로마인들은 남은 여름 동안 나를 조심스럽게 대했다.

그래서 1968년 흑인 시민들이 테리 주지사와 주 방위군의 부당한 처사에 대해 불평하는 것을 들었을 때, 나는 그들이 하는 말을 이해할 수 있었다. 그들은 웨스트오버힐스나 메이필드 사람들과 같은 법적 보호를 받았을까? 근처에 사는 백인 동네 사람들처럼 그들에게도 이동의 자유가 주어졌을까? 백인 미국인처럼 그들도 자신이 사는 동네에서 안전감을 가질 권리가 있었을까? 나는 그 동네 사람들도 최소한 그 정도는 누려야 한다고 생각했다. 1968년에 세상을 바꿀 수도 없을 것이고 그런 일이 일어날 리도 만무했지만, 그래도 뭔가 변화를 이끌어낼 수는 있을 것 같았다. 그래서 나는 로드니 스퀘어를 가로질러 3층 건물 지하로 걸어 들어가 국선 변호사 사무소에 신청서를 넣었다. 5년 전 기드온 대 웨인라이트의 대법원 판결에서는 어떤 피고도 변호사 없이 재판에 나가도록 강요당해서는 안 된다고 언급했다. 피고가 비용을 감당할 수 없다면 정부에서 그것을 부담해야 한다. 나에게는 이것이 신의 일처럼 여겨졌다. 국선 변호사가 되는 것은 결코 쉬운 일이 아니었지만, 내가 헌법을 수호하는 주체라는 느낌이 든 것은 처음이었다. 내 의뢰인은 대부분 이스트 윌밍턴 출신의 가난한 아프리카계 미국인이었고, 그들이 유죄든 무죄든 상관없이 나는 그들이 재판에서 제대로 변호받을 수 있도록 최선을 다했다.

그러나 첫날부터 형사 사법제도의 진정한 교훈을 얻었다. 형사 법정에서 아직 오리엔테이션 중인데도 판사는 나에게 다음 날 재판할 사건을 맡겼다. 나는 아직 공식적으로 국선 변호사도 아니고, 사건에 대해 아무것도 몰랐으며 준비할 시간도 없다고 항변했다. 판사는 수갑과 발목에 사슬을 묶은 강도 사건 피고를 바라보며 괜찮겠느냐고 물었다. 그가 말했다. "이자도 남들과 다름없는 사람이야."

하지만 1969년에는 신의 일이라는 건 상근직으로 할 만한 게 아니었다. 새 국선 변호사 사무실은 자금이 넉넉하지 않아서, 나를 반나절 정도밖에 쓸 수 없었다. 그렇지만 그곳에서 아렌센 & 발릭이라는 로펌을 추천해주었다. 시드 발릭은 이 도시에서 가장 존경받는 형사소송 변호사 중 한 명이었지만 너무 만만한 인물로 알려져 있었다. 그는 무보수 업무와 힘든 사건을 여럿 담당했다. 내가 국선 변호를 하는 동안에는 아렌센 & 발릭의 형사사건은 맡을 수 없었다. 하지만 그는 민사소송을 버거울 만큼 많이 다루고 있었고 대부분은 성사 사례금만 받도록 되어 있었다. 다시 말해 승소하면 돈을 받지만, 패소하면 돈을 받지 못한다는 뜻이었다.

나는 시드 발릭을 보면서 좋은 변호사가 되는 법을 배웠다. 의뢰인이 시드에게 사건을 위임했을 때는 아마 정말로 절망적이고 곤경에 처해 있었을 것이다. 우리는 수임료가 신통치 않은 의뢰인을 대리했다. 뭔가 잘못된다면 그들은 막다른 골목에 몰리게 된다. 그들이 사고로 차를 잃었는데 보험회사가 보험금을 지급하지 않는다면, 그들은 일하러 갈 수 없었다. 업무에 지장을 주는 부상이나 질병이 생기면 온 가족이 타격을 입는다. 대부분은 실업보험이나 직장 산재보험에 가입되어 있지 않았다. 그들은 청구금을 지불할 방법이 없었다. 시드는 나에게 가장 힘든 삶의 순간을 보내는 사람들을 돕는 법을 가르쳐주었다. 훌륭한 법적 도움을 넘어, 그들이 공황 상태를 벗어날 수 있도록 충분히 안심시킬 필요가 있었다. 시드는 의뢰인의 어깨를 감싸주며 그들에게도 자기편이 있다는 사실을 깨닫게 하는 것이 얼마나 중요한지 보여주었다. 상대가 보수적인 짙은 색 양복을 입고 넥타이를 맨 남자일수록 더욱 좋다.

나는 또 시드에게 배심원단이나 청중의 주목을 끄는 법도 배웠다. 일부 배심원은 시드가 맡은 의뢰인에게 겁을 집어먹곤 했는데, 그는 배심원들이 사실에만 집중하게 만드는 법을 잘 알고 있었다. 그는 변론을 시작하면서 배심원들에게 말했다. "자, 중요한 것을 놓치지 마십시오. 검사는 피고의 나쁜 점을 늘어놓겠지만 본 사건과는 특별히 관련이 없습니다. 자, 이제 피고를 보시면 그가 특별히 매력적인 남자는 아니라고 생각할지 모릅니다. 어쩌면 그는 저녁 식사에 초대하고 싶은 사람이 아닐지 모릅니다. 딸의 남자 친구로도 탐탁지 않을지 모릅니다. 하지만 그건 핵심이 아닙니다. 문제는 과연 그가 강도 행위를 저질렀는가 하는 점입니다. 핵심에 집중하세요. 검사는 이 남자를 싫어해야 할 이유만 강조하려 들 겁니다. 하지만 그건 여러분이 한 배심원 선서에서 책임질 부분이 아닙니다. 여러분이 선서한 책임은 합리적인 의심을 넘어 피고인이 특정 범죄를 저질렀다는 증거가 확실한지 여부를 판단하는 것입니다."

시드 발릭은 델라웨어에서 민주당을 개혁하려는 민주당 포럼이라는 조직으로 나를 이끌었다. 테리 주지사의 월밍턴 계엄령은 더 큰 문제를 드러냈다. 주 당국은 인종 문제에서 점점 더 진보적이 되어가는 주류 민주당원에 대해 잘 알지 못했다. 델라웨어주의 많은 민주당원은 여전히 흑인을 위해 학교 통합과 주택 시장 개방을 주장하며 싸우고 있었다. 그래서 매주 수요일 밤 나는 마켓 스트리트에 있는 사무실에서 나와 피아니 그릴까지 반 블록을 걸어가 델라웨어 민주당을 개편하려는 사람들을 만나곤 했다. 나는 내가 믿는 법률을 실행하고 정치에 관여하고 있었다. 나는 바로 내가 원하는 곳에 있었다.

'보'라고 불리는 조지프 로비넷 바이든 3세가 1969년 2월에 태어났고, 3개월 후 닐리아는 다시 임신했다. 그래서 이제 살 집을 찾는 데 전력을 기울여야 할 때가 왔다고 생각했다. 그러나 부동산에 더 많이 관여할수록 삶이 점점 더 복잡해진다는 사실을 깨달았다. 우선 닐리아의 아버지에게 일부 자금을 빌려 델라웨어주 뉴어크에 작은 집을 샀지만, 그것은 돈을 벌기 위한 임대용 부동산이었다. 하지만 그 전에 닐리아와 나는 윌밍턴의 우즈 로드에서 집을 하나 발견했다. 우리가 원하던 것처럼 튜더식 건물도 아니었고, 너무 비싸기도 했지만 그 집을 놓치기가 아쉬웠다. 그래서 아버지와 이야기를 나누었고, 아버지가 우즈 로드에 있는 집을 구매하고 부모님이 그곳으로 이사하기로 했다. 나는 메이필드의 윌슨 로드에 있는 아버지 집을 샀고, 우선 닐리아와 그 집으로 이사해 돈을 더 모으기로 했다. 우리 부모님은 우즈 로드로 이사하셨지만, 우리가 메이필드로 옮기기 전에 2만 평 땅에 작은 오두막집이 임대 매물로 나왔다는 소식을 들었다. 그 집은 월세를 내지 않아도 되었다! 우리가 할 일은 운동장에 있는 개인 수영 클럽을 관리하는 것뿐이었다. 그래서 메이필드 집을 어느 의사 부부에게 임대하고 컨트리클럽 수영장 관리를 인계받았다.

1970년 2월에 로버트 헌터 바이든이 태어난 뒤로는 특히 오두막이 비좁은 듯한 느낌이 들었다. 나는 내 돈을 들여 집을 넓힐 수 있게 해달라고 수영 클럽 이사회를 설득했다. 그리고 뉴어크와 메이필드에서 나오는 임대 수입 덕분에 오두막집을 약간 키울 수 있었다. 보가 아직도 다락에서 자야 했기 때문에 우리는 완벽한 집을 계속 찾아다녔다. 집을 더 많이 찾아다닐수록 우리가 갖고 싶은 건 땅이 아닐까, 하는 생각도 들었다. 그래서 25분 거리에 있는 메릴랜드 엘크턴의 한 농장을 발견했을 때, 우리는 기뻐서 펄쩍 뛰었다. 그곳이 우리 땅이 될 것 같았다. 마음에 쏙 드는 10만 평의 땅에 600평의 연못과 긴 흙길이 있고, 작고 아름다운 오래된 석조 가옥이 있었다. 집은 좀 손봐야 했다. 음, 아주 많이…. 그곳에는 바이든 가족 구역을 만들 만큼 공간이 충분했다. 진입로 양쪽에 나무를 줄지어 심어 아치미어처럼 잎이 무성한 캐노피를 만들 계획이었다. 발은 물론 지미와 프랭키도 그곳에 집을 지을 수 있었다. 어머니와 아버지가 은퇴한 후 지내기에 완벽한 장소였다. 우리는 그 농장에 5만 5000달러를 지불했는데 그중 약 3만 5000평은 크리스마스트리 농장을 만들고 싶어 하는 오랜 고등학교 친구에게 팔았다. 그러고 나서 대대적으로 개조하는 데 필요한 돈을 모으기 전에 지미를 시켜 페인트칠과 대청소를 하게 했다. 그러던 중 지미는 집을 빌리려는 대학생 일행을 만났다. 델라웨어 대학은 바로 아래쪽에 있었다.

널리아와 나는 엘크턴 농장의 개조 보수에 필요한 자금을 마련하기 위해 3건의 임대 수입을 확보했다. 널리아는 지역 가톨릭 초등학교에서 교사로 일했다. 그리고 우리는 여전히 집세 없는 오두막집에 살면서 수영장을 관리했다. 나는 아마도 델라웨어에서 토요일마다 구조 요원 일을 한 유일한 변호사였을 것이다.

나는 밤마다 널리아와 아이들이 있는 집으로 서둘러 돌아왔지만, 피아니 그릴에서 열리는 민주당 포럼 수요 회합을 놓치지 않으려고 애썼고, 내가 쓸모 있어 보일 만큼 거기서 충분히 시간을 보냈던 것 같다. 어느 날 한 선배가 내 사무실에 와서 뉴캐슬 카운티 의회에 출마할 생각이 있는지 물었다. 그는 내가 살던 지역의 (웨스트오버힐스를 포함해서) 거의 60퍼센트가 공화당원이라고 말했다. 하지만 노동자 계층이 많은 선거구에서는 민주당이 우세했다. 포럼에 참석한 사람들은 내가 매력적인 후보일지도 모른다고 생각했다.

나는 카운티 의원이 되는 것에는 그다지 관심이 없었다. 카운티 의원이 무슨 일을 하는지도 몰랐다. 게다가 그즈음에는 널리아와 로펌 창업에 대해 이야기를 나누고 있었다. 나는 포럼을 대표해서 온 사람에게 할 수 없다고 말했다. "도버까지 갈 시간이 없을 뿐입니다." 나는 카운티 의회가 주도에서 열릴 것이라고 추측했다.

그는 내가 농담하는 게 틀림없다는 듯 나를 바라보았다. 그러고는 창문까지 걸어가 커튼을 젖히고 사무실 건물을 가리켰다. "뉴캐슬 카운티 의회가 저 건물 건너편에서 화요일과 목요일 저녁에 열립니다."

"아."

그날 밤 집으로 돌아가 닐리아에게 카운티 의회에 출마하고 싶다고 말했다. 그곳은 공화당 텃밭이라 당선되기는 힘들겠지만 정당에서 호의를 베풀고 많은 걸 배울 거라고 설명했다. 나중에 더 진지하게 출마하고 싶을 때 바탕이 될 좋은 경험인 듯했다. 그녀는 늘 그렇듯 단 한 가지 질문만 했다.

"조이, 할 수 있을 것 같아?"

"그래."

"그럼 할 수 있을 것 같아. 한번 해보자."

여동생 발에게 선거운동을 도와주겠느냐고 했더니 그녀가 물었다. "카운티에 의회가 있어?"

발레리 바이든은 공화당이든 아니든 패배할 경쟁에는 절대 개입하지 않았다. 발은 체계적인 조직가였다. 그녀는 여러 선거를 거치면서 유권자 기록을 얻었다. 동네의 블록마다 색인 카드를 만들어 가지고 있었고, 각 블록을 담당할 캡틴을 모집했다. 나는 대부분의 시간을 엘스미어, 뉴포트, 스탠턴 같은 민주당 색이 강한 선거구에서 보냈다. 내가 자란 곳과 같은 중산층이 사는 지역도 집집마다 돌며 많은 시간을 보냈다. 그 지역은 1970년에는 공화당이 절대적으로 우세했지만 나는 그들과 대화하는 방법을 알고 있었다. 나는 그들이 좋은 정부와 재정 긴축, 그리고 무엇보다 환경을 중시한다는 것을 알았다. 나는 그들에게 개발자를 검토하고 녹지 공간을 지키기 위해 싸우겠다고 약속했다. 그 중산층 유권자들은 내게 중요한 열쇠였다. 1970년 11월 선거에서 델라웨어 민주당은 완패했지만 나는 2000표 차로 카운티 의원에 당선되었다.

닐리아와 나는 우리 삶에 속도가 붙기 시작하는 것을 느낄 수 있었다. 모든 일이 생각보다 빨리 진행되었지만, 나는 달리기를 멈추지 않았다. 카운티 의회에서 일주일에 이틀 저녁을 보내야 했다. 정말 신경 쓰고 있는 사안과 내가 영향을 미칠 수 있다고 생각하는 부분에서는 준비 작업에 점점 더 시간이 많이 들었다. 뉴캐슬 카운티는 수십 년 동안 가속적으로 성장해왔다. 〈캔디드 카메라〉라는 TV 프로그램은 최근 주 정부와 약간의 재미있는 일을 벌였다. 델라웨어 북부 주 경계의 한 교차로에서 공무를 수행하는 듯 보이는 두 사람의 모습이 카메라에 잡혔다. 진행자는 "델라웨어 주민들이 인구 폭발에 대해 뭔가를 하고 있다"라고 설명했다. 그들은 '델라웨어 폐쇄'라고 쓰인 큰 표지판을 들고 서 있었다. 자동차 운전자들은 그 표지판 앞에 멈춰 서서 뒤로 돌아갔다. "뉴저지 쪽으로 가보세요. 그쪽은 열려 있습니다." 많은 운전자가 차를 돌렸다. 한 불쌍한 남자는 누군가 떠날 때까지 기다렸다가 밀거래라도 하듯 들여보내달라고 애원했다. 하지만 1971년까지 실제 상황은 그렇게 재미있지 않았다. 뉴캐슬 카운티에서는 개발에 대한 제재가 거의 없었다. 가장 가난한 동네에서는 하수도가 역류해 집집마다 욕실과 지하실에 오수가 넘치고, 맨홀 뚜껑이 거리에 뒹굴었다. 크리스티나 마시는 하수 시설이 엉망이어서 위협받고 있었다. 셸 오일은 델라웨어시 근처 물가에 650만 평의 땅을 은밀히 매입해 해안가에 제2의 정유 공장을 짓기 위해 서두르고 있었다. 연방 고속도로 관리공단은 간선도로를 연방 고속도로로 만드는 대규모 프로젝트를 위해 돈을 지원하고 있었다. 대기오염을 줄일 수 있는 대중교통을 도입할 연방 자금이 책정되지 않으면서 주 정부는 대형 트럭이 펜실베이니아부터 카운티를 지나 뉴저지주, 메릴랜드와 그 너머까지 쌩쌩 달릴 수 있도록 현관, 트리 하우스, 인도, 화원, 식료품점을 갈아엎고 그 자리에 10차선 고속도로를 깔았다.

카운티 의회에서 보낸 첫해에 나는 건설업자와 대기업을 담당하는 사람으로 알려졌다. 나는 일자리와 부를 창출하는 데 전적으로 찬성했지만, 이익을 낼 기업은 실제 비용을 공평하게 회계 처리해야 한다고 생각했다. "셸이 우리 환경을 망치지 않는다는 걸 증명하라고 합시다." 나는 말했다. "그들이 증명하지 못한다면 이곳을 고속도로 구역에서 제외하도록 할 것입니다." 몇 년이 지난 뒤에는 내 스탠스 때문에 '스마트하게 성장한 남자' 이미지를 갖게 되었지만 1971년에는 많은 사람이 나를 발전을 막는 개새끼라고 불렀다.

저녁에는 카운티 의회에서 보냈지만 낮에는 로펌을 세우는 데 시간을 할애했다. 나는 아버지가 판매할 자동차를 구매할 때 재정 지원을 해준 은행에서 돈을 빌렸다. 다른 변호사 2명을 영입했고, 월밍턴 시내 마켓 스트리트에 사무실을 임대해 소기업 경영자가 되었다.

닐리아, 보, 헌터와 나는 여전히 오두막에서 살았고, 수영장을 관리했다. 겨울에도 해야 할 일이 있었다. 닐리아와 나는 식수대를 새로 마련하고 전화국에 연락해 구조 요원 대기소에 전화선을 연결하고 배수로와 낙수 홈통을 교체할 도급업자를 찾았으며, 수영장에서 물이 새는 곳을 찾아서 메우고 남자 샤워실 끝부분 난간을 수리해야 했다.

우리가 소유한 부동산에는 제각기 골칫거리가 있었다. 엘크턴 농장의 소작인들이 우물물이 말랐다고 불평을 늘어놓았기 때문에 예비비가 600달러뿐이었지만 우물을 복구해야 했다. 첫 번째 집 구입에 필요한 종잣돈 때문에 닐리아의 아버지에게 빚을 진 것 외에도 3건의 모기지가 있었다. 특히 뉴어크에 있는 집에 세 든 대학생들이 제때 집세를 내지 않으면 돈을 맞출 수 없었다. 그런 상황을 피하기 위해 나는 매달 세입자에게 보내는 편지에 월세 지불 날짜를 언급했다. '세입자가 돈을 내지 않으면 재정 상태가 불안정해진다'는 식의 내용이었다. '그런 일을 막으려면 빨리 월세를 받아야 한다. 이번 주말에 내게 연락해서 월세를 확실히 계산하고 곤경에서 벗어날 수 있도록 해달라.'

우리는 한꺼번에 너무 많은 일을 벌였지만 어디까지나 일시적이었다. 이것은 스스로 선택한 모험이었다. 우리는 뭔가 큰 것, 영구적인 것을 만들고 있었다. 그리고 나는 모든 것을 제자리에 놓기 위해 열심히 달렸다. 한가한 토요일이 되면, 닐리아와 나는 보와 헌터를 아기 요람에 넣어 코르벳 뒷좌석에 태우고 완벽한 집을 찾으러 다니곤 했다. 그러다 펜실베이니아주 경계선 근처에 있는 구불구불한 시골 도로에서 미래의 집을 발견했다. 노스 스타 로드 228번지에 위치한 그 집을 보는 순간, 둘 다 그 집을 사야 한다고 생각했다. 집은 윌밍턴에서 북쪽으로 20분 정도 떨어진 델라웨어의 노스 스타 마을에 있었고, 경사진 5000평의 숲이 우거져 있었다. 집도 있었고, 뒤쪽에는 낡은 헛간과 수영장, 목욕탕도 있었다. 집 자체는 1723년에 지은 식민지 시대풍(문자 그대로 식민지 시대에 지은) 중앙 홀이 있었고 돌 위에 벽토를 바르고 천장은 높았으며 바로 입주 가능했다. 우리는 아무것도 할 필요가 없었다. 닐리아와 나는 망설이지 않았다. 우리는 1971년 2월 마지막 주에 거래를 요청했고 3월 첫째 주에 대출 서류를 준비했다.

노스 스타의 집을 구매하는 데는 두 가지 큰 걸림돌이 있었다. 먼저 집 계약금을 현금으로 마련하기 위해 엘크턴, 메이필드, 뉴어크의 집을 팔아야 했다. 둘째, 노스 스타 로드는 카운티 의회 구역을 벗어났기 때문에 임기가 끝날 때까지는 실제로 이사할 수 없었다.

우리는 구매자로서 한 번도 후회한 적이 없었다. 우리가 제시한 금액이 그해 봄까지도 받아들여지지 않았고, 우리는 그냥 그 집을 보려고 차를 몰고 옆으로 지나가곤 했다. 드라이브웨이 뒤쪽은 강한 햇살을 받아 개나리가 노란 꽃망울을 터뜨리고 있었다. 닐리아는 다시 임신했고, 수영장이 있는 오두막집에서는 아이 셋을 키울 수 없었다. 지금이 그때였다. 그 무엇도 우리가 이 집을 구입하는 것을 막을 수 없었다.

솔직히 나의 정치적 미래는 그렇게 밝은 것 같지 않았다. 1971년 델라웨어 민주당은 한심할 지경이었는데, 28세의 정치 신인인 뉴캐슬 카운티 의원 조 바이든이 가까운 선거 때 접전 지역에서 당선된 최고위 민주당원이라는 것만 봐도 그랬다. 민주당은 완패한 것이나 다름없었다. 당 지도부는 거의 절망적인 상황에서 25명으로 구성된 민주개혁위원회를 만들었다. 그들은 전 주지사, 전 국회의원, 전 대법관을 초대했는데, 델라웨어주에서 가장 저명한 민주당원과 나도 포함되었다. 거의 15년 만에 위원회에서 가장 젊은 멤버로 일하게 된 나는 기록과 소등을 맡았다. 다른 위원들이 위원회 활동을 진지하게 받아들였기 때문에 나도 진지하게 여겼다. 우리는 민주당 조직, 선거운동 기법, 그리고 본질을 현대화해야 한다는 것을 깨달았다. 1971년 겨울과 봄에 우리는 주 전역에서 청문회를 열었고 델라웨어주 전체의 민주당 의원과 여성 위원을 만났다. 닐리아는 내가 그 위원회 위원으로 활동하는 것이 어떤 장점이 있는지 나보다 먼저 파악했다. 그녀는 나보다 더 본능적인 정치인이어서 우즈 로드에 있는 부모님 댁에서 '블루리본' 저녁 식사를 하자는 아이디어를 냈다. 어머니와 여동생 발은 닐리아를 도와 요리와 거실 청소를 하고 위원회 위원이 모일 공간을 만들었다.

친구 밥 커닝햄과 몇몇 다른 남자들이 나에게 1972년에 있을 미국 상원의원직 선거에 유력한 후보로 새로운 책임을 주도할 사람을 뽑는 데 도움을 달라고 부탁했다. 우리는 주지사이던 버트 카벨에게 요청했다. 델라웨어 대법원의 로즈 장학생 겸 대법원장인 조 튜넬 판사에게도 요청했다. 얼마 되지 않는 민주당원 기업가도 찾아갔다. 기업 대표는 델라웨어의 완벽한 후보였다. 하지만 요청한 사람 모두에게 거절당했다. 우선 그 선거 레이스에서는 민주당이 승리할 가능성이 매우 낮은 듯 보였다. 현직 공화당 상원의원인 J. 케일럽 보그스는 1946년 이후 델라웨어주 전체에서 패배한 적이 없었다.

1971년 봄에는 개인적인 걱정거리가 있었다. 메이필드 집의 구매자를 찾았고 노스 스타의 집 계약을 마무리하기 바로 전날 메이필드 집의 계약을 간신히 마무리 지을 수 있었다. 뉴어크 집과 엘크턴 농장도 매입자가 나섰지만 몇 달 동안 시간만 질질 끌며 계약은 성사되지 않았다. 11월에 셋째를 출산할 예정이었다. 그리고 한 가지 큰 문제가 남아 있었다. 선거구를 떠나 이사하는 것은 옳지 않다는 생각이 든 것이다. 노스 스타의 집을 소유하게 되었지만 아직 이사하면 안 된다고 생각했다. 그래서 닐리아와 그 문제에 대해 의논했다. 우리가 할 수 있는 일은 한 가지뿐이었다. 그다음 주 주말에 부모님 집에 저녁 식사를 하러 갔다. 우즈 로드에 있는 부모님 집은 바로 선거구 한가운데에 있었다. 우리는 식탁에서 늘 앉던 자리에 앉았고, 두 아들 모두 전용 유아 의자에 앉혔다. 나는 바로 말하기로 했다. 닐리아를 바라보았는데 내가 입을 열기도 전에 어머니가 물으셨다.

"뭐니, 조이?"

어머니는 바로 알아차렸다.

"아, 우리가 산 집 말인데요." 나는 아버지 쪽으로 고개를 돌리며 말했다. "그 집이 정말 마음에 들 거예요, 아버지. 땅도 넓고 수영장이 있어요. 그 집이 정말 마음에 들 거예요, 아버지."

"그래, 좋아, 이 챔피언!"

어머니가 눈을 가늘게 뜨고 나를 바라보았다.

"알다시피, 아버지, 중요한 건 그 집이 제 선거구 밖에 있다는 거예요."

"그렇지."

아버지는 그것을 왜 자신이 신경 써야 하는지 알아차리지 못했다.

"저, 아버지, 부탁 하나 할게요."

아버지가 대답했다. "응, 물론이지."

어머니가 아버지에게 말했다. "자, 여보, 조심해요."

"음, 아버지, 노스 스타에 있는 저희 집으로 이사하시고 저희가 여기에서 살면 안 될까요?"

"세상에! 조이!" 아버지는 목소리를 자주 높이는 분이 아니었다. "너희 때문에 우리가 얼마 전에 여기로 이사했잖아."

"아버지, 정말 그곳을 좋아하실 거예요. 정말이에요. 1년 정도면 돼요. 공화당 텃밭을 제 선거구로 만들었고 저는 내년에 다시 출마해야 해요. 이제 이 구역 중 거의 3분의 2를 공화당원이 차지했어요. 다시는 이길 수 없을지 몰라요."

아버지는 "알았어"라고 말했다. "하지만 세상에, 조…. 그래, 알았어."

"우리에게 시간을 좀 줘야 해, 조이"라고 어머니가 말했다. 어머니는 내 성격을 너무 잘 알았다.

아버지를 데리고 가서 그 집을 보이자 아버지도 마음에 든 눈치였다. 사흘 뒤 아버지가 출근하는 동안 지미가 이삿짐 트럭을 끌고 우즈 로드에 나타났다. (바이든 집안사람들은 이사할 때 한 번도 이삿짐 회사를 부른 적이 없었다. 우리는 직접 한다.) 어쨌든 지미는 침대를 먼저 옮기려 했다. "침대는 놔둬, 지미." 어머니가 부탁했다. "오늘은 아버지가 이 집에 와서 주무실 거야."

"걱정 마세요, 어머니. 노스 스타에 침대부터 들여놓을게요. 오늘 밤 안에 그 집으로 짐을 다 옮겨다 드릴게요."

어머니는 자동차 대리점에 있는 아버지에게 전화를 걸었다. "어머, 세상에, 조." 어머니가 아버지에게 말했다. "오늘은 우즈 로드에 있는 집에 오지 마."

"뭐!?"

"우스 로드로 오지 마. 이사하는 중이야."

"빌어먹을 놈들. 도대체 왜 그러는 거야?"

퇴근 후 아버지는 침대를 가져다놓은 노스 스타로 차를 몰았다.

닐리아와 나는 여름 동안 수영장을 관리하기로 약속했지만, 그해 가을에 그 일을 접고 우즈 로드에 있는 부모님 댁으로 이사했다. 닐리아와 나는 스물여덟 살이었고, 모든 일이 계획대로 착착 진행되고 있었다. 우리는 마침내 오랜 소원인 멋지고 편안한 집을 마련했다. 그리고 서른이 되기 전에 노스 스타에 있는 집에 들어갈 수 있을 거라고 굳게 믿었다. 닐리아는 내게 절대적인 정신적 지주였다. 그녀는 불안해하거나 의심하는 법이 없었고, 세상일에 완전히 느긋했다. 나는 조급하고, 경솔하고, 화를 내기도 하지만 닐리아는 나의 거친 모서리를 매끄럽게 다듬는 방법을 알았다. 그녀는 세 아이와 집, 나의 정치 생활을 보살펴주었다. 닐리아는 가족, 직장, 정치가 매끄럽게 하나가 되도록 어떻게든 우리 삶을 순조롭게 만들어주었다. 그녀는 우리 삶의 한 부분을 다른 부분과 분리할 필요가 없었다. 그녀는 별도의 노력 없이도 그것들을 모두 잘 맞추었다.

로펌이 성공적으로 굴러가는 것도 닐리아 덕이었다. 우리가 처음으로 큰 사건에서 이겼을 때 나는 조지프 로비넷 바이든 주니어 앞으로 발급된 5000달러짜리 수표를 받았다. 그렇게 금액이 큰 수표를 받은 것은 처음이었다. 그 수표 한 장이 돈 걱정을 싹 해결해주는 건 아니었지만 닐리아와 나는 세상을 다 살 수 있을 듯한 기분이 들었다. 그래서 주에서 가장 좋은 가구점에 가서 네 기둥이 달린 침대와 식탁 세트, 시내에 있는 사무실에 들여놓을 커다란 책상을 샀다. 계산서를 보니 액수가 상당했다. 아마 수표보다 더 많은 금액이었을 것이다. 하지만 그건 가구였다. 침대와 식탁 세트는 노스 스타의 집에 잘 어울렸다. 닐리아는 내가 성공적인 로펌 사장 자리에 잘 어울리는 책상을 가질 자격이 있다고 말했다. 좀 더 실용적인 젊은 가족이었다면 더욱 안전하게 자산을 관리했을지 모른다. 하지만 우리는 모험을 했다. 닐리아는 미래를 확신했다. 그날 가게에서 그녀는 "품질이 좋은 것을 사야 해"라고 말했다. "평생 갈 물건으로."

4장

문이 열리다

JOE BIDEN

허브 모텔 같은 곳에서 기회가 찾아오리라고 기대하는 사람은 없을 것이다. 델라웨어주 도버에 있는 전형적인 도로변 모텔인 허브는 장엄하거나 낭만적인 분위기는 눈 씻고 봐도 찾아볼 수 없었다. 내 방에는 폴리에스테르 침대보가 깔린 침대 2개와 벽에 붙여놓은 미끈거리는 합판 책상, 그리고 작은 화장실이 딸려 있었다. 나는 1971년 여름 며칠 동안 이곳에서 먹고 잤다. 중간선거(미국에서 4년마다 열리는 대통령 선거 중간에 열리는 의원 선거-옮긴이) 기간에 델라웨어주 민주당 모임 대부분은 허브에서 열렸다. 나는 지역 중학교에서 열릴 회의를 준비하는 중이었고, 속옷 차림으로 화장실 세면대 앞에 서서 면도를 하고 있었는데 노크 소리가 들렸다. 현관문을 열자 델라웨어 민주당 원로인 헨리 토펠과 버트 카벨이 나를 밀치다시피 해서 안으로 들어와 침대에 앉아 이야기를 나누었다. 내가 뭔가 끔찍한 잘못을 저지른 게 틀림없다고 생각한 나는 바지를 입는 동안 기다려달라고 양해를 구했다.

허브 모텔에서 손이 면도 크림 범벅이 된 채 대충 옷을 주워 입고 서 있었을 때, 토펠과 카벨은 내 앞으로 탁자를 밀었다. "조, 우리 모두에게 상원의원 선거에 출마하라고 했잖아. 우린 네가 출마해야 한다고 생각해." 우리 가족 중에는 미국 상원의원을 아는 사람이 없었다. 나는 우리 가족 가운데 미국 상원의원을 아는 사람을 알고 있는 사람이 있는지도 몰랐다. 내가 처음 보인 반응은 "나는 상원의원에 출마할 만한 나이가 되지 않는다고 생각한다"였다. 나는 계산해야 했다. 선거는 1972년 11월에 치러질 것이다. 나는 그달 말에 서른 살이 될 것이었다. 1973년 1월 새 회기가 열릴 때쯤엔 취임 선서를 할 자격이 주어진다는 뜻이었다. 선서하기 5주 전에는 자격을 얻게 된다.

토펠과 카벨은 내가 다시는 카운티 의회에 출마하지 않으리라는 것을 알고 있었다. 공화당의 젊은 개혁파 의원들은 그 점을 파악했다. 그들은 나를 떠오르는 스타로 여겼던 것 같다. 그래서 1970년 인구조사 이후 젊은 개혁파 의원들은 내 선거구를 수정했다. 1972년에 내 새 지역구 의석이 늘어났고, 그 지역의 공화당원 비율은 약 55퍼센트에서 60퍼센트 이상으로 바뀌었다. 나는 당시 그들이 그걸로 농담하는 것을 들었다. 그 사람들에게는 재미있는지 몰라도 나는 갈 곳이 없었다. 제대로 해내거나 그곳을 떠나야 했다.

상원에 출마하지 않을 이유는 얼마든지 있었다. 나는 로펌을 경영하고 있었고 닐리아와의 사이에 아이 셋을 두었다. 그리고 노스 스타 집을 수리할 시간이 더 필요했다. 나는 헛간에 페인트칠을 하고, 수영장 주변에 나무를 심고, 손도 조금 볼 계획이었다. 나는 닐리아에게 형제와 몇몇 친구의 도움을 받아 거의 모두 직접 처리할 거라고 말했다. 그리고 선거운동 자체만으로도 충분히 힘든 싸움이었다. 공화당 소속인 J. 케일럽 보그스가 출마한다면 그를 이기는 건 거의 불가능할 것이다. 초기 여론조사에서는 보그스가 델라웨어의 민주당 주지사를 두 번 역임한 버트 카벨에게 대승을 거두었다. 보그스의 후계자인 미국 국회의원 피에르 S. '피트' 듀퐁 4세와 윌밍턴 시장 할 하스켈은 가장 잘 알려진 민주당원보다 더 많은 지지를 얻고 있었다. 나는 서식스 카운티와 켄트 카운티에서 중요한 당 후보들을 만났지만, 윌밍턴 교외의 작은 선거구인 뉴캐슬 카운티 의회에 출마한 경험이 전부였다. 그래서 허브 모텔의 트윈베드에 앉아 있는 당 원로들에게 생각해봐야겠다고 말했다.

그 순간부터 나는 그 생각을 멈출 수 없었다. 스물여덟 살에 그만한 위치에서 이런 도전을 고려해야 하는 사람이 몇이나 되겠는가? 상원의원이 되면 내가 전쟁과 평화, 환경, 범죄, 시민권, 여성권 등 중요한 문제에 영향을 미칠 수 있다는 사실을 알았다. 나는 상원의원으로서 델라웨어와 미국 전체를 더 나은 곳으로 만드는 데 도움을 줄 수 있다고 믿었다. 나는 내 신념에 따라 사람들에게 정말로 도움을 줄 수 있었다. 그래서 주변 사람들에게 출마에 대해 이야기했다. 얼마 뒤 밤에 위원회 회의가 끝난 후 친구 겸 동료인 민주당 개혁 세력 밥 커닝햄과 함께 차를 타고 집으로 돌아갔다. 그는 나보다 열 살 정도 위였고 델라웨어 정치에 대해 잘 알고 있었다. 나는 밥의 의견을 존중했기 때문에 그가 어떻게 생각하는지 알고 싶었다. 우리는 듀퐁 호텔 앞에 세워둔 그의 차에 앉아 있었다. 나는 "저기, 밥, 몇 사람이 나에게 미국 상원의원 선거에 출마하는 게 어떻겠냐고 얘기했어요"라고 말했다. "제가 그 제안을 진지하게 받아들여야 할까요?" 그는 내 눈을 똑바로 바라보며 "아주 진지하게 받아들여야 할 것 같은데"라고 말했다.

닐리아도 우리가 할 수 있다고 생각했다. 우리는 허브 모텔에 있을 때부터 그 이야기를 했는데 그녀는 더 길게 말할 것도 없다고 했다. 닐리아는 내심 내가 법률계에 종사하면서 변호사 일을 계속하길 원했다. 그녀는 내가 대법관이 되길 꿈꿨다. 하지만 내가 판사가 되는 데 관심이 없다는 것을 알고는 지금이 우리가 집중할 때라고 생각했다. 모든 선택을 열어둘 때는 지났다. "조이, 난 당신이 끝까지 하든지 아니면 일찌감치 손을 떼든지 해야 한다고 생각해. 일주일에 40시간 넘게 일하면서 로펌을 만들고 있잖아. 카운티 의회 업무로도 일주일에 40시간 넘게 일하지. 두 가지 일을 다 하려다가 죽을지도 몰라. 원하던 게 정치라면 그걸 해. 오로지 정치만."

상원의원 선거에 뛰어들 때 내가 가진 큰 무기는 평생 내 편이 되어준 바이든 가족, 특히 동생들이었다.

발은 고등학교부터 대학, 카운티 의회에 이르기까지 내가 참여한 모든 선거운동을 함께했고, 상원 선거운동도 맡았다. 뭔가를 요청할 필요조차 없었다. 프랭키는 아직 고등학생이었기 때문에 어린 자원봉사자를 모집하는 일을 도왔다. 델라웨어 대학에서 졸업반이던 지미는 가장 힘든 일을 맡았다. 선거 자금을 모으는 것이었다.

1971년 여름, 가족 모임에서 어머니는 식구 중 유일하게 의구심을 표현했다. "조이." 어머니가 말했다. "퀼런 판사는 네가 정말 훌륭한 젊은 변호사라고 했어. 상원에 출마해서 평판이 안 좋아지는 건 아니겠지?" 그러나 내 관점에서는—그리고 사실 그대로 어머니에게 설명하자면—상원에 출마하는 데는 위험이 전혀 없었다. 가족 외 소수의 사람만이 내가 선거에서 승리하리라고 생각했기 때문에 내가 졌다고 해도 사람들은 이렇게 생각할 터였다. '멋진 젊은이군. 진지한 젊은이야.' 이 선거운동으로 내가 손해 볼 일은 전혀 없는 듯했다. 나는 확실한 후보가 될 수 있다는 자신감이 생겼다. 그리고 실제로 내가 이길 수 있다고 믿었다. 어머니는 일단 이기든 지든 미래가 안전하다는 걸 알고 안심한 뒤에는 무슨 일이든 하려고 했다. 처음 몇 달 동안 어머니는 오래된 케네디 가족의 선거운동 기법을 모델 삼아 '커피 타임' 전략을 도입했다. 우리는 실제로 오랫동안 케네디가의 커피를 맡아온 매트 리즈를 영입했다. 우리는 주 전역에서 커피 수백 잔을 마셨고, 출마를 선언하기 전 반년 동안 일주일에 두 번씩 하루에 10잔의 커피를 마셨다. 영리한 사람들은 "언론에 알리는 게 어떻겠느냐, 보도 자료를 내놓자"라는 주장을 폈다. 하지만 최대한 많은 유권자를 만나고 싶었고, 출마를 선언하기 전에 유권자들에게 내 얼굴을 보이고 내 말을 들려주고 싶었다. 1971년과 1972년 초 내내 커피 선거운동은 비밀리에 진행되었다. 어머니와 닐리아, 발, 그리고 나는 오전 8시에 하루를 시작했다. 발은 커피 1잔에 여성 30명을 만날 수 있다고 믿었는데 당시에는 일하는 여성이 많지 않았기 때문에 더 쉬웠다. 그녀는 이웃집 여주인을 찾아가 적어도 이웃 40여 명의 이름과 전화번호를 받아내곤 했다. 그러고 나서 발은 그들이 커피 타임에 올지 확인했다. 자연히 온 동네에 소문이 퍼졌고 여성들이 모임에 찾아오기 시작했다. 우리는 커피와 도넛을 가져가 모임을 여는 집 거실에 놓아두곤 했다. 나는 어머니와 함께 오전 8시에 첫 번째 모임을 하러 갔다. 여동생은 9시에 열리는 두 번째 모임을 준비하러 갔고, 닐리아는 10시 모임을 준비했다. 나는 9시 15분이 되면 어머니를 남겨두고 발이 있는 곳으로 갔다. 어머니는 30분쯤 더 있다가 11시 모임이 열리는 곳으로 이동했다. 어머니, 발, 닐리아와 나는 가끔 하루에 10잔의 커피를 마시는 날처럼 온종일 뛰어다니곤 했다. 우리는 종종 아이들도 데리고 갔다. 우리는 고리버들 바구니에 축구공을 담아 가듯 아이들을 집집마다 데리고 다녔다. 델라웨어주 남쪽까지 다녀온 날은 자정이 다 되어서야 집 앞 진입로에 스테이션 왜건을 세울 수 있었다. 닐리아, 보, 헌터, 그리고 막내딸 나오미는 모두 나와 함께 차 안에서 평화롭게 잠자곤 했다. 그런 긴 하루가 끝날 무렵이면 300명 이상의 사람들을 새로 만나 알게 되었다. 한 집에 45분씩 거기 모인 사람들에게 진심으로 말을 걸었고 진심으로 그들의 말을 들었다.

나는 폴란드 도서관 같은 민주당 회의 장소로 차를 몰고 갔다. 그곳 사장들에게 그들의 이웃을 이해하고 있으며, 헤지빌과 브라운타운은 스크랜턴의 그린리지와 마찬가지라는 걸 보여주고 싶었다. 세인트 헤드위그와 세인트 엘리자베스 성당에서 미사를 드리는 동안 집에 있는 것처럼 느꼈다는 점, 우리 가족은 생계를 위해 일하는 것이 무엇인지 안다는 점을 보여줄 수 있었다. 폴란드인 동네의 존경받는 사장이 주변에 나를 가족의 일원인 것처럼 소개했을 때, 그들은 "어린애 같아"라고 말했다. 나는 그게 긍정적인 반응임을 알았다.

델라웨어 주변의 정치부 기자들이 내가 표심을 얻기 위해 얼마나 열심히 노력하는지 알아차렸을 때, 내가 상원의원에 출마한 것이 터무니없다고 말하는 사람은 없었다. 나에 대해 '민주당의 영리한 젊은이… 민주당의 다소 음산한 하늘에 떠오르는 몇 안 되는 유망주… 유쾌한 선거 운동가… 그의 온 가족이 그 노력에 동참했다' 등의 평가가 이어졌다. 기자들이 기삿거리로 삼을 정치 신인을 좋아했다고 생각한다. 동시에 델라웨어의 영리한 정치 기자들은 나를 기적을 일으킬 인물로 묘사하지는 않았다. 그들은 나의 부족한 활동 자금, 보그스 상원의원의 오랜 인기, 델라웨어를 위해 바친 그의 사반세기, 그리고 그가 수년에 걸쳐 많은 민주당 도전자를 물리친 이력에 주목했다. 나도 어느 정도는 그들의 의견에 동의했다. 그들에게 "만약 내게 충분한 자금이 있었다면, 지금 당장 보그스가 재선될 확률을 5 대 1로 줄일 수 있을 것이다"라고 말했다. 하지만 그들에게 내가 이기기 위해 출마했다는 사실을 알리고 싶었다. "국민들에게 좀 더 가까이 다가갈 수 있다면 보그스를 이길 수 있다." 피트 듀퐁 하원의원이 마지막 주 전역 경선에 사용한 자금 중 5분의 1만 모금하면 된다는 점도 설명했다. 내 이름과 메시지를 퍼뜨리기 위해서는 15만 달러와 자원봉사자 부대가 필요했다.

15만 달러라는 수수한 목표를 세웠지만 그럼에도 동생 지미는 자금을 모으기 위해 고군분투했다. 우리 쪽 재무 담당은 민주당을 지지하다가 갈아탄 듀퐁 회사 변호사 로이 웬츠였다. 로이는 훌륭한 변호사였지만 자금 조달자로서 한 가지 결점이 있었다. 기질적으로 사람들에게 돈을 요구하지 못하는 것이었다. 그래서 지미가 요청했다. 그 돈은 정치 기득권층이 바이든을 상원의원으로서 어떻게 생각하는지 보여주는 가장 확실한 척도였다. 많은 시간이 흐른 지금 그때를 다시 회상한다면, 지미는 그들이 우리에게 가망이 없다고 생각하는 것은 아니었다고 말할 것이다. 그들은 일주일에 100번은 지미에게 상기해주었다. "보그스는 무패야. 그는 공화당원이었고… 한때 노동자들의 지지를 받았어! 그는 하원의원, 주지사, 상원의원이었어. 그는 델라웨어주에서 26년 동안 주 전역에 걸쳐 출마했고 한 번도 진 적이 없었지." 사람들은 지미에게 보그스가 처음 당선되었을 때 조 바이든은 네 살이었다고 지적했다.

처음에 주 민주당원들은 내가 후보자 명단에 등록하는 것만으로도 만족했다. 대신 민주당 자금은 공화당의 현재 의석수를 줄일 진짜 기회라 할 수 있는 주지사 경선에 투입되었다. 그들은 나를 상원의원 선거에 출마시키는 것이 원원하는 길이라고 생각했다. 당은 판을 깨는 데 실패했고, 나는 아무도 당혹스럽게 만들지 않고 선거운동을 이어갈 수 있었다. 나는 델라웨어 민주당이 내 선거운동 자금으로 한 푼도 내놓지 않으리란 사실을 그러한 흐름을 통해 깨달았다. 지미의 역할은 델라웨어주 외부에서 자금을 구해 전국의 정당과 민주당까지 선거에 끌어들일 기회를 잡는 것이었다. 모자를 들고 선거 기부금을 구걸하는 일은 지미에게 달려 있었다. 지미는 긴 머리에 포토맥(Potomac)처럼 넓은 넥타이를 맨 스물세 살 청년이었다. 처음부터 끝까지 우리에게는 자금이 부족했다. 지미가 하는 일을 일일이 파악하지는 못했지만, 텍사스나 캘리포니아, 알래스카에 있는 웨스턴 유니언 사무실로 바이든의 상원 선거 자금으로 써달라며 1000달러씩 송금되곤 했다.

처음으로 거액이 들어온 건 워싱턴에 있는 민주당 상원의원 선거위원회에서였다. 1972년 위원회는 노트르담 대학교에서 크누트 로크니의 미식축구 팀 올아메리카 선수로 활약했던 노르디 호프먼을 영입했다. 노르디는 덩치가 크고, 터프하고, 완고한 남자였다. 그는 아무것도 두려워하지 않았다. 그리고 그는 내 기회에 대해 별로 생각하지 않았다. 몇 년 후 노르디는 위원회가 델라웨어에서 나를 직접 뽑았다고 말하곤 했다. 그들은 주에서 투표했고, 내 이름은 계속 올라오고 있었다. 그러나 사실 지미와 내가 처음 그를 만나러 갔을 때 그는 단 한 푼도 내주고 싶어 하지 않았다. 손해 보는 투자였으니까. 그는 이길 수 없는 경주에 시간을 낭비하는 걸 싫어했다. 그는 바로 나를 공격했다. "이봐, 조, 나는 자네가 좋은 사람이라고 확신해. 하지만 윌밍턴에 있는 어느 치과 의사와 이야기해봤는데 자네가 이길 수 있을 것 같지 않다고 했어. 자넨 스물아홉 살이고 가망이 없어. 델라웨어 사람 누구도 자네가 이길 수 있다고 생각하지 않고, 나도 마찬가지야. 내 치과 의사는 확실히 자네가 이길 거라고는 생각하지 않더군." 그는 자신의 치과 의사에 대해 계속 떠들어댔다. 지미는 내 턱이 움찔거리면서 뻣뻣하게 굳는 모습을 보았을 것이다. 나는 자리를 박차고 일어나 문을 향해 걸어가며 말했다. "이봐요, 난 이런 허튼소리나 듣고 있을 만큼 한가하지 않아요. 당신이나 이 위원회는 필요 없어요. 그리고 또 한 가지⋯ 내가 이길 거예요."

지미는 내 뒤를 따라 걸어 나왔다. 지미는 나를 진정시켜서 다시 이야기해보게 만들려고 했다. 노르디도 우리를 따라왔다. 그는 우리를 복도에서 멈춰 세웠고, 위원회가 뭔가를 할 수도 있을 것 같다고 말했다. 노르디는 여전히 내가 이길 거라고는 생각하지 않는다고 말했지만, 내가 그에게 맞서는 방식이 마음에 든 모양이었다.

그는 일류 선거 컨설턴트를 영입하자고 제안했다. 우리가 아는 정치 정보원은 로스쿨 출신의 오랜 친구인 잭 오웬스뿐이었다. 잭은 로스쿨을 마친 뒤 피츠버그에서 일하며 당선 가능성 낮은 피트 플래허티의 시장 경선을 도왔는데, 플래허티는 이 경선에서 승리했다. 그 경선 레이스 이후 잭은 밀턴 샤프를 위해 펜실베이니아 서부 지역을 관리했고, 밀턴은 주 최초의 유대인 주지사가 되었다. 나는 선거 유세에 도움받기 위해 잭을 초대했다. 잭이 우즈 로드에 있는 우리 집 부엌에서 연 회의에 참가한 순간부터 그와 발은 두 사람이 불운한 소개팅에서 만난 사이임을 상기했다. 잭이 '검정'이라고 말하면 발은 '흰색'이라고 했다. 잭은 이렇다고 말하면 발은 저렇다고 말했다.

"그가 문을 열고 들어서자 우리는 서로를 바라보았고 순간 오, 이런! 김이 팍 새는 기분이었어"라고 발은 회상했다. "한번은 그가 들어왔을 때가 기억나. '잭, 메모해'라고 했더니 그는 '어휴 진짜⋯'라는 표정이었어. 난 기분이 별로였고 우리는 사사건건 부딪쳤지."

잭은 2달 동안 선거운동을 도왔는데 어느 날 발이 와서 "조, 알아서 선택해. 나는 그 사람하고 일하지 않을 거야. 우린 잘 지낼 수 없을 것 같아"라고 말했다.

"걱정 마, 발. 그건 어려운 문제가 아니야." 나는 발에게 말했다. "잭이 어젯밤 떠난다고 했어. 그는 피가 물보다 진하다는 사실을 깨달았대."

나는 노르디의 조언을 받아들여 보스턴에서 온 젊은 선거 컨설턴트인 존 마틸라를 고용했다. 그는 그해에 하원에 출마한 존 케리의 선거운동도 맡고 있었다.

공식 출마 발표를 하기 전 어느 날, 법률 사무소에서 나오는데 알고 지내던 나이 든 변호사가 마켓 스트리트에서 나를 붙잡더니 말했다. "조, 들어봐. 나도 민주당원이지만 장담하건대 자네는 결코 케일럽 보그스를 이길 수 없을 거야." 바로 그 순간, 마치 짜 맞춘 것처럼 특별 번호판을 단 보그스 상원의원의 차가 지나갔다. 그 남자는 계속해서 말했다. "조, 케일럽 보그스에 대해 말해줄게." 그는 자신이 최근 주최한 정기 포커 모임 이야기를 들려주었다. 그의 친구들 사이에서 누가 승자가 될지를 두고 논쟁이 벌어졌다. 서로 의견이 분분했다. "우리가 어떻게 했는지 알아? 우린 보그스에게 전화해서 해결해달라고 했어."

거의 모든 사람이 내가 이길 수 없다고 말하긴 했지만 초반에는 내게도 충분히 승산이 있다고 생각해주는 식구들만으로도 충분했다. 1972년 3월 출마 발표 준비를 마칠 무렵, 내게 귀 기울이는 모든 사람에게 "나는 이번 선거에서 이길 각오를 하고 있다"라고 말했다.

윌밍턴 시내에 있는 듀퐁 호텔에서 시작해 서식스 카운티로 내려가 그곳에서 두 번째 행사를 한 뒤 켄트 카운티로 가며 출마를 발표할 계획이었다. 이전에 그렇게 한 사람은 아무도 없었다. 돈은 여전히 많지 않았지만, 우리에겐 조직과 메시지가 있었다. 그것을 만들어가던 때는 내 인생에서 가장 대단한 시기였다. 닐리아, 발, 지미, 그리고 나는 거실에서 모든 캠페인을 계획했다. 일요일 밤에 특정 이슈로 회의를 소집하고 몇 시간이고 관련 문제를 논의했다. 특히 내게 가장 중요한 문제, 즉 시민권, 여성권, 환경, 범죄, 베트남전쟁을 중심축으로 놓고 세계가 돈다는 것을 느낄 수 있었기에 그 문제를 내세우고 싶었다. 나는 내가 말하는 문제에 확실히 대처해야 한다는 것을 알았다. 그렇지 않고서야 스물아홉 살짜리를 누가 신뢰하려 하겠는가? 그냥 아이디어를 갖는 것만으로는 충분하지 않았다. 나는 내 실상을 알아야 했다. 선거 레이스를 시작한 순간부터 통솔력을 입증해야 했다. 그것이 내가 통과해야 할 시험이었다. 그래서 닐리아는 스파게티를 만들고, 우리는 펜실베이니아 대학교와 델라웨어 대학교 교수들을 일요일 밤 저녁 식사에 초대했다. 세법, 베트남전쟁, 마약, 환경, 범죄, 재활 등 논의할 문제에 대해 알리고 식사할 때 이야기 나누었다. 그날 밤 우리 집에는 밝고 헌신적인 사람들이 모였다. 밥 커닝햄은 풀브라이트 장학생이었다. 알린 메클러는 화학공학 박사 학위가 있는 변호사였고, 잭 제이컵스는 현재 델라웨어 대법원 판사이며, 그의 아내 매리언도 남편 못지않게 똑똑했다. 그들은 모두 내가 관련 이슈에 대한 정책을 강화하도록 기꺼이 도와주었다.

발표 연설을 할 때쯤에는 기분이 좋았다. 나는 내가 하려던 일이 뭔지 알았고, 그 이야기를 했다. 나는 전적으로 확신했다. 나는 최근 그 연설을 다시 읽었다. 지금도 1972년에 겪은 것과 같은 기분을 느낀다. 그날 내가 한 말은 나의 믿음에서 비롯되었고, 내 삶에서 나온 것이었다. 나는 스물아홉 살에 불과했지만 많은 걸 보았다. 편견에 얽매이지 않았고,

월밍턴 시내의 흑인 전용 수영장에도 가고, 가난한 백인 노동자 계층의 공원에도 가보았다. 나는 중산층 가정에서 자랐다. 델라웨어에서 사람들을 갈라놓은 균열이 얼마나 큰지도 알고 있었고, 그들이 공통으로 품은 희망이 뭔지도 알았다. 나는 듀퐁 호텔에서 "브랜디와인 헌드레드의 주부들과 월밍턴 이스트사이드에 사는 어머니들 모두 집이 안전하고, 거리가 안전하며, 아이들이 제대로 교육받기를 원한다"고 발표했다. "서식스 카운티의 부모나 뉴어크 생산 라인 노동자 모두 약물이 아이들을 위협할까 봐 걱정한다. 복잡한 우리 사회구조는 너무 단단히 엮여 있어 부분이 손상되면 전체가 해를 입는다."

월밍턴 행사가 끝난 후 나는 파이퍼 아파치 비행기의 부조종석에 앉아 다른 2대의 비행기에 이어 서식스 카운티로 향했다. 내가 델라웨어의 750미터 상공을 날아 선거 유세를 펼칠 때도 온 가족이 뒤에 있었다. 어머니, 아버지, 발, 지미, 프랭키가 거기 있었다. 여전히 공화당원이던 닐리아의 부모님도 지지한다는 것을 보여주기 위해 스캐니틀리스에서 그곳까지 찾아왔다.

조지타운에서는 400명이 참석한 가운데 월밍턴에서 한 것과 똑같은 말을 했다. 나의 쟁점은 투표권, 시민권, 범죄, 깨끗한 물과 공기, 연금 보호, 의료보험, 베트남전쟁이었다. 1972년 그날 나는 심각한 질병에서 비롯된 재정적 재앙에서 가족을 보호하기 위해 포괄적인 국민 건강관리 프로그램 도입을 요구했다. 그날 나는 이렇게 말했다. "세계에서 가장 부유한 국가의 국민에게 필요한 건강보험이 2급 수준이라는 점은 더 이상 용납할 수 없다." 무엇보다 나는 여전히 그 제도를 믿었고, 그것이 잘 실행되도록 하고 싶었으며, 시도할 수 있다고 믿었다.

선거운동 첫날부터 신뢰를 얻기 위해 미친 듯이 뛰었다. 나는 외할아버지의 첫 번째 원칙을 고수했다. "네가 진짜 생각하는 바를 말해, 조이. 결과가 어찌 되든." 나는 출마를 발표한 날, 그리고 이후의 모든 행사에서 말했다. "당신은 내 의견에 동의하지 않을 수도 있지만, 적어도 내가 어떤 의견을 갖고 있는지는 알 수 있을 것이다." 나는 델라웨어의 유권자들이 나처럼 생각하며, 그들이 진정으로 원하는 것은 우리에게 일어나는 일을 정직하게 말해줄 정치가라고 확신했다. 우리는 전문 정치가를 미치게 하는 스크립트 없는 선거 캠페인 광고를 만들었다. 존 마틸라는 붐 마이크와 녹음기를 들고 보스턴에서 내려와 프라이스 코너 쇼핑센터로 나를 따라 들어갔다. "이거 녹음해요, 존." 나는 그에게 말하고 사람들에게 다가갔다. "제 이름은 조 바이든입니다. 저는 미국 상원의 민주당 후보입니다. 저를 믿으십니까?" 그들은 쇼핑카트 너머로 나를 외계인처럼 바라보곤 했다. "무슨 말이야, 아니…! 뭐…? 왜 우리가 당신을 믿어야 하지?" 10명, 15명을 대상으로 대화를 나누었고 그 반응을 가지고 광고를 냈다. "지금 미국은 그게 문제다. 나를 뽑으면 내가 어떤 입장을 내세우고 있는지 알 수 있을 것이다. 날 믿을 수 있을 것이다."

마틸라는 되풀이해서 말했다. "당신을 믿지 않는다고 말하는 사람들을 방송 광고에 내보내라고요!" 하지만 나는 그것이 효과를 발휘할 줄 알았다. 그점을 파악하기는 어렵지 않았다. 사람들은 그들이 자제력을 잃고 있다고 느꼈다. 닉슨이 법질서 이슈를 난데없이 만들어낸 것이 아니었다. 델라웨어주 전역에 사는 사람들은 정말로 범죄를 두려워했다. 우리는 베트남전쟁이 끝나가고 있다는 말을 들었지만 사상자들이 델라웨어에 속속 도착했다. 매주 미국 젊은이들이 시신 가방에 넣어져 도버 공군기지에 있는 빈소로 보내졌다. 얼마나 많은 어머니가 자신의 아들이 어떤 상태로 돌아올지, 정확히 무엇 때문에 목숨을 거는지 궁금해하며 밤잠을 설치고 있겠는가?

나는 사람들에게 케일럽 보그스가 좋은 사람이라고 계속 상기시켰지만, 그는 어떤 것에 대해서도 힘든 선택을 하려고 하지 않았다. 어쩌면 우리에게는 닉슨이 북베트남 항구를 폭파하라고 지시할 때 대항할 누군가가 필요했는지 모른다. 닉슨이 군대를 철수하겠다고 약속하는 동안에도 미국의 군사행동은 고조되었다. 나는 베트남전쟁이 부도덕한 것이었다고 주장하지 않았다. 그것은 단지 어리석고 참혹한 시간 낭비, 돈 낭비, 결함이 있는 전제에 근거한 삶의 낭비일 뿐이었다. 미국은 2주에 한 번씩 10억 달러를 지출하며 국제적 지위를 위태롭게 했고, 진짜 중요한 관심사를 방치한 채 동남아시아에서 지나치게 많은 에너지를 소비했다. 대통령은 미국의 명예가 얼마나 위태로운 상태에 놓여 있는지 계속 얘기했는데, 나는 이에 분개했다. "우리가 지금 베트남에서 싸우는 이유가 그것뿐이라면 과연 사람들이 목숨까지 바칠 가치가 있는 것인가"라고 말했다.

그래도 그 메시지는 기본적인 요점이 없으면 아무것도 아니었다. 정치는 단지 큰 아이디어와 그것을 팔 방법을 꿈꾸는 똑똑한 사람들이 전부가 아니다. 진정한 캠페인은 조직하고 조직되는 매일매일의 노력이다. 아버지가 가르친 것과 정확히 똑같은 종류의 항상성이 필요하다. 그것은 매일 해야 하는 작업이다. 좋은 날에도, 특히 나쁜 날에도. 우리는 이미 이 기본적인 요점에 대해 조금 알고 있었다. 밥은 1970년에 카운티 의회 선거를 위해 매우 현대적인 캠페인을 벌였다. 우리는 자동차 등록 정보와 유권자 기록을 얻어 블록별로 정리했다. 그 파일 카드에 모든 개발지와 거리, 집에 관련된 정보를 담았다. 그리고 블록마다 캡틴을 모집해 일을 맡겼다. 이것은 상원의원 경선 때 구축한 방법이기도 했다.

델라웨어는 그렇게 크지 않아서 의회 선거구가 하나뿐이었다. 우리는 자원봉사자를 활용해 주 전체에 걸쳐 파일 카드를 만들었다. 우리는 내가 재개발위원회에서 만난, 도움이 될 만한 민주당 지지자를 찾아가 아이들을 포함해 나머지 지역의 자료도 채워 넣었다. 그해는 18세가 투표할 수 있는 첫해였고, 발은 그들을 수천 명의 작은 군대로 만들었다.

나 역시 고등학교에 가서 학생들과 대화하는 것을 중요시했다. 많은 전문가는 1972년이 18세가 투표할 수 있는 첫해였기 때문에 내가 이 일을 한다고 생각했다. 또 그들은 내가 시간을 낭비하고 있다고 생각했다. 하지만 나도 그들 못지않게 계산이 있었다. 나는 18세가 된 고등학생은 소수에 불과하다는 사실을 알고 있었다. 하지만 내 이론에 의하면, 누구도 믿지 않는 것처럼 보이지만 15~17세의 경우 부모가 아이에게 미치는 영향보다 아이가 부모에게 미치는 영향이 더 크다. 고등학생이 집에 가서 저녁 식탁에 앉아 부모님과 이야기를 나눈다면 "있잖아요, 아빠, 오늘 정말 괜찮은 사람을 만났어요. 조 바이든이라는 사람이었는데 정말 마음에 들었어요"라고 말할 수 있다. 아이의 부모는 확고한 공화당원일지 모르지만 그들은 아이의 의견을 존중하고 싶어 한다. 그러다가 조 바이든을 다시 만날 수도 있다. 그래서 주로 공화당 지역의 고등학교에 다녔다.

유권자들이 선거 레이스에 관심을 갖기 시작할 때쯤, 상원의원 후보 바이든은 메시지를 가지고 있었다. 우리는 모든 이슈에 분명한 입장을 가지고 있었고, 조직이 있었다. 심지어 내가 카운티 의회 의원으로 일할 때 비합리적인 세력의 확장에 대항해 싸우며 분노했던 사람들로부터 예상치 못했던 기부금이 들어오기도 했다. 그들은 내가 셸 오일이 델라웨어시에서 새 정유 공장을 운영하는 것을 막는 조례를 의회에 제출했다는 사실을 알고 있었다. 그것으로 주 입법부는 몇 년 후 발효될 연안 구역법을 중지시킬 시간을 번 셈이었다. 그들은 또 내가 141번 국도를 우회하고 콩코드 도로를 넓히는 데 연방 고속도로 자금을 지원하지 못하도록 효과적인 법안을 도입했다는 사실도 알고 있었다. 건설 노조는 나를 달가워하지 않았다. 그들은 일자리가 줄어든다고 주장했다. 그리고 일반 도급자 협회는 분노했다. 그래서 건설업자 두어 명이 바이든 상원 선거 캠프에 수표를 써주었을 때 발은 그 이유를 알 수 없었다. 그들은 발에게 말했다. "우리는 당신 오빠가 뉴캐슬 카운티에서 벗어나도록 하기 위해 무엇이든 할 겁니다."

2개월 차에 진행한 여론조사 결과, 나는 보그스 상원의원에게 47 대 19로 뒤졌다. 우리는 노동절에 하다사(Hadassah, 1912년 뉴욕시에 창설된 유대 여성 자선단체-옮긴이) 토론회에서 처음으로 같은 장소에 섰는데, 그때 나는 거의 30포인트 뒤처지고 있었다. 그렇지만 나는 그에게 맞설 수 있다고 확신했다. 케일럽 보그스는 아저씨 같은 수더분한 인상이었다. 그는 나라를 위해 일해온 점잖고 온순하고 정직한 사람이었지만, 나는 그가 이 나라의 앞길에 변화를 가져오리라고는 생각하지 않았다. 첫 토론에서 그의 옆에 서 있으면서도 주눅 들지 않았다. 내가 더 나은 상원의원이 될 수 있다고 생각했다. 사실 나는 그가 정말로 그 선거 레이스를 원하는지 궁금했다. 내가 처음 경선을 준비할 때, 보그스는 은퇴하려고 했고, 공화당 고위직 의원들은 유력한 경쟁자인 피트 듀퐁과 할 하스켈의 경선이 피비린내 나고 비용이 많이 드는 데다, 서로에게 상처가 될 것을 우려했다.

나는 나중에야 보그스가 정말로 공직에서 물러나길 원했고 그의 아내도 공직에서 내려오기를 간절히 원한다는 것을 알게 되었다. 그러나 리처드 닉슨 대통령은 델라웨어로 날아가 보그스에게 공화당의 이익을 위해 출마해야 한다고 말했다. 보그스는 선거가 너무 쉬워 보여서 재출마에 동의했을 것이다. 그래도 보그스가 의석을 얻은 다음 듀퐁에게 넘길 것이라는 소문이 돌았다. 당시에는 그 소문 중 어디까지가 진실인지 알 수 없었다. 하지만 나는 사람들이 보그스와 나를 한자리에서 본다면 내 지지율은 30포인트 아래로 떨어지지 않을 것이라고 믿었다. 나는 토론회에서 오프닝 연설을 했다. 상원의원이 늦게 오는 바람에 나는 그의 보좌관 1명과 토론하며 시간을 보냈다. 보그스는 마지막에 도착했다.

하다사 토론이 끝난 뒤 질의응답 시간에 방청석에 있던 한 남성이 보그스에게 대량 학살 조약에 대한 입장을 물었다. 이 조약은 홀로코스트에 대한 대응으로 작성되었지만, 수년 동안 급진 우파인 존 버처스가 비준을 막았다. 버처스는 그것이 국권을 위협한다고 말했다. 그 조약은 유대인 사회에서 큰 이슈였고, 청중석에 있던 한 남자가 보그스에게 돌직구를 던졌다. 보그스는 당황했다. 그는 "죄송합니다"라고 말했다. "저는 대량 학살 조약에 대해서는 구체적인 내용을 잘 알지 못합니다. 자세한 건 확인해보고 다시 답변 드리겠습니다." 남자는 나에게 그 질문을 넘겼는데 그건 토론 규칙에 어긋나는 것이었다. 그런데 사회자가 동의했다. 나는 그 조약에 대해 알고 있었고, 어떻게 답변해야 할지도 알고 있었다. 보그스에게 타격을 줄 기회였다. 사실 나는 미국의 2선 상원의원이 대량 학살 조약을 잘 모른다는 사실에 놀랐다. 나는 그 답변에 대해 생각할 필요도 없었다. 내 정치적 본능은 지금보다 그때가 더 나았을지 모른다. 30년 동안 정치에 몸담았던 다른 사람들처럼 한순간에 모든 게 헛수고로 돌아갈지도 몰랐다. 누군가의 머리를 쥐어뜯기 바쁜 사람이라는 인상을 심어주어 선거에서는 질지언정, 이 토론에서만은 이기려고 들었을지도 모르겠다. 하지만 나는 당시 청중 중 보그스가 당황하는 모습을 보고 싶어 하는 사람은 없으리란 걸 잘 알았다. 그것은 마치 가족 중 가장 좋아하는 삼촌이 몽둥이세례를 당하는 모습을 지켜보는 일과 마찬가지였을 것이다. 그래서 나는 "잘 모르겠습니다. 저도 다시 알아보고 답변 드리겠습니다"라고 대답했다.

내가 얼마나 열심히, 얼마나 빨리 달렸든 간에, 나이 문제는 계속 내 뒤를 따라다녔다. 사람들은 선거운동을 하는 나에게 다가와 "이보게, 자네 아버지를 봐서라도 자넬 찍을 거야!"라고 말하곤 했다. 그러면 나는 농담으로 "저도 그래요"라고 말하곤 했다. 한 델라웨어 신문기자는 보그스 상원의원이 내 나이보다 오래된 신발을 갖고 있을 거라고 지적하기를 좋아했다. 그러나 문제는 현실이었다. 선거일에 나는 말 그대로 아직 헌법상 상원에서 선서할 자격이 없었다. 그것은 꽤 큰 장애물이었다. 워싱턴에 있는 민주당 상원의원들이 지지해준다면, 우리에게 필요한 무게감을 더할 수 있으리란 걸 잘 알고 있었다. 발은 선거 브로슈어에 다음과 같은 헤드라인을 내세우고 싶어 했다. "조 바이든은 아직 상원의원이 아니지만, 이미 파문을 일으키고 있다." 상원 다수당 대표인 마이크 맨스필드는 주저했다. 상원에서는 아무리 다른 당 사람이라도 같은 상원의원에게 부정적인 영향을 주는 선거운동을 하지 않는 것이 전통이었다. 당 대표는 마침내 나에 대해 긍정적인 말을 하기로 동의했지만, 보그스에게 부정적인 이야기는 한마디도 하지 않았다. 그래서 맨스필드는 프랭크 처치, 아들라이 스티븐슨, 프리츠 홀링스, 테드 케네디, 헨리 '스쿠프' 잭슨 옆에서 나와 사진을 찍으며 좋은 말을 해주는 데 동의했다.

나는 어느 날 빌과 사진작가와 함께 워싱턴에 갔는데 상원실에서 떨어진 그랜드 리셉션 룸에서 맨스필드를 만났다. 그는 다정했지만 지켜야 할 일정이 있었고 모든 게 비즈니스였다. 사진작가가 셔터를 눌러댈 때 빌이 불쑥 말했다. "이런! 바로 그거야!" 맨스필드는 놀란 표정이었다. "뭐가, 빌?" 내가 물었다. 그녀는 리셉션 룸에 걸려 있는 옛 상원의원들의 초상화를 어깨너머로 가리켰다. "헨리 클레이!" 빌이 소리쳤다. "헨리 클레이. 헨리 클레이는 서른도 안 됐었어. 지금부터 누가 '너희는 상원의원이 될 수 있을 만큼 나이가 많지 않은 것이 사실 아니냐?'라고 말하면 그 사람들에게 '헨리 클레이가 내 또래에 상원의원이 된 이후로'라고 말하기만 하면 돼." 우리는 나중에 몇 명이 더 있다는 사실을 알았지만 그것만으로도 논란을 잠재우는 효과가 있었다.

상원에 출마했지만 여전히 돈이 많지 않았고, 기금 모금에서 확실히 상대방보다는 한 수 아래였다. 닉슨의 델라웨어에서 가장 큰 재정 지원자인 빅 존 롤링스는 보그스와 주 공화당에 많은 돈을 대고 있었다. 그래서 우리는 전력을 기울여 뛰어야 했다. 우리는 젊었고, 활력이 있었고, 부족한 자금에 맞춰 즉흥적으로 움직이는 방법을 알고 있었다. 주 전체에 보낼 우편물 비용만 3만 6000달러였는데 그 비용을 감당하기도 버거웠다. 우리가 인쇄한 첫 번째 선거 브로슈어는 선반에서 썩고 있었다. 그래서 빌은 바이든 우체국을 만들었다. 일주일에 한 번 토요일이나 일요일, 빌의 자원봉사자는 선거 캠페인 신문을 주 전체 중 85퍼센트에 해당되는 가구에 직접 배달했다. 10월 중순쯤에는 사람들이 토요일 아침 문 앞에 신문이 배달되기를 기다렸다. 비가 와서 늦으면 몇 사람이 선거 캠프에 전화를 걸어 항의하곤 했다. 우리가 돌파구를 찾고 있다는 신호는 거의 없었다. 어느 날은 한 직원이 어느 여성에게 전화를 받았는데 자신의 당적 때문에 꼭 공화당 후보에게 표를 던져야 하는지 아니면 민주당 후보에게도 투표할 수 있는지 물었다고 했다.

라디오 광고를 해도 될 만큼 기부금이 들어왔다. 하지만 자금 사정은 여전히 빡빡했고, 돈이 다 떨어지면 선거에 패배할 판이었다. 그러니 지미의 업무에 관여할 수밖에 없었다. 캠페인 초반에 나는 항상 지미의 일을 함께했다. 그는 밤낮으로 일했지만 그것만으로는 부족했다. "이봐, 지미." 나는 그에게 말했다. "네가 못하겠으면 프로를 고용할게." 그때 닐리아가 나섰다. 닐리아는 지미 앞에서 말했다. "조이, 지미 일에서 손 떼. 지미가 하길 원한다면 지미가 하게 돼. 그렇지 않으면 다른 사람을 고용해. 하지만 그를 내버려둬. 당신은 당신 일을 해. 지미가 자신의 일을 하게 놔둬."

노동절이 지나고 몇 주 후, 지미는 국제 기계 기술자 노조에서 좋은 소식이 있다고 말했다. 그는 워싱턴에 있는 그들의 본부에 9개월 동안 성실하게 모습을 드러냈다. 노조 위원장은 몇 시간 동안 그를 기다리게 하고, 서너 번은 그냥 돌아가게 했다. 그러다가 하루가 다 지날 무렵에야 그를 안으로 들이고 우리 내부 여론조사 수치를 비웃었다. 그러나 선거를 몇 주 앞두고 우리 쪽 수치가 서서히 증가하자 그는 이렇게 말했나. "지미, 5000달러 줄게. 네 형을 만나게 해줘."

"으음, 빌." 지미가 말했다. "당신이 정말 형을 만나고 싶어 하는지 모르겠어요. 형은 잘하고 있어요. 형의 정책 공약서를 보여드렸죠."

"그래, 알아, 지미. 하지만 이 5000달러로 그를 만나고 싶어. 그에게 수표를 직접 주고 싶어."

지미는 무슨 일이 일어날지 알고 있었다. 그는 내가 일을 망칠 수 있다는 것을 알았다. 그는 나를 위해 돈을 모금할 때 가장 현명한 행동은 나를 돈 많은 사람에게서 멀찌감치 떨어뜨리는 것이라고 말했다. 하지만 그 남자는 내 손에 수표를 쥐여주겠다고 우겼다. 그래서 지미는 나를 워싱턴으로 데려가 국제 기계 기술자 노조 위원장을 만나게 했다. 지미는 오늘날까지도 그 일을 기억한다.

"우리는 사무실로 걸어 들어가 그의 책상 앞에 앉았다. 덩치 큰 남자는 시가를 피우며 5000달러짜리 수표를 책상 위에 올려놓았다. 그는 '잘 들어, 조. 힘든 싸움이 될 거야. 보그스는 이길 수 없을지 몰라. 우리가 왜 자금을 지원하는지도 모르겠어. 하지만 난 자네가 마음에 들어. 그러니 질문을 하나 하지. 가설을 하나 제시해볼까? 록히드 긴급 구제안이 다음 회기에 다시 상정된다고 가정해봐. 당신은 현재 미국 상원의원이야. 내 직원들은 실직하고 있어. 알지, 조? 어떻게 투표할 건가?' 조는 내 가슴에 비수를 꽂을 것처럼 나를 노려보더니 고개를 돌리고 말했다. '특정 사안에 대해 내가 어떻게 투표할 거냐고 묻는 거라면 그 수표는 다시 집어넣으시오.' 조가 일어나 문밖으로 걸어 나갔다. 선거에는 돈이 절실히 필요했다. 5000달러짜리 수표를 책상 위에 어떻게 그냥 놔둘 수 있을까? 지금 나는 〈대부〉의 호텔 방 장면에 나오는 프레도다. 나는 조가 엘리베이터를 타고 내려가는 것을 막으려고 애썼다. 나는 달려가 말했다. '조는 나쁜 사람이 아닙니다. 나쁜 뜻으로 그런 게 아니에요. 당신이 진심으로 그런 말을 한 게 아니라는 걸 알아요. 그는 나쁜 뜻으로 한 말이 아니에요.' 나는 엘리베이터 앞에서 조에게 돌아오라고 애걸했다. 그리고 나는 노조 위원장실로 돌아갔다. '사과하세요. 형이 정말 기분이 상했어요.' 마침내 그들은 화해했고… 그는 조에게 수표를 건넸지만 조는 여전히 그의 손에서 수표 받기를 거부했다. 그래서 내가 수표를 받아야 했다."

우리는 가진 돈을 라디오 방송 선거 광고에 썼다. 라디오에서 우리 선거 광고가 나오는 동안은 보그스와의 격차가 좁혀지고 있다는 느낌이 들었다. 모두 그랬을 거라고 생각한다. 나는 하루의 연설과 행사가 끝난 후, 밤늦게 윌밍턴 마켓 스트리트에 있는 선거 캠프 사무실을 찾곤 했는데 아이들은 항상 그곳에서 우편물을 정리하거나 전화 업무를 보고 있었다. 다음 날 아침 거리 유세에 나가기 전에 잠깐 들렀을 때도 사무실은 여전히 만원이었다. 목요일은 내가 기다리던 날이었다. 목요일에 그곳에 도착해 보스턴에 있는 케임브리지 리서치에서 조사한 새 여론조사 결과부터 보고 싶었다. 그곳에는 정말 멋진 22년 된 대형 컴퓨터와 패트릭 캐델이라는 전략가가 있었다. 그의 추적 여론조사에 따르면 가을에는 우리가 매주 조금씩 상대방을 따라잡을 것이라고 했다. 군중의 규모와 마켓 스트리트에서 자기가 무슨 일을 하면 좋을지 묻는 자원봉사자의 숫자로 그 분위기를 느낄 수 있었다. 10월 첫째 주에 밥 커닝햄은 내가 사무실로 걸어 들어갈 때 내 손에 여론조사 결과를 쥐여주었다. 숫자를 응시하자 뒷덜미가 후끈 달아오르는 게 느껴졌다. 나는 만족스럽지 않았다.

"젠장!"

밥이 말했다. "조, 무슨 소리야? 우리가 2포인트 더 올라갔어."

"그럴 리 없어. 그 빌어먹을 여론조사를 다시 해야 해. 그럴 리 없다고."

하지만 다음 날 클레이몬트에서 델마까지 모든 주요 공화당 후보가 조 바이든의 상대로 나섰다. 그들의 수치도 비슷했다. 치열한 접전이었다. 델라웨어 공화당은 주지사 유임에 지나치게 집착해 내가 따라잡고 있는 것을 알아채지 못했다. 그리고 보그스의 고문단은 줄곧 그에게 이번 선거 승리는 따놓은 당상이며 그는 워싱턴을 떠날 필요가 없다고 말해왔다. 그들은 이제 막판 밀어붙이기만 잘하면 그가 델라웨어를 차지할 수 있다고 흥분해서 말하고 있었다. 카운티 의회에서 내 지역구 구획을 조정해 나를 몰아내려 했던 젊은 공화당 개혁파 의원 중 일부는 기자들에게 내가 상원의원 자리를 백악관으로 가는 초석으로 써먹으려고 한다고 말하고 다니기 시작했다. 하지만 보그스 측에서 새로운 선거 인쇄물을 대량 우편으로 발송했을 때는 그들도 우려를 내비쳤다. 우리가 광고를 내는 것과 같은 타블로이드판 신문이었는데 표지에 부엌 싱크대 사진과 함께 이렇게 적혀 있었다. '조 바이든이 당신에게 약속하지 않은 유일한 일.'

지미가 나쁜 소식을 전하기 위해 사무실에 왔을 때 우리는 열흘 동안 자리를 비운 상태였고 여론조사 결과는 여전히 막상막하였다. "라디오 방송국에서 우리 광고를 끊겠대, 조. 다음 주 광고에 쓸 돈을 마련해야 해." 광고비는 일주일에 2만 달러나 되었다. 현금도 바닥난 뒤였다. 광고를 계속 내보낼 수 없다면 우리에게는 기회가 없었다.

발이 아이디어를 떠올렸다. 발의 친구 테드 켈너는 델라웨어의 어느 회사에서 일했는데 그 회사는 매우 부유한 고객들의 돈을 관리하고 있었다. 테드는 투자 상담가와 고객 중 몇몇이 내 뒤를 봐줄 거라고 생각했다. 그들이 상원의원 선거운동에 나를 지원하는 것을 고려할지도 모른다고 여겼다. 그래서 테드는 회의를 열었고 지미는 나를 델라웨어의 센터빌로 데려다주었다. 우리는 이 아름다운 작은 마을의 은행 안에 있는 아름다운 투자회사로 걸어 들어갔다. 남자들이 마실 것을 권하는 바람에 지미와 나는 의자에 엉덩이를 붙이고 앉아 있을 수 없었다. 그 사람들은 고정적 기부자가 아니었다. 그 사람들은 수백만 달러의 가치가 있었다. 그들은 모두 보그스 상원의원을 지지했던 그린빌 공화당원이었다. 하지만 모두 매우 점잖았고, 우리에게 기꺼이 도움을 줄 것 같았다. 지미와 나는 그들이 우리의 라디오 광고를 살릴 수 있다는 걸 알았다. 지미는 그들이 나를 위해 하룻밤 사이에 2만 달러를 모을 능력이 있다고 여겼다. 알프레드 듀퐁 덴트 1세는 필요하다면 자신이 직접 자금을 모금할 수도 있다고 말했다. 그러나 토론을 하던 중 그들은 나에게 자본이득에 대해 어떻게 생각하느냐고 물었다. 그들은 그저 지나가는 말로 물었을지 모르지만 내게는 그저 사소한 질문처럼 느껴지지 않았다. 나는 국제 기계 기술자 노조 위원장과의 만남에서 받은 것과 같은 느낌을 받았다.

닉슨은 양도소득세 인하를 요구했다. 그것은 1972년에 큰 이슈였고, 나는 거기에 반대했다. 나는 이 남자들이 대중 앞에서 말하지 않을 사적인 이야기를 기대한 건 아닌지 궁금했다. 나는 그들이 듣고 싶어 한다고 생각하는 대답을 알고 있었고, 원하는 답을 말한다면 많은 선거 자금을 모으는 데 도움이 된다는 것도 알았다. 내가 할 말은… 생각해보겠다는 것뿐이었지만 그 말을 할 수 없었다. 나는 거시경제학에 대해 생각하지 않았고, 도덕적으로 높은 지위에 있는 것도 아니었다. 나는 그저 그들 면전에 대고 거짓말을 할 수는 없었다. 나는 그들에게 말했다. "저는 양도소득세에 대한 입장을 바꾸지 않을 것입니다. 그대로 고수할 거예요."

지미와 나는 레모네이드를 다 마시고 말없이 차 쪽으로 걸어갔다. 지미는 달가워하지 않았다. 지미에게는 큰돈이었고 그는 내가 그 기회를 망쳤다고 생각했다. 지미는 말 한마디 하지 않고 윌밍턴으로 차를 몰았다. 집에 가까워졌을 때, 마침내 입을 열었다. "형은 막 선거에서 졌으니까 그놈의 양도소득세에 대한 입장은 혼자서 잘 고수해봐."

알고 보니 그 방에 있던 남자들 대부분이 나중에 나의 지지자가 되었다. 그들은 나의 완고한 태도에도 후원금을 기부했다. 하지만 라디오 광고비를 확실히 해두기 위해서 나는 모험을 하기로 결심했다. 가족 다음으로 내게 중요한 것은 바로 노스 스타에 있는 집이었다. 그래서 도박을 하기로 했다. 재정 위원장인 로이 웬츠는 수표를 공동 발행하는 데 동의했고, 나는 지난 7일 동안 라디오 광고를 계속 내보내기 위해 사용한 2만 달러를 대출받았다. 운도 좋았다. 선거일 전주에 신문 파업이 있어 달 사진과 보그스의 새 광고인 '조 바이든이 당신에게 약속하지 않은 유일한 일'이라는 헤드라인을 단 광고 우편물은 배포되지 않았다. 선거일을 이틀 앞두고 바워즈 해변 유세에서 내 머리 위로 갈매기 똥이 떨어졌다. 나는 그것을 다가올 성공의 징표로 받아들이기로 했다.

닐리아의 부모님은 선거운동 마지막 날 마을에 와서 도와주었다. 사실 헌터 씨는 줄곧 도와주고 있었다. 선거운동에서 가장 힘들었던 게 뭐냐고 묻는다면 주저없이 말할 수 있다. 바로 선거운동을 하면서 먹고사는 것이라고. 새 로펌 일은 빡빡했고, 내가 받는 몫은 얼마 되지 않았다. 닐리아의 아버지는 원래 열렬한 공화당원이었지만 조 바이든 주니어 가족의 조용한 부양자기도 했다. 돈이 다 떨어졌을 때에도 닐리아 주머니에는 항상 100달러는 있었다. "100달러가 어디서 났어, 닐리아?" 하지만 나는 알고 있었다. 닐리아 아버지가 내게 갖는 믿음에 나는 우쭐해졌다. 스캐니틀리스의 가톨릭 성당 문 앞에 덜덜 떨며 서 있던 그때 이후 6년이 지난 다음에도 헌터 씨는 여전히 나에게 모험을 걸었다.

선거일은 꿈만 같았다. 날씨는 맑았고, 투표율도 우리에게 필요한 만큼 높았다. 선거날 밤 파티를 위해 듀퐁 호텔 스위트룸에 도착했을 때, 보그스와 공화당에서 상원 의석을 따낼 기회를 얻었다는 확신이 들었다. 통계 수치가 나오기 시작했고 우리 측이 유망한 듯했다. 나는 보수적인 주 남부 서식스 카운티에서 예상보다 훨씬 잘해냈는데 그 지역 유권자들은 후보자의 입장보다는 후보자가 개인적으로 편안함을 주는지 여부로 판단을 내린 것 같았다. 공화당 텃밭인 브랜디와인 헌드레드에서도 기대 이상의 성과를 거두었다. 그렇지만 경주는 끝났고 폴란드 노동자 계급이 많은 구역과 내 카운티 의회 구역 일부의 최종 결과를 기다려야 했다. 나는 3년 동안 그 동네를 집집마다 돌아다녔다. 그곳 사람들 모두 나를 알고 있었고, 닐리아도 알고 있었다. 그들은 닐리아를 친딸처럼 여겼다. 나는 그 일을 항상 기억할 것이다. 그들은 나를 1등 자리에 올려놓았다. 브라운타운과 헤지빌에서는 큰 차이로 이겼다. 주 전체 투표수가 23만 표였고, 나는 3000표 차이로 승리했다. 위층 스위트룸에서 가족과 닐리아의 부모님과 함께 있을 때, 보그스 상원의원이 패배를 인정했다. 그는 "좋은 레이스였어, 조"라고 말했다.

보그스가 그렇게 말하고 내가 이겼다는 사실을 알았을 때 받은 느낌은 생각하던 것과는 전혀 달랐다. 기분이 매우 좋을 줄 알았다. 의기양양해질 것 같았다. 그러나 보그스 상원의원이 이야기를 시작했을 때, 나는 가슴이 벅차올라 울음이 터질 것 같았다. 목구멍이 꽉 막혔다. 예전 말더듬증이 돌아온 것 같았다. 말을 할 수 있을 것 같지 않았다. 보그스는 다시 말했다. "좋은 레이스를 펼쳤어, 조."

나는 이렇게 말할 수밖에 없었다. "죄송합니다, 의원님. 죄송합니다."

문득 이틀 뒤인 당선 공식 발표일에 찍을 두 사람의 사진이 떠올랐다. 공식 발표는 델라웨어에서 아직도 실천하고 있는 오래된 관습이다. 선거가 끝난 후 목요일, 양당이 조지타운 광장에 모여 법원 발코니에서 선거 결과를 발표하며, 문자 그대로 도끼를 땅속에 묻은 후 선거의 승자와 패자가 말이 끄는 마차를 타고 마을 광장을 행진한다. 그래서 나는 간청했다. 보그스에게 기관지염에 걸려 공식 발표일 행사에 올 수 없을 것 같다고 말했다. 하지만 그는 26년 동안 무패의 길을 걸어온 사람이었다. 그가 말했다. "조, 나는 승리자로서 마차를 여러 번 탔어. 자네와 함께 타게 되어 자랑스러워."

수화기를 내려놓자 방 안에 있던 사람 중 입을 여는 이는 아무도 없었다. 다들 놀라서 넋이 나간 모양이었다. 모든 것이 비현실적으로 느껴졌다. 마침내 닐리아의 아버지가 큰 소리로 말했다. "음, 조, 내 딸이 민주당원과 결혼해야 한다면 미국 상원의원과 하는 편이 낫겠네."

사람들은 친절하고 정직했다. 빅 존 롤링스도 축하와 칭찬 전화를 걸어왔다. "빌어먹을, 네가 이겼어. 이렇게 될 줄 알았으면 자네를 깨부수는 데 훨씬 더 많은 돈을 쓸 걸 그랬지."

지미는 좋아서 어쩔 줄 몰라 했다. 그는 그날 밤 전국 각지에서 걸려온 전화를 받느라 정신을 못 차렸다. 갑자기 많은 지지자가 생긴 것 같았다.

"지미! 내 수표 받았어? … 아니라고? … 어떻게 된 건지 모르겠네…. 일주일 전에 우편으로 보냈어…. 며칠 있으면 도착할 거야." 그날 밤 나는 활력이 되살아나는 듯한 기분이었다. 난 지미에게 우리가 승리한 후 시류에 편승하려는 사람들에게 돈을 받으면 안 된다고 말했다. 지미는 간청했다. "조, 우린 적자야. 집을 또 저당 잡혔다고. 우리에겐 돈이 필요해."

"관심없어. 그 사람들에게는 돈을 돌려보낸다고 전해."

지미는 그날 밤에는 내 말을 들었지만 수표는 돌려주지 않았다. 다행히도.

그날 밤 파티에서 오래 머무른 기억은 없다. 닐리아와 나는 다음 날 아침 일찍 델라웨어시의 플랜트 게이트에서 감사 인사를 시작할 계획이었기 때문에 파티가 한창일 때 위층으로 올라갔다. 도저히 잠이 올 것 같지 않아 그날 밤 침대에 누워 우리는 어둠 속에서 미래를 그렸다. 우리는 워싱턴 D.C.에서 시작할 완전히 새로운 삶을 그렸다. 새집에서 파티도 열고… 아들들은 새 학교에 보내고. 윌밍턴에 있는 가족과는 떨어져 지내겠지. 딸아이에게 베이비시터가 필요할까? 무엇보다도 우리는 상원의원이 되는 것에 대해 이야기했다. 난 몇 달 동안 우리가 이야기한 것들을 이루어냈다. 우리는 단지 유권자들의 표를 받는 것만이 아니라 그들의 목소리가 되어줄 거라고 말했다. 그날 밤 입 밖에 내지 않았지만 마음 한구석에서는 의문이 들었다. 내게 이럴 자격이 있을까?

돌이켜보면, 나는 아마도 상원에 들어가거나 윌리엄 풀브라이트나 그 밖의 비열한 사람들과 토론하기 위해 우물 안으로 들어가려는 생각에 겁을 먹어야 했을지 모른다. 하지만 나는 그렇지 않았다. 내가 막아야 할 수비수의 약점을 파악해 최종 터치다운에 성공하기 직전과 같은 흥분과 기대가 있었고, 내가 해낼 수 있음을 알았다.

상원의원 처치가 웨스 바르텔메스 비서실장을 소개해주었다. 웨스는 보비 케네디의 언론 담당 비서였고 〈워싱턴 포스트〉의 지역 뉴스 편집자였다. 캐서린 그레이엄이 〈워싱턴 포스트〉에서 노사 간 중재자를 찾을 때, 그녀는 웨스에게 전화를 걸었다. 그는 워싱턴과 상원에서 두루 경험을 쌓았다. 또 1944년에 82 공수부대 소속으로 노르망디 전투에 참전한 전력이 있어 꽤 정확한 균형감을 갖추고 있었다. 첫 번째로 해야 할 업무는 직원을 채용하는 일이었다. 우리는 35개의 일자리를 채워야 했고, 약 2500명의 지원자 중 대부분은 하버드 로스쿨이나 시카고 대학, 스탠퍼드 대학 출신이었다. 서류 전형에서 누구를 떨어뜨려야 할지 알 수 없었다. 로즈 장학생을 고용해 안내원으로 써야 하는 걸까?

나는 더크슨 상원 사무소 건물 6층 구석에 사무실을 따로 마련해두었다. (더크슨 사무소에 6층이 있다는 사실을 모르는 사람도 있다. 있다는 소문은 들었을지 모르지만 본 적은 없을 것이다.) 그러나 많은 걸 기대할 수는 없었다. 나는 말 그대로 연공서열에서 꼴찌였다. 연공서열은 새로 선출된 상원의원이 올랐던 최고 관직에 의해 결정되고, 그것으로 서열을 가릴 수 없으면 주의 크기에 따라 결정된다. 카운티 의회 의원이던 나는 전직 국회의원, 주지사, 주 의회 의원, 시장 다음이었다. 과장을 조금 보태면 도시 들개 포획꾼보다 조금 나은 정도였다. 더 나쁜 것은 몇 달 남은 의회의 새 회기가 시작되기 전까지는 더크슨의 사무실도 차지할 수 없다는 사실이었다. 하지만 웨스트버지니아의 로버트 버드 상원의원은 나에게 국회의사당에 있는 그의 다수당 원내 총무부 사무실에 자리를 마련해주겠다고 제안했고, 덕분에 구직자를 면접할 장소를 구할 수 있었다.

나는 면접이 없을 때 회기 중 시내에 머무르는 상원의원들에게 인사했다. 그것은 전통이었고, 나는 그들과 함께 있는 것이 얼마나 영광스러운 일인지 그들에게 알려주고 싶었다. 그렇게 해야 한다고 가정교육을 받았고, 내 나이가 어리기 때문이기도 했다. 하지만 새 동료 중 누구에게도 친근감이 느껴지지 않았다. 내가 처치 상원의원을 '프랭크'로, 매그너슨 상원의원을 '워런(또는 '매기')'으로, 혹은 잭슨 상원의원을 '스쿠프'라고 부르는 것은 상상조차 할 수 없었다. 나에게 그들은 '위원장님' 또는 '의원님'이었다. 어느 날 나는 존경을 표하기 위해 미시시피주의 존 스테니스 상원의원 사무실을 찾아갔다. 스테니스는 상원에서 25년 이상

일했고, 상원 군사위원회 위원장을 지낸 대단한 인물이었다. 내가 아직 초등학교에 다닐 때 스테니스는 상원 원내에서 조 매카시 상원의원에게 용감하게 비난을 퍼부었다. 스테니스는 또한 인종차별주의자기도 했다. 내가 안으로 들어가자, 책상으로 쓰던 커다란 마호가니 회의 테이블 끝에 앉아 있던 그는 옆에 있는 가죽 의자를 툭툭 두드렸다. "앉아, 앉아요, 여기 앉아. 말해보게, 상원에 출마한 이유가 뭔가?"

"시민의 권리를 위해서입니다, 의원님." 나는 그의 인종차별주의적 과거 행적을 기억해내기도 전에 말했다.

그때는 혹시 내가 주제넘게 군 건 아닌가 생각했지만, 그는 그저 미소만 지었다.

"민권? 좋아"라고 그가 말했다. "좋아. 좋아. 자네가 여기 오게 돼서 기뻐." 그게 다였다.

한번도 그런 걸 바란 적은 없었는데 이번에는 헌법상 상원 입성에 필요한 나이인 서른 살이 빨리 되기를 학수고대했다. 선거가 끝난 지 2주 반이 되던 날인 11월 20일 내 생일날 윌밍턴 시내의 피아니 그릴에서 큰 파티를 열었다. 내가 서른 살이 되는 것을 기념하는 큰 행사였다. 내 선출이 최종 공식화되는 자리 같았다. 케이크도 있었는데 닐리아와 함께 잘랐다. 보와 헌트가 있는 것만 빼면 마치 우리 결혼식 케이크 같았다. 그리고 TV 뉴스 팀과 신문 사진기자도 왔다. 다음 날 지역신문에 내가 백악관을 목표로 나아가고 있다는 이야기가 실릴 것이 틀림없었다. 난 아직 미국 상원의원에서 취임 선서도 하지 않았다! 나는 그게 좋지 않은 일이라고 생각했던 것을 기억한다. 좋은 일일 수 없었다. 그제야 신경이 곤두선 건지도 모르지만, 내 미래가 나를 향해 돌진하는 것 같았고, 내가 준비되어 있다는 확신은 들지 않았다. 그때 묘한 기분으로 닐리아 옆에 서서 케이크를 자르던 기억이 늘 잊히지 않는다.

상원의원에 선출된 나는 더 이상 카운티 의회 소속이 아니었다. 이제 노스 스타의 집으로 이사할 수 있다는 뜻이기도 했다. 지미와 나는 트럭을 빌려 우리끼리 이사했다. 부모님 짐을 우즈 로드로 다시 옮기는 데 시간이 좀 걸렸지만, 닐리아와 내가 노스 스타의 집으로 옮기기는 쉬웠다. 우리가 가진 진짜 가구는 네 기둥이 달린 침대와 식탁 세트, 벽난로 앞 거실에 두었던 커다란 안락의자뿐이었다. 조금 우스꽝스러워 보였다. 거실은 가로 5.5미터, 세로 9미터로 넓었고, 높은 천장과 반짝이는 나무 바닥(아직 양탄자가 없었다), 돌로 된 벽난로와 안락의자 하나가 전부였다. 하지만 우리에게는 그 집에 무언가를 할 시간이 없었다. 크리스마스 쇼핑을 하거나 크리스마스트리를 꾸밀 시간도 없었다. 난 워싱턴까지 왔다 갔다 했고, 생일 후 3주 동안 닐리아는 시간이 될 때마다 나와 동행했다. 직원 면접이 끝나면 집을 보러 달려갔다. 우리는 워싱턴에서 살기로 했다. 상원의원 봉급 4만 2500달러로 집 두 채를 유지하기는 힘들겠지만 우리는 노스 스타를 포기하지 않을 작정이었다. 하지만 워싱턴에서도 집이 필요했고, 두 아들을 위한 학교를 정해야 했다. 닐리아의 아버지는 두 번째 집을 위한 계약금을 주겠다고 나섰고, 두 아들이 다닐 유치원이 있는 장로교회 바로 아래쪽 셰비 체이스 서클 근처의 작은 식민지 시대의 집을 발견했을 때 기꺼이 도와주었다. 주택 구매 오퍼는 금요일인 12월 15일에 받아들여졌고, 그다음 주 중반에 계약 마감이 예정되어 있었다. 그 주말 닐리아와 나는 다시 노스 스타로 갔고, 우리가 그토록 오랫동안 상상했던 미래에 마침내 다다른 듯한 기분이었다.

워싱턴 집도 좋았지만 노스 스타는 이미 우리의 보금자리처럼 느껴졌다. 추수감사절과 크리스마스, 부활절과 생일, 기념일은 모두 노스 스타에서 기념하게 될 터였다. 우리는 대부분의 주말을 노스 스타에서 보내기로 했다. 보와 헌트, 나오미가 고향을 떠올릴 때 노스 스타의 집을 생각할 것이다. 그 일요일 밤, 위층에서는 아이들이 잠들어 있고, 닐리아와 나는 하나뿐인 안락의자에 앉아 돌로 된 벽난로에서 퍼지는 포근한 열기를 느끼며 완벽에 가까운 휴식을 취하고 있었다. 그 순간은 젊은 시절의 내 모든 로맨틱한 상상을 뛰어넘었다. 나는 서른 살의 미국 상원의원 당선자였다. 우리 가족은 화려한 지붕 아래 함께였다. 그 문은 이제 막 우리의 여생을 향해 열리기 시작했다. 닐리아와 나는 이 놀라운 일을 함께했고, 앞으로 우리가 할 수 있는 일은 훨씬 더 많을 것이다. 우리 중 누구도 남은 생이 어떤 모습으로 다가올지 확신할 수 없었지만 빨리 그 모습을 보고 싶었다.

5장

내게 6개월만 줘

다음 날 아침 나는 새로 뽑을 직원 면접을 위해 워싱턴으로 출발했지만, 닐리아는 윌밍턴 집에 있기로 했다. 크리스마스가 일주일 앞으로 다가왔고, 무언가를 할 시간이 없었으므로 닐리아는 지미와 함께 아침을 먹고, 이것저것 쇼핑한 다음, 나무를 구하러 갈 예정이었다. 그녀는 꼭 크리스마스트리를 구해서 집으로 돌아갈 작정이었다.

윌밍턴에서 지미가 전화했을 때 발과 나는 버드 상원의원이 빌려준 사무실에 있었다. 그는 발과 통화하고 싶어 했다. 전화를 끊었을 때 발의 얼굴은 하얗게 질려 있었다. "가벼운 사고가 있었대"라고 그녀는 말했다. "걱정할 것 없어. 하지만 집으로 돌아가야 해."

발의 목소리가 뭔가 이상한 것 같은데? 왜 입을 다물지? 나는 뭔가 거슬리는 것, 예감보다 강한 무언가를 느꼈다. 명치끝을 작고 날카로운 핀에 찔린 듯한 감각이었다. 이미 닐리아의 부재가 느껴졌다.

나는 "닐리아가 죽었어. 그녀는 죽었어, 그렇지?"라고 말했다.

발은 아무 말도 하지 않았다. 버드 상원의원 사무실에서 걸어 나와 국회의사당 앞 텅 빈 광장에 서 있던 기억이 난다. 그 웅장한 돔 아래에서 나는… 너무나 작게 느껴졌다.

월밍턴으로 바로 날아갔지만 병원에 도착할 때까지 아무것도 확실히 알지 못했다. 가는 동안 모든 게 잘될 거라고, 그저 내 상상일 뿐이라고 계속 되뇌었다. 하지만 병원에 도착해서 지미의 얼굴을 본 순간, 최악의 상황임을 알았다. 사고가 났을 때 보, 헌트, 나오미가 닐리아와 함께 차에 타고 있었다. 닐리아는 죽었고 딸도 죽었다. 아들 둘은 살았지만, 보는 뼈가 여러 곳 부러졌고 헌트는 머리에 부상을 입었다. 의사들은 영구 손상 가능성을 배제하지 않았다. 나는 아무 말도 할 수 없었고, 블랙홀로 빨려 들어가듯 가슴속에서 텅 빈 구멍이 점점 커지는 것 같은 느낌이 들었다.

처음 며칠 동안은 어지럽고 희미한 어둠 속을 헤매는 듯한 기분이었다. 높은 데서 떨어진 꿈을 꾼 것 같았는데, 나만 계속해서 떨어지는 듯한 느낌이었다. 자다 깨다 하는 순간마다 언젠가는 깨어날 수 있다는 것을, 정말로 깨어날 수 있다는 것을 어렴풋이 알고 있었다. 언제 그런 일이 있었냐는 듯이. 하지만 그러다 눈을 뜨면 병상에 누워 있는 두 아들이 보였다. 보는 전신 깁스를 하고 있었다. 그러다 또 꿈에 빠져들었다. 그리고 의식이 돌아오면 나는 언제나 방 안에 적어도 하나의 다른 물리적 존재를 느낄 수 있었다. 발이나 어머니 혹은 지미였을 것이다. 그들은 결코 내 곁을 떠나지 않았다. 그때 물리적으로 혼자였던 기억이 없다.

대부분은 아무 감각도 느껴지지 않았지만 깨진 유리 파편이 몸을 관통하는 것처럼 고통스러운 순간도 있었다. 사람들이 왜 절망 때문에 삶을 저버리는지 이해할 수 있었다. 자살은 단순한 선택이 아니라 이성적인 선택이라는 생각이 들었다. 나는 보와 헌터가 잠든 모습을 보며 아이들의 꿈에는 어떤 새로운 공포가 자리 잡았을지 궁금했다. 내 존재가 사라지면 아이들에게 누가 설명해줄까 궁금했다. 그리고 살아남기 위해 싸울 수밖에 없음을 알았다.

장례식 때 말고는 아들들과 함께 병실에 머물렀다. 내 삶은 아이들의 요구에만 집중되었다. 시시각각 아이들에게 필요한 것에 집중한다면 블랙홀에서 빠져나올 수도 있지 않을까, 하는 생각이 들었다. 한 발 한 발 내딛는 노력 외에 다른 미래는 상상할 수 없었다. 지평선이 시야에서 희미해졌다. 워싱턴, 정치, 상원은 내게 지배력을 행사하지 못했다. 2주 후 상원에서 선서를 하기로 되어 있었지만 닐리아가 없는 장면을 상상하면 견디기 어려웠다. 나는 솔직해지려고 노력했다. 사람들에게 한 말대로, 델라웨어는 언제든 다른 상원의원을 뽑을 수 있지만 내 아들들은 다른 아빠를 얻을 수 없었다. 나는 상원 원내 대표인 마이크 맨스필드에게 상원의원직을 포기하겠다고 말했다. 그러나 미국의 전 부통령인 휴버트 험프리 상원의원은 거의 매일 내게 전화를 걸었다. 그는 그냥 내가 어떻게 지내는지 알고 싶어 했다. 대부분 먼저 전화를 받아서 전해주는 지미와도 항상 인사를 나눴고, 내가 가족 외에는 누구와도 별로 이야기하고 싶어 하지 않는다는 걸 알고 있었다. 지미는 델라웨어 주지사 당선자와도 새로운 상원의원을 임명하는 문제에 대해 이야기를 나누고 있었다.

그러나 맨스필드 의원은 나를 포기하지 않았다. 그는 계속 전화를 걸어 내 상태를 확인했다. 그는 위원회 선정을 담당하는 민주당 운영위원회에 나를 임명했다는 사실을 재차 언급했다. 당시 새내기 상원의원에게는 전례 없는 일이었다. 재정부의 새 자리를 놓고 싸움이 벌어졌는데 그는 내 도움이 필요하다고 했다. 하지만 나는 정말 신경 쓰지 않았다.

그 와중에 좋은 소식이 있었다. 의사들은 보와 헌터가 완전히 회복할 것이라고 장담했다. 보의 뼈는 복구될 것이고, 헌터의 뇌에도 이상이 없었다. 하지만 아이들이 병원에 있는 동안 크리스마스가 지나갔고, 나는 분노를 느꼈다. 아이들이 잠들었을 때 혹은 발이나 어머니가 병상을 지키고 있을 때, 나는 병원을 뛰쳐나와 근처 거리를 쏘다니곤 했다. 지미가 나를 따라나섰고 나는 말없이 되도록 어둡고 지저분한 동네로 지미를 끌고 갔다. 싸움거리를 찾을 가능성이 더 많을 것 같아 주로 밤을 선택했다. 나는 항상 싸움거리를 찾고 있었다. 나는 내가 그렇게 분노할 수 있는 사람인지 몰랐다. 나는 내가 미래로부터 기만당했다는 것은 알고 있었지만, 과거도 마찬가지라는 생각이 들었다.

내 인생의 발판이 발밑에서 떨어져 나갔고… 그것은 닐리아와 나오미의 죽음 때문만이 아니었다. 평생 나는 자비로운 하나님에 대해 배웠다. 용서하는 하나님, 정의로운 하나님, 인간이 실수하는 것을 아시는 하나님, 너그러운 하나님, 우리에게 의심할 수 있는 자유의지를 주신 하나님, 사랑의 하나님, 위로의 하나님. 하지만 나는 자비로운 하나님에 대해 듣고 싶지 않았다. 어떤 말도, 어떤 기도도, 어떤 설교도 내게 편안함을 주지 못했다. 하나님이 끔찍한 장난을 쳤다고 느꼈고, 화가 났다. 나는 교회에서 위안을 찾지 못했다. 그래서 그 분노를 비워내려고 계속 어두운 거리를 걸었다.

맨스필드 의원은 집요했다. 그는 매일 병원에 전화를 걸어 내가 상원에 있어야 한다고 말하면서 운영위원회 업무에 관련해 최신 정보를 알려주었다. 나는 몇 주 전만 하더라도 내가 맡은 위원회 임무가 얼마나 중요하게 느껴졌는지 떠올렸다. 풀브라이트 위원장님에게 나를 외교위원회 위원으로 고려해봐달라고 말해도 될까? 초선 상원의원이라면 법사위원회에 배정될 가능성이 높을까? 내가 지금 뭘 신경 쓰고 있는 거지? 맨스필드 의원은 계속 이야기했다. 재정위원회의 새 자리를 놓고 벌어진 로이드 벤슨과 아들라이 스티븐슨의 싸움이 정점에 이르렀다고 말했다. 그리고 나는 운영위원회에 결정적인 표를 행사하게 될 것이다. 루이지애나주의 러셀 롱 위원장은 자신의 위원회에서 활동할 위원으로 석유와 가스를 생산하는 주 출신을 모집하고 있었다. 반면 북동부 주의 진보주의자들은 재정위원회가 스티븐슨의 일리노이 같은 소비량이 많은 주에서 더 많은 대표성을 띠어야 한다고 생각했다. 이것은 사소한 문제가 아니었다. 에너지 위기가 임박한 것이다. 롱 상원의원은 루이지애나 석유산업에 해롭다고 생각되는 법안을 쉽게 폐기할 수 있었다. 맨스필드 의원은 계속 이야기했다. 그는 다른 것은 안중에도 없고, 그저 나를 병실 밖 뭔가에 끌어들이려고 기를 쓰는 것처럼 보였다. 상원 재정위원회 따위에 내가 상관할 바가 뭐가 있단 말인가?

맨스필드 의원은 쉽게 단념하지 않았다. 어느 날 밤 나는 병실 창턱에 앉아 귀에 수화기를 대고 있었다. 늦은 시간이었고 아이들이 잠들어 있었기 때문에 나는 주로 듣기만 했는데, 그는 내게 미국 상원에서 선서한 1680명의 남녀 중 한 명이 되는 것이 닐리아를 위해 내가 해야 할 일이라고 말했다. 아내는 나를 위해 정말 열심히 애썼는데 내가 그것을 저버려서는 안 된다고. 나는 닐리아에게 빚을 졌다고. 내 아들들에게 빚을 졌다고. "내게 6개월만 줘, 조." 맨스필드 상원의원은 계속해서 말했다. "6개월만 줘." 나는 거기에 동의했다. 6개월.

6장

시작

상원의원으로 처음 출근하면서 나는 나 자신을 참관인 정도로 여겼다. 나는 그저 연결감을 느끼지 못했을 뿐이다. 다른 초선 상원의원들이 부통령 앞에서 선서하는 동안에도 나는 보와 헌터를 떠날 마음이 없었다. 솔직히 그냥 워싱턴 D.C.로 가고 싶지 않았다. 그래서 마이크 맨스필드 상원의원은 상원 서기를 월밍턴 종합병원으로 보내 내가 별도로 선서하도록 했다. 내가 미국 상원의원으로서 처음 출근하기 위해 마침내 워싱턴에 도착했을 때 93대 의회는 개회한 지 일주일이 되어가고 있었다.

사고와 상관없이 나이 때문에 생기는 문제에도 직면해야 했다. 바로 상원의원처럼 보이지 않는다는 점이었다. 투표하는 동안 의원들을 위해 엘리베이터를 붙들고 있던 처음 보는 국회의사당 엘리베이터 안내원이 나를 빤히 바라보곤 했다. "젊은 친구, 여기는 의원님들만 타는 곳이에요." 그런 일은 몇 년 동안 계속 벌어졌다. 나는 헨리 키신저를 처음 만난 순간을 결코 잊지 못할 것이다. 1970년대에 상원 회의는 지금보다 훨씬 더 격식을 중요시했다. 어느 날 나는 양각된 초대장을 받았는데 거기서 국무장관이 '그분의 세계관'에 대해 발언할 예정이고, 나는 위원회 위원들만 참석 가능한—직원은 출입이 제한되는—외교위원회에서 브리핑을 해야 했다. 나는 브리핑을 잘 준비해야 했고, 장관에게 묻고 싶은 질문이 몇 가지 있었다. 나는 5분 일찍 더크슨 빌딩에 있는 외교위원회 정례회의실에 도착했다. 10분이 지나도 아무도 오지 않아 사무실에 전화를 걸었다. 알고 보니 S-116 회의실은 국회의사당 건물에 있었다. 나는 S-116이 어디에 있는지 잘 몰랐다. 나는 말 그대로 국회의사당 건물로 달려가 조깅하듯 복도를 한 바퀴 돌며 방 번호를 확인했다. 그때는 의사당에 방음실이 생기기 전이라 회의실에서 집행위원회 회기를 열 때면 밖까지 소리가 들리곤 했다. 하지만 복도에서는 아무 소리도 들리지 않았다. 마침내 S-116을 발견했을 때, 너무 늦어서 달리느라 땀을 꽤 흘렸다. 외문을 통과했을 때 무장한 국회의사당 경찰관이 내 어깨를 잡아 빙글 돌리더니 얼굴을 벽에 밀어붙였다. "이 녀석아, 여기가 어딘 줄 알아?"

간신히 상원의원 신분증을 꺼내 보이자 그는 굽실거리며 사과했다. 하지만 내부 회의실로 통하는 문을 불쑥 열고 들어가려는데 화가 치밀었다. 문손잡이를 놓치는 바람에 문짝이 파일 캐비닛에 요란하게 부딪치며 흔들렸다. 곧바로 키신저 장관이 앉아 있는 의장석 뒤로 달려 올라가자 선배 의원 두어 명이 자리에서 벌떡 일어났다가 깜짝 놀라 다시 앉았다. 나는 "아, 늦어서 죄송합니다"라고 말하려고 애썼다. 꽤 요란한 등장이었다. 나는 민주당 세 번째 등급에 해당하는 유일한 빈자리를 찾아 정신없이 걸어갔다. 자리를 잡고 앉을 때쯤 키신저의 발언이 거의 끝나가고 있었다. 그날 마이크 맨스필드가 의장 대행을 하고 있었는데, 그가 질문을 받겠다고 해서 나는 "예, 의장님… 질문 있습니다. 장관님" 하고 내가 할 수 있는 가장 상원의원다운 어조로 질문을 시작했다.

키신저는 맨스필드 쪽으로 몸을 돌려 단호하게 말했다. "의장님, 직원들은 출입이 안 되는 줄 알았습니다만."

키신저의 보좌관 1명이 '바이든, 델라웨어'라고 종이에 미친 듯 휘갈겨 쓰는 것이 보였다.

"아." 키신저는 쪽지를 보며 말했다. "죄송합니다, 비드-덴 의원님."

그의 발음은 내 이름과 비슷하지도 않았다.

"괜찮습니다." 나는 말했다. "덜레스 장관님."

당시 워싱턴의 민주당 국제외교분과장이던 아베럴 해리먼은 좋은 동료였지만 회의에서는 항상 나를 가리키며 "젊은이들의 생각을 말해봐, 조"라고 말하곤 했다. 나는 어리다고 해서 모든 젊은이를 대변할 수 있는 것은 아니라고 얘기했다.

또 다른 문제는 신문에서 '개인적인 비극'이라고 즐겨 부르던 내 사연을 동료들 모두가 알고 있다는 점이었다. 새 동료 중에는 내게 무슨 말을 해야 할지 몰라 안절부절못하는 사람도 있었다. 다른 동료들은 나를 미국 상원의 사업에 참여시키고 그 공동체에 소속되었다고 느끼도록 많은 노력을 기울였다. 맨스필드 상원의원은 적어도 일주일에 한 번은 자신의 사무실에 들르도록 해 내가 상원 업무를 어떻게 처리하고 있는지 물었다. 그는 초선 상원의원에게 으레 해오던 일이라는 식으로 행동했지만 나는 알고 있었다. 그는 나를 특별히 챙겨주고 있었다.

휴버트 험프리 상원의원은 열정적으로 빠르게 말하는 모습으로 나의 관심을 끌었는데, 그는 내가 굉장한 커리어를 쌓게 될 것이라고 말하곤 했다. 그는 또 상원에서는 드문 일로, 예고도 없이 내 사무실에 들러 소파에 앉아 내가 어떻게 지내는지, 아이들은 어떻게 지내는지, 우리 가족은 어떻게 지내는지 묻곤 했다. 그는 내가 너무 안쓰러워서 말 그대로 눈물을 흘릴 때도 있었는데 그럴 때면 내가 그를 위로하기도 했다. 그는 나를 영국 옥스퍼드에 있는 디즐리 하우스로 가는 상원 대표단에 포함시키고, 개인적으로 동생 지미도 함께 비행기를 탈 수 있도록 주선했다. 험프리는 지미에게 나와 5일간 휴가를 떠나라고 말했다.

테드 케네디도 더크슨의 구석에 처박힌 내 사무실을 정기적으로 찾아왔다. 그는 비좁은 대기실을 비집고 사무실로 머리를 들이밀곤 했다. 그는 나를 상원 체육관에 데려가려고 했다. 나는 운동하고 싶지 않다고 말했지만, 테드는 그곳은 웨이트트레이닝 룸과는 다르다며 부드럽게 설명했다. 그곳은 옛 체육관으로, 마사지를 받거나 사우나를 하는 곳이었다. 그래도 내 생각에는 변함이 없었다. 나는 마사지를 받아본 적도 없었고, 받고 싶다는 생각도 들지 않았다.

테드는 아직 만나지 못한 동료 몇 명을 알게 되면 좋아질 거라고 말했다. "어서. 체육관에 함께 가보자." 그래서 그를 따라갔다. 체육관 문을 열고 들어서자마자 전설적인 상원의원 3명과 맞닥뜨렸다. 나는 그들이 누구인지 알고 있었다. 그들의 사진을 본 적이 있었다. 몇 년 동안 그들에 대한 글도 읽었다. 내가 입을 열기도 전에 테드가 말했다. "조, 몇 분하고 인사를 나누는 게 어때?" 1명은 뉴욕 공화당 의원이자 외교정책 분야의 저명한 전문가인 제이컵 재비츠였고, 다른 1명은 몇 년간 유력한 대통령 후보로 거론된 미주리주 민주당 의원 스튜어트 시밍턴이었다. 그리고 세 번째는, 음, 그때 나는 정말 제정신이 아니었다. 그들은 나와 60센티미터 정도 떨어진 곳에 서서 악수하려고 손을 내밀었다. 그들은 모두 막 태어난 날처럼 벌거벗고 있었다. 계속 눈을 마주치려고 애썼지만 도대체 무슨 말을 해야 할지 몰랐다. 그들은 아주 편하게 대했지만 나는 꿈에서 수업 시간 중에 아래를 내려다보니 바지를 입지 않았다는 사실을 깨달은 듯한 기분이었다.

동료들은 나를 친절하게 보살펴주었지만 나는 여전히 그곳에 있고 싶은지 확신할 수 없었다. 어떤 날은 그냥 모든 것에서 벗어나고 싶었다. 나는 그 사고에서 벗어나고, 나와 아이들을 아는 사람이 아무도 없는 곳에서 새롭게 출발하려고 버몬트에 집을 알아보고 있었다. 나는 워싱턴에서 언론이나 직원, 동료와 개인적인 친분을 쌓는 데는 관심이 없었다. 언제 국회의사당을 떠나 집으로 돌아갈 수 있을까 궁리하기만 했다. 동료들이 상원의원 식당에서 거의 매일 점심을 먹는 동안, 나는 내 책상에서 점심을 먹었다. 그래야 집에 전화를 걸어 아이들이나 발, 어머니와 이야기를 나눌 수 있었기 때문이다.

내 비서실장인 웨스 바르텔메스는 언론과 상원 직원 사이에서 내가 반사회적이라는 평판을 얻고 있다고 생각했다. 그는 워싱턴에서 일찌감치 그런 인물로 찍히면 벗어나기 힘들다고 설명했다. 적어도 점심시간에는 식당에 가서 먹으라고 말했다. 나에게는 세 가지 선택지가 있었다. 하나는 국회의사당에 있는 상원의원 전용 식당이었다. 의원들은 그곳에서 자유롭게 이야기를 나눌 수 있었고, 웨스의 말대로라면 거기서는 진짜 내부 정보를 얻을 수 있었다. 두 번째는 복도 바로 건너편에 있는, 격식을 덜 차려도 되는 직원용 식당이었다. 세 번째는 더크슨 건물 1층에 위치한, 상원의원과 직원을 위한 식당이었다. 세출위원회의 위원장인 존 매클렐런은 의사당까지 갈 필요가 없도록 건축가들에게 더크슨의 식당을 수리하도록 했다고 말했다.

점심을 먹으러 가서 얼굴을 보여야 한다는 웨스의 말이 맞는다는 건 알았지만 행동에 옮기기까지는 몇 주가 걸렸다. 나는 그의 의견에 동의했지만 상원의원 전용 식당에 갈 준비는 되어 있지 않았다. 그래서 더크슨에 있는 식당을 시도하기로 했다.

늦게 내려갔기 때문에 테이블은 거의 비어 있었다. 그런데 자리에 앉기도 전에 웨스가 내 팔을 잡아당기며 회색 양복 입은 남자를 향해 밀었다. "저기 매클렐런 상원의원이 있습니다. 안부 인사 하셔야죠." 나는 매클렐런을 한 번도 만나지 못했지만, 사고 전에 그는 내가 알아야 할 상원의원 명단에 올라 있었다. 내가 외교 문제로 윌리엄 풀브라이트를 만나러 갔을 때, 그는 나에게 한 가지 충고를 해주었다.

"외교정책에 정말 영향을 끼치고 싶다면 세출위원회에서 일하는 내 동료 아칸소주 상원의원 매클렐런을 만나보게." 풀브라이트는 내게 이런 말을 하고 싶었던 듯했다. "미국의 이익과 세계의 지배는 우리가 어떻게 우리의 돈을 퍼뜨리는가에 달려 있다."

내가 말했다. "안녕하십니까, 위원장님." "조 바이든." 그는 자리에서 일어나지 않았다. 내게 눈길을 주었는지조차 확실치 않았다. 그는 그저 이렇게 말했다. "아, 델라웨어에서 온 친구군. 아내와 아이를 잃었다지?" 동정하는 기색도 없었다. 드물고 신선한 접근법이었지만 그의 말은 너무 날카롭게 느껴졌다.

나는 그의 통통하고 불그레한 뺨을 후려갈기고 싶은 충동을 느꼈다. 그런데 그는 계속 이렇게 말했다. "자네가 할 일은 한 가지뿐이야. 일에 파묻혀."

나는 아무 대답도 할 수 없었지만, 그는 내가 그의 충고를 고맙게 여기지 않는다는 사실을 알아챘을 것이다. "나한테 화났지, 자네? 하지만 난 자네가 힘든 시간을 보내고 있다는 걸 알아." 그러고 나서 그는 나에게 자신의 이야기를 들려주었다. 그는 하원 첫 임기 동안 척추수막염으로 아내를 잃었다. 아들 1명도 8년 후 같은 병으로 죽었다. 그는 그 후 다시 두 아들을 잃었다. "일해." 그가 말했다. "일해. 일. 일."

　사실 나는 소매를 걷어붙이고 일에 매달리지는 않았다. 그 당시 신입 의원에게는 이슈를 본격적으로 처리할 기회가 많지 않았고, 그들이 선호하는 위원회 과제를 거의 받지 못했다. 외교위원회에는 신청자가 이미 길게 줄을 섰다. 부통령 임기를 마치고 상원으로 돌아온 휴버트 험프리가 그곳에 자리 잡았다. 신입 의원에게는 기회가 없었다. 그래서 나는 델라웨어의 큰 산업에 영향을 미치는 은행과 공공사업 위원회에 들어 갔다. 처음부터 나는 리볼빙 신용 한도와 관련된 미심적은 이자 업무를 정식 청문회에 상정하는 일이 불가능하다는 사실을 알았다. 아버지처럼 나도 매일 그 일에 전념했다. 정말 중요한 표를 얻으려고 노력했고, 중요한 표를 행사하며, 올바르게 행사하기 위해 상황을 제대로 파악하려고 노력했다. 나는 내 일을 하고 프로답게 완수할 작정이었다. 나는 필요한 것을 했고 그 이상은 하지 않았다. 마치 조립라인에 있는 사람 같았다. 내 일을 올바르게 했지만 4줄 건너편 조립라인이 부서지는 것을 봐도 건너가서 고치지는 않았다.

　나보다 훌륭한 사람이었다면 상황을 더 고상하게 처리했을지도 모른다. 더 나은 사람이었다면 사생활과 일을 철저히 구분했을지 모른다. 그러나 나는 닐리아의 부재를 결코 떨쳐낼 수 없었다. 몇 분, 몇 시간, 어쩌면 하루 정도는 그 일을 잊었을지도 모른다. 어떤 날은 거의… 정상으로 느껴지기도 했다. 그러고 나면 정상으로 느끼고 싶어 했다는 사실에 죄책감이 들었다. 또 어떨 때는 절망감과 함께 가슴을 빨아들이던 블랙홀이 사고 당일만큼이나 강력하게 느껴지기도 했다. 휴일이나 기념일, 닐리아의 생일이면 도화선이 되어 되살아났다. 하지만 평소에도 절망은 아무 이유 없이 내게 달려들었다.

가까운 직원들은 내가 무의식중에 보내는 신호를 읽는 방법을 배웠다. 심지어 의회 임기가 4~6개월이나 지났을 때, 나는 닐리아의 고등학교 반지를 새끼손가락에 끼고 사무실에 걸어 들어가곤 했는데, 직원들은 그런 날이면 내가 말을 하지 않으리라는 것을 알았다. 나는 하루 종일 사무실에서 아들들이나 발과 통화하곤 했다. 투표하기 위해 소집되면 마지못해 걸어가 표를 행사한 다음, 서둘러 사무실로 돌아와 지미나 어머니에게 전화했다. 나는 애써 숨기려고 하지 않았다. 나중에 다른 사무실 직원들이 '바이든은 얼마나 오래 이 일을 지속할 것인가?'를 놓고 내기를 걸었다는 사실을 알았다.

닐리아와 나오미를 잃은 것은 미국 상원의원이 된 기쁨을 앗아 갔으며, 삶의 모든 기쁨도 앗아 가버렸다. 아무리 좋은 날이라도 상원 안에서나 밖에서나 미래를 상상할 마음이 없었다. 내게는 지평선이 없었다. 고개를 숙이고 한 발 한 발 떼어놓았을 뿐이다. 말 그대로 아치미어 시절처럼 컨디션을 조절해 미식축구 연습 때 단거리 속도 훈련을 하듯 했다. 내가 해야 할 일이 스무 가지라면 절대 스무 가지 모두에 대해 생각하지 않았다. '이거 하나를 해야 해'라고 생각했고 그런 다음 '이거 하나를 더 해야 해'라고 생각했다. 나는 상원에서 매일 한 가지씩을 더 해냈으며 그것으로 충분히 승리했다고 생각했다. 내 일을 끝내고 차에 올라타 노스 스타로 돌아가곤 했다. 보와 헌터를 돌봐야 한다는 강박증이 있었지만 그게 아이들뿐만 아니라 내게도 치유가 된다는 사실을 알았다.

아이들이 퇴원했을 때, 여동생 발과 그녀의 남편 브루스는 나와 함께 노스 스타로 이사했다. 실제로 그것에 대해 이야기를 나눈 적은 없지만 바이든 가족의 규칙에 따른 것이었다. '도움을 청해야 한다면 이미 늦은 것이다.' 내가 부탁하지 않았지만 발은 보와 헌터에게 엄마처럼 최선을 다했다. 헌터는 겨우 세 살이었고, 보는 네 살이었다. 보는 여전히 전신 깁스를 하고 있어서 아이와 이동할 때마다 무릎 사이에 막대를 대었다. 아들들은 끔찍한 일을 당했고, 중요한 것을 빼앗겼다. 내가 워싱턴으로 가려고 노스 스타를 떠날 때면 아침마다 아이들의 눈에서 두려움을 느꼈다. "아빠, 가? 가는 거야?" 그들은 내가 반드시 돌아온다는 사실을 확인받고 싶어 했다. 나는 아이들에게 내가 항상 거기 있을 거라는 사실을 보여주려고 했다. 그래서 밤마다 돌아가야 한다는 생각을 했다.

보통 내가 집에 도착하는 데는 시간이 걸리기 때문에 발은 아이들이 늦게까지 자지 않아도 내버려두었다. 내가 저녁을 먹는 동안 아이들은 디저트를 먹곤 했다. 그러고 나서 나는 아이들을 방으로 데리고 올라가 함께 침대에 누워 손을 잡았다. 그리고 아이들과 이야기했다. 피네건 할아버지가 하는 것처럼 성모송 세 번을 바치며 기도를 드렸다. 그리고 그들이 아침에 일어났을 때, 나는 집에 있었다.

또 아이들이 내게 즉각 연락할 수 있게 했다. 전화하고 싶을 때면 언제든 할 수 있었고 나는 전화를 받는 게 규칙이었다. 헨리 키신저에게 브리핑하는 중에도 아이들이 전화를 걸어 직원이 전화를 연결했다. 워싱턴을 오가는 길에서도 아이들이 나에게 연락할 수 있도록 차에 초창기 휴대폰을 설치했다. 내가 설정한 다른 조건도 마찬가지로 중요했다. 나는 "너희 둘 다 와일드카드를 가지고 있어"라고 아이들에게 말했다. "너희 중 누구든 아빠가 일하는 데 오고 싶을 때는 다른 설명은 하지 않아도 돼. 나랑 같이 일하러 가고 싶으면, 좋아, 아침에 내 방에 들어와서

'와일드카드'라고 말하면 돼."

보와 헌터가 새로운 일상에 적응하면서, 아이들과 좀 더 수월하게 떨어질 수 있었고 상원에서의 생활도 조금 편안해졌다. 동료들은 나에게 나름대로 작은 친절을 베풀려고 노력했다. 부부 동반으로 한 달에 한 번 정도 서로의 집에서 돌아가며 저녁을 먹는 상원의원들이 있었다. (당시 민주당 의원들과 공화당 의원들은 서로 함께 어울리는 것을 즐겼다.) 언제부턴가 나도 거기에 초대받았는데 나는 그들이 그저 내게 친절을 베풀려는 것일 뿐, 정말로 식탁을 홀수로 채우려는 건 아닐 거라고 생각했다. 하지만 사우스캐롤라이나의 프리츠 홀링스와 미주리의 톰 이글턴은 계속 나를 식사에 초대했다. 프리츠는 휴대품 보관소나 상원 원내에서 나를 붙들고 "수요일 밤이야, 조…. 핑계는 대지 말고. 피츠시가 기다리고 있어"라고 말하곤 했다. 그러면 피츠시 홀링스는 시간과 장소를 정확히 알려주기 위해 사무실로 전화를 걸곤 했다. 나는 그 첫해에 워싱턴에서 식사나 파티 초대를 일주일에 열두 번씩 거절했다. 내가 퇴근한 후 늘 참여한 모임은 동료들과 함께하는 저녁 식사가 전부였다. 나는 톰과 바버라 이글턴, 프리츠와 피츠시 홀링스, 테드와 앤 스티븐스, 빌과 돌리 색스비, 프랭크와 베순 처치, 그리고 얼마 전 아내를 잃은 스튜어트 시밍턴의 우정을 결코 잊을 수 없다. 돌이켜보면 나를 보살펴주려고 애쓰는 사람들이 이렇게 많은 곳에서 일하게 된 것이 얼마나 행운이었는지 깨닫는다.

또 몇몇 나이 든 남부 민주당 의원과도 알게 되었다. 미시시피에서 온 두 의원은 특별히 내 관심을 끌었다. 존 스테니스와 제임스 O. 이스틀랜드는 1973년에 이미 상원에서 서로 알고 지낸 지 50년이 훨씬 넘었다. 스테니스는 1950년대를 거쳐 1960년대까지 강경한 분리주의 노선을 고수했지만 진심은 아니었던 것 같았다. 제임스 O. 이스틀랜드는 완고한 인종차별주의자로 남아 있었다. 시민권에 대한 입장 때문에 이스틀랜드는 미시시피주의 선거구 중에서도 더 확고한 정치적 위치에 설 수 있었지만 그는 항상 스테니스를 옹호했다. "조, 이런 거야. 미시시피에서는 존이 나의 양심을 돌봐주지. 그리고 나는 그의 정치를 돌봐주고."

스테니스와의 관계는 내가 가끔 국회의사당에 있는 상원 식당에 가면서 시작되었다. 오늘날 상원에서는 점심시간에 거의 모든 당 업무가 이루어진다. 민주당 의원들은 다른 민주당 의원들과 함께 점심 식사를 하며 오늘의 이슈로 공화당 의원을 어떻게 상대할지 의논하거나, 열띤 논쟁을 벌이고 있는 동료들을 어떻게 방어할 것인지 논의하거나 혹은 각자 다음 선거 주기에 모금하기 바라는 금액에 대한 비용 항목이나 선거 유세에 차출될 것인가를 놓고 토론을 벌이기도 한다. 공화당 의원도 마찬가지다. 두 당이 점점 더 떨어진 곳에 각자의 깃발을 꽂으면서, 당끼리 연합 노선을 취하는 일은 줄어들었다. 그러나 1973년 대부분의 상원의원은 식당에서 한가하게 식사했다.

식사에는 의례적인 절차가 있었다. 민주당 의원 1명, 공화당 의원 1명이 걸어 들어와 2개의 큰 식탁을 하나씩 차지하면 12시 30분경에는 각 테이블이 상원의원으로 채워지기 시작한다. 의자가 배정되지 않았지만, 다들 이렇다 할 논의 없이도 자기 자리가 어디인지 알았다. 남부 주의 민주당 의원들은-1973년 남부는 골수 민주당 지지 지역이었다-상원 식당에서도 자기 집처럼 편안함을 느꼈다. 남부 민주당 의원들은 국가에 대한 지배력을 잃자, 상원에서의 지배력을 강화했다. 민주당은 1973년 상원에서 56 대 42로 여유 있게 다수당(무소속 1명과 보수당 1명) 자리를 차지하고 제도권의 모든 권력을 장악했다. 상원에서는 연공서열이 지배적이었고, 남부에서 한번 상원 의석을 얻은 사람은 웬만해서는 잃지 않았다. 늙은 황소 중 경력이 가장 많고 힘이 있는 사람은 법사위 위원장 이스틀랜드였는데 그는 최근 상원의장 대행으로 선출되었다. 대부분의 다수당 최장수 상원의원은 그 직함을 가지고 있으며, 이스틀랜드는 내가 태어나기 2주 전에 상원의원에 당선되었다. 1973년 남부 민주당 의원들은 상임위원회의 과반수를 차지했고, 모든 중요한 위원회의 위원장으로 선출되었다. 게다가 그들은 규율위원회를 통해 상원 식당 메뉴까지 정했다. 그 유명한 콩 수프도 있었지만, 가끔 콜라드 그린(collard greens, 케일과 비슷한 푸른 잎채소-옮긴이)과 홍차를 많이 마신 기억도 난다. 그 방에 들어가면 확실히 남부 분위기가 느껴졌다.

처음 식당에 갔을 때 나는 민주당 테이블의 유일한 빈자리, 즉 상석에 자리 잡았다. 막 식사를 시작했을 때 스테니스 의원이 테이블 옆에 서서 자리를 찾는 모습이 보였다. 나는 일어나 나가려고 하면서 그에게 말했다. "위원장님, 저는 다 먹었습니다. 어서 여기 앉으세요." 그리고 밥을 다 먹지도 않고 떠났다. 스테니스는 그것을 알아챘을 것이다. 그날 오후 상원의 한 견습 보조가 스테니스의 사무실에서 보내온 봉인된 봉투를 가지고 왔다. 봉투에는 그가 직접 손 글씨로 '당신의 친절을 기억할 것이다'라고 쓴 메모가 들어 있었다.

내가 상원에서 맨 처음 연설했을 때, 스테니스는 동료들 가운데 앉아 있었다. 연설 내용은 거의 기억하지 못하지만, 연설하려고 책상에서 일어섰을 때 느낀 기분은 전부 기억한다. 나는 가슴이 먹먹했다. 내가 상원의원이라는 사실을 깨달은 순간이었다. 그리고 부족하다고 느꼈다. 스크랜턴, 클레이몬트, 메이필드의 조 바이든이 어떻게 칼훈, 클레이, 웹스터, 해리 트루먼, 존 F. 케네디, 린든 베인스 존슨과 나란히 자리할 수 있을까? 나는 말 그대로 소름이 돋았다. 말을 하면서도 내가 무슨 말을 하고 있는지 알 수 없었다. 내 몸 바깥에서 날 바라보는 것 같은 느낌이었다. 나는 연설을 끝낸 기억도, 회의장을 떠난 기억도 없다. 그날 늦게 존 스테니스에게 다른 쪽지를 받았는데, 이번에는 타자기로 친 것이었다. "오늘 연단에 들어서는 자네 모습을 지켜보았네. 자네는 마치 돌담처럼 우뚝 서 있었지. 스톤월 잭슨(Stonewall Jackson, 미국 남북전쟁 당시의 남군 장군-옮긴이)처럼."

이스틀랜드와 나의 출발은 좋지 않았다. 나는 선거 자금 개혁을 추진해 그와 바로 사이가 틀어졌다. 내가 첫해에 제대로 파고든 몇 안 되는 이슈 중 하나가 선거 자금 조달에 관련된 것이었다. 당시 공직을 큰손과 대기업이 사들이는 것에 대한 대중의 불평은 끊이지 않았다. 그것은 정당한 우려였다. 1973년 상원에서 진보주의자들은 개인과 기업의 선거운동 기부금에 상한선을 엄격히 정하는 개혁을 요구했다. 하지만 나는 다른 초선 상원의원인 아이오와주 딕 클라크와 함께 선거에 투입되는 공공자금의 총액에 관한 제안을 했고, 맨스필드는 나에게 민주당 간부 회의에서 그 제안을 발표해달라고 부탁했다. 신입 의원은 일반적으로 간부 회의에서는 거의 발언하지 않았지만 나는 해냈다. 일은 잘 풀렸고 나는 계속 밀고 나갔다. 나는 선거 과정에 대한 대중의 신뢰는 매번 약화되고 있으며 닉슨 재선 운동자금을 둘러싼 스캔들은 최악이라는 사실을 민주당 동료들에게 상기시켰다. 공적 자금 조달은 신뢰를 회복하는 방법이었다. 우리는 기부금 공여자가 누구인지, 그들이 어떤 큰 범죄 혹은 경범죄를 저질렀는지 걱정할 필요가 없게 된다. 우리 모두 자유로워지는 일이다. 우리를 후원하는 것은 개인도, 이익단체도 아닐 것이다. 우리는 진정한 유권자인 미국인에게만 집중할 수 있을 것이다.

제안은 간단했다. 정부는 모든 국회의원 선거에 재정을 지원할 것이다. 이 방에 있는 우리 같은 공무원은 함께 일하는 데 필요한 일정한 자금을 얻을 것이고, 기존 의원은 현역이라는 장점이 있기 때문에 신입 도전자는 추가로 10퍼센트를 더 지원받게 된다. 모든 세금 신고에서 최소 금액(몇 달러)을 연방 선거 자금으로 쉽게 조달할 수 있다고 설명했다. 나는 이미 숙제를 끝냈고 계산도 했다. 발언을 마치고 자리에 앉자 침묵이 흘렀다.

"여기에 대해 하실 말씀 있는 분?" 맨스필드가 물었다. 여전히 쥐 죽은 듯 침묵만 흘렀다. 아무도 대답하지 않았다. 밥 버드, 대니얼 이노우에, 이스틀랜드 등 고위 지도부는 맨 앞자리에 앉아 있었다. 이스틀랜드는 시가를 열심히 씹고 있었다. 그날 탈의실에서 워런 매그너슨은 문자 그대로 나에게 소리쳤다. "바이든, 빌어먹을, 이리 와봐…. 헛소리는 집어치워. 그만하라고. 나보다 10퍼센트 더 많은 돈을 받은 코흘리개 얼간이에게 자리를 양보하기 위해 미국 상원에서 30년을 보낸 게 아니라고." 그러나 그날 간부 회의에서 끝없이 긴 침묵이 흐른 후, 이스틀랜드는－이스틀랜드만이－유일하게 목소리를 높였다. 그는 "사람들은 자네가 미국 상원의원으로 선출된 미국 역사상 가장 어린 남자라고 말하지"라고 여전히 시가를 씹으며 말했다. 사실 나는 역사상 두 번째로 나이 어린 상원의원이었지만 그의 말을 바로잡기에 적당한 시기는 아닌 것 같았다. "오늘처럼 계속 이렇게 연설해"라며 이스틀랜드는 말을 이었다. "그러면 미국 역사상 최연소 단임 상원의원이 될 테니까."

맨스필드가 의사봉을 쾅쾅 두드렸다. "휴회합니다."

그날 나는 다시 고등학교 미식축구를 하던 때로 돌아가 시즌 첫 터치다운을 한 듯한 기분이 들었다. 이제 나는 계속 저자세를 유지하고 있지 않으리란 걸 증명해야 했다. 게임은 이제부터 시작이었다. 가자. 나는 동료들을 존경했지만 주눅 들지 않았다. 선거 캠페인에 공적 자금을 투입하는 일이 얼마나 어려운 것인지는 나도 알았다. 이스틀랜드 같은 광적인 보수파 남부 출신과 매그너슨 같은 진보적인 서부 출신이 열렬히 일치된 의견을 피력하는 모습을 통해 내가 큰 지지를 얻지 못하리란 사실을 쉽게 짐작할 수 있었다. 하지만 물러서지 않았다. 나는 이 안건을 밀고 나가기로 결심했다. 몇 주 후 나는 불체포특권과 선거에 대해 상원과 행정 분과위원회에서 연설했다. 나는 숨김없이 다 말했다. 나는 델라웨어에서 기계 기술자 노조와 부유한 투자자와 겪은 일을 통해 상원의원 선거 캠페인에 대한 그들의 기부에 조건이 붙은 듯한 느낌을 받았다고 기록했다. 나는 분과위원회 위원들에게 현 제도가 정말로 참여하고 싶어 하는 사람이 기부할 수 없도록 했다고 말했다. "소규모 기부자도 자신이 하는 작은 기여가 어떤 영향을 발휘하는지 느낀다고 생각합니다. 그들에게 민주당원은 큰 노동의 산물이고 공화당원은 큰 사업의 산물이기 때문입니다." 그리고 우리 공무원들도 이 제도에 속고 있다고 말했다. "우리는 최소한 한 가지 특정 영역에서 청렴함을 버리든지, 신념을 저버리라는 엄청난 압력을 받습니다."

나는 그때 진정한 선거 자금 개혁이 이 문제에서 국민의 신뢰를 회복하는 가장 빠른 방법이라고 믿었다. 깨끗한 선거를 보장하는 것만큼 정치인을 일반 시민과 굳게 결속시키는 일은 없을 것이다. 35년이 지난 지금도 여전히 나는 그것을 믿는다.

상원에서 임기 첫 6개월이 지났을 때, 나는 시간이 그렇게 흘렀다는 것도 알아차리지 못했다. 첫 임기를 마칠 수 있을지 확신할 수 없었지만, 적어도 사건별로라도 일에 집중할 수 있어서 좋았다. 때로는 내가 어떤 것에 관심을 가졌다는 사실이 놀랍게 느껴지기도 했다. 1973년 7월, 맨스필드의 사무실을 방문하기 위해 상원 회의실을 가로질러 걸은 기억이 난다. 그때 누군가가 연설한다는 소식을 듣고 걸음을 멈췄다. 나는 무엇이 논의되고 있는지 몰랐지만, 들어보니 노스캐롤라이나 출신의 보수파 공화당 의원 제시 헬름스가 상원 봉급 인상을 무산시키려 하고 있었다. 헬름스는 나와 같은 초선 상원의원이었지만 상원 업무를 방해한다는 평판을 얻고 있었다. 맨스필드는 제시 헬름스 때문에 정신이 산만했는데, 제시가 업무를 뒤죽박죽으로 만드는 걸 왠지 즐기는 것 같았기 때문이다.

대부분의 미국 근로자들이 생계를 꾸려나가는 데 어려움을 겪던 1973년에 상원 임금 인상 안건에 대해 투표하지 말아야 한다는 헬름스의 의견에 반대한 것은 아니었다. 그러나 헬름스는 상원을 과소평가하고 정통성을 훼손하는 식으로 이야기했다. 그는 내 동료들이 그들의 공직에 적절한 보상을 받을 자격이 없다고 말했고, 나는 그 발언에 분개했다. 제시 헬름스는 높은 연봉을 받을 자격이 없다는 생각이 들기도 했지만 나머지 상원의원들은 충분히 자격이 있었다. 그래서 나는 맨스필드의 사무실 쪽으로 가려던 걸음을 멈추고 그 자리에서 발언권을 요청했다. "의장님, 그 말은 미국 국민에게 우리가 솔직히 소금 정도의 가치밖에 없다고 말해야 한다는 소리처럼 들립니다. 미국인은 우리가 그들을 믿는 것 이상으로 똑똑하기 때문에 이해할 것입니다. 저는 공공 갤러리나 국회의사당 밖에 앉아 있는 많은 방문객은 고액 연봉을 받을 자격이 없는 사람을 미국 상원의원 자리에 앉히고 싶어 하지 않을 거라고 생각합니다."

1973년에 상원의원이 벌어들일 수 있는 외부 수입에는 사실상 제약이 없었다. 몇몇은 로펌 파트너로 막대한 금액의 수표를 받았고, 사업을 운영하는 의원도 있었다. 나를 제외한 거의 모든 사람이 주식을 소유했다. (나는 1972년 선거 유세 때 주식이나 채권을 절대 소유하지 않겠다고 공약하면서 그로 인해 투표에 임할 때 이익 상충이 일어나는 일이 없도록 하겠다고 약속했다.) 나는 잘해내고 있었지만 워싱턴과 출신 주에서 가계를 유지하는 데 어려움을 겪는 동료도 몇 명 있었다. 그래서 나는 외부 수입이 필요 없도록 급여를 높여야 한다고 생각했다. 나는 "사실 상원의원 월급에 대해 이야기하려고 한다면, 왜 모든 외부 소득을 없애는 관점에 대해서는 진지하게 이야기하지 않을까요? 그 편이 더 좋으리라고 생각합니다"라고 상원에서 발언했다. 놀랄 일도 아니지만, 다음 날 신문이 배달되어 왔다. 우파의 기사라 할 수 있는 윌리엄 러브가 자신이 발행하는 〈맨체스터 유니언 리더〉 1면 사설에서 열변을 토했다. '이 멍청하고 자만심이 강한 얼간이를 상원의원으로 선출한 델라웨어의 유권자들은 그의 궁둥이를 차서 정신 차리게 하든, 그런 얼간이를 위해 투표한 자신을 탓해야 한다.' 나는 그 사설을 액자에 넣어 상원 사무실에 걸어두었다. 닐리아가 좋아할 거라고 생각했다.

서른 살의 미국 상원의원으로서 나는 좀 이상한 존재였다. 그 점 때문에 나를 찾는 데가 많았다. 나는 연설하는 자리에 자주 초대받았는데 전설적인 대법관 윌리엄 O. 더글러스와 소아마비 백신을 발견한 과학자 영웅 조나스 소크와 함께 무대에 서기도 했다. 초반에는 일리노이주 쿡 카운티에서 열린 민주당 행사에서 다른 상원의원 4명과 함께 연설하기도 했다. 휴버트 험프리는 그 행사의 스타로 초청받은 것인데 아무도 내게 그 이야기를 해주지 않았다. 나는 주지사 댄 워커의 직원들에게 기조연설을 하게 되었다는 말만 듣고 그대로 믿었다. 그러나 워커는 시장 리처드 J. 데일리와 반목하고 있었고, 데일리는 험프리를 초청해 중요한 연설을 하게 했다. 데일리는 미국에서 가장 강력한 시장일 뿐만 아니라 민주당의 강자기도 했다. 시장은 헤드 테이블을 가리키며 "상원의원 휴버트 험프리… 그리고 그와 함께 워싱턴에서 온 나머지 상원의원들"이라고 소개했다. 그때 나는 델라웨어에서 온 서른 살짜리 후배 상원의원의 기조연설은 데일리가 전혀 염두에 두지 않았음을 깨달았다.

내가 첫 타자로 연설하려고 일어났을 때, 제일 먼저 한 일은 데일리를 돌아본 것이었다. "사실 시장님, 휴버트 험프리가 저와 함께 이곳에 온 것입니다. 제가 휴버트 험프리와 함께 이곳에 온 게 아닙니다." 데일리는 미소 짓지 않았다. 나는 다시 군중 쪽으로 돌아섰는데 그 역시 아무 효과도 없었다. 내가 누군지 아무도 몰랐다. 그래서 그들에게 나만큼 훌륭한 사람을 연사로 둔 것은 대단한 행운이라고 말했다. 그래도 침묵이 계속되자 모험을 하기로 했다. 데일리 시장을 돌아보며 만약 그가 나와 같은 정치적 미래를 원한다면, 혼자 활동을 시작하는 편이 나을 거라고 말했다.

데일리 시장은 나를 보더니 청중 쪽으로 돌아서서 "하!" 하고 말했다. 그러자 군중도 "하!" 하고 외쳤다. 그러고 나서 그가 "하하하하!"라고 하고 청중도 "하하하하!" 하고 외쳤다. 그는 노골적으로 웃음을 터뜨렸고, 가축우리에 모여 있는 군중도 일제히 웃음을 터뜨렸다. 그것은 내가 역대 대도시 시장의 권력에 대해 배운 최고의 교훈이었다.

돌아보면 나는 정치 만찬 연설을 꽤 잘했다. 제멋대로인 군중 앞에서 주눅 들지 않고 점잖게 연설했다. 나는 후보자들의 자금 조달을 도울 수 있었다. 그래서 계속 초대장이 왔다. 이제 두 아들은 내가 노스 스타로 돌아올 것이라는 사실을 의심하지 않았다. 1박 혹은 2박으로 출장을 가야 할 일도 있었지만, 발이 항상 그곳에 머물렀기 때문에 아이들은 괜찮았다. 심지어 민주당 의회 선거 위원장이 1974년에 나에게 길거리 유세를 나가라고 했을 때 그러겠다고 말했다.

선거까지 남은 8개월 동안, 나는 존 머사라는 국회의원 후보와 함께 선거운동을 하기 위해 앨라배마주 모빌, 보스턴, 펜실베이니아주 존스타운, 메릴랜드주 칼리지 파크, 필라델피아로 갔고, 조 리버먼 주 상원의원 후보와 함께 호놀룰루, 샌안토니오, 버밍엄, 웨스트버지니아주 마틴즈버그, 뉴욕주 시러큐스, 코네티컷주 뉴헤이븐을 돌았다. 폴 사이먼과는 시카고, 스포캔, 솔트레이크시티, 스크랜턴, 앨버커키, 베이커스필드, 애틀랜타, 세인트루이스, 인디애나주 에번즈빌, 일리노이주 카본데일에 갔으며, 패트릭 레이히와 펜실베이니아 해리스버그, 콜럼버스, 디트로이트, 마이애미, 벌링턴, 버몬트를 돌았다. 그 시절부터 내가 미래의 대통령 선거운동을 위한 기반을 다진다고 수군대는 사람들이 있었다. 하지만 내가 당시에 좋은 건 명성이 아니라 잠이었다는 사실은 아무도 몰랐다.

집에서 가장 힘든 일은 잠을 자는 것이었다. 두 아들을 침대에 눕히고 아래층으로 내려오면 동생 지미나 오랜 친구 중 1명이 부엌에서 나를 기다리고 있었다. 가족과 친구들은 내가 절대 혼자가 아니라는 사실을 확인시키기 위해 힘을 모았다. 그들은 심야 영화를 보러 나를 데려가거나 내가 이야기를 그만할 때까지 함께 깨어 있거나, 닐리아와 내가 노스 스타에서 산 몇 주 동안 함께 지낸 침실을 다시 사용하도록 부추겼다. 닐리아의 마지막 육체적 흔적, 체취는 더 이상 방에 남아 있지 않았다. 잠은 마치 뒤쫓기엔 너무 피곤한 유령과도 같았다.

이상하게 들릴지 몰라도 평온한 느낌이 드는 순간은 이동할 때뿐이었다. 비행기가 이륙하면 어깨를 짓누르던 무게가 가벼워지는 듯한 기분이었다. 비행기가 하늘 위로 올라가면 잠에 빠져들었다. 비행기가 착륙하면 어깨가 다시 묵직해졌다. 내가 느낀 감각은 존 밀턴의 소네트 중 한 구절로 잘 표현할 수 있다. "나는 깨어났고 그녀는 도망갔으며 낮이 내 밤을 되돌려주었다."

이리저리 뛰어다니는 와중에 나는 하나님과 화해했다. 솔직히 그저 슬픔에 빠져 있기만 하는 데 싫증이 났다. 나는 신에 대한 분노를 부적절한 이기주의의 형태로 생각했다. 하나님이 내 특별한 상황에만 분주하게 매달린다고 생각하는 것보다 더 방종한 일이 있을까? 내 책상 위에는 작은 만화책 한 권이 있었다. 첫 번째 칸에서 방금 번개에 맞은 남자가 새까맣게 그을린 채 신에게 주먹을 휘두른다. "왜 하필 접니까?" 둘째 칸에서는 신이 어깨를 으쓱하며 대답한다. "너면 왜 안 되는데?"

왜 나는 안 되냐고? 바로 그거다. 왜 나면 안 돼?

나쁜 일은 일어난다. 수백만 명이 나보다 더 심한 일을 겪는다. 그래도 그들은 일어나서 계속 걸어간다. 나는 나 자신에게 계속 말했다. 살아 있으리고.

그래서 나는… 직장에… 계속 갔다. 그리고 밤에 아이들을 재우기 위해 집으로 돌아갔다. 어느 여자와의 망설임 가득한 첫 데이트도 하고… 대중에게 기꺼이 몸을 던지려는 사람들과 함께 길거리 선거 유세를 나서기도 했다. 총선을 앞둔 마지막 날 나는 캘리포니아, 뉴저지, 그리고 그 사이 6개 지역을 돌아다녔다. 1974년 선거일에는 발의 생일이어서 노스 스타의 집으로 돌아갔다.

발레리 바이든은 내가 가족을 지탱하고 다시 일으켜 세울 수 있게 해준 초석이었다. 닐리아가 죽었을 때, 내가 아들들과 함께 전적으로 신뢰한 사람이었다. 헌트가 퇴원했을 때 발이 남편인 브루스와 함께 그를 돌봐주었기 때문에, 나는 병원에서 보 곁에 머물 수 있었다. 보가 몇 주 후 퇴원했을 때 발과 브루스는 노스 스타로 이사 와 우리와 함께 살았다. 그녀는 프렌즈 스쿨 교사직을 그만두고 보와 헌트가 잃어버린 일과를 보살피는 사람이 되어주었다. 보가 학교에 다니기 시작했을 때 아침 등교는 내가 맡았지만 매일 하교 후 집으로 데리고 온 사람은 발이었다. 발은 요리, 쇼핑, 빨래, 그리고 운전을 맡았다. 내가 워싱턴에 가거나 출장길에 있을 때 발은 매일 집에 머물렀다. 그녀는 두 아들을 마치 자신의 아이들처럼 여기고 사랑했다. 헌트는 독립적인 아이였고 자존심이 강해 웬만해서는 도움을 청하지 않았다. 보가 학교에 들어간 첫해에 헌트는 혼자 몇 시간씩 장난감 병정놀이를 했다. 보는 그와 반대였다. 그는 사람과의 접촉을 갈망했다. "발 고모, 같이 책 읽을까? 나한테 읽어줄래? 퍼즐 같이할까?"

발은 아이들에게 필요한 것을 함께 또 따로 알아내는 것을 자신의 일로 삼았고, 밤낮으로 아이들을 지켰다. 발과 집에서 많은 시간을 함께 보냈지만, 우리의 대화 소재는 보와 헌트, 나에 대한 것뿐이었다. 우리는 아이들의 학교와 친구, 무엇을 먹고 어떻게 자는지, 엄마에 대해 무슨 말을 하는지 이야기했다. 그리고 발은 내가 어떻게 지내는지, 날 위해 무엇을 해줄 수 있는지 알고 싶어 했다. 발의 괴로움도 작지 않았지만 동생은 자신의 문제를 꺼내지 않았다. 발과 브루스가 나와 함께 살기 전부터 그들의 결혼생활은 거의 끝나가고 있었다. 그들은 아주 젊을 때 결혼했다. 발은 델라웨어 대학을 졸업한 지 불과 몇 년밖에 되지 않았고, 브루스는 베트남 여행에서 막 돌아온 때였다. 두 사람은 몇 년 후 실수를 저질렀음을 알았다. 애정이 부족해서가 아니라 공통의 관심사가 부족해서였다. 짧게나마 노스 스타에서 우리와 함께 사는 동안에도 발과 브루스는 따로 지냈다.

그러나 발은 이혼을 생각하는 게 너무 고통스러워서 피했다. 당시 교회는 이혼을 하찮은 문제로 여기지 않았다. 그녀는 1년 넘게 고통을 겪었지만 내게는 한마디도 하지 않았다. 발레리 바이든은 "내 인생은 끝났다는 것을 알았다"고 말했다. 나중에 내가 왜 이야기하지 않았느냐고 물었을 때 발은 이렇게 말하곤 했다. "내가 다 날려버렸어. 나 자신과 가족, 교회, 꿈을 망쳐버렸지. 큰 실수를 했어. 하지만 오빠는 삶이 산산조각 났잖아. 오빠는 온몸에서 피를 흘리고 있었고, 나는 오빠와 아이들이 다시 행복한 얼굴을 찾도록 위로해주고 싶었어."

나는 노스 스타를 내 집일 뿐 아니라 발의 집이라고 생각했다. 그래서 한번은 출장에서 돌아오는 길에 공항에서 발에게 전화를 걸어 저녁 손님을 집에 데리고 가도 될지 물었다. 나는 발이 이런 일에 익숙해지려면 시간이 필요하리라고 생각했다. "이봐, 발, 네가 그 친구를 좋아하지 않는 것도 알고, 거긴 네 집이기도 하니까. 그렇지만 난 정말 어색해. 그 친구는 ᅵ ᅡ에게 너무 잘해줬어. 내가… 잭 오웬스를… 저녁에 데리고 가도 될까?"

수화기 너머로 침묵이 흘렀다. 내가 상원의원에 당선된 지 몇 달 후 잭은 내 로펌을 인수해 윌밍턴으로 옮겨 왔다. 잭은 지미와 함께 밤에 부엌에서 나를 기다리고 있다가 종종 심야 영화를 함께 봐주곤 했다. 그러나 발과 잭은 서로를 멀리했다. 두 사람 모두 시러큐스에서 있었던 참담한 소개팅이나 상원 선거운동 중 벌어진 싸움을 잊지 않고 있었다. 그래서 나는 발이 말도 안 된다고 말할 줄 알았다. 그러나 발은 이렇게 말했다. "물론이지, 조. 오빠가 원하는 사람은 누구든 데려와. 여긴 우리 집이잖아."

잭과 지미가 도착했을 때, 발은 닭 가슴살 요리를 준비했다. 따뜻한 여름밤이었고, 나는 편안한 저녁을 고대했지만 자리에 앉자마자 상원에서 전화가 걸려왔다. 나는 일거리를 가지고 서재로 갔다. 지미는 데이트가 있어 저녁을 허겁지겁 먹어치우고는 문밖으로 뛰어나갔다. 헌트와 보는 반딧불이를 잡으러 나갔다. 그래서 잭과 발은 식탁에 달랑 둘만 마주 앉게 되었다. "닭고기 맛있었어." 잭이 그녀에게 말했다.

"그만해, 잭. 닭고기는 고무 같았어. 난 요리사가 아니야."

"이봐, 발, 넌 정말 문제가 있어. 난 그냥 친절하게 대하려고 하는 거야. 그냥 그런 거야. 모르겠어. 내가 그냥 배가 고팠나 보지. 어쨌든 그 빌어먹을 치킨은 맛있었다고. 알았어?"

발은 마음이 누그러졌다. "좋아. 그 빌어먹을 치킨이 마음에 들었다니 다행이네."

발은 웃기 시작했고, 잭도 웃었다. 내가 20분 후 부엌으로 돌아왔을 때, 두 사람은 여전히 웃고 있었다. 잭과 발은 친구가 되었다. 그 후 약 1년 동안 그들의 관계는 서서히 우정을 넘어선 무언가로 자라났다. 잭과 발은 사랑에 빠졌다. 닐리아가 죽고 나서야 잭과 발이 좋은 친구가 된 모습을 지켜보자니 이상한 기분이 들었다. 어머니는 항상 나쁜 일 뒤에 좋은 일이 찾아온다고 말했다. 닐리아의 죽음은 이상한 방법으로 잭과 발을 하나로 만들어주었다. 발은 시러큐스에서 닐리아가 발에게 소개팅에 나가라고 설득하며 했던 말을 자주 떠올렸다. "약속할게, 발레리, 너를 위해 한 남자를 고르라고 하면 나는 잭 오웬스를 고를 거야."

닐리아가 죽은 후에도 계속 노스 스타에서 사는 것은 내겐 쉽지 않은 일이었다. 추억이 너무 많아서가 아니라 거기서 함께한 추억이 너무 적기 때문이었다. 그것은 우리의 잃어버린 꿈을 대변했다. 아직도 가구가 다 채워지지 않은 그 집은 결코 실현될 수 없는 일을 상기시키는 것 같았다. 그래서 나는 부동산업을 하는 옛 고등학교 친구인 버트 디클레멘테에게 전화를 걸어 새집을 알아봐달라고 부탁했다. 이제 곧 잭과 발도 결혼할 것 같았기 때문에 두 가족이 각자 어느 정도 사생활을 보호받으며 함께 살 수 있을 만큼 큰 집을 사고 싶었다. 버트는 나에게 여러 집을 보여주었다. 스케줄이 너무 빡빡해서 가끔은 내가 윌밍턴을 오갈 때 들러볼 수 있도록 매물로 나온 집 주소만 알려주곤 했다.

1975년 1월 어느 토요일 밤, 나는 그린빌에 있는 몬채닌 로드 근방에 들렀다. 필라델피아에서 열리는 정장 차림 행사에 가는 길이었고 조금 늦을 것 같았지만, 버트가 그곳이 유망한 듯하다고 말해 들은 것이었다. 개발업자가 새 동네에 도로를 만들면서 4.5미터 높이의 토사를 쌓아 올려서 도로 쪽에서 집을 보기는 힘들었다. 그래서 나는 진흙탕 길을 달려 올라갔다. 바깥에서 보면 적어도 3층은 되는 듯한 큰 집이었는데 어두워서 확실치 않았다. 나는 헤드라이트를 *끄고* 차에서 내려 1층 창문으로 간신히 올라갔다. 그러고는 1층을 가로질러 나선형 계단 위로 올라갔다. 내가 선 곳에서 집 뒤쪽으로 2개의 거대한 별채가 보였다. 나는 집 안을 뛰어다녔다. 완벽했다. 별채 하나는 발이, 다른 별채는 내가 쓰기에 딱 좋을 것 같았다. 집을 둘러보고 나자 아드레날린이 마구 샘솟는 듯한 느낌이었다. 정말 멋진 집이었다.

필라델피아 행사에 늦은 줄은 알았지만, 한 군데 더 들러야 했다. 버트가 토요일 밤에 부모님과 저녁 식사를 한다는 걸 알고 그들 집으로 차를 몰았다. 그의 부모님은 몇 년 동안 내가 턱시도 차림으로 땀을 뺄

삘 흘리며 한창 가족 식사 중인 그들의 현관문을 두드리던 날에 대해 이야기하곤 했다. 나는 저녁 식사 도중에 뛰어들어 "안녕, 디클레멘테 씨" 하고 말했다. "식사하는데 정말 미안하지만, 버트, 그 집을 사고 싶어."

그는 "농담이지?"라고 말했으나 생각에 잠긴 것을 알 수 있었다. "너 거기 몰래 들어간 거야?"

"계약을 하고 싶어."

그 집은 예전에는 듀퐁의 소유였고, 집값은 애초 계획했던 것보다 비싸겠지만 당시는 한창 경기 침체기였고 에너지 위기를 겪고 있었다. 아무도 그 집을 사려 하지 않았다. 개발업자는 집을 헐고 6만 평의 땅을 분할해 다시 집을 지으려고 했다. 그러나 그는 이제 땅을 모두 팔고 1200평 남짓한 그 집을 떠나는 것밖에는 방법이 없었다. 나는 그 집과 인접한 6000평의 땅을 추가로 구매했고 노스 스타 집을 팔았다. 나는 다음 단계로 넘어갈 준비가 되어 있었다.

나는 1975년 3월의 금요일 밤에 처음으로 질 제이컵스를 보았다. 정확히 말하자면 1975년 3월 월밍턴의 공항에서 질 제이컵스의 모습을 사진으로 봤다. 나는 여전히 워싱턴으로 출퇴근하고 있었는데 보통 차를 이용했고 때로는 암트랙(Amtrak, 전미 여객 철도-옮긴이)으로, 때로는 워싱턴 내셔널 공항에서 월밍턴 공항까지 40분 걸리는 비행기를 타기도 했다. 바로 그 3월 7일 금요일, 나는 공항에서 뉴캐슬 카운티 공원의 새 광고 캠페인을 보았다. 카운티 공원의 아름다운 모습을 담은 사진이었는데 사진마다 같은 여자가 등장했다. 그녀는 금발이었고 멋있었다. 나는 사진 속에서 누가 그녀와 함께 나무를 보고 있었는지는 그려볼 수 없었다. '저런 여자를 만나고 싶다'라고 생각한 기억은 난다.

그날 밤 노스 스타의 집에 도착했을 때 온 가족이 서재에서 나를 기다리고 있었다. 모두 데이트 상대와 함께 외출할 예정이었는데 그들은 나도 데이트하길 원했다. 프랭키는 내가 만나도 괜찮을 것 같은 여자의 전화번호를 갖고 있었다. 그는 "조, 그 여자가 마음에 들 거야"라고 말했다. "그녀는 정치를 좋아하지 않아." 하지만 나는 데이트를 하지 않기로 결심했기 때문에 거절했다.

다음 날 오후, 왜 그랬는지는 모르겠지만 나는 프랭키가 알려준 번호로 전화를 걸기로 했다. "음, 조 바이든이라고요?" 여자가 가장 먼저 알고 싶어 한 것은 내가 번호를 어떻게 알아냈느냐는 것이었다. 나는 프랭키에 대해 설명했지만 쓸데없는 이야기로 시간을 낭비하지 않았다. "오늘 밤 외출할 수 있나요?"

"아뇨. 데이트가 있어요."

쉽지 않으리란 걸 알 수 있었다. "난 딱 하루만 여기 있을 거예요." 그건 사실이었다. "선약을 깰 수 있나요?"

"글쎄요, 1시간 후에 다시 전화해보세요."

그러나 그녀는 아무 약속도 하지 않았다.

다시 전화했을 때 그녀는 선약을 취소한 뒤였다. 그리고 그녀 집에 도착해보니 공항 사진에서 본 여자가 눈앞에 있었다. 우리는 필라델피아에서 저녁 식사도 하고 영화도 봤다. 질은 즉흥적으로 내 초대를 받아들였다. 미국 상원의원의 전화를 매일 받을 수 있는 것은 아니니까. 그러나 그녀는 내 나이 또래와 데이트하는 것에 많은 기대를 하지 않았다. 나는 서른두 살이었고, 그녀는 스물네 살이었다. 나는 활력을 되찾은 것 같은 기분이었다. 내 나이가 많은지 궁금해하는 사람들이 있는 곳은 별로 없었다. 그날 밤 저녁 식사에서 질은 정치에 조금도 관심을 보이지 않았다. 그녀는 내 경력과 워싱턴, 내가 만난 유명인사에 대해 하나도 묻지 않았다. 어차피 나도 그런 이야기는 하고 싶지 않았다. 대신 델라웨어에 있는 가족, 서로의 친구에 대해 이야기했다. 책과 실생활에 대해서도 이야기했다.

그날 밤, 닐리아 이후 처음으로 나는 절대적인 끌림, 기쁨 비슷한 것을 느꼈다. 우리는 계속 이야기를 나눴다.

나는 새벽 1시에 질을 그녀의 집 현관 앞에 데려다주었다. 그녀와 악수를 하며 굿나잇 인사를 하고 다시 만나고 싶다고 말했다. 말하자면… 내일. 그녀는 좋다고 대답했다. 나는 다시 전화하겠다고 했다. 나중에 들으니, 그녀는 바로 자기 어머니에게 전화를 걸어 "엄마, 드디어 신사를 만난 것 같아"라고 말했다고 한다.

우리는 일요일 밤에 다시 데이트를 한 뒤 문 앞에서 그 장면을 되풀이했다. "다시 만나고 싶어요." 내가 말했다. "좋아요." 그녀가 대답했다. 이때쯤에는 그녀에게 푹 빠져 있었지만 나는 제대로 해야 한다는 걸 알았다. 너무… 밀어붙이는 느낌을 주고 싶지는 않았다. 나는 주머니에서 수첩을 꺼내고 말했다. "좋아요, 다음 주 토요일, 어디 보자. 아니, 그날 밤은 너무 바쁘네. 다음 주 토요일은 안 되겠어요. 금요일도 안 되고. 회의가 있어요. 어디 보자, 2주 후 금요일. 아니, 주말 내내 출장을 가야 해요."

나는 고개를 들고 그녀가 실망하는 기미를 보이는지 살폈다. 그건 알 수 없었다.

"저, 음, 내일 밤은 어때요?"

질이 나중에 한 말에 따르면, 그때 그녀는 '이봐요, 방금 당신 속이 다

보였다고요' 하고 생각했다고 한다. 하지만 그녀는 동의했고, 우리는 다음 날 밤 또 데이트를 했다. 그녀는 당분간 진지한 연애는 하고 싶지 않다고 여러 번 말했다. 그녀는 어릴 때 결혼해 결별했고, 이혼 절차를 밟고 있었다. 질은 독신의 삶을 좋아했다. 그녀는 가을에 첫 교직 생활 시작하기를 고대하고 있었다. 무엇보다도 정치에 관련된 누군가와 연루되는 것을 원치 않았고 상원의원은 말할 것도 없었다. 그냥 즐긴다고 생각해야 했다. 나는 그다음 날 2년 넘게 지내온 날 중 가장 행복한 기분으로 잠에서 깼다. 그것만으로도 이미 즐거웠다. 화요일 아침 워싱턴으로 향할 때도 그녀 생각을 지울 수 없었다.

그녀에게 전화할 용기가 생겼을 때 나는 더크슨 빌딩의 체육관에 있었다. 체육관에도 전화기가 있었다. "질? 조 바이든이에요. 알죠? 내가 누구와 사귀고 무엇을 하는지 알아내려고 많은 사람들이 뒷조사를 해요. 내가 좋아하는 거 알죠. 난 당신이 다른 사람과 사귀지 않았으면 좋겠어요."

수화기 너머로 잠시 침묵이 흘렀다. "좋아요." 그녀가 말했다. "그렇게 해보죠. 하지만 다음 주말에 필라델피아 플라워 쇼에 가기로 한 약속은 깰 수 없어요."

그녀는 약속을 지켰다. 질은 내가 그녀가 마지막으로 했던 한 번의 데이트를 도무지 잊어버리지 않는다고 불평한다. 그녀가 나를 플라워 쇼에 데려가는 데는 몇 년이 걸렸기 때문이다. 어쩌면 그녀 말이 맞을지도 모른다. 조금 질투가 났던 모양이다. 나는 그녀에게 구애하는 것이 어려우리라는 걸 확실히 알고 있었다. 하지만 그녀는 괜찮다고 말했고, 그것이 우리의 시작이었다.

7장

질

나는 결코 상원의원을 내 운명이라고 믿지 않았지만 내 꿈 중 큰 부분을 차지한 건 사실이었다. 나는 맨 처음 상원 회의실로 걸어 들어간 순간을 생생하게 기억한다. 조용한 아침이었고, 회의실은 텅 비어 있었다. 나는 국회의사당 계단 바로 옆에 차를 세워놓고 아무 거리낌 없이 건물 안으로 걸어 들어갔다. 출입 금지 표지판도, 차단막이나 잠긴 문도 없었다. 국회의사당 아치 밑으로 걸어가 응접실로 들어간 다음, 유리문을 통과해 대기실로 갔다. 상원 회의실 뒤쪽의 길고 넓은 복도에 나 혼자만 있었다. 타자기 두드리는 소리, AP와 UPI통신에서 전송되는 신문 기사가 스타카토처럼 들려왔다. 내 오른쪽은-나중에 알았지만-상원 의장직도 겸하고 있는 부통령의 집무실이었다. 나는 그 문을 계속 지나쳐 가죽 냄새와 연기 냄새가 나는 마블 룸에 고개를 들이밀었다. 상원의원들이 큰 라운지 의자에 앉아 신문을 읽고 있었다. 각 의원은 그들이 속한 주의 신문을 매일 하나씩 방으로 배달받았다. 마블 룸은 이따금 코 고는 소리 외에는 언제나 조용했다.

나는 복도를 따라 내려가서 왼쪽의 다른 문들을 통과했다. 제지하는 사람이 아무도 없어 그냥 다른 문을 통해 상원 회의장으로 갔다. 아직 불이 켜져 있는 것으로 보아 회의가 막 끝난 모양이었다. 방에는 나 혼자뿐이었다. 나는 겁이 났지만 계속 움직였고, 연단 위로 올라가 회의장 전체를 훑어볼 수 있는 의장석에 앉았다. 넋을 잃고 몽상에 빠져 있을 때 어떤 손이 내 등을 때렸다. 국회의사당 경찰관이 나를 따라 들어온 것 같았다. 나는 곤경에 처했다. 그때가 1963년이었고, 나는 스물한 살의 대학생이었다.

나는 이렇게 설명하려고 했다. "저는 델라웨어 대학에서 왔습니다. 조지타운 대학에 다니는 친구를 만나러 왔어요. 친구들이 모두 잠자고 있어서 차를 타고 국회의사당으로 왔어요. 아무도 여기 들어오는 것을 말리지 않았고요. 누구도 여기 들어오면 안 된다고 말하지 않았어요."

경찰관은 약간 무섭게 나를 의사당 지하실로 데려갔지만 잠시 후 풀려났다. 신원이 확실해서 그랬을 것이다. 인기 스타를 쫓는 젊은이. 국회의사당 경찰관이 내 이름과 주소를 적어 갔지만 파일로 보관한 것 같지는 않았다.

그로부터 10년도 채 지나지 않아 나는 미국 상원의 공식 의원으로서 처음으로 회의장에 들어갔다. 그리고 회의실로 들어섰을 때 국회의사당 경찰관 1명이 나를 막았다. "바이든 의원님, 저 기억나십니까?"

"아니요, 선생님." 나는 그를 바라보며 말했다. "죄송합니다. 기억이 안 나는데요."

"음, 제가 10년 전에 여기 들어온 의원님을 제지했죠." 그는 환하게 웃었다. "저는 내일 은퇴합니다. 하지만 의원님, 환영합니다. 돌아오셔서 기쁩니다."

시간은 흐르고 사고 당일의 충격이 줄어들면서, 나도 그곳에 있는 게 행복했고 완전히 몰두하고 있다는 것을 깨달았다. 내 첫 임기 때의 쟁점은 사소하지 않았다. 부통령의 사임, 닉슨 대통령 탄핵, 베트남전쟁, 범죄, 강제 버스 통학 등의 사건이 있었다. 문화 문제에서 사람들을 분열시킨 단층선이 이제 막 드러나기 시작했다. 내가 상원에 들어가자마자 대법원이 내린 판결은 낙태를 불법화하고, 여성과 그들의 의사에게 제한된 범위 내에서 임신중절 권리를 주는 주법에 위배되는 것이었다. 낙태법에 투표하기 위해 처음으로 원내에 가야 했던 때가 생생히 기억난다. 막 상원 사무실 건물과 의사당을 연결하는 지하철에서 내려 에스컬레이터 쪽으로 향하는데 에이브 리비코프가 나를 붙잡았다. 그는 오랜 코네티컷 진보주의자로, 우파 공화당원들이 '진보주의'를 경멸적인 의미로 사용하기 전이었다.

"조, 이거 어떻게 투표할 거야?"

"어렵네요."

"나도 알아. 그런데 어떻게 투표할 거야? 자네 입장은 어떤 거야?"

"글쎄요, 개인적으로는 낙태에 반대하지만 제 개인적인 믿음에 의한 견해를 사회에 강요할 권리는 없다고 생각합니다. 저는 거기에 대해 충분히 생각해보았고, 제 입장을 반기는 사람들은 없겠죠. 정부가 낙태 문제에 관여해서는 안 된다고 생각합니다."

"그게 무슨 소리야?" 우리가 국회의사당 복도로 향할 때 그가 물었다.

"음, 저는 법원의 결정을 뒤집기 위해 투표하지는 않을 겁니다. 그렇다고 여성의 낙태 선택권을 축소하기 위해 투표하지도 않을 거예요. 그러나 낙태 자금을 연방 기금으로 조달하는 내용에도 투표하지 않을 것입니다."

그는 에스컬레이터에서 "참 힘든 입장이네, 신참"이라고 말했다.

나는 "그래요, 모두 저한테 화낼 겁니다"라고 말했다. "저만 빼고요. 하지만 지적으로나 도덕적으로나 이런 입장이 편합니다."

내가 말을 마치기도 전에 그는 얼굴에 미소를 지었다. "한마디 충고해도 될까?" 하고 그는 말했다. "한쪽만 골라. 정치적으로 그게 나을 거야. 그냥 한쪽 편만 들어."

물론 리비코프가 옳았다. 그건 1973년에 좋은 충고였고, 오늘날에도 좋은 충고다. '왜 길 한복판에 정치인이 많지 않은가? 자동차에 치여 죽을 수 있기 때문이다'라는 오래된 농담은 아직도 먹힌다. 나는 낙태에 대한 중도 입장을 30년 넘게 고수했다. 나는 여전히 부분적으로 낙태와 이를 연방 기금으로 지원하는 일에 반대한다. 또 겁에 질린 젊은 엄마들이 낙태하지 않는 방법을 쉽게 선택할 수 있도록 하고 싶다. 하지만 또한 여성 스스로의 선택권을 박탈하는 헌법 개정에도 반대한다. 그 입장 때문에 나는 일부 여성 단체에게는 불신을, 생명권 단체에게는 노골적인 적개심을 받았다.

나는 편의보다 지적 동의와 개인적 원칙을 우선으로 삼는 바람에 힘든 길을 걸었다. 나는 근본적이지 않아 보이는 문제에 대해, 특히 내가 믿는 동료가 도움을 필요로 할 때, 완벽하게 정치적으로 편의주의적인 방법을 취할 수 있다. 그렇지만 중요한 문제에 있어서만큼은 나는 내 직감을 믿으며, 어느 한쪽 편에 서기 어렵게 된 것에 대해서는 사과하지 않는다. 워싱턴 기자단은 나를 가난한 케네디 사촌쯤으로 분류했다. 나를 아일랜드인이며 가톨릭 신자에 젊고, 맛깔스러운 사람이라고 했다. 기자들은 내가 진보주의자라고 확신했다. 휴버트 험프리나 에드 머스키 같은 상원의원은 내가 모든 진보주의적 대의명분에서 그들과 함께할 것이라고 생각했다. 그러나 1972년 델라웨어에서부터 나를 주목했던 유권자들은 내가 이론가가 되지는 않을 것임을 알고 있었다. 나는 민주당 대통령 후보인 조지 맥거번과 함께 공평 과세와 환경 보고, 베트남에서의 피비린내 나는 전쟁 종식에 대해 논의했다. 나는 전쟁을 도덕적인 문제로 보지 않고 잘못된 전제를 바탕으로 한 목숨과 돈의 어리석은 낭비라고 여겼다. 그리고 루스벨트의 뉴딜 정책과 트루먼의 페어딜, 존슨의 그레이트 소사이어티의 목표를 존중한다고 분명히 했지만, 더 이상 통하지 않는 정책에 덥석 도장을 찍어줄 생각은 없다는 점도 명확히 밝혔다.

여러 맥거번파 사람들의 요청을 뿌리쳤다. 나는 학교에서의 인종차별을 그럴듯하게 해결하기 위해 제시된 강제 버스 통학에 회의적이었고, 대마초 합법화와 병역기피자 사면에 대한 나의 반대 입장을 반기지 않는 젊은 민주당 의원의 말도 귀 기울여 듣곤 했다. 얼마나 많은 사람이 그런 것에 실제로 영향받았을까?

나는 국가 안보와 개인 안전을 우선으로 여겼고, 특히 터키에 돈을 주려면 터키 정부가 매년 미국에 아편을 수출하는 것을 중단하도록 요구해야 한다고 생각했다. 나는 정부의 첫 번째 책임은 모든 시민의 안전을 확실히 지키는 것이라고 주장했다. 범죄의 근본 원인을 공격한다는 의미는 좀 더 기본적인 것, 즉 공공의 안전에 관련된 것이었다. 나는 가난과 실업, 교육 격차를 해소하는 데 전적으로 찬성했다. 그리고 여전히 사법제도를 통해 범죄 용의자의 권리를 보호하고 중범죄자의 사회 복귀를 도와야 한다고 믿는다. 하지만 흉악범을 감금하는 것 역시 똑같이 중요하다고 생각했다.

1972년 선거를 며칠 앞두고 나는 부유한 진보주의자의 수가 많은 구역에서 열린 민주당 위원회 회의에 초대받았다. 그 회의에 75명 정도 참석했는데 나를 열렬히 지지하던 지역 위원회 여성이 언론인도 여러 명 초대했다. 그녀는 대중과 기자, 카메라 앞에서 나를 일으켜 세운 후, 강경한 맥거번 반대 입장을 철회해달라고 부탁했다. 개표 전에 확실히 해둘 기회라고 생각했는지 모르겠지만 나는 오히려 매복 공격을 당한 듯한 느낌이었다. 내가 나아갈 모든 길을 그들에게 확실히 이야기했고, 그때와 마찬가지로 나는 여전히 그렇게 믿고 있다. "진보주의자의 문제는 나그네쥐와 비슷합니다"라고 나는 모임에서 말했다. "필요하든 그렇지 않든 그들은 2년에 한 번씩 달리며 절벽에서 뛰어내립니다. 저는 평균적인 사람들이 매일 직면하는 문제-닉슨은 비난하고 진보주의자는 무시하는 문제-에 대한 해결책을 찾고 있습니다."

나는 상원의 옛 진보주의자들과 친밀하게 어울렸고, 사회정의, 인종 평등, 경제적 공정성을 위해 오랫동안 싸운 험프리나 필 하트, 맨스필드와 머스키 같은 상원의원을 존경했다. 그러나 맹목적으로 그들을 따라가기만 할 수는 없었다. 험프리는 나를 진정으로 믿어준 몇 안 되는 상원의원 중 1명이었고, 나는 그가 내 동생 지미와 나를 위해 마련한 유럽 여행을 결코 잊지 못했다. 하지만 중요한 커브 길을 돌 때는 종종 내가 휴버트 험프리를 이끌던 때도 있었다고 생각한다.

내 첫 임기 중 어느 날 험프리는 상원 회의실 뒷줄 자리에 앉아 있는 나를 붙들고 이야기를 늘어놓았다. 그는 전국구 후보로서 자신의 시대는 지났다는 것을 알고 있었기 때문에 늘 자신이 배운 교훈의 혜택을 내게 주려고 했다. 그는 내가 전국구 정치인으로서의 미래를 원한다면, 내게 해줄 충고가 있었다. 또, 그는 내가 전국구 정치인이 되길 원한다고 생각했다. "한 가지 이슈를 골라 자네 것으로 만들어야 해. 그렇게 해서 동료들이 자네를 따르게 만들어, 조. 자신의 진정한 모습을 보여주는 거야. 시끄럽게 따지기만 하는 잔소리꾼이 되지 말고 주택 문제를 들고 나와야 돼. 주택은 미래야. 자네는 중산층과 하층민, 빈곤층에 괜찮은 주택을 제공하는 완전히 새로운 세대의 리더가 될 수 있어." 그는 내게 그럴 생각이 있는지 알고 싶어 했고, 나는 그렇다고 대답했다. 나는 노동자와 가난한 사람도 자신의 집을 소유할 수 있도록 도시 홈스테드법을 시행해야 한다고 생각했다. 또 연방 정부의 재정 투입 방식도 바꿔야 한다고 생각했다. 공영주택의 분산을 의무화하고 시카고의 카브리니 그린에서처럼 가난한 사람들을 상류층으로 포장하는 일은 그만둬야 한다고 생각했다. 그곳은 언제나 빈민가와 혼돈 지대로 변했고 아무에게도 도움이 되지 않았다. 나는 비슷한 프로젝트를 실시한 필라델피아 지역에 거주하는 사람들과 이야기를 나눈 적이 있다. 나는 윌밍턴 공영주택에 사는 사람들과 함께 그곳을 방문했다. 그들의 메시지는 다음과 같았다. 효과가 없다는 것이다. 나는 보스에게(나는 항상 험프리 상원의원을 보스라고 불렀다.) 우리가 제일 먼저 해야 할 일은 밀집된 고층 공영 보조 주택을 철거하는 것이라고 말했다.

"흐음, 오, 아니, 아니, 아냐, 조"라고 그는 말했다. "다 뒤엎고 새로 시작할 수는 없어."

"하지만 보스, 그건 효과가 없어요. 우리가 고쳐야 해요. 그렇지 않으면 아무것도 남지 않을 겁니다. 중산층은 우리를 버릴 거예요. 그들은 가난한 사람들에게 정치적 지원을 제공하니까요."

험프리는 내 팔에 손을 얹었다. 그는 내가 이 말을 듣기를 원했다. "조, 그 산에 오르기가 얼마나 힘들었는지 알아?" 그는 애원하다시피 했다.

"얼마나 힘들었는지 알아?"

"하지만, 보스"-나도 이제 애원하고 있었다-"우리는 그 정책이 효과가 없다는 것을 인정해야 해요. 시민은 여전히 돕고 싶어 하지만 이게 더 이상 안 먹힌다는 건 알 수 있어요."

험프리는 이렇게 말했다. "조, 공영주택 정책이 효과를 거두지 못한다는 것을 인정하면 그들이 우리를 산 채로 잡아먹을 거야. 갈기갈기 찢어버릴 거라고."

나는 그가 나에게 실망했다는 것을 알 수 있었다. 잡지에 실린 말을 들먹이는 나를 보며 큰 상처를 받았을 것이다.

"우리 진보주의 민주당 신입 의원들은 선배 동료의 이론을 거부하는 데 충분한 돈만 쓴다면 어떤 문제도 해결할 수 있었을 것이다." 내가 보기에 민주당의 식상한 전후 카드 효과는 이제 끝나가고 있었다. 영국, 독일, 프랑스, 일본은 다시 생산국이 되었다. 미국은 한 세대 만에 처음으로 경기 침체를 겪고 있었다. 델라웨어에서 이야기를 나눈 사람들은 그들의 급여가 인플레이션을 따라가지 못한다고 말했다. 나는 이제 정부의 지출 측면을 볼 때라고 생각했다. 좋은 의도는 좋은 재정과 균형을 이루어야 했다. 나는 직원들에게 내가 투표해야 할 정책을 추천할 때 비용이 얼마나 들고 그 비용을 어떤 방식으로 지불할지 적으라고 말했다. 나는 의회가 4년마다 연방 정부의 정책을 재허가하도록 영향력을 행사하는 초당적인 노력에도 동참해 실제 사람들을 위한 실질적 결과를 지속적으로 평가할 수 있도록 했다. "일단 연방 정책이 시작되면 그것을 중단시키거나 과거의 성과와 상관없이 주안점을 바꾸기는 매우 어렵다"고 공개적으로 발언했다. "이러한 정책의 관리자와 그 정책을 채택한 우리 국회의원 모두 정책의 운영을 주의 깊고 세심하게 검토하기 위해 정기적이고 지속적인 기준이 필요한 시기다."

나는 사우스캐롤라이나의 프리츠 홀링스와 플로리다의 로턴 차일스 같은 초선 상원의원 중에서 정치적 솔메이트(soulmate)를 찾고 있었지만, 보스가 또다시 당황했을 거라고 확신한다. 그들에게 개회사를 하며 험프리는 보수주의자들이 LBJ(미국의 36대 대통령 린든 베인스 존슨Lyndon Baines Johnson을 이르는 말-옮긴이)의 빛나는 빈곤과의 전쟁부터 뉴딜 정책으로 세운 FDR(미국의 제32대 대통령 프랭클린 델러노 루스벨트Franklin Delano Roosevelt를 이르는 말-옮긴이) 재단에 이르기까지 모든 구조를 허물어뜨렸다고 믿었다. 배리 골드워터-1964년 공화당 예비후보였을 때 거대 정부를 상대로 출마했던-와 같은 상원의원은 기꺼이 해머를 휘두르려 할 것이다.

나는 논거를 찾느라 정신이 없어 험프리처럼 멈춰서 생각해보는 시간을 갖지 못했다. 그는 1940년대 초부터 공정한 주택 정책, 사회복지, 인종 평등을 위해 싸워왔다. 그게 외로운 길이라 해도. 인종에 대한 배신자 또는 온건한 공산주의자라고 불릴 때도 그는 물러서지 않았다. 그 싸움을 통해 그가 어떤 인물인지에 대한 생각이 굳어졌다. 더 좋은 나라를 만들기 위해 도와준 대부분의 동료 전사처럼 험프리도 그들이 그토록 오래 힘들게 싸우면서 지키려 한 땅을 한 치도 잃게 놔두지 않을 생각이었다. 내가 아무리 고래고래 소리쳐봐야 소용없었다. 핵심은 휴버트 험프리가 그의 많은 동료와 마찬가지로 그런 정책에 개인적으로 투자했다는 점이었다.

상원과 함께할수록-그 전통, 규칙, 의회의 비밀을 더 많이 알게 될수록-개인적인 상호작용이 일련의 연동장치를 가동하면 작은 움직임이라도 일어난다는 점을 새삼 깨달았다. 나는 미국 상원의 깊은 유대감과 생생하게 집약된 역사를 보며 놀라지 않을 수 없었다. 민주당의 일부 책상은 1819년에 놓였고, 1975년에 민주당 통로는 훨씬 더 좁아졌다. 1974년 선거에서 우리는 4석을 더 얻었는데, 그것은 공화당 쪽에 자리 잡고 있던 낡은 책상 4개를 민주당 쪽으로 다시 붙여야 한다는 의미였다. 공화당의 책상과 분리되는 공간에서 내 두 아들이 롤러스케이트를 탈 수도 있었다. 우리 쪽 책상은 뒤죽박죽 섞여 있었다.

내 첫 임기의 짧은 시간 동안, 즉 상설 책상을 배정받기 전에, 나는 남부 주 출신 민주당 동료와 북부 주 출신 동료 사이에 앉아 있었다. 그 책상은 보통 해당 주의 상원의원에서 다른 상원의원으로 넘어갔기 때문에-사실인지 확실치 않지만-나는 머릿속으로 주의 광적인 우파이자 장래의 분리주의자 존 C. 칼훈이 한때 앉았던 책상과 연방 권력 그리고 불가해한 연합의 상징이라 할 수 있는 대니얼 웹스터가 사용하던 책상 사이에 앉아 있다는 생각도 해보았다. 140년 전의 옛 상원 회의실에서 웹스터와 칼훈 의원은 헌법과 국가의 성격과 연방 자체의 순응에 대한 서사적인 구두 논쟁에 빠져 있었다. 두 사람은 연방 정부가 '국민의, 국민에 의해, 그리고 국민을 위해' 제정되었는지 아니면 여러 주 사이의 단순한 협정으로 제정되었는지를 두고 논쟁했다. 웹스터와 칼훈은 수년간 치열한 공방을 벌였다. 두 의원의 주장에서 공통의 기반이 되는 근거는 어디에도 없었다. 그러나 내가 항상 주목한 점은 이해관계가 아무리 달랐다 해도 동료 상원의원은 칼훈과 웹스터를 갈라놓은 바다를 연결할 다리를 만들 수 있었고, 거의 30년도 넘게 나라를 함께 지탱해왔다는 점이다. 그리고 평화를 유지하려는 그들의 노력이 마침내 실패했을 때, 그것은 60만 명이 살해당하고 수백만 명을 장애인으로 만드는 결과를 낳았다.

그 임시 책상에 서서 내 오른발을 약간만 옮기면 오른손을 웹스터의 책상에 올려놓을 수 있었다. 그리고 왼발로 무게중심을 옮기면 칼훈의 책상에 왼손을 올려놓을 수 있었다. 그것은 나와 미국 상원의원이 될 가능성을 설명하는 사람에 대한 한낱 작은 은유가 아니었다. 드문 경우지만 결코 연결될 수 없을 것 같은 위험한 간격을 좁히는 일은 괜찮은 사람 1명만으로도 충분할 수 있다.

내가 그런 종류의 사람이 될 수 있는 강력한 후보로서 출발했다는 뜻은 아니다. 평소에 동의하던 진보적인 친구에게 강경한 태도를 취할 때가 있다면 좀처럼 동의하지 않던 보수적인 사람에게도 정말 강경한 태도를 취할 때가 있다. 그리고 나는 여전히 선동적인 상원의원이 정말 싫었다.

나는 처음에 노스캐롤라이나 출신의 공화당 의원 제시 헬름스 때문에 정말 골치가 아팠다. 제시는 나와 같은 해에 공산주의자, 소수자, 동성애자, 마틴 루서 킹, 그리고 그가 신이 부여한 백인의 특권이라고 생각하는 것을 축소하려는 사람들과 경쟁해 당선되었다. 그가 상원 원내에서 연설하는 것을 처음 보았을 때 나는 정말 거슬렸다. 다음에 마이크 맨스필드를 봤을 때 나는 그에게 토로했다. "헬름스 같은 사람은 믿을 수가 없어요. 그는 심장이 없어요. 그 사람은…."

맨스필드가 내 말을 끊었다. "잘 들어, 조." 그가 내게 말했다. "여기 있는 사람들에게는 모두 뭔가가 있어. 그들을 선출한 사람들은 그들에게서 뭔가 좋은 점을 본 거야." 그리고 그는 헬름스가 뇌성마비를 앓는 아홉 살짜리 아이를 입양했다는 이야기를 들려주었다. 지역신문을 통해 크리스마스에 아이의 부모가 되어줄 사람을 찾는다는 사연을 접한 제시 헬름스는 아내와 함께 아이를 데리고 왔다.

"여기서 자네가 할 일은 동료의 좋은 점, 즉 그들의 출신 주 유권자가 본 것을 찾아내는 것이지 나쁜 점에 집중하는 것이 아니야."

나는 알았다고 말했다.

"그리고 조, 절대로 다른 사람의 동기를 공격하지 마. 자네는 그의 동기를 모르니까."

맨스필드의 충고를 받아들이는 것은 어렵지 않았다. 바이든 집안에서는 어린아이에게도 항상 선의의 가정을 요구했다. 바이든가 사람들은 개성이 강했고, 서로 가깝게 지냈다. 우리는 60여 년 동안 밤낮으로 서로의 삶을 함께해왔기 때문에 멍든 자아와 상처받은 감정으로 가득했다. 그러나 우리를 계속 함께하도록 만들어준 믿음의 조항이 있다. 바이든 가족의 일원이 의도적으로 다른 사람에게 고통을 주는 일은 결코 없다. 그것은 서로에 대한 선한 의도를 가정하는 것에서 시작된다. 그것은 상원에서도 마찬가지여야 한다는 사실을 맨스필드는 나에게 상기시켰다. 아마도 내 경력에서 가장 중요한 조언일 것이다.

오늘날까지 봐온 바로는, 내가 정말 신경 쓰는 이슈에 대해 도움이 필요한 경우, 정치적 동맹을 끌어들이는 것만으로는 충분하지 않았다. 때때로 우리가 결정하는 문제 중 80퍼센트는 근본적으로 나와 의견을 달리하는 사람들의 지지가 필요하다. 그 이슈가 내게 매우 큰 의미가 있다고 해서 그들이 나를 지지하리라고는 결코 기대하지 않는다. 하지만 내가 그들에게 존경심을 보여주고, 다른 이슈를 이야기할 때 내 발언에 그들에 대한 존경을 담는다면, 동기에 의문을 제기하지 않도록 신경 쓴다면, 적어도 그들이 내 말을 끝까지 들어줄 거라고 기대할 수 있다.

나는 민주당 동료인 대니얼 이노우에 하와이 상원의원을 보면서 많은 것을 배웠다. 그는 흔치 않게 예의 바른 인물이었다. 당이나 우정 때문에 정치적 충성을 요구하는 것도 본 적이 없고, 약속을 어기는 적도 없었다. 우리는 대부분의 일에 대해 함께 투표했다. 만약 그가 중요한 이슈에 관련해 나를 필요로 한다면 나의 지지를 얻을 것이다. 그가 나를 필요로 할 때 드물지만 그와 함께할 수 없다면 나는 솔직하게 설명할 것이다. "미안해, 대니, 그건 나에게 원칙의 문제야." 그는 절대 다그치지 않고 원한을 품지도 않는다. 상원에서 그와 가장 가까운 인물은 공화당 소속인 알래스카 출신의 테드 스티븐스다. 40년에 가까운 그들의 우정은 정치를 초월했고, 지금까지도 맨스필드가 내게 해준 충고의 힘을 확인할 수 있다.

맨스필드의 방식도 나를 생각지도 못한 관계로 이끌었다. 예를 들어 제임스 O. 이스틀랜드는 민권 문제에서 여느 상원의원처럼 나에게 맞섰다. 하지만 그는 또한 모든 범죄 법안을 처리하는 법사위원회의 위원장이었고, 나는 거기서 몹시 일하고 싶었다. 법사위원회에 자리를 얻으려면 그의 허락이 필요할 것 같아 그에 대해 알아가기 시작했다. 나는 그에게 질문하는 것으로 시작했다. 그는 최장수 상원의원으로서의 입장과 제도적 틀을 유지하는 사람으로서의 명성에 자부심을 갖고 있었다. 그는 내가 보여준 존경심에 으쓱해하는 것 같았고, 내 질문에 대한 그의 대답은 종종 놀라웠다.

한번은 내가 그에게 상원에서 본 가장 강력한 사람이 누구냐고 물은 적이 있었다. 나는 그가 최근에 은퇴한 리처드 러셀을 꼽을 거라고 생각했다. 러셀은 40년 동안 상원의원으로 일했고, 1940년대부터 1960년대까지 기본적인 상원 일을 관리했다. 아니면 러셀의 후배인 린든 존슨도 가능성이 있다고 생각했다. 존슨이 민권 법안을 통과시킴으로써 이스틀랜드와 다른 남부 출신 의원들을 배신한 후, 그들은 다시는 다수당 원내 대표에게 그렇게 많은 권력을 부여하지 않았다. 1970년대 초 이스틀랜드, 스테니스, 매클렐런, 허먼 탈매지, 풀브라이트 등 남부 출신 위원장들은 스스로 가장 큰 권력을 행사하는 걸 자제했다. 다수당 원내 대표는 핵심에서 비켜나 있었기 때문에 아무도 러셀과 같은 파워는 갖지 못했다. 이스틀랜드는 리처드 러셀이 상원에서 의사 표시를 하면 36표가 저절로 따라왔다고 말했다. 나의 첫 임기 내내 남부 출신 위원장들은 한 덩어리처럼 행동했다. 러셀 롱이 다른 위원장들에게 투표에서 그들의 표가 필요하다고 말하면 그들은 어떤 의문도 제기하지 않고 표를 주었다. 상원에서의 권력은 나에게 끝없는 호기심의 대상이었다. 그리고 내가 이스틀랜드에게 상원에서 가장 강력한 사람이 누구였는지 물어봤을 때 그는 망설이지도 않고 대답했다. "커."

오클라호마에서 온 로버트 커는 석유 회사를 소유한 상원의원으로 그의 이름은 석유 회사에 대한 엄청난 세금 감면 이상의 의미가 있었다. 하지만 석유산업을 제외하고는 아무도 커에 대해 중요하게 생각하지 않았다.

이스틀랜드는 말했다. "내가 알기로 멕시코만을 오클라호마로 옮길 수도 있는 인물이야."

나는 커가 육지에 둘러싸인 오클라호마 쪽 친구들에게 유리한 해양 석유 시추에 관련된 법률을 마련했다고 추측했다. 커와 함께 봉사했던 다른 유임자들은 석유 회사 정치가가 어떻게 전표를 샀는지 말하기를 좋아했다. 커는 동료 상원의원이 탄 지하철 옆자리에 올라타 무릎을 치며 "지난 6개월 동안 너한테 이걸 주려고 했어"라고 말했다. 그리고 가슴 주머니에서 주식 증서가 들어 있는 봉투를 꺼내 동료의 가슴 주머니에 쑤셔 넣었다. "네가 이 거래를 하고 싶어 할 줄 알았어. 이건 굉장한 거래야. 그냥 네가 좋아하는 종류지. 나는 너에게 3000달러 투자했어. 내 비서한테 전화해서 수표를 달라고 해." 대개 봉투 속 주식 증서는 구매가 3000달러보다 10배 큰 가치가 있었다.

또 다른 날 나는 이스틀랜드에게 그가 워싱턴에 있는 동안 본 가장 중요한 변화는 무엇이었는지 물었다. "에어컨이야." 그가 말했다.

"네?"

"에어컨이라고, 조"라고 그가 말했다. "보통 상원 회의실은 4월에 태양이 내리쬐기 시작하면 회의실 온도가 60도까지 올라가지. 그러면 우리는 그냥 일어나서 집으로 가. 그런데 에어컨을 달았단 말이야. 그래서 이제 우리는 1년 내내 워싱턴에 머물면서… 이 나라를 엉망으로 만들 수 있어."

내 첫 임기가 끝날 무렵, 이스틀랜드는 법사위원회에 자리를 마련해주었다. 그는 또 다음 선거운동을 위해 델라웨어로 오겠다고 제안했다. "나는 자네 선거운동을 도와주든지, 아니면 자네를 반대하든지 할 거야, 조. 어느 쪽이든 자네에게 가장 큰 영향을 미칠 거야."

나는 재선에 대해 생각해보았다. 그걸 가능하게 한 사람은 질 제이컵스였다. 그녀는 나에게 삶을 돌려주었다. 그녀 덕분에 나는 다시 온전한 가족을 꾸릴 수 있다고 생각했다. 처음으로 상원이 재미있게 느껴졌다. 질에게 빠졌을 때, 나는 다시 한 번 재선에 나설 수 있을 것 같은 정상적인 기분을 느꼈다. 아이러니하게도 질은 정치와 연관되길 원하지 않았고, 미국 상원의원과 결혼하고 싶어 하지도 않았다.

질은 경계했다. 나는 그녀보다 거의 열 살 위였고 두 아들이 있었다. 그녀는 막 자신의 경력을 쌓기 시작했다. 내가 결혼에 대해 생각하지 않는 편이 우리 관계를 시작하기에는 훨씬 쉬웠다고 생각한다. 우리 둘 다 다시 누군가와 즐거운 시간을 보내고 싶었을 뿐이고, 그녀는 그 상태를 유지하길 원했다. 나는 질을 바로 두 아들에게 소개하지 않았지만, 일단 소개한 뒤에는 사이가 좋았고, 그녀도 기꺼이 아이들을 데이트에 끼워 주었다. 하지만 내가 밥과 잭 커플과 더블데이트를 하려고 할 때는 계속 피했다.

어느 날 밤, 나는 노스 스타로 가는 길에 질을 그린빌로 데려가 구매 하려는 새집을 보여주려고 했다. 우리는 진입로를 따라 내려가서 진흙탕 속을 헤치고 지나가야 했다. 어둠 속에서도 집에 손볼 곳이 많다는 사실을 알 수 있었고, 일단 안으로 들어간 뒤에는 질에게 내 꿈의 집을 구경시키는 게 실수였다는 생각이 들었다. 갑자기 그곳은 동굴처럼… 텅 빈 듯 보였다. 그리고 조금 우스꽝스러웠다. 그녀는 나중에 "당신이 왜 그렇게 큰 집을 원하는지 알 수 없었어"라고 말했다. 질은 매우 실용적인 여자다. 내가 아이들과 손주들이 뛰어놀 큰 집을 보고 있을 때 그녀는 물이 새는 지붕과 단열 처리가 안 된 87개의 창문을 보았다. 그녀는 내가 첫해에 주택 담보대출금보다 난방비를 더 많이 쓰게 될 거라고 예상했다.

그녀를 볼 때마다 심장이 쿵쾅거렸다는 단순한 사실을 넘어서, 질의 가장 사랑스러운 점 중 하나는 현실성이었다. 그녀는 아름답고, 확신에 차 있고, 겸손하고, 자신만만했고, 바위처럼 강했다. 질은 자신이 무시당하는 상황을 절대 만들지 않았고, 변명도 하지 않았다. 나는 항상 그녀가 자기 몫의 짐을 기꺼이 짊어질 거라고 믿었다. 무엇보다 질은 누구에게도 휩쓸리지 않았다.

처음으로 질의 대가족을 만나는 자리에 나를 데려갈 때 그녀는 갑자기 초조해하며 보와 헌터를 데리고 피자를 사서 좀 있다가 오라고 했다. 도착해보니 그곳은 우리 집처럼 느껴졌다. 그녀의 할아버지는 아이들이 돌아다니는 동안 뒤뜰 토마토나무 사이에 앉아 있었다. 아이들과 내가 들어섰을 때 질의 할머니 한 분이 나를 붙잡았다. "난 프랭클린 루스벨트 밑에서 일했어. 공공사업촉진국에서." 나는 질이 달가워하지 않는다는 것을 알 수 있었다. 그녀는 내가 우리 사이에 압력을 행사할 수 있는 추종자를 하나 더 얻는 것을 원하지 않았다. 하지만 질의 세계가 편안하게 느껴졌다. 일요일에는 대가족이 함께 모였고, 크리스마스이브에는 바이든 가족처럼 스파게티를 먹었다. 그녀의 아버지는 은행 창구 직원에서 시작해 예금과 대출 부서 최고직까지 올라갔다. 그는 하루 종일 열심히 일했고, 매일 밤 저녁 식사를 하러 집으로 돌아왔다. 일요일에는 딸들을 데리고 양쪽 조부모 댁을 방문했다. 질의 이탈리아 조부모 집에서는 홈메이드 누들, 미트볼, 에파지올레 파스타, 웨딩 수프가 나왔고, 다른 조부모 집에서는 로스트비프, 매시트포테이토, 콜슬로를 먹었다. 그들은 시간이 될 때마다 주말에 양쪽 조부모님 댁을 찾아갔다. 그녀의 아버지는 믿을 만한 사람이었고, 다른 남자들의 신뢰를 소중히 여겼다. 그는 내가 자기 딸을 돌볼 필요가 없음을 분명히 해놓고도 내가 그녀를 돌보고 싶어 하는 것을 좋아했다. 질은 온 집안 식구들에게 말한 것처럼 아버지에게도 희망을 품지 말라고 말했다. 상원의원과는 오래가지 못할지도 모른다고.

하지만 첫 휴일이 가까워질 때쯤 질은 이미 우리 삶 속으로 빠져들고 있었다. 내가 워싱턴에 머물러야 할 때도 그녀는 발과 잭, 아이들과 함께 저녁을 먹기 위해 몽챤 로드에 있는 새집−우리는 그곳을 스테이션이라고 불렀다−에 들르곤 했다. 1975년 추수감사절에 여행을 떠나자고 한 사람은 질이었다. 웨스 바르텔메스가 낸터킷을 추천해서 넷이 차한 대에 함께 타고 북쪽으로 긴 주말여행을 떠났다. 가는 차 안에서 질은 아이들이 크리스마스 선물 목록 만드는 것을 도와주었다. 그리고 그해 크리스마스가 다가오자 질은 스테이션에서 즐겁고 행복한 모습을 보여주었다.

질에게는 이상한 작은 습관이 있었는데, 나는 그 모습에도 매료되었다. 그녀는 부엌에서 일할 때 항상 찬장 문을 전부 열어놓았고, 병뚜껑은 제대로 닫는 적이 없었다. 그런 면은 닐리아와 꼭 닮았다. 이성적으로는 아니라는 걸 알지만 왠지 닐리아가 질을 내게 보내주었다고 믿고 싶었다. 그런 면들이 바로 그 신호였다.

다음 해 어느 날 아침, 내가 면도하고 있는데 보와 헌터가 욕실로 걸어 들어왔다. 아이들이 뭔가 말하고 싶은 중요한 이야기가 있다는 것을 알 수 있었다. 보는 막 일곱 살이 되었고 헌터는 여섯 살이었다. 아이들은 말을 꺼내길 주저했다.

보가 동생에게 말했다. "네가 말해, 헌트."

"아니, 형이 말해."

마침내 헌터가 목소리를 높였다. "보는 우리가 결혼해야 한다고 생각해."

"얘들아, 무슨 말이야? 보?"

"으음." 보가 말했다. "우리는 질과 결혼해야 한다고 생각해. 어떻게 생각해, 아빠?"

나는 "꽤 괜찮은 생각인 것 같아"라고 말했다. 그 순간 얼마나 기분이 좋았는지 영원히 잊지 못할 것이다.

"하지만, 아빠." 보가 진지하게 말했다. "질이 할 거라고 생각해?"

아들들은 관찰력이 무척 뛰어났다.

나는 질이 받아들일 거라고 예상했지만 처음 말을 꺼내자마자 그녀는 아직 준비가 안 됐다고 말했다. 여전히 같은 문제 때문이었다. 그녀는 자신이 전업주부에 아이들의 새엄마가 될 준비가 되었는지 확신하지 못했다. 이건 아이들에게도 매우 중요한 결정이었다. 그리고 정치에 관해서도…. 질은 공인이 되고 싶어 하지 않았다. 나는 계속 질문을 퍼부었지만 내가 밀어붙일수록 그녀는 더욱 거리를 두었다. 내가 물러서면 그녀가 다가왔다. 그래서 우리는 미래에 대한 질문을 보류하기로 합의했다. 그때도 우리는 좀처럼 떨어지지 않았다. 직원들 사이에는 내가 번개처럼 어디론가 사라지는 상원의원이라는 농담이 떠돌았다. "도대체 어디 있는 거야?" "어디 있는지 모르겠어." "마블 룸 체크해봤어?" "거기 없어." "대기실?" "거기 말고." "분명 질과 어딘가에 있을 거야."

질은 내가 그녀에게 다섯 번은 더 청혼했다고 말했고, 계속해서 시간이 더 필요하다고 말했다. 나는 참을성을 발휘해야 한다는 걸 알았다. 하지만 1977년, 10일간의 남아프리카 여행을 떠날 준비를 하면서 나는 침묵을 깨고 말했다. "이봐, 난 충분히 오래 기다렸어. 이제 더 이상은 기다리지 않을 거야. 나와 결혼하든지 아니면 그냥 헤어지자. 내가 그만둘게. 널 너무 사랑해서 그냥 친구로 지낼 수 없어." 나는 그녀에게 내가 없는 동안 대답을 생각해보라고 말했다.

아프리카에서 보낸 10일이 마치 영원처럼 느껴졌다. 나는 이보다 더 끔찍한 일을 겪었지만, 만약 질이 싫다고 하면 무척 고통스러울 것 같았다. 나는 심지어 조건을 내걸 생각도 있었다. 그녀가 결혼에 동의한다면 상원의원 재선에 출마하지 않을 각오도 되어 있었다.

아프리카에서 돌아왔을 때 질은 나를 포기할 수 없다고 말했다. 결혼하지 않아서 헤어지겠다고 한다면 그녀는 결혼할 준비가 되었다고 했다. 나는 그녀가 원한다면 상원직을 그만두겠다고 장담했다. 1978년에 재선 출마를 앞두고 있었고 결정을 내릴 때였다. 어느 날 스테이션의 서재에 앉아 있을 때 그녀는 내가 상원을 그만두겠다고는 말이 진심이 아닌 것 같다고 말했다. "실없는 소리 하지 마."

나는 그녀에게 약속했고, 진지했다. 나는 이미 델라웨어주의 몇 명에게는 내가 사직할 경우를 대비해 상원에 출마할 사람을 준비시키라고 말해두었다. 하지만 지금 나와 대화하고 있는 사람은 질이었다. 나는 그녀에게 진심이라는 것을 보여줘야 했다. 나는 그날 오후 서재에서 수화기를 들고 전화를 걸었다. "좋아." 나는 그녀에게 말했다. "빌 프랭크에게 전화해서 출마하지 않는다고 말할게." 프랭크는 〈윌밍턴 뉴스저널〉의 수석 정치 기자였고, 나는 그에게 1978년에는 출마하지 않겠다고 말할 참이었다. 수화기 너머에서 프랭크의 전화벨이 울리는 소리가 들렸다. 그리고 수신음이 들렸다. 순간 질이 수화기 거치대에 손가락을 올려놓았다. 전화를 끊은 것이다. "그러지 마."

그녀는 나중에 왜 그랬는지 말했다. "당신의 꿈을 부정해야 한다면 나는 내가 사랑에 빠진 남자와 결혼하지 않을 거야."

8장

전환

질과 나는 1977년 6월 뉴욕의 유엔 예배당에서 가톨릭 신부님의 주례로 결혼식을 올렸다. 우리는 가족과 가장 가까운 친구 외에는 누구에게도 결혼식에 대해 말하지 않았다. 언론을 끌어들이고 싶지 않았다. 결혼식에는 가족만 참석했는데 인원이 40명에 달했다. 보와 헌터는 제단에 우리와 함께 서 있었다. 아이들의 생각대로 우리 넷이 결혼식을 올리고 있었다. 질은 큰 공개 행사를 피한 것에 고마워했지만 나는 그녀가 결혼식을 준비할 때부터 긴장한 것을 알 수 있었다. 질은 너무 긴장해서 결혼식 날 새벽 5시에 일어났다. 하지만 서로 서약하고 나자 긴장이 풀리는 것을 느낄 수 있었다. 우리는 '사인 오브 더 도브'에서 성대한 점심 피로연을 열고 축배를 들었다. 부모님과 질의 가족이 우리 결혼을 얼마나 기뻐하는지 알 수 있었다.

피로연이 끝나고 가족이 집으로 향하자 넷은 신혼여행을 떠났다. 질과 나는 시간이 있을 때 단둘이 더 길게 여행을 가자고 이야기했지만―우리 넷이 모두 결혼하는 것이기 때문에―신혼여행에는 아이들도 데리고 가기로 결정했다. 우리는 멋진 호텔 방 두 곳에서 묵기로 했고, 아이들에게 방을 고르라고 했다. 그날 밤 우리는 브로드웨이에 〈애니〉를 보러 갔고, 거기서 질은 극장에 온 사람들 속에서 재키 케네디를 봤다고 했다. 쇼가 끝난 후 저녁 식사를 할 계획이었지만 아이들이 너무 피곤해서 블림피에서 햄버거를 사 들고 호텔로 돌아갔다.

그날 밤 나는 내 삶의 조각이 다시 맞춰진 듯한 기분이었다. 나는 질과 완전히 사랑에 빠졌고, 그녀가 아이들에게 훌륭한 엄마가 될 것임을 알았다. 하지만 이 결혼이 그녀에게는 어려운 일이었다는 걸 알았다. 나는 결혼하기 얼마 전에 질에게 내가 닐리아를 얼마나 사랑했는지 알면서 어떻게 나와 결혼할 수 있느냐고 물었다. 그녀는 주저하지 않고 대답했다. "그래서 내가 당신과 결혼할 수 있는 거야. 누구든 한 번 깊이 사랑한 사람은 또다시 그렇게 사랑할 수 있어." 그때 나는 질의 사랑이 나에게 어떤 영향을 끼쳤는지 정확히 깨달았다. 그녀의 사랑으로 나는 다시 나 자신으로 돌아올 수 있었다. 닐리아를 잃은 아픔이 아무리 깊어도 나는 내 마음에 보호벽을 쌓는 데 서툴렀다. 내 평생 좋든 나쁘든, 나는 나의 열정에 이끌렸다. 마치 살아 있다는 것을 느끼기 위해 인생의 모든 큰일에 위험을 무릅쓸 필요가 있는 것처럼. 질은 내게 여전히 열정이 살아 숨 쉬고 있음을 깨닫게 해주었다.

그녀가 아이들 엄마 역할을 맡고 나선 건 사실 그다지 힘든 결심은 아니었지만 그렇다고 앞길에 전혀 문제가 없었던 것은 아니다. 어머니는 지난 3년 동안 발과 함께 보와 헌터를 돌봐주었기 때문에 갑자기 손 떼는 데 애를 먹었다. 어머니는 처음에는 거의 매일 질에게 전화를 걸어 그다지 필요하지 않은 내용을 상기시켰다. "보가 목이 안 좋다고 하면 의사에게 전화를 걸어봐야 해. 야구 시즌에는 새 신발이 필요하단다."

질의 기분이 상한 것은 어머니의 목소리에 담긴 불신감 때문이었다. 어머니는 질이 아이들을 돌보는 것을 완전히 신뢰하는 것 같지 않았다. 나는 내가 어떻게 해야 할지 잘 알았다. 아이러니하게도 그건 어머니에게 배운 교훈이었다. 질은 내 아내였고, 내가 해야 할 일은 그녀를 100퍼센트 지지해주는 것이었다. 나는 어머니에게 이제 물러날 때라고 알려주었다. 질에 대해서는 한 치의 의심도 품지 않았다.

　나는 아이들로 하여금 다가오게 만드는 그녀의 방식에 경탄했다. 나라면 그런 인내심을 가질 수 있었을지 모르겠다. 맨 처음 그녀가 팔을 벌리고 보와 헌터의 포옹을 받으려고 마음의 준비를 하는 것을 보았을 때 느낀 기분을 결코 잊을 수 없다. 나는 평소 스케줄에 따라 제시간에 집으로 돌아가기 위해 노력했고, 종종 다수당 원내 대표에게 유니언역에서 5시 기차를 탈 수 있게 상원 투표 일정을 잡아달라고 부탁했다. 내 책상은 상원 회의실 맨 뒷줄에 있어서 빠져나가기도 쉬웠다. 하지만 아이들 학교에 가서 핫도그를 대접하거나 도서관 자원봉사를 해야 하는 사람은 질이었다. 스포츠 활동과 컵스카우트 활동을 위해 아이들을 차로 데려다주어야 하는 사람도 질이었다. 또 식사 준비도 도맡아 했다. 저녁 식사 때 나 없이 셋이서만 식사하는 날도 많았다. 내가 집에 돌아가면 질은 두 아들이 새 생활에 적응하는 데 도움을 준 이야기를 하며 웃었다. 그런데 그 집에서 산 지 며칠 되지 않았을 때 보가 말했다. "질, 빨래 안 할 거예요?"

　"보, 무슨 소리야?" 질이 말했다. "나는 보통 일주일에 한 번 하는데."

　그녀는 남자아이 둘이 있으면 세탁물이 얼마나 나오는지 아직 잘 몰랐다.

　"매일 해야 할걸요." 보가 차근히 설명했다.

그들은 비밀 첩보 모험도 함께 했다. 몇 년 후, 질은 임신인가 싶어 보와 헌터를 차에 태워 임신 진단 키트를 사기 위해 에커드 약국으로 차를 몰았다. 그녀는 약국에서 누군가 자신을 알아보거나 신문에 나는 걸 꺼려서 아이들은 차에 앉아 있게 하고 트레이드마크인 금발 머리에 스카프를 매고 선글라스를 낀 채 키트를 사 왔다. 아이들은 나보다 먼저 아기가 생길 거라고 짐작했고 질은 그날 아이들이 얼마나 흥분했는지 결코 잊을 수 없었다. 질은 아이들에게 아기 이름을 고르게 해서 보와 헌터는 여동생에게 애슐리라는 이름을 지어주었다.

셋이 함께 주유소에 간 적이 있는데 주유소 직원이 질에게 물었다.

"얼마나 넣어줄까, 허니?"

남자가 주유를 하려고 뒤돌아섰을 때 보가 말했다.

"엄마, 그 사람이 또 허니라고 부르면 내가 나가서 뭐라고 할 거야."

나는 그 이야기를 듣고 놀랐다. 질과 내가 아이들과 호칭 문제로 이야기한 적은 없는데 언젠가부터 아이들은 질을 이름으로 부르지 않았다. 아이들은 그녀를 엄마라고 불렀다. 닐리아는 항상 '마미'라고 불렀지만 질은 '엄마(mom)'였다. 우리 가족을 재구성한 책임자는 나였지만 사실 전체적인 윤곽을 그려나간 건 질과 아이들이었다. 처음에는 집에 있는 닐리아의 사진을 어떻게 해야 할지 난감했다. 그런데 질은 너무나 쉽게 말했다. 질은 나와 아이들을 선택할 때 모든 것을 끌어안았다고 했다. 아이들은 매년 부활절방학과 여름방학에 스캐니틀리스에 있는 닐리아 부모님 댁을 방문했다. 내가 상원에 있거나 선거 유세를 해야 할 때는 질이 아이들을 데려다주었다. 질은 헌터가에 전화를 걸어 아이들 중 1명이 모두 A를 받았거나 운동 경기에서 활약했다고 자랑하기도 했다. 질은 닐리아에 대한 우리 기억을 존중했고, 자신에게 무슨 일이 생기면 자기 대신 내가 아이들이 닐리아와의 기억을 유지하도록 노력해달라고 말하곤 했다.

"어떻게 닐리아를 여기서 배제할 수가 있겠어?"라고 그녀는 말했다. "닐리아는 여기 있는데. 그녀가 우리 가족의 일원이라고 생각하면 기분이 좋아. 닐리아는 내게 아름다운 두 아들을 남겨주었어. 이상하게 들릴지 모르지만 가끔은 닐리아가 우리를 지켜보고 있는 듯한 느낌이 들어."

몇 년 후 한 잡지의 사실 확인 담당자가 마감 시한을 앞두고 상원 사무실에 전화를 걸었다. 우리 가족에 대한 기사를 보도하려고 했는데 사실관계가 혼란스럽다고 했다. 그녀는 닐리아와 나오미의 사고에 대해 읽었는데 보와 헌터가 '새엄마' 질에 대해 질문받았을 때 "아, 아뇨. 우린 새엄마 없어요"라고 말했다는 것이다.

보와 헌터는 오래전부터 선택했다. 질은 그냥 엄마였다.

"그녀를 좋아할 거야, 조." 프랭키는 내게 말했었다. "그녀는 정치를 좋아하지 않아."

1978년 상원의원 선거 때 질은 힘든 경험을 시작했는데, 결혼 직후인 1977년 여름의 큰 킥오프 행사였다. 우리는 지역 고등학교에서 첫 선거운동을 도와준 자원봉사자들과 소풍을 즐겼다. 그곳에는 수천 명의 바이든 지지자가 있었고, 그들 모두 질을 만나고 싶어 했다. 그들 역시 1972년의 기억을 잊지 않고 있었는데, 모두가 함께 모인 것만으로도 5년 전 그 믿기지 않던 승리의 시뻘건 불씨를 부채질하는 것 같았다. 나는 자원봉사자들이 걸어와 나의 새 신부에게 인사하는 모습을 안쓰럽게 지켜보았다. "전 닐리아를 알고 있었어요." 그들은 말했다. "그녀는 정말 멋진 사람이었어요." 질은 모든 것을 아주 온화하게 받아들였다. "저기, 여보, 미안해." 행사가 끝난 후 나는 그녀에게 말했다. "그 사람들이 무슨 의도를 가지고 그런 말을 한 건 아냐." 그녀는 이해한다고 말했다.

첫 임기가 끝나갈 무렵, 나는 마침내 상원의원석을 나의 자리로 여겼다. 나는 그 안에서 행복했고 내가 성취한 것들이 자랑스러웠다. 1975년에 나는 외교위원회에 임명되었는데 초선 상원의원에게는 드문 직책이었다. 나는 특히 유럽을 비롯해 세계 다른 지역의 지도자들과 이슈를 알게 되었다. 나는 민주당 지도부에 깊은 인상을 주어 미국 정보기관을 감독하는 새로 창설된 상임위원회에도 자리를 얻었다. 상임위원회는 CIA의 본 업무 외의 은밀한 불법 작전을 수사해온 처치위원회에서 벗어나 성장했다. CIA는 외국 정부를 불안정하게 하기 위해 꼴사나운 음모를 꾸미고 피델 카스트로를 시가 폭발로 쫓아낸 것과 같은 기괴한 암살 계획을 세웠다. 처치위원회는 의회의 감시력을 키울 것을 권고했다. 공동 위원장과 각 당에서 동일한 수의 상원의원을 내는 진정한 초당적 상임위원회를 제안했다. 상원에서 위원회 설립 표결을 마치고, 나는 사무실로 걸어 들어갔다. 친구이자 신뢰할 수 있는 보좌관인 테드 코프먼이 내가 곤경에 처했다는 것을 알고 설명했다.

"그들은 의원님을 정보위원회 위원으로 임명하는 것에 대해 이야기하고 있어요."

정보위원회에서 일하는 것은 계속해서 웃겨보라는 명령을 받은 것과 비슷하다. 현재 동료인 크리스 도드는 그것을 팩맨위원회라고 불렀다. 소속 위원들은 비밀 회의실인 S-407에서 들은 정보를 모두 삼켜야 한다. 정보위원회는 위원들에게 모든 사람이 알게 될 내용을 말한다. 위원들은 그 정보가 신문에 실리고 모든 사람이 이미 거기에 대해 이야기하고 난 이후에도 비밀을 지킬 것을 맹세한다. 그들이 비밀 방에서 이야기한 내용 중 80퍼센트는 애초에 분류되어서는 안 되는 내용이다.

"의원님." 테드는 말했다. "거기 있기 싫으면 맨스필드에게 말해보세요."

나는 그날 늦게 민주당 의원 대기실에 서 있었는데, 샘 넌 상원의원이 들러 상원 정보위원회 위원이 된 것을 축하해주었다. 나는 곧장 상원의원실을 가로질러 여당 원내 대표실로 가서 마이크 맨스필드에게 말했다. 그동안 그는 내게 충분한 호의를 베풀었지만 이번에는 정보위원회에 들어가고 싶지 않다고 말했을 때, 나를 팔로 감싸며 내가 그 위원회에 들어가게 될 거라고 말했다. 이것은 호의가 아니었다. 그는 내가 위원회에서 목소리를 내길 기대했다. 그는 이제 날 신참 취급하지 않았다. 그는 정보위원회에 대해 몇 가지 어려운 요구 사항이 있다고 말했다. 그리고 나는 미국 상원의원이 되는 것에 대해 진지하게 깊이 파고들어야 했다.

그 일에서는 맨스필드가 옳았다. 초기에 나온 첫 번째 큰 이슈 중 하나는 비밀 감시였다. 뉴스에서 처치위원회에 대해 보도하자 국민들은 FBI와 NSA의 불법 도청 범위에 분노했는데, 당연히 그렇게 될 일이었다. 그런 기구들이 비밀 영장을 이용해 혹은 아무 영장도 없이 미국 시민들을 감시한 경우가 많았다. 우리는 파도가 밀려오는 것을 볼 수 있었다. 시민들은 우리가 모든 비밀 감시를 없애기 원했고, 그것은 정보위원회와 상충되는 사안이었다. 그러나 우리는 여전히 냉전 중이었고, S-407에서 나와 동료들은 미국의 시민과 체류자, 그리고 모스크바와 테헤란 같은 외국 정보기관 사이의 대화를 감청하면서 귀중한 정보를 모았다. 위헌적인 국내 감청을 중지시킬 수 있는 방법을 찾으면서, 내부 감청을 이용해 정보를 수집할 수 있는 법적 메커니즘을 보존하기 위해 그 문제는 의회로 넘어갔다. 그 메커니즘은 헌법과 기본 가치와도 일치하면서 국가를 진짜 해로운 것에서 보호할 수 있어야 했다. 필요하다면 정보기관이 신속하게 움직일 방법을 찾아내고 그 후에 법원 명령을 받아야 했다. 해결책은 분명하지도 간단하지도 않았다. 1978년 제정된 외국 정보기관법(FISA)은 민권과 공공 안전의 균형을 맞추기 위한 투쟁에서 탄생했다. 30년이 지난 지금도 새로운 상황과 기술이 계속 생겨나면서, 나와 동료들은 그 미묘한 균형을 재조정하라는 요구를 지속적으로 받는다.

1977년, 나는 이스틀랜드 위원장의 승인을 받아 법사위원회에 임명되었다. 나는 거리를 안전하게 하고 형사 사법제도를 공정하게 만들기 위해 법률을 정비하고 싶었다. 보안을 강화하면서도 범죄 용의자의 권리를 보호할 방법을 찾는 것은 헌법의 건국이념 중 하나이며 중앙정부의 기능이다. 상황은 꾸준히 변하고 있었고, 나는 균형이 공정하게 유지되도록 끊임없이 경계하는 것이 사법부의 의무라고 생각했다.

나는 시민의 변호인으로서 짧은 기간에 몇 가지 흥미로운 사실을 깨달았다. 나는 형사 고발이 너무 오래 걸린다는 사실을 알고 신속 재판법을 강하게 밀어붙였다. 하지만 양형 모델은 의도하지 않은 결과를 초래하고 있음을 알았다. 많은 실수가 그렇듯, 그 모델은 범죄자의 재활이 사법제도의 큰 희망이던 진보의 시대로 거슬러 올라가는 것으로, 시작한 의도는 좋았다. 내가 변호사로 법정에 섰을 때, 구금 여부를 결정하는 중요한 질문은 다음과 같았다. 유죄판결을 받은 범죄자를 갱생시키는 데 얼마나 걸릴까? 형량을 결정하는 사람들은 한 사람을 갱생할 수 있다. 그들은 신성한 판결을 내린다는 기대를 받았고 처벌에 대한 폭넓은 자유를 부여받았다. 가계가 견고하고, 가족에게 돈이 있고, 교육을 받은 범죄자는 보호관찰을 받을 수 있으며, 가족이 몇 없고, 돈이 없으며, 교육도 거의 받지 못한 사람은 같은 범죄에 대해 10년 형을 선고받을 수 있다. 그리고 일반적으로 흑인은 백인보다 훨씬 긴 형량을 선고받았다. 그 제도는 차별이라는 또 다른 부작용을 초래했다.

또 범죄 용의자들은 길거리와 법정에서 모험할 수 있다는 사실을 알았다. 나는 국선 변호사로서 의뢰인 중 한 명이 유죄 협상을 거절하는 것이 드문 일이 아님을 알았다. 내가 한 의뢰인에게 말한다. "좋아, 강도 2건, 주거침입 2건으로 체포되었고, 검찰에서 2건 모두 증거 확보했어. 집 1채에 신발을 두고 갔더군."

"그래서 어떻게 될 것 같나요?"

"실형 1년."

"글쎄, 재판에 나가서 지면 판결이 몇 년으로 나올까요?" 이게 그들이 알고 싶어 하는 내용이다.

"최대 5년." 나는 말한다. "0에서 5년."

"실형을 살지 않을 수도 있다고요? 그렇다면 모험을 해야겠네요."

하지만 재판은 제대로 이루어지지 않았고, 나는 새로운 제도가 필요할 때라고 생각했다. 잘하면 개인의 책임, 일관성, 확실성을 증진할 수 있는 제도라고 생각했다. 의회는 똑같은 상황에서 똑같은 범죄를 저지른 사람이라면 같은 기간을 감옥에서 보낼 것이라고 말할 수 있어야 한다. 우리는 판사에게 범위가 더 좁은 판결 지침을 줄 수 있고, 중죄인은 같은 대가를 지불해야 한다. 우리는 사람이 아니라 범죄를 판단해야 한다.

다른 큰 문제도 있었다. 1970년대에 마약 관련 강력 범죄가 증가하고 있었기 때문에 -거리에서 총을 꺼내 경찰을 위협하는 경우도 있었다- 더 강력한 마약 단속법을 통과시킬 필요가 있었다. 의회는 법 집행 당국에 적절한 자금을 책정했지만 지방정부가 연방 기금을 사용해 더 많은 경찰관을 고용할 확실한 방법이 있어야 했다. 나는 연방 자금을 항상 의도된 목적으로 사용하지 않는 지방 정부의 상황을 모르지 않았다. 그러나 내가 법사위원회에 합류할 즈음에는 그 모든 것이 아주 크고 분열을 일으키는 이슈가 되어 무척 복잡해졌다. 나는 그 이슈에 시간과 에너지를 쏟았고 선거운동에도 나섰다. 나는 델라웨어 북부의 식료품점이나 식당에 들어갈 때 항상 사람들의 이야기에 귀 기울였다.

나는 델라웨어주 남부에서 많은 군중을 끌어모은 1978년 연례 치킨 축제를 잊을 수 없다. 주차장을 지나 안으로 들어가다가 유권자들과 악수를 하려고 멈춰 섰는데 한 여성이 "바이든 의원님! 바이든 상원의원님!" 하고 부르며 25미터 떨어진 곳에서 달려왔다. 내 또래의 매력적인 금발 머리 여성이 어린 남자아이 2명을 데리고 나를 향해 다가왔다. 그녀는 얼굴에 함박웃음을 짓고 있었고, 나와 가까워지자 두 아들을 돌아보며 말했다. "애들아, 바이든 상원의원님이셔. 아주 똑똑히 봐. 이 사람이 너희 인생을 망친 사람이야." 화가 잔뜩 난 말투였다. 그녀는 아들들에게 말을 걸며 나를 가리켰다. "저 사람을 잘 봐. 저 사람 때문에 너희는 버스를 타고 먼 곳에 있는 학교에 가야 해."

"부인…."

나는 말을 꺼냈다. 나는 법원에서 정한 강제 버스 통학에 대해 할 말이 많았다. 하지만 그녀는 내 말을 끊었다.

"내게 아무 말도 하지 마." 그녀는 뒤돌아 걸어가면서 말했다.

내가 그녀의 아이들이 다른 학군으로 버스를 타고 갈 필요가 없도록 하기 위해 노력한 사람으로 알려지지 않은 게 문제였다. 그러나 1978년 선거운동이 본격적으로 시작되었을 때쯤, 나는 델라웨어주 유권자들이 이야기하는 한 가지 이슈에서 많은 사람의 분노를 샀다.

나의 첫 번째 선거 캠페인에서 강제 버스 통학은 부수적인 문제였다. 오히려 나는 꽤 목소리를 높여온 반대자였다. 나는 공립학교를 통합할 필요는 절실히 느꼈지만, 강제 버스 통학은 비생산적이라고 생각했다. 공립학교에서 흑인과 백인 아이를 잘 통합하기 위해 강제 버스 통학을 시도하려는 노력은 1960년대 후반에 시작되었다. 그러나 이 제도는 실제 의도와는 정반대로 흘러갔다. 백인은 공립학교에서 아이들을 데리고 나왔다. 백인의 교외 탈출은 남부와 북부 도시 모두에서 증가했다. 애틀랜타와 디트로이트, 루이빌과 인디애나폴리스, 버지니아주 리치먼드, 델라웨어주 윌밍턴에서는 중심지 학교에서 흑인 학생 비율이 급격히 증가했으며-애틀랜타 학교에서는 백인 학생 비율이 80퍼센트에서 30퍼센트로 줄었다-, 교외 학교들은 백인 비율이 80~90, 심지어 95퍼센트까지 증가했다. 1970년대 초 연방 법원은 인종의 균형을 회복하기 위해 학군 간 버스 운행 조례를 실행했다.

1974년 플로리다주 상원의원 에드 거니는 아이들이 가장 가까운 공립학교에 다니는 것을 의무화하는 법안을 도입했는데, 연방 법원은 강제 버스 통학 제도를 이용해 인종이 뚜렷하게 나뉜 학교에 균형을 맞추려고 했다. 거니 개정안이 통과될 것이 확실해지자, 맨스필드와 상원 공화당 원내 대표 휴 스콧이 난타전을 벌였다. 그들은 '브라운 대 교육위원회' 논쟁이 원내에서 20년 동안 계속되고 있다는 점을 염두에 두었고, 대법원은 인종이 분리된 학교는 본질적으로 불평등하다고 만장일치로 판결을 내린 바 있었다. 두 원내 대표는 아이들이 집에서 가장 가까운 학교에 다닐 수 있도록 모든 노력을 기울여야 하지만, 강제 버스 통학의 합헌성은 그대로 유지해야 한다는 자체 개정안을 내놓았다.

상원에서 옥신각신하는 동안 맨스필드 직원 몇 명이 나를 붙잡았다. "자네가 강제 버스 통학에 반대한다는 건 알지만 조, 자네는 법원이 권력을 박탈당하길 원하는 건 아니잖은가. 자네는 법원을 존중하지. 헌법을 존중해. 이건 무책임한 짓이야. 우리가 여기서 할 수 있는 일은 헌법에 위배되는 일은 하고 싶지 않다고 말하는 거야. 그렇게 말하는 건 어떨까?"

마이크 맨스필드가 옳았다. 법원은 강제 인종 분리를 추진하려는 정부를 막아야 했다.

나는 맨스필드-스콧 법안에 투표했고, 한 표 차이로 통과되었다. 연방 법원이 델라웨어주 뉴캐슬 카운티의 학교 관계자들에게 인종 분리를 철폐할 계획을 세우라고 명령했다. 그러고 나서 그 계획을 중심축으로 강력한 지역 간 강제 버스 통학 계획을 세우라고 하자 그 투표는 큰 이슈에서 대단히 중요한 이슈가 되었다.

강제 버스 통학으로 진보 노선에 제동이 걸렸고, 사람들은 분열되었다. 윌밍턴과 그 주변 학교의 질은 이미 엉망이었고, 결코 회복될 것 같지 않았다. 교사들은 협의 없이 새 학군으로 전근 발령을 받을 예정이었나. 삼봉뇌는 경우도 있었다. 델라웨어주 취학 인구 중 약 3분의 2를 차지하는 뉴캐슬 카운티에서는 아이들 1명 1명이 인종 균형에 맞춰 새로운 학교에 배정될 예정이었다. 1978년 9월에 새 학년이 시작될 때 아이들 상당수는 10여 마일 떨어진 새 학교로 전학 가게 될 것이다. 백인 부모는 아이들이 윌밍턴에서 가장 안 좋은 지역으로 배정될까 걱정했다. 흑인 부모는 아이들이 교외 학교에서 폭력의 대상이 되는 건 아닐까 걱정했다. 학부모-교사 면담이라도 하게 되면 반나절을 내줘야 한다는 뜻이기도 했다. 응급 상황이라도 생긴다면? 윌밍턴 도심 거주자들은 자동차를 소유하고 있지 않았고 믿을 만한 대중교통도 없었다. 아무도 달 가워하지 않았다. 나는 강제 버스 통학을 마지막 수단으로 미루는 법안을 도입하려고 계속 시도했다. 이는 학군에서 아이들을 인종으로 분류─법에 따른 분류─해 비율을 조정하려고 적극적으로 노력했기 때문이다. 나는 어느 기자에게 이렇게 말했다.

내 생각에, 지금 강제 버스 통학에 대해 백인과 흑인 공동체에서 그렇게 시끄러운 반응이 나오는 이유는 우리가 상식을 적용하지 않기 때문이다. 상식은 일반 미국인들의 생각을 말한다. "나를 교실에 있는 사람이 아닌 인종적 비율의 일부분으로만 본다는 생각은 터무니없다." 게다가 교육 예산을 새 교과서와 다른 문제 개선을 위해 사용하지 않고 강제 버스 통학으로 인한 교통비에 지출하는 폐해가 있다. 아이를 집에서 2블록 떨어진 학교에 보낼 수 없다는 것은 이치에 맞지 않는다. 이는 오히려 인종 간 긴장을 고조시킨다. 백인은 이렇게 말한다. "왜 그런 일이 일어나는지 안다. 저 빌어먹을 민권주의자들 때문이다. 저 빌어먹을 진보주의자들 때문이다." 그러다 수업 일을 놓치고 교사들이 출근하지 않는 등의 소란이 일어나면 "저 흑인들 때문이다"로 전락한다.

흑인 공동체 내의 내 친구들과 지지자는 강제 버스 통학 반대 로비를 통해 이 이슈에 숨겨진 의미를 읽어낼 수 있었다. 나는 그 기자에게 이렇게 말했다.

나는 흑인 유권자들이 국가가 나서서 강제 버스 통학 정책을 폐기한다면 강제 버스 통학의 범위를 훨씬 넘어서는 것을 도입하게 될까 봐 두려워

한다고 생각한다. 흑인들은 지난 8년간 이 나라에서 무슨 일이 일어났는지 봐왔다. 주택, 취업, 고등교육 접근 기회 등에서 흑인들은 다시 뒷자리에 물러나 앉게 됐다. 그들도 알고 있다. 그들은 정말로 강제 버스 통학을 중단한다면, 모든 정치 기관이 인종적 진보에 대해 후퇴하고 있다는 신호로 받아들여질까 봐 두려워한다.

뉴캐슬 강제 버스 통학 명령에 대한 법적 도전이 연방 항소법원을 통과하면서 나는 강제 버스 통학을 제한하는 법안을 도입했다. 델라웨어 출신의 공화당 상원의원인 윌리엄 로스 의원은 그 법안을 지지했다. 우리는 몇 주 동안 청문회를 열어 교육 전문가를 법사위에 출석시켜 증언을 들었다. 약간의 상식을 회복하려는 나의 노력을 보며 몇몇 동료는 나를 끌어내 어떻게, 그리고 언제 '인종차별주의자들이 나에게 접근했느냐'고 물었다. 청문회 중 한 곳에서 나는 '1950년대 분리주의 정책으로 되돌리려는 처사'라는 비난을 받았다. 킹 박사의 최측근 보좌관 중 1명이자 뛰어난 변호사인 클래런스 미첼은 내게 진짜 실망한 것 같았다. 그는 내가 존경하는 사람이었기 때문에, 내가 흑인 사회의 진정한 진보에 대한 관심을 공유하지 않는, 매우 영리한 사람들에게 속고 있다는 말을 들었을 때는 정말 괴로웠다. 그리고 이들은 나의 진보주의 친구들이었다. 사실 나도 흔들렸다. 나는 바이든-로스 법안에서 51표를 얻지 못했고, 다가오는 선거에서 강제 버스 통학 정책 때문에 의석을 잃을지도 모른다는 느낌이 들기 시작했다.

사방에서 나를 뒤흔들었고, 선거 2달 전에 시행될 강제 버스 통학 계획 때문에 다른 이야기는 꺼내기도 힘들었다. 테드 코프먼과 나는 선거 운동을 하던 어느 날 워싱턴으로 기차를 타고 가면서 내 상원 의석에 도전한 공화당 후보를 상대할 전략을 짰다. 우리는 도전자가 어떻게 조 바이든을 쓰러뜨릴 것인가 자문해보았다. 복잡하지 않았다. 조 바이든의 인권과 시민의 자유에 대한 강력한 의지를 지적하는 것이다. 시민권 때문에 정치에 입문했다는 바이든의 진술을 지적하는 것이다. 도전자는 조 바이든이 격정적인 진보주의자라고 주장할 것이며, 법원의 버스 강제 통학 명령을 최소화하려는 그의 캠페인은 트로이 목마에 불과하다고 말할 것이다. 조 바이든이 6년 동안 상원 의석을 확보하면, 그는 강제 버스 통학 반대 운동을 그만둘 것이다. 기차에서 내릴 때쯤, 테드와 나는 재선에서 패배할 수도 있겠다고 생각했다.

이스틀랜드와 조지아주 상원의원 허먼 탈매지가 나에게 "집으로 돌아가 이 빌어먹을 이슈에서 벗어날 방법을 생각해봐"라고 제안했다. 그러나 나는 분열을 확대하거나 감정을 동요시키는 일에는 관심이 없었다. 사람들은 충분히 화가 나 있었다. 법적 난제로 9월 개학 때 뉴캐슬 강제 버스 통학 시행이 미뤄졌지만, 어쨌든 개학도 없었다. 교사들은 강제 버스 통학 계획에 항의하기 위해 파업에 들어갔다. 그리고 10월 초에도 여전히 파업 중이었다. 델라웨어 사람들은 점점 더 좌절감을 느꼈다. 선거일이 다가왔고 유권자들의 분노에는 가장 근본적인 무언가가 있었다. 어떤 이성적인 말로도 그들의 마음을 돌리지 못했다. 내가 공정하게 행동하려 노력한다고 믿는 유권자도 있었지만 그렇지 않은 사람들도 있었다.

이런 상황에서 내가 해야 할 가장 중요한 일은 목표물이 되는 것임을 나는 본능적으로 이해했다. 사람들은 필사적으로 분노를 터뜨리고 싶어 했고, 미국 상원의원에게 소리를 지르는 것은 더할 나위 없이 좋은 방법이었을 것이다. 1978년 나는 마침내 공무원이라는 직업을 일부분 이해하게 되었다. 나는 사람들의 걷잡을 수 없는 분노를 흡수하려고 했다. 내가 그들을 위해 문제를 해결할 수 없다면, 적어도 분노의 배출 대상이 되어야 했다.

월밍턴 근처의 노동자 계층 마을 학교 체육관에서 열린 행사에 갔던 일은 결코 잊히지 않는다. 수용 인원의 2배가량이 참석했다. 체육관은 통로까지 사람으로 꽉 차 있었다. 열기와 긴장감이 가득했다. 걸어 들어갈 때 경찰이 많이 와 있다는 것을 알았다. 내가 사람들을 헤치고 연단으로 올라가자, 사람들이 숨죽이며 중얼거리는 소리가 들렸다. "저 사람이야, 빌어먹을 바이든…. 저 개새끼를 죽여." 그들은 나의 지지자, 노동자 계층 민주당원이었다.

내가 연단에 오르자, 체육관에 모인 사람들 모두 강제 버스 통학에 대한 내 입장을 알고 싶어 했다. 나는 내가 상원에서 해온 일과 실제적인 (혹은 의도하지 않은) 인종 분리, 법적인(정부가 의도한) 인종 분리와의 차이를 설명하려고 애썼다. 하지만 사람들은 계속 나를 몰아세웠다. 그들이 원한 것은 이 모든 게 내 잘못이며, 내가 강제 버스 통학을 경멸한다는 내용의 진술이었다. 나는 열이 올랐다. 그들에게 내 소신을 명확히 밝히고 싶었다. "여러분! 저는 진정으로 인종차별 문제를 해결하기 위해, 거주지 패턴과 공동체의 안락함을 희생하면서까지 강제 버스 통학을 도입하는 데에는 반대해왔습니다. 그것이 고의적인 분리 정책이었다면, 저는 아이들을 이동시키기 위해 개인적으로 헬리콥터를 구입했을 것입니다." 군중 속에서 야유가 들려왔다.

발언 자체에는 문제가 없다고 생각하지만 발언하는 장소를 그곳으로 선택한 것은 가장 멍청한 결정이었다고 생각한다. 그곳은 이미 들끓고 있었고, 그것은 나의 대의명분에도 도움이 되지 않았다. 내 뒤에 서 있던 경찰들이 몇 걸음 뒤로 물러나는 것을 느낄 수 있었다. 그 순간 나는 실제로 물리적인 위협을 느꼈고, 그래서 청중에게 질문하면서 목소리가 가장 큰 사람들의 제안을 들었다. 나는 연단에 버티고 서서 사람들의 분노가 사그라들 때까지 소리를 지르도록 내버려두었다.

뉴캐슬 카운티의 학교들은 몇 주 후 개학을 앞두고 있었고 10월 말에 대법원은 강제 버스 통학 계획을 실행하라는 판결을 내렸다. 내가 기울인 최선의 노력이 무색하게도 강제 버스 통학은 1978년 선거일을 불과 몇 주 앞두고 실시되었다.

나는 마지막 몇 주 동안 여론조사에서 앞섰지만 안심할 수는 없었다. 그 선거 결과는 신뢰에서 비롯되었던 것 같다. 델라웨어 사람들은 내가 옳은 일을 하려고 노력하고 있고 당파적이지 않다고 믿었다. 나는 58 대 42퍼센트로 승리했지만 실제로는 훨씬 더 아슬아슬하게 느껴졌다. 사실 승리라기보다는 탈출에 가까운 느낌이었다.

많은 민주당 동료는 운이 좋지 않았다. 보수 운동은 처음 히트를 쳤다. 플로이드 해스컬은 콜로라도에서, 딕 클라크는 아이오와에서, 윌리엄 해서웨이는 메인에서, 톰 매킨타이어는 뉴햄프셔에서, 웬들 앤더슨은 미네소타에서 각각 패했다. 하지만 가장 놀란 것은 1978년 1월에 암으로 사망한 휴버트 험프리가 속한 미네소타에서도 민주당이 상원의원 자리를 잃었다는 것이다.

나는 휴버트 험프리를 사랑했다. 보스는 특이한 정치인이었다. 그가 린든 존슨의 참혹한 베트남전쟁에 끌려 들어가지 않았다면 1968년 대통령에 당선되었을지도 모른다. 그는 존슨 대통령의 확전(擴戰) 정책에 동의하지 않았지만 부통령으로서의 의무감과 개인적인 명예 때문에 대통령을 옹호했다. 그는 믿을 수 없을 정도로 너그러운 사람이었지만 정치적 계산에는 종종 형편없었다. 취임 초기에 고군분투하던 나와 동생 지미를 위해 깜짝 유럽 여행 기회를 마련해주었을 때, 나는 그에게 말했다. "보스, 투표는 어떡하고요? 다음 주에 개회잖아요." 험프리는 걱정하지 말라고 말했다. 그는 상원 일정표를 확인했고, 내가 놓치는 건 아무것도 없을 거라고 말했다. 내가 자리를 비운 주에 필리버스터가 일어났고, 나는 70개 안건에 대해 투표하지 못했다. 그것은 나를 쫓아내길 바라는 델라웨어주 공화당 의원들이 이용하기에 매우 유용한 약점이었다.

마이크 맨스필드가 물러났을 때 험프리는 나에게 그의 다수당 원내 대표 입후보를 지지해달라고 부탁했다. 나는 싫다고 할 수 없었다. 그리고 그가 나에게 민주당 간부 회의에서 자신을 지명해달라고 했을 때, 나는 기꺼이 그렇게 하겠다고 했다. 그러는 동안 그의 상대인 밥 버드가 내게 지지를 부탁했다. 내가 버드에게 험프리 의원 편에 서겠다고 말하자, 그는 나에게 누구도 유효 지지율을 얻지 못해 2차 투표를 할 경우 그를 지지할 것인지 물었다. 나는 그래도 여전히 험프리에게 투표할 거라고 말했다. 그러자 그는 험프리가 사퇴하면 어떻게 할 거냐고 물었다. 나는 그다음에는 프리츠 홀링스를 지지하기로 약속했다고 말했다. 버드는 끈질겼다.

그래도 버드는 내가 진짜로 간부 회의 때 험프리의 이름을 지명하려고 손을 들었을 때 놀랐을 것이다. 내가 회의를 진행하는 의장에게 험프리를 추천할 때 버드의 이름은 이미 후보에 올라가 있었다. 모든 절차는 형식적이었다. "델라웨어 상원의원." 주재하던 이노우에가 말했다. "바이든 상원의원."

"저는 휴버트 험프리를 미국 상원 원내 대표 후보로 지명합니다."

내가 휴버트 험프리의 특별한 장점과 그가 적임자인 이유에 대한 연설을 시작할 때, 험프리도 자리에서 일어섰다. "조! 사랑해. 사랑해. 뭐라고 감사드려야 할지 모르겠네요…. 정말 멋진 일이에요." 그러더니 험프리는 간부 회의 직전에 버드와 이야기를 나누었다고 설명했다. 이어서 그는 놀랍게도 "저는 밥 버드를 우리의 훌륭한 대표로 만장일치로 선출하기를 바랍니다"라고 말했다.

버드는 갈채를 받으며 새 대표로 선출되었고, 나는 입을 떡 벌리고 서 있었다. 험프리는 멍하니 있는 나를 내버려두었다. 그는 버드와 거래를 했다는 말을 굳이 하지 않았다. 방에 있는 거의 모든 사람이 웃음을 터뜨렸다. 그것은 영웅적이고, 관대하며, 자기도취적인 보스의 방식이었다. 그는 그것이 나에게 어떤 영향을 미칠지 전혀 생각하지 않았다. 그에게 비열한 면은 없었다. 다만 보스는 누군가 자신의 이름을 지명하는 것을 듣고 싶었을 뿐이었다. 아, 그 방에 있는 모든 사람은 밥 버드를 잘 알았다. 안됐지만 나는 새 대표에게 어떤 호의도 베풀어본 적이 없었다. 존 컬버가 회의장에서 나오는 나를 붙잡았다. 그는 여전히 웃고 있었다. "아무리 좋은 일을 해도 인정받지 못하는 경우가 있지, 조."

험프리는 나를 중요한 선거운동에 내보낸 적이 있었다. 1974년에 연설 때문에 애틀랜타로 내려갔는데 조지아 주지사가 자기 집에서 묵으라고 초대했다. 전국적인 인물이라고 하기는 힘들었지만 그는 내게 대통령 출마를 생각하고 있다고 털어놓았다. 그는 1976년에 출마에 대해 이야기하는 많은 민주당원을 만나봤지만 그다지 깊은 인상은 받지 못했다고 했다. 그는 장기간에 걸친 선거운동에 대해 나의 조언을 듣고 싶어 했다. 나는 그에게 극복해야 할 많은 장애물이 있다고 말했다. 그는 남부 출신이었다. 외교정책 경험도 전혀 없었다. 그는 전국적인 이슈를 많이 알지 못했다. 하지만 만약 내 여동생에게 선거운동을 맡기면 이길 수 있을 거라고 농담 삼아 말했다.

내가 워싱턴으로 돌아왔을 때, 나는 험프리에게 1976년 대통령 선거에 출마할 준비가 되어 있는지 물어봤지만 그는 아니라고 했다. 1976년, 결국 나는 조지아 밖에서 지미 카터 대통령을 지지한 최초의 선출직 공무원이 되었다. 당시 나는 카터가 중산층 노동자 계층의 표심을 잃어가던 민주당에 필요한, 전환기적 인물이라고 생각했다. 나는 카터가 당내 격차를 좁힐 수 있다고 생각했다. 그는 인종 문제에서 진보적인 남부인이었다. 그는 균형 잡힌 예산에 대해 이야기했다. 복지국가를 맹목적으로 지지하지 않고 빈곤과의 전쟁이라는 이상을 위해 헌신했다. 또 소련과 무기 제한 협상을 하고, 인권을 외교정책의 중심축으로 삼을 준비가 되어 있었다.

하지만 당선된 후 지미 카터는 그렇게 해내지 못했다. 그는 민주당의 정통성을 극복하지 못했고, 자기 자신도 극복하지 못했다. 나는 그가 대통령에 당선된 후 첫 달부터 그 문제를 알아보았다. 카터는 1976년 선거운동 기간 워싱턴에서 많은 시간을 보내지 않았는데 그 이유는 부분적으로 그가 환영받지 못했기 때문이다. 주지사 출신인 카터는 상원에서 민주당과의 교류가 극히 적었고, 그중 상당수는 그의 출마를 농담으로 여겼다. 카터는 일부 세력의 도움으로 민주당 대선 후보가 될 수 있었지만 민주당 기득권 세력과는 척을 졌다. 그러나 카터 대통령이 취임하기 직전에 민주당 상원의원들은 그에게 손을 내밀었다. 우리는 그를 간부 회의에 초청해 이야기를 나누었고, 나는 그를 소개해달라는 요청을 받았다. 당선자와 내가 대기실에 서서 함께 들어가기를 기다리는 동안, 그가 긴장한 모습을 보고 무척 놀랐다. 그는 허리를 불안하게 앞으로 구부리고 있었고, 손을 떨었다. 그를 보고 있자니 결혼식 날 닐리아의 아버지가 생각났다. 그날 그의 태도는 그럴 만했고, 또 안타까웠다.

카터는 용서하고 잊는 것이 쉽다고 생각하지 않았고, 그것은 백악관에 있는 그의 직원들에게도 영향을 주었다. 그들은 워싱턴에 있는 사람들을 신뢰하지 않았다. 직원들과 나는 의회의 다른 사람들처럼 카터 행정부와 친밀한 관계를 맺었지만, 우리는 그들의 긴장을 풀어줄 수 없다는 것을 알았다. 카터 대통령 취임 직후 AFL-CIO(American Federation of Labor and Congress of Industrial Organizations, 미국노동총연맹·산업별조합회의-옮긴이)의 펜실베이니아주 협의회는 내 사무실에 전화를 걸어 백악관에서 열릴 회의를 맡아 준비해달라고 했다. 존슨 대통령 때 주 협의회는 백악관을 방문하여 대통령과의 대면 회담을 하곤 했다. 그들은 내 비서실장인 테드 코프먼에게 기존에 해온 대로 회의를 준비해달라고 부탁했다. 그들은 카터 대통령의 시간을 뺏을 필요는 없고, 먼데일 부통령과의 좌식 회의가 좋을 것 같다고 말했다. 그래서 직원들은 백악관 직원에게 전화했고, 답변이 왔다. "펜실베이니아의 AFL-CIO는 아무것도 얻지 못할 것이다." 카터의 직원들은 AFL-CIO가 카터를 초기에 지원하지 않았다는 사실을 다시 상기시켰다. 사실 그들은 카터 전 대통령의 지명을 막기 위한 마지막 노력의 일환으로 험프리 전 부통령에게 힘을 실어주었다. 카터 행정부는 그 사실을 잊지 않았다.

심지어 초기에 다수의 상원 동료들을 상대로 한 예비선거에서 그를 지지하기 위해 위험을 무릅쓰고 나섰음에도 카터는 나를 믿지 못한다는 느낌을 내비쳤다. 1976년 나는 지미 카터를 위해 거의 30개 주에서 선거운동에 나섰다. 그러나 백악관에 회의하러 갔을 때 운 좋게 10분의 시간이 주어졌다. 회의 석상에서 그는 팔을 걷어붙이고 있었는데(그는 시계를 뒤집어서 차고 있었다.) 카디건 스웨터를 잡아당기며 시간을 체크했다.

　그는 외부의 충고를 듣는 데 많은 시간을 할애하지 않았고, 자신이 모르는 사람들과 관계를 맺는 데 너무 서툴렀다. 그 때문에 그는 곤경에 처했고, 특히 유럽의 정치인들과는 더욱 그랬다. 카터는 미국-소련 관계를 재정립하기 위해 열심히 일했다. 하지만 그 때문에 헬무트 슈미트 독일 총리 등 우방국들은 소외감을 느꼈다. 슈미트는 처음부터 만만한 사람이 아니었다. 내가 슈미트를 처음 만났을 때, 시작이 순조롭지 않았다. 본까지 장거리 여행을 한 탓인지 늦잠을 자는 바람에 나는 회의에 늦었다. 슈미트가 바로 뒤따라 들어왔다. "세계가 요 모양 요 꼴이 된 것도 놀랄 일이 아니죠. 당신 같은 젊은이들은 아무것도 몰라요."

　나는 물러서지 않았다. "글쎄요, 총리님" 하고 나는 그에게 말했다. "총리님네 세대가 했던 것보다 더 엉망으로 만들 수는 없겠죠."

　슈미트는 그 대답이 마음에 든 것 같았고, 그 후 우리는 잘 지냈다. 그는 그날 내게 할 말이 많았다. 그는 카터가 여러 가지 복잡한 메시지를 보내고 있고, 대통령이 서유럽에 있는 동맹국들을 팔아치우는 것 아니냐고 우려를 표했나. 카터 대통령은 소련과의 무기 제한 협상을 원했지만, 이는 중거리 미사일 위협은 남겨둔 채 장거리 폭탄으로부터 미국만을 보호하려는 것처럼 보였다. 그는 슈미트에게 중성자 폭탄의 개발을 공개적으로 지지해줄 것을 요청했다. 슈미트는 궁지에 몰렸고, 카터는 결정을 내리지 못한 채 흔들리고 있었다.

　나는 6개월 후, 슈미트 총리를 만나러 가기 위해 두 번째 유럽 순방을 계획했지만, 게리 하트 상원의원이 콜로라도에서 열린 제퍼슨-잭슨 데이 저녁 만찬에서 연설을 부탁해, 슈미트에게 약속을 미뤄야겠다고 메모를 보냈다.

다음 날 독일 대사관에서 전화가 와 슈미트 총리가 꼭 방문했으면 좋겠다고 한 말을 전했다. 1시간 30분 뒤 국무부 직원 1명이 카터의 국무부 장관 에드 머스키가 손 글씨로 쓴 봉투를 들고 나타났다. 메시지 내용은 이랬다. '전화 줘!'

머스키에게 전화하자, 그는 큰 문제가 생겼다고 설명했다. 카터를 좋아하지 않았던 슈미트는 미국이나 다른 동맹국과 대화도 하지 않고 소련 공산당 서기 레오니트 브레즈네프를 만나려던 참이었다. 머스키는 슈미트가 소련과 어떤 거래를 하고 있는지 몰랐고 슈미트는 우리 대사와 말도 하지 않았다. 그는 머스키에게도, 지미 카터에게도 말하려 하지 않았다. 그러나 머스키는 슈미트가 나와는 기꺼이 이야기를 나눌 거라고 했다.

그래서 나는 테드 코프먼, 상원 외교위원회 직원과 함께 비행기를 타고 서독으로 날아갔다. 슈미트는 회의 내내 줄담배를 피우면서 브레즈네프와의 회담 계획을 알렸다. 그는 서방을 팔지 않겠다고 약속했다. 그는 내가 그 메시지를 백악관에 전달하기를 원했다. 그러면서 카터가 중성자 폭탄 프로젝트를 취소한 방식에 화가 났다는 사실도 분명히 전하고 싶어 했다. 카터는 슈미트와는 아무런 협의도 없이 그렇게 한 것이었다. 그에 앞서 카터는 슈미트에게 전면에 나서서 그 프로그램을 지지해달라고 요청했다. 그는 카터가 대유럽 정치에서 명확하게 행동하고 결단력을 보이기를 원했다. 어느 순간 슈미트가 탁자를 후려쳤다. "조, 당신은 이해 못해요." 그는 뿌연 담배 연기를 내뿜으며 말했다. "미국이 재채기할 때마다 유럽은 감기에 걸려요. 나는 대통령들이 이게 얼마나 중요한 말인지 이해해야 한다고 생각해요. 이건 중요한 문제라고요."

지미 카터는 예의 바르고 원칙을 우선시하는 사람이었지만 그것만으로는 충분하지 않았다. 나는 그때 처음으로 준비되지 않은 대통령이 얼마나 위험할 수 있는지 깨달았다.

카터 대통령 임기 동안 정치에 큰 변화가 있었는데 민주당의 변화는 아니었다. 공화당은 뭔가 새로운 모습으로 변모했고, 그것은 국가와 의회에 깊은 영향을 미쳤다. '도덕적 다수당'과 '전국정치행동위원회'는 이미 공화당 내에서 세력을 키우고 있었는데, 그들은 민주당 진보 세력을 겨냥하고 공격을 가했다. 그러나 그것은 번외 경기였다. 심오한 변화는 기금 관련 부문에서 일어났다. 그리고 내가 진정으로 변화의 잠재적 깊이를 깨달은 것은 카터 행정부가 중반 정도 지났을 때였다. 나는 뉴욕 로체스터에서 열린 행사에 참석했다가 공화당 상원의원 1명, 공화당 하원의원 1명과 함께 돌아오는 중이었는데 우리는 정부 지출과 예산 적자에 대해 이야기하기 시작했다. 그들은 상류층이자 주류 공화당 의원이었다. 나는 내가 느낀 것을 그들도 느꼈으리라 생각했다. 우리는 예산을 통제하고 지출에 대해 현명하게 대처해야 했지만, 이 사람들은 전혀 다른 차원으로 생각했다. 그들은 시계를 근본적으로 다른 시기로 되돌리려고 했다. 상원 동료는 자기 당이 잘못되었다고 생각하는 부분을 설명했다.

진짜 분수령이 된 시기는 태프트와 아이젠하워 때였어. 태프트는 뉴딜의 원칙을 계속 문제 삼은 사람이었지. 하지만 아이젠하워가 나타나서 기본적으로 뉴딜러들이 이겼다고 말했어. 그는 공화당에 대한 입장을 전했지. "나도 그렇지만 당신 정도는 아니다. 나도 그렇지만 당신만큼은 아니다." 1940년대 후반과 1950년대 초반의 공화당은 정부 역할에 대해 논쟁하기를 포기했어. 우리는 수년 동안 사회보장제도에 반대하는 논쟁을 벌인 끝에 찬성했지. 우리는 메디케어에 반대하는 논쟁을 벌인 끝에 결국 수용했어. 우리는 재정적 책임을 가진 당이 되었어-나도 그렇지만 당신 정도는 아니다-왜냐하면 그런 프로그램 중 어떤 것도 정치적으로 제거할 수 없다는 결론에 도달했으니까. 우리가 한 일은 1952년부터 오늘까지 모든 에너지를 쏟아부은 것밖에 없어, 조. 속도를 늦추려고 애쓰면서 말이야.

하지만 이제 결론을 내렸어. 조, 당신은 적자 문제를 이슈로 삼을 수 있어. 난 반대 방향으로 갈 거고. 나는 재정 적자를 낸 당에 속해 있으니까. 하지만 당신이 속한 당이 재정적인 책임을 지게 될 수도 있어. 왜인 줄 알아? 대중에게 부담스러운 정책을 제거할 수 있는 유일한 방법은 더 이상 쓸 돈이 없다고 말하는 거니까. 당신도 적자를 낼 수 있어. 이제 당신은 나가서 세금을 더 많이 거둬들이는 것에 대해 논쟁을 벌여야 해. 사회복지를 위해서 말이야.

1978년 델라웨어에서 선거운동을 할 때 그가 말한 내용이 현실적으로 다가왔다. 상대방은 사료를 먹지 않으려는 까다로운 고양이 모리스의 예를 인용했다. "모리스에게 고양이 사료를 먹게 하는 방법을 알아. 굶기면 되는 거야. 굶겨. 음식을 빼앗으면 당신이 주는 건 뭐든지 먹으려고 할 거야. 그리고 그것이 우리가 정부에 해야 할 일이기도 하지."

수입을 줄이고, 세금을 인하하며, 정부 정책에 재정 지원을 하지 않는 것. 그것이 새로운 계획이었다. 그러고 나서 그들은 비겁하게 사회복지를 공격했다. 그들은 복지 정책을 직접 맡지 않았고, 복지를 없애는 것에 대해 이야기하지 않았다. 그들은 그저 복지에 관련된 속임수와 연방 정부가 열심히 일하는 납세자들에게 받은 돈을 어떻게 낭비하고 있는

지 끊임없이 떠들어댔다.

나는 공화당에 이 정도만 허용하겠다. 돈이 목적인 메시지였지만 그 것은 반향을 불러일으켰다. 그리고 그들은 쉬운 길을 택했다. 정부가 일 하게 만드는 것보다 정부를 공격하는 데 에너지와 지능, 역량이 훨씬 덜 들었다. 그러나 의회에서 또 한 가지 역효과도 있었다. 그 당에 대한 존 경과 의원들 사이의 예의가 사그라들기 시작한 것이다.

나는 휴버트 험프리의 마지막 날이 내 경력 중 양당 간의 예의가 최 고점에 달했던 때라고 생각한다. 휴버트 험프리는 상원의원으로서 죽음 을 맞이했고, 의사당에서 일하는 마지막 몇 달 동안 암으로 고통받았다. 우리는 모두 그 과정을 지켜보았다. 그는 머리카락이 모두 빠졌고 수척 해졌다. 너무 쇠약해져서 토론에 참여하지 못했지만, 투표할 때는 모습 을 드러냈다. 그는 상원을 사랑했다. 험프리는 "상원은 호의와 선의가 가득한 곳"이라며 "지옥으로 가는 길을 그들과 함께 포장한다면 꽤 좋 은 우회로가 될 것"이라고 말했다. 세상을 떠나기 전 마지막 며칠 동안 그는 상원을 떠나고 싶어 하지 않는 것 같았다. 밤늦도록 상원에 남아 있었고, 친구인 배리 골드워터 상원의원과 나란히 앉아 상원에서 각자 또는 함께 '성취한 것에 대해 이야기를 나눴다. 두 사람은 정치적 의견이 아주 달랐다. 험프리가 1964년 부통령 후보로 나섰을 때 골드워터는 공 화당 대통령 후보로 출마했다. 그리고 그해 보스의 전당대회 연설은 골 드워터리즘에 날린 경고사격이었다. 그는 상원에서 온건파 공화당 의원 들이 투표한 많은 정책을 열거하면서도 "하지만 배리 골드워터 상원의 원은 아니다"라고 말했다. 그들은 몇 주 후 선거 유세를 펼치던 도시 공 항에서 뜻하지 않게 마주쳤고 멈춰서 친근하게 인사를 나눴다. 헤어질 때 골드워터는 이렇게 말했다. "음, 허버트, 계속 펀치를 날려."

1977년 말쯤에는 보스가 오래 살지 못할 거라는 사실이 점점 분명해졌다. 어느 날 상원에서 배리 골드워터가 통로를 가로질러 걸어가 휴버트 험프리를 감싸 안았다. 골드워터는 너무 크고 험프리는 너무 허약해서 그 품에 안겼을 때 보이지도 않았다. 두 사람은 길게 깊은 포옹을 나눴다. 두 사람이 울고 있는 것을 알 수 있었다. 둘도 굳이 숨기려 애쓰지 않았다.

1980년 대통령 선거운동이 진행되면서 민주당이 곤경에 처했다는 것을 알았다. 카터가 손댄 것들이 모두 흙으로 변하는 것 같았다. 에너지 위기, 경기 침체, 인플레이션, 이란 인질극 등. 중동 평화 프로세스에서 거둔 그의 승리는 빛을 잃었다. 1979년 에너지 위기를 해결하기 위한 종합 정책을 내놓았을 때도 그는 미국에 대한 신뢰의 위기에 대해 장광설만 늘어놓았다. 카터 대통령은 "미래에 대한 우리 신뢰가 잠식되면서 미국인의 사회적, 정치적 구조가 붕괴될 위험에 처했다"라고 말했다. "… 우리 국민은 정부 자체뿐만 아니라 민주주의의 궁극적인 통치자이자 제작자 역할을 하는 시민의 능력에 대해서도 믿음을 잃어가고 있다." 이 연설은 '불안 연설'로 알려졌고, 시민들의 마음에 그는 비관론자, 꾸지람만 일삼는 사람으로 인식되었다. 그런 인식은 그가 항상 어딘가 목사 같은 태도를 보인 것에서 비롯되었다.

나는 두 번의 선거에서 카터를 위해 열심히 뛰었지만, 그가 도덕적으로 위험한 성향을 보인다는 생각이 들었다. 나는 그에게 한 번 더 말했다. "한 번만 더 성경을 내던지면 나까지 잃게 될 겁니다."

지미 카터에게 불편함을 느끼는 민주당원은 나뿐만이 아니었다. 그런 사람은 많았다. 1980년 대선을 앞두고 민주당 정치 컨설턴트 몇 명이 스테이션에 와서 내게 대선 후보로 나서면 어떻겠냐고 제안했다. 밥 스퀴어는 존 마틸라와 함께 찾아왔는데, 그는 발을 도와 내 상원의원 선거 운동에 참여해주었다. 그들이 본 대로 카터는 곤경에 처해 있었다. 테드 케네디는 입후보를 선언한 상태였다. 이들 컨설턴트 사이에서 케네디와 카터를 두고 치열한 공방전이 오갔고, 둘 다 총선에서 승리할 수 없다는 데 의견이 일치했다. 그들은 나를 후보로 내세우면 타협점을 찾을 수 있다고 말했다. 뉴햄프셔에는 이미 새 얼굴을 찾는 조직이 결성되었다.

그들이 일에 착수했을 때, 이렇게 생각한 기억이 난다. '나는 대통령 선거에 출마할 수 없다. 나는 서른일곱 살이다. 나는 아직 내 인생에서 부족한 부분을 채워나가고 있다.' 나는 스테이션의 조각 계단 아래에 서서 뒤쪽에 있는 2개의 거대한 날개를 바라보았다. 그 거대한 크기에 겁이 났다. 세상에, 이게 나라고? 내가 무슨 실수를 저질렀나? 내가 태양에 너무 가까이 날고 있는 걸까? 운명이 날 유혹하는 것일까? 이제 대선 출마 이야기까지 나오다니.

하지만 서재에 앉아 있는 이들은 똑똑한 사람들이었고, 나는 그들을 존경했으며 우쭐한 기분이 들었다. 우리는 벽난로 옆에 앉아 아이오와와 뉴햄프셔의 예비선거가 어떻게 진행되고 있는지 짚어봤다. 공천을 따내는 게 불가능한 일은 아닐 것이다. 다시 1972년을 만들어낼 수도 있었다. 그때 존 마틸라가 나를 주문에서 깨웠다.

"의원님, 전술적으로 이길 수 있다고 해서 대선에 출마해서는 안 됩니다. 의원님께서 먼저 해야 하는 질문은 왜 대선에 출마해야 하느냐, 대통령이 되면 무엇을 할 것이냐 하는 것입니다. 그 질문에 대한 답을 얻을 때까지 출마해서는 안 됩니다."

9장

우리에게 상처를
줄 수 없어

1987년 6월 9일은 내가 공식적으로 민주당 대선 후보 경선 출마를 발표한 날이다. 〈스크랜턴 트리뷴〉은 1면에 스크랜턴 출신 조지프 R. 바이든 주니어가 상원의원으로 성공하기까지의 스토리를 실었다. 커버스토리에는 내가 윌밍턴에서 한 연설과 가족, 친구, 지인, 전국 매체의 논평을 비롯해 워싱턴까지 기차 출퇴근하는 것에 대한 이야기를 담았다. 하지만 전국의 신문들과는 달리 〈스크랜턴 트리뷴〉은 조기 투표를 실시한 주-아이오와와 뉴햄프셔-에서 보여준 가능성에 대해서는 말을 아꼈다. 또 전국 여론조사 결과도 언급하지 않았다. 현지인들은 나를 자기 주에서 선출된 대통령 후보자로 여겼다. 그날 나는 스크랜턴의 큰 희망이었다. 찰리 로스, 래리 오어, 토미 벨, 지미 케네디 같은 나의 오랜 동료들의 말은 길게 인용되었다. 그들은 전날 밤 스테이션에 예고 없이 나타났다. '현명한 세 남자'는 스크랜턴에서 최고로 치는 프레노의 스파게티 소스를 선물로 들고 왔다. 나는 여전히 오랜 친구 조였고, 그들은 〈스크랜턴 트리뷴〉 독자들을 안심시켰다.

하지만 나에 대한 기사의 하이라이트는 외할아버지의 오랜 친구이자 그 신문사에서 오랫동안 정치 기자로 일했던 토미 필립스가 오래된 파일에서 찾아낸 흐릿한 사진이었다. 오래전 성 패트릭의 날에 스크랜턴 시내에서 찍힌 퍼레이드 사진이었는데, 그날 퍼레이드에서 최근 은퇴한 해리 트루먼 대통령이 커다란 컨버터블의 지붕을 올린 채 지나가는 모습이 잡혀 있었다. 사진 아래쪽으로 줄지어 서 있는 군중 사이로 학생 조 바이든의 모습이 흐릿하게 보였다. 편집자들은 내 머리 주위에 굵은 원을 그려 넣었다. 이때가… 그 순간이었다. 스크랜턴에서 온 옛 친구들이 사실을 확인해주었다. '바이든은 나중에 친구들에게 전직 대통령을 잠깐 본 일이 자신의 대선 야망에 불씨가 되었다고 말했다.'

내가 그때 그렇게 생각했거나 그런 말을 했는지는 확실하게 기억나지 않는다. 그러나 스크랜턴 사람들에게는 아름다운 이야깃거리였다. 그린리지 중산층 출신의 한 아이가 민주당 대통령 후보 경선에 (그들이 좋아하는 종류의 모험을 건 시도) 출사표를 던진 것이다. 그 순간은 신화의 힘, 사람들에게 필요한 힘을 이야기하고 있었다.

내가 오래도록 품어온 야망에 대한 이야깃거리는 차고 넘쳐서 기자들은 나의 발표를 둘러싸고 신문과 잡지 특집 기사에 실을 글을 얼마든지 고를 수 있었다. 내 친구 데이브 월시는 기자들에게 "그는 고등학교 때 이미 대통령이 된 것처럼 이야기했다"라고 말했다. 매제는 〈라이프〉지의 한 기자에게 우리가 로스쿨 첫날 새로 배정받은 사물함 앞에서 처음 만났을 때 "그는 나에게 '여자 친구 닐리아와 결혼해서 델라웨어로 돌아가 형사 전문 변호사가 되고 델라웨어주 상원의원이 되겠다'고 말했다"라고 했다. 가끔 잭은 그 이야기를 꺼내면서 말했다. "대통령이라고 했는지는 기억이 안 나지만 그랬을지도 몰라." 다른 하나는 나도 아는 사실이었다. 불과 몇 년 전, 상원 첫 임기 중 일어난 일이기 때문이다. 초등학교 학급에서 이야기하고 있는데 한 아이가 대통령이 되고 싶은 지 물었다. 내가 상원의원이 되어 더할 나위 없이 행복하고 대통령 선거 에 출마할 계획이 없다고 반 아이들에게 말했을 때, 방 뒤쪽에 있던 수 녀님이 일어서더니 이렇게 이야기했다. "그건 사실이 아니야, 조이 바이 든." 그녀는 내가 초등학교 때 쓴 작문을 끄집어내면서 말했다. "'나는 자라서 대통령이 되고 싶다'라고 썼어." 그 증거 때문에 나는 더 이상 뺄 수 없었다. 생각이 많은 아이였다는 사실을 인정할 수밖에. 사실 그런 종류의 글이 다른 아이들과 나를 구별한다고 생각해본 적은 없었다. 열 두 살짜리 아이는 보통 그런 글을 많이 쓰지 않는가?

상원의원으로서 10년이 넘는 세월을 보냈는데도 대통령이 되겠다는 건 당치 않은 생각 같았다. 나는 그만한 기반도 갖추고 있지 않았다. 나 는 대학 캠퍼스 수백 곳에서 연설을 했지만 바이든의 대통령 선거 캠프 에 참여하고 등록하고 싶어 하는 사람들의 명단과 숫자를 확보할 만큼 충분히 오래 한곳에 머무르지도 않았다. 지역신문 기자와 인터뷰를 하 거나 대도시의 편집위원회에서 적임자가 누구인지 알 수 있을 정도로 많은 시간을 보낸 적이 없었다. 전국적인 선거운동에 필요한 자금을 모 을 수 있는 사람들을 만날 만큼 한 마을에 오래 머물지도 않았다. 요컨 대 아침마다 눈을 뜨며 어떻게 하면 미국의 대통령이 될 것인지 생각하 는 일도 없었다. 나는 오로지 대통령 집무실에 들어갈 꿈을 꾸며 경력을 낭비하지 않았다. 그렇게 했더라면 첫 대선 출마는 더 좋은 결과로 이어 졌을 것이다.

1980년에 내게 출마에 대해 이야기했던 사람 중 몇 명이 1984년에도 나를 찾아왔다. 재능 있는 젊은 정치 전략가이자 작가, 그리고 1972년 상원 선거에서 중요한 역할을 맡아준 나의 오랜 친구인 팻 캐델이 일을 주도했다. 누구도 팻처럼 여론조사에 숨겨진 의미를 예측할 수 없었다. 그는 1984년의 정치판을 예측할 만한 새로운 수치를 갖고 있었다. 월터 먼데일 전 부통령이 유력한 민주당 후보였지만 그는 로널드 레이건 대통령을 한 번도 이긴 적이 없었다. 유권자들은 새로운 아이디어를 가진 신선한 젊은 인물을 갈망했다. 팻은 민주당의 '진보의 그레이트 소사이어티 정책' 같은 피로감을 주는 정책과도 관련 없는 나 같은 인물이 제격이라고 제안했다. 팻과 나는 당에 강한 활력을 불어넣을 수 있는 세력은 베이비붐 세대라는 데 동의했다. 젊고 새로운 후보가 그 부머 파워를 활용할 수 있다면, 대통령직을 얻고 나라를 바꿀 수 있을 터였다. 나라가 어떻게 바뀔지 분명하지 않았지만 팻은 내가 후보자가 될 수 있다고 확신했다. 캠페인 권위자들은 전략, 전술, 그리고 무엇보다 베이비붐 세대를 위한 메시지, 베이비붐 세대 다시 말해 기다림의 세대를 사로잡을 만한 메시지를 만들 아이디어를 가지고 있었다.

1983년 여름, 나는 민주당에 다시 활력을 불어넣을 메시지를 만들려고 노력했다. 대통령 선거에 출마하기 위해서가 아니라 현 행정부의 관대하지 않은 정책을 철회하기 위해서였다. 우리는 레이건 대통령과 우파가 민권, 복지, 교육, 조세정책에 관련된 논쟁의 키워드를 통제하게 내버려두었다. 그들은 강제 버스 통학, '인종 할당제', '복지 혜택' 등의 언어를 효과적으로 사용해 민주당의 다양한 선거구에도 쐐기를 박았다. 레이건파는 백인과 흑인, 경영자와 노동자, 중산층과 빈곤층 간의 경쟁을 성공적으로 부추겼다. 이익집단이 주도하는 전술에 휩쓸려 민주당이 소극적 방어만 일삼고 있을 때, 아이들에게 양질의 교육과 의료 서

비스를 제공하고, 노동자들에게 미국의 경제적 보상 중 공정한 몫을 제공하며, 인종, 신념, 성별에 관계없이 모든 사람에게 동등한 기회를 주기 위해 함께 노력하겠다는 의지였다. 나는 공공의 이익을 위해 개인적 위안을 조금이나마 희생하겠다는 의지를 다지고, 사람들을 서로 묶어 주는 일종의 언어로 사회정책에 대한 국가적 논쟁을 다시 시작해야 한다는 사실을 민주당이 상기해야 할 때라고 생각했다. 팻, 마크 기텐스타인, 그리고 나는 그해 여름 제시 잭슨의 '푸시 작전' 전당대회를 위해 즉석에서 연설문을 썼고, 1차 전당대회를 몇 달 남겨둔 1983년 9월, 애틀랜틱시티에서 열릴 뉴저지주 민주당 전당대회에서 예정된 연설의 원고를 작성했다. 공표된 후보들도 대부분 애틀랜틱시티에 있었지만 내가 등장한 건 의외인 것 같았다. 〈워싱턴 포스트〉는 '11일 강제성 없는 여론조사 결과가 발표된 후 대의원들 간에 화젯거리가 된 것은 젊은 세대의 연설이었다'라고 평가했다. '조지프 바이든 상원의원이 자신과 젊은 민주당원들은 지난 50년 동안 민주당을 지배한 가치에 다시 헌신할 준비가 되어 있다고 맹세했을 때 1500명의 대의원이 자리에서 일어섰다.'

그날 연단에 서서 연설하면서 나는 그것이 확고한 메시지의 시작임을 알았다. 나는 민주당이 실패했다는 내 오랜 소신을 거듭 강조했다.

무엇 때문에 우리가 여기까지 오게 되었는지, 어떻게 여기까지 왔는지 기억해야 합니다. 도덕적 분노, 온당한 본능, 공동의 희생과 상호 책임, 그리고 우리가 공통적으로 가진 것을 강조하는 일련의 국가적 우선 과제…. 국가적 관심사—50년 동안 국가를 위해 맺은 매력적인 새 사회 계약에 대한 우리의 다원적 관심사—의 동력이던 민주당은 특별 이익단체만 대변하는 브로커, 그 이상도 그 이하도 아닌 이미지밖에 얻지 못했습니다. 우리 자신을 첫째, 미국인으로, 둘째, 민주당원으로, 셋째, 이익집단의 구성원으로 생각하지 않고, 특별 이익단체를 먼저 생각하고, 모두의 이익은 부차적으로 여기기 시작했습니다. 우리는 상대 당에서 의제를 정하고 위태로운 일의 정의를 내리는 것을 지켜보기만 해왔습니다.

나는 협의의 의제를 더 큰 공익으로 승화시켜야 할 때라고 지적했다. 우리는 크고 다양한 정당, 노조원, 민권운동가, 여성 인권 운동 지지자, 중산층까지 진출한 이민자의 자녀, 손자, 그리고 인종 평등과 베트남전쟁을 둘러싼 투쟁으로 당에 들어온, 1960년대의 젊고 부유한 자녀로 이루어졌다. 나는 그들 모두에게 말하고, 개개인에게 묻고 싶었다. 팻과 마크는 내가 이전 세대의 몰락한 영웅-존 F. 케네디, 마틴 루서 킹, 보비(로버트) 케네디-을 강조하고 그들의 전통을 이어갈 기회를 공유하자는 내용으로 연설을 마무리하는 것을 도왔다.

이제 우리 세대의 도전은 시작되었습니다. 앞으로 다가올 미래에 우리는 도덕적 용기, 현실주의, 이상주의, 끈기, 그리고 미래에 투자하기 위해 현재 안락함의 일부를 희생할 수 있는 능력을 시험받을 것입니다. 저는 이 세대가 도전에 직면할 거라고 믿습니다. 전문가들은 민주당과 40세 미만 유권자는 안전을 위해서라면 영혼까지 팔려고 한다고 생각합니다. 그들은 우리를 잘못 판단했습니다. 우리의 정치적 영웅들이 죽었다고 해서 그 꿈까지 사라진 것은 아닙니다. 그들은 우리의 상처받은 가슴속에 깊숙이 자리 잡고 있습니다.

나는 이 대목에서 받은 느낌을 기억한다. 군중의 마음을 움직였다는 느낌이 몰려왔다. 객석에서 우는 사람들의 모습도 보였다. 이날 단상에 오른 빌 브래들리 상원의원은 눈물을 흘릴 뻔했다고 말했다. 나는 로버트 케네디(팻은 RFK를 사랑했다)의 말을 인용해 우리의 유산과 도전을 민주당원에게 일깨우는 것으로 연설을 마무리했다.

> 케네디의 말은 여전히 가슴속에 메아리치고 있습니다. 그는 우리의 이상주의, 헌신, 활력만이 그토록 바라온 우리 앞에 놓인 역사적 운명을 성취할 수 있다고 말했습니다. 흑인이나 백인, 노동자나 전문가, 부자나 가난한 사람, 남성이나 여성, 심지어 민주당이나 공화당으로서가 아니라 아메리칸드림을 섬기는 하나님의 사람들로서 말입니다.

애틀랜틱시티의 군중은 대학 교육을 받은 화이트 컬러가 아니어서 어떻게 보면 베이비붐 세대와 동의어로 부를 수도 있었다. 베이비붐 세대는 그 자체로 다양한 세대며 여러 세대에 영향을 미쳤다. 전당대회는 당 지지자로 가득했다. 일하는 남성과 직장 여성, 노동 지도자, 민권 및 여성 인권 전문가가 있었고, 그들 중 다수는 베이비붐 세대의 부모였다. 그러나 나는 그들이 내 말 한마디 한마디에 공감하고 있음을 느꼈다. 이를 가슴 깊이 느낄 수 있었다. 16세나 60세나 사람들은 이 메시지로 하나가 되었다. 그것은 모두를 위한 것이었다. 나는 청중 각자가 내 말을 어떤 의미로 받아들일지, 내가 의도했던 것과 어떻게 다르게 받아들일지 충분히 평가하지 못했다. 결국 사람마다 상처 입은 마음에 서로 다른 무언가를 묻고 살아간다. 그러나 그날 애틀랜틱시티 사람들은 감격에 겨워 나와 함께 일어서 있었다.

잔뜩 고무되어 계속 윌밍턴으로 나를 찾아와 대선에 나서도록 부추기는 전문가도 있었다. 캐델은 서류 가방에서 최신 여론조사 데이터를 보여주는 도트 매트릭스 인쇄물을 꺼내 1984년에 내가 우승할 수 있는 이유와 지금이 그때인 이유를 강력히 이야기했다. 팻은 가차 없이 몰아붙였다. 그 겨울 스테이션의 내 서재에 앉아 나는 같은 말을 되풀이했다. 서류 접수 마감이 얼마 남지 않은 때였다. "젠장, 팻, 난 이걸 하고 싶지 않아." 하지만 그는 계속했다. 혹시 모르니 뉴햄프셔 예비 경선에 출마할 서류에 서명하라고 했다. 그래서 나는 가벼운 마음으로 서명했지만, 방에 있는 사람들에게 그 서류는 팻이 가지고 있게 하라고 말했다. 아무도 그 서류를 건드릴 수 없었다. 내가 출마하기로 마음을 정하면 팻은 북쪽으로 날아가 서류를 접수하면 된다. 그러고 나서 질과 나는 짧은 휴가를 보내기 위해 비행기를 탔다.

나는 1984년에 출마할 생각이 없었고, 나와 가장 가까운 사람들은 그 사실을 알고 있었다. 그러나 질과 나는 섬으로 향하는 비행기에서 진지한 대화를 나누었다. 나는 패배하는 데 대해서는 그다지 걱정하지 않았다. 아무도 내가 첫 시도에서 이길 거라고 기대하지는 않을 것이다. 내가 이길 가능성은 아주 적었다. 하지만 내가 이긴다면? 나는 여전히 큰 문제에 답하지 못했다. 왜 출마하려고 하는가? 무엇을 하려고 하는가? 나는 단지 연방 정부의 관료 조직을 나 자신이 운영하는 모습을 상상할 수 없었다. 정부가 어떻게 기능하는지 충분히 알고 있다는 생각도 들지 않았고, 누구에게 도움을 청해야 하는지도 확신하지 못했다. 상원에서 11년을 보냈지만 충분히 알고 신뢰할 수 있는 제대로 된 사람을 많이 알지 못했다. 적합한 사람은 나를 잘 알거나 신뢰하지 않았다. 예산실을 운영하려면 누구를 뽑아야 할까? 국무부 장관, 재무부 장관, 국방부 장관으로는 누구를 뽑을까? 나는 장군들과 개인적인 관계를 맺고 있는 샘 넌이나 다른 상원의원들과는 달랐다. 내 기준으로 볼 때, 나는 대통령이 될 준비가 되지 않았다.

비행기가 섬에 착륙할 때쯤 나는 어떻게 해야 할지 알았다. 나는 발에게 전화를 걸었다. "그 서류 접수하지 마." 나는 그녀에게 말했다. "난 출마하지 않을 거야."

1984년 레이건 대통령이 연임에 성공한 후, 나의 출마 문제는 다시 화제에 올랐다. 1988년에는 민주당에 재임자도 없고 후계자도 없어 오픈 필드나 마찬가지였다. 나는 가장 강력한 민주당원 마리오 쿠오모 뉴욕 주지사가 출마하지 않을 것이라고 확신했다. 그리고 게리 하트, 리처드 게파트, 제시 잭슨 등 유력한 후보를 살펴봤을 때, 내게 무게가 실리는 느낌이었다. 나는 겨우 마흔두 살이었지만 상원 외교위원회에서 10년, 정보위원회에서 오랫동안 활동한 후, 보통 정치인은 하지 않는 방식으로 그 안에서 세계와 미국의 위치를 파악했다. 나의 외교 업무 교육은 위원회 청문회뿐 아니라 세계를 순방하고 지도자를 만나는 것으로 이루어졌다. 보고서를 읽고 전문가의 말을 듣는 것은 중요하다. 더 중요한 것은 권력 있는 사람을 파악할 수 있게 되었다는 사실이다. 지도자의 말을 가까이에서 듣는 것은 외교에서 개인적 친밀감을 더해주는 놀라운 창문 역할을 해준다. 나는 이전에 만났던 골다 메이어 총리를 기억한다. 그녀는 이스라엘의 평화와 안보의 전망에 대해 내가 좌절하고 있음을 알아챘다. 메이어는 나에게 용기를 북돋아주면서도 이스라엘 입장의 강점과 약점에 대해 잊을 수 없는 교훈을 주었다. "우리 유대인한테는 아랍인과 맞서 싸울 비밀 무기가 있습니다. 우리에게는 달리 갈 곳이 없거

든요." 관계 정상화 후 첫 중국 방문에서 나는 덩샤오핑이 소련에 느끼는 실제적 두려움을 지렛대 삼아 중국에서 구체적인 정보 지원을 얻어낼 가능성을 직접 보았다.

나는 미국을 등에 업고 말할 때 겸손은 솔직함만큼 중요하지 않다는 사실을 경험을 통해 배웠다. 세계 지도자들은 나약한 태도의 냄새를 잘 맡았고, 진정성이 부족한 것을 포착하는 레이더를 가지고 있었다. 솔직히 말하고 힘을 드러내는 것이 헬무트 슈미트 같은 지도자들의 신뢰를 얻는 길이었다. 그리고 나는 전 소련 총리 알렉세이 코시긴이 죽기 직전, 상원의원 대표단을 이끌고 모스크바에 가서 군비 통제에 대해 이야기했을 때, 그가 마지못해 존경을 표한 것도 보았다. 1979년 여름, 지미 카터 대통령과 소련의 레오니트 브레즈네프 공산당 서기가 서명한 전략 무기 제한 협정-솔트 2 협정-은 곧 상원의 심의를 앞두고 입지를 잃었다. 그 조약은 헨리 '스쿠프' 잭슨, 배리 골드워터, 제시 헬름스 같은 냉전 시대 정치가와 가장 노골적인 방어를 펼치던 프랭크 처치 의장의 공격을 받고 있었다. 처치 의장은 그의 고향인 아이다호에서 선거 기간에 자신의 정치 인생을 놓고 힘든 싸움을 벌이고 있었다. 쿠바에 소련 여단이 주둔하고 있음이 확인된 위성사진을 보고 대중이 동요하자, 처치 의장은 소련이 쿠바에서 철수하지 않으면 솔트 2 협정을 파기하라는, 강경한 대중의 입장을 취해야 했다. 카터 대통령은 자신의 조약이 궁지에 몰린 것을 알고 있었고, 상원의 새 민주당원들이 우파의 압력에 굴복하지 않을까 우려했다. 그래서 대통령은 내가 젊은 상원의원 대표단을 이끌고 크렘린을 방문해 소련이 상원에서 채택한 새로운 조건을 준수할 것임을 확실히 해두길 바랐다. 그래서 나는 철의 장막을 넘어 소련의 지도자들과 대화하기 위해 동료 5명과 함께 모스크바로 날아갔다.

회의는 크렘린의 화려한 회의실에서 열렸다. 나와 동료 상원의원들이 긴 회의 테이블 한쪽에 자리를 잡고 앉자, 브레즈네프 공산당 서기와 코시긴 총리가 들어와 맞은편에 앉았다. 그들은 당시 35세던 뉴저지의 새 상원의원 빌 브래들리를 비롯해 우리 대표단의 모습을 보고 대담해진 것 같았다. 나는 브래들리보다 겨우 6개월 위였지만 우리 쪽 토론을 주도했다. 브레즈네프는 표정이 어두웠다. 당시에는 몰랐지만, 그는 병에 걸려 죽어가고 있었다. 소련 지도자는 자신을 소개한 후, 회의를 강경파인 코시긴에게 넘겼다. 코시긴은 이미 상원이 솔트 2를 비준하지 않은 것에 대해 공개적으로 유감을 표한 바 있었다. 이야기를 시작했을 때 그의 눈이 얼마나 날카로웠는지 기억난다. 우리는 통역관을 통해 이야기를 나누었다. 카터 대통령은 브레즈네프와의 회담에서 함께했던, 가장 훌륭하고 경험 많은 국무부 통역관을 회의에 파견했다. 그렇지만 나와 정면으로 마주 보고 앉아 있던 코시긴은 내 눈을 주시하며 절차상의 원칙을 세웠다. "두 가지는 분명히 합시다, 의원님." 나는 그가 그렇게 말한 것으로 기억한다. "첫째, 나는 소련을 대변하고, 의원님은 미국을 대변하는 겁니다. 당신이 말해요. 다른 사람 말고." 나는 그 거래에 동의할 상원의원을 찾는 것이 어렵지 않다고 말할 필요는 없었다. 코시긴은 말을 이어갔다. "둘째, 의원님은 젊습니다. 하지만 제가 의원님 나이일 때도 이만큼 중요한 일을 맡았죠." 그는 내 나이에 제2차 세계대전에서 나치의 지옥 같은 도시 포위 작전을 뚫고 레닌그라드에 물품을 보급하는 임무를 맡았다고 말했다. 그가 분명히 말하고자 한 요점은 내가 미국처럼 젊고 검증되지 않았다는 것이었다. 그는 또 소련 동맹국들이 제2차 세계대전에서 지불한 엄청난 대가 때문에 우리 대표단 전체를 배려하는 것임을 상기시켰다. 소련과 소련 위성국에서 1100만 명의 군인이 사망했고, 1600만 명의 민간인이 목숨을 잃었다. 레닌그라드의 포위전에서만 사망자가 약 100만 명에 이르렀다. 코시긴과 그의 동포는 그런 참상을 겪고도 살아남을 수 있음을 증명했다.

그는 이렇게 말했다. "한 가지 더 말씀드리죠, 의원님. 우리는 서로 신뢰하지 않고, 그럴 만한 타당한 이유가 있다는 데 동의합시다. 당신네 미국인은 당신들이 결코 핵무기를 사용하지 않을 것이라고 믿죠. 적어도 당신들이 먼저 우리에게 핵무기를 사용하지는 않을 거라고 믿잖아요. 하지만 우리가 왜 그렇게 믿지 않는지도 이해해주길 바랍니다."

내가 끼어들었지만 그의 말은 끝난 게 아니었다. "인류 역사상 핵무기를 사용한 나라는 미국뿐입니다. 이제 와서 그걸 비판하자는 건 아니지만 미국은 핵무기를 사용했어요. 그러니 우리는 당신들이 또다시 사용할 수 있다고 생각할 수 있습니다. 그 점을 이해하기 바랍니다. 그리고 1917년에 백러시아군을 상대로 싸우기 위해 우리나라에 미군을 투입했다는 사실을 기억하세요. 우리는 미국 영토에 발을 들여놓은 적도 없고, 폭탄을 투하한 적도 없습니다."

코시긴은 토론 조건을 분명히 정했다. 그의 논점은 타당했고 위협적이고 당황스럽게 이야기를 몰아갔다. 그러나 코시긴의 요점은 기억할 만한 가치가 있었다. 아무리 미국의 의도가 좋았다 해도 미국이 스스로를 신뢰하는 만큼 다른 나라들이 미국을 신뢰하리라고 기대할 수는 없다. 선의의 가정이 국제 외교에까지 확장되는 경우는 드물다.

회의는 3시간 동안 계속되었는데 거의 코시긴 혼자 말했다. 어느 순간부터 소련 총리는 유럽에 주둔 중인 미군과 소련군의 수에 대해 이야기하며 나를 대화에 참여시키려 했다. 상호 균형 잡힌 병력 감축도 화제에 올랐다. 나는 비핵 전력과 핵전력의 균형에 대해 연구했기 때문에 그가 소련 탱크의 수를 어이없게 낮은 수치로 알려주었을 때 그냥 지나치지 않았다. 내가 말했다. "코시긴 총리님, 우리 동네 식으로 말해볼까요? '헛소리 작작해.'" 그는 그 말이 마음에 든 것 같았다. 대표단의 다른 상원의원 중 한 명은 나중에 국무부 통역관에게 코시긴에게 솔직하게 통역했는지 물어봤다고 했다. 아마도 통역관은 지나치게 외교적이었던 모양이었다. 통역된 버전은 '농담 마세요'였다.

비록 대부분은 코시긴이 말했지만, 나는 소련은 상원이 검토 중인 조약 수정안에 응할 수도 있다는 무언의 확신을 간신히 받아냈다. 소련도 그 조약이 통과되기를 원했다.

1년 후 코시긴은 세상을 떠났고, 그로부터 2년 후 브레즈네프도 죽었다. 혁명과 세계대전 시대, 강경 이데올로기로 분열된 쓰라림 속에서 형성된 지도자들 세대가 현장에서 사라져가고 있었다. 레이건이 두 번째 임기를 맞이하면서, 소련의 새 지도자 미하일 고르바초프가 냉전을 종식시킬 파트너를 찾고 있는 것이 확실해졌다. 나보다 더 좋은 파트너가 될 거라고 생각한 이들 중에는 경선에 출마할 준비를 하는 사람이 아무도 없었다.

그러나 1986년에 나는 대통령이 될 생각이 없었다. 나는 내가 세상을 바꿀 필요가 없다고 생각했고 지금은 나만의 시간이었다. 나는 언젠가 미국 대통령 선거에 출마할 것이라고 결심했지만, 언제까지 정치 운영 전문가를 따라다니기만 할 수 없다는 사실을 알고 있었다. 나와 함께했던 사람들은 비즈니스에서 최고였고, 그들은 안달 나 있었다. 내가 곧 어떤 결단을 내리지 않으면 그들은 1988년 대선을 위해 사방에서 다른 후보를 물색할 터였다. 이제 내가 진지하다는 것을 보여주고 기초를 다져야 할 때였다. 아이오와에서 카운티 의장, 뉴햄프셔 시장과 시의원을 만나야 했다. 나는 AFL-CIO 회장, 〈포천〉지 선정 500대 기업의 CEO, 전국에서 돈줄이 되어줄 사람도 만나야 했다. 똑똑한 정치인은 경선을 통과하는 데만 1000만 달러 이상이 들 것이라고 생각했다. 나는 선거운동에서 한 번에 100만 달러 이상 모금한 적도 없었다.

상원 선거 초창기와는 또 달랐다. 그때를 돌아보면 하루에 커피 8잔을 마시며 뛰어다닐 때조차 나는 그 선거운동의 시작부터 승리의 밤까지 전체적으로 그려볼 수 있었고, 상원의원이 된 나의 모습, 상원의원으로서 내가 할 일에 대해서도 생각할 수 있었다. 하지만 대통령 선거와 대통령이 된다는 것에 대해서는 아무것도 그릴 수 없었다. 나는 나만의 스케줄에 따라 움직이고 있다고 생각했다. 나는 이 여정의 끝까지, 백악관까지 가기 위해 실타래를 하나하나 감아가며 필요한 날것 그대로를 수집하는 방법으로 대통령 탐사를 시작했다. 그리고 머릿속에 내가 나아가야 할 길은 아직 몇 년이 남은 것 같았다.

1986년 누군가가 나를 거짓말탐지기에 연결해 1988년 대선 후보로 나서겠느냐고 물었다면 나는 '아니다'라고 대답했을 것이다. 1992년, 1996년 대선 출마를 위한 바닥을 다지고 있냐고 물었다면 '물론이다'라고 말했을 것이다.

블록을 쌓아 올리기 시작할 때 나는 친구이자 오랜 비서실장인 테드 코프먼에게 여러 번 말했다. "그냥 시도해보는 것뿐이야." 그리고 나는 방에 있는 다른 누구 못지않게 나 자신에게 많은 말을 하고 있음을 알았다.

질은 나보다 더 회의적이었고 우리가 경선에 출마했을 때 치러야 할 개인적인 대가에 대해 더 많이 걱정했다. 질은 1984년 선거운동이 끝난 지 얼마 되지 않아 칵테일파티에서 게리 하트의 아내 리와 마주쳤는데,

당시 하트는 민주당 후보 지명에서 월터 먼데일을 물리쳐 모두에게 놀라움을 안겨주었다. 하트는 1988년 대선 선두 주자였지만, 리는 백악관이 어떤 곳인지 제대로 가늠하지 못했다. 칵테일파티에서 리 하트는 수호천사처럼 흰옷을 입고 질 앞에 나타났다. "그래서 조는 대통령 선거에 출마하고 싶어 해?"라고 그녀가 질에게 은밀하게 물었다. "생각보다 훨씬 더 힘들 거야."

질은 그 말을 잊지 않았다. 하지만 나는 질에게 지금 경선에 출마한다고 해서 1988년 대선에 반드시 나서야 하는 건 아니라고 말했다. 그냥 밖으로 나가 내가 알아야 할 사람을 만나고, 후보로서 호소하고 이야기를 나누는 것이다. 미래에 내게 필요한 친구를 만들 수 있고, 선거 자금 모집하는 것을 도와줄 사람을 만날 수도 있었다. "자, 그냥 시작해보자." 나는 질에게 말했다. "손해 볼 거 없잖아."

마틸라가 한 중요한 질문-"왜 대통령 선거에 나가려 하는가?", "대통령이 되면 무엇을 하려고 하는가?"라는 질문-이 아직도 겁났지만 나는 그에 대한 답변을 잠시 유보하기로 했다. 나 자신에게 다음과 같은 좀 더 실용적이고 개인적인 질문을 했다. 내가 대통령 선거에 출마하는 동안 내가 되고 싶었던 남편이자 아버지가 될 수 있을까? 출마하는 동안 내가 되고 싶었던 상원의원이 될 수 있을까? 우리 민주당원들은 1986년 중간선거에서 상원을 탈환했고, 그것은 즉각적으로 문제를 야기했다. 나는 민주당 원내 대표인 밥 버드가 민주당 동료들이 대통령 선거에 출마하면 그의 일이 훨씬 더 힘들어지기 때문에 그다지 달가워하지 않는다는 것을 알고 있었다. 의원 몇 명이 아이오와와 뉴햄프셔에서 선거운동을 하면, 버드가 표결에서 원하는 투표수를 얻고 투표 일정을 잡는 데 어려움을 겪기 때문이었다. 내가 그에게 경선 출마를 진지하게 생각하고 있다고 말했을 때, 그는 기절할 것처럼 깜짝 놀랐다. 나는 그에게 그와 상원의원으로서의 내 직업을 내팽개치지 않겠다고 약속해야 했다. 나는 그에게 말했다. "대표님, 앞으로 몇 년 동안 대표님이 중요하다고 생각하는 투표에 제 표가 필요하다고 하시면 돌아오겠습니다. 일정을 취소하고서라도 돌아오겠습니다."

더 난감한 문제는 법사위원회였다. 테드 케네디 상원의원은 1987년 1월 새 의회가 소집되었을 때 처음으로 위원장직을 맡았다. 어느 날 내가 스테이션에서 정치 기획 회의를 하고 있을 때 그가 전화를 걸어 말했다. "조, 당신을 법사위원장으로 임명하고 싶어. 일할 사람이 더 필요해." 상원에서 흔히 쓰는 방법이었다. 케네디는 상원 노동위원회의 고위 위원이기도 했기에 위원장직을 선택할 수 있었다. 그는 노동위원회를 택할 예정이었기 때문에 내게 법사위원회를 맡겨 위원회 참여 비율을 늘리려는 의도였다.

"관심 없어요"라고 내가 말했다. "위원장직은 원하지 않아요."

"조, 진심이야."

"저도 그래요."

그럼에도 케네디 상원의원은 자신은 노동위원회 위원장을 맡고 나에게 법사위원회를 넘겼다. 비교적 조용한 시기였지만 그래도 법사위원회 운영은 신경 써야 할 부분이었다. 법사위원회의 직원과 예산은 상원에서 가장 큰 규모에 속하며, 모든 의회 위원회 중 가장 논란이 될 수 있는 법안을 다룬다. 위원장으로서 나는 연방 법원에 임명된 모든 이들의 인사 청문회도 주재해야 했다. 1987년 1월 대법원에는 고령의 대법관이 많았기 때문에 나는 훨씬 더 큰 문제를 예상했다. 서드굿 마셜, 윌리엄 J.

브레넌, 루이스 파월 중 1명이 은퇴를 결정한다면, 레이건 대통령의 지명을 놓고 상원에서 실제 싸움이 벌어질 수도 있었다.

레이건은 워런 대법원장이 인권을 신장시키는 경향의 판결을 내리기 때문에, 이를 철회할 재판관을 앉히고 싶다는 의사를 분명히 했다. 우파의 대통령 지지자들은 레이건이 샌드라 데이 오코너를 대법관에 임명한 것은 너무 소심한 처사라고 생각했다. 오코너는 낙태와 차별 철폐 조치에서 중도주의자로 판명되었다. 1986년에 확고하게 보수적인 앤터닌 스캘리아를 연방 대법원 판사로 임명한 것은 대통령이 비슷한 실수를 저지르지 않을 것이라는 분명한 신호였다. 만약 백악관이 다시 대법관을 임명할 기회를 가진다면 그들은 우파에 힘을 실어줄 것임을 분명히 했다. 이는 상원에서 큰 싸움이 벌어질 것이라는 의미였다. 나는 논란이 될 대법관 인사 청문회를 주재하면서 동시에 대통령 경선에 출마해야 할지도 모르겠다고 확신했다. 다만 둘 다 잘해낼 수 있다는 확신은 들지 않았다.

그러나 내가 처음 선거운동에 임했을 때 생각했던 것보다 일이 훨씬 잘 풀렸다. 어디를 가든 사람들은 나처럼 기본적인 것을 중요하게 여기는 후보를 갈망하는 것 같았다. 사람들은 정부마저 적대시하게 만든 레이건의 낡아빠진 위선에 지쳐 있었다. 내가 많은 사람들에게 "모든 미국인의 삶을 향상시키기 위해 정부가 건설적인 역할을 해야 한다고 생각하는 이들이 정치적 다수가 될 기회가 왔다"고 말할 때, 사람들의 마음이 내게 기우는 것을 알 수 있었다. 거기까지는 팻 캐델과 내가 옳았다. 부머 세대는 모든 세대를 통틀어 갈망이 가장 큰 세대 같았다. 내게는 정치인으로서 직감이 있다. 내가 유권자와 소통했는지 아닌지는 방을 떠날 때 안다. 그 방을 떠날 때 내가 놓친 부분은 별로 없었다. 내가 누구인지, 내가 가장 소중히 여기는 것이 무엇인지 보여준다면 해낼 수 있다고 느꼈다. 내가 믿는 바를 말하는 것은 쉬웠다. "저와 여러분의 부모님은 이 세대에게 세상에서 가장 큰 물질적 보상, 가장 폭넓은 지적 능력, 그리고 가장 무한한 개인의 자유를 부여했습니다"라고 말하자 사람들이 더 가까이 다가오는 것을 느꼈다. "… 개인의 희생을 통해서만, 우리의 이상주의와 헌신을 통해서만, 우리의 에너지를 통해서만 역사가 한 나라로서 우리에게 부여한 운명이 실현되기를 영원히 바랄 수 있습니다. 우리는 그 일을 흑인이나 백인 남부인, 북부인으로서 하지 않을 것입니다. 부자나 가난한 사람이나 남자나 여자로서 하지도 않을 것입니다. 우리는 민주당원이나 공화당원으로서도 아니고 하나님의 사람들로서, 함께 아메리칸드림을 위해 해낼 것입니다." 연설이 끝나자 사람들이 몰려들었다. "어디서 자원봉사 신청할 수 있어요? 어떻게 도우면 되죠?"

사실 그것은 굉장히 기운을 북돋아주는 일이었다. 내게는 연설문 원고를 쓰고 연설하는 것 둘 다 중요했다. 나는 상원의원으로서 수천 표를 얻었고, 항상 특정 표가 따라다녔지만, 연설문을 쓰는 것은 업무에 자극을 주는 것에 대해 차분히 앉아서 생각해보는 하나의 방법이었다. 1987년 초, 나는 여전히 청중과의 사이에 베일이 쳐진 것처럼 메시지가 약간 불투명하게 전달된다는 느낌을 받았다. 나는 아직도 연설을 통해 사람들에게 진실을 전달하지 못했다. 그러나 나만의 리듬과 어조를 찾아갔고, 발밑부터 움직이는 견인력을 얻었다고 생각했을 때 대선 레이스를 잘못된 시각으로 바라보기 시작했다. 나는 주위를 둘러보며, 다른 잠재적 후보 지명자를 통해 나를 판단했고, 1987년 초까지는 그들을 물리칠 수 있을 거라고 생각했다.

나는 AFL-CIO와 플로리다, 캘리포니아에서 열리는 주요 민주당 행사에서 중요한 연설을 하기로 되어 있었다. 1987년 1월 마지막 날, 나는 캘리포니아 민주당 전당대회 연설을 하기 위해 새크라멘토로 비행기를 타고 갔다. 연설이 끝나자 중요하고 영향력 있는 캘리포니아 민주당원 3000명이 일어서서 열광했다. 나는 그날 내가 대선에 나서는 것을 막을 수 있는 건 아무것도 없다는 사실을 알았다. 우리는 일류 선거 캠프를 구성했다. 활동가들은 초반부터 활동을 시작했고 나는 필요하다고 생각한 자금을 충분히 모으고 있었다. 나는 뉴햄프셔나 아이오와 여행에서 돌아와 테드 코프먼에게 말했다. "거긴 정말 잘돼가고 있어. 속도가 붙고 있어."

캘리포니아에서 연설하고 난 지 2주 후, 나는 가장 강력한 노동단체인 AFL-CIO의 전국대회에서 연설했다. 대표단은 플로리다의 발 하버에서 지지할 후보를 찾고 있었다. 하트가 선두 주자였지만 노동 관련 경력은 지도부의 마음을 사로잡지 못했다. 리처드 게파트 하원의원은 미국 노동자를 보호할 강경한 무역책을 가지고 있었지만, 노동계 지도자들은 그가 나라를 짊어질 능력이 있는지에 대해서는 회의적인 것 같았다. 마리오 쿠오모 뉴욕 주지사는 출마할 것이냐 말 것이냐를 두고 망설이고 있었다. 마이클 듀카키스 매사추세츠 주지사는 가장 중요한 노동회의에 참석할 계획조차 잡지 않았다.

나는 노조원들에게 괜찮아질 거라고 구슬리듯 입 발린 소리를 하지 않았다. 레이건 대통령의 낙수 효과 정책으로 기업은 이익을 얻었고 그돈으로 노조원들과 치열한 전쟁을 벌였다. "상공회의소는 무엇이 위태로운지 이해하고 있습니다"라고 나는 그들에게 상기시켰다. "그들의 일을 근본적으로 변화시키는 것은 여러분이 하는 말, 여러분이 경제적 풍요와 미국의 번영 안에서 나누는 것입니다. 그 점을 이해하지 못하면 잘

못하고 있는 것입니다." 깨어나서 나와 함께 싸워야 한다고 말했을 때도 나는 그들의 마음이 이미 기울었다는 것을 느낄 수 있었다. 연설을 마쳤을 때 우렁차고 그칠 줄 모르는 기립 박수가 터져 나와 무대에서 걸어 나오는 동안 아드레날린이 솟구쳐 올랐다. 기금 모금을 추진하는 데 도움이 되도록 1988년 출마에 대해 더 강력한 발언을 할 계획이었지만, 그날 밤 하버에서 연설을 마쳤을 때는 후보 지명만 받으면 정말 가능성이 열릴지도 모른다고 생각했다. 그래서 연설 후 기자들이 나를 잡았을 때, 나는 1988년에 출마할 계획이라고 딱 잘라 말했지만 "지금부터 공식 발표 때까지 큰 평지풍파를 겪어 마음이 변하지 않는다면"이라고 여지를 남겨두었다.

새크라멘토에서 연설한 지 일주일 후 〈로스앤젤레스 타임스〉의 정치부 선임 기자 로버트 쇼건은 일요 신문 1면에 나에 관련된 심층 기사를 실었다. 나는 어떤 부드러운 말에도 휩쓸리지 않을 터프하고 작은 밴텀(bantam, 닭 품종 중 하나-옮긴이) 같은 남자, 쇼건의 취재에 응했다. 하지만 그는 나의 출마를 매우 진지하게 받아들였다. 그는 새크라멘토에서 열린 민주당 전당대회에서 청중석에 앉아 있었고, 내 안에서 분명히 뭔가를 보았다. '바이든은 지난 4년간 능숙한 말솜씨로 전국에 걸쳐 민주당의 청중 앞에서 연설을 해왔다.' 쇼건은 기사에 이렇게 썼다. '바이든은 레이건 시대 중반에 민주당 정신을 되살리는 데 도움을 주었을 뿐 아니라 자신의 대선을 향한 갈망에도 생명력을 불어넣었다.' 쇼건은 가족, 집, 가치관, 그리고 좋은 아버지, 남편, 상원의원, 그리고 잠재적 대통령 후보로서 균형을 맞추기 위한 나의 고군분투를 후하게 다루었다.

그러나 그의 기사 깊은 곳에는 다음과 같은 경고가 담겨 있었다. 나는 말을 너무 많이 했고, 이성보다는 감정에 이끌렸으며, 상원에서 소매를 걷어붙이고 나서서 일하지 않았다. 그는 그 큰 문제를 하나의 긴 단락으로 요약했다. '청중을 열광시킬 수 있는 바이든의 능력에 대해서는 아무도 의문을 제기하지 않지만 상원의원으로서의 그의 성과와 대통령으로서의 잠재력에 대한 가장 중요한 비판은 오히려 그 재능 때문에 구체화된다. 그에게 눈에 보이는 것(혹은 귀로 들리는 것) 이상은 없다. 그는 일하는 말이라기보다는 쇼에 나서는 말에 가깝다.'

그 단락을 읽었을 때 나는 그 질문이 대선 레이스에 나서는 동안 기자들 사이에서 시끄러운 이슈가 될 것임을 알았다. 그리고 나에 대해 아무것도 모르는 사람들이 그 질문의 답을 내놓을 거라는 사실도 알았다.

1987년 1월, 나는 전국 규모 언론의 정치 기자와 개인적으로 어떤 관계도 맺은 적이 없었다. 대화 내용을 공개하지 않기로 하고 진지한 대화를 나누기 위해 전화를 걸 수 있는 유명 기자도, 대형 신문사 편집위원도 알지 못했다. 그저 나는 그렇게 하지 않았다. 일부러 기자들을 피해 다닌 것은 아니었지만 그들과 관계를 맺기 위해 시간을 들이지도 않았다. 하루 일을 마치면 윌밍턴행 기차를 타기 위해 유니언역으로 가기 바빴다. 나는 그들을 알지 못했고, 그들도 나를 알지 못했다. 사실 나는 기자를 믿을 수 있을지 확신이 들지 않았다.

대형 언론사에서는 나를 잘 소개하지 않았다. 내가 정치에 입문할 때는 기자에 대한 존경심밖에 없었다. 나는 그들이 국가에 봉사하는 사람들이라고 생각했다. 하지만 1972년 사고 이후, 나는 너무나 무시무시한 관심의 대상이 되어 있었다. 하루아침에 나는 사람이 아니라 좋은 이야깃거리가 되어 있었다. 기자들은 나를 그냥 내버려두지 않았다. 병원에서 걸어 나올 때 기자들이 내 사진을 찍으며 물었다.

"의원님, 헌트가 몇 바늘이나 꿰맸나요?" "보는 뼈가 몇 대나 부러졌죠?" "어떻게 지내시는지 솔직히 말씀해주세요, 의원님." "기분이 어떠세요?"

지옥 같았다. 그들이 일을 하고 있다는 건 알지만 그들은 내게 인간이 될 여지, 슬퍼할 여지를 주지 않는 것 같았다. 18개월 후, 여전히 내가 침체기를 보내고 있을 때 한 기자가 다가와 말했다. "의원님, 도대체 언제 극복하실 겁니까?"

상원에서 일하던 초기부터 기자들과 그런 관계가 되어버려 나는 언론이 결코 편안하게 느껴지지 않았다. 워싱턴에서는 기자와 선출직 관리 간에 각축전을 벌이는 것이 굳어지다시피 했는데, 기본적인 규칙도 잘 정립되어 있었다. 내 말이 인용되지 않고도 기자들과 대화할 수 있고 내가 한 말로 보도되지 않고도 기자들에게 정보를 줄 수 있다는 사실을 서서히 터득해갔다. 나는 이름을 숨기고 혹은 비공식적으로 말할 수 있었지만 그런 게임에 연관되길 바라지 않았고, 서로 호의를 나누고 싶지도 않았다. 사실 나는 비공식적으로 이야기하는 것이 왠지 부도덕한 일처럼 여겨졌다. 뭔가 할 말이 있다면 그냥 직접 말하면 된다고 생각했다. 어느 날 비공개 청문회장을 나왔을 때 오랫동안 국회의사당에서 일한 기자가 내게 올가미를 던지는 듯한 느낌을 받았다.

"의원님, 안에서 어떤 이야기를 나누셨습니까?"

"그건 말할 수 없습니다."

"의원님, 상부상조하는 게 어때요?"

나는 그에게 꺼지라고 말했다.

상원에서 보낸 첫해에는 일주일에 여섯 번씩 특집 기사 인터뷰 요청을 받았다. 나는 사람들이 왜 내 이야기에 주목하는지 이해했다. 워싱턴의 최연소 상원의원, 두 아이의 한부모 가정 아버지, 비극적인 사고. 나는 그것에 대해 말하기를 거부했고 언론이 나를 비극적인 홀아비에서 괜찮은 신랑감으로 만드는 것을 씁쓸하게 지켜보았다. 나는 사생활에 대해 이야기하기를 거부했고, 나의 침묵으로 기자들은 더욱 허기를 느꼈다. 나의 첫 번째 비서실장인 웨스 바르텔메스는 나를 한쪽으로 데려가 닐리아와 딸에 대해 딱 하나만 인터뷰하자고 말했다. 웨스 자신도 전직 기자였기에 그는 이런 게임에 대해 알고 있었다. 내 이야기를 한 번은 정식 인터뷰로 밝히는 것도 괜찮을 거라고 그는 장담했다. 그리고 다시는 거기에 대해 말할 필요가 없을 거라고 덧붙였다. 그는 기자를 직접 선정했다. 기자는 젊고 경험이 없었지만 웨스는 그녀를 마음에 들어 했고 그녀가 공정할 거라고 생각했다.

그래서 1974년 봄, 〈워싱터니언〉 잡지사에서 키티 켈리라는 젊은 기자를 보내 젊은 아버지와 홀아비로서 나의 상원 생활에 대해 인터뷰했다. 그녀는 어렸고 대화하기 쉬웠다. 우리는 내 사무실에 앉아 이야기를 나눴다. 닐리아와 함께한 삶과 그녀의 죽음을 둘러싼 사건에 대해 말하자 그녀는 그 내용을 수첩에 적었다. 나는 닐리아에 대한 단 한 번의 인터뷰가 슬픈 이야기로만 포장되길 원치 않았다. 나는 나 자신이 비극적인 인물이라고 여기지 않았다. 당시 내 삶은 그렇게 힘들지 않았다. 그래서 닐리아와 나 사이에 얼마나 대단한 일이 있었는지, 그리고 어떻게 다시 마음을 추스를 수 있었는지에 집중하려고 애썼다. 이야기를 마치자 이제 다 끝났다는 생각에 마음이 놓였다.

키티 켈리의 〈워싱터니언〉 기사 '죽음과 올 아메리칸 보이'는 나를 약간 불안장애가 있는 남자처럼 묘사했다. 켈리는 내 상원 사무실이 죽은 아내의 납골당이며 사무실에는 닐리아의 묘비 사진이 걸려 있다고 사실과 다른 내용을 보도했다. 사실 그 사진은 델라웨어주의 올드 뉴캐슬에 있는 17세기 공동묘지였는데, 내 고향의 유적지 사진 시리즈 중 하나였을 뿐이다. 키티 켈리는 내가 한 말을 반유대주의적 농담으로 비꼬았고, 인터뷰를 가위질해 나를 미숙하고 성급한 태도를 지닌 사람으로 보이게 했다. 그때까지 나는 언론을 매우 경계했는데 이제는 적극적으로 싫어졌다.

웨스는 켈리를 소개한 것을 미안해했지만 기자들과의 관계를 회복시키려는 노력을 멈추지 않았다. 그해 봄, 그는 나를 설득해 그리드아이언 디너에 참석하게 했다. 1974년 워싱턴 기자 클럽이 주최하고 대통령이 항상 참석하는 연례 그리다이언 디너는 여성을 배제했다. 그래서 그리드아이언은 메리마운트 대학에서 천막을 치고 디너를 열었고, 웨스는 나를 그곳으로 데려갔다. 나는 작가와 기자가 주도하는 행사에 가본 적이 없었고, 도착하는 순간 가지 말았어야 했다는 것을 알았다. 나는 화가 나서 여기저기 걸어 다녔다. 저녁 식사 때 웨스가 와서 그가 정말 좋아하고 존경하는 사람을 소개해주었다. "상원의원님, 제 친구 마티 놀런을 만나주셨으면 합니다." 나는 놀런이 하는 일에 대해 알고 있었는데 그것은 좋은 일이었다. 그는 〈보스턴 글로브〉의 재능 있는 젊은 기자였고, 몇 년 동안 워싱턴에서 일할 예정이었다. 웨스는 우리가 잘 지낼 거라고 생각했지만, 나는 기자단에서 친구를 사귀는 척하는 것조차 관심이 없었다. 게다가 놀런은 작업복 차림으로 자신만만하게 서 있었다.

나는 "그러니까 당신이 그 위대한 마티 놀런이군요!"라고 말하며 기선을 제압했다고 확신했다. 웨스는 나를 우습게 바라보더니 사과하듯 놀런을 돌아보았다. 놀런은 내가 그 자리에 없는 것처럼 웨스를 바라보며 "누가 그를 우리 밖으로 내보냈지?" 하고 말했다.

웨스는 나에게 큰형과 같은 존재였다. 그는 내가 기자들만 주변에 있으면 그렇게 행동하는 이유를 이해했다. 하지만 내가 점잖은 사람이라고 설득하려던 그의 노력은 나의 반감 때문에 빛을 보지 못했다. 워싱턴에서 선출된 다른 공직자들은 거의 모두 언론과 협력했다. 하지만 나는 아니었다. 기자들에게 나는 청문회에서 질문하거나, 상원 복도를 뛰어다니거나, 연설하는 키 크고 젊은 남자일 뿐이었다. 그들이 나에 대해 가장 많이 알고 있는 것은 내가 윌밍턴 집으로 돌아갈 열차를 타러 가기 바쁘다는 사실이었다. 웨스는 내가 마을 행사에서 연설한 바로 다음 날 나에게 기본적인 문제를 설명하려고 했다. 그들에게 나는 정체불명의 존재라는 것이다. 웨스는 데이비드 브로더가 한 말을 들려주었다. 데이비드 브로더는 〈워싱턴 포스트〉의 정치부 수석 기자이자 웨스의 오랜 친구기도 했다. 웨스는 내 연설이 끝난 후 브로더의 의견을 물어보았다고 했다. 브로더는 로버트 케네디 이후로 그렇게 군중을 쉽게 움직이는 사람을 본 적이 없다고 말했다. 웨스에 따르면 브로더가 유일하게 제기한 의문은 내가 로버트 케네디인가 엘머 갠트리(Elmer Gantry, 동명의 미국 소설 속 사기꾼 캐릭터-옮긴이)인가 하는 것이었다. 따끔한 이야기긴 했지만, 당시에는 그가 아무리 잔소리를 해도 내 진심을 기자에게 내보일 필요는 없다고 생각했다.

1987년까지 데이비드 브로더는 기자단의 우두머리였고, 우리는 어떤 것에 대해서도 실질적인 논의를 한 적이 없었다. 분노는 옅어졌지만 나는 여전히 경계심을 가지고 언론인을 친구로 삼지 않았다. 상원을 밀착 취재하던 기자들은 솔트 2에 관련된 내 활동이나 1984년 포괄적 범죄 법안 운용에 대해 알고 있었지만 이 내용을 정치 활동으로 보도하지 않았다. 전국 규모의 정치 기자단으로 알려진 거물들은 상원을 몰랐다. 그들은 내가 외교정책에서 뭘 했고, 형법 분야에서 무슨 일을 했는지 몰었다. 나는 첫 임기 때 얻은 평판에서 결코 벗어나지 못했음을 직감적으로 알았다. 나를 잘 아는 상원의원과 이야기를 나눠보지 않은 기자들은 모두 알고 있거나 알고 있다고 생각하는 사실만 접하게 된다. '바이든은 상원의원이 되고 싶은지 스스로 확신하지 못하는 사람이었다', '바이든은 예산 위원회 청문회에 출석하지도 않는 사람이었다', '바이든은 열심히 일할 의지가 없는 사람이었다.' 상원에서 오래전부터 동료들과 함께 그런 부분은 신경 쓰지 않기로 했다고 믿었는데 정치 기자들이 고발을 일삼는 폐단은 계속되고 있었다. 나는 쇼를 위한 말인가? 일을 하는 말인가?

1987년 어느 맑고 추운 아침, 나는 세인트루이스에서 비행기를 타고 있었다. 이륙을 기다리고 있는 비행기에는 대통령 선거운동을 하러 떠나는 나와 기자 한 명이 타고 있었다. 폴 테일러는 〈워싱턴 포스트〉에서 중요 인물이 되기 위해 훈련 중인 기자였다. 나는 창가 자리에 앉아 은빛 날개에 반사되는 햇빛을 바라보고 있었다. 비행기는 조용하고 좌석은 거의 비어 있었다. 통로 쪽 좌석에 앉아 있던 테일러는 가운데 좌석에 기대어 내게 말을 걸었다. "이 캠페인의 작열하는 열기를 감당할 수 있겠어요?" 그의 말투에 위협적인 느낌은 전혀 없었지만 '작열하는 열기'라는 말을 들으며 밝은 태양 빛이 비행기 날개에 반사되는 모습을 본 기억이 난다. 나중에는 테일러가 그저 조심하라는 의미로 친절하게 일러준 거라고 생각했지만 나는 그 말이 무슨 뜻인지 잘 알았다. 정치 고문들은 언론이 내 과거의 암초가 되어 나를 뒤엎을 것이라고 경고했다. 인격에 관한 문제 제기는 그해 유행이었고, 그건 괜찮았다. 그들은 자기 분야에서 정상에 오른 기자들이었다. 나는 그들이 똑똑하고 부지런하다고 믿었다. 그래서 내 인생을 길게, 열심히 들여다보면 내가 정직하고, 명예롭고, 당당한 사람이라는 결론을 내릴 거라 믿었다. 델라웨어에는 15년 동안 나를 취재해온 좋은 기자들이 있었는데 그들은 나를 확고한 사람으로 평가했다. 나는 테일러에게 대답했다. "네, 감당할 수 있습니다." 나는 상원 활동만으로 유권자들에게 내가 대통령이 되기에 충분하다는 인식을 심어줄 거라는 확신은 들지 않았다. 유권자들이 44세의 남자가 나라를 운영할 자격이 있다고 생각할지 확신할 수 없었다. 하지만 내 진실성을 판단하려 한다면, 얼마든지 조사에 임해줄 생각이었다. 만약 내 인격에 대해 판단하려 한다면, 내가 이길 거라고 생각했다.

내가 순진했다고 말하는 편이 옳을 것이다.

리 하트가 심각한 경고를 하기 전에도 질은 대통령 선거에 나서기 위해 감수해야 하는 사항들에 매우 민감했다. 점점 현실로 다가올수록 그녀는 본능적으로 내게 경고를 보냈다. 질은 지금 우리 삶이 얼마나 완벽한지 상기시켰다. 보는 아치미어 졸업반이었고 헌트는 1년 아래였다. 애슐리는 막 초등학교에 입학했다. 아이들은 모두 행복하고 편안했으며 나와도 충분히 시간을 보내고 있었다. 나는 게임, 연극, 생일, 큰 행사도 놓치지 않았다. 아이들은 이미 오래전부터 공인의 자녀로 지내는 방법을 터득했다. 하지만 일단 시작하면 아이들의 삶은 완전히 바뀔 거라고 질은 말했다. 나는 경선에 뛰어든 후에도 여전히 내가 꿈꾸던 아버지의 모습으로 살 수 있을 거라고 확신했다.

합리화하려는 인간의 정신력을 과소평가해서는 안 된다. 나는 아이들이 너무 어렸기 때문에 4년 혹은 8년 후에 나서느니 1988년에 출마하는 편이 더 좋을 거라고 생각했다. 8년 후에는 아버지에 대해 쏟아지는 최악의 말로부터 애슐리를 보호하기가 훨씬 더 어려울 터였다. 8년 후면 보와 헌트가 일을 시작할 때인데 사람들은 아버지 때문에 그 일자리를 얻었다고 말할지도 모른다. 나는 1988년이 바이든 가족에게는 적기라고 간신히 합리화했다.

머리를 욱죄는 듯한 두통에 시달릴 때도 있었고, 가끔은 통증이 목덜미를 타고 온몸으로 퍼지기도 했다. 나는 소아 천식이나 어깨 탈골을 제외하면 몸에 심각한 이상이 나타난 적이 없었다. 그러나 1987년 2월과 3월에 캘리포니아, 플로리다, 앨라배마, 아이오와, 뉴햄프셔로 다닐 때 출장 보좌관은 항상 점보 사이즈의 타이레놀 병을 들고 다녔다. 타이레놀을 하루에 6알, 8알, 심지어 10알 먹을 때도 있었다. 나는 4시간마다 두세 번씩 약을 달라고 했고, 가끔 옆에 있는 사람들에게 이 두통이 이상하지 않느냐고 묻기도 했다. 전에는 이렇게 약을 먹어본 적이 없었다. 가족, 친구, 직원 등 거의 모든 사람이 충분히 이해할 만하다고 말했다. "남편, 아버지, 상원의원, 대통령 후보로 애쓰고 있으니까. 많은 압박을 받고 있으니까. 두통은 스트레스 때문일 것이다." 사람들이 그렇게 말할수록 나는 더 화가 났다. 그것은 마치 내 자아상에 대한 공격 같았다. 나는 항상 압박감을 다뤄온 사람이었다. 한 번도 스트레스 때문에 괴로워해본 적이 없었다. 하지만 상황은 점점 더 악화되었다. 그들의 말이 틀렸어야 했다.

그러던 중 혹시 그들의 말이 맞나 생각하게 만드는 일이 일어났다.

1987년 3월 23일은 뉴햄프셔에서 하루 종일 빡빡한 일정을 보내고 있었다. 내슈아에서 열린 로터리클럽 오찬에서의 외교정책 연설, 전직 시장 지지 연설, 델라웨어주 운영위원회 발표 기자회견, 로스쿨에서의 헌법 문제에 관한 연설 등을 소화했다. 나는 이제 겨우 공식 발표만 한 대선 후보였고, 언론에도 조금밖에 보도되지 않았다. 현지 기자들이 찾아왔고 보스턴 방송국에서는 취재 팀을 파견했다. 테일러는 나와 함께 출장 중이었다. 그리고 〈웨스트 57번가〉라는 새로운 CBS 쇼가 나에 대해 인물 소개를 길게 준비하고 있어서 나는 옷깃에 소형 마이크를 꽂고 있어야 했다.

이날 마지막 일정은 로터리클럽에서의 외교정책 연설이었다. 그곳에서 레이건 대통령의 전략 방위 구상-핵무기에서 우리를 보호하기 위해 하늘에 방패막이를 설치하는 스타워즈의 꿈-은 소련과의 관계를 불안정하게 만들 거라고 설명할 예정이었다. 레이건 대통령은 닉슨과 브레즈네프가 1972년에 서명한 탄도탄 요격 미사일 조약을 일방적으로 재해석할 수 있다는 조언에 귀 기울였다. 레이건이 그렇게 한다면 조약을 준수하려는 우리 의지에 의문을 제기하게 된다. 그건 중요한 발언이었고, 내 연설을 들으러 언론까지 와 있어서 기뻤다.

그러나 그날 중요한 연설을 위해 컨트리클럽 오찬에 도착하는 순간부터 일정이 틀어졌다. 나는 버드가 그날 반군 원조에 대한 토론 종결 투표에 호출할지 모른다는 사실을 막 알게 되었고, 나는 그가 부를 때 언제든 투표하러 돌아가겠다고 약속했다. 로터리클럽 회원이 나를 소개하는 동안에도 직원들은 워싱턴으로 돌아갈 항공편을 주선하고 있었다. 그리고 머리가 터질 듯 아팠다. 단상에 오르려고 일어서는 순간, 뒷덜미에 찌르는 듯한 통증이 느껴졌다. 농담이라도 좀 하려고 했지만 사람들의 표정을 보니 내가 생기 없어 보인다는 것을 알 수 있었다. 현기증이 나기 시작했다. "저, 여러분." 나는 농담조로 말했다. "문제가 생겼어요. 금방 돌아올게요…. 걱정하지 마세요. 뭐 먹으러 가는 거 아니에요." 그리고 당황한 관객들이 지켜보는 동안 연단에서 내려와 아래층 로커 룸으로 갔다.

더듬더듬 걸어가 딱딱한 나무 벤치 중 하나에 앉았지만 별 도움이 되지 않았다. 누우려고도 해봤지만 등을 대니 더 어지러웠다. 머리가 터질 것 같았다. 통증이 너무 심해 토할 것 같았다. 일어섰더니 구역질이 났다. CBS의 오디오 담당자가 무슨 생각을 하고 있었는지는 신만 알 것이다. 나는 마이크를 벗는 것도 잊었다. 그다음에 기억나는 건 그날 나와 일정을 함께하던 버트 디클레멘테가 다가와 무슨 일이냐고 물은 것이다.

"잠깐만 시간 좀 줘, 버트."

"찬 공기를 쐬어야겠어, 조." 버트가 말했다. 걱정스러운 말투였다.

버트는 로커 룸 문을 열고 나를 밖으로 데려가 작은 옹벽에 기댈 수 있게 도와주었다. 찬 기운이 느껴지자 기분이 조금 나아졌다. 나는 눈을 한 움큼 집어 얼굴에 문질렀다. 버트가 말했다. "이봐, 여기서 나가자." 하지만 나는 적어도 그 연설은 끝낼 수 있을 것 같은 확신이 들었다. 연설은 뉴스로 나올 예정이었다. 내가 연단에 서지 못하면 언론에서 뭐라고 할까?

10분쯤 지나자 로터리클럽 회원 1명이 밖으로 나와 내게 괜찮냐고 물었다. 나는 금방 가겠다고 약속했다. 나는 일어나 여전히 약간 어질어질한 상태로 계단을 올라가 연설했다. 말더듬증을 극복하려고 기를 쓰던 8학년 때로 되돌아간 기분이었다. 연설 도중 기절할지도 모른다는 생각도 들었다. 내 몸이 내 몸처럼 느껴지지 않았다. 종이에 쓰인 글씨를 읽고 큰 소리로 말하려고 필사적으로 노력하자니 그런 생각이 들었다. '나를 잘 아는 사람들의 생각이 옳았을까? 아니면 정말로 나한테 무슨 문제가 있는 걸까?'

어쨌든 병원에 갈 여유가 없었다. 나는 최선을 다해 연설을 마친 뒤 연단을 내려와 타이레놀 몇 개를 더 먹었다. 뉴햄프셔의 운영위원회를 발표하기 위한 기자회견을 하고, 다시 워싱턴으로 날아가 상원에서 투표했다. 그러고 나서 또 다른 비행기를 타고 로스쿨 연설을 하기 위해 뉴햄프셔로 갔다. 타이레놀 덕분에 통증이 좀 가시긴 했지만 개운하게 낫지는 않았다.

그 주에 전국적인 여론조사 결과가 발표되었고 게리 하트가 민주당 경선에서 유력한 후보임을 보여주었다. 그는 42퍼센트였고, 나는 1퍼센트였다. 〈워싱턴 포스트〉는 내가 법사위원장으로서 의무를 제대로 이행하고 있지 않다는 기사를 실었다. 또 다른 언론에서는 '조 바이든에게는 연설 그 이상이 있는가?'라는 제목으로 나에 대한 짧은 글을 실었다. 그러던 중 뉴햄프셔주 클레어몬트에서 열린 작은 유세 행사에서 나는 그것마저 잃고 말았다. 애초에 거기 가지 말았어야 했다. 지옥이 따로 없었다. 그날 두통은 어느 때보다 심했고, 독감까지 걸렸다. 연설 뒤에 이어진 질의응답 시간에 지지자 중 1명이 내 지성을 의심하는 듯한 말을 한 것처럼 들렸다. 내가 들은 바로는, 그 사람은 내가 그다지 똑똑하지 않은 것 같다고 했다. 뒷덜미부터 다시 열기가 올라오는 게 느껴졌다. 반 아이들이 내 말더듬증을 가지고 놀리던 고등학교 1학년 때로 되돌아간 것 같았다. 나는 본능적으로 반응했고, 직원들은 내 턱이 돌출되는 걸 보며 움츠러들었을 것이다. "내 IQ가 당신보다 훨씬 높을 겁니다." 나는 그에게 말했다. 그러고 나서 이성을 잃고 대학 학위와 수상 경력, 로스쿨 수업에서의 내 위치 등에 대해 늘어놓았다. 그러고도 기분이 나아지지 않았다. 나는 하지 말았어야 할 말을 빠르고 멍청하게 지껄였다. 최악인 건 부지중에 내 학력까지 부풀려서 이야기했다는 점이다. 다행히 내가 감정을 폭발시킨 데 주목하는 사람은 많지 않은 듯했다.

톰 도닐런은 언젠가 이번 일을 수습해야 할지 모른다고 생각했다. 그는 내 정치 팀에서 가장 똑똑한 사람 중 1명이었고, 그는 이제 내가 전국 언론의 거물급 인사들과 친분을 쌓기 위해 노력해야 할 때라고 생각했다. 그는 주간지와 주요 신문사의 젊고 훌륭한 기자 몇 명과 비공식 만찬을 주선했다. 조지타운의 작은 레스토랑에 저녁 식사를 하러 갔는데, 나는 그 모임을 엉망으로 만들었다. 아마 너무 긴장한 모양이었다. 게리 하트는 혼외정사 사실이 들통나는 바람에 한 주 동안 그의 정치 인생을 놓고 고군분투를 벌였다. 사실 폴 테일러는 하트 상원의원에게 "불륜을 저질렀느냐"고 공개적으로 물은 적이 있었다. 그리고 이 작가들은 테일러에게 전해 들은 내 이야기에 대해 가장 먼저 알고 싶어 했다. 이전 여행에서 나는 테일러에게 내가 왜 학교에서 적극적으로 베트남전 반대 시위를 하지 않았는지, 내가 거기에서 얼마나 멀리 떨어져 있는지 설명하려고 노력했다. "당시 나는 로스쿨에 다니고 있었고 결혼했으며 스포츠 팀 활동도 하고 있었다"라고 그에게 말했다. 로스쿨을 나와 미식축구 팀 피자 파티에서 점심을 먹으려고 로스쿨 친구 몇 명과 함께 제네스 스트리트로 걸어갔던 기억이 난다. 행정실 건물을 지날 때 고개를 들어보니, 학장실 창문 밖에는 SDS('민주사회를 위한 학생회'로 베트남전 반대 시위를 함–옮긴이) 배너를 든 사람들이 모여 있었다. 그들은 건물을 점거하려고 했다. 그리고 우리는 고개를 들고 말했다. "저 멍청이들 좀 봐." 그만큼 나는 반전운동과는 거리가 멀었다. 테일러가 그 이야기를 기자들에게 한 게 분명했고, 그날 밤 저녁 식사에 참석한 사람들은 자세한 내용을 알아내려고 애썼다. 내가 1960년대의 시위자였나 아니었나? 나는 전쟁을 중요한 도덕적 문제로 본 적이 없다고 설명하려고 했다. 나에게 그것은 민권 문제처럼 결정적인 도덕적 문제가 아니었다. 나에게 전쟁은 잘못된 전제에 근거한 비극적인 실수였다. 나는 베트남 전쟁을 도덕성이 아닌 어리석음의 관점에서 봤다고 설명하려 애썼다.

우리는 겨우 베트남전과 관련된 주제에서 벗어났다. 나는 그들에게 내가 전쟁 중 상원의원으로서 닉슨과 포드에 어떻게 대항했는지 말했지만, 그들은 단지 무기에 대한 현재 나의 요구와 내가 베트남전쟁에 대한 도덕적 분노가 없었다는 것을 이율배반적이라고 생각하는 것 같았다. 노력해봐야 헛수고였다. 기자들은 모두 나보다 다섯 살 혹은 열 살은 어린 것 같았는데 우리는 파병 반대 시위에 내몰린 나이였다. 그들은 1968년 보비 케네디의 반전운동을 기억할 정도의 나이였지만 그 이전 기억은 없을 터였다. 나중에 생각해보니, 이 대학 교육을 받은 기자들은 내가 연설에서 보비 케네디를 언급하는 걸 듣고 반전에 관한 케네디의 열정적인 변론을 먼저 떠올렸을지 모르겠다는 생각이 들었다. 민주당의 역할에 다시 활력을 불어넣을 세대를 말할 때 캠퍼스 시위대, 평화봉사단 자원봉사자뿐 아니라 베트남에서 복무하다 실명한 40대 노동 지도자도 떠올렸다는 사실을 이야기할 생각은 하지 못했다. 나는 한마디 하려고 했지만 그들은 다른 소리를 듣고 있었다. 그날 저녁 식사가 취소되었을 때, 영리한 젊은 기자들에게 내가 쇼를 위한 말이 아니라는 사실을 설득시키지 못했다는 것밖에는 얻은 게 없었다.

하지만 그건 실제 선거전을 놓고 보면 유쾌하지 않은 몇 시간에 불과했다. 나는 전국 여론조사에는 그다지 신경 쓰지 않았다. 내가 가장 신경 쓴 것은 아이오와와 뉴햄프셔에서 내 눈앞에서 벌어지고 있는 일이었다. 그리고 게리 하트가 1987년 5월에 레이스에서 중도 하차하기 전부터 이미 나는 2개 주 모두에서 우리가 이길 기회가 있다고 믿었다. 밖에 있는 군중을 통해 느낄 수 있었다. 나는 아이오와와 뉴햄프셔의 표심을 본격적으로 얻어냈다. 내가 정직하고 점잖을 뿐만 아니라 똑똑하고, 해답을 가지고 있으며, 대통령직을 감당할 수 있다고 믿는 사람들이 많았다.

그러나 내가 깊이 있는 사람이라고 언론인을 설득하는 것은 여전히 숙제로 남았다. 그래서 나는 그 캠페인에 온 모든 사람들에게 조 바이든이 열정적인 후보이자 이길 수 있는 후보라는 이미지만 심어주려는 노력은 그만두었다. 시간을 가지고 바이든 행정부의 기초가 될 만한 아이디어의 틀을 보여주는 연설문을 준비하고 싶었다. 경제, 아동 빈곤 퇴치, 외교정책에 관한 연설문을 별도로 준비했다. 일부 정치 전문가는 회의적이었지만, 나는 나를 위해서나 전국 언론을 위해서나 그렇게 하고 싶었다. 일이 너무 빨리 추진되었기 때문에 마음이 편치 않았다. 만약 내가 1988년에 정말 출마할 것이고 그저 레이스를 따라가기 위한 준비를 해야 하는 게 아니라면 할 일이 좀 있었다. 나는 거의 15년 동안 미국 상원의원으로서 전쟁과 평화, 국제 관계, 범죄와 처벌, 민권, 시민의 자유, 여성 문제, 조세 공평성에 대한 문제를 취급했다. 그러나 나는 마틸리가 제기한 가장 큰 질문에 대해서는 잠시 숨을 돌리며 충분히 깊이 생각해보지 못했다. 대통령이 된다는 건 나에게 어떤 의미인가? 대학 연설 시리즈는 그 질문의 해답을 제시할 첫 단계가 될 것이다.

나는 대선 출마 공식 발표까지 몇 주 남았을 때 5월 말과 6월 초에 대학가를 돌며 연설했다. 그 연설은 대부분 좋은 평가를 받았으며 전국 언론에도 보도되었다. 하버드 케네디 스쿨에서 한 외교정책 연설은 만원이었고 열렬한 반응을 얻었지만 〈워싱턴 포스트〉는 혹평했다. 〈워싱턴 포스트〉 사설은 나를 두 번 저격했다. 데이비드 브로더는 사설에서 하버드 연설에 참석하지 않았다는 걸 인정했다. 그렇다고 해서 나를 비난할 수 없는 건 아니었다. '하버드 연설은 바이든이 그의 경험을 명료한 기준 안에서-또는 하나의 연설이 진행되는 동안 유지될 수 있을 만큼 일관된 입장-전혀 걸러내지 못했음을 보여준다. 그에게 노력의 '노' 자라도 알려주어라. 하지만 그에게 계속 과제를 해나갈 것을 요구하라. … 바이든의 연설은 정곡을 찌르는 답변보다는 이슈를 흐릿하게 뭉개버리고 싶어 하는 욕구를 더 많이 보여주었다.'

나는 브로더의 사설 때문에 그다지 괴로워하지는 않았다. 나는 그가 결코 들어보지도 못했을 외교위원회와 정보위원회 관련 자료를 준비했다. 그러나 외교정책 수립에 대한 내 지식 기반, 국제 문제에서 수년간 쌓은 경험, 또는 내 기본적 본능과 지성에 대해 옹호해준 사람이 아무도 없다는 사실은 정말 곤혹스러웠다. 내 재능을 알고 있던 애버릴 해리먼과 제이크 재비츠가 세상을 떠났고, 헨리 키신저는 공화당원이었다. 나는 거물급 중 연락을 취해 합법적인 방어를 부탁할 만큼 친한 사람이 없었다. 나의 공식 출마 발표는 일주일도 채 남지 않았고, 나에게 내가 쇼를 위한 말 이상이라는 것을 언론계 거물들에게 납득시킬 수 있을 만한 아무런 근거가 없음을 알았다.

발표가 가까워질수록 신경이 곤두섰다. 나는 왜 보의 아치미어 졸업식과 질, 애슐리의 생일 파티 날짜를 피해 발표 일정을 잡아야 하는지 이해하지 못하는 선거운동 전문가들과 옥신각신해야 했다. 그 캠페인은 우리 가족의 삶을 갉아 먹고 있었다. 스테이션은 바이든의 대통령 출마를 위한 비공식 집무실이 되었다. 거기에는 항상 누군가가 있었다. 때로는 막 알게 된 사람들도 들락거렸다. 어느 날 아침, 출마 발표 직전에 질과 나는 계속된 미팅을 마치고 위층으로 잠시 휴식을 취하러 갔다. 우리는 그날 열릴 첫 공개 행사를 위해 준비 중이었고, 질은 화장대 앞에 앉아 있었다. 햇빛이 창문을 통해 침실로 비스듬히 들이비쳤다. 거의 완벽한 아침이었다. 나는 그 순간 우리 삶이 얼마나 괜찮은지 생각했고, 잠시 후 그 모든 것을 바꿀 일을 하려던 참이었다. 그때까지는 빠져나갈 길이 있었지만 공식 발표를 하고 나면 이제 돌이킬 수 없다는 걸 알고 있었다.

나는 질에게 말했다.

"나 이거 하고 싶지 않아."

질은 나를 돌아보며 주저하지 않고 말했다. "이제 해야 해. 너무 많은 사람들이 여기 매달려 있어." 그렇게나 조심스러워했던 질은 이제 우리 대신 희생하는 사람들에게 고마운 마음을 가지고 있었다. 한 직원은 함께 일하던 마이클 듀카키스 주지사와의 관계를 파탄내고 온 매사추세츠주 정치 운영 전문가였다. 마이클 듀카키스도 이 선거전에 뛰고 있었다. 또 다른 여성은 존 케리 상원의원의 사무실을 떠나 이곳으로 왔는데 존은 그것을 달가워하지 않았다. 내 선거 캠프 직원들은 다른 후보자의 제안을 거절하거나 직장을 떠나거나, 보스턴이나 워싱턴에 가족을 남겨 둔 채 윌밍턴으로 이사했다. 질은 그런 말까지 할 필요 없었다. 나는 그녀가 무슨 말을 하려는지 잘 알았다. 마음을 바꾸기에는 너무 늦었다.

그녀는 이렇게 말했다. "너무 많은 사람들이 연관돼 있어."

10장

지적 투쟁

내가 민주당 대통령 후보 경선 출마를 발표한 날에 내 이름을 아는 유권자는 5명 중 1명도 채 되지 않았다. 굳이 여론조사 결과를 참고할 필요도 없었다. 그들은 언제나 기꺼이 자료를 제공했겠지만 말이다. 전해에 클리블랜드에서 열린 기금 모금 행사에서 현지 TV 기자가 북적거리는 사람들 속에서 나를 흘끗 쳐다보았을 때 그런 느낌을 받았다. 그는 카메라맨을 끌고 달려왔다. "위원장님!" 그는 분명히 내가 전 로스앤젤레스 유비쿼터스 올림픽 위원장이자 당시 메이저리그 위원장이던 피터 V. 유베로스라고 생각한 게 분명했다. "클리블랜드에는 무슨 일로 오셨습니까?"

"약물 검사요." 나는 기자들에게 말했다. "기자들 약물 검사하러."

TV 제작진은 그 후로 나를 따라다니지 않았다.

나는 델라웨어 외의 지역에서는 대다수 사람들이 내가 상원이라는 것도 알아보지 못하고 내 경력에 대해 아무것도 모른다는 것을 고통스럽게 인지했다. 나는 백지나 다름없는 상태였다. 내가 공식 후보가 된

날부터 그 백지를 채우는 방식으로 미국인들에게 나 자신을 보여줄 수 있는 시간은 6개월 정도였다. 그들이 나에 대해 알게 되면 이길 기회가 있다고 생각했다.

첫 번째 큰 기회는 7월 1일 휴스턴의 워담 센터에서 있을 예정이었다. 지상파 방송에서 윌리엄 F. 버클리의 주최로 전국적으로 방송되는 TV 토론회를 계획했다. 민주당 후보 모두 출연할 예정이었다. PBS에서 방송되면 후보자들의 첫인상을 보고 비교 평가할 시청자를 1000만 명은 확보할 수 있을 터였다. 게리 하트가 레이스에서 탈락한 가운데 무대가 마련되었다. 마이클 듀카키스 매사추세츠 주지사, 브루스 배빗 애리조나 주지사, 리처드 게파트 미주리 하원의원, 제시 잭슨 민권운동가 겸 목사, 폴 사이먼 일리노이주 상원의원, 앨 고어 테네시주 상원의원, 나까지 3명의 상원의원이 참가했다. 운 나쁜 숫자였다. 언론은 우리를 일곱 난쟁이라고 불렀다.

휴스턴 행사는 많은 청중이 후보 전부를 따져볼 기회였고, 나는 그것이 얼마나 중요한지 알고 있었다. 나는 1960년 존 F. 케네디 상원의원과 리처드 닉슨 부통령의 대선 TV 토론을 기억하고 있었다. 실질적으로 그 토론은 무승부였다. 그러나 케네디는 햇볕에 그을리고 건강해 보였고, 닉슨은 창백하고 초췌해 보였다. 부통령은 오랜 선거운동을 마치고 곧장 스튜디오로 온 것이었다. 토론 준비를 마치고 휴식을 취하다가 온 케네디와 비교하면 닉슨은 끌려 나온 고양이 같았다.

그래서 나는 내 일정 관리자들에게 시카고의 한 호텔에서 이틀 동안 토론 준비를 할 것을 요청했다. 나는 일을 마치고 시카고에 가서 준비를 하고, 토론이 있는 날 아침 휴스턴으로 직행해 운동을 한 후 휴식을 취하고, 밤에 제대로 쉴 생각이었다. 국민 전체가 보는 조 바이든의 첫인상을 결정짓는 날이라면 나는 최선을 다할 생각이었다.

시간을 더 달라고 했어야 했는지 모르지만 캘리포니아에서 이미 한 차례 기금 모금 행사가 준비되어 있었고, 스케줄은 조정할 수 없었다. 선거운동에는 항상 더 많은 돈이 필요했다. 그래서 6월 26일 금요일, 질과 나는 출장 담당 보좌관 토미 발레리, 루스 베리와 함께 비행기에 올라 자금을 모금하기 위해 로스앤젤레스로 향했다. 우리가 공중에 떠 있는 동안 백악관은 내가 꿈도 꾸지 못할 방식으로 내 인생을 바꿀 발표를 하고 있었다. 착륙하자마자 지역 선거운동원 한 명이 토미를 붙잡았다. "의원님이 즉시 사무실로 전화하셔야겠습니다." 그는 토미에게 말했는데, 내게도 들렸다. "파월 판사가 사임했습니다."

나라에는 안 좋은 변화였고 나에게는 안 좋은 타이밍이었다. 나는 이미 법사위원회 위원장직 때문에 대통령 출마에 의구심을 받아왔다. 나는 대법관 후보자 인사 청문회와 선거운동을 어떻게 동시에 계획하고 실행해야 할지 난감했다. 루이스 파월의 사임은 상황을 더욱 악화시켰다. 파월은 리처드 닉슨이 지명한 법관이었다. 임명 당시 그는 기업 친화적이고 법질서에 엄격할 것으로 예상되었다. 그러나 최근 몇 년 동안 이 기품 있는 버지니아 출신 법관은 낙태, 차별 철폐 조치, 교회와 국가의 분리에서 논란의 여지가 많은 5 대 4 결정에 결정적인 표를 던졌다. 파월 대법관은 특히 대법원이 로널드 레이건 대통령의 보수적인 사회적 의제 비준을 막기 위해 구멍 난 댐을 틀어막은 손가락 같은 존재였다.

레이건 의제의 상당 부분은 대중과 입법부의 지원이 부족했기 때문에 법원은 레이건 혁명을 완수할 최고의 기회였다. 패트릭 뷰캐넌 백악관 공보국장은 1986년 다음과 같이 썼다. '대법원에 2명의 대법관을 임명하는 것은 20년 만에 의회가 달성할 수 있는 어떤 것보다 공립학교

기도 시간, 포르노 반대, 강제 버스 통학 반대, 임신중절 금지법, 고용 할
당제 폐지 등 사회적 의제를 진전시키는 데 큰 도움이 될 수 있다.' 레이
건 행정부는 이미 앤터닌 스캘리아를 연방 대법관으로 세웠기 때문에
또다시 백악관의 뜻대로 된다면 파월의 사임으로 대통령은 한 세대 혹
은 그 이상 동안 균형을 맞출 기회를 얻을 수 있었다.

"마크와 약속 잡아." 나는 토미에게 말했다.

내가 법사위원회의 수석 고문인 마크 기텐스타인에게 갔을 때, 그는
이미 레이건 사법부의 존 볼턴과 이야기를 나눈 뒤였다. 볼턴은 나중에
조지 W. 부시 대통령의 비회기 임명자로 유엔 주재 대사관을 역임해 논
란이 된 인물이었다. 볼턴 보좌관의 말로는 새 지명자, 연방 항소법원
로버트 보크 판사가 보수 운동의 총아일 것 같다는 강한 느낌을 받았다
는 것이다. 마크는 백악관이 이미 내가 1년 전에 〈필라델피아 인콰이어
러〉에 준 인용문 사본을 흔들고 있다고 말했다. 그는 인용문 내용을 읽
어주었다. "행정부가 보크를 천거한다면… 조사를 해봐야겠지만, 그는
스캘리아와 많이 비슷한 것 같네요. 그에게 투표해야 할지도 모르겠네
요." 나도 그 인용문이 기억났다. 나는 단지 진보적인 이익단체가 하라
는 대로 투표하지 않고, 나 자신의 조사에 근거해 결정을 내릴 거라고
말하려 했다. "나는 '조사를 해봐야겠지만'이라고 말했어." 나는 그에게
상기시켰다. "게다가 이건 다른 문제야."

스캘리아는 또 다른 보수파의 자리를 대신했다. 그의 대법원 승진과
달리, 보크 판사는 이데올로기적 균형에 변화를 가져올 것이다. 대통령
은 법원의 정치적 구성을 바꿀 자유가 있었지만, 대통령이 그렇게 나온
다면 상원은 그 시도를 저지할 힘을 가지고 있다고 나는 믿었다.

기텐스타인은 나를 위해 보크 판사의 기록을 가지고 진보주의자와

보수주의자 양쪽을 대변하는 헌법학 교수, 법률 전문가와 함께 전화 회의를 열었다. 그는 루이스 파월이 아니었다. 그들은 모두 동의했다. 그들은 보크 판사가 매우 보수적이며 사생활과 용의자 권리, 그리고 더 최근의 버거 법원 결정, 낙태와 차별 철폐 조치를 경멸했다고 말했다. 그들은 보크가 여러 포럼에서 그가 이전 결정을 번복하는 데 대해 몸을 사리지 않을 것이라고 했다고 말했다.

그날 전문가들과 통화를 끝낼 때쯤, 나는 보크 판사에 대해 심각한 의문을 품었다. 하지만 내가 확실히 알고 있는 것은 판례를 뒤엎겠다는 의지로 선택된 이념적 성향의 후보는 분열적이고 불필요한 싸움을 불러올 것이라는 점이다. 나는 그런 종류의 피바람은 불지 않기 바란다는 성명을 발표했다.

파월 대법관은 지난 15년 동안 민권과 시민 자유에 관련한 여러 결정에서 결정적인 표를 행사했다. 정의의 저울이 이념적 편견 때문에 기울어서는 안 된다. 나는 이 행정부가 의회에서 직접 하지 못한 것을 간접적으로 시도하려는 어떤 노력에도 저항할 것이다. 그것은 우리의 법학에 이념적 의제를 부과하는 것이다. 루이스 파월이 매우 중요한 많은 사건에 결정적인 표를 던졌다는 점에서 나는 우리를 하나의 국가로 묶는 사회 구조의 일부로서 오래전부터 확립되어 온 보호 체계를 무효화할 가능성이 있는 후보를 특히 주의 깊게 검토할 것이다.

헌법 제2조 제2항은 대통령에게 '상원의 조언과 동의에 의해' 대법관을 선출할 권한을 부여한다. 나는 지금이 그 조언을 해줄 때라고 생각했고, 레이건의 비서실장인 하워드 베이커에게 전화를 걸어 보크의 임명을 취소할 수 있는지 알아보았다. 베이커는 상원에서 동료였다. 그는 테네시주에서 온 온건한 공화당원으로 양쪽 당 의원을 모두 존중했다. 대통령은 기울어진 배를 바로잡기 위해 베이커를 백악관으로 데려갔다. 레이건 행정부가 의회와 연방법을 무시하면서까지 니카라과의 콘트라 반군에 자금을 지원하고, 이란의 인질들과 무기를 거래해 자금을 조달한 이란-콘트라 사건과 에드 미즈 법무부 장관, 행정부 내 다른 인사를 둘러싼 윤리적 추문은 백악관에 심각한 상처를 입혔다. 그해 중간선거 결과는 대통령을 힐책하는 것처럼 보였다. 민주당은 상원을 되찾았고, 우리는 편안하게 10석을 더 보유하게 되었다. 새로운 민주당원 중 다수는 공화당이 믿던 남부 주에서 선출되었다. 75세의 레이건이 정치적 강속구를 잃어가고 있다는 이야기가 돌았다.

하워드 베이커는 정치적 레이더를 제대로 잡지 못했고, 그는 행정부가 힘든 싸움을 할 상태가 아니라는 것을 알아야 했다. 내 경험상 그는 정치투쟁을 찾아서 할 사람이 아니었다. 그는 임명에 대해 결정이 내려지기 전에 나와 만나기로 했다.

나는 토론 준비 첫날 시카고에 갔고 내게 이틀이 주어졌음을 안 후 휴스턴 토론에 대비하기 위해 약간의 휴식을 취할 수 있길 바랐다. 선거 전문가가 작성한 세대 차별적 동원 명령 같은 메시지는 쓸 수 없었다. 그 내용은 너무 편협했고, 내가 되고 싶은 대통령의 모습과는 달랐다. 무역이나 에너지 정책, 교육, 환경, 중동 평화 프로세스, 또는 소련을 상대하기 위한 새로운 현실에 관련해 내가 하려는 말이 무엇인지는 헷갈리지 않았다. 그러나 공공 정책과 나의 깊은 개인적 신념을 연결할 단순하고 직접적인 간결한 언어를 찾고 있었다. 생각할 시간에 목말랐고, 이틀 내내 고위직 직원, 정책 담당자와 함께 토론 준비를 해야 했다. 많은 직원이 선거운동에서 메시지나 자신의 자리를 놓고 다투고 있었다. 그보다 더 안 좋은 일은, 누군가가 내가 잘 모르는 사업가를 초대해서 그 낯선 사람이 캠페인 관리를 맡는 데 내 승인을 얻으려는 것이었다. 그래서 토론은 준비 단계부터 불안정하게 시작되었다. 그리고 두통이 도무지 사라지지 않아 타이레놀로 대충 막아야 했다. 하루에 열 알씩은 먹었던 것 같다. 나는 테드 코프먼에게 "지금은 빈정대는 선거 전문가는 다 끊을 때가 된 것 같아"라고 말했다. "그냥 모두 해고하고 새로 시작해." 그리고 하워드 베이커는 연방 대법관 지명에 대해 다시 전화했다. 그는 "조, 일이 빠르게 진행되고 있어"라고 말했다. "여기로 오는 게 좋겠어."

"하워드, 이야기부터 먼저 나눌 거라고 생각했는데."

"그렇지. 하지만 오늘 오후에 하는 게 좋겠어."

워싱턴으로 향하는 비행기 안에서도 토론 준비를 계속했지만 무역정책이나 교육개혁에 크게 중점을 뒀다고 할 수는 없었다. 워싱턴 국제 공항에 착륙했을 때, 우리는 경찰의 호위를 받고 국회의사당 상원에서 조금 떨어진 로버트 버드 원내 대표의 사무실로 향했다. 버드, 베이커, 미즈 법무장관이 나를 기다리고 있었다. 나는 법무장관에게 안쓰러운 마음마저 들었다. '미즈는 돼지'라고 쓰인 표지판과 티셔츠가 전국을 뒤덮고 있었기 때문이었다. 심지어 국방부에서 수의계약을 받은 뉴욕 회사가 연관된 스캔들에서 불법적인 역할을 했을지도 모른다는 당혹스러운 폭로 압박을 받으면서도 미즈는 유쾌하고 위협감을 주지 않는 존재였다. 그러나 나는 미즈가 여전히 대통령의 귀 역할을 한다는 것을 알고 있었고, 그가 보크를 밀고 있다는 것도 알았다. 보크는 얼 워런 연방 대법원장 시기(1953~1969) 확립된 광범위한 피의자의 권리, 개인의 자유, 그리고 프랭클린 루스벨트의 뉴딜 경제정책의 범위를 확대 해석하려는 그릇된 움직임을 일삼는 지적인 기사(騎士)였다. 미즈는 그 운동의 최고 위직 공무원이었다. 법무부 장관은 소위 '본래 의도에 대한 법학'이라고 부른 것에 대해 연설해왔으며, 이는 주 입법부가 시민들에게 제공할 권리장전의 헌법적 보장을 취사선택할 수 있게 해주었다. 미즈가 던진 공은 가볍지 않았다.

버드 사무실의 큰 샹들리에 아래에서 베이커와 미즈는 우리에게 잠재적인 연방 대법원 지명자의 명단을 들려주었는데 버드와 나의 반응을 보느라 한 명씩 천천히 이름을 읊었다. 보크의 이름이 나왔을 때 나는 민주당 상원의원은 그를 채택하기 힘들 수도 있을 거라고 말했다. 베이커가 버드에게 보크와 문제가 있냐고 묻자 버드는 보크의 지명을 막지 않겠다고 말했다. 버드가 근본적으로 보크를 지원하겠다는 말처럼 들렸다.

내가 끼어들었다. "보크를 계속 밀고 나가려면, 길고 더운 여름이 될 겁니다."

버드가 날 교수형에 처하게 내버려두었다는 이야기를 데이비드 브로더가 들은 모양이었다. 그는 다음 날 아침 〈워싱턴 포스트〉에 '바이든은 정말 한 방 먹었다'라고 기고하면서 '그는 져서는 안 될 시험을 앞두고 있다'고 했다. '바이든이 대통령의 선택을 무산시키기로 했다면, 그가 가진 표를 하나씩 세어보는 편이 나을 것이다. 바이든이 무산시키겠다고 공언한 연방 대법관을 승인하는 것은 그를 노골적으로 내팽개친 것이나 다름없다. 그 싸움을 즐길 사람은 대통령이다.' PBS 토론회를 위해 휴스턴으로 날아갔을 때, 나는 하워드 베이커가 에드 미즈와 함께 가지 않을 것이라는 희망을 품었다.

휴스턴의 제트웨이에서 나왔을 때 수많은 기자와 카메라가 기다리는 모습을 보고 무슨 일이 일어났음을 알았다. "보크는 어때요? 보크는 어떤가요? 보크는 어떻게 하실 건가요?" 레이건은 내가 비행기를 타고 있을 때 보크 지명을 발표했다. "반대하실 건가요? 표가 충분할까요?" 나는 그렇게 많은 기자단에 둘러싸여 질문을 받아본 적이 없었다. 그 판사에게 의구심이 든다는 건, 앞으로 일어날 잡음은 단지 정치 문제가 아니라 국가의 미래가 달린 중요한 일에 관련된 것이라는 생각이 더욱 강하게 들었다. 내가 보크 판사에게 약속할 수 있는 건 청문회가 완전하고 공정하게 이루어질 것이란 사실이었다. 그러나 나는 또한 내가 이미 알고 있는 점을 감안하면 판사가 나의 지지를 얻을 것 같지는 않다고 분명히 했다.

휴식과 긴장을 푸는 건 이미 포기했지만 막판 토론 준비도 대부분 포기해야 했다. 그날 밤 토론에 대한 기억은 흐릿했다. 나는 레이건 행정부는 초점을 보크의 경력에서 나에게 옮기려 할지 모른다는 생각에 빠져 있었다. 그런 작업을 도와줄 사람은 많았다. 보수적인 칼럼니스트인 조지 윌은 이미 내가 불성실한 짓을 하고 있다는 증거로 〈필라델피아 인콰이어러〉 인용문을 들고 백악관을 도왔다. 윌은 '6개월 전 바이든은 법사위원장을 맡았는데 이는 역사가 한 남자에게 스스로를 교수형에 처할 수 있도록 충분한 밧줄을 건네준 사례'라고 썼다. '지금 믿을 수 없을 정도로 위축된 대통령 후보인 바이든은 화려하게 선전된 그의 원칙론 위로 공중제비를 넘는다. … 바이든이 그의 태도를 바꾼 이유는 그의 목줄을 잡아당기고 있는 세력 때문이거나, 더 나쁜 것은 선제적인 항복 행위에 대비하기 위해서다.'

워싱턴으로 돌아왔을 때 분위기는 후끈 달아올라 있었다. 법사위원회에서 민주당 서열 2위인 테드 케네디 상원의원은 이미 '로버트 보크의 미국은 여성들이 뒷골목 낙태를 강요당하고 흑인은 따로 떨어져 앉아 점심 식사를 하며 불량 경찰이 시민들의 집 문을 부수고 학생들이 진화에 대해 배울 수 없는 곳'이라는 성명을 발표했다. 진보주의 이익 단체는 보크에 대한 유사한 정면공격을 약속했다. 일부 대변인은 입에 거품을 물었다. NAACP(National Association for the Advancement of Colored People, 미국에서 가장 오랜 역사를 지닌 흑인 인권 단체–옮긴이)의 뉴욕주 국장은 패트릭 모이니핸 민주당 상원의원이 보크에 맞서지 않으면 그를 끌어내리겠다고 위협했다. 조지 윌이 한 말 중 하나는 옳았다. 그 단체들은 내 목줄을 잡아당기려 하고 있었다.

보크가 지명되기 전부터 여성변호사연맹의 이사는 내가 지명 작업에 집중하는 편이 좋을 거라며 경고했다. "상원 법사위원장에게 기대하는 리더십을 발휘하라. 그렇게 할 수 없다면 위원장직 사퇴를 고려하는 것이 현명할 것이다."

모든 싸움은 개인적인 공격으로 변해갔다. 진보 단체가 나까지 공격하는 것을 보면 그들이 보크에게 무슨 짓을 할지 상상이 갔다. 보크를 부르는 별명이 빠르게 바뀌는 것을 볼 수 있었다. 보크는 인종차별주의자, 성차별주의자, 부자와 권력자의 도구로 그려졌다. 설령 그게 모두 사실이고, 그게 내가 상상할 수 있는 최악의 전략이라 해도 내가 원한 전략은 아니었다. 나는 지명이 발표된 지 몇 주 후 사무실을 방문한 보크에게 그렇게 말했다. 나는 그때까지 그가 공언한 헌법에 대한 견해를 충분히 연구했고 그의 지명에 반대할 것이 거의 확실했다. 그가 어떻게 그렇게 많은 기사와 연설에서 극단적인 입장을 말할 수 있었는지 모르겠다. 무엇보다 그는 사생활에 대한 일반적인 권리를 인정하길 거부했다. 그러나 우리의 처음이자 유일한 사적인 만남에서 나는 보크 판사에게 법사위원회 청문회는 공정하게 이루어질 것이며, 그가 주장을 펼칠 충분한 기회를 주겠다고 장담했다. 나는 주요 민권 연합의 책임자에게 필리버스터는 없을 것이라고 말한 바 있다. 우리는 상원의 규칙과 전략에 의존하지 않을 것이다. 보크 판사는 전체 상원의원에게 찬성 혹은 반대표를 받을 것이다. 그리고 나는 그에게 인신공격은 하지 않겠다고 약속했다.

몇 시간 후 나는 다양한 진보주의 이익집단의 지도자들을 만났다. 내가 회의에서 가장 먼저 분명히 한 것은 내가 한 말이 밖으로 새어 나가서는 안 된다는 것이었다. 보크의 지명이 역사적으로 중요하다는 사실은 그들만큼이나 나도 잘 알고 있다고 말했고, 그 방에서 내게 귀 기울이는 사람들 앞에서 내 시간과 에너지를 청문회에 쏟아부을 것이라고 장담했다. 나는 보크에 대해 심히 의심이 간다고 말했다. 하지만 나는 그들에게 흥분해서 덤벼들면 지명 절차가 시작되기도 전에 기회를 날려버릴 수도 있다고 충고조로 말했다. 그 단체들이 진보를 기반으로 이 게임을 하려고 한다면 보크를 막을 표를 얻을 수 없었다. 상원에서 보크에게 불리할 논거가 있다면 그것은 정치 중심부의 공화당과 민주당에 전달될 수밖에 없었다. 예를 들어 낙태권에 대해 국민투표에 부친다면 우리는 질 것이다. "음, 저는 다른 것을 분명히 하고 싶습니다. 어떤 전략이 우리 중 보크가 임용될까 걱정하는 자에게 도움이 될지는 제가 결정하겠습니다. 제가 이 싸움을 주도한다고 해서, 단순히 선거 캠페인과 관련된 이슈로 만들지는 않을 것입니다." 나는 그들에게 전술에 대한 토론에 그들을 참여시키지 않겠다고 말했다. 나는 내 방식대로 대선 경선 운동을 이어갈 생각이었다. 그 방에 있는 모든 사람이 기꺼이 동의하는 것처럼 보였다.

내가 회의실을 떠난 지 몇 분 후 〈뉴욕 타임스〉는 내가 보크를 상대로 싸움을 주도하겠다고 이익 단체에 약속했는지 확인하기 위해 내 직원들에게 전화를 걸고 있었다. 나는 그런 약속을 하지 않았지만, 사적으로는 보크에게 반대한다고 말하고 공개적으로는 앞으로 두고 보겠다고 말하는 것처럼 비치는 건 싫었다. 나는 보크에 대해 충분히 알고 있었기에 그가 법정에 적합한 인물이라고 나를 설득하는 것은 불가능하리라는 사실도 잘 알았다. 그래서 그 이야기에는 이의를 제기하지 않았다. 다음 날 보도가 나가자 〈뉴욕 타임스〉는 1년 전 〈필라델피아 인콰이어러〉에서 한 내 진술을 다시 지적했다. 내가 이익집단에서 위협을 받고 압박을 느끼고 있다는 듯한 느낌―백악관이 이용하고 싶어 하는―이 들었다. 그래서 내가 그들의 요구를 들어주고 있는 것처럼 보였다. 그리고 나는 그것 때문에 타격을 입었다. 한 중도주의 칼럼니스트는 나를 '진보 압력 집단의 호구'라고 불렀다. 백악관은 내가 민주당 대통령 예비선거에서 지지를 얻으려는 냉소적인 전술로 보크를 이용하고 있다는 말을 퍼뜨렸다. 대통령 대변인인 말린 피츠워터는 내가 청문회를 이런 당파적 방식으로 정치화하는 것을 대통령이 유감스럽게 생각한다고 말했다. 그 말은 효과가 있었다. 다음 날 〈워싱턴 포스트〉는 사설에서 '법사위원회에서 배심원 대신 검사 역할에 빠져 있는 바이든 상원의원으로부터 어떻게 하면 (보크가) 공정한 청문회를 받을 수 있을까'라는 식으로 이야기했다. 몇 주 후 민주당 공천에 출마했던 앨 고어 테네시주 상원의원은 〈워싱턴 포스트〉 사설을 한 줄 이용하기 시작했다. 고어는 판단을 유보하고 있었고, 그는 내가 루이스 캐럴의 『이상한 나라의 앨리스』 글귀처럼 '선선고, 후평결'을 외치고 다닌다며 비난했다.

나는 대통령 선거와 논란이 되고 있는 대법관 지명의 어두운 교차점에 온 것을 환영한다고 스스로에게 말했다. 내가 첫발을 내디딘 그곳에 그다지 친한 사람은 없었다. 백악관과 그 주변의 공화당원은 대부분 근거도 없이 인신공격을 통해 권력을 얻었다. 그리고 그들은 각본대로 나를 가지고 놀았다. 루이스 파월이 사임한 후 2주 동안 나는 실없는 소리나 읊어대는 사람, 진보 이익집단의 도구, 무원칙한 기회주의자, 그리고 로버트 보크 판사의 거대한 지성이나 레이건 백악관의 정치적 수완에 맞서기에는 매우 부적합한 사람으로 보도되었다. 〈워싱턴 포스트〉는 '상원의원은 한 수 아래'라는 헤드라인을 달았다. 나는 내가 한 수 아래라고는 전혀 생각하지 않았지만 정치적 술책에 허를 찔리고 있는 것은 확실했다. 백악관은 보크에 대한 초기 언론을 훌륭하게 조성했고, 우리는 이를 따라잡기 위해 해야 할 일이 많았다.

초기 민주당 예비선거에서 보크의 정치학은 꽤 명확했다. 아이오와와 뉴햄프셔의 민주당원이 판사에 대해 더 많이 알게 되면서 그에게 엄청난 공격을 퍼붓고 있었다. 아이오와에서 내 선거 캠프의 명예의장인 로웰 전킨스와 나를 위해 아이오와 캠프를 운영하던 데이비드 빌헬름도 보크와의 격렬한 공개 싸움에서 긍정적인 반전을 보여주었다. 전킨스는 이제 막 아이오와주 상원의 다수당 대표로 롱런을 달성한 참이어서 그는 자신이 하는 정치에 대해 잘 알고 있었다. 그는 내가 보크를 상대로 강경하게 나와야 한다는 주장을 펴기 위해 워싱턴으로 날아왔다. "게파트, 듀카키스, 심지어 배빗까지 NAACP 컨벤션에서 보크를 공격할 겁니다. 모두 '바이든은 어디 있지?'라고 물어요." 나는 그에게 지금은 그럴 때가 아니라고 말했다. 이것은 정치 이상의 의미가 있었다. 나는 보크에게 대응할 준비를 하기 위해 잠시 한 발 물러나기로 했다. 대선 관련 일은 저절로 해결될 것이다.

사실 나는 보크 지명 일주일 안에 보크를 물리칠 전략을 정했다. 내가 가장 먼저 해야 할 일은 지명 절차에 대한 상황을 재설정하는 것이었는데 최근에는 거의 인격과 자격에만 초점을 맞춰왔다. 로버트 보크는 성실한 학자였다. 그는 미국 법무부 사무관, 미국 법무부 장관 대행, 존경받는 예일 대학교 법학부 교수, 미국 항소법원의 컬럼비아 특별구 판사였다. 내가 본 대로 보크를 막는 길은 주류에서 벗어난 그의 사법 철학, 즉 이념에 관한 문제를 제기하는 것이었는데 그 역시 가능성이 낮기는 마찬가지였다. 상원에서는 그런 식의 싸움에 대한 현대판 전례가 없었다. 내가 상원에 들어온 이후 그리고 로스쿨에 다닐 때부터, 대법관 후보자가 지적인 능력과 헌법에 관한 폭넓은 경험, 법관다운 합리적인 기질을 갖추고 대단히 부도덕한 범죄를 저지르지 않는 한, 상원은 반드시 판사 지명을 확정할 수밖에 없다는 것이 기본적인 이해였다. 이념에 관한 부분은 대법원장 지명에서는 정치적 불문율이었다. 대통령은 스스로 선택을 해야 한다. 수십 년 만에 지명된 가장 보수적인 판사, 스캘리아 임명은 1986년 98 대 0으로 상원을 통과했다. 보크를 공격하는 테드 케네디 상원의원도 스캘리아에게 반대표를 던지지 않았다.

그러나 나는 1960년대의 대법원장 임명을 둘러싼 힘겨운 싸움이 지명자에게 인신공격을 가함으로써 이념의 문제를 피해 갔다는 사실을 알고 있었다. 에이브 포터스(재정적 부적응), G. 해럴드 카스웰(능력), 클레멘트 헤인스워스(사법적 윤리) 등은 개인적 능력 부족으로 거부당했지만 겉으로 드러나지 않은 분명한 이유는 이념 때문이었다. 인신공격은 단지 반대 의견을 가려줄 뿐이었다.

나는 이제 이념 문제를 공개적으로 끄집어내고 인신공격은 피해야 할 때가 왔다고 생각했다. 동료들에게 만약 대통령이 보크가 천명한 헌법 철학에 근거해 지명을 원하면, 상원은 그 철학의 의미와 내재된 가능성을 조사해야 한다고 주장할 생각이었다. 나는 그 논거의 밑그림을 그리기 위해 직원들에게 인준 과정의 오랜 역사를 조사하도록 했다. 나는 직원들이 찾아낸 내용에 놀라지 않았다. 1987년 7월 23일 상원 원내에 있는 내 자리에 올라갔을 때, 나는 대법관의 정치적 이념에 대해 길고 원칙에 입각한 역사를 발표했다. 나는 1795년 조지 워싱턴이 존 러틀리지의 임명 실패와 앤드루 잭슨이 미국 제2은행을 무너뜨리는 데 도움을 줄 판사들을 앉히려는 시도에 관련한 치열했던 싸움으로 거슬러 올라가는 역사상 전례를 인용했다. 프랭클린 루스벨트가 비우호적인 법원을 무시하려는 대담한 시도로 판사 수를 늘리라고 의회에 강요했을 때도 상원은 그를 저지했다. 나는 동료들에게 이렇게 말했다.

정치적 또는 상투적인 이유만으로 거절된 마지막 후보자는 허버트 후버 대통령이 지명한 존 J. 파커였습니다(1930년). 그리고 파커 판사의 경우, 지명자에 대한 의견뿐만 아니라 법원에 보수적인 사람을 추가하는 것이 미치는 영향에 관해서도 토론이 집중되었습니다. 파커의 학자로서의 자격은 나무랄 데가 없었습니다. 그러나 공화당은 법원이 (윌리엄 하워드 대법원장) 태프트 체제하에서 취해온 보수적인 방향에 동요해 반대파를 조직화하기 시작했습니다. 그 건은 세 가지 논점에서 진행되었습니다. 첫째 파커가 노동자들에게 우호적이지 않았다는 점, 둘째 흑인의 투표권과 정치 참여에 반대했다는 점, 셋째 그의 임명이 정치적 고려에 의해 결정되었다는 점입니다.

항소법원에서 피력한 파커의 의견은 노동운동에 대한 그의 입장을 잘 보여줍니다. 그는 노동자가 노조에 가입하지 않겠다는 것을 고용 조건으로 내건 '황견(yellow dog)' 계약을 인정했습니다.

야당의 경우에는 아이다호 상원의원 윌리엄 E. 보라가 다음과 같이 설득력 있게 표현했습니다. "(우리 법관들은) 우리가 하는 일에 대해 선고를 내린다. 따라서 이러한 문제를 선고하는 것이 무엇보다 중요하다."

그리고 네브래스카의 (조지) 노리스 상원의원이 덧붙인 말은 오늘날 우리가 잘 기억해두어야 합니다. "우리가 판사 자리를 물려줄 때, 우리는 그가 좋은 변호사인지와 정직한지 아닌지를 알아야 합니다 - 저는 이 지명자가 이 두 요건은 갖추었다고 인정합니다. - 하지만 우리는 그가 인간의 자유라는 위대한 문제에 어떻게 접근하고 있는지도 알아야 합니다."

파커는 41 대 39 표로 대법관 자리를 승인받지 못했습니다.

나는 파커가 잃은 자리를 차지한 사람은 1937년 루스벨트 대통령의 뉴딜 정책을 위한 길을 열어주는 데 결정적인 표를 행사한 인물이었다고 지적했다. 그 투표로 대통령, 의회, 주 정부는 이 나라가 지금까지 지켜온 새로운 사회적 계약을 작성할 수 있었다. 파커가 대법관으로 앉아 있었다면 대법원은 예를 들어 사회보장제도를 가로막았을 것이다.

연설 후반에 나는 동료 몇 명에게 역사 속에서 '조언과 동의'를 제공하는 그들의 위치를 상기시켰다. 법사위원회 고위 공화당 의원인 스트롬 서먼드는 아프리카계 미국인으로는 최초로 재판관이 된 서드굿 마셜 대법관 인준 과정에서 이념 문제를 꺼내들었다. "서먼드 상원의원은 균형의 중요성을 강조했다. '이는 향후 대법원 판결의 논지를 바꾸려면 보수파 대법관 2명을 추가로 선출해야 한다는 의미다.'"

서먼드도 재선에 성공하지 못하고 임기 말을 앞둔 린든 존슨 대통령이 얼 워런의 후임으로 에이브 포터스를 지명했을 때 비슷한 감정을 표현했다고 나는 말했다. 그는 의회에서 다음과 같이 발언했다. "대법원은 정부의 정책 입안자로서 매우 강력한 역할을 담당하고 있기 때문에 상원은 예비 재판관들의 견해 – 대법관의 견해 – 를 반드시 고려해야 한다는 것이 나의 의견이다. 또 미국인들이 직면한 폭넓은 이슈와 이 이슈를 다루는 법원의 역할과도 관련이 있기 때문이다."

나는 동료들에게 포터스 인준 싸움에서 한 상원의원이 현 대법원장인 윌리엄 H. 렌퀴스트라는 젊은 변호사가 만든 법안을 인용했다고 말했다. "1959년 초에 렌퀴스트는 '대법관 지명자 인준 투표에 앞서, 연방 대법관 지명자의 법률 철학을 철저히 알리는' 상원의 관행을 회복시키기 위해 하버드 법학 기록을 요청했다"고 설명했다.

나는 이날 원내에서 문제의 핵심은 다음과 같다고 말했다. "우리는 대법원을 자신의 정치적 목적에 이용하려는 인기 많은 대통령의 결연한 시도에 다시 한번 직면했다. 누구도 대통령이 시도할 권리에 대해 이의를 제기해서는 안 된다. 하지만 거기에 대해 상원이 반응을 보일 의무에 대해서 누구도 이의를 제기해서는 안 된다."

상원에서 34년 동안 일하면서 내가 이 기관의 진로를 바꾸는 데 도움을 주었다고 믿은 순간은 많지 않았지만, 연설을 마치면서 그런 기분을 느꼈다. "우리가 토론의 본질에 대해 서로 다른 의견을 낼 각오를 하고 있기 때문에, 아무도 토론 조건에는 이의를 제기하지 않게 해야 한다. 표를 던질 때 본질적인 질문을 제기해야 하는 우리의 권리와 의무를 누구도 부정하지 않게 해야 한다. 이는 미국 헌법 제정자 스스로도 의도한 바다."

연설이 끝난 후 알린 스펙터 상원의원은 나에게 이념을 대법관 후보자의 잣대로 사용한, 이처럼 설득력 있는 사례는 접해본 적이 없다고 말했다. 스펙터는 펜실베이니아 출신의 온건파 공화당원으로 법사위원회의 핵심 부동표였다. 스펙터의 반응은 내가 청문회의 기본 룰을 정할 수도 있다는 희망을 주는 최초의 희미한 빛이었다. 새로 선출된 남부 민주당 의원 2명이 내 의견에 동의했을 때, 나는 미국 상원의 중요한 부분에서 견인력을 얻었다는 확신이 들었다.

원내에서 한 연설은 상원의 헌법상 특권에만 초점을 맞췄다. 나는 지나가는 말로만 보크 판사의 이름과 그의 지명을 언급했다. 그러나 우리가 그 헌법 표지를 내려놓는 작업을 하는 동안 위원회 직원들은 로버트 보크의 사법적 견해와 학구적인 기사로 가득한 브리핑 책자를 준비하고 있었다. 학계에서, 그리고 판사로서 몇 년을 보낸 후, 그는 자신의 핵심 신념과 사법 철학을 고스란히 담은 거대한 서류상의 흔적을 남겼다. 그는 자신의 입장을 고수하는 것을 주저하지 않았다. 보크에 대한 학술적, 사법적 의견 분석을 도와준 정말 똑똑한 진보와 보수 양쪽 헌법학자들과 회의를 시작하며 그 책들을 자세히 살펴보았다. 나는 보크와의 싸움이 내 대선 레이스에 어떤 영향을 미칠지 가늠하느라 시간을 허비하지는 않았다. 다만 보크 판사에 대해 일면 알수록 그를 법정 밖으로 쫓아낼 필요가 있다는 생각이 강하게 들었다.

로버트 보크의 사법적, 헌법적 철학에 대한 학습은 미국 민주주의의 근본적인 토대에 대한 나의 신념을 다시 생각해보는 시간이 되었다. 보크 판사와 나는 미국 헌법의 범위와 의미에 대해 매우 다른 견해를 가지고 있다는 것을 발견했다. 그 사실이 분명하게 다가온 순간을 기억한다. 나는 집 현관에 앉아 몇 명의 학자, 법률 사상가와 이야기를 나누고 있었는데 듀크 대학교 법대 교수 크리스 슈뢰더가 관심을 끄는 말을 했다. 슈뢰더는 보크에 관련한 정보를 전부 읽었고, 그의 논지에 매료되었다고 했다. 슈뢰더는 보크가 1930년대 법원이 루스벨트의 뉴딜 법안을 부결시키고 정부를 자유 시장에서 완전히 배제한 것이 옳았다고 믿는 시카고학파 같은 급진파 수준은 아니라고 생각했다. "그는 의회가 그 영역 내에서 행동하기만 하면 시장에 저항할 수 있다고 믿었습니다." 그러나 보크는 헌법에 대한 기본 개념과 헌법적 근거를 해석하는 판사의 편협한 역할에 대한 개념에서는 시카고학파의 견해를 따랐다. 보크의 사고방식에 의하면, 판사들이 '법이란 무엇인가'를 결정하는 데 쓰일 유일한 도구는 이 법을 만든 의원들의 의도다.

나는 보크의 견해에 대해 슈뢰더에게 물었다. "모든 입법 행위는 사업 계약과 마찬가지로, 거의 하나의 중요한 시점에 국민 대표자에 의해 이루어진 계약이나 거래인데 문자 그대로 읽혀야 한다는 말인가요?"

"맞아요."

"그러니까 보크에 따르면 1965년의 헌법과 민권법은 말하자면 공공사업 법안과 다를 바 없다는 말이네요? 거기에는 살아 있는 정신이 없다고요?"

슈뢰더는 그것보다 훨씬 더 근본적인 것이라고 말했다. "인간의 목적과 열망은 본질적으로 주관적이고 자의적인 문제이기 때문에 개인의 선택이 보호받는 것입니다." 보크의 말을 인용하자면 '당연한 권리가 요구된 인간의 가치를 다른 어떤 것보다 우선시하는 원칙적인 방법은 없다'라고 슈뢰더 판사는 설명했다. 보크의 견해에 따르면 판사는 어떤 인간의 가치관이 다수결 원칙에서 보호받을 가치가 있는지 주관적으로 선택할 권리가 없다는 것이다.

나는 "편견을 비난하거나 인간의 존엄성을 찬양하는 개념은요?" 하고 물었다.

"법령이나 헌법의 특정 참고 자료에 포함되지 않는 한, 그리고 포함되지 않는다면 그 권리는 법원에 의해 집행될 수 없죠. 차별적 편견, 이민자에 대한 반감, 적대적 견해에 대한 관용, 가난의 희생자에 대한 동정심, 이 모두가 자의적으로 세워진다는 겁니다."

그런 다음 슈뢰더는 〈인디애나 법 리뷰〉에 보크가 쓴 기사를 인용했는데 판사가, 대기오염을 줄이는 전기 설비를 사용할 권리보다 남편과 아내가 피임 기구를 사용할 권리에 손을 들어줄 만한 확실한 법적 근거는 없다고 주장하는 내용이었다. 슈뢰더는 "관찰자는 말할 수 있어야 한다"라고 이야기하면서 보크의 주장을 읽어 내려갔다. "판사의 결정이 권위, 외부 출처를 통해 주어진 약속을 공정하게 따르는지 아닌지 여부는 단순한 취향과 견해의 문제가 아니다."

나는 슈뢰더에게 말했다. "그래서 보크와 그의 친구들에게는 판사가 사건을 판결할 때 오직 두 가지 선택권이 존재하는 거죠. 한 가지는 외부 출처, 이건 법령이나 헌법의 문자 그대로의 단어를 말합니다. 다른 하나는 편견이에요. 그는 오직 전자만 선택해야 해요."

슈뢰더는 다음과 같은 답변으로 내 생각을 대변했다. "그리고 모든 외부 출처는 결국 정확히 한 종류로 압축됩니다. 유언장, 계약서, 법령, 헌법은 기본적으로 똑같다는 거죠."

법대 교수와 이런 대화를 나눌 무렵 나는 보크에 대한 자료를 읽는 데 깊이 빠져 있었지만, 그 대화로 로버트 보크의 사법 철학에 대한 불편한 마음은 더욱 커졌다. 나는 "보크의 헌법은"이라고 큰 소리로 말했다. "기본적으로 협의로 해석된 계약이죠. 그 이상도 이하도 아닙니다. 거기에는 정신이 담겨 있지 않아요. 그의 헌법은 미국인의 희망과 열망을 반영하고 있지 않아요."

로버트 보크는 포용력 있고 예리한 지능을 갖춘 사람이었지만, 나는 그가 자신의 지적 속임수에 갇혀 있다고 생각했다. 나는 많은 진보 이익 단체가 그랬던 것처럼 보크가 독립된 권리와 자유를 억압하려는 1인 십자군이라는 사실은 믿지 않았다. 나는 법관의 한정된 역할에 대한 보크의 철학은 지적으로 일관적이고 절대적인 학문적 구상의 산물이라고 생각했다. 그것이 그를 실제로 권리와 자유를 후퇴시킬 수 있는 이상하고 교묘한 위치로 이끈 것이다. 예를 들어 나는 보크가 가족계획 사업에 기여했다는 사실을 알았다. 나는 보크가 개인적으로 낙태법에 찬성했을 거라고 믿었지만 그는 솔직하게 이렇게 말했다. "나는 여성들에게 낙태를 허용하는 법안에 투표할 낙태법 찬성 후보자에게 표를 줄 것이다. 그러나 나는 헌법에서 그 명시적 권리를 찾을 수 없기 때문에 개인적으로 그 법안이 가치 있다고 여긴다 해도 판사로서 내 역할로는 그 권리를 지킬 수 없다."

집에서 열린 어느 모임에서 보수적인 법률학자 필립 컬랜드가 보크의 주장을 뒷받침하는 논리와 추론을 제시했다. 컬랜드는 보크의 관점을 존중했고 그가 보크와 나눈 상호 교류를 바탕으로 그 점을 상세히 설명했다. 보크가 주장한 부분 중 일부는 여전히 정당한 우려로 남아 있다. '9명의 종신직 판사가 각자 기준을 세우도록 내버려둔다면, 기본 권리를 각자의 기준으로 만드는 일을 무엇으로 막을 것인가?' 보크는 어떤 권리가 헌법에 명시되지 않은 상황에서 국가의 가치를 결정하는 국민의 권리를 선출된 관리들이 좌지우지할 수 있다는 점에 의문을 제기한 것이다.

그것은 합법적인 학문적 논쟁이지만, 보크의 전임자 루이스 파월은 거의 200년 동안 법원이 대중을 넘어선 적이 없었고, 국가의 신뢰를 능가하지 못했다고 지적했다. "우리는 법정을 믿어야 한다"라고 파월 대법관은 말했다. 나는 실제로 로버트 보크가 성실하고 건전한 판단력을 갖춘 사람이라고 생각했고, 그가 자신의 가장 큰 본능에 믿음을 갖지 못한 것을 유감스럽게 생각했다. 판결은 일부분 개인의 지혜와 지성, 연민이 영향을 미치게 되어 있다. 정치적 다수의 의지에 고개 숙이지 않고 법학적인 해석만 옳다고 주장했던 펠릭스 프랭크퍼터조차 "이 사법적 심판의 행사를 피할 수 있다고 믿는 것은… 헌법재판의 가장 중요한 측면이 무생물인 기계를 위한 기능이지 판사를 위한 것이 아님을 암시하는 것이다"라고 말했다.

프랭크퍼터는 법원에서 일한 대부분의 판사, 입안자와 마찬가지로 그들이 헌법에 구체적으로 열거되어 있든 아니든 법원의 보호를 받을 만한 근본적인 권리가 있다고 믿었다. 바로 그 부분에서 보크 판사와 나는 화해가 불가능할 만큼 차이가 난다. 나 역시 그 어떤 기록된 정치적 혹은 법적 문서보다 우선하는 자연적인 권리가 있다고 믿는다. 우리는 신의 자녀라는 이유만으로 그 권리를 가지고 있다. 독립선언문 작성자들은 다음과 같이 썼다. '우리는 이러한 진리를 자명하게 여긴다. 모든 인간은 평등하게 창조되었고, 창조주에게 양도할 수 없는 권리를 부여받았으며, 이 중에는 생명, 자유, 행복 추구의 권리도 있다. 이러한 권리를 확보하기 위해 인간은 통치자의 동의로부터 정당한 권한을 도출해냄으로써 정부를 조직했다.' 나에게 그것은 민주주의의 길을 밝히고 개별 시민과 정부의 관계를 규정하는 중심적인 빛나는 아이디어였다. 헌법이 없었더라도 인간에게는 원하는 사람과 결혼할 권리가 있었을 것이다. 또 생물학적 자손을 볼 권리, 발언할 권리, 종교를 가질 권리를 가지고 있었을 것이다. 그러나 보크 판사는 헌법이 양도했기 때문에 우리가 그런 권리를 가진다고 생각했다. 판사로서 그는 헌법에 명시된 것 이상의 기본적 인권을 인정하지 않았다.

그것은 뼈대에까지 이어질 수 있는 논쟁이었다. 헌법의 아버지나 다름없는 존재였던 제임스 매디슨은 헌법을 개인의 권리와 자유를 확장시키는 의미로 여겼다. 그리고 그는 권리장전이 실제로 자유를 제한할지 모른다고 걱정했고, 만약 그 입안자들이 특정 권리를 이름별로 열거한다면 이름 붙이지 않은 권리는 시민의 권리가 아닌 것으로 여겨질 수 있다는 점을 우려했다. 제9차 수정 헌법은 그에 대해 다음과 같은 답변을 담고 있다. '헌법에 열거된 특정 권리는 국민이 보유한 다른 권리를 부정하거나 폄하하는 것으로 해석되어서는 안 된다.'

1965년 대법원이 '그리스월드 대 코네티컷 사건'에서 처음으로 사생활의 기본권에 대한 헌법적 주장을 내놓았을 때 아서 골드버그 판사는 다음과 같이 썼다. '결혼에서의 사생활의 권리처럼 우리 사회에 너무나 기본적이고 근본적이며 뿌리 깊은 권리가 1차부터 8차 수정 헌법까지의 수많은 말로도 보장되지 않았다고 말하는 것은 9차 수정 헌법을 무시하고 그것이 아무런 효력도 발휘하지 못 한다고 말하는 것과 마찬가지다. 9차 수정 헌법은 1차에서 8차 수정 헌법에 명확히 열거되지 않은 기본권이 존재한다는 것과 그 목록에 포함된 권리들이 완전하다고 여겨지지 않는다는 헌법 입안자들의 믿음을 보여준다.'

그러나 골드버그의 추론은 정확히 보크가 의심을 품은 일종의 사법적 추론이었다. 보크는 9차 수정 헌법에 판사들을 가면 안 되는 곳으로 유인하는 모호하고 유혹적인 언어가 있다고 여겼다. 그는 9차 수정 헌법은 종이에 떨어진 물방울 얼룩만큼 판사에게 별 도움이 안 되는 지침이므로 무시해야 한다고 제안했다.

지명이 있고 나서 몇 주 만에 백악관은 '보크 판사에 관한 자료'를 발표했다. 보크 판사를 루이스 파월 판사에 맞추어 온건파 성향으로 그려낸 자료였다. 그 자료는 보크의 견해 중 가장 논란의 여지가 많은 견해를 실제로 애매하게 설명했다. 나는 그게 백악관의 전략이라면 내정자의 본능과는 배치되는 것이라고 생각했다. 나는 보크가 청문회에서 자신의 신념을 깎아내릴 것이라고는 생각하지 않았다. 그는 자신의 강력한 주장에 대해 합리적인 견해를 가지고 있었고, 나는 그가 자신의 견해를 매우 정직하게 변호할 거라고 생각했다. 나중에 보크는 법정에서 근무하며 '지적 향연'을 봤다고 말했다. 나에게 다가오는 청문회는 지적투쟁이 될 것 같았다.

8월 초가 되자 나는 보크가 근본적인 권리에 대한 논쟁을 벌인다면, 그가 연방 대법원에 오는 것을 막을 수 있을 것이며, 그건 나라를 위해 더 나은 일일 거라고 믿었다. 하지만 실수할 여지는 별로 없었다. 다른 상원의원들도 후보 지명에 맞서 싸울 준비가 충분히 되어 있을 것이지만, 나는 위원장으로서 보크를 정면으로, 단도직입적으로 만날 준비가 되어 있었다. 나는 확실히 준비가 되어 있었다.

법률 전문가들과 만나고 보크에 대한 자료 검토를 계속하기 위해 선거 캠페인 일정을 2~3일씩 비웠다. 나는 9월 15일에 청문회를 시작하기로 했다. 6주간의 준비 후 2~3주간 청문회가 이어지고, 그 후에는 상원 원내에서 힘든 싸움이 계속될 수도 있었다. 나는 표 관리를 해야 할 것이다. 아이오와와 뉴햄프셔에서 나를 위해 대선 운동을 하는 사람들은 당연히 공황 상태에 빠졌다. 마이클 듀카키스는 매사추세츠 주지사였고, 그의 고향 미디어 시장에는 이웃인 뉴햄프셔도 포함된다. 그는 사실상 그곳 토박이였고, 매사추세츠에서 온 내 참모들은 듀카키스의 조직력이 프러시아군의 정밀함과 자원을 모두 갖춘 것처럼 이야기했다. 내가 보크 문제로 시간을 허비하는 동안 그들은 아이오와 카운티에서 블록별로 표 굳히기 작업을 이어갔다. 리처드 게파트는 사실상 아이오와로 이주했고, 초반 여론조사에서 선두를 달렸다. 조언자들은 내가 남은 여름에도 선거운동에 전념하지 않고 게파트가 너무 앞서 나가도록 내버려둔다면 나중에 따라잡기 힘들 거라고 조언했다. 지금은 사람들의 거실과 서재로 찾아가고 주 의회 의원, 시장, 마을 상담원, 그리고 일반 유권자 사이에서 지지 기반을 닦아나갈 때였다. 젠킨스와 빌헬름 둘 다 8월에는 아이오와에서 민주당 유권자들과의 거래를 마무리 지어야 한다고 말했다. 그래서 나는 아내에게 대신 가달라고 부탁했다.

질은 정신병원에서 아이들의 영어 지도교사로 아르바이트를 하고 있었기 때문에 여름에는 오래 쉴 수 있었지만 이 일은 그녀에게 큰 도전이었다. 지금까지 질은 내 꿈을 따라오고 있었다. 그녀는 백악관에 들어가고 싶은 욕망이 전혀 없었다. 그 생각을 하는 것만으로도 두려워했다. 난 항상 질에게 원하지 않는 일은 하지 않아도 된다고 말했고, 그녀가 혼자 선거운동을 하러 나서는 것을 원하지 않았다. 그러나 지금은 질에게 그걸 해달라고 부탁했다. 그녀는 동의했다.

내가 집 현관에 앉아 보크 관련 브리핑 자료를 파고들며 직원, 법률 전문가와 회의를 할 때, 질은 아이오와로 선거운동을 하러 갔다. 그녀는 한 번에 사나흘씩 떠나 있곤 했는데, 기진맥진해서 돌아왔다. 그때 애슐리는 여섯 살이었다. 질이 나갔다 돌아올 때마다 딸은 엄마를 볼 수 있어 행복해했고 엄마와 함께하는 시간과 관심에 목말라했다. 아빠가 그럴듯하게 만들 수 있는 유일한 요리인 '파파게티'를 만든 지 3일 만에 애슐리는 엄마 요리를 그리워했다. 질은 아이오와 여행에서 돌아와 아무도 자신을 귀찮게 하지 않을 호텔 방을 구해 애슐리와 아이들을 위해 재충전할 수 있도록 하루 동안 잠만 자는 꿈을 꾸었다고 말했다. 하지만 질은 집에 돌아와서도 아이오와에서 만난 사람들에게 편지를 보내는 등 부지런히 움직였다. 그리고 무척 피곤한 상태인데도 다음 여행 계획을 세우곤 했다.

질은 마음에 드는 여행 보좌관을 데리고 있었는데 일단 아이오와에 착륙하면 우리의 친구 브루스 코플이 자신의 밴에 질을 태우고 목적지를 돌아다녔다. 질은 식당과 카페, 사람들의 집으로 찾아갔는데 가는 곳마다 사람들은 내가 직접 가지 못한 이유를 너무나 잘 이해하고 있었다. 보크 청문회가 매우 중요하다는 사실에 그들 모두 동의했다. 그들은 내가 청문회를 준비하는 데 어떤 지름길도 택하지 않기를 원했다. 질은 완만한 산등성이와 아이오와주의 농지에 완전히 매혹되었다. 사람들은 대통령 적임자를 뽑는 일에 너무 열심이었고 진지하게 임해서 대화하기 쉬웠다. 그들은 친절하기도 했다. 사람들은 집에서 만든 쿠키를 그녀의 모텔 방에 넣어주곤 했다.

질은 집에 돌아오면 시더래피즈, 디모인, 수시티에서 얼마나 많은 사람이 모였는지 빨리 말해주고 싶어 했다. 질은 정치 열기에 쉽게 휩쓸리지 않았지만, 예상했던 것 이상으로 많은 노력을 기울여주었다. 그녀는 이렇게 말했다. "조, 나는 우리가 아이오와에서 승리할 거라고 믿어."

8월 둘째 주, 나는 미국변호사협회에서 연설하기 위해 샌프란시스코로 날아갔다. 미국변호사협회는 대법관 후보자 모두 그랬듯 보크의 자격 요건에 대해 평가해줄 것이고, 나는 그들에게 보크의 사법 철학과 이력을 고려해야 한다고 말하고 싶었다. 나는 상원에서 한 것과 똑같은 주장을 했지만, 보크의 기록에 대한 기본적인 사실을 덧붙였다. 먼저 그는 1981년 법사위에서 연방 대법원이 헌법을 잘못 적용하거나 해석한 '사건들'이 있다고 증언했다. 그리고 그 사건들 중 일부는 재심을 요구할 수도 있다고 말했다. 내가 보크가 헌법상 의심스럽다고 판단한 몇몇 판결을 나열했을 때, 변호사들은 아무 말도 하지 못했다.

하나, 그리스월드 대 코네티컷 사건, 1965년. 대법원은 의사가 부부에게 산아제한 방법을 조언하는 것을 범죄로 규정하는 주법을 폐지했다. 보크 판사는 이를 '무원칙에 입각한 결정'이라고 표현하며 '원치 않는 아이를 가질까 걱정하지 않고 성관계를 맺고 싶은 부부'와 '대기오염 조례를 지키지 않으려는 전력 회사'에 차이를 둘 수 있는 내용은 헌법에 없다고 밝혔다.

둘, 스키너 대 오클라호마 사건, 1942년.

대법원은 범죄자의 비자발적 불임 시술을 허가하는 법을 폐지했다.

보크 판사는 스키너가 '그리스월드처럼 부적절하고 지적으로 결여된 상태'라고 말했다.

셋, 셸리 대 크레이머 사건, 1948년.

대법원은 14차 수정 헌법이 주 법원이 인종적으로 제한적인 규약을 시행하는 것을 금지한다고 평가했다.

보크 판사는 대법원의 이런 판결을 '지원'할 '중립적 원칙'을 찾을 수 있을지 '의심스럽다'고 썼다.

넷, 베이커 대 카 사건, 1962년. 다섯, 레이놀즈 대 심스 사건, 1964년.

대법원은 1인 1표 원칙을 채택했다. 보크 판사는 '얼워런 시기 연방 대법원에서 채택한 1인 1표 주의를 뒷받침해줄 만한 신용할 수 있는 헌법 판결 이론은 없다'라고 결론지었다.

부부가 피임약을 살 권리, 1인 1표, 투표권법—보크 판사가 제안하듯이 헌법이 그들을 보호하지 않는다는 것이 사실인가?

인종적으로 제한적인 규약, 범죄자의 불임 시술은… 보크 판사가 쓴 것처럼 헌법이 그것을 금지하지 않는다는 것이 사실인가?

우리는 이러한 것들이 보크 판사가 판결을 뒤집기 위해 투표할 수십 가지의 판례 중 하나라고는 확신할 수 없다. 그러나 만약 보크 판사가 지난 30년 동안 써온 글이 진심이고 그것이 지난 30년 동안 보크 판사가 유지한 관점이며 미국에서 그의 견해가 우선시되었다면, 미국은 오늘날과는 근본적으로 다른 곳이 되었을 거라고 확신할 수 있다. 우리는 지금 이곳과는 아주 다른 미국에서 살고 있을 것이다.

로버트 보크에 대해 내가 처음으로 한 실질적인 연설이었고, 끝나자마자 버튼다운 셔츠를 입은 변호사들이 자리를 박차고 나와 긴 박수갈채를 보냈다.

이어 워런 버거 전 대법원장은 "로스쿨에 다닌 50여 년 동안 지명된 판사 중 보크 판사보다 더 자격이 있는 사람은 보지 못했다. 나는 뭐가 문제인지 잘 모르겠다"라고 말했다.

1981년 로버트 보크가 연방 순회 법원에 지명된 당시 미국변호사협회가 그를 평가했을 때, 연방 법원 상임위원회는 만장일치로 보크에 대해 '이례적으로 자격이 충분하다'고 평가하면서 최고 등급을 부여했다. 이번에는 미국변호사협회의 평가자들이 엇갈린 평가를 내놓았다. 10명은 그가 '자격이 충분하다'고 판단했고, 1명이 '반대하지 않는다'고 투표했지만, 4명은 그의 사법적 기질을 근거로 '자격 미달'이라고 판단했다. 나는 그들이 보크가 이념적 주류에서 너무 멀리 벗어났다고 생각했으리라고 확신했다.

나는 방 안을 가득 채운 개업 변호사들에게 보크의 이상한 법률적 견해에 대해 이야기하는 것이 더 많은 대중과 이야기하는 것보다 훨씬 쉽다는 것을 염두에 두고 있었다. 나는 보크를 상대하려면 법사위원회에서 보수파 민주당원인 애리조나의 데니스 데콘시니나 하월 헤플린, 온건한 공화당원 스펙터 등을 설득해야 한다는 것을 알았다. 만약 그들을 설득해 보크 임명을 위원회에서 부결시킬 수 있다면 지명자는 결코 그의 인준에 투표해줄 51표를 얻지 못할 것이다. 그러나 또한 보통의 미국인을 끌어들이는 방식으로 그 사건을 해결해야 한다고 믿었다. 미국인들이 보크의 견해를 이해한다면 그의 지명에 반대할 것이라고 확신했다. 하지만 내 주장을 간결하고 직접적인 언어로 요약하는 것은 내 몫이었다. 나는 그것이 흑인과 백인, 부자와 빈자, 공화당원과 민주당원 모두를 끌어들일 수 있는 주장이 되기를 원했다.

그 논점을 찾는 도중 재미있는 일이 일어났다. 그것은 내가 오랫동안 지켜온 정치적 신념을 새로운 방식으로 생각하도록 해주었다. 기본적으로 보크와의 논쟁은 정부 자체의 역할에 대한 것이었다. 보크와 그의 추종자들은 정부는 사회와 시장이 원하는 대로 운영되도록 물러나 있어야 한다고 생각했다. 하지만 나는 정부에는 적극적으로 나서 시민들을 도와야 할 의무가 있다고 생각했다. 나는 정부가 사람들을 위해 봉사해야 한다고 생각했다. 보수파는 '사회 공학'을 비웃을지 모르지만 대부분의 사람들은 나처럼 정부가 최선의 희망을 구현하고, 어려움을 겪는 사람들에게 도움을 주어야 한다고 믿는다고 생각했다.

같은 달 선거운동에 관심이 많은 한 전문 방송인이 영국 노동당 지도자가 마거릿 대처의 보수주의자들에 맞서 유세 광고를 하는 모습을 내보냈다. 광고는 훌륭했다. 나는 광고에서 이렇게 말하는 닐 키넉에게서 눈을 뗄 수 없었다.

> 왜 저는 키넉 집안에서 최초로 대학에 갔을까요? 왜 글레니스는 최초로 대학에 간 여성이 되었을까요? 조상들이 모두 머리가 나빠서 그랬을까요? 재능이 없어서요? 노래하고 연극하고 시를 읊고 쓸 수 있는 사람들이고, 손으로 멋지고 아름다운 것을 만들 수 있는 사람들인데요? 꿈을 꾸고 비전을 볼 수 있는 사람들인데요? 왜 그들은 대학에 가지 못했을까요? 그들이 약해서 그랬을까요? 지하 탄광에서 8시간 일하고 올라와 미식축구 경기를 할 수 있는 사람들인데요? 정말 약했을까요? 아이 11명을 낳은 여자들인데요? 그들이 약했을까요? 정말 재능도, 힘도, 인내심도, 헌신도 없었기 때문에 지금 우리가 가진 것을 그들은 얻지 못했다고 생각하는 사람이 있습니까? 물론 아닙니다. 그들이 딛고 설 수 있는 발판이 없었기 때문입니다.

그것은 내 주장의 핵심 논거였다. 정말 간단했다. '딛고 설 수 있는 발판'을 제공하는 것, 그게 바로 민주당이 모든 국민에게 해야 할 일이었다. 사람들은 정부에 공짜 지원금이나 멋진 결과를 내놓으라고 요청하지 않았다. 그들은 단지 조금 더 높이 올라설 수 있도록 약간의 지원을 원할 뿐이었다. 나는 키넉 광고를 딱 한 번 봤는데, 부분적으로 내 가족의 경험과 맞물려 절대 잊을 수 없었다. 부-부 삼촌은 내가 바이든 집안에서 처음으로 대학에 간 사람이었다는 사실을 아버지가 절대 잊지 않게 하셨다. 내 조상 중에는 스크랜턴 탄광촌에서 일한 사람도 있었다.

내가 아이오와와 뉴햄프셔로 몇 번 여행을 갔을 때, 닐 키넉에게 동의하며 내 선거 유세에서 그 광고를 인용했다. 사람들이 그 메시지와 뜻을 같이하는 것을 볼 수 있었다. 그들은 가난한 사람들을 비난하고 생활보호 대상자 엄마를 사기꾼으로 낙인찍고, 미국 노동자들에게 회사가 해외로 옮겨 가도 그들의 일자리는 여전히 남아 있을 거라고 말하는 레이건 우파의 낡은 시각에 싫증이 난 사람들이었다. 공화당의 메시지는 사람들이 제대로 된 기술을 습득하지 못한 것은 본인 잘못이라는 것이었다. 대부분의 미국인은 단지 자신들을 위한 누군가를 원했다. 그리고 키넉의 발판은 그 이야기를 하고 있는 것이었다.

8월 23일 아이오와주 박람회 토론회에서 나는 청중에게 메시지가 주는 힘을 처음으로 크게 실감했다. 나는 델라웨어주 베서니 비치에서 이틀 내내 보크 청문회를 준비하다가 마지막 순간에 법사위원회 직원 2명과 함께 브리핑 책자 더미를 들고 아이오와행 전세기에 올랐다. 디모인까지 가는 내내 우리는 보크에 대해 이야기를 나눴다. 9차 수정 헌법, 4차 수정 헌법, 그리스월드에서 아이젠슈타트, 로에 사건에 이르는 사생활 권리, 판례에 대한 보크의 견해, 그리고 존 마셜 할란 3세 전 대법관의 기본권에 대한 견해. 디모인으로 가는 비행기에서 우리는 보크의 본질에 대한 이야기를 멈추지 않았다. 솔직히 주 박람회 토론회 준비에 시간을 들이지 않은 것은 나의 오만이었다. 어떻게든 되겠지, 라고 생각해서 될 일이 아니었다. 그해 여름 가장 중요한 선거 유세에서 내 방식을 이야기할 수 있다고 믿었다. 그해 여름 아이오와주 박람회 토론회보다 더 큰 정치 행사는 없었는데 나는 준비를 거의 하지 못했다. 비행기가 디모인에 착륙했을 때 오프닝 멘트도, 클로징 멘트도 준비되어 있지 않았다.

데이비드 빌헬름과는 비행기에서 만났고, 박람회장으로 가는 길에 그는 내가 준비한 클로징 멘트를 알고 싶어 했다. 나는 없다고 말했다. 그는 그나마 좋은 소식을 알려주었는데 후보 7명 중 내가 마지막으로 멘트를 하게 되었다는 사실이었다. 하지만 난 여전히 뭔가를 생각해내야 했다. "그 발판 이야기는 어때요?" 데이비드는 밴을 타고 가며 말했다. "굉장히 효과 있던데요."

박람회장에 도착했을 때, 토론 주최자들은 각 후보자를 별도의 대기실에 들여보냈고, 나는 약 20분 동안 오프닝과 클로징 멘트를 써야 했다. 그러나 시작하기 전에 제시 잭슨에게서 긴급 호출을 받았다. 나는 제시를 만나러 갔고, 그는 그냥 날 도와주려고 했다. 후보자들이 돌아가면서 다른 후보한테 질문을 한 가지씩 하게 되어 있다고 했다. 잭슨 목사는 나를 뽑았고, 나에게 그 질문에 대한 팁을 알려주고 싶어 했다. 나는 그럴 필요가 없다고 했지만, 제시는 비열하게 나오는 듀카키스에게 질렸다고 했다. 친구들 사이에서 너무 많은 말다툼이 있었다. 그는 이런 유세에도 약간의 품위를 불어넣고 싶어 했다. 대기실로 돌아왔을 때는 바로 무대로 나가야 했기 때문에, 나는 종이를 세 번 접어 청중 앞에서 클로징 멘트를 써보려고 했다.

토론은 순조롭게 진행되었고, 클로징 멘트를 할 시간이 되었을 때 나는 키녁의 발판 이야기를 하기로 했다. 하지만 시간이 한정되어 있었기 때문에 서둘러 말했다. "이곳으로 오면서 생각해보았습니다. 왜 조 바이든은 가족 중 처음으로 대학에 갔을까?" 나는 그 부분에 관련된 기억을 쭉 떠올려보았다. '광부 집안. 그들이 똑똑하지 않아서였을까? 그들이 약해서였을까? 아니다…. 그들은 딛고 설 수 있는 발판이 없었다.' 감정의 힘은 놓치기 어려웠다. 내가 말을 할 때 쥐 죽은 듯 침묵이 흘렀다.

앞줄에 앉은 한 아가씨를 봤는데 눈물을 참으려 애쓰고 있었다.

무대를 떠날 때 직원 한 명이 나를 붙잡고 말했다. "키녁에 대해 언급하지 않은 거 아시죠?" 나는 연설 중 출처를 끼워 넣을 만한 곳을 찾지 못했다. 기자 여러 명이 무대 위로 올라가 후보자나 그들의 대리인과 이야기를 나누고 있었다.

나는 기자들을 모아놓고 이렇게 말했어야 했다. "여러분, 공식적으로 말씀드리고 싶은 게 있습니다. 제 선거 연설을 끝내면서 키녁의 말을 인용했다고 말하는 걸 잊었습니다. '키녁이 말한 대로'라고 했어야 했는데 그러지 않았죠. 항상 언급해왔는데 오늘은 깜빡했네요. 그건 키녁의 표현이었습니다."

그렇게 말했더라면 좋았을 텐데….

청문회를 몇 주 앞두고 〈타임〉, 〈워싱턴 포스트〉, 〈뉴욕 타임스〉 등의 사설을 살펴보았다. 보크는 대부분의 신문에서 톱기사로 다루었고, 그는 분명 설득력을 얻고 있었다. 인준 과정에서 이념을 확인하는 것이 공정한 게임이라는 나의 주장에 전혀 흔들리지 않는 논설위원도 있는 것 같았다. 그러나 나는 옛날 존 러틀리지 시대(1739~1800)로 돌아가 사건의 기준이 되는 사법 철학을 대법관 후보자의 판단 기준으로 삼기로 했다. 나는 보크의 기본권에 대한 견해, '선례 구속성의 원칙'을 언급했는데 그건 생명 없는 계약, 판사의 헌법이었다. 나는 편집자들에게 9차 수정 헌법에 대한 보크의 견해를 즐겨 이야기했다. 보크는 "법조항의 의미가… 알려지지 않았을 때 판사는 그 앞에 놓인 문서에 묻은 물 얼룩보다 더 나은 효과를 발휘하지 못한다. 그럴 때 판사가 취할 수 있는 적절한 행동 방침은 그것을 무시하는 것이다"라는 말을 했다고 한다.

나는 논설위원들이 신문에서 나를 밀어줄 거라고 확신하지 않았지만 적어도 그들이 청문회 전에 보크를 지지하는 것만은 막고 싶었다. 그리고 그때까지 판사와 벌일 지적 전투를 위해 만반의 준비를 했다. 청문회가 시작되기 전 마지막 몇 주는 프리시즌이 막 끝나고 그해의 첫 미식축구 경기를 앞두고 있는 듯한 느낌이었다. 승리를 장담할 수 없었지만 나는 준비가 되어 있었다. 컨디션도 좋았다. 공은 내 손에 있었다. 나는 내 패스 패턴을 알고 있었고, 게임을 잘 풀어가는 방법도 알았다.

노동절까지는 내가 필드를 장악할 수 있는 게임을 하고 있다고 확신했다. 우리는 여론조사를 통해 인종과 성별에 대한 보크의 개인적인 불감증을 부각하는 것이 그의 약점이 될 수 있음을 알았다. 하지만 개인적인 문제로 취급해서는 안 되었다. 그저 보크 판사가 어떤 사람이냐 정도로 그칠 수 있었으니까. 나는 확신을 갖게 된 순간을 기억한다. 8월 하순의 어느 무더운 날, 우리는 윌밍턴에서 법률 용어를 이해하기 쉬운 단어로 요약하려고 애쓰고 있었다. 친구이자 오랫동안 직원으로 일해온 빈스 단나는 법학 교수, 헌법학자와 나누는 대화가 지나치게 냉철하고 추상적으로 흐르지 않도록 조율하고 있었다. 어느 날 빈스와 나는 보크가 그토록 격렬하게 비판하던 그리스월드 판결에 대해 이야기했다. 나는 그에게 물었다. "만약 내가 지라르도 식딩에 가서 그곳 부부들에게 피임권을 빼앗을 거라고 말한다면 어떻게 될 것 같아?"

"미치려고 하겠지."

"우리는 이걸 사생활 문제로 놔둬야 해." 낙태 문제는 꺼낼 필요도 없었다. 핵심은 그리스월드였다. 나는 컬랜드 교수에게 이제 지역 쇼핑몰에서 작은 실험을 할 때라고 제안했다. "어떻게 할 건지 말해줄게. 저기 올라가서 제일 먼저 마주치는 사람 서너 명에게 물어보는 거야. '남녀가 자기 집 침실에서 아이를 가질 것인지, 피임을 할 것인지 아니면 어떤 섹스를 할 것인지 결정할 권리가 있다고 생각하시나요? 어떻게 생각하세요?'"

컬랜드 교수는 그런 방식의 조사에 참여하고 싶어 하지 않았다. 무더운 여름날 쇼핑몰에서 사람들에게 성관계에 대한 생각을 묻는 것은 보수적인 학자에게는 재미없는 TV 개그나 마찬가지였다. 하지만 어쨌든 우리는 그렇게 했다. 컬랜드는 밖에 돌아다니는 사람들이 많지 않아서 안심한 것 같았다. 나를 아는 사람들이 다가와 "안녕, 조"라고 말을 걸기도 했다. 결혼한 부부에게 피임할 권리가 있다고 생각하는지 물었다. 그들은 날 미친 사람 보듯 했다. "당연하죠!" 그 이유를 물었을 때 사생활권에 대해 말하는 사람은 아무도 없었다. 그들은 모두 '헌법'이라고 말했다.

11장

이겨야 한다

노동절 다음 주, 뜨거운 여름은 끝자락에 다다르고 가을이 시작되었다. 나라는 다시 정상 업무로 돌아갔고, 로버트 보크 인사 청문회에 관심을 기울였다. 나는 내 앞의 문이 열리는 듯한 느낌을 다시 한번 받았다. 모든 일이 차근차근 진행되고 있었다. 나는 민주당에서 가장 많은 기금을 모금하고 있었다. 테드 코프먼은 우리가 출신 주 이외의 지역에서 다른 후보자 6명을 합친 것보다 더 많은 돈을 모을 거라고 말했다. 대선 여론조사에서는 새로운 수치가 나왔다. 아이오와주의 중산층 표도 나에게 유리하게 갈리고 있었다. 캐델과 마틸라는 내가 보크 청문회를 잘해낸다면 처음 2개 주에서 승리할지도 모른다고 말했다. 심지어 질도 우리가 아이오와와 뉴햄프셔에서 이길 거라고 말했다. 그리고 짧은 선거 유세를 위해 길을 나섰을 때, 질이 한 이야기가 그제야 이해되었다. 8월 말쯤 뉴햄프셔의 한 개인 주택에서 모임을 가졌는데 사람들이 너무 많이 몰려들어 마당까지 가득 찼다. 그래서 유세 연설을 하기 위해 현관 발코니로 나갔다. 연설 도중 안개가 끼기 시작해, 멈추겠다고 말했지만 사람들은 동의하지 않았다. 그리고 아무도 자리를 떠나지 않았다. 내가 닐 키넉의 광고를 언급하며 민주당이 미국 국민들에게 제공할 수 있는 '발판'에 대해 설명하자 사람들은 보슬비를 맞으며 귀를 기울였다. 비가 내렸지만 아무도 자리를 떠나지 않았다. 이곳은 내게 새로운 영역이었다. 사람들은 그 안으로 들어와 있었다.

〈뉴욕 타임스〉 기자 로빈 토너는 그때 뉴햄프셔에 나와 함께 있었고 마지못해 나의 호소에 주목했다. "그가 킨에서처럼 청중과 연결될 때 사람들은 눈가를 촉촉이 적시고 고개를 끄덕이게 된다. 그는 긴 민주당 찬가를 마치고 나서 '미국 국민들의 심장은 아직도 뛰고 있다'라고 말했다. 그는 영국 노동당 대표 닐 키넉의 연설처럼 민주당이 그 기회를 공평하게 제공하기 위해 헌신하고 있다고 말했다. '제가 틀렸다면 저는 큰 곤경에 처하게 될 것입니다.' 그러자 나이 든 여자가 큰 소리로 외쳤다. '당신은 틀리지 않았어요!'"

그러나 그건 속내 이야기고 토너는 아첨하는 내용 없이 심플하게 기사를 작성했다. 그녀는 8월 31일 자 기사에 '바이든 선거 캠페인은 요란했다'라고 썼다. 전문가들에 따르면 마이클 듀카키스는 뉴햄프셔를 잡았다. 그러나 나는 그의 연선 중 가장 감동적인 부분인 '좋은 임금과 좋은 일자리'만으로는 충분하지 않을 거라고 생각했다. 뉴햄프셔도 얼마든 공략할 수 있을 거라는 생각이 들었다. 뉴햄프셔에서 한 여성이 "진짜 민주당원다운 이야기를 들으니 반갑네요"라고 외쳤을 때, 바이든 가족이 하나 되어 뛰었던 1972년 상원 선거운동 때의 특별한 날들처럼 느껴졌다. '우리가 이길 수 있어. 아이오와와 뉴햄프셔에서도 이길 수 있을 거야.'

나는 내 유세에 모인 청중이 킨, 뉴햄프셔, 아이오와주 수시티의 호기

심 많은 유권자보다 훨씬 많아지고 있는 걸 깨달았다. 보크 인사 청문회
는 생방송으로 진행될 예정이었고, 온 나라의 관심이 쏠릴 터였다. 대부
분의 사람들이 보크 판사 지명이 매우 중요하다는 데 동의했지만, 이미
마음을 정한 사람은 미국 국민의 4분의 1이었고, 균등하게 반반으로 의
견이 갈렸다. 미국인의 3명 중 2명 이상은 아직 보크에 대해 결정을 내
리지 못했다. 사람들은 불안해하며 레이건 대통령의 새로운 대법관 지
명자를 주시했다.

여론조사에 따르면 나는 예비 전투에서 승리했다. 60퍼센트는 상원
이 헌법 문제에 대한 보크의 입장을 따져봐야 한다고 생각했다. 대법관
지명에 대해 '올바른 결정'을 내리는 데 대통령보다 상원을 더 신뢰하는
사람이 70퍼센트에 달했고, 대통령의 판단을 더 신뢰한다는 의견은 23
퍼센트에 불과했다. 청문회는 9월 15일 화요일에 시작될 예정이었고 나
는 준비가 되었다.

내 참모 톰 도닐런이 아이오와주 박람회 토론회에서 한 클로징 멘트
에 관련해 〈뉴욕 타임스〉에서 전화를 받은 적이 있었다. 그래서 나는 그
런 이야기가 오간다는 사실은 알았지만, 그다지 크게 걱정하지 않았다.
청문회가 열리기 전 토요일 아침, 워싱턴에서 동생 지미의 딸 캐럴라인
니콜의 세례식에 참석 중이었는데 거기서 그 기사를 보았다. 〈뉴욕 타
임스〉 1면에 실린 재능 있는 젊은 기자 모린 다우드의 기사는 정말 따
끔한 한 방이었다. 모린은 '바이든은 8월 23일 아이오와주 박람회에서
열린 토론회에서 클로징 연설 때 키녁의 연설 문구와 제스처, 서정적인
웨일스 구문까지 그대로 베껴 키녁의 이름도 언급하지 않은 채 반복해
사용했다'라고 썼다. 그녀는 나의 클로징 멘트를 인용했다. 그리고 키녁

의 멘트도 인용했다. 두 멘트는 완벽하게 들어맞았고 그녀는 내가 일부러 속이려고 한 것처럼 기사를 썼다. '바이든은 토론하러 가는 길에 그 생각을 떠올린 것처럼 이야기를 시작했다. '이곳으로 오는 길에 생각해보았습니다. 조 바이든은 왜 가족 중 처음으로 대학에 갔을까?'' 나는 모린 다우드가 아이오와주 박람회에 참석했던 기억이 없고, 그녀와 길에서 마주친 기억도 없지만 그녀는 박람회가 끝난 후 몇 주나 지나서 기사를 내놓았다. 다우드는 내가 8월에 있었던 여러 선거 유세에서는 키녁의 이름을 언급했다고 말했다. 아마 동료 기자 로빈 토너와 이야기를 나누었을 것이다. 그리고 그녀는 도닐런에게 설명할 기회를 주었다. 도닐런은 이렇게 말했다. "그 내용을 언급하지 않은 것은 실수나 부주의였습니다."

하지만 그 이야기 중 어디에도 그녀가 듀카키스의 선거 캠프에서 주 박람회 클로징 멘트 비디오테이프 사본과 키녁 광고 사본을 받았다는 내용을 언급하지 않았다. 또 그녀는 듀카키스 캠프가 조간신문 〈디모인 레지스터〉와 NBC 뉴스에도 테이프를 퍼뜨리고 다녔다는 사실을 보도하지 않았다. 다음 날 〈디모인 레지스터〉는 상대편 캠프에서 '공격용 비디오'를 보내왔음을 인정했다. NBC 뉴스는 날랐다. 통신원 켄 보드는 화면을 분할해 한쪽에는 나를, 다른 쪽에는 키녁을 배치했다. 그날 밤 전국 뉴스에서 그것을 보고 있자니 속이 쓰렸다. 끔찍했다. 이보다 더 최악의 타이밍은 없을 것 같았다.

그래서 나는 보크 청문회를 이틀 앞둔 일요일 오후, 키녁 기사를 다룬 기자들과 전화 인터뷰를 했다. 나는 그들에게 키녁의 광고를 보았고, 그동안 키녁을 인용할 때는 이름을 언급했다는 점, 주 박람회 일은 단지 실수였다는 점도 언급했다. 솔직히 그날 연설 준비를 제대로 하지 못했고, 행사가 끝날 때까지 키녁을 언급하는 걸 잊었다는 사실조차 깨닫지 못했다는 말도 했다. 나는 "솔직히 이 모든 게 혼란스럽다. 키녁을 언급하지 않았다 해도 이게 왜 그렇게 큰 문제인지 모르겠다. 이제야 이해가 가기 시작한 것 같다"라고 말했다.

그날 늦게 〈산호세 머큐리 뉴스〉에서 전화를 걸어왔다. 그들은 새로운 주장에 대한 답변을 원했다. 내가 캘리포니아의 한 연설에서 보비 케네디의 이름을 언급하지 않은 채 그의 말을 인용하고, 또 다른 연설에서는 휴버트 험프리의 말을 인용하지 않았느냐는 질문이었다. 나는 다른 사람 말을 인용한 것을 숨기려 한 적이 없었다. 다만 지금 연설문 작성자 한 명이 나에게 말하지 않고 캘리포니아 연설문에 보비 케네디의 말을 삽입했다는 사실을 알아냈을 뿐이다. 하트의 선거 캠프 사람들이 그 당시의 문제를 제기했다. 〈뉴스위크〉 특파원 하워드 파인먼은 며칠 후 그 왁자지껄한 상황을 가리켜 '교통 위반 딱지와 경범죄의 중간쯤'이라고 말했지만 나는 무슨 일이 벌어지고 있는지 알았다. 물속에 핏물이 번지고 있었고, 그건 내 피였다. 나와 개인적 친분이 전혀 없는 기자들이 계속 전화를 걸어왔다. 이제 새로운 패턴이 보였는데… 그건 인격적 결함이었다. 그때까지는 일이 그렇게 되어가는 걸 파악하지 못했거나, 아니면 내가 감당할 수 있을 거라고 생각했던 것 같다. 그러나 질에게는 바로 경종이 울렸다. 그들은 질이 나의 가장 큰 강점으로 여긴 것, 내가 말로만 방어할 수 없는 것에 대해 의문을 제기했다. 그녀가 울먹이다시피 하며 말했다. "다른 것도 아니고 당신의 진실성을 공격한다고?"

화요일 아침, 나는 역사적인 러셀 빌딩 상원 간부 회의실에서 보크 청문회 개회를 선언했다. 대부분의 주요 신문이 모린 다우드의 키녁 기사를 다루었고 심지어 〈산호세 머큐리 뉴스〉도 마찬가지였다. 조 바이든의 정직성과 진실성에 의문이 제기된 지 나흘째였다. 그래서 나는 보크를 놓고 벌이는 레이건 백악관과의 전투와 내 명예를 지키기 위한 전투, 두 가지 싸움을 한꺼번에 벌여야 했다. 〈뉴욕 타임스〉 칼럼니스트 윌리엄 새파이어는 나를 '표절자 조'라고 불렀다. 새파이어는 보크 판사를 지지하는 논설위원 그룹을 이끌었고, 나는 공정한 게임을 하고 있었다. 심연의 낭떠러지 끝에 와 있는 느낌이었다. 백악관은 강경 정치를 하고 있었지만 나는 자신을 활짝 개방한 상태였다. 나는 심지어 비열한 행태라고 말할 수조차 없었다. 내가 타격을 입으면 고스란히 보크 청문회 운영 방식에 영향을 미칠 테고, 법사위 위원들은 금세 알아차릴 것이다. 상원의원과 지켜보는 국민 모두가 알게 될 것이다.

나는 첫 회기가 끝날 때까지 개회 성명을 보류했다. 머릿속에서 빙빙 도는 추악한 정치적, 개인적인 내용을 떨쳐낼 수 있을지 확신이 들지 않았다. 그러나 동료들의 개회 발언을 들어보니 데콘시니, 헤플린, 스펙터 등 위원회 내 부동층 의원들이 보크 판사가 여러 에세이와 판결문에서 드러낸 입장에 문제가 있음을 분명히 해서 기뻤다. 그들은 보크 지명에 대해서는 대통령 마음대로 하게 둘 생각이 없었다. 그리고 보크 지지자들에게는 처음부터 지원 세력이 있었다. 와이오밍주 공화당 상원의원인 앨런 심프슨이 개회 발언을 시작하며 몸을 돌려 민주당 의원들을 향해 직접 말했다. 그는 민주당 의원들이 보크를 향해 총을 겨누고 있다고 생각했다. "여기 패널로 와 있는 우리—미국 상원의원들— 중 '동료의 점수를 공식으로 매길 수 있는 사람'이 누가 있습니까? 살면서 했던 실수나 발언, 오류를 제쳐두고서라도, 이 방에서 누가 거기에 대해 심판할 수 있습니까? 그리고 이 방에 있는 누가 이전에 했던 발언이나 예전에 저지른 행위에 대해 당혹감이나 고통, 어리석음에 대한 한탄 같은 감정을 느껴보지 않은 사람이 있습니까? 누가 그 시험을 통과할 수 있습니까? … 대법관 후보자가 이 회의실 안에 들어설 때까지 했던 헌법 수호 활동을 일거수일투족 감시하다니 대단히 불쾌한 현실입니다. 그리고 법정의 피고인과는 달리, 이 회의실에 들어온 지명자는 단 하나의 권리도 보장받지 못합니다."

심프슨 상원의원이 연설을 마치자, 나는 위원장 의사봉을 들고 6미터 떨어져 패널들과 마주 보고 앉은 지명자에게 말했다. "보크 판사님, 이 작은 의사봉은 판사님이 언제든 자신의 의견을 말하고 싶을 때 말할 수 있는 기회를 확실히 보장할 겁니다. 판사님은 이 곳에서 그럴 권리가 있고 그 권리는 보호받을 것이라고 장담합니다."

몇 주 전, 나는 개인적으로 보크에게 그가 자신의 견해를 설명할 필요가 있다고 생각될 때나 증인을 부르고 싶을 때 얼마든지 그렇게 할 수 있다고 말했고, 그 점을 다시 한번 반복해서 짚어주었다. 그러고 나서 개회 성명을 시작하려는데 묘한 안도감이 들었다. 이제 게임을 할 시간이었다. 나는 헌법과 그 안에 내재된 가능성에 대해 분명하고 직접적으로 이야기하려고 했다. "미국은 약속된 땅입니다. 각 세대는 자신들이 즐기기 위해서가 아니라 그들의 자손이 성취하기를 기대하며 이 땅에 왔고, 그 약속을 아이들에게 물려주었기 때문입니다. 그래서 '모든 인간은 평등하게 창조되었다'는 말은 궁극적으로 노예제도를 종식시키고 여성에게 선거권을 부여하는 힘을 갖게 됩니다. 그리고 '평등한 보호'와 '정당한 법적 절차'라는 말은 '평등하지만 분리시킨다'는 말을 필연적으로 종식시킬 수밖에 없으며 간이식당에서나 투표소에서나 인종 분리의 벽은 무너지게 되어 있습니다."

나는 보크 판사에게 말하고 있었지만, 청문회를 보러 온 많은 시민 청중단에게 하는 말이기도 했다.

분명히 해두자면, 이 대법관 지명은 부분적으로는 이 일이 벌어지는 역사적 시기 때문에 관심을 받고 있지만 그보다 저는 이번 지명이 중요한 단한 가지 이유는 지명이라는 이슈를 초월하는 더 큰 질문이 제기되고 있기 때문이라고 생각합니다. 그 질문은 바로 이것입니다. '우리는 전통을 따라 진보에서 한 발 물러설 것인가? 아니면 변화하는 세계에서 계속해서 개인의 권리를 확장하고 감싸면서 앞으로 전진할 것인가? 이는 자신이 누구이고 무엇을 할 수 있는지에 대한 개인의 의식에 영향을 미칠 게 분명합니다. 과거 200년의 유산인 이 고귀한 인권과 인간의 존엄성을 미국인들이 가는 여정에 계속 자취로 남겨둘 것인가?'

그러니 판사님… 이번 지명은 판사님 자신보다 훨씬 더 큰 의미가 있습니다. 외람된 말씀이지만 판사님, 저는 판사님도 분명히 동의하실 거라고 생각합니다. 이번 대법관 지명을 평가하면서, 저희는 또한 판사님의 특별한 철학이 우리 역사에서 이 시기에 과연 적절한지 아닌지에 대해서도 평가해야 합니다.

판사님은 평범한 지명자가 아닙니다. 대단한 분이죠. 판사님은 25년 넘게 도발적인 헌법 철학의 선도자로 인정받아왔습니다. 판사님은 학계에서 상당한 지위에 계신 분입니다. 그러므로 특별히 판사님이 인준에 필요한 표를 확보하려면, 제가 보기에는, 헌법과 관련된 판사님의 기본적인 철학적 견해에 대한 지지를 얻어야 할 것 같습니다. 따라서 상원은 조언과 동의라는 헌법적 역할을 행사하는 데 있어 지명자의 철학을 따져볼 권리는 물론 의무도 있습니다. 지명자가 독자적 결정을 내릴 수도 있기 때문에 이는 중요한 문제라고 생각합니다. 이 견해에 동의하실 거라 생각하지만, 이에 대한 의견은 질의응답 시간에 묻겠습니다.

상원 법사위원회 위원장으로서의 저의 역할은 설득하는 것이 아니라 이 지명에 관련된 중요한 논점이 제 동료들과 미국 국민 앞에 바로 놓이도록 하는 것입니다.

베이커 상원의원이 제게 연락을 했을 때, 그리고 미즈 법무부 장관이 판사님을 선택하기 전에 저를 찾아왔을 때, 제가 개인적으로 그분들께 말했듯 판사님, 저는 판사님이 쓴 글에 밝힌 원칙에 대한 문제에서 심히 우려되는 부분을 많이 발견했습니다. 그때나 지금이나 제가 그렇지 않은 척한다면 그건 솔직하지 못한 일일 겁니다.

판사님, 판사님이 작성하신 글을 토대로 판단해보면 우리의 차이는 개인적인 것이 아닙니다. 그보다는 원칙에 관한 기본적인 질문과 관련이 있습니다. 저는 여러 영역에서 사람들이 관련된 실제 사례, 실제 승소자와 패소자의 사례를 통해 우리의 차이라는 게 어떤 의미인지 보여주는 질문을 드리려고 합니다.

나는 최근 시민권, 의결권, 부부관계와 가족관계에서 사생활의 기본권, 정치적, 예술 표현의 자유 등을 보장하기 위해 연방 대법원이 영웅적으로 개입한 사례에 대해 간단히 이야기했다.

제가 읽은 많은 자료 중에서 솔직히 저는 판사님이 쓰신 것은 전부 읽어보았습니다. 저희는 여러 사건에서 대법원이 옳거나 그르다고 내린 결정에 대해 의견이 다른 것 같습니다. 이 문제에 대해서는 토론할 여지가 많지만 우리 시대의 가장 중요한 결정에 있어서 법원이 잘못되었다고 믿는지 아닌지 우리는 각자 분명한 입장을 취해야 합니다.

저는 모든 미국인이 양도할 수 없는 확실한 권리를 가지고 태어난다고 믿습니다. 하나님의 자녀로서, 저의 권리는 헌법에서 나온 것이 아니라고 믿습니다. 저의 권리는 정부를 통해 얻은 것이 아니라고 믿습니다. 제 권리는 특정 다수에 의해서도 부인되지 않습니다. 제 권리는 제가 존재하기 때문에 존재합니다. 그 권리는 조물주로부터 저와 시민 여러분 각자에게 주어진 것이며 그것이 바로 인간 존엄성의 본질입니다.

제가 읽은 바에 따르면 판사님은 헌법을 어떻게 해석해야 하는지에 관해 매우 명확한 견해를 갖고 있습니다. 판사님은 판사님의 지명을 검토할 때 우리도 그렇게 공평하게 해야 한다고 직설적으로 제안하셨습니다. 판사님이 말씀하신 그대로, 인용해보겠습니다. "당신이 기록을 찾았다는 것은 그들이 쓴 기사나 의견에 대한 글을 읽었다는 뜻이다. 그것에 대해 화낼 이유가 없다."

저는 판사님의 글에 일관된 맥락이 있다는 데 동의합니다. 불과 2년 전에 판사님은 이렇게 말씀하셨죠. "1971년 〈인디애나 법률 리뷰 저널〉에서 마침내 매우 잘 표현된 철학을 완성했다." 그리고 제가 읽은 판사님의 가장 결정적인 글은 바로 ㄱ 대목입니다.

나중에 판사님은 덧붙여 말씀했습니다. "내 견해는 그때와 같다."

결국 판사님의 기록에 대한 저의 반응, 다른 사람들의 반응이 어떻든 간에, 이 인준 과정은 서로의 이야기를 듣고 우리와 미국 국민이 판사님의 기록을 파악해, 그것이 대법원과 우리 모두가 사랑하는 이 나라의 미래에 어떤 의미인지 알아내는 특별한 기회로 이용해야 할 것입니다.

내가 발언하는 동안 보크 판사는 여러 부분에서 고개를 끄덕여 동의를 표현했다. 나와 벌이는 지적인 논쟁에 두려워하는 기색이 전혀 없는 걸 보니 절대 물러서지 않을 게 분명했다. 그는 나의 개회 성명에 뒤이어 바로 모두 발언을 하면서 자신의 사법 철학에 대해 이야기했다.

판사는 어떻게 법을 찾아야 할까요? 제 생각에 유일하게 적합한 방법은 법을 만든 사람들이 의도한 점을 파악하려고 하는 것입니다. 일반적인 표현을 사용한 곳, 우리의 자유를 가장 심오하게 보호하는 내용이 있는 곳 - 권리장전이나 남북전쟁 수정 법안-에서 그 작업은 훨씬 더 복잡합니다. 보호하려고 의도했거나 그것이 보호되고 있다는 것을 확인하려고 한 원칙 혹은 가치를 찾아내는 작업입니다. 제가 우리 법원에 대한 견해에서도 쓴 것처럼, 판사의 책임은 '법률 입안자의 가치를 파악하고 그들이 알았던 세상의 맥락을 파악하고 그것을 우리가 아는 세상에 적용하는 것입니다.'
판사가 자신만의 지표에 따라 입안자의 의도를 포기한다면 그에게는 이용할 수 있는 법이 없고, 미국인의 사회적 의제를 법으로 제정하려고 할 것입니다. 그것은 판사의 권한을 훨씬 넘어서는 일입니다.

보크 판사는 분명히 자신이 옳다고 믿었다. 나는 내가 해야 할 일은 단순히 그를 끌어내 그의 자신감과 오만 사이의 균형을 잡아주는 것이라고 생각했다. 그가 나를 깔보려 한다면 그렇게 내버려둘 생각이었다. 나는 간단한 것으로 첫 질문을 시작했다. "1981년, 의회에서 판사님은 '대법원이 잘못된 결정을 내린 판결이 수십 건 있다'라고 말했습니다. 올 1월, 연방주의자협회에서 한 발언에서, 판사님은 자신이 배척한 철학이나 논리를 기초로 한 결정을 뒤집는 데 아무 문제가 없음을 암시했습니다. 그리고 1985년 〈지역 변호사 매거진〉과 나눈 인터뷰에서 본인이 재고되어야 한다고 생각하는 소송건을 밝힐 수 있느냐는 질문을 받았습니다. 판사님은 '네, 할 수 있습니다. 하지만 하지 않을 것입니다'라고 말했습니다. 이 위원회를 위해 판사님이 재고해야 한다고 생각한 '소송건' 10여 가지를 밝힐 용의가 있으십니까?"

"위원장님, 그러려면 밖에 나가서 사건 파일부터 다시 살펴봐야 할 것 같네요. 얼마나 많은 사건을 재고해야 할지 모르겠습니다. 저는 위원장님과 그 근거에 대해 논의할 수 있습니다. 그 건들을 재고하는 방법이 되겠죠. 사실 제 입장에서 그건 선례의 이론이 중요하다는 선례 구속성의 원칙을 인정하는 것입니다. 그리고 사실 제가 위원장님께 말씀드리고 싶은 것은 헌법을 해석하는 수단으로서 본래의 의도를 믿는 사람들은 누구나 선례의 이론을 가져야 한다고 말하고 싶습니다. 이 나라는 헌법을 만든 사람들의 의도와는 맞지 않는 방식으로 성장해왔기 때문입니다. 저는 법적으로 민감한 케이스를 인용하겠습니다. 장학금은—이것들은 솔직히 극단적인 예시입니다만— 법률 입안자들이 지폐 지급을 금지하려고 의도했음을 시사합니다. 오늘날 본래 의도로 돌아갈 생각이 있는 판사라면 벤치에 앉아 있기만 하지 말고 법적 보호자를 동반시켜야 합니다."

확실히 보크 판사는 할 말을 하러 왔다. 그는 자신의 이야기를 충분히 해도 얼마든지 대법원에 입성할 수 있다고 믿는 게 분명했다. 나는 초조하지도 않았고 집중력도 좋았다. 나는 적당히 치고 들어갈 때를 살폈다. 그가 잠시 말을 멈췄다.

내가 끼어들었다. "그럼, 다른 사건에 대해 이야기해봅시다. 이제 그리스월드 사건에 대해 이야기해보죠. 자, 판사님이 코네티컷에 사실 때 그 법이 있었죠. 판사님도 아시겠지만, 다시 한번 공식적으로 말하자면 그 법은 누구든, 심지어 결혼한 부부라도 산아제한을 하는 것은 범죄라고 여겼죠. 그리고 판사님의 표현을 빌리자면, 그 법은 '미쳤다'고 생각한다고 말씀하셨죠. 저도 전적으로 동의합니다. 그럼에도 코네티컷은 그 '미친' 법에 따라 어느 의사를 기소하고 유죄를 선고했고 그 사건은 대법원에까지 가게 되었습니다. 법원은 그 법이 결혼한 부부의 헌법상 사생활권을 침해했다고 말했습니다. 판사님은 최근인 올해 7월 26일까지 수많은 기사와 연설을 통해 이 견해를 비판했습니다. 1971년에 쓴 글〈중립 원칙과 일부 제1차 수정 헌법 문제〉에서 판사님은 부부가 원치 않는 아이를 가질까 두려워하지 않고 성관계를 맺을 수 있는 권리는 공익사업자가 오염방지법에서 자유로울 권리보다 법원으로부터 헌법적 보호를 받을 가치가 없다고 말했습니다.

판사님이 이렇게 언급하신 것 같은데, 판사님은 돈을 벌기 위한 공익회사의 권리나 만족과 결혼한 부부가 원치 않는 아이를 가질까 두려워하지 않고 성관계를 할 수 있는 권리나 만족은 '똑같은 사례다'라고 주장하신 걸로 생각합니다. 지금 저는 이 내용을 이해해보려고 노력하고 있습니다. 제가 보기에는 공기를 오염시키는 공익 사업체에 대해 정부에서 통제권을 갖고 있는 것처럼 아이를 가질지 말지에 관련한 부부의 결정을 통제할 권리가 정부에 있다고 말하는 것처럼 들리는군요. 제가 판사님의 논지를 잘못 짚었나요?"

"죄송하지만 위원장님, 그런 것 같습니다. 제가 지적한 것은 헌법에 명시되지 않은 경우에-그 사건에 적용할 조항이 헌법에 명시되지 않은 경우에-는 판사가 '나는 부부관계의 가치를 경제적 자유보다 더 높게 둔다'라고 말해서는 안 된다는 겁니다. 헌법을 통해 추론할 수 있을 경우에만 가능한 거죠. 헌법에 관련 내용이 전혀 명시되어 있지 않은데도 판사가 경제적 권리는 부부간의 권리보다 더 중요하다 혹은 그 반대라고 말하면, 판사는 자신의 도덕적 가치를 내세우는 것이고, 저는 거기에 대해 반대한 것입니다."

보크 판사는 부부간의 사생활권이 '어디에서 비롯되었다'고 말하는 윌리엄 더글러스 대법관 방식에 대한 반대 입장만 계속 설명했다.

"그렇다면 이렇게 이해할 수 있겠군요." 나는 보크 판사에게 말했다. "공익 기업의 경제적 만족은 부부의 성적 만족과 같은 수준으로 보호받을 가치가 있다. 어느 쪽에 관한 내용도 헌법에 명시되어 있지 않기 때문이다." 하지만 나는 그에게 그의 추론을 더 명확히 하기 위해 도움을 요청했다. "그러니까 판사님의 견해대로라면, 만약 부부의 성적 만족이 헌법상의 권리였다면… 헌법 어디에서건 아이를 낳거나 낳지 않는 결정에 관여할 부부의 권리가 헌법적으로 보호되는 사생활의 권리라고 한다면, 판사님은 그 권리가 존재한다고 판단하신다는 거죠. 그러면 판사님은 부부가 무슨 짓을 했든 간에 그 건을 입법부에서 결정할 사안이 아니라는 거죠."

보크 판사가 "맞아요" 하고 말했다. "맞습니다."

"그런데 판사님은 제가 이해한 바로는, 그 권리가 존재하지 않는다고 주장하시는 거군요."

"아닙니다, 의원님." 보크 판사가 말했다. 그는 좀 더 명확히 하고 싶어 했다. "저는 더글러스 대법관이 사생활에 대한 권리를 기술한 방식이 비정형적이고 정의되지 않은 방식이었다고 주장한 것입니다. 그가 한 방식으로는 그 권리의 존재가 입증되지 않는다고 주장한 것입니다."

나는 "판사님은 오랫동안 교수직에 계셨습니다. 판사님은 이 위원회에 출석한 분들 중 아마 가장 독서를 많이 하고 학구적인 분일 겁니다.

판사님은 여태까지 살아오면서 부부가 침실에서 산아제한을 할 수 있는지 없는지에 대해 말하는 정부의 행동에 대항해 헌법에 따라 부부를 보호할 다른 방법을 찾아내려고 해보신 적이 있습니까?"라고 말했다.

"저는 그런 활동에 참여한 적이 없습니다."

법대 교수와 헌법학자 100명 중 99명은 이 대화에 빠져들었을 거라고 생각했다. 그리고 일반인 100명 중 99명은 이렇게 생각했을 것이다. '보크 판사는 정부가 내 잠자리 문제에 개입하는 것을 막을 좋은 방법을 생각해낼 수 없다고?' 나는 그게 제대로 먹혀 들었는지 확인하고 싶었다.

"국가 입법부 또는 다른 입법기관이 부부나 부부에 준하는 커플에 관련된 법을 통과시킬 권리가 있습니까? 잠시 부부만 가지고 이야기를 해보죠. 부부가 잠자리에서 산아제한을 할 수 있는지 없는지에 대해 말하는 법을 통과시킬 권리가 입법부에 있습니까? 부부가 산아제한을 할 수 없다고 말할 권리가 다수당에 있습니까?"

"의원님, 법에는 항상 합리성의 기준이 있는데, 국가가 부부에게 어떤 합리적 근거를 제시하고 부부들이 어떤 부분에서 이의를 제기할지 잘 모르겠습니다. 저는 그런 사건의 판결을 내린 적이 없습니다. 제가 그런 사건을 맡게 된다면 판결을 내려야겠죠."

다음 날 아침에 다시 청문회가 소집되었을 때, 나는 보크가 곤경에 처했다고 생각했다. 심지어 〈뉴욕 타임스〉에서 초대형 거물 언론인이라 할 수 있는 R. W. '조니' 애플은 괜찮은 기사를 써주기도 했다. '(상원의원과 TV 시청자 대부분을 포함해) 평범한 청중에게 인권이 헌법에 선행된다는 바이든의 설명은 그 권리가 법에서 비롯된다는 보크 판사의 주장보다 훨씬 이해하기 쉬웠다.'

스펙터, 헤플린, 데콘시니 상원의원은 모두 보크에게 9차 수정 헌법, 여성의 권리, 소수자 권리 등 어려운 질문을 던졌다. 헤플린은 보크가 '불가지론자'이거나 과거에 불가지론자였다는 문제가 될 만한 보도를 들먹이고 "수염에 대해 설명해주시겠습니까?"라며 외모에 관련된 질문을 해 청문회의 취지에서 벗어났다. 그러나 전 앨라배마주 대법원장이던 헤플린은 헌법에 정통한 사람이었지만 앨라배마 유권자에게 중요한 문제, 즉 사생활권에 초점을 맞출 만큼은 재치가 있었다.

그날 아침 증언 도중에 참모 2명이 나를 청문회장 밖으로 불러냈다. 이제는 시러큐스 로스쿨에서 있던 일이 새롭게 문제시되고 있다고 했다. 클리블랜드에 있는 보크의 로펌에서 파트너로 일한 적 있는 로스쿨 학장이 저녁 식사 자리에서 사람들에게 내 로스쿨 성적에 큰 벌점이 있었다고 이야기했다는 것이다. 기자들이 사실 파악에 나서고 내 선거 캠프에 전화를 걸어 이에 대한 설명을 요구했다. 하다 하다 22년 전 망친 법학 수업에 대해서까지 답변을 해야 했다.

나는 대선 출마를 발표하기 훨씬 전에 아치미어와 델라웨어 대학, 시러큐스 로스쿨에 관련 서류 사본을 요청했지만 살펴볼 시간이 없어 집 어디에 보관해두었는지도 확실히 기억나지 않았다. 마음 같아서는 그날 밤 당장 집으로 돌아가 자료를 찾고 언론에 배포하고 싶었다. 학업적인 면에서 실수를 저지르긴 했지만 나의 진실성이나 정직성에 영향을 미치는 일은 아니었다. 전부 기록에 남아 있었고 답변하기도 쉽다고 생각했다.

하지만 처음에 생각한 것과 달리 그다지 간단한 문제가 아니었다. 지금은 한창 대통령 선거운동 중이었고, 백악관과 논쟁을 벌이고 있었다. 그건 제대로 된 행동 절차가 아니었다. 이미 전국 언론인 중에는 게리 하트를 쳐낸 것을 두고 나라를 구했다며 자축하는 이들이 있었다. 다음 타깃은 나였나? 한 가지 좋은 소식은 모린 다우드가 내 로스쿨 성적 때문에 전화하지 않았고, E. J. 디온은 〈뉴욕 타임스〉에 시러큐스 재학 당시 이야기를 실으려고 준비 중이라는 것이다.

디온은 진지하고 열심히 일하는 기자였다. 나는 그가 공정하려고 노력한다는 것을 알았다. 그가 자료를 읽으면 이해할 것이라고 생각했다. 디온은 내가 지난 6개월간 선거운동을 하면서 일대일로 대화를 나눈 몇 안 되는 기자였다. 그는 나를 알고 있었다. 디온이 나와 대화하던 중 "의원님에게는 항상 모든 일이 쉽네요, 그렇죠?"라고 말했던 기억이 났다. 그 당시 나는 이런 생각이 들었다. '도대체 저 사람은 왜 저런 생각을 할까?'

하지만 곰곰이 생각해볼수록 디온의 도발에는 아무 잘못도 없다는 생각이 들었다. 디온은 유리한 점이 하나도 없는 상태에서 로즈 장학생이 되려고 열심히 공부했다. 그는 자신이 숙제를 게을리할 여유도 없다는 것을 잘 알았다. 그는 나보다 훨씬 더 학교를 진지하게 여기는 사람이었다. 그는 선거운동에서 내가 생각하는 리더의 모습 그대로 행하는 것을 보며 내게는 모든 일이 참 쉽다고 생각했다. 비행기에서 내려 사람들이 좋아할 것 같은 연설을 하고, 사람들은 나와 악수를 하며 내가 대단하다고 말한다. 디온은 정치와 관련된 일이 내게 정말 자연스럽게 다가온다고 생각했다. 디온 같은 남자들은 나 같은 남자를 어떻게 생각할까? 그들은 우리가 원칙을 무시하고 새치기를 한다고 여긴다. 나는 내가 시러큐스에서 한 일을 가지고 디온이 반칙을 했다고 생각할까 봐 걱정되었다.

그날 청문회에 복귀했을 때 나는 잠시 휴정을 요청하고 법사위원회 동료들과 사적인 미팅을 가졌다. 우리는 상원 러셀 빌딩 간부 회의실 옆에 있는 사무실 딸린 회의실을 빌렸다. 나는 테이블 상석에 앉아 미팅을 주재했다. 동료들도 모두 알고 있었지만, 나는 나에 대한 언론의 취재 열기가 고조되고 있으며 앞으로 점점 더 상황이 악화될 것 같다고 말했다. 내 문제 때문에 대법관 지명 절차에 해를 입히고 싶지 않았다. 그래서 나는 위원장직에서 물러나는 게 어떨까 제안했다.

잠시 침묵이 흘렀고, 그 조용한 공간에서 나는 상실감을 느꼈다. 처음으로 위원회 동료들의 신뢰를 잃은 것은 아닐까 걱정스러웠다. 공화당 고위직 위원이 먼저 입을 열었다. 스트롬 서먼드 상원의원이었다. "절대 안 돼. 당신이 내 위원장이야. 당신이 내 위원장이라고."

테드 케네디가 말했다. "말도 안 돼. 물러날 필요 없어."

"음, 들어봐요." 내가 그들에게 말했다. "적어도 설명은 하게 해주…."

"아무것도 설명할 필요 없어." 앨런 심프슨이 내 말을 자르고 말했다. "우린 당신을 알아."

아무도 내가 물러나길 원하지 않았다. 다시 청문회가 시작되었고 위원회를 주재하는 일이 자랑스럽게 느껴졌다. 그날 법사위 동료들은 1명을 제외하고 모두 개인적으로 지지의 말을 건넸다. 양당 모두에서 많은 의원이 공개 지지 발언을 해주었다. 그때는 아마도 내가 미국 상원에서 일한 이후 개인적으로 가장 기쁜 순간이었을 것이다. 나는 이 청문회를 잘해낼 수 있고, 보크 판사 임명을 막을 수 있다는 믿음이 생기기 시작했다.

하지만 청문회가 진행되는 동안 디온은 선거 캠프 공보국장 래리 래스키에게 전화를 걸어 그의 기사가 승인 났다고 말했다. 다음 날 시러큐스 이야기가 실릴 것이다. 내가 한마디 해도 될까? 아직 거기에 대해

이겨야 한다　323

발언할 준비는 되지 않았다. 관련 서류도 보지 않았다. 그는 내가 어떻게 하길 바랄까? 청문회에서 빠지고 나 자신을 변호하길 바랄까? 그때쯤에 또 다른 질문들이 제기되었다. 기자들은 흑인 고등학교 동창을 거부한 윌밍턴의 한 식당을 대상으로 보이콧 운동을 펼친 그룹에 나도 있었는지 물었고, 시내에 있는 영화관의 인종차별 철폐를 위한 노력을 지지했는지 물었다. 〈필라델피아 인콰이어러〉는 내가 기자 몇 명에게 "가장 힘든 연설은 고등학교 졸업식에서 단순히 부모님과 친구들에게 환영 인사를 하는 일이었다"라고 말한 것을 두고 거짓말을 했다고 주장했다. 〈필라델피아 인콰이어러〉 기자는 내가 '졸업식 연설'을 했다고 거짓말한 사실을 증명하겠다고 나섰다. 〈필라델피아 인콰이어러〉는 아직도 아치미어의 교장으로 있는 저스틴 디니 신부에게 전화했다. 디니 신부는 1961년 졸업식 프로그램을 확인한 뒤, 내가 졸업식 연설을 하지 않았다고 말했다. 나는 이에 대해 설명할 수 있었다. 나는 내가 말한 그대로 했다. 내가 학급 반장이어서 손님을 맞이했으니까. 하지만 이 기자들이 내 말을 들어줄까?

그날 오후 그렇게 일이 돌아가는 동안, 시러큐스의 동기생이자 친구인 밥 오스굿은 시러큐스 로스쿨에 가서 관련 자료를 받아 왔다. 그날 저녁 인사 청문회가 끝나고 드디어 자료를 읽어보려고 상원 사무실에 앉았을 무렵에는 이미 정치 전문가들 사이에서 나의 과실로 의견이 모아지고 있었다. 나는 자료를 읽어보았다. 기술적인 글쓰기 논문-추가 서류가 있었다. 학과장에게 보낸 내 편지와 교수 회의의 결과였다. 모든 내용이 거기에 있었다. 그건 학문상의 실수였다. 나는 속이려고 한 적이 없었다.

존 마틸라는 상관없다고 말했다. CBS는 이미 보도를 내보낸 상태였다. 그 신문들은 모두 내일 표절에 대한 기사를 실을 것이다. 지금은 그 문제를 가지고 싸울 때가 아니었다. 그렇게 하면 또다시 며칠째 언론의 기삿거리가 될 터였다. 존은 "그냥 그랬다고 하고 용서를 구해요"라고 말했다. "그냥 그렇게 말해요. '그건 좀 큰 실수였어요. 오래전 일입니다. 제가 어렸을 때 일이에요. 죄송합니다.'"

"하지만 난 하지 않았어." 내가 말했다. "사람들이 이야기하는 잘못은 하지 않았어."

"음, 한 것 같은데요." 누군가가 말했다. 그리고 또 다른 사람이 밥 오스굿에게 "뭐야, 뭔데?"라고 물었다.

오스굿은 이렇게 말했다. "이봐, 조, 어디까지나 기술적인 의미에서 자네는 마지막 단락 이후에 법률 리뷰 기사를 인용했다는 각주를 딱 한 번만 달았어. 자네가 참조한 다른 각각의 문단 뒤에도 똑같은 각주를 만들었어야 했어. 엄밀히 말하면 표절이라고 할 수 있어."

"하지만 그건 학문적인 실수였어. 숨기려고 한 게 아니라고. 그걸 숨기려 했다면, 반에서 아무도 찾아내지 못한 이 기사를 왜 인용했겠어? 반에서 그 기사를 발견한 사람은 나뿐이었다고. 난 속이지 않았어."

나는 로스쿨 서류를 대충 훑어보았다. 교수들이 쓴 편지도 읽었다. 그 중에는 델라웨어주 변호사 시험 지원서에 첨부된 로버트 W. 밀러 학장의 추천서도 있었다. 졸업 후 두 달쯤 되었을 때 쓴 글이었다. '바이든은 도덕성이 매우 높은 신사다. 그의 기록에 지적할 부분은 전혀 없으며 그의 진실성에 대해서는 조금도 문제될 부분이 없다.'

"나는 속이지 않았어." 나는 다시 말했다.

마틸라의 업무는 정무적인 일을 처리하고, 메시지를 관리하는 것이었다. 그는 도움을 주려고 했다. "보세요, 그냥 방치할 문제는 아니에요."

그가 내게 말했다. "이대로 그냥 내버려둘 수는 없어요. 그냥 했다고 말하세요."

우리는 다음 날 아침 기자들의 질문에 대답하려고 기자회견을 열었다. 그날 아침 〈뉴욕 타임스〉에 실린 기사에서 디온은 로스쿨에서 나의 표절 문제가 제기되었다고 밝혔고, 나는 내 문제에 초미의 관심을 보이는 기자들이 가득한 방에서 하루를 시작했다. 질문의 핵심은 조 바이든이 선거를 접고 민주당 대선 후보에서 사퇴할 것인가였다. 나는 모인 기자들 앞에서 말했다. "저는 22년 전에 '엄청난 실수'를 했습니다. 제가 잘못한 일입니다. 하지만 일부러 의도한 일은 아니었습니다. 저는 그렇게 하지 않았습니다. 저는 지금까지 그렇게 하지 않았습니다." 나는 그날 그들이 정말 원하는 이야기는 해주지 않을 작정이었다. "저는 계속 경선 후보로 남아 있을 것입니다. 이기기 위해 계속 노력할 것입니다."

다음 날 〈뉴욕 타임스〉는 헤드라인을 '바이든은 학교에서 표절한 것을 인정하지만 '악의는 없었다'고 말했다'로 뽑았다. 그와는 별도 기사로 로스쿨 교직원의 말을 인용한 내용도 있었다. 로버트 앤더슨은 당시 그 문제와 관련해 교직원 미팅에 참석했던 사람이었는데 오래전 기억을 끄집어냈다. 그는 내 실수가 기억도 잘 나지 않을 정도로 아주 사소한 일에 불과했다고 말했다. 앤더슨은 〈뉴욕 타임스〉 기자에게 이렇게 말했다. "자신이 인용한 문구의 출처를 밝히지 않는 것은 신입생들이 흔히 저지르는 실수다." 한 교수님은 그 주에 내 동급생을 통해 작은 충고를 건넸다. "다음부터 성경을 인용하려거든 하나님의 이름을 언급하라고 조에게 전해."

〈뉴욕 타임스〉에서 가장 큰 거물도 대화에 끼어들었다. "바이든의 가장 심각한 문제는 그에 대한 폭로가 그의 비판 세력에 확신을 심어주었다는 점이다"라고 R. W. 애플은 썼다. "하트와 라이스의 불륜 보도가 그가 오랜 바람둥이라는 기사에 무게를 실어준 것처럼 바이든이 법률 리뷰 기사와 다른 정치 연설에서 출처를 밝히지 않고 인용한 문제는 많은 이들에게 그는 깊이가 없고 대단치 않은—선거운동 용어로 말하자면 '가식적인'—인물이라는 평가를 입증하는 듯 보인다." 내 기억에 논설위원 중에는 단 한 명도 나를 변호해주지 않았다. 나는 희화화되고 있었고 전화를 걸어 도움을 요청할 언론인은 하나도 없었다.

내가 개인적으로 한창 허리케인에 강타당하고 있을 때, 러셀 빌딩 간부 회의실에서 진행되는 일은 태풍의 눈이었다. 집중력이 요구되는 일이었기에 나는 최악의 보도에 신경 쓸 수 없었다. 얼른 보크 청문회에 집중하고 싶었다. 보크 판사는 첫날 이후 약간 안정된 듯 보였지만 판사로서 그의 지배적인 철학이 드러나면서 레이건파 민주당원들 사이에서는 이미 경고 신호가 나오고 있었다. 청문회가 일주일 지나고 시행된 여론조사에서는 보크에 반대하는 백인 남부인의 비율이 25퍼센트에서 41퍼센트로 늘어났다. "보크에게 투표하려면 꽤 그럴듯한 이유가 있어야 할 겁니다"라고 남부 주 출신의 한 상원의원은 기자들에게 말했다.

나는 인사 청문회 첫 주 초에 윌밍턴으로 돌아가는 기차에 타고 있었는데 한 승무원이 나를 붙잡고 청문회에 매료되었다고 말했다. "저는 우리에게 그럴… 권리가 없다고 생각하는 사람이 있을 줄은 몰랐어요." 그때 나는 우리가 언 땅을 뚫고 들어가고 있음을 알았다. 보통 사람들은 위태로운 상황이 무엇인지 알았고, 보크 판사가 대법원에 입성하기를 원하는 사람은 그다지 많지 않았다. 나는 우리가 레이건 백악관을 올바른 방식으로 물리칠, 이길 수 있는 좋은 기회, 충분한 강점을 갖고 있다고 생각했다.

일요일 밤까지 〈뉴스위크〉는 새로운 이야기를 전했다. 하워드 파인먼은 지난 4월 뉴햄프셔주 클레어몬트에서 이 행사의 비디오 테이프를 보았는데, 그날 나는 화를 참지 못하고 분통을 터뜨렸다. 보기 좋지 않은 모습이었다. 그러면 거기에 대해 뭐라고 말했어야 할까? 언론에서 물어왔고, 집 근처에는 기자들이 진을 치고 있었다. 가끔 헬리콥터가 머리 위를 날아다녔다. 집은 알라모 요새가 되어갔다. 보는 펜실베이니아 대학교의 신입생이었고, 첫 학기가 시작된 지 채 몇 주도 되지 않았는데 학교 식당에서 아버지의 진실성에 의문을 제기하는 TV 뉴스를 봐야 했다. 어느 기자는 밸의 10대 딸을 붙잡고 "삼촌이 거짓말을 한 적이 있느냐"고 물었다.

그것은 내 잘못이었다. 모두에게 설명하려던 것을 멈추고 곰곰이 생각해보니 전적으로 내 책임이었다. 나와 선거 유세에 함께했던 기자들은 내가 몇 번이고 키넉의 이름을 언급하는 것을 보았겠지만 주 박람회 토론에서 키넉의 이름을 언급하는 걸 잊은 것은 조 바이든이었다. 나는 미성숙했고 수업을 빼먹었고 법률적 방법론 시험에서 벌점을 받았다. 로스쿨을 졸업만 하면 된다고 생각한 것도 나였다. 그리고 뉴햄프셔에서 화를 냈다. 내가 나의 학업 성취에 대해 말한 것은 잘못된 기억이었거나 지식 부족 때문이었다. 로스쿨 수업을 어디서 마쳤는지도 기억나지 않았다. 나는 신경 쓰지 않았다. 하지만 "IQ를 비교해보고 싶어요?"라고 말한 것은 너무 어리석었다. 모든 게 내 잘못이었고, 실수를 더 복잡하게 만들고 싶지 않았다. 며칠 전 애플은 정말 어두운 전망을 넌지시 내놓았다. 바이든의 문제로 보크가 대법원에 입성할 가능성이 있다는 것이었다. "바이든이 보크의 적합성을 평가할 사람으로서 부적합하게 비칠 수 있다는 점이… 위험한 부분이다." 그는 심지어 이름을 언급하지 않은 채 어느 '아시아 외교관'의 말을 인용했는데, 그가 나를 '학교에서 부정행위를 일삼은' 남자라고 불렀다고 말한 다음, 갑자기 테드 케네디의 학력을 물고 늘어졌다. 내가 이 일을 너무 오래 끌어서 보크를 저지할 능력에 문제가 생긴다면 내 평생의 실수로 남을 터였다.

나는 청문회가 시작된 지 정확히 일주일째인 화요일 밤에 가족회의를 소집해 여러 가지 방안을 논의했다. 우리는 우리 집 거실에 모였다. 질과 두 아들, 발, 잭, 지미, 프랭키, 부모님이 함께 모였다. 가만히 앉아 있기가 힘들어 나는 계속 방 안을 서성거렸다. 우리 가족은 큰 소파에 앉아 있었고 밤이 깊어지면서 내 정치 팀과 최측근이 와서 어슬렁거리다가 조언을 해주기도 했다. 팻 캐델은 캘리포니아에서 전화를 걸어 대통령 선거운동을 되돌릴 수도 있다고 말했다. 팻은 당장 아이오와와 뉴햄프셔로 가자고 했고, 누구와 통화를 하면 좋을지에 대해서도 말했다. 이 난리 속에서 모든 기자에게 우리가 여전히 지지를 받고 있다는 것을 보여줘야 한다며, 팻은 계속해서 우리는 견뎌낼 수 있다고 말했다.

공화당원인 동료 알린 스펙터도 나를 이 궁지에서 벗어나게 하려고 애썼다. 그는 내가 그대로 있길 원했다. 그는 줄곧 "이건 자네가 생각하는 것과 달라"라고 말했다. "지금은 끔찍해 보일지 몰라도 아무도 자네가 정직하지 않다고 생각하지 않아. 아무도. 그런 건 만들어낼 수 없어. 그런 건 마음대로 못해."

법사위 수석 고문인 마크 기텐스타인은 내가 그만두는 것은 보고 싶지 않지만, 청문회에서 벗어나 아이오와에서 너무 많은 시간을 보내야 하는 걸 걱정했다. "지금 우리가 보크를 이기면 '이런 상황에서도' 이긴 게 되지만, 지금 지면 '우리 때문에' 지는 게 되는 거예요."

거의 가족 같은 테드 코프먼은 보호적이었다. "상어를 막을 수 있는 유일한 방법은 피해 가는 거예요"라고 테드는 말했다. 하지만 그는 내가 여기서 하차하는 것, 떠나는 것이 얼마나 힘들지 잘 알았다. 그렇게 되면 그들이 문제 삼은 나의 인격적 결함 문제를 수긍하는 것처럼 비칠 수 있다는 것도 잘 알았다. 테드는 말했다. "보크와의 싸움이 끝나면 따라잡을 수 있어요. 이런 일은 나중에도 얼마든지 또 생길 수 있어요."

래리 래스키는 부엌에서 디온과 전화 통화 중이었다. 그는 이 이야기를 독점 기사로 내고 싶어 했다. "바이든이 사퇴하나요?"

나는 갈등했다. 이제는 진짜 내 가족을 진지하게 생각해야 했다. 전문가와 친구들이 조언을 해줄 수 있지만 이건 어디까지나 가족이 결정할 문제였다. 보와 헌터는 그날 밤 무척 화가 나 있었다. 그들은 모두 하찮은 걸로 공격하는데 그걸 그냥 둘 수 없다고 말했다. "아버지, 저들이 말하는 것 중 진짜는 하나도 없어요." 보는 모두 있는 자리에서 그렇게 말했지만, 아이들과 홀로 있을 때 보니 그냥 화가 난 게 아니라 나를, 우리를 걱정한다는 것을 알 수 있었다. 그 길고 긴 저녁 동안 나는 거실을 배회하다가 보와 헌터가 내 서재로 향하는 복도에 서 있는 것을 봤다. 나는 기운을 북돋아주려고 노력했다. "얘들아, 이 일은 걱정하지 마."

보가 말했다. "하지만 아버지, 아버지가 이대로 떠나면 절대 전과 같지 않을 거예요."

"중요한 건 아버지의 명예뿐이에요." 헌터가 말했다. "저희에게 늘 그렇게 가르쳐주셨잖아요. 아버지의 명예요."

그들은 나의 대선 전망이나 상원에서의 위치에 대해 이야기하지 않았다. 그들은 훨씬 더 깊은 무언가에 대해 이야기하고 있었다. 대선 레이스에서 물러난다면 나는 조니 애플의 말이 옳다는 것을 인정하는 셈이었다. 아들들은 내가 공직 생활을 그만두고 선거 캠프도 접으면 이대로 경력이 끝날까 두려워했다.

"달라질 거예요, 아버지." 보가 말했다. "아버지는 결코 전과 같을 수 없어요."

나는 다시 거실로 가서 식구들의 최종 의견을 들었다. 단, 어머니만 아직 말씀을 하지 않았다. "어머니, 어떻게 생각하세요?"

"떠날 때가 된 것 같아."

나는 만일의 경우를 대비해 마크와 밥 커닝햄에게 사퇴 연설문을 작성해달라고 부탁했다. 그리고 질과 둘이서만 위층으로 올라갔다. 일단 우리끼리만 있게 되자 던질 수 있는 질문은 간단했다. 대선 캠프를 지키면서 보크를 막을 수 있을까? 가장 중요한 게 무엇일까?

다음 날 아침 워싱턴으로 향하기 위해 차에 짐을 실을 때 마침 딸아이가 학교에 갈 시간이었다. 질, 테드와 나는 크리스 슈뢰더와 함께 선두 차에 올랐다. 우리는 보크 관련 브리핑을 해야 했다. 나머지 직원들은 다른 차에 탔다. 우리 집 현관 밖에는 수십 명의 기자와 사진기자, TV 카메라가 진을 치고 있었다. 뉴스 헬리콥터가 머리 위로 날아다니는 소리가 들렸다. 머리가 지끈거렸다.

마크 기텐스타인은 나중에 나에게 여섯 살짜리 애슐리가 집 밖으로 나와 학교에 갈 차를 타는 모습을 언뜻 봤다고 했다. 딸아이는 이 소란에도 눈 하나 깜짝하지 않고 똑바로 앞만 보고 걸었다. 애슐리의 얼굴은 결의로 가득 찬 듯 보였고, 어느 것도 아이를 괴롭힐 수 없을 것 같았다. 애슐리는 꼭 질의 축소판 같았다.

대기실을 지나 법사위원회 청문회장으로 통하는 문으로 걸어가 성명을 발표할 때 질은 내 팔을 잡고 있었다. 24대의 TV 카메라가 기다리고 있었고 선거운동을 할 때보다 더 많은 기자가 와 있었다. "안녕하세요, 여러분. 제 아내 질 아시죠?" 상원의원 경력 중 처음으로 이날 내게 필요한 품위를 지킬 수 있을지 확신이 들지 않았다. 지금은 자기 연민에 빠져 있을 때가 아니다. 나는 계속 나 자신에게 말했다. 원한을 품을 때도 아니다. "제가 어떤 선택을 해야 하는지 극히 명확하지만 솔직히 말씀드리면 믿을 수 없을 만큼 꺼림칙한 마음으로 이 자리에 섰고, 그래서 화가 납니다. 이런 자리에 서게 만든 제 자신에게 화가 납니다."

아니, 그건 옳지 않았다. 나는 인산인해를 이룬 언론사 관계자를 보고 있었지만, 군중 속 기자들 한 명 한 명에게 초점을 맞추려고 노력했던 기억이 난다. 그리고 그들은 그저 자신의 일을 하고 있을 뿐이라고 생각하려 했다. 아무도 조 바이든을 쫓지 않았다. 그냥 일이 벌어진 것이다. 그래도 마음이 편해지지는 않았다. 나는 평생 어떤 것도 중간에 그만둔 적이 없었다. 패배하더라도 그 자리에 계속 남아 있었다. 평생 살면서 싸움 앞에서 물러서본 적은 없었다. 절대 물러난 적이 없었다. 하지만 제대로 해야 했다.

"…이런 선택을 해야 하는 입장에 처하게 된 것에 대해, 그리고 미국 국민이 제가 한 실언에 대해서뿐만 아니라 조 바이든이라는 사람 전체를 측정하기 어렵게 만드는 대통령 선거의 정치 환경에 실망하지 않을 수 없습니다. 하지만 여러분, 그럼에도 저는 미국의 대선 후보에서 물러나기로 결정했습니다."

많은 직원이 눈물을 글썽이는 모습을 보니 생각보다 더 끔찍했다. 나는 말을 더 길게 하거나 질문을 받는 것보다 더 좋은 방법을 알고 있었다. "여러분의 배려에 감사드립니다. 여기까지 와주셔서 감사합니다. 저는 혹시라도 빈정거리는 말이 나오지 않도록 이만 보크 청문회에 가야겠습니다."

나는 질의 팔을 잡고 대기실로 통하는 문으로 들어가 안쪽 작은 복도로 내려간 뒤, 다시 문을 통과해 러셀 빌딩 쪽으로 가서 간부 회의실로 향했다. 그곳에서 나는 보크 판사 청문회를 계속 주재할 것이다. 사후 평가를 할 시간은 없었다. 질은 여전히 내 옆에 있었고 테드도 있었다. 걸어가는데 다리가 무거웠고, 육체적인 고통이 느껴진다는 게 놀라웠다. 후보 사퇴는 고통스러웠다. 간부 회의실 뒷문으로 다가가는데 테드가 말했다. "그냥 들어가서 최선을 다하세요." 질도 테드의 말을 들은 것 같았다. 질이 내 팔을 잡고 그녀 쪽으로 날 돌려세웠다. 그녀는 바로 내 눈앞에서 눈을 감고 욕설 같은 것을 내뱉었다. 질은 욕을 자주 하는 사람이 아니었지만 그녀는 내가 온전히 자신에게 주목하기를 바랐다. 질은 지금은 최선을 다하는 것만으로는 충분하지 않으리란 사실을 내가 이해하길 바랐다. "이건 꼭 이겨야 해!"

내 자리에 앉아 청문회를 시작할 때 테드 케네디가 '대선 후에도 삶은 계속된다'라고 적힌 쪽지를 건네주었다. 고개를 들어보니 질이 멀리 있는 문으로 들어와 벽에 등을 기대고 서 있었다. 그녀는 청문회에 가는 것을 좋아하지 않았지만 거기 있어주었다. 앨런 심프슨은 질이 들어오는 모습을 본 것 같았다. 그는 보크의 든든한 옹호자였고, 나를 마음에 들어할 리 없었다. 그러나 위원회 연단을 내려다보고는 나와 눈이 마주치자 질을 가리키며 말했다. "다른 건 중요하지 않아. 조, 다른 건 중요하지 않아."

다시 질을 바라보자 그녀는 나에게 키스를 날렸고, 사람들로 북적거리는 청문회장에서도 그녀의 입술이 움직이는 모양을 볼 수 있었다. "사랑해."

질은 나보다 더 내게 필요한 것이 무엇인지 알았고, 그 중요한 다른

것을 보여주려고 했다. 질은 하루 종일 나와 함께 있었고 청문회가 끝나
자 함께 윌밍턴으로 기차를 타고 돌아갔다. 암트랙 역에서 집으로 차를
타고 가면서 질은 식당에 들러 저녁을 먹고 가자고 했다.

나는 별로 입맛이 없었다. 완전히 진이 빠진 상태라 그런 모습을 보이
고 싶지 않았다. "오늘 밤은 정말 사람들 앞에 나서고 싶지 않아."

질은 너무 피곤해서 요리하기 힘들다고 말했다. 질이 다시 물었다. 사
실 그건 질문이 아니었다. "오늘 저녁은 외식하자."

나는 마지못해 동의했고, 우리가 가장 좋아하는 식당인 리스토란테
아틸리오에 갔다. 질과 나는 아틸리오의 단골이었기 때문에, 우리가 거
기 나타난 게 크게 주목받을 일은 아니었다. 하지만 그날 밤은 다를까
봐 걱정이 되었다. 윌밍턴 주민들은 내가 〈레터맨〉과 〈투나잇 쇼〉 혹은
일요일 뉴스의 전문가 코너에서 농담거리가 된 이후 내 모습을 실제로
보지 못했다. 그들에게도 나는 농담거리일까? 아니면 그보다 동정을 받
을까? 그곳에 도착했을 때는 늦은 시각이었고, 주차 공간을 찾기 힘들
었다. 안으로 들어서자 바와 테이블 모두 만석이었고 자리가 나기를 기
다리며 줄을 선 사람들도 있었다. 우리가 들어서자마자 중얼거리는 소
리가 들려왔다. 그 소리는 웅성거림으로 변했다. 사람들이 말하는 소리
가 들렸다. "바이든 상원의원이다. 바이든 상원의원이야." 바로 내가 피
하고 싶은 상황이었다. 그런데 갑자기 한 남자가 박수를 치기 시작했다.
점점 소리가 커지더니 아틸리오에 있던 사람들 모두 기립박수를 보내
는 것 같았다.

내가 꿈꿔온
내 모습

다음 날 아침, 국회의사당으로 출근해 위원장 업무를 수행하고, 청문회에 참석하고, 대중 앞에 서는 삶으로 되돌아간 나는 중간에 포기하는 모습을 보이지 않겠다고 결심했다. 시간이 얼마나 많이 걸리든, 대선 후보 경쟁에서 한 실수만으로 나를 판단할 수 없다는 것을 보여줄 생각이었다. 두 아들은 내가 선거를 포기해서 명예를 잃는 것은 아닌지 걱정했다. 그런 우려가 현실이 되지 않게 하는 것이 아버지로서 내 의무였다. 아버지가 항상 하시던 말씀이 있다. 몇 번 실패했는지 혹은 얼마나 크게 실패했는지 중요한 것이 아니라 얼마나 빨리 실패를 딛고 일어서는지가 중요하다는 것이다. 나는 이번 실패를 발판으로 다시 일어서겠다고 다짐했다. 그리고 내가 스스로 세운 삶의 목표를 이루고 말겠다고, 그래서 반드시 내가 꿈꿔온 모습을 보여주겠다고 다짐했다.

로버트 보크 청문회는 마치 모든 것이 나에게 달린 것 같았다. 질이 나에게 "이건 꼭 이겨야 해"라고 말했을 때, 그녀도 이번이 내 명성을 회복할 첫 번째 기회라고 생각했다. 하지만 화가 나서 레이건 행정부의 콧대를 꺾고 싶은 마음도 있었을 것이다.

그녀는 내가 대선 후보에서 사퇴한 데 백악관이 일조했다고 확신했다. 나는 백악관에서 나를 무너뜨리려 한다는 말을 믿지 않았지만 키넉 사건 이후로 레이건 대통령 정무실에서 문제를 들쑤시고 있는 것은 사실이었다. 백악관과 가깝게 지내는 보수적 인물, 윌리엄 새파이어도 마찬가지였다. 〈뉴욕 타임스〉 칼럼니스트인 그는 처음부터 집요한 몰아세우기 전략을 택했다. 그는 새로운 별명도 지어주었다. 바로 '표절자 조 바이든'이었다. 이제 그는 로버트 보크 청문회 문제로 목표를 바꾸어 계속 나를 공격했다. 그는 내가 청문회에서 그리스월드 판결에 대해 던진 질문이 합리주의에 반하며 선동적이라고 비난했다. 또 내가 "ACLU(미국자유인협회), AFL-CIO(미국노동총연맹 산업별조합회의), NAACP(미국흑인지위향상협회)를 자극해 로버트 보크에게 상원 의사당이라는 민주적 '싸움터' 밖에서 무차별적 비난을 퍼부었다"라고 이야기했다. 그의 과장은 점점 심해져, 내가 보크 판사를 향한 '개인적 비방과 사적 제재'를 유도했다고 비난하기에 이르렀다.

새파이어는 필사적으로 덤볐는데 나는 그가 왜 그러는지 알 것 같았다. 레이건 대통령은 보크 인준이 가장 중요한 국내 사안이라고 공표했지만 청문회가 열린 지 5일 뒤, 보크 판사가 30시간에 걸친 증언을 마칠 즈음 레이건 대통령 측은 상원의 지지를 받기 어려우리라는 사실을 깨달았다. 3주에 걸친 청문회 후 로버트 보크 임명안 투표를 위해 법사위원회가 소집되었다. 그날 러셀 빌딩 상원 간부 회의실은 기자로 가득 찼다. 할리우드 스타도 몇 명 있어 회의실 안이 더욱 시끌벅적했다. 아직 입장을 표명하지 않은 앨라배마주 상원의원 하월 헤플린의 언론 보좌관도 한쪽 구석에 서서 보도 자료를 배부하려고 대기하고 있었다. 공화당 최고의원인 스트롬 서먼드는 보크 임명에 찬성할 것으로 예상되었다. 하지만 그도 레이건 대통령의 지명을 적극적으로 옹호하지는 않았다. 백악관에서 서먼드 의원에게 본회의 보고서에 추천은 아니더라도 거부 의견을 표시하지 말도록 법사위원들을 설득해달라고 부탁했으나 서먼드는 이 제안을 거부했다. 서먼드는 백악관이 그의 고향 사우스캐롤라이나주 출신의 유능한 판사 빌리 윌킨스를 지명하지 않은 것에 여전히 화가 나 있었다. 서먼드는 투표 전 지원 성명에서도 뜨뜻미지근한 태도로 이렇게 말했다. "보크 판사는 청문회에서 솔직하고 명료하게 증언했으며 이런 모습은 분명 존경받을 만합니다."

보크가 표를 얻어야 하는 부동층 상원의원 스펙터, 버드, 데콘시니, 헤플린은 자신들이 지명에 반대하는 이유를 공표했다. 마지막으로 내가 성명을 발표할 순서가 되었을 때 이미 보크가 상원의원 14명 중 단 5표만 얻을 것이 확실해졌다. 보크가 후보로 지명된 이후 계속되는 굴욕으로 이제 무뎌졌다 해도, 이 순간은 분명 굴욕적으로 느껴졌을 것이다. 그를 반대하는 극좌파 세력이 다소 부당한 비난을 하긴 했지만, 사실 보크는 자신을 지지하는 최고 후원자가 보여준 행동 때문에 오히려 감정이 상했을 것이다. 소문에 따르면 보크는 청문회 증언을 마치고 며칠 지나지 않아 백악관을 찾아가 도움을 요청했다고 한다. 그는 백악관 보좌관들에게 이렇게 말했다. "그동안 혼자 해내려고 했지만 이제 대통령의 도움이 필요합니다. 대통령이 직접 돕지 않으면 인준이 거부될 것 같습니다." 하지만 레이건 대통령은 안 그래도 줄어들고 있는 정치 자본을 자신이 지명한 사람을 지키는 데 쏟아부을 마음이 전혀 없었다. 보좌관 중 한 명이 말했다. "우리는 대통령의 입장도 생각해야 합니다. 이 일이 잘못되면 대통령도 큰 타격을 입으니까요."

투표가 있던 날, 간부 회의실에서 내가 성명을 발표하기 시작했을 때, 그 자리에 모인 사람들은 모두 백악관이 보크를 버렸다는 것을 알았다. 그 자리에서 나는 이렇게 말했다. "로버트 보크는 신의와 정직함, 그리고 지적 능력을 갖춘 사람입니다. 하지만 그런 사람임에도 사실대로 이야기하겠습니다. 이 순간에 집에서 이번 지명이 거부되는 것을 보면서 상실감을 느낄 보크 판사에게 유감을 표하는 바입니다. 누구나 그런 기분을 느껴봤을 테니까요. 외람된 말씀이지만, 이번 인준 건은 보크 판사에 대한 문제가 아닙니다. 이것은 헌법에 대한 문제입니다. 그리고 분명한 것은 한때 사회적 쟁점을 특정 사고방식의 틀에 가두어 해석했었고, 이 자리에 계신 여러분은 그런 문제에 대해 고심해왔으며 미국인들이 이 모든 상황을 지켜봤다는 사실입니다. 이번 지명에 대해 대중이 어떤 결정을 할지, 여러분이 어떤 결정을 할지는 분명합니다."

레이건 대통령과 새파이어를 포함한 여러 사람이 보크 판사에게 '사적 제재'를 가했다며 과장되고 모욕적인 말로 다시 비난했다. 그렇지만 나는 상원 법사위원회의 업무 수행에 만족했으며 헌법 수호 의무를 지키려는 법사위원회의 노력을 인정한 논설위원들이 보여준 덜 편당적인 반응에도 만족했다. 〈로스앤젤레스 타임스〉 사설에서는 로버트 보크 청문회가 '특별한 교훈을 주었고 활짝 피어난 공화 민주주의를 축하하는 자리'였다고 했다. 오랫동안 〈뉴욕 타임스〉에서 대법원의 사건을 취재해 보도하던 앤서니 루이스는 보크 청문회에 대해 이렇게 썼다. '그들은 우리 모두에게 법원과 헌법이 무엇인지 가르쳐준 동시에 모든 워싱턴 사람들에게 비도덕적 정치 목적이 있다는 냉소적 관점이 틀렸음을 입증했다.'

〈상트페테르부르크 타임스〉는 투표 며칠 뒤 이렇게 발표했다. '로버트 보크 지명을 둘러싼 투쟁은 미국 역사의 커다란 사건으로 기억될 것이다. 결론보다는 그 결론을 내리게 된 근거 때문이다. 상원 다수당이 해낸 일은 개인의 자유권이 헌법상 보장되는 기본권이라고 선언한 대법원 판결이 옳았음을 천명한 것이다. 또 언론의 자유와 법 앞에 평등한 것이 모든 미국인의 권리라는 점을 다시 확인했다. 재판받을 권리가 존재한다는 사실도 확인했다. 그리고 그들은 '원전주의'라는 불모의 철학에 대항해 살아 있는 헌법 개념을 택했다.'

상원 전체 투표가 진행되었다. 전체 투표 결과는 58 대 42로 결국 보크 임명안은 부결되었다. 상원 전체 투표일에 나와 함께 일하는 직원들은 매우 기뻐했다. 그들은 모두 이번 일에 크게 헌신했다. 대법관 후보 지명 건으로 4개월 동안 직원 수십 명이 하루에 12시간에서 15시간씩 일했다. 그중 한 명은 과한 업무 때문에 결혼 생활이 위태로워질 지경이어서 서둘러 집으로 보냈다. 그리고 전체 상원 투표 결과 로버트 보크 임명이 거부된 날, 우리는 지금까지의 모든 희생을 보상받은 기분이었다. 그날 사무실로 걸어 들어갔을 때 직원들은 축하 파티 준비를 하고 있었다. 하지만 나는 파티를 할 수 없었다. "축하까지 할 필요는 없을 것 같습니다. 지금까지 대법원만 바라보고 달려온 한 남자가 있으니까요. 투표 결과가 나오고 그가 졌다는 것을 알았을 때 어떤 기분이었을지 한번 생각해보세요."

보크 인준 청문회 최종 투표일로부터 몇 주가 지난 뒤, 그리고 레이건 대통령이 그 후 지명한 후보자도 마리화나와 관련된 스캔들로 물러난 다음, 나는 백악관의 초대를 받아 대통령과 수석 보좌관 하워드 베이커를 만났다. 대통령은 세 번째 지명자는 실패하고 싶지 않았을 것이다. 나는 대통령이 어떤 후보를 지명해야 인준 절차를 통과할 수 있을지, 내 의견이 듣고 싶을 것이라고 생각했다. 백악관에 도착했을 때, 하워드 베이커가 나를 대통령 집무실로 안내했다. 대통령은 자리에서 일어나 나를 맞이했다. 레이건 대통령은 언제나 밝고 상냥한 사람이었다. 그는 그가 맞이하는 사람들이 정말 환영받는다고 느끼게끔 행동했다. 어찌 됐든 사람을 앞에 두고 언짢은 기색을 내비칠 사람이 아니었다. "어서 오시오, 조." 그는 내게 다가오면서 고개를 약간 오른쪽으로 꺾으며 오른손을 내밀었다. "보크 건 축하하네."

"아닙니다. 축하받을 이유가 없습니다. 보크 판사 일은 유감스럽게 생각합니다. 좋은 사람이었어요."

그러자 대통령은 여전히 반갑다는 표정으로 말했다. "음, 그다지 훌륭한 인물은 아니었네." '그다지 훌륭한 인물은 아니었다.' 로버트 보크에 대한 대통령의 평가는 미안하지만 매우 확고하고 단정적이었다. 대통령은 아주 쉽게, 그리고 확신을 갖고 말했다. 나는 그런 모습에 충격을 받았다. 보크가 자신의 임명안이 통과하지 못한 것에 대해 대통령에게 불만을 표해 대통령이 화가 났다는 이야기는 들었지만, 어떻게 그렇게 쉽게 로버트 보크를 내칠 수 있는지 놀라웠다. 대통령은 이미 다른 사안에 집중했다. 이를테면 소련 대통령 고르바초프를 워싱턴에서 만날 준비를 하는 것 말이다. 두 사람은 첫 핵무기 감축 조약에 서명할 예정이었다. 레이건 대통령은 애석함을 느낄 시간도 없었다. 그의 관심사는 이제 역사적인 중거리 핵전력 조약(INF)과 새로운 대법관 후보였다. 보크는 이미 과거였으며, 그에게는 묘비에 새겨진 비문만큼 확고한 평가가 내려졌다.

"자네는 누굴 원하지?" 대통령이 물었다.

"그건 제가 정할 일이 아닙니다." 나는 이렇게 말하고 나서 적어도 50년 전, 아이다호의 상원의원 보라에게 비슷한 질문을 한 대통령의 이야기를 했다. 그 당시 대통령은 보라 상원의원에게 후보자 명단을 주면서 선택하라고 했다. 보라는 그 명단을 보더니 종이를 뒤집어 다시 대통령에게 내밀며 말했다. "이제 제대로 됐네요."

하지만 나와 대통령, 그리고 수석 보좌관 하워드는 또 다른 싸움을 하고 싶지 않았다. 나는 이렇게 말했다. "예상 후보의 장래성에 대해 솔직한 의견을 말할 수 있다니 기쁩니다. 그리고 상원에 대해 수석 보좌관님만큼 잘 아는 사람도 없을 테니 제가 정확한 이야기를 하고 있는지는 수석 보좌관님이 잘 알 것입니다."

대통령은 명단을 살펴보았다. "웨이드 맥크리는 어떤가?"

"전 법무부 차관이요? 그 사람이라면 쉽게 상원의 승인을 얻을 듯합니다."

"포스너는?" 대통령이 물었다.

"제7항소법원에 있지요? 제 생각엔 보크와 같은 문제가 있는 사람입니다."

"데이비드 수터는 어떤가?"

"뉴햄프셔주 대법관 말인가요?"

"맞네."

"그 사람에 대해서는 잘 모릅니다."

명단에 다섯 번째로 올라 있는 인물은 캘리포니아주에 있는 제9항소법원의 판사, 앤서니 케네디였다.

"제가 알기로 그는 주류 보수주의자입니다. 그 사람이라면 상원의 승인을 얻을 수 있을 것 같습니다."

"이 사람을 지지한다는 뜻인가?" 대통령이 말했다.

"아닙니다. 제가 아는 사실로 미루어 볼 때 상원의 승인을 얻을 수 있을 것 같다는 뜻입니다. 제가 찬성표를 던질 수도 있고요. 하지만 확실히 말씀드릴 수는 없습니다."

"그래, 자네는 이 사람을 지지하는군." 대통령은 다시 한번 반복했다.

나는 테네시주에서 함께 일한 하워드 수석 보좌관 쪽으로 몸을 돌리고 말했다. "말씀드리세요, 수석 보좌관님."

최근에 참석했던 외교정책 회의에서 대통령은 집중하지 못하는 듯했다. 하지만 이날은 대통령의 눈이 반짝이는 것을 볼 수 있었다.

"조, 잠깐 시간 좀 내줄 수 있나?" 내가 자리를 뜨려고 할 때 대통령이 말했다.

"물론입니다."

대통령은 내 팔을 잡고 집무실 쪽으로 이끌었다. 그가 문을 열자 그 안에 케네디 판사가 있었다. "앤서니, 조가 자네를 지지한다네!" 나는 케네디 판사와 대통령에게 내 말이 그런 의미가 아니라고 설명하려 했지만, 대통령은 복잡한 이야기를 싫어하는 사람이었다. 그는 중요한 결론만 기억했다. 그 명단을 대통령에게 바로 넘겨주었어야 했는데 정말 재주가 좋은 사람이다. 나는 잘 준비된 연극을 본 셈이었다. 게다가 레이건 대통령은 사람들이 자기를 돕게 만드는 방법을 알고 있었다.

로버트 보크에 비하면 앤서니 케네디 판사는 순조롭게 상원의 승인을 받았다. 나는 케네디 판사가 20년 가까이 연방 대법관 자리에 있는 동안 보크와 케네디를 맞바꾼 것을 후회하지 않았다. 1988년 1월, 케네디가 법사위원회의 승인을 얻으며 연방 대법원을 향해 다가가고 있을 때 나는 다른 곳에 집중했다.

9월에 겪은 최악의 사건 때문에 아내 질은 힘겨운 시간을 보내고 있었다. 질은 배를 걷어차인 기분이라고 말하곤 했다. 기자들이 집 앞에서 진을 치고, 머리 위로는 헬리콥터가 날아다니는 끔찍한 상황을 떠올릴 때마다 그녀는 세상 모든 것이 위협적으로 느껴지고 슬퍼졌다. 그런 상황이 끝나서 마음이 좀 편해졌지만 일상생활은 더 힘겨워졌다. 대선 출마 포기를 발표하자마자 다시 바쁜 삶으로 돌아갔다. 하지만 질은 집이라는 안식처에 숨는 편이 낫다는 것을 깨달았다. 갑자기 아내는 식료품점에 가기 싫어했다. 사람들이 자기를 보면 나에 대해 뭔가 말해야 한다는 의무감을 느끼는 것 같다고 했다. 사람들은 아내에게 다가와서는 남들 눈치를 보면서 마치 애도를 표하라는 지시라도 받은 사람처럼 행동한다고 했다. 아내는 정상적인 삶을 살고 싶어 했지만 정상적인 것은 아무것도 없었다.

아내는 내가 얼마나 충격을 받았는지 아는-내가 그것을 깨닫도록 한- 유일한 사람이었다. 대중 앞에서 나는 아무렇지 않게 행동했다. 하지만 집에 와서 아이들이 잠들고 난 뒤 아내와 둘만 남으면, 그제야 허탈감에 빠지곤 했다. 아내와 나는 하루 일과를 마치고 나서 밤에 함께 앉아 이야기를 나누곤 했다. 아내가 욕조에 몸을 담그면 나는 그 옆에 앉아서 쉬기도 했다.

"웃는 게 힘들어." 어느 날 밤 아내가 이렇게 말했다.

"알아, 차츰 나아질 거야."

로버트 보크에 대한 레이건 대통령의 판단-그다지 훌륭한 인물은 아니라는-을 보면서 귀중한 교훈을 얻었다. 한 인간의 묘비에 적힐 평가는 그 사람의 마지막 전투에서 결정된다는 것이다. 내가 정치계에 남아 있는 한 나는 명성을 되찾을 수 있다. 심지어 이제 데이비드 브로더처럼 내 뜻에 동조하는 기자도 몇몇 알고 있었다. 선거운동 중 문제가 생겼을 때, 브로더는 여동생 발레리에게 연락했다. 나중에 여동생에게 들은 이야기지만 브로더가 비공식적으로 그 일의 배후를 물었다고 한다. 발레리는 브로더가 한 말을 기억했다. "당신 오빠에 대해 정확히 알고 있는 사람이 아무도 없어요. 그래서 오빠에 대한 얘기를 좀 듣고 싶어요. 어째서 그랬는지 말이에요." 발레리는 기자들에게 이야기하는 것이 불편했지만 결국 말하기로 했다. 그리고 브로더는 내 선거운동을 추억하는 글에서 나에 대해 좋은 이야기를 썼다.

상대를 너무 편협한 시각으로 보면 정당한 평가를 할 수 없다. 그는 충동적이긴 하지만 자기 잇속만 차린다거나 자만하는 사람은 아니다. 나는 그의 여동생 발레리에게 감동적이면서도 납득할 만한 이야기를 들으면서 그가 장남으로서 지닌 너그러움과 보호 본능을 엿볼 수 있었다. 지난여름 나는 시카고에서 열린 집회에서 그가 떠들썩한 팬들(대부분은 대선 후보자들이 모집하고 싶을 만한 정치 참여자들이었다.)을 벗어나 몸이 아픈 낯선 사람과 거의 1시간 동안 좁은 방에 틀어박혀 있는 것을 보았다. 그 남자는 치명적인 질병-에이즈-에 걸린 사실을 얼마 전에 알았다고 이야기하며 감정을 주체하지 못했다. 그 사람은 생명의 위협은 어떻게 견뎌보겠지만 치료받는 동안 가족의 파산을 막을 수 없을 것 같다고 했다. "어떻게 세상이 이럴 수 있죠?" 그 남자가 고통스러워하며 이렇게 말했다. 내가 들은 것은 여기까지였고 두 사람만의 대화가 이어졌다. 하지만 나중에 그 집회에서 남자를 다시 보았을 때, 그는 훨씬 진정된 모습이었다. 바이든은 그의 말을 듣고 도울 방법을 찾아주었다. 그리고 그가 할 수 있는 것을 최대한 해주었다. 비록 선거를 떠났지만 그런 동정심은 알려질 가치가 있다고 생각한다.

크리스마스쯤, 나는 브로더와 오랜 시간 인터뷰를 했다. 그리고 1988년 새해 첫날 브로더는 그 인터뷰를 바탕으로 긴 기사를 써서 외교 문제 전문 상원의원으로서 나의 역할과 현재의 쟁점에 대해 내가 보이는 진지한 태도를 소개했다. 그리고 그다음 주에도 칼럼을 기고했다.

완고한 회의론자의 관점에서 봐도, 논란 속에서 대선 출마를 철회한 이후 4개월 동안 바이든은 크게 성장했다. 법사위원회 위원장으로서 대법관 지명자 로버트 보크와 앤서니 케네디의 청문회를 주관하면서 새 출발을 한 것도 인상적이다. 청문회는 모두 뛰어난 역량과 지혜를 발휘해 공정하게 진행했으므로 양당의 인정을 받았다. …45세에 이러한 재능을 드러낸 만큼 나는 그가 49세나 53세, 57세, 아니면 61세가 되면 더욱 훌륭한 민주당 대선 후보가 될 것이라는 생각을 했다. 또 델라웨어와 미국은 이미 정말 중요한 당면 과제를 도맡아 처리해줄 상원의원을 확보한 셈이다.

나는 다시 대중 앞에서 이야기하기가 부담스러웠지만 2월 초부터 연설 요청을 받아들였다. 2월 둘째 주에 스크랜턴, 로체스터 대학교, 로체스터 공과대학, 예일 대학교에서 연설 일정을 잡았다. 대부분은 중거리 핵전력 조약을 상원에서 비준할 때 내가 수행할 역할에 대한 내용이었다. 나는 정치적인 질문이 나올 것을 알고 있었다. 아이오와 코커스(Iowa Caucas, 아이오와에서 행하는 당내 경선. 미국 대통령 선거에서 양 정당이 행하는 첫 번째 경선이어서 영향력이 크다-옮긴이)가 머지않았고 뉴햄프셔주에서 처음 열리는 예비선거는 그다음 주에 예정되어 있었다. 로체스터 공과대학 관계자는 대통령 선거운동과 출마에 대한 질문에도 대답을 준비해달라고 말했다. 나는 조심스러웠다. 하지만 공직을 떠나지 않겠다는 결심을 보여주기로 했다.

　나의 고질적인 문제는 바로 건강이었다. 선거운동이 끝난 뒤에도 두통이 사라지지 않아서 항상 타이레놀 통을 가지고 다녀야 했다. 어느 날 상원 건물에 있는 체육관에서 숄더 프레스 기구로 운동을 하고 있을 때 목을 관통하는 통증을 느꼈다. 그리고 그날 밤 윌밍턴으로 돌아가는 기차에서 다시 한번 같은 통증이 목과 머리를 관통했다. 몸 오른쪽에 감각이 없어지면서 다리가 갑자기 묵직해졌다. 이제 마흔다섯살인데 심장마비라도 온 건가? 기차가 윌밍턴역에 들어설 때쯤에야 조금 걸을 수 있었다. 아내를 걱정시키고 싶지 않았지만 근육을 다친 것 같다고 조심스럽게 이야기했다. 아내는 진료 예약을 해주었고, 의사는 내가 무거운 것을 들면서 신경이 눌린 것 같다고 말했다. 통증 클리닉을 찾아가자 목 보호대를 해주었다. 최근 서명된 중거리 핵전력 조약에 대한 상원 논쟁에 참여하고 스크랜턴, 로체스터 대학교, 예일 대학교를 오가는 데 도움이 될 만한 몇 가지 운동 치료법도 알려주었다.

　1988년 2월 9일, 나는 펜실베이니아주 스크랜턴에서 외교정책 관련 강연을 하고 있었다. 할 이야기가 많았다. 상원에서는 중거리 핵전력 조약을 검토 중이었으며 대부분의 상원의원이 되도록 빨리 비준하려고 했다. 나 역시 조약에 찬성하지만 레이건 행정부가 그 조약에 적힌 문구와 그 취지를 지킬 의지가 있는지 우려했다. 정부는 15년 전에 체결한 탄도탄 요격 미사일(ABM) 조약을 일방적으로 해석해 비용도 많이 들고 효과도 의심스러운 보호 시스템, 스타워즈 계획의 기술을 개발하고 실험하려 했다. 다수의 상원의원이 이것은 탄도탄 요격 미사일 조약의 본래 취지를 위반하는 것이라고, 그리고 국제사회에서 미국의 입장을 곤란하게 하는 일이라고 생각했다. 샘 넌과 로버트 버드는 정부가 사후에

이 조약을 가지고 마음대로 일을 꾸미지 않겠다는 확신을 줄 때까지 중거리 핵전력 조약의 비준을 미루겠다고 했다.

넌 의원과 버드 의원은 정부 당국자가 진술한 조약의 취지가 백악관에도 법적 구속력을 가져야 한다고 주장했다. 하지만 조지 슐츠 국무부장관은 그럴 수 없다는 입장이었다. 그래서 나는 상원과 정부 사이에 법적 다툼이 길어지는 것을 피하면서도 상원의 헌법상 특권을 보호할 수 있는 타협안을 내놓았다. 행정부의 권한을 비준 절차에서 행정부가 증언한 조약의 취지에만 한정하는 문구를 넣자고-다수결로-제안한 것이다. 내가 제안한 문구는 '중거리 핵전력 조약은 헌법에서 요구하는 대로, 조약서 원문에 부합되는 의미로, 그리고 비준 당시 행정부와 상원이 공유한 의미로만 해석되어야 하며, 해석이 달라지는 경우가 있다면 상원의 동의를 얻어야 한다'였다.

그런데 그날 저녁 내가 스크랜턴 대학교에서 강연하는 동안 미국인들의 관심은 조약 비준에서 멀어져 있었다. 그날 밤 대부분의 사람들은 아이오와 코커스 보도 방송을 보고 있었다. 뉴스 진행자들은 아이오와주 의회 의사당의 금빛 돔 화면을 배경으로 주도(州都) 디모인에서 들려오는 경선 결과를 보도했다. 하원의원 딕 게파트가 아이오와주에서 승리했고, 상원의원 폴 사이먼과 주지사 마이클 듀카키스가 뒤를 이었다. 내가 참여했더라면 몇 번째가 되었을지 모르지만 한 가지는 알 수 있었다. 나도 다른 사람들처럼 다음 날 아침 아이오와주에서 뉴햄프셔 주로 날아가 예비선거 전 마지막 주 선거운동을 했을 거라는 사실이다. 듀카키스, 잭슨, 게파트, 사이먼, 배빗, 고어, 그리고 다시 도전한 하트처럼 나도 마지막 주 선거운동이 끝나면 누가 대통령 후보가 될 가능성을 보일지 궁금해했을 것이다. 하지만 나는 소수의 조용한 학생과 교수가 모여 있는 곳에서 연설하기 위해 뉴욕의 로체스터로 가는 중이었다.

로체스터 대학교의 강연장에 들어섰을 때, 나는 열렬한 환영을 받았다. 그곳에 모인 수백 명이 내가 걸어 들어가는 동안 모두 일어나 박수와 환호를 보냈다. 나는 미국의 외교정책에 대한 의견을 간략하게 이야기하는 형식으로 40분이 채 되지 않는 강연을 준비했지만 청중은 나를 놓아주지 않았다. 그들은 중거리 핵전력 조약, 이란-콘트라 사건, 로버트 보크 등에 대한 질문을 이어가면서 나를 보내주려 하지 않았다. 대통령 선거와 표절 의혹에 대해서도 이야기했다. 사실 수개월 동안 이렇게 많은 대중 앞에 서지 못했기 때문에 사람들이 나에게 어느 정도 우호적인지 가늠할 수 없었다. 그렇지만 사람들의 반응은 기대를 훨씬 뛰어넘었다. 그 자리에 있는 사람들은 나를 따뜻하게 맞이했고 반가워했다. 마음이 치유되는 듯한 기분이었다. 실제로 사람들 사이에서 빠져나오기가 힘들었다. 나는 계속 질문을 받았다. 30분, 1시간, 1시간 30분. 수행 비서 밥 커닝햄이 무대에서 나를 내려오게 하려 했으나 청중은 여전히 질문을 하기 위해 손을 들었기 때문에 떠날 수 없었다. 결국 저지할 수 없었던 밥은 주최자에게 장내 방송 설비를 꺼달라고 요청했다. 하지만 내가 단상을 내려올 때 학생들과 교수들이 나를 붙잡았다. 젊은이 몇 명은 실제로 나를 껴안기도 했다. 밥은 내 외투와 서류 가방을 들고 나를 문밖으로 이끌었다.

거의 11시가 다 되어서야 로체스터에 있는 호텔에 도착했다. 내가 받은 환영에 너무 들떠서 몇 시간 동안은 잠들지 못할 것 같았다. 정말 기분이 좋았다. 강연장에 있던 사람들은 내가 표절을 하고, 거짓말하는 사기꾼이라고 생각하지 않았다. 침대 끝에 앉아 이제 모든 것을 바로잡을 수 있을 것 같다고 생각했다. 그런데 그때 TV 다이얼에 걸린 피자 모양

판지 조각을 발견했다. 거기에는 배달 주문 전화번호가 적혀 있었다. 그때 이런 생각을 한 기억이 난다. 음, 잠이 올 것 같지 않은데 주문이나 해볼까?

나는 옷을 그대로 입고 침대 발치 쪽 바닥에 누운 상태에서 깨어났다. 문 쪽을 바라보면서 이곳이 어디인지 기억해보려 했다. '어느 도시에 있는 거지? 여긴 호텔인가? 바닥에서 뭘 하고 있는 거지?' 피자 모양 판지가 기억났다. 그리고 그다음 순간 목 뒤를 찌르는 듯한 통증과 함께 머릿속에서 번개가 번쩍하면서 강력한 전기 충격이 가해지는 것 같더니 지금까지 겪어본 적 없는 어마어마한 통증이 몰아친 기억이 났다. 여전히 무지근한 통증이 남아 있었다. 목도 뻣뻣해서 고개를 돌리기 힘들었다. 나는 몸을 굴려 붉은 숫자를 바라보았다. 알람시계가 4시 10분을 가리키고 있었다. 아직 새벽인 게 분명했다. 창문 밖은 캄캄했다. 5시간 동안 의식을 잃고 있었던 것이다.

침대 위로 기어 올라가보려 했지만 역부족이었다. 다리가 무거워 움직일 수 없었다. 옷을 벗거나 이불 속으로 들어가는 것은 시도조차 할 수 없었다. 나는 태아처럼 웅크리고 누워서 이불을 끌어당겨 덮었다. 너무 추워서 이불 속에서 몸을 동그랗게 말았다. 그래도 몸이 으슬으슬 추웠다. 윌밍턴으로 돌아가는 비행기는 아침 7시에 있었다. 그러니 밥이 곧 나를 데리러 올 것이다. 나는 잠들지 못한 채 그 자리에 누워서 알람시계만 바라보고 있었다. 밥이 곧 올 것이다. 나는 속으로 생각했다. '집에 가야 한다. 집에 돌아갈 수만 있다면….'

비행기를 타고 어떻게 집에 갔는지 기억이 나지 않는다. 상원 보좌관이자 고등학교 미식축구 팀 동료인 토미 루이스는 공항으로 마중 나와서 나를 봤을 때 심각하다는 사실을 알아챘다고 한다. 나는 서류 가방을 밥에게 맡겼는데 토미는 그런 모습을 처음 보았다. 밥과 토미는 병원에 먼저 가보자고 했지만, 나는 집으로 가고 싶다고 말했다. 집에만 돌아갈 수 있다면 다 괜찮아질 것 같았다.

두 사람은 간신히 나를 부축해 계단을 올라 침대로 데려갔다. 그러고 나서 내가 다시 태아처럼 몸을 동그랗게 말자 걱정스럽게 바라보았다. 얼마 지나지 않아 아내가 방으로 들어왔다. 분명 누군가 학교에 있는 아내에게 전화해 집으로 오라고 했을 것이다. 아내는 나를 걱정스럽게 내려다보더니 안색이 창백한 것을 보고 나에게 어떻게 할지 묻지도 않았다. 다음 순간 우리는 세인트 프랜시스 병원으로 가고 있었다. 그 병원 의사들은 단순히 신경이 눌린 게 아니라고 말했다. 척추 천자를 시행하기 위해 준비하고 있을 때, 의사가 아내에게 시간이 좀 걸릴 것이라고 설명했다. 그래서 아내는 애슐리를 베이비시터에게 부탁하고 헌터에게 상황을 알려주기 위해 집으로 갔다. 의사들은 계속 복도에서 아내를 기다리던 나를 어느 방으로 데려갔다.

아내가 병원으로 돌아온 뒤 척추 천자 결과가 나왔다. 아내가 병원 정문으로 들어올 때쯤이었을 것이다. 고개를 들어보니 가톨릭 신부가 내 옆에 서 있었다. 아내가 모퉁이를 돌아 복도를 걸어오면서 병실 밖에 앉아 있는 간호사를 발견했다. 그녀는 작은 테이블에서 차트를 적고 있었다. 아내는 방 가까이 와서 간호사에게 말했다. "안녕하세요. 질 바이든입니다."

"안녕하세요, 바이든 부인." 간호사가 말했다. "지금 들어가시면 안 돼요. 병자성사를 받는 중이에요."

질은 병실로 들어가 병자성사를 중단하게 하려 했지만, 잠시 후 의사가 와서 신부님을 모셔 온 이유를 설명했다. 척추 천자 검사 결과가 좋지 않았다. 척수액에 피가 고여 있는 것이 발견되었는데 그것은 뇌동맥에서 출혈이 있다는 뜻이었다. 의사는 서둘러 다른 검사를 해야 한다면서 식구들을 부르게 했다. 어머니, 아버지, 발레리, 잭, 지미, 프랭키 등 모두가 병원으로 왔다. 보좌관 노마 롱과 그녀의 남편 레오가 눈보라 예보가 내린 가운데 큰아들 보를 데리러 필라델피아로 갔다. 그런데 아무도 헌터를 찾지 못했다. 학교가 끝난 후 여자 친구 집에 간 것 같았다.

CT 촬영, 다시 말해 컴퓨터단층촬영과 혈관조영촬영을 한 후 검사 결과를 말해주는 의사의 표정이 어두웠다. 뇌 기저 동맥 말단 부분에 동맥류가 생겼다고 했다. 정확히 동맥류가 무슨 뜻인지 몰랐는데 의사가 간단한 비유를 들어 설명해주었다. 동맥은 오래된 자전거 타이어 내부의 튜브와 같다고 했다. 자전거 내부 튜브의 한 지점이 얇아지면서 약해지면 그 부분이 불룩 튀어나온다. 그러면 공기가 새어 나오기도 하고 심할 경우 터질 수도 있다. 내 동맥에서는 이미 출혈이 있었고, 그래서 그 전날 밤 로체스터에서 쓰러졌던 것이다. 어쩌면 거의 1년 전 내슈아에서 있었던 일도 그 때문인지 모른다. 지금까지 살아 있는 것이 행운이었다. 다시 동맥류에서 출혈이 일어나면 생명이 위태롭다고 했다. 부풀어 오른 부분의 크기와 출혈 상태를 볼 때 머지않아 다시 치명적인 누출이 일어날 위험이 크다고 했다. 출혈 부분을 보강하는 수술이 최선의 방법이지만 그것은 매우 정교하고 위험했다.

동생 지미는 이런 수술 경험이 많고 당장 수술을 할 수 있는 신경외과 전문의를 찾기 위해 전 세계로 전화를 걸었다. 지미는 여러모로 내 상황에 가장 적합한 병원이 워싱턴 근처에 있는 월터 리드 군 병원이라는 사실을 알아냈다. 가까울 뿐만 아니라 그곳의 신경외과 과장은 내가 받을 수술이 비교적 새로운 방법인데도 수술 경험이 많고 실력 있는 사람이었다. 헬기로 환자를 이송하기에는 위험한 날씨였다. 나는 몇 시인지도 모른 채 검사 결과지를 가슴에 달고 이동용 침대에 누워 세인트 프랜시스 병원 문밖으로 나가 대기 중인 구급차 쪽으로 이동했다. 구급대원들이 내가 누운 침대를 밖으로 밀고 나오자 찬 기운이 온몸을 파고들었고, 축축한 눈발이 얼굴 위로 떨어졌다. 구급차 불빛을 받으며 거센 눈발이 쏟아지는 모습이 마치 인상파 화가의 그림 같았다. 나는 아내가 옆에 있다는 것을 – 보지 않아도 분명히 – 알 수 있었다. 나를 구급차로 옮기는 사람들은 긴장한 모습이었다. 구급차 뒷문으로 들어갈 때 침대 바퀴가 쿵쿵거리는 것이 느껴졌다. 아내는 농담을 해서 구급대원들의 긴장을 풀어주려고 했다. 그래서 나에게 하는 말이지만 모두가 들을 수 있게 큰 소리로 말했다. "당신 때문에 정말 못살아. 밸런타인데이에 함께 스파에 가려고 했는데…. 그리고 난 이렇게 눈이 많이 오는 게 싫어요. 당신이 죽으면 나는 노스캐롤라이나주로 갈 거예요. 거기는 따뜻한 봄이 길잖아요."

긴장감이 좀 누그러진 듯했다. 구급대원들이 나를 구급차에 싣고 단단히 고정했다. 구급대원들은 내 친구가 일하는 이 지역 의용 소방대에서 온 사람들이었다. 우리는 경찰차의 에스코트를 받으며 월터 리드 군 병원으로 향했다. 아내, 그리고 세인트 프랜시스 병원 의료진이 구급차 안쪽 벤치에 앉아 있었다. 의료진에게도 쉬운 상황은 아닌 듯했다. 만약 가는 길에 동맥류가 터진다면 그들도 어찌할 방법이 없었다. 구급차 운전자가 조심스럽게 눈보라를 뚫고 앞으로 나아갔고, 우리는 중간중간 이야기를 나누면서 30분 정도 달렸다. 그러던 중 갑자기 더 이상 앞으로 나갈 수 없는 상태가 되었다. 눈발은 점점 더 거세지고 그 자리에서 꼼짝달싹할 수 없었다. 우리는 주 경계선에 멈춰 섰다. 여기서 델라웨어주 경찰이 메릴랜드주 경찰에게 우리를 인도해야 한다. 그런데 길을 찾는 데서 혼란이 생겼다. 보는 우리를 이끌고 있는 델라웨어주 경찰차에 타고 있었는데, 메릴랜드주 경찰차에 옮겨 타자 호송 경찰이 보에게 어느 쪽으로 가야 하는지 물어보았다. 그래서 보와 경찰이 월터 리드 군 병원으로 가는 가장 빠른 길을 찾는 동안-약 5분- 멈춰 있었다. "왜 가지 않는 거예요?" 아내가 계속 물었다. 결국 아내는 운전석과 우리 사이에 놓인 칸막이를 두드렸다. "무슨 일이에요?!"

"메릴랜드주 경찰이 방향을 잘 모르는 것 같습니다"라는 대답이 돌아왔다.

"어서 출발해요!" 아내가 소리쳤다.

"그럴 수가 없습니다."

"젠장, 당장 출발하라고요!" 아내가 말했다.

구급차가 다시 움직이기 시작했다.

월터 리드 군 병원에서 유진 조지 박사가 좀 더 정밀한 혈관조영술을 시술해 내 두개골 내의 주요 혈관을 살펴보았다. 혈관조영촬영을 반복하면서 그는 좌뇌 아래에 생긴 동맥류를 잘 볼 수 있었다. 혈관조영 영상을 살펴본 후 조지 박사는 그날 바로 좌뇌 동맥류 수술을 하는 것이 좋겠다고 했다. 그런데 동생이 조지 박사만 괜찮다면 다른 의사의 소견도 들어보고 싶다고 했다. 지미가 버지니아 대학교에 있는 혈관 신경외과 전문의, 닐 카셀 박사가 마침 콘퍼런스 때문에 근처에 있다고 이야기하자 조지 박사는 흔쾌히 카셀 박사의 의견을 들어보면 좋을 것 같다고 말했다. 두 사람은 같은 교수에게 배운 적이 있다고 했다. 그리고 그날 늦은 아침에 아내가 수술에 동의했다.

조지 박사가 하려는 현미경을 이용한 개두술은 정교하고 시간이 오래 걸리는 수술이었다. 조지 박사는 내 머리를 열고 뇌를 살짝 들어 올린 다음 두개골과 뇌 사이, 뇌척수액이 통과하는 좁은 공간을 살필 예정이었다. 뇌간 밑 깊은 곳에 있는 동맥류를 찾기 위해서였다. 뇌간 밑에서 작은 혈전으로 둘러싸인 산딸기 모양의 동맥류를 발견할 때까지 조심스럽게 소동맥을 절개한다. 동맥류를 찾아내고 나면 작은 금속 클립으로 목 부위 동맥류를 영구적으로 막아 정상적인 혈액이 인접한 동맥으로 흐르도록 유도한다. 조지 박사는 좀 더 작은 두 번째 동맥류가 있지만 곧 터질 가능성은 낮아서 남겨두었다가 몇 주 후 한 번 더 수술하자고 했다. 조지 박사가 설명을 마치고 나서 나는 첫 번째 수술의 위험성에 대해 물었다.

"사망률(mortality)이요? 아니면 동반질환(morbidity)?" 그가 말했다.

"동반질환요?" 내가 물었다. 사실 동반질환이 무슨 뜻인지 잘 몰랐다.

수술 후 생존 확률은 50퍼센트보다 높다고 했다. 하지만 지능에 심각한 결손이 생길 가능성은 훨씬 컸다. 동맥류에 도달하려면 뇌의 여러 부분을 스쳐 지나가야 하는데 그 과정에서 발생하는 손상이 심각한 장애을 불러올 수 있기 때문이다. 조지 박사의 설명에 따르면 이런 수술 후생길 수 있는 장애 중 가능성이 가장 높은 것은 언어장애라고 했다. 나는 그 말을 듣고 크게 웃었던 것으로 기억한다. 나는 "지난여름에는 차라리 이런 일이 벌어졌으면 했지"라고 말했지만 조지 박사는 듣지 못했을 것이다.

조지 박사는 어려운 수술이지만 이미 여러 번 집도한 경험이 있을 뿐만 아니라 세계적인 외과 전문의들이 어시스트할 것이라고 말했다. 하지만 혹시 마지막 기회일 수도 있으니 가족에게 하고 싶은 말을 하라고 권했다.

이런 순간에는 두려워해야 하는데 오히려 차분해졌다. 넓은 바다 위를 평온하게 떠다니는 것처럼 마음이 잔잔해졌다. 이런 스스로에게 놀랐지만 나는 죽음에 대한 두려움은 없었다. 오래전부터 삶이 누구에게나 공평한 기회를 보장하지 않는다는 사실을 받아들였다. 그리고 내가 나를 구하기 위해 할 수 있는 것은, 말 그대로 아무것도 없었다. 식구들과 친한 친구들이 나에게 용기를 주려고 옆방에 모여 있었다. 동생 지미는 나를 최고의 의료진에게 데려다주었다. 그 의사들은 내 병을 찾아냈고 치료법도 알고 있었다. 이제 내 삶은 유능한 타인의 손안에 달려 있었다.

아내는 아주 강했다. 질은 힘든 상황에서도 전혀 두려워하는 모습을 보이지 않았다. 나는 내가 죽으면 지미와 발이 아내와 아이들을 잘 보살펴줄 것이라는 확고한 믿음이 있었다. 또 나는 발의 남편 잭을 신뢰했다. 잭은 지금까지 발이 선거운동에 참여할 수 있도록 아낌없이 지원해주었다. 하지만 내가 감당할 수 없는 슬픔이 밀려왔다. 애슐리는 이제 겨우 여섯 살이었다. 닐리아와 나오미가 세상을 떠났을 때 보와 헌터의 나이보다 어렸다. 아내는 애슐리에게 아빠는 이제 집에 돌아오지 않는다고 말해야 할 것이다. 보와 헌터는 부모를 잃는 슬픔을 또다시 겪어야 한다. 헌터는 아직 고등학교도 졸업하지 않았다.

아내가 아이들을 데려와서 따로 이야기를 나눌 수 있었다. 조지 박사는 많은 시간을 주지 않았다. 하지만 나는 아이들과 이야기하는 그 순간이 내 삶에서 가장 중요한 5분이라고 생각했다. 이것이 두 아들과 이야기할 수 있는 마지막 기회라면 제대로 해내야 했다. 그리고 그때 내 모습이 아이들 기억에 남을 아버지의 마지막 모습이라면 존경할 만한 모습을 보여주고 싶었다. 이틀 전만 해도 명예를 되찾는 것이 가장 중요한 일인 것 같았다. 하지만 이제 모든 것이 달라졌다. 세상 사람들이 모두 내 진정성과 인성을 의심할지도 모른다. 하지만 수천 명의 워싱턴 사람들도, 묘비명도-좋든 나쁘든- 필요 없다. 지금은 나에게 소중한 사람들을 위한 시간이다. 그 사람들이 바로 내 삶에서 중요한 의미가 있는 단 하나의 진실이었다.

두 아들은 침대 곁으로 다가오면서 밝은 모습을 보이려 애썼다. "너희는 훌륭한 청년이야. 정말 자랑스럽다. 그리고 아빠는 너희가 해야 할 일을 잘해낼 수 있다고 믿는단다. 엄마와 애슐리도 잘 보살필 거야."

"그런 얘기 하지 마세요, 아빠." 보가 말했다. "아빠는 아무 데도 가지 않아요."

"그래, 아빠는 괜찮을 거야. 하지만 만약 무슨 일이 생겼을 때 아빠가 너희에게 부탁하고 싶은 것이 뭔지 알 거다. 너희 두 사람은 서로를 보살피고 여동생도 보살펴야 해. 엄마도 보살펴야 하고. 아빠는 너희가 잘해낼 거라고 믿어."

나는 농담을 해보았다. "그런데 말이야, 아빠 묘비에 상원의원이었느니, 뭐 그런 말은 새기지 않았으면 해. 이런 것만 새겼으면 좋겠어. 아들, 형, 남편, 아버지… 스포츠맨." 두 아들이 웃었다. 두 남동생이 아이들한테 이런 얘기를 들으면 어떤 반응을 보일지 상상이 됐다. 이렇게 소리칠 것이다. "스포츠맨이라고? 맙소사. 끝까지 과대망상에 빠져 있었구나."

마지막으로 두 아들에게 할 말이 있었다. "사랑한다, 얘들아." 아이들에게 키스하면서 다시 만나기 위한 작별 인사를 했다. 그러고 나자 마음이 평온해졌다. 무슨 일이 생기더라도 두 아들은 잘 이겨낼 것이라고 믿었다. 그리고 나는 지금껏 내 기대에 맞는 삶을 살았다. 가장 중요한 순간에, 나는 내가 꿈꿔온 사람이 되어 있었다.

나는 다시 이동 침대에 실려 복도를 지나 수술실로 갔다. 아내가 내 손을 놓아주고 그 자리에 멈추자, 수술실 문이 열리면서 발부터 수술실로 들어갔다. 방은 휑했고 은빛 판에 반사된 불빛 때문에 수술실 안 모든 것이 은색 도금을 한 것처럼 보였다. 거대한 냉장고 속으로 들어가는 듯한 기분이었다. 여기저기에 사람들이 있었으며 모두 수술복을 입고 각자의 역할에 맞춰 조용히 움직이고 있었다. 와이어, 트레이, 반짝거리는 수술 도구를 가지고 왔다 갔다 하고 있었다. 그런데 아무도 말을 하지 않으니 좀 불안했다. 모두 긴장한 듯했다. 마취과 의사인 하트 박사가 내 얼굴에 마스크를 씌우려 할 때 레이건 대통령이 1981년 총에 맞은 뒤 수술실에 들어갔던 이야기를 들은 게 기억났다. 대통령은 수술실에 있는 의료진의 긴장을 풀어주기 위해 공화당 지지자는 모두 손 들어보라고 했다고 한다. 그 순간 나는 그 말이 농담이 아니라 자기 보호를 위한 노력이라는 것을 알 수 있었다. 나도 이렇게 말했다. "여기 민주당 지지자가 계시면 모두…." 하지만 말하는 중이었는지, 마스크를 쓴 때였는지 모르겠지만, 새하얀 빛 때문에 눈이 부신 순간 산소마스크가 입 주위를 누르는 것이 느껴졌고, 내 숨소리가 희미하게 들린 기억이 난다.

13장

시간이 지나야
알 수 있다

JOE BIDEN

다음으로 기억나는 건 깨어나는 듯한 느낌이 들었다는 것이다. 아니, 깨어나는 꿈을 꾸는 것 같았다. 처음엔 아직도 수술실에 있다고 생각했다. 높이가 적어도 180센티미터는 되어 보이는 기계들이 한쪽 벽을 가득 채우고 있었다. 시계 초침이 숫자를 지나가고 있는 게 보였다. 의사가 말했던 단어가 퍼뜩 생각났다. 동반질환. 몸에 이상이 생긴 건 아닐까? 사고 능력은? 긴 바늘이 12를, 짧은 바늘이 4를 가리키고 있었다. 4시…. 잠깐, 오후인가? 아니면 오전? 그건 상관없었다. 시계를 볼 수 있다는 게 중요했다. 나는 천장을 응시하다가 타일 개수를 세어보았다. 그리고 곱셈으로 천장 전체 타일 수를 계산했다. 연산 능력도 확인했다. 발을 움직여보았다. 손을 들어 코도 만져보았다. 내 침대 발치에 있는 기계들을 바라보았다. 파동, 막대그래프, 숫자, 어느 것도 안정적이지 않았다. 나는 '저게 정상이어야 할 텐데' 하고 생각했다. 그러나 내가 정말 의식이 있는 상태인지 확신할 수 없었다.

그때 누군가 내 쪽으로 몸을 기울이는 것이 느껴졌다. 따뜻한 숨결이 닿더니 내 이마에 입을 맞추었다. "조?" 아내의 목소리가 들렸다.

"질, 당신이야?"

"맞아. 나야."

"나 살아 있는 거야?"

질은 수술을 시작한 지 7시간 만에 회복실에서 두 아들과 함께 침대 옆 커튼 주위를 서성거릴 때만 해도 불안했다고 한다. 조지 박사가 매우 기뻐하면서 식구들에게 내가 회복될 것이라고 말했기 때문에 질은 온갖 줄과 튜브를 단 내 모습을 보고 무척 당황했다. 나중에 들은 얘기지만 아내는 나를 보고 주저앉을 뻔했다고 한다. 머리카락을 완전히 빡빡 깎은 민머리는 잔뜩 부풀어 있었고, 거기에 스테이플이 흉측하게 한 줄로 박혀 있었다. 내 머리는 마치 너덜너덜해진 야구공 같았다. 또 아내는 침대에 있는 내 모습이 너무 왜소해서 놀랐다고 했다. 하지만 어쨌든 나는 그곳에 있었고 말도 하게 되었다.

"살아 있어." 아내가 말했다.

나는 그렇게 아내가 설명한 모습으로 살아남았다. 내가 살아 있다고 말해주는 아내의 모습은 내 정직성이 의심받고 대통령 선거 준비가 무산되는 것을 바라보면서 느낀 괴로움에서 거의 벗어난 듯 보였다. 아내는 선거운동이 좌절되지 않았다면 어땠을지 생각해보았다. 내슈아, 맨체스터, 콩코드, 브리스틀 등 뉴햄프셔주를 구석구석 누비고 다니는 동안 동맥류 출혈이 시작되었을 것이다. 내가 치료를 받는 내내 선거운동을 그만둘 수 있었을까? 통증을 안고 선거운동을 강행하려 했을까? 아내는 나를 정말 잘 알고 있다. "그랬다면 아마 살아 있지 못했을 거야." 나중에 아내가 말했다. "그러고 보면 모든 일에는 다 이유가 있는 법인가 봐."

월터 리드 군 병원에 입원해 있는 열흘 동안, 살았다는 기쁨이 점차 희미해지면서 이 모든 힘겨운 상황을 이겨낼 수 있을지 걱정되었다. 극심한 고통은 사라졌고 더는 아프지 않았다. 하지만 회복 초기 단계에서는 하루하루가 힘겨웠다. 언제나 3개, 때로는 4개의 모니터가 몸에 연결되어 있었다. 하루 중 깨어 있는 몇 시간 동안 할 수 있는 것은 누워서 내 몸 상태를 보여주는 그래프를 응시하는 것뿐이었다. 내가 보고 있는 그래프가 뭔지도 잘 몰랐다. 혈류? 산소 흐름? 심박수? 혈압? 아무튼 내가 할 수 있는 것은 그래프와 여러 선이 뜻하는 것이 뭘까 생각하면서 화면을 응시하는 것뿐이었다. 화면에 나타나는 파장이나 막대그래프 중 하나라도 평평해진다면 살 가망이 없다는 것을 알기 때문이었다. 나에게는 그 그래프들을 계속 움직이게 할 힘조차 없는 것처럼 느껴질 때가 있었다. 암흑 같은 시간이었다. 그래프를 계속 움직이게 하는 것은 힘겨운 노동이었다. 나는 내가 그 힘겨운 싸움을 그만둘 뻔한 순간이 분명 있었다고 생각한다. 그래프는 느려졌고 내게는 숨 쉴 에너지가 없었다. 그때 한 간호사가 내 위로 몸을 구부리는 것이 느껴졌다. 항상 내 곁을 지키던 펄 넬슨 간호사였다. 내 또래로 보이는 그녀는 애팔래치아산맥처럼 반듯한 태도와 강인함을 갖춘 사람이어서 스스로 멈추기 전에는 아무도 그녀를 막지 못했다. 펄 간호사는 입으로 내 코를 덮고 내 폐 속으로 숨을 불어넣었다.

월터 리드 군 병원 간호사들은 더할 나위 없이 따뜻했고 아낌없이 호의를 베풀었으며 양치질도 해주고 씻겨주기도 했다. 가족만큼이나 허물없이 모든 것을 도와주었지만 절대 수치심을 느끼게 하지 않았다. 내가 목이 아파서 계속 불편해하자 펄 간호사는 온갖 베개를 가져와 적당한 것을 찾아주었다. 정식 절차로 보급된 베개는 아닌 것 같았다.

며칠 뒤 마이클 듀카키스가 뉴햄프셔주 예비선거에서 기록적인 표차로 승리를 거뒀을 때쯤, 나는 중환자실에서 일반 병실로 옮겼다. 병실을 오가는 의사들은 모두 수술 결과에 만족했으며 내가 회복하는 모습을 보면서 기뻐했다. 수술이 끝난 지 열흘 만에 월터 리드 군 병원에서 퇴원했다. 내가 두 번째 동맥류 수술을 받고도 회복할 수 있을 만큼 호전되면 ─ 약 5주나 6주 뒤에 ─ 수술을 받으러 다시 병원을 방문할 예정이었다. 나는 휠체어를 타고 병원 밖으로 나왔다. 건물의 돌출된 부분이 내가 지나가는 진입로에 그늘을 드리웠다. 그것을 보자 국무부 회의실을 나오던 생각이 났다. 동생 지미가 나를 마중 나와 차 안에서 기다리고 있었다. 나는 문 앞에 이르자 휠체어에서 내려와 취재진 앞에 섰다. 그곳에 있던 기자들의 얼굴에 놀란 표정이 스쳤다. 나는 수척한 얼굴로 불안정하게 서 있었다. 나는 수술 부위에 박은 스테이플을 가리기 위해 델라웨어 블루 헨스 야구 모자를 쓰고 있었다. 우리 직원이 한 번 더 수술해야 한다고 발표했기 때문에 기자들은 그 수술에 대한 내 심경과 수술 위험성에 대해 물었다. 조지 박사를 비롯해 수술에 참여한 의사들은 오랜 시간을 들여 내 상태와 예후를 설명했다. 나는 분명 좋아지고 있었지만 신경외과 환자에게는 예상치 못한 변수가 많았다. 늘 그랬듯 어려운 상황도 가볍게 받아들이는 것이 내 천성이다. 나는 기자들에게 두 번째 수술도 식은 죽 먹기라고 말했다. 그런데 듣자 하니 그 말이 신경외과 의료진 사이에서 논란을 일으킨 모양이었다. 다음번에 조지 박사를 만났을 때 기분이 좋아 보이지 않았다. 동료 의사들이 조지 박사에게 전화해 도대체 왜 그렇게 유명한 환자에게 다음 수술이 간단하다고 했느냐고 따지더라고 했다. 조지 박사는 언제나 다음 수술도 절대 쉽지 않다고 이야기했고, 나 또한 그 말을 의심하지 않았다. 사실 집으로 가는 차

안에서도 그 말을 떠올렸다. 지미가 운전을 했고, 우리는 아이들 이야기를 나누었다. 나는 지미의 두 살 된 딸에 대해 물어보려고 했다. 키넉 이야기가 터진 바로 그날 나는 그 조카의 세례식에도 참석했다. 내가 말을 꺼냈다. "요즘…." 조카 이름이 생각나지 않았다. 갑자기 두려움이 밀려왔다. 다시 예전으로 돌아갈 수 있을까? 의사들도 확실히 말해주지 못했다. 시간이 지나야 알 수 있다고 말했다. 시간이 지나야 알 수 있다.

두뇌 기능을 걱정하는 동안 신체 회복 능력에 자부심이 생겼다. 나는 그 누구의 예상보다도 빨리 회복하고 싶었고, 처음 몇 주 동안은 정말 몸이 괜찮아진 것 같았다. 내가 계단을 오르자 아내가 다가와 말렸다. "의사가 아직 계단을 오르내리면 안 된다고 했잖아요." 나는 그 말에 고개를 끄덕였다. 하지만 몸이 놀랄 만큼 빠르게 회복되고 있다고 생각했고, 건강을 증명하고 싶어 모험을 했던 것이다. 상태가 점점 좋아져 3월 초에는 의사가 짧은 여행을 다녀와도 좋다고 허락했다. 베서니 비치에 있는 친구의 수상 콘도에 다녀올 생각이었다. 그렇게 오랫동안 집에만 있는 것에 익숙하지 않은 데다 새로운 풍경도 보고 싶어 아내와 단둘이 차를 타고 떠났다. 도착한 첫날 밤 거실 벽난로 앞에 편안히 앉아있었다. 그런데 바다를 보려고 고개를 돌리다가 머리에서 뭔가 덜거덕거리는 느낌을 받았다. 그러더니 갑자기 방이 빙빙 돌았는데, 어떻게 해볼 수가 없었다. 너무 어지러워서 일어나지 못해 방에 있는 아내를 불렀다. 아내는 조지 박사에게 전화했고, 그는 나를 안심시켰다. "상원의원님, 정상적인 현상입니다."

"왜 이러는 거죠?"

"정확한 원인은 알 수 없지만 흔히 나타나는 현상입니다. 점차 사라질 거예요. 몸은 단숨에 회복되는 것이 아니니까요."

"또 이런 일이 생길까요?" 나는 궁금했다.

조지 박사는 확실히 대답하지 못했지만 내가 겪은 것이 드문 일은 아니라고 했다.

집으로 돌아온 뒤로 나는 마치 머리가 연약한 달걀이라도 되는 양 조심했다. 베개에서 고개를 돌릴 때도 겁이 났다. 일어설 때마다 목을 바르게 세워 머리가 다시 덜거덕거리지 않도록 했다. 그러던 어느 날 아침, 나는 아예 일어나지 못했다. 가슴과 복부 통증이 너무 심해 베개에서 고개를 들 수조차 없었다. 처음 겪는 통증이었다. 동맥류 출혈이 있을 때도 이 정도는 아니었다. 숨을 들이마실 때마다 과도로 배 속을 저미는 것 같았다. 나는 겨우 몸을 구부려 둥글게 말았다. 그리고 조금씩 얕은 호흡을 하며 날카로운 통증을 줄여보려 했다. 하지만 여전히 몸을 일으킬 수 없었다. 나는 큰 소리로 외쳤다. "일어나! 빌어먹을! 조, 일어나란 말이야!" 아내는 우리가 아는 동네 의사를 불렀다. 동맥류를 신경이 눌린 것으로 진단한 의사였다. 그는 나에게 아침에 무엇을 먹었냐고 물었다. 스크램블드에그를 먹었다고 하자 그는 가스가 찼다고 진단했다. 나는 그 의사의 말이 맞기를 간절히 바랐다. 또다시 아무것도 하지 못하는 상태로 며칠 또는 몇 주를 보낸다고 생각하니 참을 수 없었다. 하지만 그 의사는 또 틀렸다.

몇 시간 뒤 나는 들것에 실려 나와 지역 의료원으로 옮겨졌다. 그곳에서 의사들은 혈전이 폐혈관을 막고 있다고 했다. 그리고 어디에서 생긴 혈전인지 정확히 알 수 없지만 오랜 기간 침대에만 있었던 것을 감안하면 보기 드문 현상은 아니라고 나를 안심시켰다. 하지만 의사는 다른 곳에 또 혈전이 있는 건 아닌지 걱정했다. 특히 다리에 혈전이 생겼다가 떨어져 나가면 심각한 문제가 생길 수 있다고 했다.

나는 다시 월터 리드 군 병원으로 이송되었고, 그곳에서 열흘 동안 외과 전문의와 혈액 응고 전문의의 치료를 받았다. 외과 전문의들은 내 몸에 몇 가지 장치를 집어넣었다. 경정맥을 통해 흉부 중앙까지 접근해 작은 필터를 동맥에 삽입했다. 동맥에 삽입된 티타늄 필터는 배드민턴공처럼 한쪽이 넓게 벌어져 하지에서 올라오는 혈전이 폐나 심장에 도달하기 전에 걸러낼 것이다.

하지만 의사들은 심장 위쪽 혈관에서 혈액이 응고되는 것을 우려했다. 큰 혈전이 폐로 이동해 심각한 폐색전이 생기면 그 즉시 사망할 수도 있다는 것이 혈액학자와 신경외과 전문의의 공통된 의견이었다. 그것을 막기 위해 동맥벽을 청소하고 큰 혈전을 분해하는 항응고제 투여량을 늘려보자고 말했다. 항응고제를 복용하면 혈전 크기를 줄여주기 때문에 혈전이 떨어져 나와 돌아다니더라도 생존 확률이 높아진다고 했다. 하지만 항응고제를 투여하지 않은 상태에서 큰 혈전이 동맥벽에서 떨어져 나오면 사망할 수도 있다고 했다.

월터 리드 군 병원에 열흘 정도 더 입원해 있었는데 날마다 새로운 혈액학자나 외과 전문의가 찾아와 나를 살펴보았다. 레이건 대통령도 자신의 주치의를 보내주었다. 나를 찾아온 의사 중 한 명은 내 팔을 토닥여 주며 이렇게 말하기도 했다. "정말 운이 좋았습니다." 어떤 면에서 운이 좋다는 것인지는 확실히 알 수 없었다. 그 말을 들으니 디온이 "당신에게는 모든 일이 쉽죠?"라고 말했던 기억이 났다.

계속되는 검사만 아니었어도 나도 운이 좋다고 생각했을지 모른다. 몇 시간에 한 번씩 누군가 와서 피를 뽑아 갔다. 최악의 검사는 혈관조영술이었다. 연약한 서혜부를 절개해 관을 삽입하는 검사였다. 여덟 번에서 아홉 번 정도를 검사를 받았던 것 같은데 하면 할수록 점점 힘들어졌다. 그리고 색전증과 동맥류에 관련된 흥미로운 정보도 많이 알게 되었다. 미국에서 해마다 6만 명이 넘는 사람들이 색전증으로 사망한다고 했다. 나 같은 사례에서 선도적 위치에 있는 혈액학자가 노스캐롤라이나주의 의과대학에 있었는데 색전과 뇌졸중 연구를 중점적으로 했다. 그 의사가 뇌졸중 도로라는 말을 했다. 추위를 피해 북동쪽 지역에서 플로리다까지 왔다 갔다 하는 노인들이 보통 노스캐롤라이나쯤에서 위험에 처한다고 설명했다. 차를 타고 10~12시간 이동하는 도중에 멈춰서 스트레칭을 해주지 않으면 매우 위험하다는 것이다.

몸이 회복되는 동안 의사들은 내 가족력을 살폈다. 할아버지 한 분이 혈전 때문에 돌아가셨다. 사망 원인이 동맥류인 것으로 추정되는 할머니도 한 분 계셨다. 미국인 10명 중 1명 조금 넘는 수가 나와 비슷한 동맥류 증상을 보이지만 모르고 지내는 경우가 보통이라고 했다. 몸이 완전히 회복되리라는 진단을 받았을 때, 당시 신경외과 팀에서 이야기하는 블랙 유머를 들은 적이 있다. '동맥류가 있는지는 어떻게 알 수 있을까? 답: 부검을 해보면 알 수 있다.' 그런데도 모든 사람에게 동맥류 검사를 받게 하지 않는 이유를 묻자 의사들은 1988년 당시 유일한 검사방법은 혈관조영술인데, 그렇게 하면 동맥류 파열보다 혈관조영술 때문에 사망하는 사람이 많을 거라고 했다. 또 동맥류가 있는 사람의 90퍼센트가 다른 원인으로 사망한다고 했다. 많은 정보를 알게 됐지만, 내가 운이 좋은 것인지 아닌지는 여전히 알 수 없었다.

마침내 퇴원하는 날, 월터 리드 군 병원 주차장 건물에는 이번에도 기자들이 기다리고 있었다. 어쨌든 병원을 나갈 수 있어서 기뻤다. "다시 대선 경쟁에 뛰어들겠다는 말씀을 드리고자 오늘 이 자리에 여러분을 모셨습니다." 적어도 거기 모인 사람들은 웃었다.

그때까지 나는 인내심이 강한 사람은 아니었다. 하지만 두 번째로 병원에 입원해 있는 동안 서두르지 않는 것이 얼마나 가치 있는지 생각했다. 내가 마음을 편하게 갖고 의사가 충고한 대로 잘 따랐다면 다시 병원에 입원하지 않았을지도 모른다. 대통령이 되는 것도 마찬가지다. 내가 정말 원한다면 또다시 기회가 올 것이다. 명성을 회복하는 것도 단숨에 이루어지지 않을 것이다. 시간이 지나야 알 수 있다.

내가 집에 돌아온 뒤, 아내와 직원들은 나를 일에서 완전히 떼어놓기로 결정했다. 일도, 전화 통화도, 아무것도 하지 못했다. 레이건 대통령이 두 번 전화했다. 아내는 대통령에게 감사했지만, 그녀가 정한 규칙에 예외를 두지 않을 생각이었으므로 그의 전화도 바꿔주지 않았다. 아내와 직원들은 내가 어떤 논쟁도 하지 못하게 했다. 아내는 내가 아무것도 하지 않아도 세상은 잘 돌아갈 테니 걱정하지 말라며 안심시켰다.

그 말은 사실이었다. 제시 잭슨이 내 고향 델라웨어주 예비선거에서 승리하면서 본격적으로 경쟁이 시작되었다. 하지만 끝까지 살아남아 민주당 대선 후보로 지명된 것은 마이클 듀카키스였다. 앨 고어 상원의원은 중도 하차하면서도 함께 경쟁했던 다른 후보들에 대해 칭찬을 아끼지 않았다. 그는 사퇴 연설에서 이렇게 말했다. "조 바이든을 보면서 중압감 속에서도 품위를 지키는 것이 중요하다고 생각하게 되었습니다. 대선 경쟁이 무산되고 난 뒤 그가 보크 청문회를 공정하고 훌륭하게 수행하는 것을 보았습니다. 조 바이든은 자신의 정치적 싸움보다 국가를 먼저 생각했고 우리 모두를 민주당원으로서, 그리고 미국인으로서 존중했습니다."

그해 봄에 듀카키스 팀은 '비방용 비디오'를 만들어 제보했다는 이유로 해고된 선거 사무장 존 사소를 다시 데려오는 문제로 소란을 일으켰다. 들자 하니 듀카키스 팀에서 내 주변 사람들에게 연락해 내가 그 문제를 어떻게 생각하는지 알아보려 했다고 한다. 하지만 당시에는 아무도 나에게 그런 이야기를 하지 않았다.

그리고 로버트 보크 판사는 연방 항소법원을 그만두고 법사위원회에서 받은 부당한 대우를 알리려고 연설을 하러 다닌다고 했다. 들자 하니 보크 판사는 청중에게 청문회에 있던 상원의원들은 머리가 좋지 않아 자신의 사법 철학을 이해하지 못했다고 말하는 모양이었다. 개인의 자유에 대한 그의 관점이 오해를 받았다는 것이다. "그들의 생각을 바로잡는 게 불가능했습니다." 그는 이렇게 말하면서 비꼬듯 덧붙였다고 한다. "영향력 있는 지성인 조 바이든도 마찬가지였습니다."

대법관 임명에 실패한 것을 이용해 돈을 벌 수 있게 되었다니 보크에게는 잘된 일이었다. 〈로스앤젤레스 타임스〉는 두둑한 출판 계약금, 다섯 자릿수의 연설료, 약간의 법률 업무 등으로 "보크는 법정에서 10년간 일해서 벌 돈을 1년에 벌었다"라고 지적했다.

하지만 그때 나는 이런 내용을 전혀 몰랐다. 아내는 나를 완벽하게 고립시켰고, 덕분에 내 몸은 다음 수술을 견딜 만큼 회복되었다. 나는 일어서서 왔다 갔다 할 수 있었고, 매일 산책을 했다. 하지만 내가 가장 많이 한 일은 잠을 자는 것이었다. 집중하기 어려워 책을 읽을 수도 없었다. 시간이 많아지니 다음 수술에 대해 생각할 수 있었다. 지난번에는 너무 정신이 없어 수술에 대해 생각할 수 없었다. 하지만 두 번째 수술을 앞두고는 생각할 시간이 많았다. 내가 기억하기로 두 번째 수술의 생존 확률은 90퍼센트 정도였다. 하지만 여전히 동반질환 문제가 남아 있었다. 마비, 언어장애, 단기 기억상실이 나타날 가능성이 있었다. 또 아무 문제도 없이 수술이 끝난다 해도 회복되려면 오래 걸렸다. 그때 아내는 이미 눈치챘지만 수술 날짜가 다가올수록 나는 점점 더 화가 났다.

1988년 5월, 조지 박사의 수술실에 다시 들어갔을 때 나는 그의 능력을 깊이 신뢰했다. 하지만 어떤 것도 운에 맡기고 싶지 않았다. 나는 수술실에 묵주를 가지고 들어갈 수 있도록 특별히 허락받았다. 조지 박사는 두 번째 수술이 성공적이라고 했다. 하지만 혈액 합병증 발생 여부를 모니터링해야 했으므로 언제 집에 갈 수 있는지 알 수 없었고, 이렇다 할 처치도 없이 5월이 끝날 때까지 병원에 머물렀다. 내 관심은 오로지 신체적 문제에만 쏠렸다. 나는 침대에 앉아 창밖을 응시하면서 건설 중인 방송탑 하나가 날마다 지평선 위로 조금씩 높아지고 있는 것을 지켜보았다. 3미터, 6미터, 10미터, 15미터···. 그 탑이 완성될 즈음 나는 여기서 나가야겠다고 생각했다. 아내는 부엌 바닥 공사 진행 상황을 날마다 알려주었다. 그때 집 부엌에 밝은 흰색 멕시코풍 타일을 깔고 있었다. 왠지 그 타일을 당장 보고 싶어졌다.

2월에 내가 처음 쓰러진 이후 델라웨어주에 사는 친구와 이웃이 음식을 가져다주는 등 여러 가지로 도움을 주었다. 아내는 그해에 학교에서 풀타임으로 아이들을 가르쳤고, 밤이나 주말에는 월터 리드 군 병원을 오갔다. 그래서 아내에게는 도움이 필요했다. 내가 병원에 입원했던 5월에 우리가 좋아하는 델라웨어주 샌드위치 가게에서 일주일에 서너 번 신선한 샌드위치를 보내주곤 했다. 샌드위치를 만들어 워싱턴까지 가져다주었는데 내가 음식을 먹을 수 없을 때도 간호사들을 위해 가져다주곤 했다.

이번에 퇴원할 때는 몸 상태가 정말 좋았지만, 처음 수술했을 때보다 남들 시선이 더 신경 쓰였다. 살이 너무 많이 빠져 거울을 보기도 싫을 정도였다. 게다가 두 번째 수술을 하면서 이마 근육을 움직이는 두피 신경을 잡아당겨 늘리는 바람에 이마 오른쪽을 움직일 수 없었고, 오른쪽 눈꺼풀은 늘어져 있었다. 사람들에게 그런 모습을 보이고 싶지 않아서 아내가 발레 공연을 보러 가자고 했을 때도 불이 꺼진 다음에 들어간다면 가겠다고 할 정도였다. 그러고도 공연이 끝나고 불이 켜질 순간이 겁났다. 나는 의사에게 언제쯤 원래대로 돌아갈지 물어보았다. 의사는 그것이 영구적인 손상인지 아닌지 확실히 말할 수 없다고 대답했다. 그는 의사로서 해줄 수 있는 가장 좋은 말을 했고, 그 말은 잠에서 깰 때마다 내 머릿속에 남아 있었다. 시간이 지나야 알 수 있다.

내가 할 수 있는 것은 그것을 받아들이는 것밖에 없었다.

힘이 없고 이마는 반쯤 마비된 상태였으며 여전히 무언가에 집중하기가 어려웠다. 아주 짧은 시간만 집중할 수 있었고 금방 피곤해졌다. 나는 의사와 아내가 시키는 대로 했고 일은 물론 전화 통화도 하지 않았다. 그렇게 해서 처음으로 온전히 쉬었다. 몸에 힘이 좀 생기자 제임스가 준 양궁 세트로 운동을 하기도 하고 차를 타고 케닛 스퀘어까지 가서 햇빛을 받으며 앉아 있다가 점심을 먹기도 했다. 골프 연습장에서 공을 쳐보기도 했다. 두 번째 수술이 끝나고 6주가 지나자 이마와 볼 근육이 원상태로 돌아왔다. 하지만 여전히 외출을 많이 하지는 못했다.

델라웨어주에서 바이든이 모습을 드러내지 않자 신문기자들이 우리 사무실로 전화를 걸어 믿을 만한 소식통에게서 바이든 상원의원이 식물인간 상태라는 이야기를 들었는데 사실이냐고 물었다. 유명한 〈워싱턴 포스트〉 편집자 벤 브래들리가 했던 말도 기억한다. "바이든이 다시 예전 모습으로 돌아갈 수는 없을 것이다." 그는 내 첫 수술 이야기를 듣고 이렇게 말했다. 기자들은 나와 통화하고 싶다고 하면서 그러지 않으면 들은 대로 기사를 쓰겠다고 말했다. 하지만 우리 직원들은 원칙대로 내게 전화를 연결하지 않았다. 아내는 아직 레이건 대통령의 전화도 바꿔주지 않았다.

그 원칙을 깨뜨린 유일한 친구는 워싱턴에 있는 테드 케네디였다. 어느 날 그는 윌밍턴 사무실 직원 노마 롱에게 전화해 기차역으로 자기를 데리러 와달라고 요청했다. 워싱턴에서 암트랙 기차를 타고 나를 만날 작정으로 집으로 찾아온 것이었다. 그는 거절해도 막무가내였다. 아내가 집에서 친구들과 오찬 모임을 하고 있을 때 케네디가 집으로 들어왔다. 케네디는 그가 직접 액자에 넣은 아일랜드 사슴 동판화를 가지고 왔다. 그는 그 위에 '친애하는 아일랜드 출신 위원장에게'라고 적었다. 케네디는 수영복도 가지고 왔다.

나는 나중에야 케네디와 그의 직원들이 나 대신 법사위원회 업무를 맡았다는 것을 알았다. 그리고 상원에서 보기 드문 일이긴 하지만 케네디는 내가 없는 동안 내 밑에서 일하던 직원들의 의견에 따라 일을 처리했다. 이런 우정 어린 행동 덕분에 내가 자리를 비운 7개월 동안의 죄책감이 조금은 덜어지는 기분이었다. 케네디가 우리 집에 나타난 날, 나는 동료를 만나서 마냥 기쁘기만 한 것은 아니었다. 하지만 케네디는 일 이야기는 하지 않았다. 그저 내가 그리웠고 동료들이 나를 기다리고 있다는 사실을 알려주고 싶어 했다.

8월 말쯤 되자 내 모습을 되찾고 싶어졌다. 에너지와 집중력도 완벽하게 회복되었다. 의사는 나를 진찰하고 나서 노동절 후 의회가 재소집될 때쯤에는 업무에 복귀해도 좋다고 했다. 내가 대중 앞에 다시 모습을 드러낸 것은 8월 말에 열린 델라웨어주 서식스 카운티 대축제에서였다. 나는 일어서서 오랜 동료 700명이 외치는 소리를 들었다. "조! 조! 조!" 내가 바라는 것은 이제 다시 상원에서 최선을 다해 일하겠다는 사실을 약속하는 것뿐이었다. 나는 군중을 향해 확신에 찬 모습으로 말했다. "좋은 소식은 이제 예전과 똑같이 일할 수 있게 되었다는 사실입니다. 그리고 나쁜 소식은 더 잘하기는 어렵다는 것입니다."

쉬는 동안 나는 내 과거와 미래에 대해 많은 생각을 했다. 그리고 상원에서 몇 년 더 일하고 싶었다. 좋든 싫든 나는 공인이었다. 그리고 분명 운이 좋은 사람이었다. 나는 그날 "내 삶의 두 번째 기회가 왔습니다. 나는 살아 있고 건강합니다. 우리 가족도 행복하고 나는 내가 좋아하는 일을 하고 있습니다"라고 말했다.

며칠 뒤 지미와 함께 부엌에 앉아 있는데 흥미로운 전화가 왔다. 민주당 대선 후보인 마이클 듀카키스였다. 나와 꼭 통화하겠다고 했다. 지미는 말렸지만 전화를 받았다. 선거일이 딱 두 달 남아 있었다. 조지 부시 부통령은 여론조사에서 앞서가기 시작했다. 지난번 듀카키스가 전화했을 때 그는 자신에 대한 지지 결정을 미루고 있는 조합장에게 내가 이야기를 잘해주었으면 하고 바랐다. 그런데 이번에는 또 다른 부탁을 했다. "조, 자네 도움이 필요하네."

그는 존 사소를 다시 데려와 자신의 선거 캠프 일을 맡기고 싶다고 했다. 그러면서 물밑에서 내 선거 캠프를 공격해 듀카키스 자신이 해고했던 존 사소에게 내가 공식적으로 어떤 이야기를 할지 알고 싶다고 했다.

"주지사님, 존 사소는 저에 대해 뭐라고 말할까요?" 내가 물었다.

"그게 무슨 뜻이지?" 듀카키스가 물었다. 그는 나에게 일어난 일에는 관심이 없는 듯 보였다. 그저 존 사소를 다시 데려오면서 생길 정치적 문제를 무마하고 싶을 뿐이었다.

그가 말했다. "조, 존은 지난 1년간 아주 힘들었다네."

전화를 끊고 나자 우스운 기분이 들었다. 분노의 감정이 남아 있을 것도 없었다. 실제로 존 사소에게 유감은 없었다. 시간을 끌 필요가 있을까? 결론은 나도 듀카키스가 부시 부통령에게 이기도록 돕고 싶다는 것인데 말이다.

듀카키스는 몇 시간 후 그의 친구 존 사소가 돌아올 것이라고 발표했다. 나에게 전화하기 전에 이미 기자회견이 계획되어 있었던 것이 분명했다. "존이 우리 선거 캠프로 돌아와서 매우 기쁩니다. 그는 자신이 한 일에 대해 대가를 치렀습니다. 1년은 긴 시간이니까요." 듀카키스는 모여 있는 기자들 앞에서 말했다. 듀카키스는 사소가 엄청난 실수를 했지만 '불법을 저지른 것은 아니'라고 말했다. 그러면서 기자들에게 나에게도 이미 사소를 데려오는 것에 대해 이야기했다고 말했다. 듀카키스의 말에 따르면 조 바이든은 '더할 나위 없이 너그러운 모습을 보여줬다'고 했다.

사소도 성명을 발표했다. "9월에 제가 한 일은 잘못된 판단의 결과였습니다. 그 일로 바이든 상원의원과 그의 가족에게 상처를 입힌 점, 유감스럽게 생각합니다. 바이든 상원의원은 강인한 사람입니다. 그는 자신의 강인함을 사생활과 직업, 양쪽 모두에서 입증했습니다. 지난 9월에 일어난 사건 때문에 그의 강인함이 흔들리는 것처럼 보일 수 있지만, 저는 그렇지 않다고 굳게 믿습니다. 다른 곳에서 그는 자신이 인용한 말이 닐 키넉이 한 말임을 밝혔으며, 어쨌든 나는 바이든에게 미국 국민을 속이려는 의도가 있었다고 생각하지 않습니다."

1988년 9월 7일 수요일, 나는 예전처럼 윌밍턴에서 워싱턴으로 가는 기차를 탔다. 아내와 아이들, 그리고 부모님과 형제들이 동행했다. 이 기차를 타는 것은 7개월 만이었다. 역 직원들이 표지판과 풍선을 설치했다. 나와 친한 엔지니어는 긴 경적 소리로 반겨주었다.

워싱턴에 도착해서 주차장을 지나 내 사무실 쪽으로 걷고 있는데 누군가 큰 소리로 불렀다. 고개를 들어보니 동료 대니얼 패트릭 모이니핸이 내가 있는 쪽으로 깡충깡충 뛰어오고 있었다. "드디어 돌아왔어." 그가 긴 팔로 나를 안으며 말했다. "드디어 돌아왔어." 나는 그가 꼭 안는 바람에 깜짝 놀랐다. 닐리아가 세상을 떠나고 나서 상원 의사당에 처음 나오던 날부터 동료들은 언제나 진심 어린 따뜻한 응원을 보내주었다. 하지만 7개월 만에 돌아온 나에게 보여준 자연스럽고 사려 깊은 환영에 다시 한번 마음이 뭉클했다.

사무실 직원들이 깜짝 파티를 열어주었고, 나를 보러 사무실로 찾아오는 양당 상원의원들의 발걸음이 온종일 끊이지 않았다. 그날 나는 우리 가족과 수많은 기자가 참석한 가운데 외교 소위원회 청문회에서 위원장 업무를 수행했다. 나는 기자들에게 이런 농담을 했다. "제가 또박또박 질문하고 그 대답을 이해하는지 보려고 식구들이 이 자리에 참석했습니다. 저는 돌아왔습니다. 모든 것이 끝났습니다. 그리고 이제 업무에 복귀하겠습니다." 그날은 평범한 것이 아무것도 없었다. 마치 복도 코너를 돌 때마다 새로운 환영회가 기다리고 있는 듯한 기분이었다.

본회의장에서 그날 하루를 마무리할 즈음, 동료들은 나의 복귀를 환영하는 결의안을 만장일치로 통과시켰다. 그러고 나서 모두 일어서서 박수를 보내주었다. 우리 가족은 위쪽 방청석에서 그 모습을 지켜보고 있었고, 나는 자리에 앉아 상원에서 동료들이 보내주는 환영의 말을 들었다. 그중 가장 멋진 말은 공화당 대표 밥 돌이 한 말이었다. 그는 건강 문제와 싸운다는 것이 어떤 의미인지 잘 아는 사람이었다. 스무 살때 참전해 1944년 이탈리아에서 큰 부상을 입어 두 팔을 자유롭게 사용하지 못했기 때문이다. 밥 돌은 역경을 딛고 일어나 상원 대표의 자리에 올랐으며 1996년에 공화당 대통령 후보가 된다. 밥 돌은 이렇게 말했다. "조 바이든은 승리했습니다. 하지만 그것은 그의 정신력과 끈기를 아는 사람에게는 놀라운 일이 아닙니다." 그가 해준 말이었기에 더 큰 의미가 있었다.

그날 나는 사람들의 요청으로 많은 말을 했지만, 상원 본회의장에서 동료들의 환영사를 들은 후에는 목이 메어 말을 하기 어려웠다. 내게 상원 의사당은 15여 년 동안 제2의 집과 같은 곳이었고 실제로 집처럼 편안했다. 상원 회의실을 둘러보면서 내가 존경하고 경애하는 사람들의 얼굴을 바라본 기억이 난다. 밥 버드, 대니얼 이노우에, 테드 스티븐스, 알런 스펙터, 피트 도메니치 같은 사람들은 20년이 지난 지금도 그 자리에 있다. 하지만 대니얼 패트릭 모이니핸, 프리츠 홀링스, 웬들 퍼드, 낸시 카세바움, 앨런 심프슨, 그리고 밥 돌을 포함한 많은 사람이 그곳을 떠났다. 그들이 없으니 상원 분위기가 예전만 못한 느낌이다. 이 사람들은 넓은 식견을 갖추었으며 인품이 훌륭하고 경험이 풍부했다. 또 상원에서는 정파의 대립보다 중요한 일을 해야 한다는 것을 알고 있었다. 그들은 당의 경계를 넘어 우정을 쌓고 의미 있는 협력을 하기 위해 서로 손을 내밀었다. 정치적 이익을 추구하기 위해 관계를 돈독히 한 것이 아니었다. 다양한 사람들이 모여서 다툼도 많이 하게 되는 민주주의에서 끈끈한 인간관계가 얼마나 중요한지 알기 때문이었다. 1988년을 떠올려보면, 아무리 까다로운 문제로 논쟁을 벌였다 하더라도 격앙된 감정 때문에 상원의원들이 서로에게 지니고 있는 존경심을 잃지 않을 것이라는 믿음이 있었다.

"친구가 있으면 삶이 달라집니다." 나는 그날 회의실에 함께 있던 사람들에게 말했다. "내가 가고 싶은 곳이 있다는 것도 내 삶을 변화시키고, 그곳에 돌아가면 환영받을 수 있다는 생각은 삶을 훨씬 더 크게 변화시키지요. 그런데 지금 더 이상 말하다가는 제 안에 있는 아일랜드인이 튀어나와 너무 감성적인 말을 하게 될 것 같습니다."

뷔페식으로 준비된 환영 연회장에서 나오면서 동료 의원인 앨런 심프슨이 내가 없는 7개월 동안 상원에 중대한 변화가 있었다며 농담을 했다. "조가 떠나기 전에는 새우를 먹은 적이 없었는데…." 나는 상원 의사당 특유의 리듬과 항상성이 유지되고 있는 것이 기뻤다. 그날은 달라진 점이 하나 있긴 했다. 그건 바로 나 자신의 내적 리듬이었다. 수년간 웬들 퍼드와 프리츠 홀링스는 내게 이렇게 말하곤 했다. "좀 쉬엄쉬엄하게." 나는 그제야 그 충고에 숨겨진 지혜를 알 수 있었다. 나는 긴급함이 뭔지 정확히 몰랐던 것 같다. 전해에 나는 큰 교훈을 얻었다. 정말 긴급한 것은 삶과 죽음에 관한 문제뿐이다.

나의 헌신과 열정이 줄어든 것은 아니었다. 하지만 이제는 내가 모든 순간에 참여해야 한다고 생각하지 않았다. 법사위원회 청문회에 빠질 수도 있다. 그렇다고 범죄 법안을 통과시키지 못하게 되는 건 아니다. 민주당 전당대회, 직원 회의 또는 어떤 정치적 사건에 참석하지 못했어도 나는 여전히 내 일을 잘해내고 있다. 내가 알게 된 가장 중요한 것은 단 한순간의 실패로 ─대통령 선거에서 물러나는 것같이 너무나 공개적이고 마음 상하는 것일지라도─ 내 묘비에 쓰일 문구가 정해지는 건 아니라는 사실이다. 나는 미국 국민의 뛰어난 공정성과 사고력을 믿었다. 그렇기 때문에 내 명성을 되찾을 수 있다고 믿었다.

시간이 지나야만 알 수 있다. 그리고 나에게는 시간이 있었다.

14장

참여

둘째 아들 헌터는 내게 부탁하는 일이 거의 없었기에 아들이 조지타운 대학교에서 연설하자는 아이디어를 꺼냈을 때 약간 놀랐다. 보가 펜실베이니아 대학교에서 연설하자고 할 때마다 나는 그렇게 하려고 노력했다. 사실 몇 년 동안 나는 보를 위해 10여 차례 공개 토론회를 열었는데 헌터를 위해서 한 적은 없었다. 그래서 헌터의 요청을 거절할 수 없었다. 조지타운 대학교 학장은 헌터가 참여한 예수회 봉사단에서 내 신앙과 종교가 공공 정책에 대한 견해에 어떤 영향을 미쳤는지 강연해주길 바랐다. 사실 정치판에 종교를 끌어들이는 건 조금 불편했기 때문에 항상 피해온 주제였다. 하지만 연설문을 쓰면서 보니 그건 내 정치 인생에서 가장 즐거운 활동 중 하나였다.

나는 상원 선거에서 1만 2000표 이상을 더 얻었지만 거기에는 마치 야구 통계학자처럼 표를 분석하고, 숫자를 계산하고, 내 경력을 만들어주는 수많은 정치 전문가가 있었다. 사실 양당 통계학자들은 100여 명의 상원의원을 진보에서 보수까지 한 줄로 쭉 세워놓고 차등제를 적용해 등급을 매기길 좋아한다. 하지만 그런 등급은 나나 나를 선출해준 델라웨어 시민들에게는 아무 의미도 없다. 그리고 대통령 선거운동은 너무 짧고 복잡하게 엉켜버려서 자리에 앉아 그 표들과 관련해 대단히 중요한 윤리 문제를 생각할 시간이 없었다. 나는 캔버스에 점 하나하나를 찍는 데만 열중해 한 발 뒤로 물러나 전체 그림을 보지 못하는 점묘 화가 같았다. 그래서 조지타운 대학교 연설에서 이 이슈를 화두로 내세울 수밖에 없었고, 인생 제2막에 접어든 시기에 돌아보기에 딱 좋은 기회인 것 같았다.

연설문을 쓸 때 분명하게 떠오른 내용은 간단했다. 가톨릭의 핵심 교리와 가톨릭 학교 교육, 그리고 항상 나의 정치 경력에 지배적인 힘을 발휘했던 부모님. 더 깊이 들어가면 지상에서 가장 큰 죄는 권력을 남용할 지위와 수단을 지닌 사람들이 저지른다는 내용이었다. 그것이 주일 강론이나 학교, 가정에서 계속 강조하는 메시지였다. 예수는 바리새인들과 시간을 보내지 않았다. 예수는 매춘부, 나병 환자, 악당과 어울렸다. 내 신앙에 대해 나는 그렇게 기억했다. 독일 나치당에서부터 고등학교 시절, 벨트를 풀어 아이들을 체벌하던 메이필드의 신부님에 이르기까지 권력 남용에 대한 크고 작은 교훈은 집 안에서도 계속 이어졌다. 아버지는 "작은 아이를 때리는 건 소인배들이나 하는 짓이야"라고 말씀하시곤 했다. 아버지는 자식들에게 손을 댄 적이 없었다. 한번은 어머니와 아버지가 거실에서 한 친구가 아내의 따귀를 때린 이야기를 하셨다. 아버지는 분노를 삭이지 못하고 거실을 서성이셨다.

나는 권력과 특권을 가졌으면 남을 존중하고 공정하게 대할 책임이 있다고 배웠다. 관대함은 단순한 미덕이 아니라 계명이다. 그리고 권력을 남용하는 사람을 보면 희생자 대신 중재에 나서는 것이 우리 의무다.

조지타운 대학교 연설을 준비하면서 알게 된 사실이 있었다. 내가 자라면서 얻은 교훈은 내 정치 활동의 지도 원리가 되었고, 내 관심을 사로잡은 문제는 항상 권력 남용과 관련되어 있었다는 점이다. 시민권과 투표권에서부터 동네의 폭력적인 범죄에서 사람들을 보호하려고 거리에 경찰을 배치하는 일, 흑인 동네에 사는 사람들이 대출받는 것을 불가능하게 만든 은행의 차별적 금융 서비스 관행을 막는 일, 그리고 형사판결이 좀 더 공정하고 균등하게 이루어지도록 연방 지침을 밀어붙이는 일, 아동 폭력과 싸우는 일, 리처드 닉슨과 고위직 직원들에게 갑질을 한 J. 에드거 후버(나는 FBI 건물에 후버의 이름을 붙이는 것에 반대표를 던진 몇 안되는 상원의원 중 하나였다.)를 보면서 느낀 혐오감, 1980년대 마약 카르텔과의 싸움에 이르기까지…. 거기에는 하나의 공통점이 있었다. 내 경력을 돌아보면 늘 내게 활력을 불어넣은 것은 정치적, 경제적 혹은 육체적 문제에 관계없이 권력을 남용한 자들에게 맞서야 한다는 신념이었다.

그래서 오늘날 다시 돌이켜 보면, 조지타운 대학교 연설을 한 후 몇 년 동안 내 관심을 끈 두 가지 큰 이슈는 모두 명백한 권력 남용이었다는 사실은 그리 놀라운 일이 아니다. 하나는 부패하고 권력에 굶주린 유럽 선동가들이 행한 조직적인 대량 학살이었다. 다른 하나는 이곳 미국에서 벌어진 일로, 미국인들의 생활과 제도에 교묘하게 파고 들어온 용납할 수 없는 권력 남용이었다. 그리고 국가 전체로서 우리는 우리의 더러운 작은 비밀에 직면할 배짱이 없어 보였다.

1970년대 중반부터 나는 법사위에서 범죄 문제를 연구했고, 1980년대 중반부터 상원의 범죄 입법 분야에서 민주당 자문위원으로 활약했다. 나는 항상 피고의 강력한 시민적 자유를 옹호했지만, 경찰에게 범죄와 싸울 수 있는 도구-거리에 더 많은 경찰 배치, 장비 개선, 강력 범죄를 저지른 사람들을 격리할 양형 지침 등-를 제공하기 위해 열심히 노력했다. 민주당 동료들이 법질서 문제에서 내가 지나치게 경찰 편에 선 것은 아니냐고 생각하던 시기도 있었지만, 나는 항상 공공의 안전과 안보가 정부의 첫째 의무라고 느꼈다. 정부는 다른 약속을 이행하기 전에 가정과 거리, 학교, 공공장소의 안전을 보장해야 한다. 그래서 이상한 점이나 새로운 문제는 없는지 알아보려고 범죄 통계를 주시했다. 가령 1980년대에는 흡연 형태의 코카인이 확산되면서 폭력이 급증해 도심이 황폐화되는 사태가 있었다.

1990년 법무부의 범죄 통계를 검토하다 특정 숫자를 보고 충격을 받았다. 지난 10년간 남성에게 자행된 강력 범죄는 크게 감소한 반면, 젊은 여성에 가한 강력 범죄는 증가 추세를 보였다. 처음에는 여성운동의 영향으로 더 많은 여성이 나서서 강간이나 가정 폭력을 신고하는 것은 아닐까, 하고 추측했다. 그러나 조사해보니 그것보다 훨씬 더 많은 일이 벌어지고 있었다. 사실 나는 여성 폭력 문제는 남녀노소가 공유하는 문화적 기대라는 것을 금방 알 수 있었다. 로드아일랜드에서 중학생을 대상으로 한 조사에서 내놓은 통계는 충격적이었다. '남자가 여자를 만나 데이트 비용으로 10달러를 쓴다면, 남자는 여자에게 성관계를 강요할 권리가 있는가?'라는 질문이었다. 남자아이 중 4분의 1이 그렇다고 대답했다. 나는 너무 놀랐다. 하지만 더 놀라운 것은 여자아이의 5분의 1이 그렇다고 답변했다는 점이었다. 큰 문제가 아닐 수 없었다. 이런 사고가 우리 사회에 깊이 뿌리내리고 있었다. 나중에 알게 된 조사에서는 미국 남성의 10분의 1이 아내가 복종하지 않으면 때려도 괜찮다고 생각한다고 답변했다. 수백만 명의 여성이 집 안에서 구타당할 위험에 처해 있다는 뜻이었다.

나는 교육받지 못한 폭력배만 이런 생각을 하는 게 아니라는 걸 경험으로 알았다. 1981년 법사위원회에서 발의한 새로운 중요 범죄 법안을 서둘러 통과시키기 위해 상원 원내 투표를 할 때 본 장면을 결코 잊을 수 없다. 회기 시간이 다 되어가고 있었고, 나는 법안 통과를 밀어붙이고 있었다. 우리는 전체적으로 유리한 결과를 얻을 만큼 표를 확보했다. 위원회는 상원 작은 방에서 회의를 열었다. 서먼드 위원장은 이의가 없으면 투표를 시작하겠다고 했다. 앨라배마주 상원의원 예레미야 덴턴이 큰 소리로 이의가 있다고 말했다. 덴턴은 내가 법안에 집어넣고 싶어 하는 '부부간의 강간은 다른 강간과 동일한 범죄로 규정된다'는 조항에 화를 냈다. 그날 그는 말했다. "빌어먹을, 결혼을 하면 조금은 섹스를 할 거라고 기대하는 건 당연하잖아."

1990년에 나는 법사위에 직원 한 명을 정직원으로 배치해 여성 폭력 문제를 맡겼다. 빅토리아 너스와 나는 1990년 여성폭력방지법이라는 법안을 작성했고, 6월에 청문회를 시작했다. 그해 말 청문회를 통과했을 때 나는 이것이 내가 제안한 법률 중 가장 중요한 동시에 입법에 가장 어려움을 겪은 법안이었다고 생각했다. 또 그 문제는 법무부 통계가 말해주는 것보다 훨씬 더 고질적이었다. 법사위의 '여성 폭력 범죄 증가 문제를 줄이기 위한 입법' 청문회에 출석한 첫 패널은 집주인이 고용한 남성에게 안면 자상을 입은 모델과 전혀 모르는 사람에게 납치와 강간을 당한 아이오와주의 주부가 포함되어 있었다. 이 여성들은 자신들의 사건이 법정으로 넘어가면서 2차 피해가 잇따르고 있다고 말했다. 뉴욕 패션 모델 마를라 핸슨은 공격을 받고 얼굴에 자상을 입어 병원에 입원해 있는 동안 친구들과 모르는 사람들에게 받은 편지에 대해 말했다. 그녀는 "사람들에게는 근본적으로 비난과 분노가 자리 잡고 있는 것 같았다"라고 증언했다. "내게 온 편지 내용은 이런 것이었다. '글쎄, 도대체 밤 12시에 술집에서 뭘 하고 있었던 거니?' 혹은 '뉴욕으로 이사하면 이런 일이 생길 거라고 했잖아.'"

그녀가 위원회에서 한 증언에 따르면 공격자들에 대한 재판에서도 시련은 계속되었다. "한 변호인은 개회 발언에서 배심원단에게 말했습니다. '제가 마를라 핸슨이라는 여성에 대해 말하겠습니다. 마를라 핸슨은 애인이 있는 도시 남자들에게 꼬리를 치고 다녔습니다. 남자들의 애인과의 관계를 망가뜨리려고 작정하고 행동한 것입니다.' 검사가 반발했지만 판사는 이렇게 말했어요. '우리는 20세기에 살고 있지만 어떤 사람들은 여전히 다른 여자의 남자에게 추파를 던지는 것이 부적절하고 부당하다고 느낍니다. 제가 생각하기에, 그렇게 할 수 있는 사람은 매우 이기적이고 사리사욕만 채우는 사람이며, 그러므로 적어도 부분적으로는 그런 사람을 믿어서는 안 된다는 것이 요점입니다. 이는 매우 단순한 문제입니다. 이것을 부적절한 공격이라고 말할 수는 없습니다. 그녀가 그렇게 이기적인 행동을 한 것에 대해 스스로 대비했어야 할 일이기 때문입니다. 나는 그런 행동을 허락할 것입니다.'"

핸슨은 말했다. "재판부는 제가 매춘부와 다를 바 없으며 부도덕하다는 점을 넌지시 내비쳤어요. 제 성생활의 사적인 세부 사항에 대해서까지 질문받았어요. 그렇게 불쾌한 재판을 겪으며 내가 과연 미국에 있는 게 맞는지 의심스러웠습니다."

아이오와주 여성은 강간 직후 후유증 치료를 받는 과정에서 의료진과 경찰에게 어떤 취급을 받았는지 들려주었다. 재판에서 모욕을 당하지는 않았지만 그녀는 자신의 몸이 말 그대로 증거품이 되어버린 상황에 여전히 기가 막혀 했다. "제 몸과 인격에 저질러진 범죄가 이제 국가에 반하는 범죄가 되었음을 곧 깨달을 수 있었어요. 그건 더 이상 내가 당한 범죄가 아니었어요. 그 점에 화가 났어요. 저는 정말로 화가 났어요." 전 아이오와주를 위한 증인이자 사건 번호일 뿐이었어요. 그게 제 전부였고, 매우 실망스러운 일이었어요. 저는 그저 아이오와주가 그 남자에게 유죄를 선고하기 위해 필요한 사람이었어요."

아이오와주 출신 여성은 친구 겸 변호사와 함께 청문회에 참석했는데 남자는 생색내는 듯한 태도로 이 여성이 직면한 문제를 부각했다. "피해자들의 손을 잡아주고 사전에 변론 이야기를 해줄 사람이 없다고 생각해요. 피해자들에게 이 소송에서 기대할 수 있는 게 뭔지 알려주어야 해요. 소송이 한창 진행되고 나서야 피해자들도 느낄 거라고 생각해요. 최근 아이오와주 대븐포트의 쿼드 시티에서 15세의 피해자가 남성 가해자를 고소했는데 법정에서 증언을 거부하자 판사는 피해자를 오히려 모욕죄로 투옥했어요. 뭐, 판사가 나름대로 내세우는 논리도 있지만, 피해자가 누구인지 제대로 파악하지 못하는 사람도 있죠. 소송이 무엇인지, 대질신문권이 무엇인지 깨닫고 나서도 이 싸움판에서 시간만 질질 끌다가 다시 상처를 입게 됩니다."

나는 어느 여대생의 증언을 결코 잊지 못할 것이다. 그녀는 기숙사 방에서 친구의 남자 친구에게 성폭행을 당했다. 그 후 그녀는 뜨거운 물로 샤워를 했고, 침대에 앉아 울고 있는데 기숙사 사감이 들어와 그녀의 이야기를 들었다.

사감이 소리쳤다. "너, 강간당했구나!"

"아니에요, 아니에요"라고 피해자는 말했다. "아는 사람이었어요."

다른 목격자들은 지인에 의한 강간 피해자가 종종 스스로를 탓하는 경향이 있는데 그런 감정들은 그들의 여자 친구 때문에 강화된다고 증언했다. 보가 다니고 있는 펜실베이니아 대학교 캠퍼스에서 반성폭행 기구 공동 설립자인 어느 대학 4학년생은 그녀와 친구들이 직면한 문제에 대해 솔직하게 말했다.

> 펜실베이니아 대학교 1학년 때 친구가 친목 모임에서 강간당했을 때 지인에 의한 강간의 현실을 깨달았다. 그녀는 고정관념을 갖고 있었다. 열여덟 살 대학생이었다. 그녀는 대학 생활에 적응하고 친구를 사귀기 위해 애썼는데 그날 밤엔 몸을 못 가눌 정도로 술을 많이 마셨다. 그녀의 친구인 우리 역시 고정관념에 사로잡혀 있었다. 우리는 그녀에게 왜 위층으로 올라갔냐고 물었다. 우리는 우리와 잘 아는 데다 함께 수업을 받는 애들이 강간범이 될 수 있다는 사실을 믿고 싶지 않았다. 우리는 그녀에게 그 일은 그녀 잘못 때문에 벌어진 것이 아니라고 말하지 않았다. 정말로 아무 말도 하지 않았다. 뭐라고 말해야 할지 몰랐기 때문이었다. (피해자는) 지워지지 않는 상처를 입었다. 그녀는 우리가 이전의 그녀에 대해서는 알지 못하고 오로지 강간당한 후의 그녀만 알 뿐이라고 말했다. 그녀는 펜실베이니아 대학교를 떠났다.

이것은—1990년에 100명 중 98명이 남성 의원이었던— 상원이 들어야 할 이야기였다. 하지만 초기 청문회에는 법사위 위원들의 참석이 뜸했다. 나는 황야에서 소리치는 것 같은 기분이었고 워싱턴 엘리트층 여성 단체 내에서도 저항이 있다는 것을 알고 놀랐다.

내가 낙태를 온전히 수용하는 입장이 아니었기 때문에 여성단체에서 나를 전적으로 신뢰하지 않는다는 사실은 알고 있었다. 나는 여성이 낙태할 권리를 갖는 데는 지지했지만 그 절차에 연방 지원금을 지원하는 데는 반대했다. 하워드 메첸바움이나 폴 사이먼이 이 법안을 주도했다면 여성단체에서는 더 편하게 받아들였을지 모르겠다. 워싱턴의 여성 단체 회원은 여성폭력방지법을 담당하는 내 직원에게 말했다. "음, 빅토리아, 당신같이 젊고 괜찮은 여성이 조 바이든 밑에서 일하고 있네요. 그런데 왜 우리가 당신을 믿어야 하죠?"

하지만 여성 단체가 나를 오랫동안 의심한 데는 다른 문제도 있었다. 워싱턴 엘리트층 여성 변호 단체는 여성폭력방지법 때문에 그들의 주요 이슈가 주목받지 못할까 봐 우려한다는 느낌이 들었다. 그리고 내가 잘 아는 여성들이 자존심이 강하다는 걸 알았다. 나는 처음 질과 법률에 대해 토론하다가 눈이 번쩍 뜨였다. 그녀가 어느 날 아침 학교에 갈 준비를 할 때 나는 우리가 작성 중인 이 법안에 대해 설명하며 뿌듯해했다. 나는 어느 정도는 아내가 나를 꼭 껴안아주며 내가 정말 자랑스럽다고 말해주길 기대-그리고 간절히 희망-했다. 하지만 질은 한참 침묵한 뒤에 말했다. "그건 왜 만드는 거야? 우린 그런 보호 필요 없어."

몇 달 후 다른 토론을 할 때까지도 나는 왜 질이 그렇게 거북해했는지 완전히 이해하지 못했다. 질은 1991년 웨스트 체스터 대학교에서 야간 강좌를 들으며 첫 석사과정을 밟고 있었다. 그래서 내가 상원에서 일을 마치고 집에 도착했을 때 그녀는 차에 시동을 걸고 집 앞에서 기다리고 있었다. 내가 집에 들어가 딸과 있으면 질은 학교로 향했고, 나는 애슐리를 위해 '파파게티'를 만들 예정이었다. 하지만 그날 밤은 내가 들은 소식을 아내가 알고 있는지 확인하고 싶었다. 그래서 차창을 두드리며 "질, 그 강간범 얘기 들었어?" 하고 물었다. 질이 다니는 학교 캠퍼스에 강간범이 있다는 소문이 있었다. "구본관 앞에 주차하는 게 어때?

거기는 조명이 있잖아?"

"거기는 주차장이 없어"라고 질이 말했다.

내가 "그냥 거기 주차해. 빌어먹을 딱지 떼면 내가 돈 낼 테니까"라고 말했다. 그녀는 화가 나 있었다. 그녀가 차를 운전하기 시작했을 때도 나는 말 그대로 차에 매달려 있었다. "젠장, 질, 속도 낮춰. 학교 앞에 주차하겠다고 약속해"라고 소리쳤다. "도대체 왜 그러는 거야?"

"왜 이러냐고?"라고 그녀가 말했다. "정말 화나서 그래. 당신 말이 맞는다는 건 알지만, 남자로서 당신이 그럴 필요는 없어. 그냥 화가 난다고." 왜 여자는 안전하게 학교에 다니기 위해 조명이 환한 본관 앞 주차금지 구역에 주차를 해야 하나. 질의 말이 옳았다. 그건 공평하지 않았다. 하지만 사실이 그랬다.

나는 계속되는 청문회에서 알게 된 사실을 통해 왜 여성들 사이에 깊은 분노가 자리 잡았는지 이해할 수 있었다. 미국 역사 대부분에 걸쳐 여성들은 2등 시민으로 여겨졌고, 심지어 재산의 일부로 여겨지던 때도 있었다. 전문가의 증언에 의하면 초기 강간법은 아버지의 자산을 보호하기 위해 만들어졌다. 딸이 강간을 당하면 상품에 해를 입은 것으로 여겨져, 시집을 보내기가 훨씬 더 어려웠다. 그러므로 피해자는 아버지에게 무거운 부담을 안기게 되는 것이다.

전문가의 증언에 따르면 1868년에 대법원은 아내가 폭행과 구타로 남편을 고소할 권리가 없다고 판결했다. 1800년대 주 법원은 남자에게 아내를 때릴 법적 권리가 있다고 판결했다. 최근인 1958년에 이르러서야 브리태니커 백과사전은 성폭행을 '남성이 비합리적인 성적 지식을 통해 공포, 강제, 사기 등으로 여성의 동의 없이 저지르는 범죄'라고 규정했다고 전문가들은 지적했다. 그들은 위원회에서 증언했다. "법적으로 이혼하지 않는 한 남편이 아내에게 강간을 저질렀다는 사실은 인정되지 않았습니다. 20년 전만 해도 피해자가 목숨을 걸고 '극도의 저항'을 한 사실을 증명할 수 없으면 강간범은 대개 그냥 풀려났습니다."

강간 피해자가 뜨개질한 미니스커트를 입었기 때문에 강간범을 끌어들인 거나 마찬가지라고 말하는 판사의 사법적 불감증이나 무능력에 관련된 동시대의 증언도 있었다. 한 멍청한 의사는 청문회에 출석해 남자 마음에는 성적 방아쇠가 있는데 여자가 그 방아쇠를 당겼기 때문에 남자는 책임을 질 필요가 없다고 증언했다. 그렇게 어리석은 의사가 있다는 게 정말 짜증 날 지경이었다.

우리가 범죄 법안을 위원회에서 보고할 때쯤, 빅토리아 너스와 나는 학교, 가정, 경찰서, 법정에서 여성과 그들의 기본권을 보호하기 위해 부족한 법률을 보완하고 연방 정부를 도울 수 있는 포괄적 법안을 만들었다. 이 법안은 여성에 대한 강력 범죄를 사전에 예방하고, 범죄 후처리를 담당하는 경찰, 병원 종사자, 피해자의 변호사에게 더 나은 훈련과 자료를 제공하는 것을 목표로 했다. 또 범죄 피해 여성이 소송에서 맞닥뜨릴 수 있는 문제와 관련해 판사들을 교육하고 사안의 민감성을 알리기 위해서이기도 했다. 직통 번호로 가정 내 학대 신고를 수월하게 하고, 주 정부는 다른 주의 금지명령을 존중하게 된다. 그러나 나에게 가장 중요한 부분은 제3장으로, 여기서는 여성에 대한 일부 폭력 사건이 민권 침해, 즉 증오 범죄에 해당된다고 보았다.

우리는 여성폭력방지법안에도 제3장에서와 마찬가지로 민권 요소가 포함되어야 한다고 결정했는데, 그렇게 되면 여성들은 연방 법원에서 가해자에게 손해배상을 청구할 수 있고 소송할 권한을 갖게 된다. 여성들이 주 형사 법원에서 승소하지 못하면 연방 법원에 항소할 수 있다.

성별을 기반으로 한 폭행에서 안전할 여성의 권리를 '민권'이라고 인정하는 것은 미국인의 의식을 바꾸는 데도 매우 중요한 역할을 한다고 믿었다. 어떤 권리가 '민권'으로 인정받게 되면 거스를 수 없는 국민적 합의에 이른 것으로 볼 수 있기 때문이다. 여성에 대한 폭력은 더 이상 '여자에게 요구한 것(강간)', '성적 의사소통의 오해(데이트 강간)', '가족 문제(가정 폭력)'로 기록되지 않을 것이다. 우리의 형사 사법제도(지역, 주, 연방 차원에서)가 이러한 행동을 심각하고 변명의 여지가 없는 범죄로 인식한다면, 여성들은 더 이상 자신을 탓하지 않게 될 것이다.

하지만 여전히 상원에서 그런 목소리를 내는 사람은 나 혼자뿐이었다. 내가 법안을 발의한 1990년에도, 재발의한 1991년에도 여성폭력방지법안은 상원에서 표결에 부쳐지지 못했다. 그리고 1991년 초, 연방대법원장 윌리엄 H. 렌퀴스트는 그 법안이 표결에 부쳐지기 전에 법안을 없애려고 했다. 렌퀴스트는 1991년 연방 사법부에 관한 연말 보고서에서 이례적으로 의회에 계류 중인 법률을 공격했는데, 특히 여성폭력금지법 제3장을 비난했다. 그는 '새로운 범죄에 대한 법안의 정의가 너무 광범위하다. 이 새로운 사적 행동권은 어디까지나 집안싸움에 연방법원을 개입시키는 지나치게 포괄적인 법이다'라고 썼다.

그는 연방 법원의 '업무량 위기'에 대한 신문 사설 내용으로 보고서를 이어갔다. 렌퀴스트는 가정 폭력 같은 이슈는 연방 법원이 아니라 주 법원에서 처리할 문제라고 주장했다. 렌퀴스트의 관점에서 가정 폭력은 어디까지나 가정 문제이기 때문에 주 법원에서 처리하도록 하는 게 가장 좋은 방법이라는 것이다.

그리고 그는 연방 법원에 부담을 줄 것이라고 주장해 여성폭력방지법을 공격하려 했다. 1992년 2월 미국변호사협회 연설에서 렌퀴스트가 이 같은 주장을 펼쳤을 때, 나와 내 직원은 회의실 테이블에 둘러앉아 여성폭력방지법의 운명을 한탄했다. 우리는 모두 렌퀴스트가 의회 문제에 참견하는 것을 좋아하지 않았고, 특히 나는 여성들이 이혼소송에서 이 민권 구제책을 지렛대로 이용할 것이라는 그의 주장에 화가 났다. 그보다 더 나쁜 것은 렌퀴스트가 미국변호사협회를 설득하고 미국변호사협회가 이 법안에 반대 입장을 취하면 투표도 하지 못한 채 법안이 사라질 수 있다는 점이었다.

렌퀴스트의 정치적 운동 도중에 나는 여성폭력방지법 입법을 고려하던 하원 법사위원회 범죄·형사재판소 소위원회에서 증언했다. 빅토리아는 나를 위해 증언문을 준비했지만 나는 그 원고를 던져버렸다. 나는 하원의원들에게 이렇게 설명했다.

그 법안의 민권 조항은 증오 범죄법입니다. 그 말은—이 법안이 통과되었을 경우—민권 침해 요소가 있는지 없는지 증명할 수 있는 요소는 범죄가 증오에 의해 저질러졌는가 하는 점입니다. 단순히 "난 여자다. 멍이 들었다. 그러므로 나는 민권 소송을 제기하겠다"라고 말한다고 해서 이 법안에서 말하는 행동의 원인이 성립되고 연방 대법원장이 그 말을 믿어주지는 않는다는 말입니다. 비평가들은 제3장의 조항 때문에 여성들이 이혼소송에서 위자료를 더 많이 받아내려고 가정 폭력이 행해졌다는 거짓 주장을 내세우는 경우가 늘어날 거라고 주장합니다만, 그건 잘못된 주장일 뿐아니라 여성이 남성보다 허위 주장을 하는 경향이 더 크다는 추측성 공격입니다. 터무니없는 주장입니다.

우리 법안 대부분은 연방법 시행과 관련된 문제를 다루고 있습니다. 즉, 범죄율이 높은 지역에서 조명을 더 많이 설치하기 위해 예산을 지원하는 것부터 한 주에서 판결한 접근 금지 명령이 모든 주에서 시행되어야 한다는 내용까지요. 이 법안을 비판하면서 자신이 무슨 말을 하고 있는지도 모르는 연방 대법원장이 있다고 해보죠. 이제 연방 대법원장과 그의 사람들은 그 법안이 연방 법원에 불필요하게 부담을 줄 수 있다는 의견을 제시합니다. 한 가지 말씀드리자면, 미국 헌법 제18조에는 위장용으로 만든 틀니를 가지고 주 경계선을 넘으면 연방 범죄로 규정하는 법 조항이 있습니다. 우리는 무수히 많은 범죄를 다룹니다. 예를 들어 훔친 소가 주 경계선을 넘으면 연방 범죄에 해당합니다. 만약 펜실베이니아주 법원이 아내를 때리거나 때리려고 한 남자에게 '접근 금지 명령'을 내리면 우리는 그 결과를 받아들여야 합니다. 그런데 여자가 델라웨어주 경계선을 넘으면 그 명령은 아무 효력도 발휘하지 못하고 강제집행이 불가능해집니다. 펜실베이니아주 법원에서 내린 명령을 델라웨어주에서도 강제할 수 있어야 한다는 이 개념이 급진적인 확장이라고는 생각하지 않습니다. 소를 돌보듯 하기만 한다면 대법원은 여성들이 걱정하는 게 무엇인지 이해할 수 있을 겁니다.

내가 구 유고슬라비아의 해체에 관심을 갖게 된 것은 끈덕지게 몰아붙인 한 수도사 때문이었다. 그는 통역을 돕기 위해 K 스트리트(K Street, 원래 백악관 근처 거리 이름으로 미국의 로비 활동 혹은 로비 집단을 이르는 말―옮긴이) 로비스트와 함께 사무실에 왔는데 로비스트는 영어도 썩 잘했기 때문에 통역 없이도 대화가 가능했다. 그는 전통 예복을 입고 있었고, 성실하고 설득력이 있었다. 수도사는 크로아티아인이었고 가톨릭 신자였다. 그는 본국인 유고슬라비아에서 일어나고 있는 일을 들려주고 싶어 했다.

전 세계에 있는 사람들이 말 그대로 내게 청원을 하러 방문하고 아무도 관심을 갖지 않는 외진 곳에서 일어나는 끔찍한 일에 대해 얘기하며 미국이 도와야 한다고 말한다. 사무실에 와서 간청하는 사람들에게 미국은 언제나 큰 희망이다. 그렇기 때문에 우리는 그들에게 희망이 되어주어야 한다. 전 세계 사람들이 미국에 의존한다. 더 나아가 그들은 자유와 평등, 상식적인 예의의 근본 원칙에 대한 미국의 신념에 의존한다. 그들은 세계를 더 안전한 곳으로 만들 수 있고, 만들도록 도움을 주어야 한다는 미국의 신념에 의존한다. 그들은 노골적인 국가 이기주의를 넘어서는 설득력 있는 도덕적 근거가 존재한다는 미국의 신념에 기댄다. 우리는 때로는 성공하고 때로는 실패하기도 하지만 중요한 것은 전 세계 사람들이 우리의 시도를 지켜보고 있다는 점이다. 그래서 그 수도사는 내게 계속 만나달라고 요청했다. 외교위원회 담당 직원인 제이미 루빈은 그곳에 분명 뭔가가 있을 거라고 말했다. 그래서 우리는 그 수도사와 이야기를 나눠야 했다.

그는 남부 보스니아, 메주고레에 있는 가톨릭 성지에서 세르비아 민족이 저지르는 끔찍한 일을 말하고 싶어 했다. 메주고레 성지는 보스니아의 루르드(프랑스에 있는 가톨릭 교회가 인정한 성모 발현지-옮긴이)로 여겨지는 곳으로, 정교회 세르비아인은 크로아티아인의 접근을 거부했을 뿐만 아니라, 성지를 훼손했다. 그는 세르비아인이 성지 전체를 파괴할까 봐 두려워했다. 그는 보스니아와 크로아티아의 가톨릭 신자들이 세르비아인에게 살해당했다는 사실을 알고 있었다. 그는 밀로셰비치가 세르비아인들이 미쳐 날뛰도록 부추기고 있다는 것을 알고 있었다. 그는 또 가톨릭 신자로서 호소하며 나를 밀어붙였다. 그는 내가 이스라엘은 지지하면서 가톨릭 교인들이 살해된 이곳에는 왜 더 많은 관심을 기울이지 않는지 물었다. 1991년 그 수도사가 나를 찾아왔을 때 나는 유고슬라비아의 상황이 악화되고 있다는 것을 알았지만, 그는 더 많은 관심을 요구했다. 나는 상원 외교위원회의 유럽 문제 소위원회 위원장이었다. 유고슬라비아 문제는 내 소관이었기에 유고슬라비아 분리 독립에 대한 청문회를 시작했다. 정교회 세르비아인, 크로아티아인, 보스니아 출신의 이슬람교도, 코소보 출신의 알바니아계 이슬람교도 등 다른 유고슬라비아인들도 출석해서 이야기를 들려주었다. 좋은 이야기는 하나도 없었다. 나라는 분열되었고, 그 지역을 누구보다 잘 아는 로런스 이글버거 국무부 차관은 분리 독립이 결국 피바람을 몰고 올 거라고 경고했다.

요시프 브로즈 티토는 1945년부터 1980년까지 유고슬라비아를 통치했다. 수완이 뛰어난 늙은 공산주의자는 자신의 성격과 의지, 효율적인 비밀경찰을 이용해 인종적, 종교적 혼합 연방제를 통치했다. 세르비아와 몬테네그로는 정교회 세르비아인이 지배적이었고, 크로아티아는 주로 로마 가톨릭 신자, 코소보는 알바니아계 이슬람교도가 압도적으로 많았다. 중간에는 보스니아와 헤르체고비나가 있었는데 여기에는 모든 종교가 한데 섞여 있었다. 보스니아의 인구 중 44퍼센트가 이슬람교도, 31퍼센트가 세르비아인, 17퍼센트가 크로아티아인이었다. 이 다민족 연방을 함께 유지하려면 그야말로 천재가 필요했다. 그리고 그 천재의 자리는 티토의 것이었다.

나는 1979년 티토의 지적 조언자이던 에드바르드 카르델의 장례식에 미국 대표로 참가하면서 티토의 과거 행적을 알아갔다. 나는 애버렐 해리먼과 그의 아내 파멜라와 함께 비행기를 타고 갔다. 해리먼은 금세기 중반 무렵에는 충실한 국제주의자였고, 그 당시에도 마셜 플랜의 입안자이자 프랭클린 루스벨트를 위한 소련 주재 대사로서 걸어 다니는 역사책이라 할 만한 인물이었다. 1945년 얄타회담에서 루스벨트 대통령과 처칠, 스탈린이 전후 유럽의 모습을 그려나가는 동안에도 그는 루스벨트 곁을 지켰다. 해리먼은 전쟁 중 티토를 만났는데 소련이 그를 끌어들이려 하는 와중에도 그는 티토 원수를 서방으로 끌어들이기 위해 30년 넘게 노력했다. (티토는 예전처럼 동서를 분리하자고 주장했지만 양쪽의 군사적, 경제적 유혹은 기꺼이 받아들였다.) 그래서 자그레브에서 장례식이 끝난 후, 해리먼은 티토에게 사적인 만남을 요청했지만, 그는 문제를 일으키고 싶지 않아 아무도 만나지 않겠다는 뜻을 분명히 했다. 거부당한 적이 없던 해리먼은 원하는 답변을 얻을 때까지 출국하지 않기로 했다. 티토는 마침내 그와 점심 식사를 함께하기로 했지만, 누군가 알아볼 수 있다는 이유로 자그레브에서 만나는 것은 기피했다. 그는 아드리아해가 내려다보이는 크로아티아 스플리트에 있는 자신의 별장에서 만나자고 했다. 그래서 우리는 보스니아와 헤르체고비나 땅을 넘어 스플리트로 날아갔다. 가는 내내 해리먼은 계속 이야기했다. 그는 전형적인 구식 국제주의자였다. 그는 '우리가 유고슬라비아를 흡수해야 한다'고 말했다. 여기는 분리해서 생각할 곳이 아니라고 했다.

  개인교사 같았던 해리먼과 함께 한 그 여행을 통해 나는 묘한 깨달음을 얻었다. 그는 유럽적인 인물이었고 본받을 가치가 있었다. 우아한 옷차림이나 정중한 태도만 이야기하는 게 아니었다. 그는 많은 재산을 상속받았지만 사업가로 시작해 나중에는 대사와 각료, 뉴욕 주지사로서 공직에서도 온 힘을 다해 일했다. 그는 또 사람들을 입양하는 습관이 있었는데 서른 살 젊은 나이로 상원의원이 된 나를 입양했다. 그는 내 상원 첫 임기 내내 나를 저녁 파티에 초대해 말 그대로 날 가르쳤다. 그는 나를 가르치는 데 많은 노력을 기울였다. 그는 매우 중요한 사람들을 만찬에 초대해 내가 사람들 앞에서 발언하도록 하는 것을 즐겼다. 그러나 나는 내 생각을 말하기를 주저했다. 해리먼의 손님은 외교정책 초보자에게는 너무 벅찬 존재였다. 어느 날 저녁에는 식전에 이야기를 나누려고 그의 응접실에 자리 잡고 앉았다. 해리먼 주지사는 자기 의자에 앉았고 나는 반대편 소파에 앉아 있었다. 헨리 키신저는 건너편에, 테드 케네디는 왼쪽에, 그리고 케네디 옆에는 폴 완크가 앉아 있었는데 당시 군비 통제 쪽에서 가장 유명한 인사이자 미국과 소련의 군비 경쟁을 완화하기 위해 적극적으로 앞장선 인물이었다. 군비 통제에 대한 토론이 한창일 때, 해리먼은 나를 돌아보며 "음, 조, 어떻게 생각해?" 하고 물었다. 나는 말을 시작하면서 상체를 기울이고 -긴장했던 모양인지- 커피 테이블에서 가장 먼저 눈에 띄는 구형 물건을 집어 들었다. 나는 말하는 동안 그 물건을 이 손에서 저 손으로 옮기며 만지작거렸다. 그러다 키신저를 봤는데 깜짝 놀라는 모습이었다. 모두 당황해서 어쩔 줄 몰라 했다. '내가 그렇게 끔찍한 말을 했나?' 그때 집사가 들어와 저녁 식사가 준비되었다고 해서 간신히 살았다. 모두가 자리에서 일어나 식탁으로 재빨리 옮겨 갔다. 다른 공범들도 뛰다시피 자리를 뜰 때, 테드 케네디가 내 어깨 위에 부드럽게 손을 얹으며 속삭였다. "조, 그거 내려놔."

나는 내가 파베르제의 달걀(Fabergé egg, 보석 장신구의 명작으로 여겨지는 것으로 19세기 러시아 황제의 명으로 만들었다고 한다.-옮긴이)을 가지고 놀았다는 걸 알고 걱정이 되었다. 아마 우리 집보다 비싼 물건이었을 것이다. 하지만 너무 당황스러워서 집주인에게 물어보지도 못했다.

그렇지만 해리먼은 교육을 포기하지 않았다. 티토와 만나기 위해 스플리트로 날아갈 때, 해리먼은 두 가지 교훈을 가르쳤다. 첫째, 외국이

나 외국 지도자에 대해 들은 지식을 절대 그대로 수용하지 말고 할 수 있다면 직접 가서 보라. 티토가 '공산주의자'일 수도 있지만, 공산주의자라고 해서 다 같은 것은 아니다. 둘째, 해리먼은 내가 적으로 공언한 대상이라도 계속 관계를 이어가 이득을 얻길 원했다. 그는 이렇게 말했다. "믿지 마. 하지만 관계를 유지해. 강하게 나가, 하지만 관계는 유지해." 티토 같은 지도자와도 관계를 이어가다 보면 그를 변화로 이끌 수 있다는 것이었다.

해리먼은 길게 내다보고 게임을 했다. 티토가 소련과 미국 사이에서 선택을 강요당했다면 해리먼은 티토가 그 게임의 스코어를 알기를 바랐다. 해리먼은 미국과 서방의 이상과 사고를 깊이 신뢰했고, 그는 우리 적들이 그런 이상과 사고의 힘을 잘 알게 될수록 그들은 미국과 우호적인 관계를 맺는 쪽으로 설득될 거라고, 그들의 내부 정책에 더 성공적으로 영향을 미칠 수 있을 거라고 생각했다. 냉전 시대에조차 미국의 가장 훌륭한 무기는 아이디어였다. 그는 소련 체제를 진단해본 결과, 붕괴가 불가피했다고 설명했다. 그는 내가 유고슬라비아에 대해 알아야 한다고도 말했다. 21세기에는 동맹이 될 수도 있는 지역이기 때문이라는 것이었다. 그는 그 목표를 이루기 위해 오랫동안 힘겹게 일했는데 이제 그가 나이가 많이 들었으니 서방과 친밀한 유고슬라비아와 우호적 관계를 맺는 작업을 끝내는 일은 다음 세대에게 남겨진 일이었다.

나는 이미 유고슬라비아에 호감을 갖고 있었다. 예상했던 것은 아니었다. 나는 공산주의 국가 하면 떠오르는 칙칙한 회색 건축물, 트레일러와 전후의 보호시설 건물−길 양쪽으로는 콘크리트 인도가 늘어서 있고−, 석탄을 태울 때 나오는 매캐하고 어두운 연기가 자욱한 모습을 상상했다. 하지만 유고슬라비아는 그중 어느 쪽도 아니었다. 반짝이는 하안 주랑, 연노랑 벽토와 벽돌로 지은 합스부르크 시대 자그레브 건물은 밝고 깨끗했다. 사람들은 좋은 차를 몰았고 원색 옷을 입었다. 발칸반도에서 가장 흥미로운 건 땅 자체의 아름다움이었다. 스플리트로 향하는 비행기에서 아래를 내려다보았는데 급류와 멋진 숲속 빈터, 거대한 침엽수가 마치 로키산맥처럼 숨 막히게 아름다웠다.

아드리아 해안가의 스플리트에 도착했을 때, 나는 그곳 주민들이 잘 지내고 있다는 느낌을 받았다. 거기 사람들도 좋은 차를 몰았고, 지붕마다 TV 안테나가 꽂혀 있었다. 철의 장막 뒤 다른 지역에서는 보지 못한 사람 사는 냄새가 났다. 모스크바에서는 경찰 체제를 존속시켰는데 보기만 해도 어깨가 무거웠다. 베를린의 미국 관할 구역에서는 항상 포위된 도시 같은 느낌이 들었다. 하지만 유고슬라비아의 어떤 모습도 내가 예상한 것과는 달랐다. 스키장이 있었고, 사람들은 스키를 즐겼다. 나는 공산주의자가 유흥을 추구한다는 생각은 별로 없었다. 공산주의가 거대한 단일 조직 사회이며 모든 공산국가가 똑같다는 생각은 사실과 달랐다. 스플리트에는 표현의 자유도 있었고, 개방되어 있으며 체제에 자본주의 면모도 있었다. 사람들은 개인 사업으로 식당과 가게를 운영했다. 이런 식으로 물밑에서 하는 사업을 허가하는 대신 티토는 자신의 유고슬라비아 비동맹주의 정책 노선에 따르도록 요구했다.

아드리아 해안에 있는 티토의 집은 지도자의 궁전 치고는 수수한 편이었다. 그 집이 메릴랜드의 호숫가에 있었다면 200만 달러는 나갔을 것이다. 진입로를 따라 집으로 내려갈 때는 닐리아가 자란 스캐니틀리스 호수가 생각났다. 티토가 직접 문을 열어주며 우리를 맞이했고 바다가 내려다보이는 방으로 안내한 다음, 작은 테이블에 앉게 했다. 테이블 한쪽 끝에는 해리먼이, 다른 쪽 끝에는 티토가 앉았다. 티토는 바다 쪽을 보고 앉았다. 나는 깜짝 놀랐다. 티토가 방문객들에게 자신들의 입장을 알려주고 싶은 모양이라고 생각했다. 내가 테이블 한쪽에 혼자 앉고 맞은편에 대사인 래리 이글버거와 유고슬라비아 대사가 앉았다. 티토와 해리먼 모두 아흔이 다 되어가는 나이여서 귀가 잘 들리지 않았기 때문에-그래서 두 사람은 8피트 떨어진 거리에서도 서로에게 목청껏 소리를 높였다- 테이블이 더 크지 않은 게 다행이라고 생각했다. 티토를 보고 있으니 옛 동료 스트롬 서먼드가 생각났다. 티토가 스트롬보다 머리숱은 더 많았지만 둘 다 붉은색으로 염색했고, 해리먼과 비교하면 몸집이 작았다. 하지만 꼭 성대가 가죽으로 이루어지기라도 한 듯 쉰 목소리를 내는 작지만 거칠고 강단 있는 사람이었다.

세르비아-크로아티아어를 구사하는 이글버거가 통역을 했다. 주요 이슈는 소련과 관련된 유고슬라비아의 미래였지만, 두 늙은 사자는 유고슬라비아가 어떻게 비동맹화되었는지 회상했다. 공이 왔다 갔다 하는 탁구 경기를 보는 듯한 느낌이었다. 나는 상원의원으로서 한 임기를 마쳤고 실제 외교정책 경험도 쌓았다. 최신 정보를 꿰고 있었고, 소련의 코시긴과 정면으로 맞서기도 했다. 사실 나는 어쩌면 해리먼의 견해와 경험은 1979년에 벌어지는 일들에는 들어맞지 않는 게 아닐까, 하는 생각이 들었다. 하지만 본무대에서 내려올 때가 된 세대의 두 인물과 그 방에 함께 있다는 사실이 대단하게 느껴졌다. 그들은 얄타회담을 기억하는 살아 있는 마지막 인물이었다. 그들은 얄타회담에서 이야기를 나눴고 제2차 세계대전 이후 유럽이 어떻게 붕괴되었는지, 소련이 어떻게 동독과 헝가리, 체코슬로바키아, 루마니아, 불가리아, 폴란드를 손아귀에 넣었는지 이야기했다. 해리먼은 여전히 폴란드 문제로 화가 나 있었다. 루스벨트와 스탈린은 둘 다 폴란드에서 손을 떼기로 합의했는데 루스벨트가 사망하기도 전에 스탈린은 약속을 어겼다. 어렸을 때 아버지와 함께 보던 오래된 일요 TV 프로그램인 〈유 아 데어(You Are There)〉 촬영장에 온 듯한 기분이었다. 위대한 전투, 위인, 제2차 세계대전의 위대한 사건. 두 사람이 조 스탈린 이야기를 나눴기에 하는 말이다. "조." 그들은 잘 아는 사람 말하듯 그렇게 불렀다. 티토는 그의 이름을 말할 때마다 "스타아아알린!"이라고 했는데 그럴 때마다 목에 핏대가 섰다. 그가 하는 말을 이해할 수는 없었지만 그가 스탈린과 소련에 대해 어떻게 느끼는지 충분히 알 수 있었다. 나는 그가 스탈린에 대해 히틀러에 대한 것과 비슷한 감정을 느낀다는 인상을 받았다. 그는 스탈린을 증오했다. 그는 제2차 세계대전 중 유격대원을 이끌고 산으로 올라가 독일군을 막아낸 이야기를 들려주었다. 그가 목숨 걸고 싸운 나라를 소련에 빼앗기게 내버려두지는 않을 게 확실했다. 흐루쇼프와 화해한 뒤에도 티토는 유고슬라비아가 소련의 위성국이라는 생각에 발끈했다.

어느 틈에 해리먼이 나를 돌아보며 "젊은 사람들의 생각을 말해주세요, 상원의원님" 하고 말했다. 그때는 파베르제의 달걀도 없었다. 나는 상호 균형 잡힌 군사력 감축 회담의 중요성, 재래식 병력과 핵무기 철수, 멍청한 실수 하나로 재앙을 불러올 가능성을 최소화할 방법, 세상을, 그리고 유고슬라비아를 더 안전하게 만들 방법에 대해 이야기했다. 티토는 별 관심이 없는 것 같았다. 그는 아무 말도 하지 않았다.

집으로 돌아오는 비행기 안에서 해리먼과 나는 티토의 정치적 수완에 대해 이야기했고, 티토가 어떻게 자신의 의지와 자신만의 방식을 이용해 연방을 결속할 수 있었는지를 두고 토론했다. 그는 히틀러와 싸웠다. 거의 모든 동유럽 국가와 달리 유고슬라비아가 소비에트연방의 일원이 되지 않도록 했다. 정확히 말하면 그가 유고슬라비아를 그대로 유지하기 위해 어떤 방식으로 강대국에 저항했는지에 관련된 이야기였다. 유고슬라비아의 모든 민족 사이에는 전반적으로 반소련 정서가 퍼져 있었다. 그것은 유고슬라비아를 결속시킨 접착제였다. 하지만 티토는 유고슬라비아의 모든 이들에게 파이 조각이 하나씩 돌아가게 했다. 그는 이슬람교도를 정교회 세르비아인, 가톨릭 크로아티아인과 동등한 시민으로 인정했다. 코소보에 알바니아계 이슬람교도를 불러들였고, 그들에게 어느 정도 자치권을 주었다. 보스니아헤르체고비나는 사라예보처럼 다민족 사회로, 도시에 여러 민족이 어울려 살며, 같은 학교에 다니고 다른 민족끼리 결혼도 했다. 그들이 나눈 것은 서로의 삶뿐 아니라 그들의 나라와 지도자의 독립에 대한 치열한 자부심이었다. 그러나 1979년에 우리는 티토가 영원히 집권할 수 없다는 것을 알았다. 또 다른 늙은 사자 해리먼조차 집으로 돌아가는 비행기에서 티토 이후 어떤 일이 벌어질지 궁금해했다. 소련은 이전에 이룰 수 없었던 것을 이루게 될까? 민족적, 종교적으로 다양한 유고슬라비아가 하나로 통합될 수 있을까? 그것은 1979년에는 6만 4000달러의 가치가 있는 질문이었다. 티토는 그다음 해 사망했지만 대통령직을 선출위원회에서 교대로 맡는 집단 지도 체제를 적용하면서 티토의 방식은 좀 더 연장되었다. 크로아티아인, 보스니아인, 코소보인, 슬로베니아인, 세르비아인 등 모두가 한 번씩 대통령직을 수행했다. 그러나 티토의 경제 모델은 흔들렸고 민족 정책은 강력해져 갔다.

소련이 붕괴될 무렵 유고슬라비아의 다민족 세계가 와해되었고 사무실에 찾아온 수도사가 메주고레에서 목격한 대로였다. 1991년 부시 행정부의 정책은 어떤 대가를 치르더라도 유고슬라비아가 분리되지 않게 하는 것이었다. 전 공산당 기관원이자 세르비아의 떠오르는 지도자, 슬로보단 밀로셰비치는 그 정책을 괜찮게 여겼다. 밀로셰비치는 유고슬라비아를 통일하는 데 대찬성했지만, 세르비아인이 나라를 통치하는 조건이어야 했다. 코소보, 슬로베니아, 크로아티아, 보스니아헤르체고비나가 독립에 대해 별개의 목소리를 내자, 밀로셰비치는 대통령직 로테이션을 종식시키고 직접 나서서 세르비아인을 군대에 동원했다. 그는 수 세기에 걸쳐 쌓인 정교회 세르비아인의 배신감, 소외감, 피해 의식을 계속 불어넣었다. 마침내 유고슬라비아에서 정권을 잡자, 밀로셰비치는 이슬람교도와 크로아티아인이 600년 동안 자신들이 쌓아온 것들을 훔쳐서 떠나고 있다고 비난했다.

프리슈티나 인근에서 일어난 코소보 전투(검은 새의 들판 전투) – 세르비아인들은 오스만튀르크가 서쪽으로 이동하는 것을 저지하는 이 전투에서 자신들이 모든 유럽 국가에서 버림받았으며 학살당했다고 주장했다. – 600주년 기념식에서 밀로셰비치는 "이 배신은 세르비아인이 역사 전체를 통틀어 어떤 사악한 운명을 겪었는지 보여준다"라고 말했다. 그는 티토가 세르비아인을 이슬람교도, 크로아티아인과 동등한 존재로 취급했다며 한탄했다. 그는 세르비아인에게 이제 새 운명을 붙잡을 때라고 말했다. "분열을 없애야 한다."

1991년 유고슬라비아 문제로 상원 청문회를 열었을 때, 대부분의 동료는 내가 괜한 걱정을 하고 있다고 생각했다. 크로아티아인, 세르비아인, 이슬람교도 사이에서 소규모 접전이 여러 번 벌어졌지만 미국 정부에서는 대부분 흥분할 일은 아니라고 여겼다. 슬로베니아는 독립을 해서 간신히 빠져나왔다. 크로아티아는 옛 동맹국인 독일군의 지원을 받아 독립을 선언했고, 세르비아인이 크라이나 지역과 크로아티아 동부 일부 지역을 고수하긴 했지만 7개월간의 전쟁에서 1만 명의 전사자를

내며 밀로셰비치와는 힘겨운 교착 상태에 빠졌다. 1991년 9월까지 유
엔은 유고슬라비아 전역에 무기 금수 조치가 발효된 것에 대해 많은 우
려를 표했지만, 이 상황은 감당할 만한 듯했다. 보스니아와 헤르체고비
나의 지도자들은 국제 규정에 따라 행동하기로 결정했다. 보스니아는
유엔과 유럽공동체와 협의해 1992년 3월 국민투표를 실시했는데 유고
슬라비아에서 분리 독립하자는 의견이 압도적으로 많았다. 라도반 카라
지치라는 무례한 선동가가 이끄는 보스니아계 세르비아인 중 다수는-
투표 결과를 바꾸기에는 수적으로 열세였기 때문에- 투표를 거부하고
보스니아 내에 자신들만의 자치 국가를 세웠다. 1992년 4월 초, 국제사
회가 보스니아와 헤르체고비나의 독립을 공식 인정하자, 밀로셰비치와
카라지치는 크로아티아의 보스니아, 특히 이슬람교도들의 보스니아를
청소할 때라고 결정했다.

유엔의 무기 금수 조치는 세르비아인의 엄청난 무기 우위를 무력화
하면서 일을 쉽게 만들었다. JNA(유고슬라비아 인민군) 장교 중 80퍼센트
가 세르비아인이었다. JNA는 금수 조치 당시 모든 중화기를 통제했다.
불과 몇 달 만에 세르비아인이 보스니아 영토의 거의 70퍼센트를 장악
했고, 시골까지 군사작전을 시행했다.

그해 봄에 드물게 보고가 들어오기 시작했지만 1992년 8월에서야 보
스니아에서 일어난 세르비아군의 기습공격에 관련된 자세한 내용을 파
악할 수 있었다. 브르치코, 고라즈데, 스레브레니차, 사라예보는 탱크와
포병대에 둘러싸여 끊임없이 포격을 받았다. 보스니아 전역에서는 JNA
정규병, 보스니아계 세르비아 불법 무장 단체 '체트니크'가 작은 마을을
샅샅이 뒤져 마을 사람들을 잡아들이고 세르비아인으로부터 이슬람교
도를 분리하고, 남자와 여자, 아이들을 분리하고, 노약자들은 집에 놔둔

채 불을 질러 화상을 입혔다. 교육 수준이 높고 정치에 몸담고 있는 이슬람교도 남성이 먼저 살해되었다. 자칭 화이트 이글스라고 하는 불법 무장 단체는 특히 무시무시했다. 우리가 받은 보고에 따르면, 그들은 이슬람교도 포로를 고문하는 일을 정말로 즐겼다. 그들은 이슬람 남성들에게 티토의 사진을 씹어 삼키도록 강요하고, 가슴에 정교회 십자가를 새기고, 손가락과 코, 귀를 잘라냈으며, 눈을 도려내고, 집게로 피부를 벗겨내고 거세했다. 그리고 자동화기, 칼, 맨손으로 사람들을 죽였다. 한 보스니아계 세르비아인은 이웃이자 친구인 이슬람교도를 도우려다 죽을 만큼 두들겨 맞았다. 아내 앞에서 남편을 죽이고, 아들과 딸 앞에서 아버지를 죽이고, 부모 앞에서 아이들을 죽였다. 어느 어린 소녀가 할머니 뒤에 숨었을 때도 총을 쏘았고, 열두 살 난 딸이 집단 성폭행당하는 모습을 아버지가 지켜보도록 강요했다. 카라지치는 나중에 이 프로그램을 '민족 교체'라고 표현했고, 다른 이들은 '민족 정화'라고 불렀다. 나는 그것을 대량 학살의 시작이라고 불렀다.

　제1차 학살에서 살아남은 포로들은 강제수용소로 보내졌다. 어떤 사람은 숲속으로 간신히 도망쳐 조지 H. W. 부시 대통령에게 편지를 보내 자신의 탈출 이야기를 들려주기도 했다. "우리는 살해 조직이 본격적으로 갖춰지기 전인 세르비아 점령 초기에 이런 일을 당한 게 운이 좋았다고 생각한다." 살해 조직은 빠르게 뼈대를 갖추었는데, 아마도 철저한 계획이 뒷받침되었기 때문에 가능했을 것이다. 작은 모텔과 카페에 임시 수용소가 마련되었다. 그중 여러 곳이 '강간 수용소'였다. 21세의 세르비아 병사가 미국 기자에게 설명한 바에 따르면, 지휘관이 세르비아 병사들에게 사라예보에서 북쪽으로 7마일 떨어진 소냐 카페 감옥에서 여성들을 데려오라고 부추겼다. "그 여자들한테 너희가 하고 싶은 대로 해도 좋아. 여자들을 여기서 데려가도 좋아. 어차피 그 여자들에게 줄 식량도 충분하지 않으니까. 그러니까 다시 데려오지는 마." 그 군인은 여성 8명을 강간하고 모두 죽였다고 말했다.

더 큰 집단수용소에서는 처음 몇 주 동안 엄청난 속도로 조직이 정비되면서 체계적으로 학살이 자행되었다. 오마르스카에서는 한 중년 세르비아 여성이 경비대원의 교대 일정과 시간표, 급여 기록 등을 꼼꼼하게 관리했다. 그들은 12시간 교대로 3개의 정규 경비대를 운영했다. 한 교대조의 경비대장은 전직 경찰관이었고, 또 다른 교대조의 경비대장은 인근 에우로파 호텔의 웨이터였다. 각각의 교대조는 '하얀 집'과 '붉은 집', 두 고문실로 수십 명의 이슬람교도 포로를 데려갔다. 몇 명의 수감자가 하얀 집에서 구타당해 피투성이가 되었다. 한 남자는 살가죽이 벗겨지도록 맞아 힘줄과 뼈가 보일 정도였다. 벌어진 상처에서 냄새가 나자 아무도 피해자 곁에 가려 하지 않았다. 그래도 그 사람들은 운이 좋은 편이었다. 붉은 집으로 끌려간 수감자들은 다시는 돌아오지 못했다.

죄수들은 종종 친구와 이웃의 사체를 훼손할 것을 강요당했다. 브르치코에 있는 루카 수용소에서 한 목격자는 자신이 육류 절단기에 넣어 토막 낸 냉동 시체를 트럭에 실어 사바강에 던져 넣는 작업 팀에 있었다고 말했다. 수요일과 토요일은 루카 수용소의 여성 죄수들에게 공포의 날이었다. 오후 2시에서 6시 사이, 남자들의 성기를 때리기를 좋아했던 모니카라는 세르비아 여자가 8명에서 10명의 여성을 골라 캠프 지휘관에게 데려갔다. 그러면 지휘관은 여자를 골라 위층으로 데려갔고, 나머지는 15~20명의 경비대원이 나눠 가졌다. 한 소녀가 저항하자 모니카는 깨진 병 조각으로 그녀를 찌르고 소녀가 피를 흘리며 죽어가기를 기다렸다. 강간 테러는 포차에서 더 심했다. 모스크의 확성기에서

'마르스 누 드리나(Mars Nu Drina, 티토가 금지한 전투곡인 드리나 행진곡)'
가 들려오면 집단 강간이 시작된다는 뜻이었다. 한 자료의 추정치에 의
하면 2만여 명의 여성이 강간당했다. 일부는 28명의 군인에게 집단 강
간당했다.

1992년 8월까지 가장 악랄하고 잔혹한 내용을 포함해 모든 세부 사
항이 부시 행정부, 국무부, 의회, 유엔에 알려졌다. 세르비아인과 몇 세
대 전부터 동맹을 맺어온 영국과 프랑스는 유고슬라비아의 상황은 내
전이며 양측 모두 잔혹 행위를 했다는 증거를 내세웠다. (CIA 추정에 따
르면 세르비아인 침략자들은 잔혹 행위의 90퍼센트를 저질렀다.) 부시 행정부
는 어디까지나 유럽 문제라고 말했다. 부시 행정부의 국무부 장관 제임
스 베이커는 "우리는 그 싸움과 실질적인 관련이 없다"라고 말했다. 당
시 합참의장이었던 콜린 파월은 부시에게 유고슬라비아 문제에서 새로
운 베트남이 될 조짐이 느껴지며 걸프전에서 거둔 승리를 자랑스럽게
여기는 미군이 다시 찜찜한 일에 끼어들 위험을 감수하지는 않을 것이
라고 말했다. 유엔이 평화유지군을 보스니아로 보낼 때도 부시 행정부
는 미군 파병을 거부했다. 영국·프랑스·네덜란드군이 유엔군의 대부
분을 구성했다. 행정부는 또 세르비아의 침략을 내전, 오래되고 까다로
운 민족과 종교적 갈등의 결과라 부르자고 주장했다. 당시 국방부 장관
이던 딕 체니는 뉴스와 토크쇼에서 상세하게 설명했다. "비극적이지만
발칸반도는 수 세기 동안 분쟁의 온상이었습니다." 나는 이글버거 국무
부 차관보와 정말 지독한 설전을 벌였다. 나는 그에게 계속 전화를 걸어
"당신은 이 지역을 알잖아, 래리"라고 말했다. "당신은 무슨 일이 일어나
고 있는지 알잖아. 어떻게 국무부 장관에게 말하지 않을 수 있어? 어떻
게 대통령에게 말하지 않을 수 있어? 래리, 빌어먹을, 당신은 더 잘 알잖

아." 하지만 그는 꿈쩍도 하지 않았다. 그는 공개적으로 이것이 내전이고 유럽 문제라고 하는 행정부의 주장—어쩌면 그 자신의 주장—을 고수했기에 더 이상 관여할 수 없었다. "이 비극은 외부에서 해결할 수 있는 것이 아니며, 서로에 대한 이해가 필요한 시기다. 보스니아인, 세르비아인, 크로아티아인이 서로 죽이는 것을 중단하기로 결정하지 않는 이상, 외부에서 할 수 있는 일은 아무것도 없다"라고 그는 말했다.

유엔은 보스니아에 식량, 물자, 의료 지원을 제공하고 협상된 평화가 정착되도록 '필요한 모든 수단'을 동원하기로 합의했다. 유럽 지도자들은 영국 외교관인 데이비드 오웬 경과 지미 카터의 국무부 장관 사이러스 밴스에게 해결책 마련을 지시했다. 밀로셰비치는 두 외교관을 움직이고 있는 것 같았다. '이것은 내전이다, 내전이다, 내전이다. 서방세계는 이 일로 엉망이 되고 싶지 않아 한다. 이 문제는 내가 처리한다.' 밴스-오웬 계획은 보스니아를 인종적으로 각 주에 분할해 담는 방식으로 신속하게 바뀌었고, 심지어 다민족의 수도 사라예보까지 분할하기에 이르렀다. 밴스-오웬 계획을 바탕으로 세르비아인이 보스니아에서 압류한 땅의 대부분은 보스니아계 세르비아인에게 넘어갔고, 이는 실질적으로 침략자에게 보상을 해준 꼴이 되었다. 워싱턴의 거의 모든 사람이 이것이 완벽하게 합리적인 계획이라고 생각하는 것 같았다.

15장

노력에는
보상이 따른다

JOE BIDEN

1990년대 초 상원 법사위원장을 지내면서 나는 꽤 활동적이었고 추진력이 있었기 때문에 동료 대부분이 적어도 여성폭력방지법에 관심을 갖는 척은 했으리라 생각한다. 그런데 청문회를 둘러싼 언론의 관심이 높아지면서 점점 더 많은 위원이 의사 진행에 모습을 보이려 했다. 나는 지역사회에서 지지율이 급증하는 것을 조금 느낄 수 있었고, 이런 종류의 학대에 맞서 싸우는 지도층에서 강연 요청도 받았다. 이것이 내게는 배움의 기회였다. 처음 강연을 맡은 곳 중 하나는 로드아일랜드주 프로비던스에 있는 한 여성 단체였는데, 이들은 주 전역에서 보호소와 성폭력위기센터를 운영했다. 내가 방문한 수많은 매 맞는 여성 보호소는 임시변통이지만 숭고한 의도로 마련되었다. 그들의 두 번째로 큰 수익원은 빵이나 케이크를 구워 파는 일이었고, 그들은 매일 여성들의 애원하는 눈빛을 보며 사연을 들었다. 그들은 일부 여성들이 얼마나 잔혹한 일을 당하는지 말해줄 수 있었다. 나는 미국이 그들이 보고 들은 것을 들을 수 있다면 여성폭력방지법을 지지할 거라는 예감이 들었다.

그래서 우리는 그들을 입법 투쟁에 끌어들였다. 우리 여성 직원들은 매 맞는 여성들의 단체, 그리고 보호소와 성폭력위기센터 직원들이 자신들의 의견을 누군가 듣고 싶어 한다는 사실에 충격받았다고 얘기하곤 했다. 그들은 미국의 추악한 작은 비밀을 알고 있었지만 아무도 말해 달라는 사람이 없었다. 렌퀴스트 대법원장과 내가 작은 실랑이를 벌인 지 얼마 지나지 않아, 우리 직원들은 여성 폭력에 대한 진실을 밝히고 정론의 힘을 보여주는 야심 찬 보고서 작성에 들어갔다.

나와 직원들은 미국 전역의 보호소, 성폭력위기센터와 접촉해 〈여성 폭력: 미국에서의 일주일〉이라는 보고서를 작성하는 데 필요한 자료를 수집했다. 1992년 10월에 발표한 보고서 서문에서 나는 이렇게 썼다. "이 나라는 시민들이 이 폭력이 초래하는 참상을 완전히 깨닫지 못한다면 여성 폭력의 추이를 바꿀 수 없을 것이다. 오늘 우리는 '일주일간의 여성 폭력'이라는 인간의 비극을 생생하게 보여주는 보고서를 발표한다." 우리는 매주 적어도 2만 1000건의 여성 대상 범죄가 보고된다는 사실을 알아냈다. 1991년 가정에서 적어도 110만 건의 여성을 대상으로 한 폭행, 가중 폭행, 살인, 강간 등이 일어나 경찰에 신고되었으며, 미신고 범죄는 이 신고 건수보다 3배 이상으로 추정된다. 우리가 알아낸 바에 의하면 여성은 친밀한 사람이 저지르는 강력 범죄의 희생자가 될 가능성이 남성보다 6배나 높았다. 일주일 동안 벌어지는 6건의 성폭행 중 1건은 피해자 가족이 저지른다.

경찰서와 매 맞는 여성 쉼터, 그리고 성폭력위기센터에서의 일주일치 업무 중 추려낸 20쪽에 이르는 사건 일지는 아주 끔찍했다. 우리가 알고 있는 모든 사건을 일지에 포함시켰더라면 2000쪽에 달했을 것이다. 그리고 신고하지 않은 범죄까지 합한다면 7000쪽에 달했을 것이다.

그러나 20쪽으로도 실상을 보여주기에 충분했다. 일지에는 남자 친구가 휘두른 망치에 오른팔이 부러진 여성, 아버지에게 지름 3인치 파이프로 머리를 맞은 여성, 출소 당일 찾아온 전 남자 친구가 휘두른 칼에 찔린 15세 소녀, 남편이 자기를 겁주려고 개 다리를 부러뜨렸다고 호소한 여성, 지도교수에게 강간당한 대학생, 이웃에게 강간당한 여성, 상사에게 강간당한 여성, 택시 기사에게 강간당한 여성, 그리고 심지어 성직자에게 강간당한 여성도 있었다. 그리고 전 남자 친구와 그의 남동생에게 성폭행당한 여성과 자신의 할아버지에게 성폭행당한 17세 소녀가 있었다. 이 모든 일이 화요일 전에 일어났다. 일지에는 총기와 칼, 도끼로 공격당한 여성에 관련된 믿을 만한 보고와 자녀가 보는 앞에서 아내 혹은 전처를 강간한 남편에 관련된 기록이 수없이 많았다. 또 턱뼈가 부러지고, 눈두덩이가 부어오르고, 이가 부러지고, 슬개골이 골절되어 힘든 몸을 이끌고 보호소나 병원을 찾는 여성들이 있었다. 그리고 세 남자에게 강간당한 41세 여성은 경찰에 신고하기를 거부했는데, 만일 그랬다간 자기가 알고 있는 사람에게 죽을 거라 생각했기 때문이다.

피해자와 가해자는 인종, 종교, 사회경제적 계층을 초월했고, 1992년에 동물 보호소가 여성 보호소보다 3배나 많은 나라에서 이런 일이 벌어졌다. 그러나 1992년 10월에도 이 법안은 통과되지 않았다. 조지 H. W. 부시와 빌 클린턴의 대통령 선거가 코앞에 닥친 상황에서 법안이 신속하게 처리될 것이라는 보장이 없는 한 의사 일정을 얻는 것은 불가능했다. 좋은 소식은 의회가 여성폭력방지법을 통과시킨다면 빌 클린턴이 서명하겠다고 약속한 것이었다.

사라예보의 다민족 보스니아 정부도 조지 부시를 퇴진시키려 선거운동에서 강경하게 발언했던 빌 클린턴이 당선됨으로써 다소 희망을 얻었지만 오웬 경은 그 희망을 짓밟으려 했다. 그는 "서방이 들어와 이 문제를 해결해줄 것이라고 꿈꾸지 마라"라고 말했다. 1993년 1월 보스니아 정부가 클린턴의 취임식을 기다리는 동안 고문 수용소, 사형 수용소, 강간 수용소가 그대로 유지됐다. 보스니아에서는 하루에 수천 명이 피란을 갔다. 유럽 국가는 이슬람교도와 크로아티아인을 상대로 계속되는 살육에 대해 조치를 취하려는 생각이 없었다.

사실 1992년 불거진 이 문제는 미국이 앞장서느냐가 관건이었다. 훌륭한 배우 하나가 주연으로 활약해준다면 다른 모든 국가들이 조연으로 기꺼이 거들 수 있다. 다른 모든 국가가 현실 정치에서 벗어나 행동할 수 있다면 세계의 기본적인 품위는 무너지지 않을 것이다. 그러나 모든 나라가 자국의 이익만 염두에 두고 행동한다면 세상은 훨씬 더 위험해질 것이다. 우리가 목격한 권력 남용에 맞서는 것은 미국의 몫이었다. "꿈꾸지 마라"는 나의 선택이 아니었다.

상원에서 나는 세르비아인을 악당이라고 부르고, '무기 금수 해제와 공습(lift and strike)' 계획에 대한 이야기를 꺼내면서 유엔이 무기 금수 조치를 해제해야 보스니아인과 그들의 정부가 스스로를 방어할 수 있다고 주장했다. 유고슬라비아에서 유엔의 무기 금수 조치는 국제적인 의도와는 다른 것이었다. 보스니아는 유엔과 유럽공동체, 미국이 인정한 주권국가였다. 유엔헌장에 따르면, 보스니아 정부는 스스로 방어할 권리가 있었다. 세르비아인은 유고슬라비아 군대의 자원을 가지고 전쟁을 시작했을 뿐 아니라, 러시아 무기 공급자들과 은밀한 관계를 유지했다. 세르비아인이 보스니아 내 중화기를 독점했기 때문에 현대전에서 가장 끔찍한 잔혹 행위가 일어났다. 그런 이유로 나는 보스니아의 도시

들을 포위한 세르비아 대포와 탱크를 격파하기 위한 나토의 공습 단행을 요구했다.

나는 또 이제 세계가 밀로셰비치의 정체, 즉 전범이자 대량 학살자임을 인정할 때라고 선언했다. 그를 막아야 할 때였다. 나는 우리나라의 기본 원칙을 지킬 것을 촉구했다. 우리의 기본 원칙이 대량 학살을 막는 것이 아니고 무엇이겠는가?

1993년 3월 나는 상원 외교위원회 전원에게 세르비아에 강력한 제재를 가할 것을 요구하고 '무기 금수 해제와 공습'을 지지함으로써 대량 학살을 초기에 종식하는 데 도움을 줄 것을 요청했다. 그러나 그들은 행동하지 않기로 결정했다. 나는 혼자서만 떠드는 것 같았지만 포기하지 않을 생각이었다.

이 무렵 밀로셰비치의 심복인 베오그라드에서 온 대사가 사무실에 나타났다. 그는 양복을 멋지게 빼입고 다니며 아부를 잘하는 사람이었다. 또 아주 공손했고 논리 정연했다. 그는 강압적이지 않았지만, 내가 틀렸을 수도 있다고 말했다. "보스니아의 이슬람교도들은 이슬람 국가를 세울 겁니다. 보세요, 우리 세르비아인은 좋은 사람들입니다. 나는 미국을 찬양해왔습니다. 우리는 미국을 모방하고 당신처럼 서양인에 가깝습니다." 요지는 밀로셰비치가 내가 베오그라드에 와서 일대일로 대화하기를 원한다는 것이었다. 밀로셰비치는 세르비아의 상황을 좀 더 긍정적인 시각으로 바라보게 할 수 있다고 생각했다. 나는 그 제안을 받아들였지만 즉시는 아니었다.

그의 제안을 수락하기 전에, 나는 유럽문제소위원회를 운영하는 존 리치와 또 다른 직원인 제이미 루빈과 상의했다. 우리는 히틀러에 대해 이야기했고, 어떻게 1930년대 중반에 내 위치에 있는 사람들이 히틀러와 만나는 장면을 대중에게 보일 수 있었는지 궁금했다. 나는 또 베오그라드에 있는 미국 대사관에 확인했는데 그들은 밀로셰비치에 대해 뭔가 아는 것이 있었다. 그들은 밀로셰비치가 자신을 방문하는 고위 인사와 함께 사진을 찍어 그와 그의 아내가 통제하는 국영 TV에 내보내기를 좋아한다고 경고했다. 그는 내가 자신의 위대함을 찬양하러 찾아온 새로운 거물로 보이도록 할 것이 뻔했다. 이번 방문에는 분명히 위험이 따랐지만 전 세계가 세르비아인에게 강경하게 맞서야 한다고 주장할 생각이라면, 확신이 필요했다. 그래서 나는 발칸반도에서 무슨 일이 일어나고 있는지 직접 보러 가기로 결정했다.

나는 밀로셰비치에게 한 가지 조건을 걸었다. 그와 공개적으로 만나지 않겠다는 것과 언론 보도 금지, 카메라 촬영 금지였다. 그는 이를 수락했고, 뭐든 내가 원하는 대로 들어주겠으며 자신은 단지 자기 입장을 밝히고 싶다고 말했다. 헝가리와 철의 장막 뒤 다른 곳들에서 본 옛 동유럽 공산당의 허세는 전혀 없었다. 그는 차분하고 세련됐다. 그런데 내가 밀로셰비치에게 전달하지 않은 두 번째 조건이 있었다. 대량 학살범과 함께 식사하지 않겠다고 한 나 자신과의 약속이었다.

우리는 미국 정부 비행기를 타고 유럽으로 날아갔다. 20년 이상 미국 상원의원으로 활동한 사람의 특권 중 하나였다. 보스니아 상황을 확인할 수 있도록 외교위원회 위원장인 클레이번 펠에게 비행기를 요청했을 때, 그는 아무런 질문도 하지 않았다. 나는 이 특권에는 중대한 책임이 따르는 것을 알고 있다. 국민의 세금으로 구입한 기름을 사용한다면 뭔가 유용한 일을 해야 할 것이다. 나는 리치, 루빈, 테드 코프먼, 그리고 육군 무관 한 사람과 동행했다. 이번 일정에서 할 일은 밀로셰비치와의 만남 외에도 지상에서 무슨 일이 일어나고 있는지 가능한 한 가까이에서 보는 것이었다. 슈투트가르트에 잠시 들러 서유럽에 있는 우리 군 지휘관들에게 브리핑을 받은 후, 1993년 4월 7일 크로아티아 자그레브에 도착했다. 밀로셰비치와 카라지치가 대량 학살을 시작한 지 정확히 1년이 지난 후였다.

자그레브에서 UNPROFOR(유엔 국제 보호군-옮긴이)의 호위를 받으며 2시간 동안 헬기를 타고 난민촌인 보스니아 마을 투즐라로 갔다. 보스니아 상공을 날아 투즐라로 향하면서 나는 아름다운 경치에 다시 감탄했지만, 아래에서는 불길한 일이 벌어지고 있었다. 얼마나 많은 이슬람교도와 크로아티아인이 숲에서 몸을 웅크리고 '흰 독수리(White Eagles, 세르비아의 준군사 조직-옮긴이)'가 다가오는 것을 가슴 졸이며 지켜보고 있었을까?

투즐라는 스레브레니차에서 온 난민으로 넘쳐났다. 세르비아군의 중화기가 사라예보와 스레브레니차를 몇 달 동안 맹렬히 포격했다. 그리고 정기적으로 식량과 의약품을 실은 유엔 구호 트럭을 돌려보내거나 약탈했다. 투즐라의 관계자는 약 6만 명의 난민이 수용되어 있다고 말했다. 그들은 날씨가 따뜻해지고 세르비아 전투기가 대거 돌아옴에 따라 난민이 더 늘어날 것으로 예상했다. 스레브레니차가 함락되면 투즐라는 5만 명의 난민을 더 받게 될지도 몰랐다. 투즐라에 있는 동안 실제로 옆에 'UN'이라고 쓰인 거대한 덤프트럭을 보았다. 피란민으로 초만원이어서 트럭 밖으로 뻗은 부모의 팔에 매달린 아이들도 있었다. 그날 늦게 피란민 숙소로 마련된 학교에 가서 한 가족을 만났는데 그들은 끝까지 호위해준 병사들 덕분에 이제 막 지옥을 빠져나온 참이었다. 그들은 통역관을 통해 탈출 이야기를 들려주려 했지만, 남편이 목이 메어 말을 잇지 못했다. 마침내 이야기를 할 수 있을 만큼 통역관이 그를 진정시켰다. "우리는 산을 넘어 투즐라까지 걸어갔습니다. 그런데 일흔여덟의 어머니는 함께 올 수 없었습니다. 어머니는 '날 두고 가라. 난 더 이상 못 가겠다'라고 하셨어요. 마지막으로 뒤를 돌아봤을 때, 어머니는 얼어 죽을 것처럼 바위에 앉아 계셨습니다. 하지만 거기서 지체했더라면 모두 죽었을 겁니다. 나와 아내, 아이들 모두 말이에요."

구호대원들이 비탄에 빠진 난민 행렬에 대처하기 위해 최선을 다했지만, UNPROFOR 호송대는 냉소적이었다. 그들은 이슬람교도에 얽힌 더 많은 슬픈 사연을 들려줬다. 사연 없는 사람은 없었다. 세르비아인, 이슬람교도, 크로아티아인, 너나 할 것 없이 참담한 일을 겪었다. 누가 이 재앙을 수습할 수 있단 말인가?

다음 날 저녁 베오그라드에서 밀로셰비치를 만나기로 했는데, 나는 내 생각을 그에게 말하고 싶은 마음이 간절했다. 베오그라드에 도착한 우리는 현지 호텔에서 시간을 보내야 했기에, TV를 켜고 국가에서 통제하는 뉴스를 봤다. 밀로셰비치의 TV 해설자들은 보스니아의 이슬람교도들이 세르비아 아기들을 죽여 닭을 매달듯 갈고리에 걸어두며, 세르비아인을 학살하고 있다고 주장했다. 이는 베오그라드에서 행하는 대규모 홍보 캠페인이었고, 우리가 읽은 국무부 보고서 중 하나의 내용과 일치했다. 중무장한 세르비아 TV 기자들은 젊은 무슬림 수감자들에게 세르비아 아기들을 살해했다고 카메라 앞에서 자백하도록 강요했다. 그들은 이 남성 수감자들이 카메라 앞에서 연기하기를 거부하면 부모나 아내, 형제를 죽이겠다고 위협했다.

나는 베오그라드에서 그를 처음 만날 때까지 밀로셰비치가 얼마나 사악한지, 그리고 얼마나 출세 지향적인지 진심으로 이해하지 못했다. 우리 대사관은 이미 회의를 준비해두었고, 반체제 인사가 참여했다. 이들은 세르비아 부흥 정당(Serbian Renewal Party) 수장인 부크 드라슈코비치를 필두로 한 지식인, 시인, 작가였다. 이들은 밀로셰비치를 혐오했지만 어쨌든 세르비아 민족주의자였고, 심지어 죽은 세르비아 아기들을 갈고리에 매달아놓은 보스니아 이슬람교도에 대한 이야기를 그대로 퍼뜨렸다. 그리고 국영 TV에서 돈을 받는 형편 넉넉한 사람들이었다. 또 밀로셰비치가 이슬람교도를 죽이고 있으니 나쁜 놈이라고 단 한 번도 주장하지 않았다. 밀로셰비치는 나쁜 놈이었다. 그는 자신의 국민인 세르비아인들에게 언론의 자유를 허락하지 않았기 때문이다. 그는 그들의 권리를 인정하지 않았다. 나는 반체제 인사들이 "밀로셰비치가 무고한 사람들을 상대로 전쟁을 벌이고 있습니다. 대량 학살이 벌어지고 있다고요!"라고 말하리라 기대했다. 그러나 그들은 무슨 일이 일어나고 있는지 몰랐거나 상관하지 않았거나 둘 중 하나였다. 베오그라드에는 단 한 부류의 희생자만 있었고, 그들은 세르비아인이었다. 세르비아인은 역사적으로 이용당했다는 엄청난 피해 의식을 갖고 있었다. 그들의 주장은 이랬다. 우리는 유럽과 세계를 위해 아주 많은 일을 했지만 항상 박해를 받았던 고귀한 민족, 세르비아인이다. 우리는 항상 패배자였다. 왜 최고의 교육을 받고 가장 인구가 많은 우리가, 왜 이슬람의 유럽 진출을 저지하고 합스부르크제국을 구한 민족인 우리가 유럽에서 존경과 대접을 받지 못하는 것인가? 밀로셰비치는 세르비아인의 피해 의식이 얼마나 큰지 잘 알고 있었다. 그는 이 피해 의식을 자기실현적 예언으로 세르비아인에게 끊임없이 반복 주입했고, 이를 이용해 권력을 잡았다.

나는 빌 클린턴이 퇴임한 후 언젠가 비극적인 인간의 약점에 대해 이야기하는 것을 들었다. 그는 모든 증오는 다른 사람에 대한 것이며, 그 대부분이 비이성적이라고 말했다. 밀로셰비치를 연구하며 내가 내린 결론이 바로 그것이다. 대량 학살과 연관된 20세기 비극은 권력을 목적으로 편견을 이용한 매우 똑똑한 사람들에게서 비롯되었다. 나는 밀로셰비치가 그런 부류의 화신 같다는 인상을 받았다. 그는 소련의 위협이 이제는 유고슬라비아를 단결시킬 수 없다고 보고 극단적으로 외국인 혐오의 민족주의에 노골적으로 호소함으로써 정권을 잡을 수 있다고 결론을 내렸다. 밀로셰비치와 만날 시간이 다가오자 슬로보단 밀로셰비치에 대해 모두 파악했다고 생각했다. 그러나 몰라도 한참 몰랐다.

저녁 8시가 조금 지나 우리는 밀로셰비치의 대통령궁 앞에 차를 세웠다. 흰 도리아 양식 기둥과 누런색 벽토를 바른 3층짜리 저택이었다. 나는 이런 건물을 좋아한다. 어둠 속에서 긴 가죽 재킷을 입은 경비원들이 6~8명쯤 보였는데, 대부분이 앞에서 보초를 서며 담배를 피웠다. 그들은 갱단의 보디가드처럼 덩치가 컸지만 경비는 그렇게 삼엄하지 않았다. 밀로셰비치는 별로 위협을 느끼지 않는 것 같았다. 경비원들은 우리가 건물 바깥 계단을 걸어 올라갈 때 고개를 끄덕여 통과시켰다. 심지어 건물 안에서도 나는 우리를 찍는 카메라가 있는지 살폈다. 커다란 현관홀은 텅 비어 있었고, 영안실처럼 어둑하고 음산한 빛이 감돌았으며, 지나치게 조용해서 발소리가 나지막이 울렸다. 우리는 붉은 카펫을 따라 거대한 대리석 계단을 오르고 층계참을 지나 또 다른 대리석 층계를 올라갔다. 밀로셰비치는 계단 꼭대기에 있는 집무실에서 기다리고 있었다. 그는 나와 같은 연배였고 보수적인 차림을 하고 있었으며 아기 얼굴처럼 둥글고 통통한 흰 얼굴에 마치 오랫동안 벌 만큼 벌어 아쉬울 것 없는 은행가처럼 보였다. 짙은 색 실크 정장 때문에 커다란 이마 뒤로 빗어 넘긴 흰 머리카락이 두드러져 보였다. 그는 손을 내밀며 다가왔다. 그는 우리를 보고 매우 기뻐하는 것 같았다. 내가 악수를 거절하자 동요하지 않고 침착하게 고개를 끄덕였다.

"오세요, 의원님. 앉으세요. 얘기 좀 합시다." 그는 우리를 회의 테이블에 앉히고 말했다. "의원님은 우리를 오해하고 있습니다." 그는 서유럽은행에서 일했기 때문에 영어를 잘했다. 이글버거는 그를 알고 있었고 그가 처음 권좌에 올랐을 때 미국이 함께 협력할 수 있는 인물이라고 생각했다. "이건 세르비아인이 분쟁을 일으키는 게 아니라, 이슬람교도와 크로아티아인이 세르비아인을 박해하는 데 따른 문제입니다." 그는 옛 유고슬라비아 지도를 내려 회의 테이블에 펼쳐놓았다. 그는 세르비아인이 공격받고 있는 곳을 보여주려 했다. 나는 그에게 누가 공격을 하는지는 전 세계가 알고 있으며, 이를 중지시키는 것은 그에게 달려 있다고 말했다. 그가 보스니아에 있는 세르비아 군대에 무기, 연료, 식량을 공급하는 것을 중단해야 하고, 보스니아 세르비아의 지도자 카라지치와 함께 벤스-오웬 평화안에 서명해야 했다. 밀로셰비치는 여전히 침착하게 내 면전에 대고 거짓말을 했다. "의원님, 첫째 우리는 보스니아 세르비아인들에게 어떤 원조도 하고 있지 않습니다. 그들은 독립된 전투 부대입니다. 그리고 둘째, 카라지치는 주관이 뚜렷한 남자이고, 나와 그는 실질적으로 관계가 없습니다. 내가 어떤 제안을 할 수 있을지 모르지만, 나는 카라지치 같은 남자를 통제할 수 없습니다."

그는 그렇게 말하고 나서 다시 지도를 설명했다. 나는 내가 알고 있는 것들을 지적했다. 사라예보에서는 어떤가? 포탄 하나가 배급을 기다리던 무고한 22명의 목숨을 앗아 갔다. 저격수들이 거리에서 무고한 아이들을 죽였다. 오마르스카는 어떤가? 여성과 소녀들이 강간당했다. 그들은 이제 세르비아인의 아기를 낳아야 한다고 말하는 남자들에게 조롱받고 있다. 루카는 또 어떤가? 전기 충격 고문과 대량 학살이 자행되었고, 수백 구의 시체가 강물에 던져졌다. 그곳에는 집단 매장지가 있으며 우리는 그 사실을 알고 있다. 밀로셰비치는 언성을 전혀 높이지 않고 하나하나 변명하며 모든 혐의를 부인했다. "무슬림은 자기 민족을 포격하고 세르비아인을 비난하고 있었습니다. 대량 학살은 일어나지 않았습니다. 강제 이주도 일어나지 않았습니다. 인종 청소는 없습니다. 인종 청소가 벌어지고 있다면 희생자는 세르비아인입니다." 그는 다시 지도로 가서 자신의 주장을 계속했다. 밀로셰비치는 그의 대사(大使)와는 전혀 달랐다. 그는 내게 간청하는 것이 아니라 단지 말을 할 뿐이었다. "여기 보세요. 이곳은 세르비아 지역이었는데 세르비아인들이 쫓겨났습니다. 크로아티아를 보세요. 그들은 독립이 불가능했습니다. 국민투표가 조작되었고 속은 사람들은 세르비아인이었습니다. 그들이 유고슬라비아 전역에서 세르비아인들에게 무슨 짓을 하는지 알아야 합니다. 무슬림과 크로아티아인은 세르비아 아기들을 살해하고 있습니다. 그들은 세르비아인을 쫓아내고 있어요. 우리는 그저 맞서 싸우는 것뿐입니다. 그래요, 잔혹 행위에 대한 대항이 있었는지는 모르지만 그건 맞대응일 뿐입니다. 나는 이번 일을 수습하기 위해 노력하고 있습니다."

나는 수로 이슬람교도가 사는 도시인 스레브레니차 얘기를 꺼냈다. 이곳에서는 도시 전체에 포성을 울리며 민간인 지역을 포격하고, 인도적 차원의 구호품을 실은 수송대를 약탈하는 세르비아 병사들을 저지하기 위해 필사적으로 애쓰고 있었다. "아니, 그렇지 않습니다. 유엔이 스레브레니차 마을에서 일어난 최근의 폭격에 세르비아인은 책임이 없다는 것을 증명했습니다." 그러고 나서 그는 내게 무슬림을 비롯해 보스니아 내 모든 민족이 대포와 탱크를 갖고 있다고 말하려 했다. 나는 그의 말에 코미디언 레니 브루스의 옛 농담이 생각났다. "당신이 집에서 다른 여자와 침대에 있는데 아내가 들어오면 어떻게 하나요? 아니라고 발뺌해야죠!" 하지만 이번엔 웃을 수 없었다. 피가 거꾸로 솟는 듯한 느낌이었다.

"밀로셰비치 씨." 내가 말했다. "세상에서 그런 말을 할 사람은 당신밖에 없습니다."

밀로셰비치는 내가 자신의 거짓말에 질렸다는 것을 알아챘고, 어느 순간 지도에서 고개를 들고 아무런 감정도 없이 물었다. "나를 어떻게 생각합니까?"

"나는 당신이 빌어먹을 전범이고 그에 따른 응당한 재판을 받아야 한다고 생각합니다." 나는 밀로셰비치의 눈을 똑바로 쏘아보고 있었는데, 그의 표정은 변하지 않았다. 그의 얼굴은 아주 미세한 움직임도 없었고, 마치 내가 방금 당신은 멋진 남자라고 칭찬해준 듯했다.

그래서 나는 바로 본론으로 들어갔다. 몇 분 후, 나는 무슨 일이 벌어지는지 내 눈으로 직접 확인할 수 있도록 그에게 스레브레니차로 호위해달라고 요청했다. 그는 그게 좋겠다고 생각했지만, 유감스럽게도 그 역시도 전쟁터에 들어갈 수 없었다. 안전하지 않았다. 나는 그에게 그렇다면 유엔군을 전쟁 지역으로 들여보내고 중화기를 그들에게 넘기거나, 나토의 공습으로 파괴하는 게 최선이라고 말했다.

"의원님, 믿어주세요. 나도 돕고 싶지만 보스니아에서는 보스니아 세르비아인이 동의해야만 가능합니다."

그러고는 그는 별안간 내가 카라지치와 얘기하고 싶은지 물었다. 나는 확신에 차서 대답했다. "네, 그러고 싶습니다."

"그는 시내에 있는 것 같습니다." 밀로셰비치는 이렇게 말하고, 손을 뻗어 전화를 집어 세르보크로아티아어로 이야기했다.

그가 전화를 끊은 후 몇 분 동안 이야기를 계속했는데 갑자기 대통령 궁의 정문이 "쿵" 하고 열리는 소리가 아래층 대리석 로비에 울렸다. 우리는 모두 지도에서 고개를 들고 가만히 현관 입구를 서둘러 들어오는 발소리를 들었다. 그 소리는 붉은 카펫을 타다닥 올라가고 층계참을 지나 황급히 다음 계단을 올라왔다. 타다닥. 집무실 문이 벌컥 열리고, 거기에는 카라지치가 서 있었다. 그는 라스베이거스의 마술사처럼 크게 부풀린 머리에 발그레한 얼굴로 가쁜 숨을 몰아쉬고 있었다. 그는 서둘러 밀로셰비치 오른쪽 자리에 앉으며 인사말을 뱉으려 했다. 나는 "누가 물 한잔 갖다주세요"라고 말할 뻔했다. 그는 심장마비를 일으킬 것처럼 보였다.

"음, 대통령님… 음, 죄송합니다…. 음… 늦었습니다. 음, 최대한 빨리 왔습니다."

나는 밀로셰비치를 바라보며 말했다. "통제할 수 없다고 하지 않으셨나요?"

밀로셰비치의 표정이 변한 것은 그때뿐이었다. 그는 내게 자신을 소개하는 카라지치를 노려보았다. 카라지치는 바람에 헝클어진 머리에 돼지처럼 생긴 멍청이였다. "의원님, 만나 뵙게 되어 영광입니다. 당신에 대해서는 알고 있습니다. 제 입장을 설명할 기회를 주셔서 감사합니다."

"아, 당신 같은 분을 만나서 흥미롭군요, 닥터." 내가 말했다.

밀로셰비치는 지도로 돌아갔고, 카라지치는 세르비아인이 피해자라고 주장하는 자신의 상사 편을 들었다. 카라지치는 "보스니아에서 세르비아인이 어떻게 무슬림과 함께 살 수 있단 말입니까? 그들은 동물입니다. 요람 속 세르비아 아기들을 죽이고, 서방의 이념과도 반대되는 자들입니다"라고 말했다.

2시간 넘게 이야기가 이어지자 무척 더워졌는데 이제 내 입장을 밀고 나가기 시작했다. 첫째, 그들에게 스레브레니차에서 물러나고 유엔군을 들여보내야 한다고 말했다. 둘째, 그들이 평화안을 작성하는 동안 휴전의 효력이 계속 유지되어야 한다. 카라지치가 이의를 제기했다. 그의 보스니아 세르비아 의회는 보스니아 세르비아 땅에 있는 외국 군대를 단호히 배제했다. 나는 새로운 미국 대통령이 있고 미국의 태도가 확고해지고 있음을 분명히 했다. 세르비아는 경제제재를 받아 숨통이 막힐 것이고 완전히 무장한 보스니아군에게 패퇴하고, 나토는 그들 머리 위에 폭탄을 퍼부을 것이었다. 나는 미국이 무력 사용을 배제하지 않았다고 설명했다. 그리고 나는 그들이 미국의 전투력에 대해 알고 싶다면 걸프전을 확인하라고 말했다.

그들이 원하는 것은 지도로 돌아가서 그들에게 최대한 유리하게 보스니아를 분할하는 것뿐이었다. 밀로셰비치는 계속해서 말했다. 그의 말에 따르면 너무나 간단한 일이었고 오늘 밤 술과 저녁을 먹으면서 모든 것을 해결할 수 있었다. 나는 그의 술과 음식 제안을 거절했지만 그는 기분 나빠하지 않았다. (자정쯤 호텔로 돌아가면 우리 모두 꽤 허기질 것이었다.) 밀로셰비치는 보스니아에 있는 세르비아 지역들은 인접해야 하며 타협할 이유가 없다고 반복해서 말했다. 더욱이 밀로셰비치와 카라지치는 외부 군사 개입은 전혀 걱정하지 않는다는 것을 분명히 했다.

3시간 후 회의장을 떠날 때쯤, 나는 밀로셰비치에 대해 알아야 할 모든 것을 알았다. 그는 모든 증거가 버젓이 있는데도 천연덕스럽게 거짓말을 했다. 나는 그를 전혀 믿을 수 없었다. 하지만 그는 잘해냈다. 제이미 루빈은 나중에 그가 갱단 보스 같다고 말했다. 누가 뭐라 비난하든 그는 침착했다. 그는 똑똑하고 강했다. 그리고 그는 별 실수 없이 일을 해낼 것이었다. 밀로셰비치는 정말 나쁜 놈일지 모르지만, 자기가 무슨 짓을 하고 있는지는 알고 있었다. 그리고 서방세계에서 제지할 때까지 멈추지 않을 것이었다.

사라예보로 가는 비행기의 지휘관은 외인부대 대령이었다. 첫날 우리는 악천후와 저격 때문에 들어갈 수 없었다. 그러나 대령은 다음 날 우리를 비행기에 태웠다. 그녀는 미국 상원의원이 위험한 비행을 하든 말든 전혀 개의치 않았다. 나는 그녀가 "결국 미국인 하나를 잃게 되는군. 젠장, 내가 알게 뭐야?"라고 말하는 것을 들었다. 비행기가 공항에 근접했을 때, 아래를 내려다보았는데 근처에 있는 커다란 집들이 눈에 띄었다. 붉은 타일 지붕에 전망창이 달린 325제곱미터의 집들이 파괴되었고, 이제는 구덩이만 남았다. 세르비아 저격수들은 이 부서진 집들 위에 앉아 공항에 무차별 총격을 가했다. 세르비아 포병 지휘관들은 실수로 유엔 항공기를 격추시킬 것을 우려했기 때문에 사라예보에 포격을 시작하기 전에 저격을 통해 공항을 폐쇄하기를 원했다. 그것이 우리가 하루 연착하게 된 원인이었다. 우리와 함께 비행기에 탑승한 프랑스 특수부대는 사라예보까지 헬멧 위에 앉은 채로 있었다. 그들은 엉덩이에 총을 맞거나 더 심한 불상사를 당할까 걱정했다.

공항은 주로 프랑스인과 영국인으로 구성된 UNPROFOR가 통제했다. 프랑스군은 쓸 만한 벙커를 파는 기계조차 공급받지 않았기 때문에 우리는 공항 라운지의 임시 벙커에서 알리야 이제트베고비치 보스니아 대통령과 하리스 실라이지치 부통령을 만났다. 모래주머니가 눈높이까지 쌓여 있었고, 멀리서 떨어지는 포탄의 충격으로 창문이 흔들렸다. 이들 보스니아 지도자 두 사람은 원조와 돈을 요청하기 위해 출국하는 길이었지만, 내가 새 대통령 빌 클린턴에게 그들의 메시지를 전하기를 원했기 때문에 나를 기다렸다. 실라이지치는 상원 청문회에서 증언한 적이 있었고 나는 그를 존경했지만, 이제트베고비치와는 첫 만남이었다. 그는 작은 몸집에 지친 듯했고 피부가 거칠었다. 70대 초반으로 보였고 걱정스러운 표정이었지만 단호했다. 그는 내게 와줘서 고맙다고 말하고 나서 상황을 설명했다. 유엔군은 보스니아를 보호할 능력이 없었고, 사라예보는 유엔군이 주둔하는 상태에서도 붕괴 직전이었다. 이제트베고비치는 그들이 한여름을 버텨내리라 생각했다. 그가 원하는 것은 UNPROFOR를 내보내는 것이었다. UNPROFOR 병사들이 계속 주둔하면 전투에서 포로로 잡힐 수 있기 때문에 국제사회가 무기 금수 해제와 공습을 허용하도록 설득할 수 없었다. 그는 '보호군'의 안전이 그들이 지켜야 할 사람들의 안전보다 우선시되는 것을 납득하지 못했다. 그는 보스니아 국경에 대한 국제 감시 활동으로 밀로셰비치의 병력과 무기가 보스니아에 들어오지 못하길 바랐다. 그는 어쨌든 미국 지상군 혹은 다른 누구의 군대도 필요 없다고 말했다. 무기가 있다면 나라를 지킬 수 있는 보스니아 병사가 많았다. 그것은 전혀 불합리하게 여겨지지 않았다. 나는 그에게 내가 할 수 있는 일을 하겠다고 말했다.

'저격수의 골목'을 지나 사라예보 시내로 들어가려면 무장 호위가 필요했다. 나는 몇 년 전 TV에서 이 도시에서 열린 동계 올림픽을 보도했던 것이 생각났다. 도시는 그다지 매력적으로 보이지는 않았다. 사라예보는 산으로 둘러싸인 계곡에 자리 잡고, 세르비아인들은 도시가 내려다보이는 고지에서 대포를 겨누고 있었다. 이제 사라예보 주민들은 1년 내내 포격과 저격을 받았고, 물과 식량, 의약품, 전기와 가스를 공급받지 못했다. 사실 이 장면은 제2차 세계대전의 모습과 흡사했을 것이다. 건물은 포탄을 맞아 구멍이 뚫리고 상층부가 무너져 내려앉았다. 사라예보는 그래피티가 그려진 드레스덴처럼 보였다. 사라예보의 주요 거리는 모두 무인 지대였다. 사라예보에서 예정된 미팅은 내 상원의원 경력에서 가장 주목할 만한 사람들과의 만남이었다. 대통령 주재 건물에서 우리는 직선으로 선출된 정부 관리들과 함께 앉았다. 그들은 세르비아인, 크로아티아인, 그리고 이슬람교도로 구성되어 있었다. 이날 회의에는 보스니아 대통령직에 오른 세르비아계 니콜라 페야노비츠, 크로아티아계 외무부 차관 브라니마르 후테레르가 참석했다. 우리는 모두가 자신의 요구를 관철하려는 15명에서 20명 정도의 사람들이 모인 큰 회의실에서 만났다. 그들은 우리에게 카라지치가 수년간 사라예보에서 무슬림 친구와 이웃에게 바클라바(baklava, 견과류, 꿀 등을 넣어 파이같이 만든 중동 음식-옮긴이)를 구걸하며 살던 동네에 대해 얘기했다. (카라지치의 오랜 지인은 나중에 한 미국인 기자에게 이 동네를 이렇게 묘사했다. "장례식과 결혼식, 생일에 우리는 무슬림이 몇 명인지, 세르비아인이 몇 명인지, 크로아티아인이 몇 명인지 세어본 적이 없습니다. 중요한 것은 함께하고, 재밌게 놀며, 술을 조금 마시는 것뿐이었습니다. 여러 해 동안 그래왔기 때문에 이것이 바뀌리라고는 조금도 의심하지 않았습니다.") 그들은 모두 폭력과 욕심 때문에 사람들이 서로 등을 돌리는 것을 두려워했다. 거리에는 약탈자가 있었고 필수품을 파는 암시장이 있었다. 그러나 그들은 도움의 손길이 오는 중이라면 포위 공격을 좀 더 버틸 수 있다고 생각했다. 그들은 우리에게 보스니아 독립을 위해 싸우는 보스니아 병력 모두가 무슬림은 아니라고 설명했다. 보스니아 군대는 그 정부와 마찬가지로 무슬림, 크로아티아인, 세르비아인으로 구성되어 있었다. 사실 세르비아계는 여전히 보스니아 군의 28퍼센트를 차지했다. 세상은 그걸 알아야 했다.

또 다른 만남은 독립 신문인 〈오슬로보데니에(Oslobodjenie, 자유)〉

편집자들과 그 신문사의 부서진 사옥에서 진행되었다. 사옥은 원래 5층이나 6층, 혹은 8층이었는지 모르지만, 맨 위층이 날아가버렸기 때문에 정확히 알기 어려웠다. 현재 사무실과 인쇄기는 모두 지하 1, 2층에 있었다. 직원들은 지하실에 들여놓은 침대에서 잠을 자며 밤낮없이 그곳에서 지냈다. 그들은 모두 사라예보가 버틸 수 있을 것이라고 확신했다. 게다가 이제 새로 취임한 대통령이 선거 유세에서 아주 강경한 발언을 한 바 있으니 더욱 그랬다. 나는 그들의 인터뷰에 응했고, 그들에게 희망이 되는 명분을 주길 바랐다. 나는 밀로셰비치가 전범이며 세계가 그것을 깨닫기 시작했고 우리가 그를 막을 것이라고 공식적으로 말했다.

우리는 사라예보에서 UNPROFOR 지휘관들에게 마지막 브리핑을 받았는데 이는 굉장한 성과였다. 그들은 우리에게 JNA(유고슬라비아 인민군)의 장비와 인력이 스레브레니차 공격에 직접 관여했고, 세르비아에서 포병들이 국경을 넘어 포격했으며, 최근 며칠 동안 JNA 포병들이 보스니아 영토로 이동해 스레브레니차 파괴에 참여했다는 설득력 있는 증거를 보여주었다. 보스니아 내 브라투나츠에 있는 JNA 포병들은 시민들과 스레브레니차의 수비군을 포격하고 있었다. 그들은 보스니아 세르비아인이 아닌 JNA가 동부 보스니아의 붕괴에 직접적인 책임이 있다는 점을 인정한 것이다. 그리고 JNA는 밀로셰비치의 지휘를 받았다.

사라예보에는 도시 주변에 600개 이상의 세르비아 포병 진지가 있었다. UNPROFOR 지휘관들은 세르비아군이 아주 잘 무장되어 있으나 인력이 심각하게 부족한 반면, 보스니아 정부군은 인력이 넘쳐나지만 화력은 심각하게 부족하다는 점을 지적했다. 그렇지만 그것이 아이러니하다는 생각이나 경각심이 없었다. 보스니아군은 그곳에서 적은 탄약과 낡은 소총으로 싸웠다. 지휘관들은 또 보스니아 정부가 공항에 대한 부분적인 통제권이라도 갖게 된다면 사라예보의 포위는 사실상 깨질 것이기 때문에 세르비아인들이 공항 통제권을 유엔에 양도했을 것이라는 점을 인정했다. UNPROFOR의 지독한 전략적 무지는 역겨울 정도였다. 게다가 더 나쁜 것은 그들의 태도였다.

대위 하나가 나토 공습과 관련해 나를 힘들게 만들었다. 공습은 정말 위험해서 UNPROFOR 부대에는 큰 모험이었다. 그는 "나토 걱정은 하지 마십시오, 의원님. 나토는 여기에 개입해서는 안 됩니다"라고 말했다. 나는 더 이상 참을 수 없어 한마디 했다. "대위, 정확히 어디에 나토를 개입시킬 것인가? 상원에 가서 연간 1000억 달러의 나토 방위비 분담금을 지지한다고 주장할 필요는 없네. 여기서 나토가 할 일이 없다면 나토의 역할은 무엇인가? 차라리 해산하고 집으로 돌려보내고 돈을 아끼는 게 낫겠지. 나토의 역할은 어디에 있는가? 여기가 바로 나토가 있어야 할 곳이야!"

문제는 UNPROFOR 장교들이 그곳 상황을 잘 알고 있음에도, 믿고 싶은 것만 믿는다는 사실이었다. 그들은 마치 공항에 둘러앉아 밀로세비치의 TV 방송을 보고 있는 것 같았다. 그들은 보스니아 이슬람교도들이 아마도 국제적인 지지를 얻기 위해 자국민이 포격당하도록 일을 꾸미고 있을 것이라고 추측했다. (이런 추측은 사실로 입증된 바가 거의 없다.) 우리가 떠날 준비가 되었을 때 공항은 다시 폐쇄되었고, 영국군 지휘관이 병력 수송 장갑차를 타고 우리를 호위했다. 우리는 방탄조끼와 파란 헬멧을 착용하고 스플리트로 향하는 헬리콥터를 타기 위해 산을 지나 키셀리아크까지 차를 몰았다. 차를 타고 올라가는 동안, 영국군 지휘관은 마치 극작가 노엘 코워드 연극에 등장하는 전형적인 캐릭터처럼 거만함과 의도적인 무지가 치명적으로 섞여 있는, 특히 위험한 사람이었다. "그들은 모두 나빠요." 그는 반복해서 말했다. "그들은 모두 나빠요."
이것은 부시 대통령이 하던 주장이었다. 모든 편이 똑같다. 잔혹 행위는
어느 쪽에나 있다. 개입하지 마라. 이 사람들은 수 세기 동안 서로를 죽
였다. 그때쯤 나는 눈을 감기로 작정한 사람들과 다투는 데 지쳤고, 헬
리콥터에 올라 UNPROFOR 사람들에게서 벗어나게 되어 기뻤다.

그곳을 빠져나오며 산 위를 지날 때, 조종사는 산등성이에 바짝 붙
어 날았는데, 아직도 그 경치의 부드러움을 기억한다. 산들은 알프스처
럼 삐죽삐죽한 봉우리가 아니라 애팔래치아산맥처럼 둥근 언덕들이 완
만하게 물결쳤다. 그리고 봉우리 꼭대기에, 그리스정교회 십자가에, 그
리고 로마 가톨릭교회에 세워진 뾰족탑을 차례로 볼 수 있었다. 하늘에
서 보면 이 뾰족탑들은 반 마일도 안 되는 거리를 유지하며 무척 가깝
게 붙어 있었다. 묘하게도 이 광경은 내게 희망을 주었다. 보스니아인들
은 아마도 그들 스스로 만든 세상을 유지할 수 있으리라. 나는 진심으로
클린턴 대통령을 설득할 수 있다고 생각했다. 보스니아를 구할 수 있고,
구해야 한다고.

우리는 독일로 날아가는 중이었는데, 나폴리에서 연합군 남부 사령
부 총사령관 마이크 보다 제독에게 기습 전화를 받았다. 그는 우리의
비행 계획을 마음대로 변경했다. 그와 함께 저녁을 먹을 수 있을까? 우
리는 이탈리아로 경로를 바꾸었고 일정을 맞추기 위해 도로에서 아슬
아슬한 심야 질주를 벌였다. 보다의 거주지는 도시가 내려다보이는 높
은 곳에 있었다. 그는 우리를 위해 식탁을 차려놓고 제임스 L. 존스 준
장을 초대했다. 그들은 발칸반도의 군사 옵션에 대해 내게 브리핑하기
를 원했다. 보다는 나를 위해, 아니 정확히는 자신의 조국을 위해 위험
을 감수했다. 그는 나중에 자신의 공으로 얻지 않은 훈장을 달았다는

비난을 받은 후 자살했는데 미국으로서는 큰 타격이었다. 발칸반도에서 제독은 정말 영웅적이었다. 보스니아는 많은 면에서 내게 혹독한 시련이었다. 그중 하나는 군에 대한 내 생각을 바꾼 것이었다. 나는 베트남전쟁을 종식시키려 상원에 왔다. 내 세대의 많은 이들처럼, 군을 생각할 때 우리는 영화 〈닥터 스트레인지러브〉를 생각했다. 이 영화를 생각하면 배우 슬림 피컨스가 폭탄을 타고 날아가는 장면이나 장군들이 헬리콥터를 타고 리브 고슈에 점심을 먹으러 가는 장면이 떠오른다. 그것이 바로 군의 이미지였다. 하지만 만일 내게 오늘 옛날로 돌아가 내가 정부에서 함께 일했던 20명의 가장 똑똑하고 식견이 넓은 인물을 꼽으라면, 그중 12명은 군 인사일 것이다. 그들 중에는 보비 조 인먼 제독과 웨슬리 클라크 장군이 있고, 더불어 그날 밤 우리와 함께한 두 사람, 존스 장군과 보다 제독이 있다.

보다는 우리에게 대통령의 모든 고위 관리들이 보스니아에 대해 우리가 해야 할 일이나 할 수 있는 일이 아무것도 없다고 생각하지는 않는다고 꼬집어 말했다. 그는 수십만 명의 지상군 없이는 보스니아에서 아무것도 할 수 없다는 파월의 말이 잘못되었다고 생각한다고 말하면서 상사에 대한 속내를 드러냈다. 보다는 공습을 하면 세르비아의 침략을 막을 수 있고 사라예보와 스레브레니차에서의 포위 공격을 끝낼 수 있다고 생각했다. 내가 말했다. "하지만 제독님, 모든 사람이 공군력으로는 통하지 않을 것이라고 말합니다." 그는 우리를 바라보기만 했다. 그러고는 말했다. "같이 갑시다."

제독은 보스니아 전역에서 세르비아군의 위치를 찍은 위성사진이 있다고 말했다. 그는 크로아티아의 세르비아인이나 보스니아의 세르비아인에게 "가서 잡아"라고 말하는 JNA 장군들의 무선 감청 자료를 갖고 있었다. 보다는 쇼를 진행하는 주범이 보스니아 세르비아인이 아니라 밀로셰비치의 JNA임을 확인했다. 이 사실에 그는 정말 화가 났다. 그는 지상의 관측병 몇 명으로 세르비아군의 중화기를 제거할 수 있다고 주장했다. 세르비아군은 학교나 모스크 뒤에 대포를 숨겨두려 하지만, 지상에서 관측병이 대포 위치를 레이저로 표시한다면 그것들을 파괴할 수 있었다. 미국의 공군력은 가공할 능력을 갖추었다고 그는 말했다. 그런데 우리는 시도조차 하지 않았다.

"의원님, 의원님이 원하기만 한다면, 버번 한 병을 스레브레니차에 있는 세르비아 장군의 막사 앞에 떨어뜨릴 수 있습니다. 우리는 그만큼 정확하게 공격할 수 있습니다. 뭔가 해야 한다고 생각합니다. 우리는 공습을 할 수 있습니다. 또 아드리아해를 차단할 수 있습니다. 우리가 개입해야 합니다. 합동 참모 본부는 이런 얘기를 들으려 하지 않습니다. 이곳에는 제 위로 여러 제독이 있습니다. 그리고 합동참모본부도 있습니다. 제가 정책을 결정할 수는 없습니다. 하지만 의원님, 당신 말씀이 옳습니다." 그것은 내게 퍼즐의 마지막 조각이었다. 대량 학살이 벌어지고 있었고, 우리는 지상군을 대거 투입하지 않고도 이를 저지할 능력을 갖추고 있었다. 우리는 누가 나쁜 놈들인지, 그리고 그놈들이 어디에 있는지 알고 있었다. 우리는 대량 학살을 막을 수 있는 군사력을 갖추고 있었다. 대통령을 설득해야 했다.

돌아온 지 며칠 지나지 않아, 나는 국무부로 건너가 새 국무부 장관 워런 크리스토퍼에게 브리핑을 했다. 우리는 국무부 집무실에서 만났다. 그는 자신의 겸손한 성격에 어울리게 작은 집무실을 사용했다. 그는 밤낮으로 일했지만, 그가 자신의 관심사가 아닌 대통령의 관심사를 위해 그곳에서 일하고 있다는 것을 이해해주기를 바랐다. 워런 크리스토퍼는 기업 변호사의 세련된 평정심이 몸에 배어 있었다. 그는 한편으로 차분한 성격이지만 난해한 사람이었고, 또 한편으로는 상대 주머니의 푼돈까지 털어내는 인물이었다. 그래도 나는 그를 매우 존경했고, 그가 개방적인 사람이라는 것을 알았다. 그래서 단도직입적으로 말했다. 이건 학살이다. 우리는 막을 수 있다. 무기 금수를 해제하고 공습을 해야 한다.

그는 훌륭한 변호사라면 했을 법한 모든 주장을 펼치며 강력하게 반발했다. 첫째, 우리가 원한다고 해도 공습은 우리가 결정할 문제가 아니다. 그것은 나토의 전체 결정에 달려 있다. 둘째, 보스니아인을 무장시키는 것은 더 많은 살상을 야기할 뿐이다. 셋째, 이것은 내전이다. 그러나 그가 강조하는 논점은 국민의 지지를 얻을 수 있느냐 하는 문제였다. 그는 결코 대립하지 않았다. 어쨌든 그는 노련한 외교관이었다. "글쎄요, 의원님, 대통령이 의회의 지지를 얻을 수 있을까요? 대통령에게는 초당적인 지원이 필요합니다. 그렇지 않은가요? 그가 미국 국민의 지지를 얻을 수 있을까요? 국민이 세르비아인을 공격하는 것을 지지할까요?"

"장관님, 저는 당신을 매우 존경합니다." 내가 말했다. "장관님은 외교정책에 대해 저보다 많이 알겠지만 정치는 제가 꽤 잘 알고 있습니다. 미국인들은 실상을 알게 된다면 지지할 것입니다. 그들에게 알려야 합니다."

국무부 장관의 입장은 내가 옳을지 모르지만 유엔과 유럽이 앞장서지 않는 한 대통령이 할 수 있는 일은 많지 않다는 것이었다. 그는 내가 전면에 나서는 것을 원치 않았다. 나는 그에게 대통령께 직접 말씀드리러 가겠다고 말했지만, 그는 정색하며 싫어했다. 사실 그는 나를 말리려 했다. 내가 클린턴 대통령과 이야기할 기회를 얻었을 때 크리스토퍼는 자신도 꼭 참석하려 했다.

빌 클린턴이 첫 임기를 시작한 지 100일밖에 되지 않은 백악관은 1993년 4월 약간 사면초가에 빠진 느낌이었다. 대통령의 득표율은 43퍼센트에 불과했다. 그 때문에 클린턴은 의회나 언론과 호의적 관계를 유지하는 취임 초 밀월 기간이 없었다. 일부 여론조사에 따르면 미국인들은 외교 문제에 대해 3대 1로 빌 클린턴보다 콜린 파월을 더 신뢰했다. 사람들은 벌써 영부인을 공격하고 있었다. 그리고 그는 대통령으로서 알아야 할 첫 번째 덕목을 제대로 이해하지 못했다. 대통령이 어떤 의제를 정하고 나날이 그 진행 상황을 살피는 것은 거의 불가능하다. 대통령은 매일 새로운 사안에 대응하고 그때그때 상황에 맞춰 일을 처리해야 한다. 하지만 클린턴은 내가 본 사람 중 가장 재능 있는 정치인이고 아주 빨리 배웠으며 매우 박식했다. 그는 대통령직을 진지하게 수행했다. 게다가 나는 그가 직감이 뛰어나다고 믿었다. 나는 그가 내 설명을 들으면 금수 조치를 해제하고 공습을 단행할 것으로 믿었기 때문에 실제로 그렇게 했다. 그러자 대통령과 크리스토퍼는 곧바로 파월의 보고에 따르면 그렇게 하려면 발칸반도에 미군 지상군 수십만을 파병해야 할 거라는 말을 전했다.

"대통령님, 장관님, 이건 명예가 달린 문제입니다. 그를 곤경에 빠뜨리고 싶지 않지만, 보다 제독과 다른 사람들이 제게 이야기한 것을 말씀드리고 있습니다. 한 가지 부탁드립니다. 저를 못 믿으시겠다면 부탁 하나만 들어주십시오. 지휘 계통을 고집하지 마십시오. 보다 제독이 대통령께 직접 말할 수 있는 방법은 없습니다, 대통령님. 그렇지만 대통령께서 수화기를 들고 보다 제독에게 전화하시면 그가 우리가 할 수 있는 일을 말해줄 겁니다. 대통령님, 이건 부당한 일입니다. 수만 명이 죽어가고 있습니다. 집단 매장지가 있고 강간 수용소가 있습니다. 스레브레니차가 함락되기 직전입니다. 사라예보가 곧 떨어질 겁니다."

클린턴은 일방적으로 무기 금수 해제와 공습을 단행하는 것을 내키지 않아 했지만, 크리스토퍼 국무부 장관에게 당장 유럽으로 가서 영국과 프랑스에 이 계획에 대한 서명을 받아 오도록 하겠다고 말했다. 나는 클린턴 대통령이 유럽 동맹국들보다 앞서갈 필요가 있는지 확신하지 못한다는 것을 알 수 있었다.

빌 클린턴을 아는 데는 시간이 좀 걸렸지만, 발칸반도 위기가 한창일 때 그와 나눈 대화가 생생히 기억난다. 우리는 대통령 집무실에서 그가 곧 성명을 발표할 기자실까지 걸어가고 있었다. 기자실에 가까워지자 클린턴은 걸음을 멈추고 돌아서서 내 가슴에 두 손을 얹고 물었다. "조, 코소보 전투가 일어난 게 몇 년도였나요?"

나는 농담을 했다. "도대체 그게 무슨 상관이죠. 대통령님?"

"그건 내게 아주 중요합니다." 그가 대답했다. 그가 농담하는 게 아니라는 걸 알 수 있었다. 그가 다시 물었다. "코소보 전투가 몇 년도에 일어났나요?"

나는 7명의 대통령을 가까이에서 지켜봤는데 대통령은 보통 자신이 결정을 내리는 데 필요한 정보의 70퍼센트 정도를 얻는다는 것을 알게 되었다. 결국 대통령은 자신의 판단과 지혜로 나머지를 채워야 한다. 그러려면 상당한 확신이 필요하다. 나는 클린턴이 항상 자신의 문제를 처리하는 능력과 지식 덕분에 대통령이 되었다고 믿었다고 생각한다. 그리고 나는 그가 임기 초기에 자신이 모르는 것에 대해 걱정했다고 생각한다. 그는 외교정책 경험이 많지 않았기에 자신의 직감에 확신이 없었다. 그는 항상 더 많은 정보를 원했고, 때로는 지나치게 많은 정보를 요구했다. 언제나 새롭게 고려해야 할 무언가가 있었다.

"대통령님, 자신의 문제가 뭔지 아시나요?"

클린턴은 성미가 급했는데 특히 확신이 서지 않을 때 그랬다. 지금 그는 이를 악물고 말하고 있었다. "아뇨, 내 문제가 뭐죠?"

"당신은 로즈 장학생 병을 앓고 있습니다."

"로즈 장학생 병이라니, 대체 무슨 말이죠?"

"대통령님, 당신은 사실 파악에만 익숙해져서 자신의 본능을 믿지 않는 겁니다. 이번 일에 자신의 본능을 믿으세요, 대통령님. 본능을 믿으시라고요."

그는 그저 나를 응시하다가 물었다.

"코소보 전투가 몇 년도에 일어났나요?"

"1389년입니다. 대통령님."

세르비아의 침략을 저지하기 위한 공습과 보스니아의 이슬람교도에 대한 무기 금수 해제 논의는 워싱턴에서 많은 저항에 부딪쳤다. 그리고 가장 큰 반대의 목소리 가운데 하나는 베트남전쟁 중 포로가 되었던 전 해군 조종사 존 매케인이었다. 매케인 상원의원은 공습만으로 문제를 해결할 수 있다고 생각하는 군사 전문가가 단 한 명도 없다고 계속 말했다. 그리고 그는 지상군 투입을 우려했다. 그는 "성공할 수 있는 모든 가능성, 투입 방법, 현 상황에 도움을 줄 방법, 탈출 방법 등이 없다면 미국 젊은 남녀의 삶을 위험에 빠뜨리는 일을 하지 않을 겁니다. 그런데 우리에겐 그런 방법이 없습니다"라고 말했다. 4월 마지막 주였다. 다음 날 그는 미국의 외교정책 실패 중 가장 금기시하는 망령을 불러냈다. "이 문제는 내게는 잊을 수 없는 친숙한 기억을 떠올리게 합니다. 이것은 우리가 북베트남 폭격을 시작할 때 내세운 이유와 똑같습니다. 그 때문에 우리는 헤어나기 어려운 깊은 수렁에 빠졌고, 거기서 빠져나오기까지 여러 해가 걸렸으며 회복하는 데 20년이나 걸렸습니다."

클린턴의 외교 팀은 '무기 금수 해제와 공습' 가능성을 계속 열어둘 용의가 있었지만, 유럽 국가들에 참여하도록 강요할 생각은 없었다. 그래서 크리스토퍼 장관의 유럽 방문은 재앙이었다. 다음번에 크리스토퍼를 봤을 때, 그는 영국과 프랑스에서 푸대접을 받은 유럽 방문에서 막 돌아와 외교위원회 앞에서 증언하고 있었다. 무기 금수 해제와 공습은 처음부터 가능성이 없었다. 유럽 지도자들은 본질적으로 아무 행동도 하지 않고 대화만 하는 쉬운 방법을 선호했다. 클린턴은 존 메이저 영국 총리에게 이 사실을 직접 들었다. 무기 금수 조치를 해제하는 것은 너무 위험했다. 그들은 자국 지상군의 안전을 위태롭게 할 마음이 없었다. 유엔은 사라예보와 스레브레니차 같은 도시를 UNPROFOR의 보호하에 '안전한 피란처'로 만들 것을 촉구했지만, 그것은 그 도시들에서 버티고 있는 보스니아 군대가 그들의 무기를 포기하도록 요구한 다음이었다. 크리스토퍼가 우리 위원회에 나타난 날, 나는 브뤼셀에서 열린 외무장관회의에서 참가국들이 미국은 보스니아에 지상군이 없기 때문에 무기 금수 해제와 공습을 촉구할 입지가 부족하다고 주장했다는 사실을 막 읽은 후였다. 그리고 행정부에서는 아무도 반박하는 이가 없었다. 그가 증언하는 도중 나는 이렇게 말했다.

장관님, 분명히 말씀드리겠습니다. 장관님은 외교적으로 말해야 하겠지만, 저는 그렇지 않습니다. 저는 세르비아의 승리에 공식적으로 손을 들어주자고 요구하는 유럽 정책을 얼마나 경멸하는지 말로 표현할 수조차 없습니다. 여러분이 본 것은 무관심과 소심함, 자기기만, 위선을 모아놓은 실망스러운 집합체입니다. 그들은 쿠웨이트와 소말리아에서 우리를 끌어들여 자기들은 구경만 했으면서, 보스니아에서 우리가 발언권을 가지려면, 그리고 보스니아인을 위해 '안전한 피란처'라는 그들의 새로운 아이디어를 실행하는 데 도움을 주려면, 몇천 명의 지상군을 투입하라고 요구하고 있습니다. 솔직하게 말해봅시다. 유럽 정책은 편협하지는 않더라도 문화적·종교적 무관심에 바탕을 두고 있습니다. 그리고 저는 만일 이슬람교도가 세르비아인들이 한 일을 벌이고 있다면, 즉 세르비아의 침략이 아니라 이슬람교도의 침략이었다면, 이 사태는 완전히 다른 상황이 되었을 것이라고 말하는 것이 옳다고 생각합니다.

같은 날 클린턴은 부시 행정부의 옛 정서를 되풀이해 나를 실망시켰다. "우리는 혼자 행동할 수 없습니다. 우리는 혼자 행동해서는 안 됩니다. 우리는 이번 사태를 제한해 이것이 다른 곳으로 확산해 알바니아와 그리스, 터키 같은 나라까지 끌어들이지 않기를 바랍니다. 그렇지 않으면 유럽의 평화, 그리고 민주주의의 성장과 안정에 악영향을 줄 수 있습니다. 미국은 그곳에 들어가 내전에 말려들 수 없습니다."

점점 더 실망스러운 소식이 들어오면서, 나는 보스니아 외무부 장관 하리스 실라이지치와 함께한 회의를 머릿속에서 지울 수 없었다. 발칸반도에 다녀온 지 불과 몇 주 후인 그해 봄, 실라이지치가 워싱턴을 방문했을 때 나는 외교위원회 간부 회의실에서 주요 상원의원들의 회의를 소집했다. 나는 실라이지치에게 공식적인 발언을 강요하지 않고, 의원들이 비공개로 그의 이야기를 듣기를 원했다. 내가 초대한 의원 중에는 테드 스티븐스, 존 매케인, 존 워너 등이 있었다.

우리는 모두 회의실 테이블에 앉았고, 나는 필요하다면 무기 금수 조치를 일방적으로 해제해야 한다고 주장했다. 나는 유럽 열강이 우리를 따를 것이라고 확신했다. 실라이지치가 이야기를 시작하자 스티븐스 상원의원이 끼어들었다. 스티븐스는 퉁명스럽기로 유명한데, 그는 동정하는 기색도 없이 실라이지치에게 말했다. "보세요, 우리가 무기 금수 조치를 해제하길 원치 않는 이유는 사람들이 더 많이 죽을 것이기 때문입니다. 우리는 그저 그 지역에 무기를 퍼뜨릴 뿐이에요." 나는 실라이지치를 건너다보았다. 그는 아주 조용하고 정중했으며 품격이 있었다. 그가 테드 스티븐스에게 말했다. "의원님, 내 아내와 아이들과 내가 어떻게 죽을지 선택할 수 있는 영광을 베풀어주세요. 우리는 모두 죽을 테니까요. 적어도 나 자신과 가족을 지킬 수 있는 영광을 허락해주세요." 회의실은 쥐 죽은 듯 조용했다. 그때가 내 의원 생활에서 가장 극적이며 인간적인 순간 중 하나였다. 그러나 아무도 생각을 바꾸지 않았다.

나는 마침내 여성폭력방지법과 관련해 필요한 도움을 받고 있었다. 도움을 준 사람들은 1993년 초에 취임한 4명의 새로운 여성 상원의원뿐만이 아니었다. 유타주 출신의 공화당 상원의원인 오린 해치는 점점 더 이 법안을 지지했다. 그는 1990년부터 여러 청문회에 부지런히 참여하고 끝까지 자리를 지켰으며, 거기서 들은 말에 공감했다. 나는 해치 상원의원에게 빅토리아 너스를 보내 그가 자기 주에서 현장 청문회를 진행하는 것을 돕도록 했다. 해치 상원의원은 솔트레이크시티에서 청문회를 열고 개회사에서 "피해자와 그들의 자녀, 사회 전체에 대한 이 폭력의 진정한 인적 비용은 헤아릴 수 없을 만큼 큽니다"라고 말했다. 빅토리아는 해치가 그의 유권자 중 몇몇이 자신이 겪은 고통과 굴욕을 증언하는 것을 듣는 동안 실제로 눈물까지 흘렸다고 나중에 말했다. 해치 상원의원은 첫 번째 증인들에게 말했다. "이것은 상원 법사위에게는 매우 의미 있는 일입니다. 그리고 나는 위원장인 바이든 상원의원과 최고위원인 내가 이 분야에서 도움이 될 법안을 통과시키기 위해 우리 권한 내에서 할 수 있는 모든 일을 할 것으로 알고 있습니다. 오늘 이곳에서 여러분의 증언은 굉장히 중요합니다. 저는 이것이 우리가 과거에 했던 것보다 훨씬 더 나은 일을 할 동기를 더해줄 것으로 생각하기 때문입니다. 과거에 우리가 한 일은 정말 한심한 수준이었고 지금도 그렇습니다. 저는 이 분야에서 우리가 더 많은 일을 하는 것이 좋을 것으로 생각합니다. 저는 여러분 모두에게 정말 큰 감명을 받았습니다."

법사위는 데이비드 수터 판사가 나중에 표현한 것처럼 여성폭력방지법의 필요성을 뒷받침하는 '산더미 같은 자료'를 만들어냈다. 우리는 문제의 중요성과 범위를 증명했을 뿐만 아니라 국가 경제에 미치는 해로운 영향을 보여주었다. 그러나 법안 통과에는 여전히 일부 핵심 상원의원들이 나서서 큰 소리로 지지를 호소할 필요가 있었고, 해치 상원의원이 결정적인 목소리를 냈다.

클린턴이 당선된 지 1년이 지난 1993년 11월, 나는 마침내 여성폭력방지법을 상원에서 통과시킬 기회를 보았다. 이제 이 법안에 지지하는 사람들이 많아졌고 상원의원의 절반이 공동 발의자인 것처럼 보였다. 그러나 상원은 큰 법안에 대해서만 조치를 취하고 있었기 때문에 이 법안은 개별적인 소법안으로서 결코 통과되지 못할 것으로 보였다. 나는 우리가 법사위에서 상정한 범죄 방지 법안이 그해 상원에서 강력한 초당적 지지를 받는 것을 알고 있었다. 우리는 10만 명의 새로운 거리 경찰 배치와 새로운 감옥 건설을 위해, 그리고 사형을 확대하기 위해 지원금을 주고 있었다. 그래서 나는 그 법안에 여성폭력방지법을 추가했다. 그러자 텍사스 출신의 공화당 의원 필 그램은 "왜 이런 걸 이 법안에 끼워 넣어야 하죠"라고 이의를 제기했다.

그러나 공화당 최고의원인 오린 해치는 공화당 동료 의원인 필 그램에게 "이봐 필. 조는 여성폭력방지법을 제정하기 위해 아주 열심히 노력했어. 그리고 우리는 그가 여기에 신경 쓴다는 걸 기억해야 해. 그냥 가만히 있게, 이건 좋은 법안이야"라며 나를 지지했다.

'철조망'이란 별명이 붙은 필 그램은 호의를 베푸는 일에는 크게 관심이 없었지만, 내게는 항상 솔직했다. 불과 1년 전 부시-클린턴 선거 직전에 그램은 연방 판사에 지명된 5명의 텍사스 후보를 상원의 최종 표결에 앞당겨 부쳐달라고 내게 집요하게 부탁했다. 그는 내가 그렇게 하리라 기대하지 않았다. 후보자들은 조지 H. W. 부시 대통령이 지명한 판사였다. 우리는 청문회를 열고 후보자들의 심의를 통과시켰다. 법사위원장으로서 나는 상원에서의 투표를 막고 클린턴이 선출되어 민주당원으로 판사직을 채울 수 있기를 기대하며 기다릴 수 있었다. 그러나 내 생각은 하급 법원과 정치 놀음을 해서는 안 된다는 것이었기 때문에 인준을 위해 후보자들을 상원에 올려 보냈다. 그들이 인준된 후, 그램이 상원에서 나를 향해 걸어왔다. "있잖아요⋯." 그가 텍사스 특유의 말투로 말했다. "당신은 상원에서 가장 친절한 사람입니다, 조. 당신은 정말 좋은 사람이에요."

"음, 고맙군요, 필."

"당신이 내게 해준 일 정말 고마워요." 그가 말했다. "난 당신을 위해 해준 게 하나도 없는데 말이에요." 우리 둘 다 웃었는데 나는 사실 그의 솔직함에 감탄했다. 항상 필 그램의 입장을 알고 있었기 때문에 그의 솔직함을 감당할 수 있었다. 그는 자신을 숨기거나 지키지 않을 약속을 할 사람이 아니었다.

나는 그램이 함께 일할 수 있는 사람이라는 걸 알고 있었고, 그리고 그 때문에 여성폭력방지법에 자금을 지원받을 수 있었다. 범죄 방지 법안이 표결에 부쳐지고 여성폭력방지법을 제외하지 않겠다는 자신의 뜻을 정하자, 그램은 거래를 제안했다. "이 법안에 쓸 수 있는 돈은 연방 직원의 규모를 줄여서 절약되는 돈뿐이라는 것을 약속한다면 물러서겠습니다."

"자 들어보세요." 내가 말했다. "내가 신탁 기금을 조성할 수 있고 이 해고되는 사람들에 대한 급여가 이 프로그램 비용을 계속 지불할 신탁 기금에 들어간다는 것에 동의한다면, 거래를 받아들이겠습니다." 신탁 기금은 범죄 방지 법안의 자금 조달 프로그램에만 사용할 수 있었고 새로운 세금을 걸을 필요가 없었다. 상원 본회의장에서 우리는 합의를 하고 악수를 했다. 그램은 나를 이겼다고 생각했을 것이다. '철조망' 필은 클린턴 행정부가 연방 정부의 규모를 축소하려 하지 않을 것이라 확신했다. 하지만 나는 그들이 그렇게 할 것이라 믿었고, 내가 맞았다. 행정부는 앨 고어를 앞세우고 연방 정부 규모를 30만 명 가까이 줄여 존 케네디 대통령 재임 당시와 같은 규모로 축소했다. 범죄 법안은 자금 지원 절차를 갖추고 상원을 통과했다. 여성폭력방지법은 전체 18억 달러의 자금 지원을 받기 위해 제출되었다.

하원은 이 법안의 한 버전을 통과시켰지만, 협의 중에 그들은 제3장의 '시민권' 조항을 빼겠다고 위협했다. 나는 딱 잘라 거절했다. 그리고 제3장은 협상 불가라고 말했다. 결국 제3장은 그대로 유지되었다.

서방이 계속 교섭하는 가운데, 밀로셰비치는 자신이 퍼부은 공격의 대가가 작다는 생각이 들었다. 지난여름 세르비아군은 사라예보에 16

시간 동안 거의 4000발의 포탄을 퍼붓기도 했다. 사라예보 시민들은 낙담했다. 남자들은 빨리 죽기를 빌며 텅 빈 거리로 달려갔다. 세르비아인들은 세계를 조롱할 만큼 충분한 자신감이 있었다. 1993년 12월 세르비아 장군 라트코 플라디치는 서방의 군대가 전투에 개입하면 보스니아에 뼈를 묻게 하겠다고 경고했다. 또 자신이 원하는 곳에 테러를 확산시키겠다고 협박하기도 했다. 그는 "서방이 나를 폭격하면, 나는 런던을 폭격할 것이다. 런던에 세르비아인이 있고 워싱턴에도 세르비아인이 있다"라고 말했다.

　이런 조롱으로 변한 것은 없었다. 내가 처음 상원에서 일할 때부터 정치 행사 때마다 활용하던 농담이 있다. "여러분은 여기서 나를 만났으니 행운입니다. 나는 미국에서 가장 영향력 있는 사람 중 하나입니다." 이 농담은 웃음을 주기에는 좋았지만, 이때는 재밌게 느껴지지 않았다. 보스니아의 경우 100명의 상원의원 중 1명으로는 충분하지 않았다. 아주 솔직히 말하면, 나는 동료 의원을 계속 끌어들여 행정부를 부끄럽게 함으로써 그들이 행동에 나서도록 하려 했다. 나는 특히 밥 돌 상원의원과 제시 헬름스 상원의원의 도움을 많이 받았다. 그러나 이는 내게 또 하나의 매우 외로운 투쟁이었다.

　상원 외교 관계 회의실에서 열린 또 다른 비공개회의에서, 내게는 결코 잊을 수 없는 또 하나의 순간이 있었다. 나는 여전히 미국 지상군이 없더라도 뭔가 할 수 있다고 주장했다. 그때 나는 계속 같은 말을 되풀이했다. 나는 보스니아인들을 무장시켜 싸우게 하라고 주장했다. 공군 장군들의 말에 따르면 우리는 드리나강을 가로지르는 다리를 모두 제거할 수 있었다. 밀로셰비치는 보스니아를 약탈하는 세르비아인에게 연료나 탄약, 총기를 가져다줄 수 없을 것이다. 우리는 보스니아 전역의 무기와 대포를 없앨 수 있을 것이다. 또 그것들이 어디 있는지 알고 있었다. 위성사진도 갖고 있었다.

군대에서 복무한 적이 있는 동료 상원의원은 이렇게 말하곤 했다. "조, 그건 말도 안 되는 소립니다. 이 공군력이 효과를 발휘하려면 지상군이 있어야 합니다. 우리는 지상에 정찰병을 보내서 학교가 아니라 학교 뒤쪽에 있는 탱크를 맞힐 수 있도록 해야 합니다. 탱크에 레이저를 쏘고 그 신호를 우리가 가진 첨단 장비에 쏘아 올려줄 누군가가 필요합니다. 그러려면 피를 흘리게 될 겁니다. 미국인들이 죽을 수 있습니다." 나는 사상자를 최소화할 거라고 주장했다. 나는 지상전에서 이기려 하는 것이 아니라고 말했다. 무장하지 않은 사람들과 전쟁을 벌이는 세르비아인을 무력하게 만들려는 것이었다. 우리는 제2차 세계대전에서 유대인을 강제수용소로 수송하는 데 사용한 철도를 폭파시킬 수도 있었다. 그랬다면 얼마나 많은 생명을 구했을까? 세르비아군에 대한 공습은 대량학살을 중단시킬 수 있었다. 어느 순간, 동료 의원은 단도직입적으로 물었다. "조, 미국인이 죽지 않을 거라 보장할 수 있어요?"

그것은 결코 잊을 수 없는 순간이었다. 대학 시절 역사 수업과 졸업 후 경력이 충돌했다. 그것은 육체적인 느낌이었다. 목구멍에서도 느낄 수 있었고, 심장에서도 느낄 수 있었고, 배 속 깊숙한 곳에서도 느낄 수 있었다. 나는 왜 미국 상원의원들이 1935년 똑같은 회의 테이블에 둘러앉아 히틀러를 저지하려 노력할 가치가 없다고 결정했는지 처음 이해했다고 생각한다. 나는 어떻게 그들이 독일의 군사력 증강에 대해 알고도 행동하지 않고 앉아 있을 수 있었는지 도무지 이해할 수 없었다. 그러나 나는 과거의 교훈에서 배울 수 있었다. 만일 우리가 1935년에 행동했더라면, 아마도 1000명의 미국인을 희생시켰을 것이고, 1937년에는 5000명을 희생시켰을 것이다. 그러나 그 상원의원들은 무엇을 증명했을까? 어떻게 부정적인 결과를 증명할 수 있단 말인가? 그들이 제2차 세계대전을 막았다는 것을 증명할 수 있었을까? 그들은 자신들이 600만 명의 유대인, 집시, 그리고 다른 '불순분자'를 나치의 죽음의 수용소에서 구했다고 주장할 수 있었을까? 누가 그걸 믿는단 말인가?

대통령이 어떤 식으로든 정치적 책임을 지지 않고 비극이 일어나지 않도록 행동할 수는 없다. 만일 그가 행동을 하고 실패한다면 그는 틀린 것이다. 만일 성공한다면 비극은 일어나지 않았을 테니 결코 옳았던 것이 아니다. 우리가 개입해서 대량 학살을 막는다면, 우리는 우리가 무엇을 막았는지 증명할 길이 없다. 그리고 미국인의 목숨이 위태롭다.

그런 계산은 분명 클린턴 행정부를 괴롭혔다. 앨 고어 부통령은 대통령이 조치를 취하도록 강하게 압박했지만 큰 효과는 없었다. 1994년 2월 세르비아군의 포격으로 68명의 사라예보 시민이 시장에서 죽었을 때, 클린턴은 '무고한 사람들을 살해한 것'을 비난했지만, 우리는 아무것도 하지 않았다. 그 무렵 행정부는 공개적으로 미국의 군사 개입을 배제했다. 세르비아군의 포탄에 투즐라에서, 그리고 유엔이 지정한 다른 '안전 지역'에서 71명이 죽었을 때, 우리는 여전히 아무것도 하지 않았다. 1994년 6월 내가 발칸반도를 다시 방문했을 때 사라예보의 상태는 더 악화되어 있었다.

나는 노르망디 상륙작전 50주년 기념으로 유럽에 갔는데, 밥 돌 상원의원과 함께 발칸반도에 잠깐 들르기로 결정했다. 돌은 무기 금수 해제와 공습을 강력히 지지하는 몇 안 되는 사람 중 하나였다. 나중에 안 사실이지만, 제2차 세계대전에서 중상을 입은 돌을 구해준 외과의사는 아르메니아인으로, 그의 가족은 터키인이 자신들에게 저지른 대량 학살의 아픈 기억을 갖고 있었다. 밥 돌 상원의원과 내가 사라예보에 도착했을 때, 도시의 모습은 종말을 맞은 듯 처참했다. 우리는 도시의 오래된 지역에서 좁은 길을 가로질러 담요와 시트가 걸려 있는 것을 보았다. 나중에 내가 세탁물을 특이하게 말린다고 말했는데 그것이 이슬람교도와 크로아티아 아이들이 세르비아 저격수의 눈에 띄지 않는 최선의 방법이라는 소리를 들었다. 마을 위 언덕에서 저격수들이 아이들에게 무차별 사격을 하고 있었다. 이슬람교도를 그들의 집에서 내쫓으려는 것으로 순전히 테러 행위였다. 그날 늦게 병원에 도착했을 때, 우리는 어떤 광경이 기다릴지 전혀 몰랐다.

병원에서 신경외과 의사가 병동을 안내했는데, 병실이 크고 천장 높이가 3.7미터 정도였으며 타일 벽으로 된 동굴 같은 곳이었다. 의사는 우리를 철제 침대가 하나 있는 소독실로 데려갔다. 침대에는 풀 먹인 흰 리넨 밑에 열다섯 살쯤 되어 보이는 검은 머리의 여자아이가 누워 있었다. 침대 옆으로 갔지만, 아이의 눈은 내 쪽을 따라 움직이지 않았다. 아이는 소리가 나는 쪽으로 고개를 돌렸다. 돌은 침대 끝에 서서 지켜보았고, 의사는 아이의 시신경이 세르비아 저격수가 쏜 총알에 손상됐다고 말했다. 의사가 말하는 동안 나는 아이의 팔에 손을 얹고 토닥였다. 돌은 침대 끝에 꼼짝하지 않고 서 있었다. 그는 분명 울컥한 것 같았다. 나는 밥 돌이 내가 함께 일했던 사람 중 가장 감정적인 사람이라 생각하게 되었다. 하지만 그는 그런 모습을 보이는 것을 아주 싫어했다. 그는 자기 보좌관에게 손짓하며 소녀에게 뭔가 주라고 말했다. "엘리자베스, 캔디. 캔디." 그의 목소리가 갈라지는 게 들린 것 같았다. "곰 인형도."

저격수들이 거리에서 많은 무고한 사람들을 죽이고 불구로 만드는 정말 비열한 짓을 벌이고 있었지만, 세르비아인들은 실제로 아이들을 목표로 삼고 있었다. 전 세계가 모두 지켜보는 가운데 이런 일이 벌어지고 있었다. TV로 중계되었지만 저지하려는 이가 아무도 없었다.

이것은 냉전 후 유럽에서 집단 안보에 대한 첫 번째 큰 시험이었고, 부끄러운 광경이었다. 이 새로운 세대의 지도자들에게 집단 안보는 서로 행동하지 않았다고 비난할 수 있도록 함으로써 모두 변명거리를 갖게 하는 것을 의미했다. 그들은 함께 서 있는 것이 아니라 함께 숨어 있었다.

좋은 소식은, 거의 1년 동안 논쟁을 벌인 끝에 클린턴 대통령이 마침내 범죄 법안의 한 버전에 서명했으며, 법안에 포함된 여성폭력방지법이 자금을 전액 지원받게 되었고, 제3장의 시민권 조항이 그대로 유지되었다는 것이었다. 여성폭력방지법은 바이든-해치 범죄 법안으로 알려진 300억 달러 규모의 광범위한 반범죄 법안의 일부였다. 백악관 잔디밭에서 열린 기념식에서 대통령은 고맙게도 전체 범죄 패키지를 통과시키기 위한 내 노력을 언급했지만, 나는 여성폭력방지법이 마침내 입법화되었다는 사실이 가장 기뻤다. 클린턴 대통령은 법안에 서명하면서 "이 끔찍한 폭력의 흐름을 되돌리고 이 나라의 범죄를 줄이기 위해 소매를 걷어붙입시다. 이제 도구는 확보되었습니다. 본격적으로 이 도구를 사용해봅시다"라고 말했다.

보스니아에서 보인 유엔의 무책임한 행동을 볼 때, 보스니아 세르비아인이 유엔의 결의안을 아무런 제재 없이 위반한 것은 놀랄 만한 일이 아니었다. 대담해진 밀로셰비치와 카라지치, 그리고 그들의 장군들은 1995년 7월 스레브레니차 안전 지역을 침략했고, 그날은 내게 상원에서 가장 슬픈 날이었다. 세르비아 침공 초기부터 보스니아 정부군은 다른 안전 지역에서와 마찬가지로 스레브레니차에 주둔하면서 세르비아의 탱크와 중포의 맹공격에 맞서 싸웠다. 그러나 그들은 유엔의 보호를 보장받고 그 대가로 무기를 넘겨주기로 합의했다. 거래 조건은 도시를 보호해주는 대가로 싸움을 끝내는 것이었다. 그러나 라트코 믈라디츠 장군이 공격해 오자, 유엔은 그 합의에 따른 책임을 다하지 않았다. 중화기가 없었던 600명의 유엔 보호군은 보스니아 세르비아군의 맹공을 감당할 수 없었다. 네덜란드 유엔군이 나토 공습을 요청했지만, 유엔은 너무 위험하다고 결론을 내렸다. 유엔이 나토의 공습을 승인했을 때는 이미 너무 늦었다. 스레브레니차 안전 지역은 침공하는 세르비아에만 안전하다는 것이 드러났다. 그날 믈라디치는 모든 TV 뉴스를 장식하며 유엔 지휘관들에게 치욕을 안겼다. 나는 네덜란드 유엔군이 피할 수 없는 죽음의 길을 떠나는 무슬림 남자와 아동이 트럭에 실리는 모습을 속수무책으로 지켜보는 역겨운 광경을 보았다. 스레브레니차에서 7000명의 비무장 이슬람교도가 살해되었다. 유엔군은 그저 거기 서서 일어나는 일을 지켜볼 뿐이었다. 나는 보스니아인이 세르비아의 불가항력에 맞서 스스로를 방어할 능력이 없다는 말을 여러 차례 들었던 것을 떠올렸다. 그들은 당연히 스스로를 지킬 수 없었다. 그들에게는 무기가 없었다. 유엔 탓이었다. 유엔은 명예를 지키지 못했고 이름을 더럽혔다. 그리고 나는 개인적으로 보스니아인을 실망시킨 것 같은 느낌이 들었다. 내가 뭘 했든, 충분하지 않았다.

나는 증언하기 위해 상원 본회의장으로 돌아갔다.

많은 동료가 이 문제에 대한 내 열정에 대해 이런저런 의견을 말했습니다. 그러나 저는 사과하지 않겠습니다. 제가 여기 있는 23년 동안, 저를 이보다 더 속상하게 하고, 분노하게 하고, 실망시키고, 세계 민주주의 열강인 서구 세계가 이런 일이 일어나도록 방관하는 것에 대해 때때로 수치심을 느끼게 한 문제는 없었습니다. 저는 이 모든 것에 지쳤고, 여러분도 분명 지난 몇 년 동안 이런 주장을 반복하는 제 말을 듣는 게 지겨울 것입니다. 더는 시간이 없습니다, 의장님. 시간은 이 사람들을 위해 아무것도 해주지 못합니다. 시간은 그들 편이 아닙니다. 서방이 이 문제에 대해 어떤 조치를 취하기로 결정할 때쯤이면 그들이 모두 죽은 후일 것입니다. 저는 제가 쏟은 열정에 대해 사과하지 않겠습니다. 제가 쏟은 시간에 대해 사과하지 않겠습니다. 하지만 저는 보스니아 사람들에게 사과합니다. 강간 수용소에 있는 여성들에게 사과합니다. 강제수용소에 있는 남성들에게 사과합니다. 정말 사과합니다. 우리 때문은 아니지만, 우리는, 우리와 세상은 20세기가 저물어가는 순간에 아무도 유럽에서 다시 일어나리라 생각하지 않았던 일을 방관했기 때문입니다. 그 일이 바로 지금 일어나고 있습니다.

2주 후 세르비아군은 제파 안전 지역을 점령했다. 전하는 바에 따르면, 클린턴은 백악관을 돌아다니며 자신의 보좌관들을 질책했다고 한다. "우리는 이번 일에 뭔가 조치를 취해야 합니다. 지지율에서 밀리고 있어요." 다음 날 내가 처음 이 계획을 요구한 지 거의 3년이 지나, 상원은 보스니아에 대한 무기 금수 조치를 일방적으로 해제하는 투표를 했다. 하원도 그다음 주에 투표를 했다. 나토가 본격적인 공습에 들어갔다. 우리는 세르비아 진영에 토마호크 미사일을 쏘았다. 밀로셰비치는 마침내 굴복하고 협상 테이블로 나왔다.

1995년 11월 말 데이턴 평화협정이 체결되었다. 밀로셰비치와 카라지치는 보스니아헤르체고비나에서 군대를 철수하고 독립국가 보스니아헤르체고비나의 주권을 인정하고 존중하기로 합의했다. 이슬람교도, 크로아티아인, 세르비아인이 모두 살인과 폭력의 종식에 동의했다. 난민들은 각자의 집으로 안전하게 돌아가도록 보장받았고, 재산에 대한 권리와 파괴된 것에 대한 정당한 보상을 보장받았다. 그리고 분쟁 당사자는 모두 "평화 정착을 이행하고 전쟁 범죄와 기타 국제 인도주의법 위반을 조사·기소하는 데 있어 유엔 안전보장이사회의 승인을 받은 사람들을 포함해 모든 단체에 전적으로 협력한다"라고 합의했다.

대학살은 끝났지만, 여전히 입안이 썼다. 지난 3년 동안 20만 명의 보스니아인이 살해되었고, 200만 명이 추가로 피란을 떠났으며, 그들의 삶은 산산조각이 났다. 그런데 그 광란의 주동자는 책임을 추궁당하지 않았다. 카라지치와 플라디치 장군은 법의 심판을 받지 않았다. 훨씬 더 가증스러운 사실은 밀로셰비치가 여전히 유고슬라비아 연방공화국을 이끄는 대통령이라는 것이었다.

2년 후 보스니아와 헤르체고비나의 전쟁 당사자인 세 민족은 분리되었고, 30만 명 이상의 병력이 무장을 해제했으며, 5000개의 중화기 시스템이 파괴되었다. 그러나 나는 여전히 최종 결산을 요구했다. 나는 데이턴 평화협정 체결 2주년이 되어가는 시점에서 연설을 통해 말했다. "전범들이 체포되어 헤이그 국제재판소에서 재판을 받기 전까지는 이 협정이 완전히 이행된 것이 아닙니다. SFOR(보스니아헤르체고비나의 평화 정착 유지군)은 동원 가능한 수단을 이용해 제일 큰 죄를 저지른 범법자를 필두로 아직 붙잡히지 않은 모든 국적의 모든 기소된 전범들을 체포해야 합니다."

밀로셰비치를 유고슬라비아 연방공화국 수장으로 세운 대가는 혹독

했다. 밀로셰비치는 세계가 지켜보는 가운데, 그리고 지상에 강력한 국제군이 주둔한 상태에서 보스니아와 헤르체고비나를 감히 위협할 수 없었다. 그러나 밀로셰비치는 자신의 지배에서 벗어나려는 인근의 코소보에서는 신중하지 못했다. 코소보는 인구 대부분이 무슬림으로 구성된 주였다. 1999년 우리는 그곳에서 밀로셰비치가 주도한 인종 청소가 또다시 되풀이되는 것을 지켜보았다. 코소보 해방군(KLA)은 세르비아인에게 약간의 보복을 했다.

전 세계에서 밀로셰비치를 막을 수 있는 강력한 사람은 미국 대통령뿐이었다. 대통령 임기가 7년을 넘어선 빌 클린턴은 외교 문제에서 많은 자신감을 얻었다. 앨 고어 부통령과 매들린 올브라이트 국무부 장관은 보스니아에서 밀로셰비치를 잡아야 한다고 강력히 주장한 사람들이었으며, 이제는 그를 코소보에서 축출하기 위한 강력한 군사행동을 지지했다. 그러나 결정은 클린턴에게 달려 있었고, 그에게는 여러 난관이 있었다. 공화당 의원은 밥 돌, 존 매케인, 그리고 그 외 몇 사람을 제외하고는 클린턴에 대해 매우 악의적인 캠페인을 벌이고 있어서 밀로셰비치의 코소보 침공에 대한 강력한 군사적 대응을 비롯해 대통령이 촉구하는 그 어떤 것도 따르려 하지 않았다.

내가 코소보의 세르비아군 진영, 그리고 필요하다면 밀로셰비치의 고향인 베오그라드에 대한 공습을 시작하라고 클린턴을 압박하자, 그는 국내외 여론을 걱정했다. 코소보에서 군사행동을 취하면 알바니아, 마케도니아, 그리스, 터키로 분쟁이 확산될 수 있다는 우려의 목소리가 있었다. 비관론자들은 분쟁이 어디까지 확산될지 모른다고 걱정했다. 자크 시라크 프랑스 대통령은 코소보 시민 수천 명이 살해되고 수만 명이 피란을 떠나는 동안 시간만 끌고 있었다. 나는 유럽 전역의 여론이 밀로셰비치에게 불리하게 돌아가고 있으니 어서 공격하라고 계속 말했다. 유럽 열강이 우리와 함께할 것이었다. 그러나 조언하는 것은 쉬운 일이었고 결정은 클린턴의 몫이었다.

그는 드디어 결정했다. 1999년 3월 나는 대통령이 코소보에서 밀로셰비치의 인종 청소를 막기 위해 필요한 모든 수단을 사용할 것을 승인하는 결의안을 상원에 제출했다. 결의안은 거의 만장일치에 가까운 민주당의 지지와 공화당 의원 약 15명의 찬성표로 통과되었다. 하원은 네 차례나 비슷한 결의안을 통과시키는 데 실패했다. 클린턴이 행동을 취하기로 결정한 가운데 나토는 1999년 초봄에 세르비아 목표물을 폭격했다. 공습으로 코소보의 세르비아 중화기, 밀로셰비치의 선전물을 방송하는 TV와 라디오 시설, 그리고 밀로셰비치가 지휘 통제소를 가동하는 데 필요한 전력망 같은 수도 베오그라드의 목표물이 폭파되었다. 공습이 시작된 지 몇 주 후, 나는 웨슬리 클라크 장군을 포함한 그곳의 군사 지도자들에게 보고받기 위해 그 지역을 방문했다. 코소보 구제에서 클라크 장군의 리더십은 매우 의미가 있었다. 그곳에서는 단순히 지상군을 투입하겠다는 위협을 어떻게 이용하느냐에 대한 논의가 아니라 실제로 우리 군대를 투입하는 실질적인 논의가 있었다. 나는 밀로셰비치를 충분히 겪었기 때문에, 그를 막으려면 우리가 쓸 수 있는 모든 방법을 동원해야 한다는 것을 알고 있었다. 클라크 장군은 클린턴의 지원 아래 행동을 개시할 준비가 되어 있었다.

나는 마케도니아에서 12시간을 날아 미국에서는 돌아와 곧장 집으로 차를 몰았다. 질을 거의 일주일 동안 보지 못했기에 나는 옆에서 그녀가 깨기를 기다리고 있었다. 집에 늦게 도착했기 때문에 재빨리 샤워와 양치질을 한 다음, 질이 깨지 않도록 조용히 침대로 올라갔다. 그런데 가만 보니 그녀는 이미 깨어 있었다. "집에 돌아온 걸 환영해." 그녀가 말했다. 너무 어두워서 그녀의 얼굴이 제대로 보이지 않았다. 그때 그녀가 별로 망설이지 않고 내게 물었다. "당신이 옳은 게 확실해? 당신이 틀렸다면 많은 청년이 죽잖아."

"이봐 질, 너무하잖아."

"아니, 그렇지 않아. 당신이 대통령에게 이렇게 하도록 설득한 사람이라면 그렇지 않아."

나는 몇 년 동안 밀로셰비치 문제로 클린턴을 가차 없이 몰아붙였다. 사적인 모임에서뿐 아니라 상원에서도 언론에서도 그랬다. 그런데 새벽의 어둠 속에서 사실 나는 내가 옳다고 100퍼센트 확신하지 못한다는 사실을 스스로 인정해야 했다. 나는 꽤 확신했던 것뿐이다. 그러나 사실 클린턴이 왜 조심스러웠는지 알 수 있었다. 미국이 행동에 나서는 최종 결정은 오롯이 그 혼자의 몫이었고, 발칸반도의 대통령과 국민은 궁극적으로 그 결과를 감수할 수밖에 없었다.

폭격 개시 첫날부터 의회 내 공화당원과 유럽 겁쟁이가 클린턴에게 퍼붓던 비판이 시들해졌다. 베오그라드의 중국 대사관 폭격과 전쟁 지역의 민간인 사상자 발생 등 우발적인 실수도 있었다. 그러나 78일간의 폭격 내내 클린턴은 대중 앞에서 결코 흔들리지 않았다. 나는 딱 한 번 그의 결심이 걱정되었다.

클린턴은 플로리다의 자연 보호구역 안에 있는 휴양지에서 5일 동안 휴가를 보내고 있었는데 어느 날 밤늦게 전화를 걸어왔다. "내 방에서 아르마딜로를 내다보고 있어요." 클린턴은 인사말처럼 이렇게 말했다. "믿어지세요?"

그는 이어서 그날 자신의 골프 경기에 대해 말했다. 그는 77타를 쳤다고 했다. 나는 아르마딜로 이야기는 믿었지만, 골프 스코어는 믿기 어렵다고 말했다. 그랬더니 그는 본론을 말했다. "내가 폭격을 멈추면 어떨까요?"

거의 10주째 폭격을 하고 있었고, 클린턴은 밀로셰비치가 협상 테이블로 나올 거라는 희망을 가지고 공습을 중단하라는 이들의 압력을 받고 있었다. 나는 우리가 밀로셰비치가 나타나 평화안에 조건을 붙이는 것을 원치 않으리라 생각했다. 그는 전쟁범죄로 기소되었고, 나는 그가 다시 교묘하게 빠져나가는 것을 원치 않았다. 나는 그가 완전히 항복하도록 밀어붙여야 한다고 생각했다.

"저라면 그러지 않을 겁니다, 대통령님."

"내가 중단한다면 뭐라고 할 건가요?" 그가 물었다.

"기자회견을 열어 당신이 약속을 어겼다고 말할 겁니다." 내가 대답했다. 지금쯤이면 클린턴이 내게서 이런 말을 듣는 데 진절머리가 났을 테지만, 밀로셰비치에게서 항복을 받아낼 때가 매우 가까웠기 때문에 그의 비위를 맞출 생각이 전혀 없었다. "물러서지 마세요, 보스. 그는 항복할 겁니다."

내 조언이 대통령에게 어떤 영향을 미쳤는지 알 수 없지만, 클린턴은 폭격을 멈추지 않았다. 그는 밀로셰비치에게 계속 압력을 가했고, 효과가 있었다. 플로리다에서 심야 통화를 한 지 2주가 지나지 않아, 나는 코소보 사태의 진전에 대해 대통령이 의회 지도자들에게 브리핑하기 위해 소집한 회의 중 하나에 참석했다. 윌리엄 코언 국방부 장관, 샌디 버거 국가안보 보좌관, 발칸반도에서 강력한 행동을 촉구하는 목소리를 낸 매들린 올브라이트 국무부 장관, 합동참모본부 지휘관들, 그리고 의회의 핵심 인사가 모두 백악관 2층 방에서 회동했다. 그리고 회의 중 대통령이 들어와 밀로셰비치가 아무런 조건 없이 항복했다고 발표했다. 밀로셰비치는 코소보를 포기하고 철수하고 있었다.

회의가 끝난 후 서류 가방을 챙기고 있는데, 클린턴의 직원 하나가 나를 붙잡고 대통령과 잠깐 이야기를 나눌 수 있는지 물었다. 그는 나를 옐로 룸(Yellow Room)으로 안내했는데 그곳에서 클린턴이 창가에 서서 엘립스 공원을 내다보고 있었다.

"축하합니다, 대통령님." 내가 말했다. "정말 어려운 일을 잘해내셨습니다. 당신이 수천 명의 목숨을 구했습니다. 당신만이 할 수 있는 일이었습니다."

하지만 그는 축하를 받아들일 준비가 되어 있지 않았다.

"당신은 그동안 심하게 대했어요." 그가 말했다.

해명하려 했지만, 그가 내 말을 잘랐다. "나는 예전에 주지사였습니다. 당신은 성인이 된 후로 계속 이런 일을 해왔군요."

"대통령님, 당신은 칭찬받을 만합니다. 당신이 해냈습니다."

밀로셰비치가 철수한 지 몇 주 후, 나는 코소보를 방문했다. 나는 프리슈티나 근처의 블랙버드 필드로 갔다. 그곳은 슬로보단 밀로셰비치가 구유고슬라비아의 무슬림 인구 대부분을 말살하기 위한 군사작전을 시작한 곳으로, 작은 오벨리스크 하나가 초라하게 서 있는 탁 트인 큰 평원이었다. 나는 600년이라는 세월이 흘렀지만 아직도 종교와 민족 문제로 싸우고 있다는 생각이 들었다. 아무런 명분도 없이 생명과 보물이 희생되었다. 발칸반도에서 크로아티아인, 세르비아인, 이슬람교도가 정말로 평화를 지킬지는 두고 볼 일이지만, 미국이 주도하는 가운데, 세계가 그들에게 평화를 위해 노력할 수 있는 숨통을 틔워준 것 같은 느낌이 들었다.

블랙버드 필드에 들른 후, 우리는 미군이 코소보 남부 중앙에 3제곱

킬로미터의 부지에 건설하고 있는 영구 기지로 차를 몰았다. 캠프 본드스틸은 그때 막 미국의 의도를 표현하는 강력한 메시지로 떠오르고 있었다. 그곳은 계속 유지할 목적으로 지은 크고 멋진 강력한 기지촌이었다. 캠프는 우리는 여기에 주둔하면서 평화를 지킬 것이라고 말하고 있었다.

정문에 차를 세웠을 때, 코소보인인 운전사는 경외심에 찬 눈으로 공사 현장을 바라보았다. "저게 미국이군요." 그가 이 거대한 건설 프로젝트를 가리키며 말했다.

그러나 내 시선은 게이트에 서 있는 4명의 미국 병사에게 쏠렸다. 내기억으로 그들은 백인 여성 대위, 흑인 여성 하사관, 히스패닉 여성 하사관, 백인 남성 대령이었다. 나는 우리 운전사의 주의를 끌어 도로에서 있는 이 4명의 병사를 가리켰다. "아니에요." 내가 그에게 말했다. "저게 미국입니다. 당신들이 우리처럼 함께 사는 법을 배울 수 있을 때, 그때 당신들은 미국처럼 될 겁니다."

거의 10년이 지난 지금도 가장 잔인한 두 세르비아인, 즉 라도반 카라지치와 라트코 믈라디치 장군은 아직 체포되지 않았다. 세르비아와 보스니아 정부는 그들을 체포할 수 없었고 전쟁범죄로 기소된 헤이그로 넘겼다(카라지치는 2008년 체포되어 징역 40년을 선고받았다. 믈라디치 역시 2011년 체포되어 종신형을 선고받았다-옮긴이). 그러나 슬로보단 밀로셰비치는 2002년 2월 국제재판소로 넘겨져 전쟁범죄, 반인륜적 범죄, 대량 학살 혐의로 재판을 받았다. 그는 4년 넘게 재판을 끌고 나갔고, 2006년 3월 심장마비로 홀로 감옥에서 숨졌을 때도 여전히 재판을 받고 있었다.

16장

새로운 기회

일은 좀처럼 계획대로 풀리지 않는다. 2001년 6월의 어느 더운 날 90미터가 넘는 정원 호스를 진입로를 따라 언덕 위로 끌어 올리면서 나는 그렇게 생각하고 있었다. 아들들은 이제 가정을 꾸렸고, 애슐리는 대학에 다니고 있었기 때문에 질과 나는 우리가 스테이션이라고 이름 붙인 몽찬 로드의 집을 팔고 땅을 좀 샀고, 빈터에 집을 설계했다. 우리는 그 집을 레이크 하우스라고 불렀다. 집을 짓는 데 2년 이상이 걸렸기 때문에 질과 애슐리, 그리고 나는 그동안 임대주택을 전전했다. 우리는 1998년 크리스마스에 맞춰 새집으로 이사했다. 그 집에서 몇 년을 지냈지만 조경은 아직 완성되지 않았다. 나는 아름다운 릴랜드 사이프러스 나무를 심었다. 이 나무들은 물을 많이 줘야 하고 크고 성장이 빨랐다. 역시 내가 심자마자 윌밍턴은 타는 듯한 가뭄이 찾아왔다. 나는 나무들이 말라죽는 걸 볼 수 없었다. 그래서 더위에 땀을 뻘뻘 흘리며 호스를 진입로에 끌어 올리고 있었는데 애슐리가 내 뒤로 언덕을 뛰어 올라왔다. "아빠!" 애슐리가 소리쳤다. "대통령한테 전화 왔어요."

상원에서 보낸 30년 동안 대통령이 전화하는 방식은 거의 바뀌지 않았다. 백악관 보좌관이 먼저 전화를 하고 내가 대통령과 통화할 수 있는지 물어본 다음, 대통령이 5분 후에 전화할 거라고 하는 식이다. 내 일은 전화 옆에 서서 그의 전화를 기다리는 것이었다.

"그래, 애슐리. 곧 간다고 전해."

하지만 애슐리는 나를 보챘다. "아빠! 대통령!"

"그래, 알아. 곧 간다고 말해."

"아빠, 대통령이 직접 전화했어요! 나도 그 사람들이랑 많이 통화해봐서 알아요."

딸애의 목소리는 마치 "좋을 대로 하세요, 바보 아저씨. 하지만 난 대통령 목소리를 들으면 안단 말이에요"라고 하는 것 같았다. 나는 재빨리 언덕을 내려가 애슐리를 보고 웃으면서 수화기를 들었다. 정말 대통령이었다. "기다리게 해서 죄송합니다, 대통령님. 나무에 물을 주고 있었습니다. 요즘에는 직접 전화를 거시나요?"

"네. 그게 효율적이죠, 그렇지 않나요?" 그는 농담을 생각하는지 잠시 멈췄다 말을 이었다.

"너무 사유롭게 수지는 마세요."

"음, 전화 주셔서 감사합니다, 대통령님. 무슨 일인가요?"

"내가 잘했습니까?" 조지 W. 부시 대통령이 말했다.

나는 그가 무슨 말을 하는지 알고 있었다.

내가 조지 W. 부시와 처음 직접 대화를 나눈 것은 2000년 그가 공화당 대선 후보로 확정된 직후였다. 그때 우리는 윌밍턴에서 열린 연례 상공회의소 행사에서 참석했다. 그는 자기가 텍사스 주지사로 있을 때 입법부에서 민주당원들과 함께 일했다는 얘기를 강조했다. 그리고 자기가 당선되면 우리 둘이 함께 일할 수 있다고 생각했다. 나는 그에게 만일 그가 당선된다면 함께 일하기를 기대한다고 말했다.

취임 후 첫 달에 조지 W. 부시 대통령은 거의 모든 상원 위원회의 중진 민주당 의원과 접촉했지만, 내게는 연락하지 않았다. 그러나 나는 오해하지 않았다. 나는 외교위원회의 최고참 민주당 의원이었고, 부시는 외교정책에 별로 관여하지 않았다. 그는 내가 본 대부분의 통치자와 같았다. 카터, 레이건, 클린턴은 모두가 꼭 필요한 상황이 아니면 외교정책의 큰 이슈를 떠맡지 않으려 했다. 부시는 더욱 자신감이 없어 보였다.

그래서 나는 그가 외교 문제를 두고 본질적으로 싸움을 벌이는 팀을 배치한 것이 걱정스러웠다. 한쪽에는 세계에 관여하고 싶어 하는 것처럼 보이는 전통적인 공화당의 국제주의자 콜린 파월 국무부 장관이 있었고, 다른 쪽에는 딕 체니 부통령과 도널드 럼즈펠드 같은 신고립주의자가 있었다. 럼즈펠드 일당은 발칸반도에서 철수하고, 국제 지구온난화 조약인 교토의정서에서 탈퇴하며, 대량 학살과 기타 전쟁범죄 전범을 기소하기 위한 새로운 국제 형사 재판소를 설치하는 국제조약에 클린턴 대통령이 서명한 것을 취소하는 데 대해 이야기했다. 그들은 레이건의 '스타워즈 미사일 방어막' 계획을 추진하는 데 전념했기 때문에 이전의 군축 협정에서 탈퇴하려 했다. 내가 보기에 이는 또 다른 군비 경쟁을 불러올 정책이었다. 미사일 방어 체제는 신고립주의 정책의 완벽한 상징처럼 보였다. 그들은 "하늘을 무장하고 미국을 보호하자. 나머지 세계는 저주받을 것이다"라고 말하고 있었다.

그들은 '미국의 이익을 최우선으로'라는 메시지를 보내는 데 전념하는 것 같았다. 그것이 현재 중동 평화에 기울이는 노력에 얼마나 큰 피해를 줄지라도 말이다. 럼즈펠드 장관의 초기 계획 중 하나는 1982년부터 시나이반도에 주둔한 다국적 감시군(MFO) 파견단 860명을 철수시키는 것이었다. MFO는 이스라엘과 이집트 양측의 요청에 따라 캠프 데이비드 협정에 의해 배치되었고, 20년 가까이 이 지역의 냉각수 역할을 했다. 파월 국무부 장관은 미국 철수에 대해 럼즈펠드 장관만큼 열의가 없었으므로, 행정부는 엇갈린 신호를 보내고 있었다. 그리고 내가 대화하고 있던 이스라엘과 팔레스타인, 아랍은 미국이 여전히 평화 과정 참여에 신경 쓰고 있는지 궁금해했다.

전 세계가 부시 외교정책의 기본 원칙을 정확히 파악하려고 애썼지만, 예측하기 어려웠다. 부시 외교 팀의 중심부에 샌앤드레이어스 단층과 같은 균열이 생겼고, 파월 장관과 그의 팀이 한쪽에 서고, 체니와 럼즈펠드, 그리고 국방부의 민간인은 다른 쪽에 섰다. 나는 체니와 럼즈펠드가 파월을 염탐하기 위해 국무부 요직에 그들의 신고립주의 동지를 앉히려 했을 때, 인수인계와 인준 과정을 우려하며 지켜봤다. 파월은 자신의 국무부 팀에 럼즈펠드 장관의 동지들이 들어오지 못하도록 강경하게 대처해야 했다. 이런 종류의 내분은 한목소리를 내는 정부를 기대하게 할 수 없었다. 그리고 대통령은 어느 한쪽을 편드는 데는 관심이 없는 것 같았다. 나는 대통령이 어떤 결정을 내리길 바랐다. 당시에 나는 만일 부시가 파월 대신 럼즈펠드와 신고립주의자 편에 선다면 미국은 심각한 곤경에 빠질 수 있다고 말했다.

2001년 6월 파월 국무부 장관이 주요 정책 결정에서 손을 떼게 되었다는 뉴스 보도가 나왔고, 나는 이미 백악관의 분열 위험과 체니-럼즈펠드 정책의 더 큰 위험에 대해 공개적으로 이야기했다. 그리고 나는 갑자기 상원 외교위원회 위원장을 맡게 되었다. 그 무렵 버몬트주 상원의원 제임스 제퍼드는 공화당을 탈당했고, 그 때문에 민주당은 상원에서 1표 차로 다수당이 되었다. (백악관은 체니 부통령의 외교적 수완에 지나치게 의존하는 듯 보였다. 백악관은 제퍼드가 당을 바꿀 생각을 하고 있다는 소식을 듣자 그가 탈당하지 않도록 설득하기 위해 체니 부통령을 국회의사당으로 보냈다. 제퍼드는 체니와의 만남을 끝으로 전 공화당원이 되었다.) 전화가 온 것은 내가 상원 외교위원회 위원장직을 다시 맡은 직후였다. 고등학교 졸업식 연설을 하기 위해 축구장으로 막 나가려던 참이었는데 휴대폰이 울렸다. 대통령이 백악관에서 다음 주 월요일 아침에 만나자고 했다. 무슨 일인지 묻자 유럽에 대해 브리핑해달라고 했다. 나는 대통령 참모진에 유럽 관련 지식이 많은 똑똑한 인재가 많다는 것을 알고 있었기에, 이것이 야당에 손을 내미는 그의 방식이라고 생각했다. 그는 상원에서 과반수를 잃었고, 민주당원이 좀 필요할지도 모른다는 것을 깨달았다.

"대통령님." 내가 말했다. "저는 항상 백악관에 오는 것을 영광으로 여깁니다. 하지만 저를 위해 이럴 필요는 없습니다. 전 제가 '바이든에게 전화하기'라고 티클러 파일(tickler file, 일정 카드를 정리해놓은 파일 상자─옮긴이)에 있는 것을 알고 있습니다. 전화해주셔서 감사합니다. 언제든 제가 필요하시면 말씀하십시오. 하지만 이렇게 할 필요는 없습니다."

하지만 부시는 고집을 꺾지 않았다. 그래서 이렇게 물었다. "대통령님, 무슨 일 때문인지 여쭤봐도 되겠습니까?"

그러자 그는 자기가 첫 유럽 순방을 준비하고 있다고 말했다. 사실 대통령으로서뿐 아니라 개인적으로도 첫 여행이었다. 나는 그가 정말로 내 조언을 구하려는 건 아니라고 생각했지만, 다음 주 월요일에 백악관에서 그를 만나기로 약속했다.

회의는 몇 시 20분이라는 식으로 예정되어 있었는데 나는 그 일정에 놀랐다. 누가 10분 단위로 일정을 잡는단 말인가? 나와 만나는 동안 내내 습관적으로 시계를 들여다봤던 지미 카터도 10분 단위로 일정을 잡지 않았다. 나는 부시의 보좌관이 8시쯤 나를 집무실에 잠깐 들여보낼 것이라고 생각했다. 내가 안내를 받아 들어갈 때, 파월 국무부 장관은 나가고 있었다. 부시는 파월에게 곧 있을 유럽 여행에 대비할 것을 상기시키며 방을 가로질러 소리쳤다. "콜린!" 대통령이 낄낄거리며 말했다. "깨끗한 속옷 챙기는 거 잊지 마세요."

"이러고 삽니다. 보셨죠, 위원장님?" 파월은 내 옆을 지나가면서 농담을 했다.

국무부 장관이 집무실을 나가자, 대통령은 내게 벽난로 앞에 있는 자신의 의자 맞은편에 앉으라고 손짓했다. 백악관 스태프도 배석했다. 방에는 대통령의 국가 안보 보좌관이자 측근인 콘돌리자 라이스를 필두로 10명에서 15명 정도가 있었다. 내 기억으로는 그의 의회 연락 담당자가 회의에 참석했고, 알베르토 곤잘레스 백악관 고문도 자리했다.

"대통령님" 내가 말했다. "이 자리에 오게 되어 영광입니다."

"와주셔서 감사합니다, 위원장님." 지금 내가 기억하기로 부시는 그날 약간의 자신감을 보였다. 그는 자신의 첫 번째 큰 발의안인 부시 감세안에 막 서명한 후여서 내가 선거 전에 윌밍턴에서 본 것보다 자신 있게 걸었다. 그러나 말투는 반농담조로 으스대듯 길게 끌었고, 태도는 대통령의 품위에 어울리지 않았다. 사실 나는 그날 그 앞에서 꽤 편안함을 느꼈다.

"무슨 일인가요, 대통령님?"

"유럽에 대해 브리핑해주세요." 그가 말했다.

"진심인가요?"

방 안에 있던 참모들은 모두 고개를 숙이고 서류를 들여다봤지만, 부시 대통령은 웃었다.

"네, 진심입니다."

"대통령님, 여기 정말 훌륭한 분들이 많습니다. 이분들은 유럽에 대해 저보다 훨씬 더 많이 알고 계십니다."

하지만 부시는 다시 한번 청했다. 우선 대통령은 성공적인 첫 유럽 방문에 무엇이 필요한지 내 의견을 물었고, 나는 그에게 유럽에서 '부시, 유럽에 관여하다'라는 헤드라인을 장식할 필요가 있다고 말했다.

"그게 무슨 말이죠?"

"대통령님." 내가 말했다. "당신의 외교정책이 뭔지 아무도 모릅니다. 당신은 두 가지 다른 정책을 갖고 있습니다. 예를 들어보겠습니다. 당신은 당신이 감세안에 어떻게 관여했는지 알고 있습니다. 무슨 일을 한 거죠, 대통령님? 당신은 완전히 관여했습니다. 아무도 그것이 당신의 정책이라는 것을 의심하지 않습니다. 당신은 전화로 이 일을 처리했습니다. 외람된 말씀이지만, 대통령님, 저는 감세안이 아주아주 오랜만에 저지른 가장 큰 실수라고 생각합니다만, 그건 당신이었습니다, 대통령님. 당신이 했습니다. 당신이 관여했습니다. 이제 사람들은 당신의 생각을 알았습니다. 사람들은 당신의 외교정책을 찾고 있습니다. 그런데 그들은 다른 신호를 받고 있습니다."

나는 라이스 백악관 국가 안보 보좌관을 흘낏 보았는데, 그녀의 몸짓이 내 분석에 기분이 상했음을 보여주었다. 라이스는 내 말을 끊고 싶었을지 모르지만 대통령은 계속 말하라고 격려했다.

"한편으로 국방부 장관은 보스니아와 코소보, 그리고 중동에서 지나치게 관여하고 있는 것에 대해 계속 이야기하는데 국무부 장관은 다른 이야기를 하고 있습니다. 아무도 정책이 무엇인지 모르고, 사람들은 당신이 어떤 정책을 실시하고 있는지도 모릅니다. 대통령님, 나는 가장 중요한 것이 '부시가 유럽에 관여하다'라고 말하는 것이라고 생각합니다."

그는 이 헤드라인을 어떻게 얻을 것인가에 대해 내 조언을 구했고, 나는 그가 할 수 있는 한 가지 일은 나토의 확장을 요구하는 것이라고 말했다.

"어떤 나라예요?" 그가 물었다.

"어떤 나라에 요구하는가는 중요하지 않다고 생각합니다. 당신이 나토의 확장을 요구한다는 단순한 사실만으로도 당신이 미국을 주요 유럽 열강으로 간주한다는 것을 의미합니다."

대통령은 이 아이디어를 좋아하는 것 같았다. 나는 대통령이 이미 자신의 보좌관들에게 이 아이디어를 들었고 그의 순방 의제에도 있었으리라 확신하지만, 나는 그가 이미 알고 있다고 말하지 않은 것이, 즉 내가 그에게 어떤 식으로든 영향을 주었는지 대해 의구심을 갖게 하는 것이 그에게는 개인적으로 좋은 처신이라 생각했다. 그리고 그는 내가 훨씬 더 흥미롭게 생각하는 말을 했다. 그는 자신이 상대하고 있는 몇몇 세계 지도자들에 대한 내 의견을 물었는데 거기에는 유럽 순방 일정에 없는 지도자도 있었다.

"당신 친구 김대중은 왜 그렇게 화가 나 있나요?" 그가 물었다.

"노벨 평화상을 받은 사람 말인가요? 한국에 민주주의를 가져온 사람 말씀이죠? 그는 제 친구가 아닙니다. 그를 존경하지만, 제 친구는 아니에요."

부시 대통령은 몸을 숙여 몇 달 전 집무실에서 한국 대통령과 함께했던 장면을 재현하듯, 내 무릎을 토닥거리며 말했다. "내가 그에게 한 말은 거기 있는 그 작은 공산주의자(북한 지도자 김정일)를 믿을 수 없다는 것뿐이었어요."

나는 손을 뻗어 대통령의 무릎을 토닥거리며 말했다. "대통령님, 당신이 그의 무릎을 토닥일 때 그가 무슨 생각을 했는지 아시지요. 그는 '내가 거기 있는 그 작은 공산주의자와 똑같이 보이는구나'라고 생각하고 있었습니다. 대통령님, 제가 틀리지 않았다면, 당신이 그와 대화를 나누기 바로 전에 파월 장관이 당신이 어떻게 클린턴의 대북 포용 정책을 계속할 것이고, 한국의 햇볕 정책을 지지할 것인지에 대해 이야기하고 있었습니다. 그러고 나서 김대중 대통령이 들어오고, 당신은 분명히 인정사정없이 그에게 말했습니다. '자, 이 햇볕 정책은 실패입니다. 우리는 빠지겠어요.' 대통령님, 당신은 분명 그를 난처하게 만들었습니다. 그 때문에 그는 한국에서 곤경에 처하게 되었습니다. 저는 그게 그가 화난 이유라고 생각합니다."

나는 집무실에 오래 머물렀지만, 나를 내보내려는 사람은 아무도 없었다. 부시는 카터가 늘 그랬던 것처럼 시계를 보지도 않았고, 레이건이 자주 그랬던 것처럼 조그만 메모 카드를 들여다보지도 않았다. 대신 그는 나에게 독일 총리에 대해 물었다. "슈뢰더는 어떤가요? 그는 왜 그렇게 화가 났습니까?"

"대통령님, 질문 하나 드리지요. 당신이 리무진을 타고 슈뢰더 총리를 만나러 갑니다. 그의 집무실에 도착해서 앉았는데 라이스 박사가 '대통령님, 총리 집무실에 들어가기 전에 알아두어야 할 게 있습니다. 그는 오늘 아침 전국에 방송된 연설을 통해 나치 스킨헤드족을 기독교 연합에 비유했습니다'라고 말한다면 어떻겠습니까? 대통령님, 총리가 여기에 들어왔는데 그는 우리가 교토의정서에서 탈퇴한다고 미리 언질을 받지 않은 걸로 보입니다. 당신은 그가 집무실로 들어오기 5분 전에 그 사실을 발표했습니다. 대통령님, 총리는 녹색당에 크게 의존하고 있습니다. 그는 의회에서 녹색당과 연정하고 있습니다. 당신은 그가 모르게 우리가 그 조약에서 탈퇴한다고 발표했습니다. 대통령님, 그건 당혹스러운 일입니다. 그는 그 때문에 기분이 좋지 않습니다."

부시는 조금도 방어적인 태도를 보이지 않았다. 그는 정말로 관심이 있는 듯 보였다. 나는 조지 W. 부시의 특별한 재능에 대해 조금 감탄했다. 그 재능은 작지 않았다. 그는 외교정책에 대해서는 잘 몰랐지만, 이미 꽤 훌륭한 본능을 지닌 정치인이었다. 그에게는 자문을 구할 다른 정책 전문가가 있었지만, 그는 이 지도자들과 함께 자리한 적이 있어서 그들의 성격과 관심사를 알고 있을 정치인과 이야기하기를 원했다. 조지 W. 부시는 1 대 1로 협상하는 자신의 능력을 신뢰하지만, 먼저 상대의 개인적, 정치적 바람과 필요에 대해 알고 싶어 했다. 그게 부시가 내게서 듣고 싶은 바였다. 그리고 그는 내게 질문할 때 매우 직접적이었다. 그는 이 지도자들과의 내 문제는 무엇이었는지 물었다.

나는 나중에 빌 클린턴 전 대통령과 채퍼콰에 있는 그의 집에서 조지 W. 부시에 대해 이야기를 나눈 적이 있었는데, 나는 클린턴에게 부시가 사람들이 생각하는 것보다 훨씬 똑똑하다고 말했다. 나는 클린턴에게 부시의 인지능력에 대해서는 잘 모르지만, 그가 사람들에 대해, 그리고 다른 사람들이 자기를 어떻게 생각하는지에 대해 사람들이 생각하는 것보다 훨씬 더 잘 알고 있다고 말했다. 그리고 클린턴은 부시의 감성적 지능이 상당히 높다고 생각한다고 말했다. 클린턴은 1992년 그의 경쟁 상대가 아버지 조지 H. W. 부시가 아니라 조지 W. 부시였다면 대선에서 승리하지 못했을 거라고 인정했다.

어쨌든 부시와의 첫 만남을 뒤로하고 나오면서, 나는 대통령이 사람들이 알고 있는 것보다 더 똑똑하고 다른 사람들의 말을 듣는 데 시간을 할애하려 꽤 노력한다는 사실을 알았다. 그리고 또한 그의 외교정책 구상이 아직 정리되지 않았다고 생각하게 되었다. 나는 정말로 파월 장관이 부시 대통령을 옛 공화당의 국제주의자 편으로 끌어들이고 신고립주의 편에서 떨어져 나오게 할 수 있다고 믿었다. 사실 일주일 후 대통령의 전화를 받기 위해 진입로를 뛰어 내려갔을 때, 나는 부시가 정말로 당의 노선을 넘나들며 일하기를 원하고, 내가 대통령을 파월 장관의 국제주의 정책 구상으로 몰고 가는 작은 목소리가 될 수 있다는 생각을 했다.

"내가 잘했습니까?" 그날 대통령이 전화로 내게 물었다.

대통령 집무실에서 그를 본 후 일주일 동안 부시는 유럽에서 잘해냈다. 대통령은 보스니아와 코소보의 평화유지군에 미군을 포함시키기로 약속했다. 그는 "우리는 발칸반도에 함께 들어갔으니, 함께 나올 겁니다. 우리 목표는 우리 모두 함께 나올 수 있는 그날을 앞당기는 것이어야 합니다"라고 말했다. 그리고 나토의 확장에 대해 강력한 입장을 표명했다. "나는 나토에 참여하기를 원하고 나토가 요구하는 책임을 공유할 용의가 있는 모든 유럽 민주주의 국가들의 협력을 믿습니다." 그는 블라디미르 푸틴 러시아 대통령과의 예정된 회담을 거의 1시간 연장했고, 두 사람은 큰일을 약속하며 자리를 떴다. 부시는 "우리는 두 나라를 괴롭히던 불신과 의심을 서로의 재임 기간에 버려야 할 중요한 순간을 맞이하고 있습니다. 오늘 우리의 회담을 통해, 나는 러시아가 생각보다 더 강력한 파트너이자 친구가 될 수 있다고 확신합니다"라고 말했다. 부시는 러시아에서 다시 나타나는 인권침해와 억압적인 행태에 대한 푸틴의 책임을 묵과하지는 않았지만, 두 사람이 합의점을 찾을 수 있는 부분에 집중했다. 대통령은 푸틴에게 러시아가 포함되지 않을 나토의 확장에 대해 두려워할 필요가 없다고 안심시키기까지 했다. 푸틴은 "강대국의 대통령이 러시아를 파트너로, 어쩌면 동맹으로까지 보고 싶다고 말한다면, 이는 우리에게 매우 큰 가치가 있습니다"라고 말했다.

EU의 한 집행위원은 기자들에게 부시 순방의 여파로 "우리 모두에게 분명해진 게 있다면, 우리가 국제적인 관점을 갖고 있으며, 대화에 열려 있고, 미국과 유럽 관계를 버리는 것이 아니라 발전시키려 하는 대통령과 행정부를 상대하고 있다는 겁니다"라고 말했다.

대통령 순방을 요약한 문장은 단 하나였다. '부시, 유럽에 관여하다.'

"내가 잘했습니까?" 대통령이 내게 물었다.

"꽤 잘했다고 생각합니다, 대통령님."

"그렇죠, 헤드라인을 장식했으니까." 그가 말했다. "나중에 이번 순방에 대해 브리핑하겠습니다."

대통령이 전화까지 했지만, 나는 그해 여름 내내 부시 행정부의 외교정책 우선순위에 대해 비판의 목소리를 높였는데 그것은 내가 부시 주변 인물을 대부분 신뢰하지 않았기 때문이다. 국방부의 민간인들은 내가 지금까지 본 사람들과 달랐다. 그들은 우리가 매우 강력해서 거의 부정적인 결과 없이 전 세계를 뜻대로 움직일 수 있다고 생각하는 것 같았다. 내가 보기에는 국방부의 럼즈펠드 장관과 폴 울포위츠 부장관은 보수적인 싱크탱크가 만들어낸 이데올로기에 완전히 사로잡혀 대통령을 위험한 길로 내몰고 있는 것 같았다. 그리고 그들은 클린턴 대통령의 외교정책 구상을 뒤집는 데 혈안이 되어, 대내적으로 미국의 안전을 도모하고 대외적으로 미국이 세계에서 선을 행하는 더 큰 목표를 놓치고 있었다.

부시 행정부의 첫 번째 예산안은 체니-럼즈펠드-울포위츠 세계관을 반영하는 것으로 보였기 때문에 정신을 번쩍 들게 하는 문건이었다. 행정부는 미사일 방어 시스템을 일방적으로 개발하고 배치하기 위해 수십 년 동안 지속된 ABM 조약에서 탈퇴할 용의가 있다고 말했고, 이제 그들은 그 뒤에서 실제로 돈을 투자하고 있었다. 그들은 또 다른 군비 경쟁을 촉발할 가능성이 큰 하늘의 마지노선에 수백억 달러를 투입하려는 한편, 테러리스트들의 손에 들어가기 전에 러시아가 자국의 핵, 화학, 생물학 무기를 파괴하도록 돕는 프로그램에서 자금 지원을 삭감했다. 미국과 우방국들을 '느슨한 핵', 화학 및 생물학적 공격으로부터 보호하기 위한 강력한 초당적 지원을 행정부에 상기시키기 위해, 나는 외교위원회에서 청문회를 주재하고, 내 생각에 행정부가 '스타워즈'에 자금을 지원하기 위해 무시하고 있는 것으로 보이는 바로 그 진짜 위협을 조사했다. 청문회를 마치고, 나는 '21세기 미국의 외교정책: 변화하는 세상에서 우리의 관심사를 정의하기'라는 제목의 연설을 준비했다. 연설의 취지는 우리가 국가 안보를 보장받기 원한다면, 우선순위를 재고하고 미국이 유일하게 남은 초강대국으로서 국제사회에 빚진 것이 무엇인지 고민해볼 때라고 말하는 것이었다. 첫 연설은 2001년 9월 10일 워싱턴 D. C.에 있는 내셔널 프레스 클럽에서 이루어졌다.

냉전 말기에 그 장벽이 무너졌을 때, 우리는 급격한 변화에 직면해 있었습니다. (나는 그것을 '따뜻한 여름 끝의 밤'이라고 불렀다.) 그날부터 우리는 리더십이라는 막중한 의무를, 그리고 중동, 발칸반도, 유럽, 그리고 아시아, 우리의 동서반구, 약속, 조약, 그리고 미사일 등의 우리 국방 정책에서 일을 바로잡아야 하는 더욱 막중한 의무를 물려받았습니다. 이제 스포트라이트는 그 어느 때보다 밝게 우리를 비추고 있습니다. 우리는 미국의 가치와 원칙이 우리의 역사와 세계라는 극장에서 최초로 중앙 무대를 차지한 결정적인 순간에 이르렀습니다. 그 무대에서 우리가 어떻게 연기하느냐 하는 것은 우리의 전략적 정책에 대한 문제일 뿐만 아니라 우리의 명예와 품위, 자존심이 걸린 문제이기도 합니다. 그러므로 우리가 세계에서 새로운 군비 경쟁의 시작을 알리는 출발 총성을 울리기 전에, 우리가 더 많은 지상의 군사 및 국제조약을 희생하면서까지 미사일 방어에 집착하는 행정부의 거의 신학적 충성을 만족시키기 위해 사회보장 신탁기금을 축내기 전에, 중국이 핵무기를 제조하고 아시아와 아대륙에서 군비 경쟁이 일어나기 전에, 우리가 이 세대에 재래식 핵전력을 현대화할 수 있는 최고의 기회를 날리기 전에, 우리가 국내외에서 직면하고 있는 진정한 위협에 대해 살펴봅시다. 새로운 세상에서 우리의 위치에 걸맞은 힘과 결의를 가지고 우리의 의무를 다시 떠맡고 되새기고 충실히 이행합시다. 관여합시다. 나는 우리가 우리의 정책을 바라보는 전 세계의 시각에 눈을 감는다면, 국익을 성취하기는커녕 추구할 수조차 없으리라 생각합니다. 우리의 국익은 우리가 국제적 의무를 이행하고 조약을 지킬 때 추구할 수 있습니다.

우리는 우리의 이상에서 비롯되는 책임을 잊거나 그냥 무시할 수 없습니다. 우리는 약속을 지키는 국가인가요, 아닌가요? 우리는 조약을 지킵니까, 아닙니까? 리더십은 다른 사람들을 설득하는 쉽지 않은 일입니다. 그 어려운 길을 우리는 기꺼이 앞장설 건가요? 외교는 쉽지 않습니다. 다자간 정책 구상은 쉽지 않습니다. 아니면 우리는 40년간의 군비 통제 협정을 끝내고 일종의 불량 국가로, 때로는 잘못된 판단에 외고집을 부리지만 우리에게 이롭다고 생각되는 것에는 일방적으로 결정을 내릴 준비가 되어 있고, 우리의 조약, 약속을 저버리고, 세계는 어떻게 되든 말든 신경 쓰지 않는 국가로 독단적으로 행동할 건가요? 심지어 합동참모본부도 전략 핵 공격은 지역 분쟁이나 주요 전장, 국내외 테러 공격, 또는 그 밖의 다른 여러 실제 문제보다 가능성이 적다고 말합니다. 우리는 그 모든 돈을 가능성이 가장 적은 위협에 대처하기 위해 돌려놓았지만, 진짜 위협은 배의 선창, 혹은 비행기 화물칸에 실려 이 나라에 들어오고, 아니면 한밤중에 배낭 속 유리병에 숨겨져 도시로 들어옵니다.

나는 그날 밤 늦게 윌밍턴으로 돌아왔기 때문에, 9월 11일 아침에 8시 35분 열차를 타고 여느 날과 마찬가지로 국회의사당에 있는 사무실로 출근했다. 그날 일정은 꽤 가벼웠다. 델라웨어 자동차와 트럭 딜러와의 아침 회의와 국가마약통제정책국장 지명자 청문회가 있었다. 나는 언제나처럼 혼자 열차를 탔는데, 탑승한 지 30분이 조금 넘었을 때, 비행기 한 대가 뉴욕의 한 건물과 충돌했다고 사람들이 웅성거렸다. 모두 영문을 몰라 어리둥절했다. 그때 질에게서 전화가 걸려왔다. 질이 학교에 와보니 교실에는 아무도 없고, 휴게실에 사람들이 모여 TV 뉴스를 보고 있는데 상황이 안 좋아 보인다고 했다. 여객기 한 대가 세계무역센터 빌딩 하나와 충돌했다고 말했다. 그런데 질은 말하다 말고 외쳤다. "오, 마이 갓, 오 마이 갓. 오 마이 갓."

"무슨 일이야, 질?"

"다른 비행기가… 다른 쪽 빌딩에…."

워싱턴 유니언역에서 열차를 내릴 때쯤에는 세 번째 비행기가 펜타곤을 들이받았고, 국회의사당 돔 너머로 여느 때라면 수정처럼 맑았을 하늘이 갈색 연기로 뒤덮인 것이 보였다. 모든 항공기 운항이 중단되었고, 워싱턴과 뉴욕은 폐쇄되었다. 군은 전투기를 긴급하게 발진시키고 있었다. 그럼에도 국회의사당에는 모두가 숨을 죽인 가운데 으스스한 정적이 감돌았다. 유니언역과 국회의사당 사이의 공원에는 사람들이 우르르 몰려나와 있었는데 우리 직원 하나가 그들이 네 번째 납치된 비행기가 워싱턴을 향하는 것으로 보이니 상하원 사무실 건물과 의사당에서 나와 대피하고 있다고 설명했다.

나는 근처에 있는 동료를 붙잡고 왜 휴회 중인지 물었다. "사람들이 너무나 위험하대요." 그가 말했다.

"안 돼요." 내가 말했다. "국민들은 TV를 켜고 정부가 아직 거기 있다는 것을 봐야 합니다. 나는 국회의사당으로 들어갈 겁니다."

내가 국회의사당 계단까지 가자 제복을 입은 경찰관이 뒤를 쫓아 달려왔다. "바이든 의원님! 여기서 나가야 해요. 비행기가 오고 있어요! 비행기가 오고 있다고요!"

"빌어먹을, 난 들어가야 해요."

"들어갈 수 없어요. 대피해야 해요. 나가세요!"

다른 의원의 보좌관 10여 명이 계단에서 서성대고 있었고, 경찰은 우리를 공원 한가운데로 물러나게 했다.

거기 서 있는데, 공화당 상원의원 보좌관이 다가와 이것이 우리가 미사일 방어가 필요한 이유라고 말했다.

"국가 미사일 방어라고요?" 내가 물었다. "무슨 말을 하는 겁니까?"

나는 사람들을 진정시키기 위해 몇 시간을 보낸 것 같았다. 애슐리가 겁에 질려 전화했다. "아빠, 어디예요?"

"의사당 맞은편 공원에 서 있어."

"아빠, 비행기가 온대요. 어서 피해요."

"애슐리, 아빠가 약속할게." 나는 청명한 하늘을 바라보며 말했다. 만일 다른 비행기가 다가온다면 볼 수 있었을 것이다. "여기가 가장 안전한 곳이야."

"아빠, 안 돼요. TV에서 아빠가 아직 거기 있고 다른 사람들도 거기 있다고 해요."

"아빠가 약속할게, 여기가 내가 있어야 할 가장 안전한 곳이야."

애슐리가 전화한 지 30분도 지나지 않아 네 번째 비행기가 펜실베이니아에 있는 들판에 추락했고, 세계무역센터의 쌍둥이 빌딩이 무너져 내렸다. 빌딩이 붕괴될 때 그 안에 얼마나 많은 사람이 남아 있었는지 아무도 몰랐다. 뉴스 보도에 뉴욕시에서 사망자가 1만 명에 이를 것이라고 했다. 펜타곤의 일부분도 파괴됐고, 그곳에도 사망자가 있었다. 아무도 이 공격의 배후가 누구인지 또는 추가 공격이 있을지 몰랐다. TV 뉴스 아나운서들은 우리가 전쟁 중인 국가인 것처럼 떠들어댔다.

국회의사당 경찰은 상원 사무실 건물 북쪽에 있는 한 건물에서 나와 다른 의회 지도자들에게 브리핑을 했다. 그들은 우리에게 많은 것을 말해준 것은 아니지만, 그들은 백악관 지휘센터에 있던 체니 부통령으로부터 웨스트버지니아의 안전한 동굴로 의회의 요직 인사들을 실어 보내는 것이 최선일지도 모른다는 얘기를 들었다. 상원의 임시 의장인 밥 버드는 의회를 떠나기를 거부했다. 사실 웨스트버지니아는 그의 고향이었다.

나는 상원 민주당 원내 대표인 톰 대슐에게 소리쳤다. "톰, 이봐요, 가지 마요. 여기 있어요. 여기 있으라고요."

"조, 나도 가고 싶지 않아요." 그가 말했다. "하지만 다른 지도자들을 난처하게 하고 싶지 않아요. 다른 사람들 모두 가고 있어요. 내가 가지 않으면, 사람들의 이목을 끌려는 것처럼 보여요. 버드는 가지 않지만, 나는 가야 해요." 대슐이 옳았다. 지금은 당파를 논할 때가 아니었다. 하지만 나는 여전히 우리가 회의장으로 돌아가야 한다고 생각했다. 밥 브래디 필라델피아 하원의원과 함께, 나는 국회의사당으로 돌아가 우리가 여전히 일하고 있음을 미국에 보여주어야 한다고 주장했다. 그러나 정오쯤 포기했다. 그날 다시 개회할 수 없다는 것은 분명했다. 브래디 의원은 그날 밤 집으로 차를 몰고 돌아가 다음 날 다시 오기로 하고, 윌밍턴에 나를 데려다 주겠다고 제안했다. 그는 워싱턴에 있다가 나를 찾으러 국회의사당으로 건너온 동생 지미도 태워주기로 했다.

주차장으로 걸어가자, ABC 뉴스 기자인 린다 더글러스가 우리가 브리핑을 받은 건물 밖 로프 라인에서 나를 붙잡았다. 그녀는 다른 사람들과 마찬가지로 우리가 브리핑에서 알게 된 사실에 대해 알고 싶어 안달했다. 내가 줄 수 있는 확실한 정보는 많지 않았지만, 브래디 의원은 내가 TV에 나가 사람들을 안심시키면 좋을 거라 생각했다. 부시 대통령의 아주 간단한 성명 외에 연방 정부 관계자들에게서 나온 얘기는 거의 없었다. 그래서 나는 방송에 나가 미국 정부가 곧 업무를 재개할 것이고, 우리는 테러리스트들이 시민의 자유를 제한히도록 강요하지 못하게 할 것이며, 비록 비극이 있었지만 우리는 여전히 강하다고 말했다. 더글러스는 다른 상원의원들이 '전시 체제' 또는 '전쟁 중'인 미국에 대해 이야기하고 있음을 넌지시 말했지만, 나는 추가 정보가 들어올 때까지 냉정한 시각을 유지해야 한다고 생각했다. "나는 모든 사람이 이것이 모종의 세계적인 음모이고 거기에 가담한 수만 명이 우리를 공격을 가한 군대의 일부라고 생각하는 걸 원치 않습니다. 이들은 매우 잘 조직되어 있고, 분명히 자금력이 비교적 좋은 집단입니다. 그리고 우리는 그들의 네

트워크가 어떻게 운영되는지 알아내야 합니다. 우리는 그 네트워크에 침투해야 합니다. 하지만 지금은 그럴 수 없습니다. 단지 우리가 말할 수 있는 것은 우리는 이런 종류의 사건에만 초점을 맞출 것이며, 화학적, 생물학적, 병원균, 탄저균에는 초점을 맞추지 않을 거라는 사실입니다. 이것은 어떤 의미에서 우리가 우리 자원의 사용을 어떻게 재조정해야 하는가에 대한 가장 끔찍한 경고입니다."

피터 제닝스가 뉴욕에 있는 자신의 스튜디오에서 내게 말했다. "펜타곤에서 사람들이 이미 이것이 매우 치밀한 계획이고, 오사마 빈 라덴의 짓이라고 말하고 있어요. 그럴 수도 있겠지만, 미국이 한 사람에게 지나치게 집중하는 것 아닌가요?"

"이런 상황에서는 한 사람, 한 가지 생각, 한 가지 가능성에 지나치게 집중하기 마련입니다." 내가 대답했다. "나는 우리가 침착해야 한다고 생각합니다. 고위 공직에 있는 우리는 조금 진정하고, 생각을 모으고, 체계적인 방법으로 정보를 수집하고, 무슨 일이 있어났는지, 그 일에서 무엇을 추론할 수 있는지 분석합니다. 나는 우리가 그런 종류의 판단을 하기에는 너무 이르다고 생각합니다. 중요한 것은 대통령이 무엇을 하고 있느냐 하는 것입니다. 그는 진정할 것을 촉구했습니다. 대통령은 비행기를 탈 겁니다. 그는 워싱턴 D.C.로 돌아올 것이고, 나는 그 점에서 그에게 갈채를 보냅니다. 그리고 우리는 가능한 한 빨리 다시 일어나 뛰어야 합니다. 이것은 하루아침에 대처할 수 있는 일이 아닙니다. 이것은 끔찍한 비극입니다. 그러나 이것은 21세기의 새로운 위협이며, 우리는 대처할 방법을 찾을 것입니다. 이 나라는 매우 크고, 강하고, 단결되어 있으며, 화합과 가치관에서 너무나 강력하기 때문에 이 비극은 우리를 무너뜨릴 수 없습니다. 그리고 그런 일은 일어나지 않을 겁니다. 그런 일은 절대 일어나지 않을 겁니다."

인터뷰를 마친 후, 지미와 나는 브래디와 그의 보좌관들과 함께 차에 올라 타 북쪽 월밍턴으로 향했다. 볼티모어에 가까워지고 있을 때, 휴대폰이 울렸다. 부시 대통령이었다. "방금 TV에서 당신을 봤습니다." 그가 내게 말했다. "그리고 당신이 자랑스럽습니다. 당신이 우리 모두를 자랑스럽게 만들었습니다. 옳은 말씀을 해주셨습니다."

"전화 주셔서 고맙습니다, 대통령님." 내가 말했다. "대통령님, 어디 계신지 여쭤봐도 되겠습니까?"

"에어포스 원입니다. 중서부의 미공개 장소로 가고 있어요."

언제 워싱턴으로 가는지 물었더니 그는 정보국이 말하면 안 된다고 했다고 말했다.

"대통령님, 당신은 정보를 훨씬, 훨씬 더 많이 알고 계실 텐데 만일 무슨 일이 일어날 가능성이 조금이라도 있으면, 그들이 백악관으로 돌아가지 말라고 할 겁니다."

당시 나는 제2차 세계대전이 끝날 무렵 프랑스의 레지스탕스 지도자, 샤를 드골에 관한 이야기를 떠올렸다. 프랑스가 해방되었을 때, 파리 샹젤리제에서는 드골 자신을 필두로 고위 관리와 장군, 장교의 축하 퍼레이드가 있었다. 그들이 오텔 드 빌(파리 시청-옮긴이)을 향해 걸어갈 때, 머리 위에서 총성이 울려 퍼졌고, 드골만 빼고 모두가 바닥에 엎드렸다. 드골은 계속해서 꼿꼿이 걸어갔다.

그 한 번의 대담한 행동으로 그는 프랑스를 일으켜 세웠다.

"대통령님, 워싱턴으로 돌아오십시오."

나는 전화를 끊었고, 차 안에는 침묵이 흘렀다. 그때 지미가 말했다. "어떤 보좌관이 형한테 전화하라고 했는지 모르겠지만, 바로 해고되었겠네."

　대통령은 이날 대중에게 모습을 드러내지 않고 에어포스 원을 타고 전국을 돌아다녔다. 그는 짤막한 성명서를 녹화해 백악관 언론 팀을 통해 그날 이른 오후에 뉴스 매체에 전달했고, 그날 밤 7시에 백악관으로 돌아왔다. 부시는 오후 9시가 다 되어서야 국민 앞에게 모습을 드러내고 진짜 연설을 했다. 첫 번째 공격을 받은 지 만 12시간 후였다. 나중에 안 사실이지만 의회 지도자들은 그보다 빨리 워싱턴으로 돌아왔다. 그리고 나는 윌밍턴에 앉아서 그들이 국회의사당 건물 계단에서 '갓 블레스 아메리카(God Bless America)'를 부르고 다음 날 회기에 복귀할 거라 약속하는 것을 보고 조금 맥이 빠졌다.

　나는 뉴스 보도를 보면서 오후를 보냈고, 미국 국민의 반응에 용기를 얻었다. 나는 헌혈을 하려고 뉴욕 거리에 굽이치듯 줄지어 선 사람들을 결코 잊지 못할 것이다. 국가의 지도자들이 무단이탈한 상태에서도, 모두가 자기 역할을 다하려는 것 같았다. 다음 날 아침 국회의사당으로 돌아왔을 때쯤, 나는 미국인들이 이 새로운 도전에 직면해서 그들의 의무를 다하리라 확신했다. 대통령이 어떤 희생을 요구하든 그들은 따를 것이다. 그러나 9월 11일에 내가 본 것을 생각해보면, 나는 부시 대통령이 이 새로운 현실이 요구하는 지혜와 판단을 보여줄 수 있을지 확신이 서지 않았다.

　상원에서 보낸 28년 동안, 나는 9·11테러처럼 단 하루에 국가를 절체절명의 위기로 몰아간 경우를 본 적이 없었다. 내가 보기에 이것은 단지 테러리즘의 도전에 맞서야 하는 문제가 아니라, 우리의 내부 안보를 근본적으로 개선하고 세계 각국과의 관계를 공고히 하는 절호의 기회로 삼아야 하는 사건이었다. 나는 또 그 28년 동안, 국제사회의 압도적

다수가 그렇게 공공연히 지지를 선언한 순간이 있었는지 기억하지 못한다. 프랑스 신문 〈르몽드〉는 '우리는 모두 미국인'이라는 제목의 사설을 실었다. 나토 50년 역사상 처음으로 우리의 유럽 동맹국들은 '우리 중 하나가 공격당하면, 우리 모두 공격당한 것이다'라는 5조를 발동했다. 나는 이것이 정말 우리가 체니-럼즈펠드 일방주의의 핵심을 부수어놓을 순간이라 생각했다. 테러는 국제적으로 해결해야 하는 사건이었다. 부시 대통령의 임무는 미국 국민을 이 싸움에 소환하고, 전 세계에 호소해 이 싸움을 세계가 직면한 싸움으로도 만드는 것이었다. 부시 대통령의 이번 임기에 28년 동안 내가 본 어떤 행정부보다도 더 많은 것이 요구될 것이다. 나는 부시가 그 일을 감당할 수 있을 거라 정말 확신했다고는 말할 수 없지만, 나는 내 의구심을 나 혼자만의 것으로 간직할 작정이었다. 내 일은 대통령이 성공하도록 돕기 위해 할 수 있는 모든 것을 하는 것이었다.

나는 우리 안보에 심각한 위협이 있음을 의심하지 않았지만, 이것은 다른 종류의 투쟁으로, 군사력만으로는 이길 수 없는 것이었다. 미국이 예전으로 돌아가지 못할 거라고 대놓고 주장하며 이번 사건을 진주만에 비유하는 정부 인사가 있었다. 사람들은 매우 불안해했다. 나는 그 불안을 그들의 목소리에서 들었고 그들의 눈에서 보았다. 그리고 나는 권한을 지닌 위치에 있는 우리가 무슨 일이 일어났는지, 그리고 그 일에 대해 무엇을 해야 하는지 침착하고 냉철하게 생각하는 것이 중요하다고 생각했다. 당시 나는 아이들과 손주들이 변함없는 미국에서 2001년을 돌아볼 것이라고 확신했다. 내 부모님 세대가 공황과 제2차 세계대전을 봤듯, 그들은 그해를 또 다른 시대와 또 다른 도전에 맞닥뜨렸다고 볼 것이다. 위협은 존재했고, 진짜였지만, 우리는 그것에 대처하고 나아갈 것이고, 국가적 이상은 근본적으로 줄어들지 않을 것이다. 나는 다음 세대에서도 미국이 2001년에 그랬던 것처럼 개방적이고, 단결되고, 강할 것이라 확신했다. 그래서 나는 많은 시간을 델라웨어에서, 특히 학교에서 내 유권자들에게 침착함과 균형감에 대해 설파하는 데 보냈다. 나의 가장 중요한 강연 중 하나는 9·11테러가 발발한 지 8일 후 델라웨어 대학교에 있었는데 그곳에서 학생들은 당연히 불안해했다. 나는 그들에게 내가 사람이 침착하게 냉정을 잃지 않으면 위기의 순간에서 벗어날수 있다는 살아 있는 증거라고 말했다. 나는 그들에게 거의 40년 전에 내가 이 학교 휴게실에서 숨죽이고 있던 학교 친구들에게 둘러싸여 앉아 있었을 때 이야기를 들려줬다. 그때 우리는 케네디 대통령의 연설을 듣고 있었는데 그는 불길해 보이는 지도를 등지고 집무실에 앉아 러시아가 핵탄두를 장착한 미사일을 쿠바에 배치했을 가능성이 높다고 말했다. "그리고 우리는 지도를 봤어요." 내가 학생들에게 말했다. "그리고 저는 계산을 했습니다. 그 미사일들이 델라웨어에 도달할 수 있을까? 실제로 말이에요. 그리고 알게 되었습니다. 만일 그럴 경우, 우리는 100명도 아니고, 5000명도 아니고, 수만, 수백만 명이 전멸할 것이라고 말이에요." 하지만 여기 내가, 아니 우리가 여전히 서 있었다.

나는 그 학생들에게 9·11 이후 처음 며칠 동안 내가 모두에게 한 것과 똑같은 말을 했다.

여러분은 전문가들에게 테러리즘에 대해 듣게 될 겁니다. 냉정한 시각으로 봐야 합니다. 흥분해서는 안 됩니다. 끔찍한 일이 일어났습니다. 어떤 사람들은 9월 11일을 '두 번째 치욕의 날'이라고 불렀습니다. 또 어떤 사람들은 그것이 우리 삶의 방식을 바꿀 거라고 말합니다. 나는 그것이 삶의 방식을 바꾸지 않을 것이고, 바꿀 수도 없고, 바꾸어서도 안 된다고 말하려 여기 왔습니다. 이것은 우리 삶의 방식이 아니라 국제 테러 조직의 삶의 방식이 종식되는 출발점입니다. 분명히 말하지만, 우리는 수백만 명의 소련 군대를 말하는 것이 아니고, 일본제국을 말하는 것이 아니며, 5만 명, 10만 명, 20만 명을 말하는 것이 아닙니다. 몇 가지를 바꾸면 숨통을 조일 수 있는 수십, 수백 명을 말하고 있습니다. 하지만 우리 삶은 바뀌지 않을 것입니다. 일본이 진주만을 공격했던 치욕의 날과 이 정신 나간 사람들, 무고한 시민을 공격한 이 미친 사람들 사이에는 한 가지 유사점이 있습니다. 야마모토 제독은 진주만을 공격한 그날을 예견하고 있었습니다. 여러분은 그가 일본에서 동료 장교들에게 무슨 말을 했는지 아시나요? 그는 이렇게 말했습니다. "우리는 스스로 우리 자신의 파멸의 씨앗을 뿌렸다. 우리는 잠자는 거인을 깨웠다. 그 거인이 무서운 결의에 차도록 만들었다." 그것과 같은 일이 여기에서 일어났던 일입니다. 잠자는 거인이 깨어났고, 미국 국민과 문명세계는 무서운 결의에 가득 차 있습니다.

나는 학생들에게 파키스탄 정부에서 걸어온 전화에 대해 말했다. 그들은 테러와의 싸움에 도움을 줄 용의가 있었나. 그리고 중국, 러시아, 그리고 이란까지도 이 투쟁에서 우리의 동맹이 되겠다는 의지를 내비쳤다.

세계는 이것이 국가의 존립과 혼돈의 싸움이라는 것을 깨달았습니다. 그들은 민주주의나 인권에 새로 열정이 생겨 우리와 단결하려는 것이 아닙니다. 이것은 이기심을 바탕으로 생겨난 겁니다. 우리는 이 이기심을 이용해야 합니다. 그리고 칭찬할 만한 것은 대통령이 이 이기심을 이용하기 시작했다는 겁니다.

하지만 학생들에게 보내는 나의 핵심 메시지는 그들이 이 새로운 투쟁에서 이길 수 있는 능력을 가지고 있다는 것이었다. (나는 우리가 전쟁 중이 아니란 사실을 분명히 했다.)

〈래리 킹〉이나 〈미트 더 프레스〉, 또는 〈CNN 타운 미팅〉에서 한 번 더 같은 질문을 받는다면, 저는 질문을 한 사람의 목을 조를 것 같습니다. 심각한 도전에 직면한 이 나라의 모든 세대가 그 상황에 맞서 싸웠기 때문입니다. 한 가지 다른 게 있다면, 여러분은 우리보다 훨씬 더 똑똑하다는 겁니다. 그게 유일한 차이입니다. 지금은 복수할 때가 아닙니다. 두려워할 때도 아닙니다. 지금은 물러서거나 절망하지 않고 죽은 사람들을 애도하며 계속 나아가야 할 때입니다. 지금은 자책할 때가 아니라 결의를 보여줄 때입니다. 하지만 가장 중요한 것은 지금은 단결해야 할 때라는 겁니다.

열흘 후 나는 뉴어크에 있는 아브라함 모스크로 가서 우리 주의 이슬람 공동체와 대화를 나누었다. 델라웨어에 있는 이슬람교도들이 일어나 테러를 규탄하지 않은 것이 조금 염려되었지만, 나는 그들이 그냥 숨어버린 것으로 생각한다. 계속해서 진주만이 언급되는 상황이 오래전 폭격의 결과로 일본계 미국 시민들이 아무런 정당한 절차 없이 무차별 감금되었다는 사실을 상기시켰을 것이다. 애국심이 강한 무고한 무슬림 미국인은 당연히 9·11 테러에 대해 책임을 추궁당하지 않을지 걱정했다. 다른 주에서는 이미 이슬람교도에 대한 폭력적이고 부당한 보복이 행해졌다. "다행히 델라웨어에는 우리나라가 지지하는 모든 것을 위반하는 야비하고 편협한 사례가 없었습니다." 그날 나는 사람들로 가득한 모스크에서 말했다. "사람들이 뉴욕과 워싱턴에서의 공격을 이슬람 종교 탓으로 돌리려는 말을 들을 때마다, 저는 이런 말을 하는 사람들의 심장에 다가가 그들이 얼마나 잘못됐는지 알게 해주고 싶습니다. 이 끔찍한 범죄를 저지른 자가 누구건 간에, 그것이 오사마 빈 라덴이건 다른 사람이건 간에, 한 가지는 확실합니다. 바로 그의 행동으로, 수천 명의 무고한 사람들을 죽임으로써, 그는 자신이 진정한 이슬람교도가 아니라는 것을 증명했습니다."

대통령은 이미 비슷한 의견을 표명했고, 미국 국민에게 평화를 사랑하는 국내외 이슬람교도를 존중해달라고 호소했다. 사실 9·11 이후 몇 주 동안, 부시는 대통령답게 행동했다. 나는 파월 국무부 장관이 마침내 그의 관심을 얻은 게 아닌가 생각했다. 정부는 빈 라덴과 그의 알카에다 테러 조직이 9·11에 책임이 있다고 확신이 서고 세계 역시 이를 받아들이자, 범행을 저지른 테러리스트들에게 안전한 피란처와 훈련 장소를 제공한 아프가니스탄의 근본주의자와 탈레반 압제 정권을 제거하기로 결정했다. 그러나 대통령은 서둘러 행동에 나서지는 않았다. 그는 탈레반에 오사마 빈 라덴과 다른 알카에다 지도자들을 넘길 기회를 줬다. 그는 탈레반을 상대로 혐의 목록을 작성하고, 전 세계 주요 수도에 특사를 파견해 탈레반을 상대로 소송을 제기했다. 부시 행정부가 설득하려는 상대는 오랜 동맹국만이 아니었다. 대통령은 중국, 러시아, 그리고 이란과도 얘기를 나누었다. 그는 우리가 인근 아프가니스탄에서 전쟁을 벌일 때, 페르베즈 무샤라프 대통령이 우리가 그에게 기대하는 게 무엇인지 확실히 알도록 파월의 부관을 파키스탄으로 보냈다. 거기에는 당근과 함께 채찍도 있었다.

나는 이상한 경고 신호를 받았다. 그해 가을 어느 저녁, 윌밍턴으로 돌아가는 길에 리처드 펄과 마주쳤다. 펄은 신보수주의자이자 강경파였다. 그는 2001년 국방정책위원회의 위원장을 맡고 있었는데 이 위원회는 국방부 장관과 그의 수석 보좌관들에게 '정보를 바탕으로 한 조언과 의견'을 주도록 구성되었다. 나는 펄이 솔직하게 조언하는 사람이라는 걸 알고 있었기 때문에 그가 한 말이 마음에 걸렸다.

그날 밤 펄은 자문위원회가 이미 이라크의 독재자 사담 후세인을 축출하는 계획을 추진하고 있다고 했다. 그들의 전략은 아프가니스탄에서 탈레반과의 전쟁을 위한 병력 강화를 속임수로 이용하는 것이었다. 전 세계가 아프가니스탄에 집중할 때, 미군은 바그다드를 기습 공격할 생각이었다. 펄은 사담 후세인의 장군들과 이라크 국민이 너무나 간절히 사담 후세인을 제거하기를 원하기 때문에 우리가 쉽게 바그다드를 공격할 수 있다고 주장했다. 그는 우리가 유도무기로 사담 후세인의 중화기를 대부분 제거할 수 있다고 설명했다. 그러고 나서 그는 우리가 밤에 1만 7000명의 낙하산 부대를 바그다드에 떨어뜨리고, 사담 후세인을 체포하거나 죽이고, 그의 공화당 경비대를 쓸어버릴 것이라고 말했다. 그러면 이라크 정규군이 일어나 우리를 지지할 것이다. 펄이 그의 '참수 계획'에 대해 내가 어떻게 생각하는지 물었을 때, 나는 뭐라 해야 할지 몰랐다. 그것은 완전히 미친 소리처럼 들렸다. 그러나 나는 이 계획을 실제로 국방부에서 검토하고 있는 것이 아닌가 하는 걱정이 들어, 우리의 외교정책 보좌관에게 전화를 걸어 군과 이라크를 잘 아는 지휘관이 이 계획을 맡아야 한다고 말했다. CENTCOM(미국 중부 사령부)의 전직 수장은 우리에게 그 계획이 군사적으로나 전략적으로 순진하고 미친 생각이라고 말했다. "그들이 낙하산으로 바그다드에 침투해 뭘 하겠다는 거죠?"

사담 후세인이 9·11과 아무 관련이 없다는 것은 펄에게 전혀 중요하지 않은 것 같았다. 그러나 나는 펄이 럼즈펠드 장관에게 어느 정도 영향을 미친다는 것도 알고 있었고, 그가 폴 울포위츠 부장관을 존경한다는 것도 알고 있었다. 만일 이것이 부시가 샌앤드레이어스 단층의 신고립주의자 쪽에서 얻고 있는 동화 같은 조언이었다면, 나는 파월 국무부장관이 설득력을 발휘하기를 기도했다.

그리고 내가 알기로는, 그는 그렇게 했다. 부시는 아프가니스탄에서 탈레반을 쓰러뜨리고 빈 라덴을 잡으며 알카에다 부대를 소탕하는 데 완전히 집중하는 것 같았다. 대통령은 다른 나토 국가들이 아프가니스탄을 침공하기 위한 우리 계획을 알도록 하고, 또 계속해서 의회에 보고했다. 9·11의 직후 부시를 만났을 때, 그는 내가 어느 정도 예상했던 호언장담하는 오만함이 전혀 보이지 않았다. 그는 정보와 조언을 모두 원했다. 그는 질문하는 것을 부끄러워하지 않았고, 질문하는 것이 지식이 부족하거나 얕은 것으로 보이지 않을까 걱정하지 않는 듯했다. 나는 그와 미팅한 모든 사람이 우리가 새롭고 다른 현실을 다루고 있다는 것을 이해했고, 전문가들조차 아직 모든 해답을 가지고 있지 않았었다고 생각한다.

1시간이 넘게 계속되는 미팅도 더러 있었는데, 대통령은 사람들에게 계속 질문을 퍼부었다. 그는 특히 '아랍 세계의 여론'이 탈레반에 대한 군사적 움직임에 어떻게 반응할지 우려했다. 그는 그들이 튀니지에서 자카르타에 이르는 미국 대사관을 불태울 수도 있다는 조언을 듣고 있었다. 나는 그에게 내가 수년간 그 지역을 다루면서 알게 된 바로는, 우리가 똑똑하게 처신한다면 아랍 세계의 여론이 우리에게 불리하게 돌아갈 거라 생각하지 않는다고 말했다. 아프가니스탄 전쟁은 정당성이 있는 전쟁이었다. 우리는 탈레반과 알카에다에 대한 설득력 있는 혐의 목록을 내놓았다. 그러나 우리는 적극적인 공공 외교의 필요성과 이슬람 세계의 정부 지도자들뿐 아니라 일반 시민에게도 우리 메시지를 전달할 필요성을 염두에 두어야 했다. 대통령은 내게 인공위성, 방송국, 하드웨어 등의 기반 시설과 무슬림 인구가 다수인 나라에 방송할 수 있는 메시지 개발에 대한 투자 제안서를 작성해달라는 요청도 했다.

부시는 조급하다는 평판을 받았지만, 9·11 테러 직후 몇 주 동안 대통령은 합리적이고 사려 깊고 단호하며 균형 잡힌 모습을 보였다. 그리고 미국 국민과 국제사회 전체에 아프가니스탄에서 조치를 취해야 한다는 설득력 있는 주장을 폈다. 아프가니스탄의 탈레반 세력 기지를 소탕하기 위한 군사행동을 승인했을 때, 그는 이미 작전의 성공과 전 세계의 협력을 보장하기 위한 올바른 조치를 취했다.

아프가니스탄에서의 전투가 시작된 지 2주 만에 군사작전이 성공할 것이 분명해졌다. 외교위원회의 한 행사에서 나는 9·11 테러 이후 부시 대통령의 행동에 대해 칭찬하는 것을 잊지 않았다. "민주당과 공화당 진영에 있는 외교정책 주류 세력의 대다수는 사실 지금까지 대통령이 아프가니스탄을 우회하고 이라크로 직행하라는 행정부 일부의 강력한 개입에 저항하며, 다국적군의 규합을 꽤 잘해냈다는 데 의견을 같이하고 있습니다. 나는 그가 아주 잘해냈다고 생각합니다."

그날 밤 내가 아프가니스탄에서의 우리 의무에 대해 이야기했을 때, 나는 파월 장관과 대통령에게 직접 들은 것을 그대로 반영하고 있다고 확신했다.

우리는 700만 명의 절박한 아프간 난민을 외면할 수 없으며 외면하지도 않을 것입니다. 우리는 아프간 국민을 돕기 위해 더 많은 것을 해야 하고, 우리의 원조가 비이슬람 세계 전역에서 가시화되도록 훨씬 더 많은 것을 해야 합니다. 장기적으로는 우리는 마드라사(madrasa, 이슬람의 종교적 고등교육 시설 – 옮긴이)가 젊은 남성 세대에게 행사했던 영향력을 끊을 방법을 찾아야 합니다. 젊은 여성 세대를 교육시키고, 아프간 국민이 탈레반 통치하에서 너무나 잔인하게 짓밟힌 권리를 찾는 데 필요한 도구를 주어야 합니다. 그들은 세계에서 지뢰가 가장 많이 매설된 나라에서 지뢰를 제거해야 합니다. 그들은 헤로인과 아편의 세계 최고의 생산국이라는 오명을 벗기 위해 농작물 대체 프로그램이 필요할 것입니다. 그들은 우물, 정수장, 병원, 외래 환자 진료소, 심지어 마을과 마을 사이를 잇는 간단한 도로도 필요할 것입니다. 3억 2000만 달러의 아프간 원조를 약속한 대통령께 찬사를 보냅니다. 저는 이것이 우리가 할 수 있는 최선의 투자라고 생각합니다. 저는 민주주의 제도를 육성하기에 좋은 환경이 아닌 지역에서 이런 목표를 달성하려면 난관이 따른다는 사실을 알고 있습니다. 우리는 이 일을 혼자 해낼 수 없습니다. 9월 11일 이후 증명되었듯 적어도 제게는, 우리가 세계의 다른 지역에 눈을 감고서는 국익을 성취하기는커녕 추구할 수조차 없다는 게 더욱 명백해졌습니다.

우리나라는 암울한 슬픔에서 벗어나 새롭게 단결해 있으며, 해외에서는 새로운 기회를 맞이하고 있습니다. 어머니는 "열심히 찾는다면, 모든 비극에도 좋은 것이 하나쯤은 있다"라고 말씀하셨습니다. 그러나 우리는 이 기회를 낭비해서는 안 됩니다. 저는 대통령이 정말로 사고방식을 바꾸었다고 믿습니다. 제 믿음이 틀리지 않았기를 바랍니다. 그가 사고방식을 바꾸었다면 그는 훌륭한 대통령으로 기록될 뿐만 아니라, 우리는 국제 관계에서도 새로운 시대의 장을 열게 되리라 생각합니다.

17장

어둠

우리가 파키스탄을 가로질러 라호르에서 이슬라마바드까지 비행할 때, 햇볕을 머금은 은백색 히말라야가 작은 비행기의 창밖으로 희미하게 아른거렸다. 해발 6000미터 상공에서조차 우리 비행기는 북쪽의 가장 높은 봉우리 훨씬 낮은 곳에서 기류를 타고 있는 것처럼 보였다. 산들에는 뭔가 불길하고 으스스한 분위기가 감돌아서, 우리 여행을 더욱 고단하게 느끼게 했다. 우리는 최종 목적지인 아프가니스탄으로 날아가고 있었지만, 펜타곤에서 충분한 협력을 받지는 못했다. 국방부는 상·하원 의원 일행을 아프가니스탄의 전쟁 지역에서 호송하는 데 관심이 없음을 분명히 했다. 며칠 전 소규모 의회 대표단이 수도 카불 북쪽 바그람 공군기지에 착륙했을 때, 펜타곤은 그들을 엄격히 통제했다. 그들은 그 나라에 머문 5시간 동안 기지에 갇혀 있었고, 아프가니스탄의 새 임시 정부 수반인 하미드 카르자이는 카불에서 무장 호송차를 타고 대표단을 만나러 가야 했다. 대표단 단장인 코네티컷주의 조 리버먼 상원의원은 후에 아프가니스탄에서 무엇을 봤느냐는 질문에 "어두웠다"라며 별로 본 것이 없었다고 말했다.

나는 국방부의 주장을 이해할 수 있었다. 2002년 1월 탈레반 정권은 끝난 듯 보였지만 소규모 전투부대는 여전히 연합군과 아프간 시민 모두에게 피해를 주고 있었다. 군 지휘관들은 선출직 공무원의 안전에 조금이라도 자원을 전용하는 것에 대해 대체로 회의적이었다. 그러나 나는 외교위원회의 위원장이 아프가니스탄 지상의 상황을 직접 살펴보는 것이 중요하다고 생각했다.

내가 받은 보고는 모두 좋았다. 미군과 연합군은 북부 동맹과 함께 싸우며 두 달도 채 안 돼 아프가니스탄의 탈레반 통치를 종식시켰다. 2002년 새해가 밝을 즈음 우리는 군사작전을 마무리 짓고 이 나라를 지키고 있었다. 우리는 아프가니스탄 사람들이 카르자이의 영도 아래 새로운 정부를 수립하는 것을 도왔고, 아프가니스탄 재건 자금을 마련하기 위해 다른 나라들로부터 수십억 달러를 모금하기 위한 캠페인을 시작했다. 파월 장관은 미국이 남아서 재건할 의무가 있다는 매우 공개적인 선언을 했다. 파월 장관은 '떠나지 않을 것'이며 '우리가 떠나면 아프간 국민을 혼란에 빠질 것'이라고 말했다. 그리고 부시 대통령은 오사마 빈 라덴과 알카에다에게 뉴욕과 워싱턴에서 희생당한 3000명에 달하는 무고한 민간인의 죽음에 대한 책임을 묻겠다는 강경한 발언을 계속하고 있었다. 그의 메시지는 분명했다. '부시 행정부는 아프가니스탄에 남아 9·11에 책임이 있는 자들을 끝까지 추적해 잡을 것이다.'

나는 아프가니스탄의 안보 상황을 좀 더 분명히 알고 싶었고, 아프간 정부와 인프라, 경제를 재건하는 데 무엇이 필요한지 보고 듣고 싶었다. 현장에 있는 것만으로도 많은 것을 알 수 있다. 자신의 삶을 살아가려는 사람들의 사연이 지닌 조그만 조각을 모아보면 언제나 전체 그림을 맞추는 데 도움이 된다. 나는 또한 민주당 의원이 카르자이 의장과 함께 앉아 직접 그에게 재건 노력과 카르자이 새 정부가 미국에서 초당적인 지지를 받고 있음을 확신시키는 것이 중요하다고 믿었다. 마지막으로 나는 카르자이 대통령이 자신의 새 정부를 성공시키려면 무엇이 필요한지 직접 그의 입을 통해 듣고 싶었다.

그래서 나는 의회 대표단에 항상 수반되는 거창한 군사 호위나 팡파르 없이 독자적으로 아프가니스탄으로 가기로 결정했다. 정말 그것만이 아프가니스탄에 들어갈 유일한 방법이었다. 일행 수가 적으면 움직임이 더 자유로울 것이므로 외교위원회 스태프인 조나 블랭크와 푸니트 탤워, 내 언론 담당 노먼 커즈, 그리고 군사 보좌관 2명이 동행했다. 콜린 파월 국무부 장관은 분명히 내가 이 여행을 떠나길 바랐는데 그가 신뢰하는 리처드 아미티지 부장관이 국무부에서 우리가 필요한 지원을 받을 수 있도록 준비해두었기 때문이었다. 국무부의 도움과 CIA 국장 조지 테닛의 승인으로 푸니트와 조나는 이 여행을 계획하고 경호 준비를 했다. 우리는 먼저 민간 항공기를 이용해 미국에서 영국 맨체스터를 거쳐 파키스탄으로 갔다. 그리고 작은 정부 비행기로 갈아타고 라호르에서 이슬라마바드까지 40분 동안 히말라야 산기슭을 따라 날아갔다. 거기서부터 우리는 바그람 공군기지로 가는 유엔 비행편을 제공받을 예정이었다. 이슬라마바드에서 바그람으로 가는 왕복 항공편은 하루에 단 한 편뿐이었고, 그 항공편은 일주일에 사흘만 운항했다. 그 때문에 이슬라마바드로 날아갈 때 우리는 산 쪽을 내다보면서 모두 제시간에 그곳에 도착하기를 간절히 바랐다.

우리는 아무 문제 없이 도착했고 유엔 비행기에 올라타기 전에 파키스탄 주재 우리 대사로부터 간단한 브리핑을 받을 시간이 있었다. 연락

장교 2명은 아프가니스탄으로 우리와 함께 여행하는 것이 엄격히 금지되어 있다는 얘기를 들은 후 이슬라마바드에 남았다. 이는 외국 방문 시 의회 대표단과 동행해야 하는 군 장교의 일반적인 의무에 반하는 일이었다. 보통 군 장교는 방문 기간 내내 우리와 동행해야 했다. 그러나 그들의 명령은 내 여행에 대한 국방부의 열의 부족과 일치하는 것 같았다. 그래서 우리는 미군과의 유일한 연결 고리도 없이 2002년 1월 10일 오후 늦게 바그람을 향해 날아갔다. 아프가니스탄 중앙 동부의 산으로 둘러싸인 평지에서 보낸 또 다른 몹시 추운 날이었다.

바그람은 1980년대 이곳에서 일어난 긴 전쟁에서 소련의 공군기지로 쓰였다. 오사마 빈 라덴은 미움받던 소련군을 격퇴하고 그들의 무적 신화에 종지부를 찍는 데 기여한 무자헤딘 전투원 사이에서 별 볼일 없는 인물(나중에 자신을 과대 포장했지만)이었다. 레이건 대통령은 그들을 자유의 투사라고 불렀다. 우리가 본 바그람의 활주로 가장자리에 처량하게 부서져 있던 소련 미그 전투기들은 그 승리의 기념물 같았다. 그러나 그 전쟁이 아프가니스탄인에게 지속적인 자부심의 원천이었던 반면, 국가 자체는 그 싸움의 사악함으로 황폐해져 있었다. 여유 있는 사람들은 포기하고 빠져나갔다. 경제는 엉망이 되었고, 군벌이 지방을 지배했으며, 공포의 탈레반은 권력의 공백 지역에 들어가 억압적인 근본주의 정권을 세워 아프가니스탄 시민들에게는 위험한 존재임을, 그리고 전 세계에 보복 공격을 가하는 데 혈안이 된 테러리스트들을 위한 사육장이자 훈련소임을 증명했다.

바그람에 착륙할 때, 나는 23년간의 전쟁으로 피폐해진 아프가니스탄인들이 새로운 장을 넘기기 위한 에너지와 결의가 있는지 궁금했다. 그런데 짧은 방문이 끝날 즈음 내가 걱정한 것은 아프가니스탄인들의 결의가 아니었다.

잘 무장한 국무부 보안대가 우리를 쉐보레 서버번 2대에 태웠다. 탄환도 뚫을 수 없는 철판으로 특수 제작한 차량이라 안심이 되었다. 그들이 우리 일행을 호위하게 되어 기뻤는지 모르겠지만, 콜린 파월 국무부장관이 내 바로 뒤에 시내에 도착할 예정이었기 때문에 그들은 아마 우리 일행을 예행연습으로 이용했을 것이다. 수도로 가는 길에 보안대 대장이 아프가니스탄에 온 것을 환영하는 인사말을 했다. "1시간 정도 걸립니다. 일단 이 지역을 통과하면 카불까지 빠르게 갈 수 있을 겁니다. 아무 문제도 없겠지만, 우리 차량이 고장 나거나 공격당한다면, 차에서 내려야만 합니다. 무슨 일이 있더라도 절대 아스팔트 도로를 벗어나면 안 됩니다. 사방이 지뢰밭이기 때문입니다."

바그람으로 가는 길은 쇼말리 플레인이라고 불리는 비옥한 농업지대를 관통했다. 일하고 있는 농부는 전혀 보이지 않았고, 길을 따라 흩어져 있는 마을들은 몇몇을 제외하고 모두 버려져 있었다. 황량함 속에서도 이따금 길을 따라 걸어가는 두세 명의 목동이 보였다. 그들은 몰고 가는 가축이 없었고, 아스팔트 길을 벗어나면 안 된다는 것을 알고 있었다. 또 조용한 마을에서 놀고 있는 아이들 몇 명도 눈에 띄었다. 전방에 오두막집 꼭대기에 올라 있는 사람들이 보일 때면, 보안대는 바짝 경계를 강화했다. 좀 더 가까이에서 나는 그들이 무기를 쥐고 있는 것을 볼 수 있었고, 아주 가까이 다가가면, 거의 언제나 놀고 있는 어린아이들이었다.

카불에 들어서자 교통량이 크게 늘어났다. 도로에는 자동차 몇 대와 다수의 오토바이, 그리고 훨씬 더 많은 보행자가 있었는데 사람들은 정처 없이 열을 지어 방랑하는 듯 보였다. 모래빛 잔해가 도로와 인도에 여기저기 쌓여 있었다. 지평선 위로는 폭파된 건물로 가득 했지만, 이따금 금속가공 공장과 자전거 가게, 또는 등유 판매상이 보였다. 얇은 담요를 두른 남자와 소년이 길가에 모여 새로 베어낸 나무로 피운 모닥불가에 옹기종기 모여 있었다. 때때로 아주 어린 아이들이 그 무리에서 나와 우리의 차를 향해 뛰어왔다. 아이들은 거의 가치가 없는 화폐나 작은 선물을 기대하며 움직이는 자동차에 위험할 정도로 가까이 다가와 팔짝팔짝 뛰었다. 보안 팀은 우리에게 차를 세우지 않을 것이고 창문도 내리지 않을 것이라고 알려주었다. 우리는 방탄 사륜 차량으로 거리를 달려 미국 대사관에 도착했다. 80여 명의 해병대가 건물 주변으로 보안 경계선을 설정해서 경비 초소와 다중 바리케이드를 설치하고 낡은 대사관 주위에는 모래주머니를 쌓았다.

대사관은 13년 전 전쟁이 시작되면서 탈레반의 공격에 불타 폐쇄되었다가, 우리가 도착하기 불과 며칠 전에 다시 문을 열었다. 새로 책임을 맡은 대사 직무 대행과 직원들은 건물 깊숙한 곳에 사무실을 차렸지만, 대사관 내에 어디를 가든 시큼한 악취가 진동했는데 마치 수년 전에 나가면서 아무도 냉장고 청소를 하지 않고 방치한 듯했다. 건물 전체에서 유일한 수돗물은 지하 화장실에서 똑똑 떨어지는 미지근한 물이었다. 우리가 바랄 수 있는 최고의 희망 사항은 '버킷 플러시'(bucket flushes, 양동이에 물을 받아 변기에 물을 내리는 방법─옮긴이)였다. 우리와 동행했던 〈뉴 타임스〉 칼럼니스트 톰 프리드먼은 대사관을 한번 둘러보고는 자기 신문사의 가까운 게스트하우스를 찾아 달아났다. 하지만 나는 책상들 사이에 간이침대가 있는 방을 얻었고, 그날 밤 꽤 숙면을 취했다.

다음 날 아침 서버번을 타고 폐허가 된 건물을 차례로 지나 교육부 회의장으로 향했다. 우리는 소련 점령기에 지은 주택 단지를 지나갔다. 대부분 쇼말리 플레인에서 온 2만 명의 난민은 전쟁이 시작되자, 집을 떠나 5층짜리 두 건물에 몰려 들어간 것으로 보였다. 그래서 나는 잠시 들러 뭔가 알아낼 게 있는지 확인하기로 했다. 보안대는 마지못해 주택 단지로 들어가는 데 동의했지만, 내가 내리자고 했을 때는 별로 내키지 않아 했다. 그들은 자신들이 보호했던 미국인들은 이런 일을 하지 않았다고 말했다. 그들은 안전이 우려되는 지붕과 마당을 마주 보는 열린 창문을 가리키며, 안전을 충분히 확보하지 못했다고 설명했다. 그러나 어쨌든 나는 차에서 내렸고, 진흙투성이 마당에 떼를 지어 서성이던 사람들이 나를 따라왔다. 그리고 마침내 나는 마당 한가운데서 수백 명의 아프간 사람들에게 둘러싸였다. 나는 사람들이 미국인을 보고 행복해하는 걸 보면 항상 놀랍다. 보스니아에서 차드에 이르기까지 내가 어디를 가든, 상상하기 어려운 최악의 난민 캠프에 있는 사람들은 항상 미국이 그들에게 더 나은 세상을 만들어주기를 기대한다. 이 순간은 내가 도움을 주겠다고 약속할 수 있고 미국 정부의 전적인 지원을 받을 수 있다고 생각하는 순간 중 하나였다. 그러나 미국인에 대한 따뜻한 감정은 어디에서나 그런 것은 아니었다. 내가 허리를 굽혀 일곱 살쯤 되어 보이는 남자아이에게 손을 내밀자, 아이는 두려움에 뒷걸음질 쳤다.

더 열악한 수용소도 봤지만, 그 주택단지에 사는 난민들의 생활환경이 너무나 불결했다. 카불은 전력 공급이 매우 불안정해서 건물에 난방시설이나 조명이 없었다. 식량이 부족했고, 물은 항상 의심스러웠다. 경찰력도 없고 상비군도 없어 치안이 허술했다. 나는 공무원들이 약 6개월 동안 급여를 받지 못했다는 것을 곧 알게 되었다. 카불의 모든 거리에서와 마찬가지로 자동화기를 든 남자들과 소년들이 군중 가장자리를 맴돌았는데, 평화를 지키기 위해서인지 불안을 조장하려는 건지 알 수 없었다.

주위에 군중이 늘어나면서 보안대는 점점 더 긴장하는 것 같았다. 나는 보안대가 많은 시간을 허락해주리라 생각하지 않았다. 그래서 이 난민들이 살아가는 형편을 고려해 그들에 대해 내가 갖고 있던 중요한 질문으로 곧바로 들어갔다. 집으로 돌아가길 원하는가? 살던 시골 마을에 우리가 이동식 주택을 마련해준다면 어떻겠는가?

"집으로 돌아가지 않을 겁니다." 그들이 말했다. "그들이 여전히 밖에 있어요, 탈레반 말입니다. 탈레반이 사라졌다는 걸 확인하기 전까지는 다시 돌아가지 않을 겁니다." 카불의 새 정부는 이 큰 문제를 해결하지 못했다. 이들 난민들의 설명대로 탈레반 전사들은 단순히 터번을 바꿔 쓰고, 무기를 잡은 뒤, 일반 주민 속에 숨어 들어가거나 산악 지대로 도주했다. 그리고 돌아올 때는 새로운 보복 계획을 갖고 있었다. 쇼말리 플레인에서 온 난민들은 고향으로 돌아가기를 간절히 바랐지만, 탈레반 전사들이 더 이상 테러를 하지 않을 거라는 확신이 들기 전까지는 아무데도 가지 않으려 했다.

그때쯤 보안대원 하나가 눈에 들어왔다. 그가 말했다. "갈 시간입니다. 지금요." 우리가 다시 차에 탔을 때, 그는 군중 가장자리에 긴장한 10대 소년 몇 명이 다룰 줄도 모르는 총을 들고 있는 것을 보았다고 설명했다. 그들은 우발적인 발포로 발생할 문제에 연루될까 봐 걱정했다.

교육부로 향하는 차량으로 되돌아간 우리는 카불 대학교를 지나갔다. 아프가니스탄의 몇몇 군벌은 이 학교 출신이었다. 다음 날 우리는 문학을 전공했지만 이제는 2000명의 군인을 지휘하는 남자를 만날 예정이었다. 일이 그의 계획대로 되지 않았다. 카불 대학교는 소련과의 전쟁

이후 잔해로 남아 있었다. 카불은 아프가니스탄의 많은 곳과 마찬가지로 황량했다. 나토와 미국은 카불과 아프가니스탄의 나머지 지역에서 우리의 폭격으로 발생한 피해에 대해 많은 비난을 받았지만, 사실 아프가니스탄은 우리가 도착하기 전에 이미 공습으로 완전히 파괴되어 뼈대만 남은 상태였다. 수십 년간 계속된 내분과 실패한 정권, 그리고 권력 투쟁으로 고대 실크로드의 자랑스러운 옛 도시인 카불은 사실상 살 수 없는 곳이 되었다. 우리의 일은 그것을 되돌리는 것이었고, 경찰과 병원, 그리고 학교가 그 출발점이었다.

라술 아민 교육부 장관은 우리를 이미 복구되어 운영 중인 학교로 데려가는 데 동의했다. 학교 건물 주위는 온통 진흙탕이었고, 교실에는 전기가 들어오지 않았다. 그들은 이 잿빛 겨울날에는 보기 어려운 햇빛에 주로 의존했다. 아이들은 춥고 눅눅한 방에 앉아 있었다. 탈레반이 집권한 이후 정규 학교에는 여학생은 다닐 수 없었고, 남학생도 아주 소수만 다닐 수 있었기 때문에 학생들은 여러 연령에 걸쳐 함께 섞여 있었다. 그래서 열두 살, 열세 살짜리나 여섯 살, 일곱 살짜리나 수학과 글쓰기 능력이 서로 비슷했다. 책은 종이 표지에 두께가 얇았고 품질이 조악했다. 수학은 탱크 1대+탱크 2대=탱크 3대라는 식으로 실제 전쟁과 관련된 예로 설명되어 있었다. 총검, 소총, 미사일, 그리고 다른 무기가 각 장마다 가득했다. 그러나 교실에서 뿜어져 나오는 열기는 실제로 느낄 수 있을 정도였다. 이것은 이 아이들 대부분이 상상도 못하던 기회였고, 아이들은 자신이 배우고 있는 것을 말해줄 수 있다는 사실에 신이 나 있었다.

학교를 고치고 학생들에게 진짜 교과서를 주는 데는 돈과 노력이 많이 들지 않을 것이기 때문에 나는 그 가능성에 대해 흥분했다. 나는 정말로 우리가 이 아이들에게 다시 꿈을 꾸도록 가르칠 수 있는 가능성을 보았다. "여자애들이 커서 대통령이 될 수 있다고 생각하니?" 내가 물었더니 아이들은 그냥 낄낄거렸다. 아이들과 잠시 만나본 후, 나는 누군가 "갈 시간입니다, 의원님"이라고 말하는 소리를 들었고, 자리를 뜨기 위해 일어서면서 아이들에게 말했다. "이제 가야 해."

"가면 안 돼요!" 누군가가 말했다.

고개를 들어보니 열세 살짜리 여자아이가 너무나 용감하고 결연한 모습으로 교실 한가운데 똑바로 서 있었다.

"미국이 가면 안 돼요." 여자아이가 말했다. "나는 읽는 법을 배워야 해요. 난 우리 어머니처럼 의사가 될 거예요."

나는 다가가 아이를 안아주고 싶었다.

"아니. 아니야, 얘야." 내가 말했다. "미국은 계속 여기 있을 거야."

내가 아민 장관에게 학교에 무엇이 가장 필요한지 묻자, 그는 확고하고 분명하게 대답했다. 교과서와 전기는 기다릴 수 있었다. 그들에게 필요한 건 치안이었다. 치안 없이는 아무것도 지을 수 없었다. 치안 없이는 아무도 자기 아이들을 학교에 보내려 하지 않을 것이다.

학교 방문을 마친 후 우리는 대통령궁으로 가서 하미드 카르자이를 예방했다. 대통령궁은 엄청나게 많은 분홍색 대리석과 멋진 양탄자로 꾸민 크고 아름다운 건축물이었다. 그러나 그곳 역시 궁색해 보이고 추웠다. 돈이 부족한 새 정부는 카르자이의 개인 생활공간과 그의 직속 사무실을 난방할 여유밖에 없었다. 우리는 위층에 좀 더 따뜻한 곳으로 안내되었고, 카르자이 의장이 들어왔다. 그는 두꺼운 실크 예복 차림에 고상하고 위엄 있는 남자였다. 그가 입은 예복은 그 자체로 분열된 아프가니스탄에서 결속을 의미했다. 카르자이는 자신이 속한 파슈툰 부족의 전통 실크 예복이 아닌 타지크와 우즈베크 지역 부족이 입는 예복을 입고 있었다.

그는 우리를 개인 집무실로 안내하고 녹차와 각종 견과류가 담긴 접시를 내왔다. 다음 날 카르자이와 그의 새 정부의 주요 동맹과 공식 회담이 있었기 때문에 이날은 간단히 인사만 나눌 예정이었다. 그러나 의장은 피스타치오를 허겁지겁 먹는 것을 보고 우리가 배가 고프다는 것을 알고는 함께 점심을 먹자고 제의했다. 결국 그날 방문은 2시간 30분이나 이어졌다. 그는 이제 막 마흔네 살이 된 남자치고는 매우 침착했다. 그는 어떤 질문에도 기꺼이 대답하는 것 같았다. 나는 대다수 아프가니스탄인이 미군과 나토군을 해방군으로 보는지, 아니면 아프가니스탄에 더욱 피해를 입히는 또 다른 점령군으로 보는지 궁금했다. 카르자이는 자신의 이야기를 했다. 전쟁이 시작될 때부터 아프가니스탄 전역의 군벌과 종교 지도자들은 카르자이를 미국 쪽 사람으로 단정했다. 그래서 그는 사람들로부터 만나자는 요청을 받았고, 그를 가장 걱정하게 한 미팅 요청은 칸다하르 출신의 10명의 물라(mullah, 이슬람교 율법학자-옮긴이)에게 받은 것이었다. 칸다하르는 탈레반의 거점이자 종교적으로 보수적인 지역으로, 그곳에서 물라들은 탈레반의 가장 억압적인 계획에 동조하고 있는 것으로 여겨졌다. 카르자이는 자신이 미국과 동맹을 맺고 있는 것을 힐책하기 위해 그들이 올 것이라고 믿었다. 그러나 카르자이는 그래도 만나야 한다는 생각이 들었다고 말했다. 그들이 해줄 수 있는 지원이 있다면 보잘것없는 것이라도 필요했다. 그래서 그는 탈레반에 폭탄이 떨어지기 시작할 무렵인 라마단의 신성한 달 초순에 그들과 함께 앉았다.

카르자이는 '아프가니스탄의 일상적인 10분간의 인사말'이 끝난 후 대표 물라가 일어서더니 미국의 폭격에 대해 이야기했다고 말했다. 물라는 옷소매에 손을 넣어 마을과 인근 알카에다 탄약고를 손으로 대략 그려놓은 지도를 꺼냈다. 카르자이는 물라가 미국인들이 분명 무고한 사람으로 가득한 마을을 공격하거나, 아니면 그들의 탄약고를 칠 것이고, 마을 사람들은 탈레반 군인들에게 비난과 고문을 받게 될 것이라고 말하리라 확신했다. 그러나 물라는 탄약고를 가리키며 카르자이에게 지도를 건넸다. "여기, 미국인들에게 여기를 폭격하라고 말해주시오."

다음 날 카르자이 의장은 또 한 번의 긴 오찬 회동을 위해 내각의 대부분을 소집했다. 어려운 상황에서도 오찬은 훌륭했다. 그의 정부에는 기본적인 편의 시설이 부족했다. 카르자이는 실제로 우리에게 그날 나오는 특정 음식을 멀리하라고 했다. 오찬 도중에 이미 어두웠던 전등이 완전히 나갔고, 우리는 잠시 어둠 속에 앉아 있었다. 카르자이의 장관들은 직원들에게 돈을 지불할 수 없다고 불평했다. 그날 우리에게 오찬을 서빙하는 웨이터들에게도 줄 돈이 없었다. 장관 중 한 명은 책상이라도 살 수 있기를 바랐다. 카르자이는 솔직하고 당당했다. 그들에게는 현금이 절실히 필요했다. 그는 파슈툰족, 시아 하자라족, 우즈베크족, 타지크족 등 북부 동맹을 형성한 부족과 민족 간의 재건 사업을 위해 나누어줄 돈을 원했다. 아프가니스탄의 큰 군벌은 각각 파키스탄에서 이란, 터키에 이르기까지 그들이 의지할 수 있는 지원 국가를 확보했지만, 이제는 그런 분리된 궤도에서 그들을 끌어내 아프가니스탄의 새 정부로 완전히 규합할 때였다. 그리고 의장과 그의 장관들은 미국국제개발처(USAID)가 계속해서 카르자이를 건너뛰고 지방의 모든 군벌에게 돈을 나누어준다면, 그들은 카르자이의 새로운 중앙정부에 협조할 동기가 없게 된다고 주장했다. 이것은 우리 연방 정부가 주지사를 무시하고 현지 주민들에게 돈을 주는 것과 같고, 지금과 같은 상황이 계속된다면 내가 보기에 그는 곧 카불의 시장보다도 못한 사람으로 전락할 것 같았다.

그들이 절실히 원한 또 다른 사안은 치안 조치였다. 그 조치는 카불에서만 한정된 것이 아니었다. 그들은 마자르이샤리프, 헤라트, 칸다하르, 그리고 다른 주요 장소들도 치안이 유지되기를 원했고, 카르자이 행정부의 압도적인 다수가 지상에서 그 일을 맡아줄 다국적군을 원했다. 우리가 그 장소들을 안전하게 지키지 못한다면, 탈레반은 약점을 찾아내고, 돌아와 복수할 것이었다. 현지에서 결성된 자부심 강한 북부 동맹의 유명한 회원들조차도 국제치안유지군은 건전한 생각이 아니라 대중적인 생각이라는 것을 알았다. 아프가니스탄인들은 자기들 땅에서 점령자를 몰아내는 자랑스러운 전통이 있었지만, 미국과 그 동맹국들을 자기 나라를 통치하려는 세력으로 보지는 않았다. 전직 북부 동맹 지도자 하나는 그날 카불에서 사람들이 국제치안유지군을 선호하는지, 아니면 북부 동맹의 손에 권력을 맡기는 것을 선호하는지 묻는 국민투표가 실시되면, 사람들은 국제군에 투표할 것이라고 말했다. 그렇게 오랜 세월 전투를 하다 보니, 아프가니스탄인들은 지쳤고, 미국이 그들의 파괴된 도시와 마을을 지켜주는 다국적군을 이끌어주기를 원했다.

카불에서의 아침은 결코 쉽지 않았다. 대사관 안팎에 8명이 넘는 해병대원이 야영을 하고 있어 욕실이 부족했다. 상원의원 특권을 발동시키는 것은 집에서 멀리 떨어진 낯선 땅에서 자기 일을 하려고 하는 병사들에게 공평하지 않았기 때문에 나는 다른 사람들처럼 물통을 들고 샤워와 면도를 하기 위해 줄을 섰다.

아프가니스탄 방문에서 만난 남녀 군인들에게는 두 가지 놀라운 점이 있었다. 첫째, 그들의 사기는 믿을 수 없을 정도로 높았다. 이 병사들에게는 진정한 사명감이 있었다. 델라웨어에서 온 젊은 소령에게 들은 이야기는 그곳에 있는 우리 군의 정신을 잘 요약해주었다. 카불의 한 소아 병원은 발전기가 고장 나 전력이 끊겼고, 필요한 부품은 구입할 형편이 안 됐다. 카르자이 정부나 미국 대사관 모두 교체 부품을 구입하는데 필요한 320달러를 어떻게 마련할지 고민했다. 결국 병원에 있는 환자들이 고통을 겪는 동안, 해병대원들은 모자를 돌려 돈을 모으고 부품을 구해 발전기를 고쳤다. 그들은 문제를 발견하면 가능한 한 빨리 그것을 해결했다.

군인들이 지휘 계통을 막론하고 내게 해준 다른 이야기는 병력이 더 많이 필요하다는 것이었다. 영국군은 카불시의 치안을 담당했고, 그곳의 국제안보지원군(ISAF) 담당 사령관인 존 맥콜 소령이 내게 치안 상황을 브리핑했다. 나는 길거리에서 이미 봐서 그 어려움을 이해하고 있었고, 몇 년 전 코소보에서 만났던 맥콜과 그의 보좌관은 나의 불안함을 확인해주었다. 그들은 도시의 지도를 보여주고 우리에게 인근 지역의 민족과 부족의 구성에 대해 간단히 설명하고, 영국, 프랑스, 독일이 어떻게 지역별로 책임을 나누었는지 알려주었다. 맥콜 장군은 도시의 치안을 유지해 재건과 복구를 시작할 수 있을 거라고 자신했지만, 그는 그렇게 하려면 사람들이 처음 생각했던 것보다 더 많은 병력과 시간이 필요하다고 분명히 말했다.

내가 그에게 의회가 그들의 군대를 아프가니스탄에 얼마나 오래 주둔시킬 것이라 생각하는지 물었을 때, 그는 미국의 결의가 가장 중요하다고 말했다. "주모자가 잡히지 않는 한, 그들은 우리를 주둔시키지 않을 겁니다." 그가 말했다. "당신들도 철수하고, 우리도 여기 남지 못할 겁니다."

카불을 떠나 바그람으로 돌아갈 때쯤, 나는 카불뿐만 아니라 아프가니스탄의 나머지 많은 지역에서 치안을 유지하고 재건할 가능성에 대해 훨씬 더 희망적이었다. 이 프로젝트는 국제적으로 상당한 지지를 받는 듯 보였고, 카르자이는 지혜와 힘, 그리고 진실성을 보여줬다. 그는 여러 부족과 민족을 어렵게 새 정부에 참여시켰다. 그들은 모두 새 정부의 성공에 자신들의 이해관계가 달려 있었다. 나는 우리가 카르자이를 지지하고 그가 필요한 것에 귀를 기울인다면, 이 나라를 다시 안전하고 온전하게 만들 수 있으리라고 믿었다.

바그람에 돌아온 다음 날 아침 나는 오사마 빈 라덴과 알카에다 추적과 관련한 진척 상황을 더 명확하게 알게 되었다. 그곳의 군 관계자들은 나를 호위해 헌병들이 아프가니스탄에서 붙잡힌 적군 포로를 억류하고 있던 기밀 시설로 데려다주었다. 감옥은 문짝이 날아가고 없는 커다란 낡은 격납고였는데 일단 안으로 들어가 어두운 불빛에 눈이 적응하자, 머리 위쪽 사무실에서 경비원과 저격수들이 둘러서서 죄수들을 사냥감처럼 내려다보고 있는 게 보였다. 아래쪽 커다란 직사각형 바닥에는 120여 명의 죄수가 널브러져 있었다. 바닥은 격자 모양으로 나뉘어 있었고, 각 구역에는 '캠프 뉴욕. 9·11을 기억하라'와 같은 그곳의 이름을 적은 나무판이 붙어 있었다. 그들은 알카에다 전사들이었다. 나는 처음으로 그들을 가까이에서 보았는데 악당 같이 생겼다. 내가 격자 외곽을 지나갈 때, 많은 죄수가 나를 정면으로 노려봤다. 그들 중 누구도 겁을 먹고 움츠러들지 않았다. 나는 감옥을 많이 다녀봤지만 이들은 내가 본 어떤 죄수들과도 달리 잔인함과 증오심을 드러냈다.

감옥의 환경은 가혹했다. 각각의 전쟁포로는 가로세로 1.2×2.4미터 매트 안에서만 지내야 했다. 그들에게는 음식과 몸을 따뜻하게 할 담요와 코트가 제공되었지만, 열려 있는 격납고에 난방 기구는 없었다. 용변을 보려면 앞쪽 화장실을 이용해야 했다. 이 사람들 중 일부는 관타나모에 있는 군 교도소에 수감되었을 것이다.

간단히 둘러본 후, 호위를 받으며 알카에다 추적 팀이 일하는 시설로 갔다. 팀의 책임을 맡은 장군은 아무런 칸막이가 없는 거대한 탁자를 설치하고, 각 기관의 대표를 앉게 했다. CIA, FBI, 군사정보국 요원이 모두 그 자리에 모여 초조하게 눈치를 보고 있었다. 아무도 정보를 폐기할 수도, 다른 사람들에게 숨길 수도 없었다. 노트북이 모두 탁자 위에 있었다. 모두가 다른 사람들이 무엇을 하고 있는지 알았고, 모두가 다른 사람들이 무엇을 알고 있는지 알았다. 그런 수준의 강제적 정보 공유는 처음 보는 일이었고, 정보를 공유하려면 그렇게 하는 것이 올바른 방법이었다. 그들은 특수작전부대의 추적 현황을 보여주는 지도를 벽에 붙여놓았다. 지휘관은 지도를 가리키며 토라보라에서 그들이 순찰했던 곳을 말해줬다. "여기 파키스탄 국경 근처의 이 지역에는 대원이 16명 있습니다. 그리고 여기에는 120명이 있습니다." 그들은 모두 빈 라덴을 쫓고 있었고, 지휘관은 정말로 그들이 빈 라덴을 잡을 수 있다고 생각했다.

방에 있는 남자들도 그곳에는 까다로운 지형이 많아 더 많은 지상군이 필요하다고 했다. 그들은 우리가 작전을 국제화하고 병력 수준을 높여야 한다고 생각했다. 프랑스와 독일이 추적을 도우려 하는 국가들 사이에 끼어 있었다. 보아하니 도널드 럼즈펠드 국방부 장관이 그런 움직임을 막고 있었다. 그는 우리가 병력을 늘리고 국제화한다면, 기동력이 어떻게든 제약을 받을 것이고, 모든 군사행동을 조정해야 하므로 속도가 느려질 거라고 주장하고 있었다.

바그람에서 이슬라마바드로 가는 유엔의 일요일 오후 비행기를 타고 돌아갈 예정이었지만, 그날 아침 차량으로 카불에서 공군기지로 이동한 후, 날씨가 너무 안 좋아서 비행기가 이슬라마바드를 이륙하지 못할 것이라는 소문이 돌았다. 활주로에 드리운 안개 때문에 별로 희망적이지 않았지만, 1시간쯤 기다린 끝에 제트기 다가오는 소리를 들었다. 안개 속에서 비행기를 볼 수 없었고, 우리는 비행기가 한 번, 두 번, 그리고 세 번 선회하는 소리를 들었다. 결국 조종사들은 포기하고 파키스탄으로 돌아갔다. 유엔의 다음 비행기는 화요일에 있었다. 우리는 카불에서 이틀을 더 보내야 했고, 나는 파키스탄의 무샤라프 대통령과 인도의 아탈 비하리 바즈파이 총리와의 회담에 가지 못할 상황이었다. 그보다 더 나쁜 것은, 며칠이나 몇 주 후에도 안개가 걷히리라는 보장이 없다는 것이었다.

나는 기지를 운용하는 해병대에 가서 바그람에서 나가는 다음 군용 보급기 중 하나에 자리를 마련해달라고 요청했다. 나는 특별기는 필요 없으며, 비행장을 떠날 예정인 비행기의 보조석 몇 개면 된다고 설명했다. 한 대령이 우리가 다음 비행편에 타도록 주선했다. TV 인터뷰를 위해 카불로 돌아가는 예정에 없던 짧은 이동 후, 다시 비행장에서 그날 밤 10시에 착륙해 보급품을 내리자마자 출발할 예정인 C-130 화물기를 기다렸다. 해병대는 그들의 훈련에 대해 이렇게 설명했다. 탈레반 전사들이 여전히 그 지역에 남아 비행기에 무차별 사격을 가하고 있었기 때문에 바그람에서 비행기를 운항할 때는 늘 총격전이 따랐다. (당시에 '카추사 로켓'이라는 단어가 아주 인상적이었던 것을 기억한다.) 해병대는 어둠을 틈타 화물기를 착륙시키고, 서둘러 하역한 뒤 다시 짐을 싣고 이륙시켰다. 이 모든 일은 몇 분 사이에, 엔진도 끄지 않은 상태로 진행되었다.

바그람의 활주로 옆에서 기다리고 있었는데 나쁜 소식이 전해졌다.

비글로 해병대 대령이 자신이 지시받은 내용을 말했다. 그는 사과하는 기색을 보이며 약간 당황해했는데 상부로부터 바이든 상원의원과 그의 일행은 군 수송기에 탑승할 수 없다는 명령을 받은 것이다. 다행히 위성 전화를 사용할 수 있었지만, 나는 펜타곤에 전화할 만큼 어리석지 않았다. 나는 중앙아시아 한복판의 쓸쓸한 활주로 근처에 있는 대령의 작전 트레일러 바깥에서 추위에 떨면서 국무부 작전센터에 전화를 걸었고, 1분도 채 안 되어 콜린 파월 국무부 장관과 전화를 연결했다. "장관님, 이 사람들 말로는 장관님이 나를 이 비행기에서 내리도록 시켰다는 군요."

"난 어떤 비행기에서도 당신을 내리게 한 적이 없어요." 파월이 말했다. "럼즈펠드군! 빌어먹을!"

그는 대령을 바꿔달라고 했다. 비글로 대령을 장관에게 연결해주며, 그와 통화하기를 원한다고 말하자, 대령은 파월이란 이름에 귀를 쫑긋 세우는 것이 전설적인 남자와 통화한다는 사실에 분명히 흥분한 듯 보였다. "네, 장군님." 우리는 그가 하는 말을 들었다. "아닙니다, 장군님… 좋습니다, 장군님." 비글로는 빙그레 웃으며 텐트에서 나왔다. 파월은 플로리다의 중앙 사령부에 전화를 걸었고, 럼즈펠드 장관과 연락이 닿지 않자 폴 울포위츠 부장관을 힐책하고 우리 요청을 승인하게 했다. 우리는 아무 문제 없이 떠날 수 있었다.

결국 우리는 10시 직전에 칠흑 같은 어둠 속에서 활주로 옆에 서 있었다. 불과 몇 피트 떨어진 곳에서도 푸니트와 조나, 노먼을 알아볼 수 없었지만, 화물기 엔진이 굉음을 내며 활주로 위로 들어오는 소리를 들었다. 해병대가 보급품을 하역할 때, 나는 여행 내내 경호를 맡았던 보안대 남자들을 껴안고 있는 것을 보았다. 우리는 모두 그들에게 너무나 감사해서 그들 중 누구라도 다음에 워싱턴에 오면 점심을 사주고 맥주를 무제한으로 마시게 해줄 생각이었다. 나 역시 같은 마음이었다. 그러고 나서 우리는 곧바로 비행기에 떠밀려 올라갔다.

나는 조종석에 가까운 자리에 배정되어 조종사들이 착용하는 야간 투시 고글을 볼 수 있었고, 다른 직원들은 톰 프리드먼과 함께 붉은색 보조석에 앉아 안전띠를 맸다. 항공병들은 공포를 억누르며 움직이는 듯 보였다.

"무슨 일이에요?" 푸니트가 큰 소리로 물었다.

비행기가 화물칸 문이 아직 열려 있는 상태로 활주로에서 움직이자, 내 옆에서 누군가가 대답했다. "활주로 너머로 예광탄이 발사됐어요."

"우린 어떻게 해야 하나요?" 푸니트가 말했다.

"여기서 당장 벗어나야죠!"

워싱턴에 돌아오고 나서, 나는 아프가니스탄에서 해야 할 일에 대해 공개적으로 이야기했다. 핵심은 지금까지 아프가니스탄이 정말 성공적이었다는 것이었다. 탈레반은 패배한 것 같았고, 알카에다는 도주 중이었다. 그러나 나는 또한 우리가 가야 할 길이 멀고 재빨리 행동해야 한다는 것을 분명히 했다. 우리는 지상에 미군을 더 많이 배치할 필요가 있었다. 그리고 국제 보안군을 늘려서 군벌들이 오랫동안 지배해온 곳으로 보낼 필요가 있었다. 이 짧은 기간 동안 그들은 외부인들을 환영할 것이다. 우리는 전 세계적으로 많은 지지를 받았고, 군사적 노력, 특히 빈 라덴의 추격을 국제화해야 한다. 우리는 전 세계의 성공을 위해 그를 체포할 필요가 있었다. 아프가니스탄의 인프라와 경제를 재건하는 것은 파리를 다시 건설하는 것과 같지는 않겠지만, 실제 돈과 진정한 헌신이 필요한 일이었다. 그리고 우리는 재건 자금에 대한 책임을 전 세계에 물어야 했지만, 그달 말에 열리는 국제 기부자 회의를 기다릴 수 없었다. 카르자이의 임시정부는 미국에서 어느 정도 현금을 곧바로 지원받아야 했다. 그래야 공무원들의 급여를 지급하고 미국에서 우리가 당연히 여기는 것들, 즉 전기, 음식, 깨끗한 물, 그리고 거리에서의 치안 등을 제공하기 시작할 수 있었다. 만일 우리가 지지하겠다는 약속을 실제 행동으로 보여주지 않는다면, 아프가니스탄 국민들의 지지를 잃을 것이 분명했다. 우리는 양귀비 밭을 쓸어버리고, 아프가니스탄 농부들에게 다른 농작물을 위한 시장을 마련해줄 필요가 있었다.

다음번에 부시 대통령을 만났을 때, 그는 상냥했고 여전히 기꺼이 귀를 기울였지만, 여전히 모호한 입장을 취했다. 내가 병력을 늘려야 한다고 압박하자, 그는 시큰둥한 반응을 보였다. 그의 측근들이 그에게 탈레반이 소탕되었다고 말하고 있었는지는 모르지만, 내가 만난 쇼말리 플레인에서 피란 나온 난민들이 더 잘 알고 있었다. 나는 대통령에게 말했다. "죄송합니다만 대통령님, 시체 자루를 몇 개나 세어보셨나요? 당신들은 탈레반이 3만, 4만, 5만 명이라고 말합니다. 좋습니다, 시체 자루가 몇 개나 되었죠? 1000개? 2000개? 5000개? 그들은 다 어디 갔습니까?"

파월 국무부 장관이 내 뒤로 며칠간의 아프가니스탄 순방을 마치고 돌아왔는데 내가 듣기로 그는 대통령에게 비슷한 권고를 하고 있었다. 공개석상에서 대통령은 아프가니스탄에 대한 '마셜 플랜'을 촉구했다. 그는 우리가 그 일을 완수할 것이라고 말했다. 아미타지는 카르자이에게 약간의 현금을 조달해줄 수 있었다. 부시 외교정책 팀 사이에서 파월 장관의 견해가 우세하다는 얘기가 나왔다. 당시 전화를 걸어온 기자들은 스타워즈와 교토의정서, 그리고 나머지 사안과 관련해 내가 9·11 이전에 부시 행정부를 집요하게 비난한 사실을 상기시키고 있었다. "바이든,

당신이 틀리지 않았나요? 이 사람은 공화당의 주류 국제주의자입니다. 이 사람들은 꽤 잘해나가고 있어요." 사람들은 내게 대통령이 신보수주의적 일방주의 진영에서 단호하게 탈퇴했다고 생각하는지 물었고 내 대답을 원했지만, 나는 확신을 갖고 말할 수는 없었다. 그는 그쪽으로 향하고 있는 것 같았다. 나는 그가 그쪽으로 움직이고 있다고 믿고 싶었다. 나는 확실히 그가 그렇게 가고 있다고 믿었다.

그건 오산이었다.

2002년 1월 부시 대통령의 연설은 부시 행정부에서 파월의 고통스러운 나머지 임기 동안 계속될 패턴의 시작이었다. 당시 나는 이 패턴을 완전하게 파악하지 못했다. 부시 대통령은 파월 장관을 그럴듯한 말로 설득하겠지만, 그는 체니 부통령과 럼즈펠드 국방부 장관에게 그들이 새로운 목표를 위해 요청한 힘과 자원을 은밀히 지원하고 있었다. 본질적으로 파월과 국무부는 내가 바그람의 활주로에서 아무것도 보이지 않는 밤에 겪은 것과 같은 어둠 속에 있었다. 돌이켜 보면, 파월이 아무리 대통령과 가까운 사이였다고 해도, 부시는 자신의 외교정책을 국무부 장관에게 숨기고 있었다.

18장

미 국민의
사전 동의

내가 돌아온 후 몇 주 동안 부시는 아프가니스탄에서 거둔 비교적 순조로운 성공에 도취해 있는 것이 분명해졌다. 도널드 럼즈펠드 국방부 장관은 특히 만족한 듯했다. 그는 군을 인력에 의존하지 않고 화력에 더 의존하는 전투 병력으로 개편하기로 작정하고 펜타곤에 입성했다. 그는 값비싸고 치명적인 새로운 무기의 위대한 챔피언이었다. 펜타곤이 변화에 저항하는 것은 당연했다. 아무도 그렇게 크고 오래된 전통적 조직을 빠르게 변화시키지 못했다. 2001년 9월 10일 내가 테러 위협에 대한 연설을 하는 동안 럼즈펠드 장관은 국가 안보에 가장 큰 위협은 국방부 관료주의라고 말한 것을 어디선가 읽었다. 그러나 럼즈펠드는 어려움과 갈등을 잘 극복한 사람으로 보였다.

9·11 테러는 그의 주장을 증명할 수 있는 허가증과 시험 사례를 제공했다. 그가 아프가니스탄에 파견한 병력은 파월 장군과 같은 전투 경험이 많은 장교들이 투입했을 병력보다 규모가 훨씬 적은 부대였지만, 단기적으로 성공적이었다. 탈레반을 무너뜨리는 첫 번째 과업은 대형 폭탄

과 작은 병력이 해냈고, 그 비용은 미미했다. 2001년 10월부터 12월까지 전투에서 사망한 미군 병사는 단 한 명도 없었다. 그리고 대통령이 그토록 걱정했던 아랍 세계의 여론은 탈레반을 옹호하기 위해 끓어오르지 않았다. 그러나 부시가 그 성과에서 얻은 자부심이 오히려 문제가 되었다.

대통령은 아프가니스탄에서 산업을 재건하는 자신의 '마셜 플랜'에 대해 계속 이야기했지만, 행정부는 필요한 자원으로 그 약속을 뒷받침하지 못하고 있었다. 이라크 자체 보안군은 눈에 띄게 규모가 커지지 않았다. 나는 그 일에 있어 다른 나라에 도움을 청하려는 노력을 거의 보지 못했다. 럼즈펠드 장관은 빈 라덴의 추적에 나토군이 동참한다는 생각에 계속 반대했으며 양귀비 밭과 헤로인 거래에 대처하는 교전규칙을 수정하기를 거부했다. 아프가니스탄의 안전과 재건을 위해 현지에서 해야 할 일은 명백했다. 나는 알고 있었고 파월도 알고 있었다. 카르자이 의장과 그의 장관들은 필요한 일이 무엇인지 알고 있었다. 카불의 치안을 책임지는 영국 장군은 해야 할 일을 알고 있었다. 그러므로 럼즈펠드 장관 역시 알고 있다는 데는 의심의 여지가 없었다. 그러나 행정부는 그 일을 하지 않았다. 부시 팀은 엄청난 기회를 낭비하고 있었다.

나는 또 우리 동맹국에 대한 관대함이 줄어든 것을 알아차렸다. 북부동맹은 열심히 잘 싸웠고, 나토군은 절대적으로 필요한 존재였다. 그것은 마치 부시가 다시 혼자 일을 도맡아 하는 것과 같았다. 대통령이 북한과 이란, 이라크를 악의 축이라고 부르고, 선제론에 대해 떠들어대기 시작했을 때, 보수적인 싱크탱크 전문가를 제외한 워싱턴의 모든 사람이 놀랐다. 그리고 오사마 빈 라덴과 탈레반이 건재했지만, 이라크에 전쟁이 일어날 가능성에 대한 이야기가 돌았다. 행정부는 의회의 누구와도 협의하는 데 관심이 없는 것 같았기 때문에, 2002년 2월 말에 나는 내 주장을 약간 밀어붙였다. "이번 정부는 9월 11일부터 오늘날까지 우리를 이끌어온 것을 매우 자랑스러워하고 있습니다." 나는 언론에 말했다. "나 역시 여기에서 일하는 사람들이 약간의 자만심을 갖고 있다고 생각합니다. 그들은 조금 오만해져서 아무와도 생각을 공유하려 하지 않습니다."

얼마 지나지 않아 대통령은 의회 양원의 국방 및 외교정책위원회의 위원장들과 함께 나를 백악관으로 초대했다. 그러나 부시는 듣기보다는 말하는 게 더 많았다. 어느 순간 그는 내게 초점을 맞추고 물었다. "자만심에 대한 얘기는 뭔가요?"

나는 대통령에게 원하는 일을 하는 것은 자유지만, 요즘은 그가 우리와 전혀 상의하지 않고 있다고 말했다. 부시는 방금 내가 한 말은 사실이 아니라고 말했는데 그때 보수적인 공화당 하원의원이자 부시의 강력한 지지자인 헨리 하이드 의원이 끼어들었다. "그건 사실입니다, 대통령님, 저는 화요일마다 공화당 전당대회에서 난처한 상황에 처합니다. 사람들이 행정부가 무엇을 하고 있는지 묻지만 저는 대답을 할 수 없습니다. 당신은 이제 우리와 얘기를 하지 않습니다. 당신 사람들은 이제 우리에게 아무런 얘기를 하지 않아요."

"그건 우리가 알아서 하겠습니다." 대통령이 말했다. "콘돌리자 라이스 국가안보 보좌관과 일주일에 한 번 만나는 게 어떤가요?"

"아닙니다. 그녀에게 조를 만나도록 하시지요." 방 안 사람들이 모두 놀란 가운데, 하이드가 말을 이었다. "그가 우리에게 진행 상황을 알려줄 겁니다."

나는 실제로 콘돌리자 라이스 백악관 국가안보 보좌관과 만났다. 그러나 그녀는 일주일에 한 번씩 나를 만나주지는 않았다. 그리고 우리가 만났을 때도, 나는 내가 팀의 일원이란 생각이 그다지 들지 않았다. 나는 외교위원회의 공화당 동료인 척 헤이글과 리처드 루거와 함께 이란과 북한과의 외교 대화를 넓히기 위해 내가 하는 일에 대해 그녀에게 계속해서 열심히 알려줬다. 또 나는 아프가니스탄에서 들어오는 소식을 그녀에게 계속 브리핑했다. 나는 군벌들이 다시 자기주장을 내세우고 있으며, 우리는 카르자이의 중앙정부에 대한 지지를 보여주기 위해 뭔가 해야 한다고 그녀에게 말한 것을 생생히 기억한다. 그렇지 않으면 군벌들은 제 갈 길을 가고 나라는 다시 갈라질 것이 분명했다. 그녀는 나를 쳐다보더니 군벌들은 항상 아프가니스탄에 관여했으며 우리가 할 수 있는 일은 아무것도 없다고 말했다.

아, 기억이 났다. 잠깐 생각해보자. 그건 지금까지 행정부에서 해온 말이 아니다. 그 말은 아프가니스탄이 그들의 중앙정부와 통일된 군대, 그리고 양귀비 생산 이외의 뭔가를 기반으로 한 경제를 이루어 재건하도록 백악관이 적극적으로 도와주리라는 내 희망을 완전히 꺾어놓았다. 나는 사무실을 나와 외교위원회의 수석 보좌관에게 백악관이 정책을 바꾸고 있다고 말했다.

아프가니스탄에서 돌아온 이후로, 카르자이의 장관 중 한 명과 나눈 대화가 나를 괴롭혔다. 그는 행정부가 탈레반을 타도하는 북부 동맹의 역할을 제대로 인정해주지 않은 것을 못마땅하게 여겼다. 그는 또 미국이 아프가니스탄을 스스로 알아서 하도록 내버려두지 않을까 걱정했다. 장관은 탈레반이 실권한 것을 기뻐했지만, 우리가 즉각적인 승리를 선언하고 새 정부를 떠나지 않을까 걱정했고, 어쩌면 탈레반이 위협이 될 만큼 충분히 세력을 규합하게 되어 우리가 3주간의 또 다른 기습 공격을 하며 돌아오게 되는 일이 생기지 않을까 걱정했다. 그는 습지에 물이 차 해충이 들끓으면 미국은 그저 그 '물을 빼러' 오려고 하는 게 아닌지 우려했다. "우리는 당신들 편입니다." 그가 내게 말했다. "그러니 우리를 도와줘야 합니다. 그렇지 않으면 우리는 다음에 당신 편을 들지 않을 겁니다." 2002년 1월 나는 이 아프가니스탄 장관을 안심시키고 마음이 편해졌다. 나는 정말로 부시 대통령이 자신이 말해온 아프가니스탄의 안전과 재건을 실행하리라고 생각했다. 몇 달 뒤 라이스 백악관 국가안보보좌관과 미팅을 마치고 나올 무렵, 나는 부시 행정부가 약속에서 멀어지고 있다는 확신이 들었다.

그 당시 파월 장관이 무슨 말을 하더라도 분명 대통령에게 전달되지 않았다. 사실 나는 행정부의 신보수주의자들이 부시를 매우 효과적으로 유혹하고 있다고 생각했다. 근본적으로 그들은 민주주의를 전 세계에 확산시킴으로써 미국을 안전하게 만들 수 있다는 부시의 순진한 신념을 이용했다. 그래서 나는 보좌관들에게 이 네오콘이 무엇인지 모두 알려달라고 부탁했다. 폴 울포위츠 부장관이 이끄는 국방부 내의 주요 실무자에 대해 몇 가지 놀라운 점이 밝혀졌다. 그들은 극도로 총명하고 사려 깊은 사람들이었고, 좋은 의도를 갖고 있었다. 대부분은 중동 전역에 민주주의를 전파하는 사명을 진실로 신봉하는 사람들이었다. 그들은 또한 미국이 바로 그 일을 할 수 있는 능력이 있다고 확신했다. 낙관적이고 야심만만하지만, 한심할 정도로 준비되지 않고 정보에 밝지 않은 대통령이 비전에 휩쓸리는 이유를 어렵지 않게 알 수 있었다. 그는 그것이 얼마나 힘든 일인지 충분히 인지하지 못했다.

그러나 나는 체니 부통령과 럼즈펠드 장관을 이상주의적인 진정한 신봉자들에게서 분리시키는 네오콘 진영 내의 경계선도 알아차렸다. 이

두 사람의 견해는 더욱 냉소적이었다. 그들은 자신들이 원하는 군사적 조치를 취할 수 있게 되기만 한다면, 중동 전역을 민주화하는 것에 말뿐인 호의를 베풀 수 있었다. 그러나 그들은 아프가니스탄과 같은 나라가 일어서도록 돕기 위해 상당한 자원을 지불하는 데는 관심이 없었다. 국가 건설은 그들의 의제가 아니라고 그들은 분명히 말했다. 그들은 탈레반이 다시 위협적으로 보일 때마다 그냥 돌아와 '습지에 물을 빼는 것'을 선호했다. 척 헤이글 상원의원과 내가 아프가니스탄에 더 많은 돈을 지원하기 위해 추가 법안을 추진했을 때, 행정부는 반대했다.

내가 그들의 기본 강령을 읽어감에 따라, 네오콘이 합의점을 찾은 곳이 하나 있다는 것이 분명해졌다. 그것은 테러와의 투쟁에서 무력을(그리고 무력을 쓰겠다는 위협을) 우선적인 도구로 사용하는 것이었다. 그들은 정말로 향후 더 큰 전쟁을 피하는 방법이 테러리스트를 잠재적으로 지원하는 국가들이 겁먹도록 무력을 행사하는 것이라고 믿었다. 그들은 정치 지도자들이 우리의 압도적인 군사력을 과시하고 이용하는 것을 꺼린다면, 세계 유일의 군사 초강대국이 무슨 소용이냐고 물었다. '충격과 경외'는 단순히 슬로건에 그치지 않았다. 그들은 그들이 불량 국가들을 위협해 굴복시킬 수 있다고 믿었다.

울포위츠는 테러범은 지원 국가가 없으면 존재할 수 없으며, 빈 라덴과 알카에다도 지원 국가가 분명히 있다고 끊임없이 주장했다. 그들은 우리가 사는 새로운 끔찍한 세계에 대한 강력한 이론을 갖고 있었고, 가장 큰 위협이 북한과 이란, 이라크라고 밝혔다. 체니 부통령은 이라크 독재자 사담 후세인과 알카에다의 9·11 음모 사이의 거짓 연관성을 꾸며내기까지 했다. 탈레반을 쓰러뜨리는 것은 네오콘에게는 좋은 시작이었지만, 그들은 다른 불평분자들을 통제하고 더 큰 전쟁을 피하는 방법은 다른 불평분자들이 두려워하도록 '악의 축' 지도자 중 한 명을 제거하는 것이라고 생각했다. 그들은 우리의 놀라운 군사력을 '테러리스트들에게 힘을 실어준다면 당신들을 쓸어버리겠다'라는 강력하고 확실한 메시지를 보내는 데 활용하기를 원했다. 그리고 네오콘 운동에서 많은 사람에게 테러와의 전쟁에서 동맹국과 연합국 파트너를 모으려는 노력은 메시지를 흐리게만 했다. 그들은 우리가 세계의 다른 나라들의 반감에도 우리의 군사력을 사용한다면 잠재적 불량 국가의 독재자들이 정신을 차릴 것이라고 생각했다. 그들은 우리가 진심이란 것을 이해하고 유럽의 소심함이나 무관심 뒤에 숨는 것을 안전하지 못하다고 느낄 것이다. 부시는 자신의 '테러와의 전쟁'에 대해 우리 편이 아니면 우리의 적이라고 말하길 좋아했다.

나는 그 접근 방식에 커다란 결함이 있다고 생각했다. 실제 현실은 테러리스트 집단이 강력한 정부나 독재자가 있는 나라를 그들의 훈련소 근거지로 삼지 않았다는 것을 보여주었다. 그들은 실패한 국가에서 안전한 피란처를 찾았고 권력의 공백 속에서 더 강해졌다. 네오콘이 저지른 또 다른 큰 실수는 테러와의 싸움에서 위협과 군사력을 주요 도구로 사용한 것이라고 나는 믿었다. 9·11 여파로 예기치 않은 곳에서 미국에 대한 깊은 동정심이 나타났다. 나의 옛 스승인 해리먼 주지사는 이것을 대화할 기회로 보았을 것이다. 나는 공화당 동료 몇 명과 함께 상원 외교위원회에서 적대 세력뿐 아니라 친구들과 대화하기 위해 열심히 노력했다. 콘돌리자 라이스의 동의를 얻어, 헤이글 상원의원과 나는 이란에 연락을 취하려 애썼고, 루거 상원의원과 나는 북한과 직접 접촉할 필요성에 대해 이야기했다. 우리는 김정일이 핵무기 제조에 이용할 수 있는 더 많은 플루토늄을 생산하는 것을 막는 유일한 방법이 불가침조약을 목표로 대화를 시작하는 것이라고 믿었다. 그게 바로 그가 진정으로 원하던 것이다. 나는 네오콘이 '정권 교체'를 위협하는 것을 자제시켜야 한다고 주장했는데, 그것은 마치 가톨릭 신자에게 삼위일체를 부정하라고 요구하는 것과 같았다.

한편 부시가 럼즈펠드에게 이라크 침략 계획을 준비하라고 지시했기 때문에 사담 후세인 타도에 대한 잡음이 많았다. 부시가 악의 축으로 규정한 3개국 중 이라크는 군사적 저항 능력이 가장 떨어지는 나라였고, 나는 체니와 럼즈펠드가 대통령을 침략으로 내몰고 있다고 믿었다. 대통령은 2002년 6월 1일 웨스트포인트에서 열린 미국 육군사관학교 졸업식에서 "지난 세기 동안 미국의 국방은 대부분 억제와 봉쇄라는 냉전적 교리에 의존했습니다"라고 미국을 방어하기 위한 규칙을 재해석하면서 부시 독트린을 제시했다.

어떤 경우에는 그런 전략들이 여전히 적용됩니다. 그러나 새로운 위협에는 또한 새로운 사고가 요구됩니다. 국가들에 대한 대규모 보복의 약속인 억제력은 방어할 국가나 시민이 없는 공허한 테러 조직에 아무런 의미도 없습니다. 대량 살상 무기를 가진 비이성적인 독재자들이 미사일에 그런 무기를 실어 보내거나, 테러리스트 동맹국에 비밀리에 제공한다면 봉쇄는 불가능합니다. 테러와의 전쟁은 방어로는 승리하지 못합니다. 우리는 적을 선제공격하고, 그들의 계획을 저지하고, 그들이 모습을 드러내기 전에 최악의 위협에 맞서야 합니다. 우리가 진입한 세상에서 안보로 가는 유일한 길은 행동뿐입니다. 그리고 우리나라는 행동할 것입니다. 우리 안보에는 여러분이 이끌어갈 군대의 변혁이 필요합니다. 세계의 어두운 구석에서 즉시 공격할 준비가 되어 있는 군대 말입니다. 그리고 안보를 위해서는 모든 미국인이 진취적이고 단호해야 하며, 자유를 수호하고 우리 생명을 지키기 위해 필요할 때 선제적 조치를 취할 준비가 되어 있어야 합니다. 우리는 친구와 동맹국과 함께 각각의 경우가 요구하는 대로 테러의 확산을 저지하고, 테러를 지원하는 정권에 맞서야 합니다.

선제적 조치에 대해 이야기하면서, 행정부 관계자들은 사담 후세인이 '임박한 위협'이라는 사실을 주장하고 나섰다. 10년이나 지났지만 그는 여전히 무장해제하라는 유엔의 요구를 묵살했다. 우리는 이미 CIA 국장 조지 테닛과 다른 몇몇 사람에게 사담 후세인의 무기 비축에 대해 브리핑을 받았다. 유엔 사찰단에 의해 검증되지 않은 수많은 화학·생물학 무기가 있었고, 그가 빈사 상태의 핵 프로그램을 다시 시작하려 한다는 보고도 있었다. 그러나 후세인은 세계에서 철저히 봉쇄당해, 설령 은밀히 핵무기 개발을 재개할 수 있다고 해도, 핵폭탄을 갖게 되기까지는 수년이 필요했다. 나는 그가 눈앞에 닥친 위협이라고 생각하지 않았고, 북한이나 이란, 리비아 등을 겁주기 위해 이라크에서 전쟁을 벌이는 것은 좋은 정책이라고 생각하지 않았다. 그래서 2002년 7월 31일 상원 외교위원회에서 이라크를 둘러싼 위협, 대응, 지역적 고려를 검토하기 위한 청문회를 소집했다. 나와 마찬가지로 공화당의 딕 루거는 이라크에 대한 국가적 대화 창구를 열어 모든 미국인에게 알리는 것이 중요하다고 생각했다. 후세인이 미국과 그 동맹국에 가한 위협, 그 위협에 대한 가능한 대응, 그리고 각각의 대응에 따른 결과를 냉정하게 살펴보자는 뜻이었다. 루거 상원의원과 나는 청문회 개막일에 공동 논평 기사에서 이렇게 썼다. '우리는 군사 개입비용이 얼마나 들지 묻고, 그것이 우리 경제에 미칠 영향을 고려해야 한다. 그리고 우리는 중동과 유럽의 동맹국들로부터 어느 정도의 지원을 받게 될 것인지 판단해야 한다. 사담 후세인이 축출되면 우리의 책임은 무엇이 될까? 이 질문은 아직 검토되지 않았지만, 가장 결정적인 질문이 될 수도 있다.'

한 달 전, 대통령은 내게 이라크를 무너뜨릴 계획이 없다고 개인적으로 확인해주었고, 나는 파월 국무장관이 대통령의 침공을 만류하려 한다고 확신했다. 파월은 은밀하게 행동했고, 우리는 자주 이야기를 나누지 않았지만, 가끔 우리가 이라크 침공에 반대하는 이유를 논의할 때, 그는 내게 "대통령에게 전화해서 자네가 방금 한 말을 그대로 하게"라고 말하곤 했다. 그래도 나는 파월이 설 자리를 잃고 있다는 느낌이 들었다. 부시 대통령이 "계획이 없다"고 말한 지 열흘 만에 〈워싱턴 포스트〉는 대통령이 이미 '이라크 대통령을 체포하기 위해 치명적인 무력을 사용할 수 있는 권한을 포함해 사담 후세인을 쓰러뜨리기 위한 포괄적이고 은밀한 계획을 CIA에 지시하는 기밀 명령에 서명했다'라고 보도했다. 그래서 나는 행정부에 증인을 보내달라는 요청은 하지 않았는데, 그들에게 강요하고 싶지 않았기 때문이었다. 내가 청문회를 연 의도는 이라크에서 전쟁을 벌이는 것에 대한 부정적인 측면을 공개적으로 논의하기 위해서였다.

이틀간의 전문가 증언은 또 다른 군사 전선을 개방하는 데 따르는 커다란 어려움에 대해 국가를 교육하는 좋은 출발이었다. 나는 군사전략 및 중동 전문가인 앤서니 코데스먼의 청문회 마무리 발언 마지막 부분을 결코 잊지 않을 것이다. "이 전쟁에서 경솔하게 움직이면, 재앙이 될 거라 생각합니다. 나는 스미르나 출신 시인 비온이 언급한 약 2000년 전 이 이야기가 생각납니다. '어린 소년들은 장난으로 개구리에게 돌을 던지지만, 개구리는 장난으로 죽지 않고, 진정으로 죽는다.' 이것은 게임이 아니고, 안락의자에 앉아 결정할 일도 아닙니다."

무기 전문가들과 전임 사찰단원이 공통으로 인정하는 사실은 후세인이 미국에 '임박한 위협'이 아니라는 점이었다. 그가 핵무기를 보유하려면 5년에서 10년이 필요했다. (우리가 '유출된 핵무기'에 대해 걱정해야 한다면, 우리는 구소련에 숨은 무기를 걱정해야 한다.) 생화학 무기 공격의 위험성을 감안하더라도 사담 후세인을 신속하게 축출할 수 있는 미군의 능력을 의심하는 사람은 아무도 없었지만, 증인들은 우리가 걸프전에서 도움을 얻은 일종의 연합군을 기대할 수 없으며, 아마도 아프가니스탄에서 우리가 받은 국제적 지원에도 의지할 수 없다는 점을 분명히 했다. 중요한 동맹국이 될 터키는 큰 도움을 줄 것 같지 않았다. 이 지역의 강력한 동맹국인 사우디아라비아도 실제 돈을 내놓으려 하지 않았다. 사담 후세인을 그의 상자에 가두기 위한 강력한 국제적 지지가 있었지만, 그의 정권을 전복시키기 위해 피와 금전을 쓰는 것에 대해서는 아니었다.

가장 선견지명이 있는 증언은 침략의 여파에 관한 것이었다. 이라크 망명자 아흐메드 찰라비의 동맹국들은 현지의 정치 상황에 대해 안심할 수 있는 평가를 내놓았다. 그들은 우리가 해방자로 취급될 것이며, 이라크인의 대다수가 대기 중인 찰라비의 망명정부 이라크 국민회의의 지도부를 환영할 것이라고 말했다. 그러나 그 견해는 그 지역을 아는 사람들 사이에서 널리 지지받지 못했다. 외교위원회의 한 고위 관계자는 위원회에 이렇게 말했다. "우리가 이라크를 점령하고 그곳에서 오랫동안 주둔하려면, 돈과 생명 모두 큰 대가를 치를 각오가 되어 있어야 합니다. 우리가 후세인 이후에 말하는 민주주의 이라크는 사상자에 대한 매우 큰 위험과 이라크 영토 보전에 대한 위협을 감수하면서 우리가 아주 오랫동안 이라크에 머물 준비가 되어 있어야만 가능할 것입니다. 민주 정권은 그 나라가 그대로 유지되어야 한다고 주장하는 미군 병력이 그 나라에 없다면 나라를 온전히 보전할 능력을 갖지 못할 것이고, 그러면 우리는 우리가 정말 그 도구가 되기를 원하는지 생각해야 합니다.” 그는 이라크에 미군이 20년간 주둔해야 할지도 모른다고 생각했다. 한 정통한 경제학자는 이라크 재건 비용이 약 3000억 달러에 이를 것으로 추산했다. 이라크의 석유 생산이 그 비용의 일부를 충당할 예정이었다. 그리고 우리가 전 세계에서 많은 돈을 받게 될 것이라고 생각하는 사람은 거의 없었다.

전문가들은 사담 후세인을 쓰러뜨린 직후의 실제 문제를 예측했다. 페베 마르 교수는 “바로 다음 날 바그다드에 확고한 리더십이 자리 잡지 못한다면 특히 도심 지역에서 응징과 보복, 유혈 사태가 일어날 수 있습니다”라고 증언했다. 이라크 재단의 상임이사는 약간의 혼란은 있겠지만 그 여파로 인한 대혼란은 없을 것으로 예상했다. “경찰력과 행정 업무, 사법제도 등이 제 기능을 발휘하지 못할 것이므로 치안 시스템이 붕괴될 것입니다. 이라크 경제를 가능한 한 빨리 가동해 고용 기회를 창출하고 이라크의 생활수준을 눈에 띄게 높이는 것이 정치적으로나 운영 면에서 지극히 중요할 것입니다. 이라크인이 그들의 삶이 나빠지지 않고 나아진 것을 가시적이고 실질적인 면에서 보는 것이 얼마나 중요한지는 아무리 강조해도 지나치지 않습니다.”

루거 상원의원은 청문회에서 이렇게 말했다. “위원장님, 그 증언으로 저는 무엇보다도 국방부뿐만 아니라 우리 정부의 다른 부문에서도 계획의 필요성이 매우 중요하다는 사실을 깨달았습니다. 이라크에서 기울인 우리 노력은 위협이 제거된 후에도 멈출 수 없습니다. 안정되고 평화로운 이라크가 출현하는 것이 우리의 국익에 직결됩니다. 오늘은 강하게 말씀드리겠습니다. 우리는 계획을 준비해야 합니다. 군사 계획 이상의 것이어야 하며, 광범위한 제휴를 이끌어내는 계획이어야 합니다. 우리의 정치력이 능숙하다면 러시아가 합류할 것이고, 프랑스도 우리와 함께할 것이며, 다른 많은 사람도 합류할 것입니다. 그러면 우리는 이라크 문제에 함께 대처하게 될 것입니다."

수백 쪽에 달하는 증언에서 나온 보다 냉혹한 의견 중 하나는 혼잣말에 지나지 않았다. 한 중동 전문가는 "만일 문제가 테러리즘에 대한 것이라면 이것이 중동에서 테러리즘의 동기를 제거하지 못할 것이라는 사실을 상기해야 합니다. 오히려 테러가 더 늘어날 수도 있습니다"라고 말했다.

나는 무엇보다 이라크에서의 전쟁이 아프가니스탄의 모델을 따라갈 것을 걱정했다. 아프가니스탄에서는 비록 빠르게 승리했지만, 치안과 재건을 위한 노력은 미미했다. 체니 부통령과 럼즈펠드 장관이 아프가니스탄에서 한 일을 생각하면, 두 사람이 이라크 재건에 필요한 일을 할 의사가 있을지 확신이 없었다. 나는 이라크가 가끔 물을 빼는 제2의 습지가 될까 봐 걱정했다. 청문회에서 나는 이렇게 말했다. "이라크의 전략적 위치, 막대한 석유 매장량, 이라크 국민의 고통 등을 감안할 때, 우리는 독재자를 혼란으로 대체할 여유가 없습니다. 이라크에서 독재자를 제거한다면 결국 대혼란만 남는 비극이 될 것입니다."

청문회는 논의를 시작했으며, 많은 외교정책 전문가가 이에 동참했다. 부시가 8월의 대부분을 텍사스 크로퍼드의 목장에서 휴가를 보내는 동안, 그의 아버지의 전 측근들은 논평 기사를 통해 조언을 제공했다. 청문회가 끝난 지 몇 주 후, 조지 H. W. 부시의 국가안보 보좌관이었던 브렌트 스코크로프트는 〈월스트리트 저널〉 사설에서 부시 대통령에게 주의를 주었다. "후세인을 테러리스트 조직과 결부시킬 증거는 거의 없으며, 9·11 테러와의 관련성은 더욱 희박하다. 사실 후세인의 목표는 우리를 위협하는 테러리스트들과 공통점이 거의 없으며, 후세인이 그들과 공동의 대의명분을 만들 동기도 거의 없다. 그는 자신이 투자한 대량 살상 무기를 테러리스트들에게 넘겨 자신의 조국은 물론이고 자신의 투자까지 위태롭게 할 것 같지는 않다. 테러리스트들은 그들의 목적을 위해 그 무기를 사용하고 바그다드를 반송 주소로 남겨둘 것이기 때문이다."

아버지 부시의 국무장관을 지낸 제임스 베이커는 사담 후세인을 상대하기 전에 전 세계에서 강력한 지지를 구축해야 한다고 경고하면서 "만약 우리가 단독으로 또는 한두 나라와만 함께 행동에 나선다면, 모든 분야의 비용이 국내와 국제적으로 정치적 위험부담과 마찬가지로 훨씬 더 커질 것이다"라고 말했다.

딕 루거와 나는 둘 다 청문회가 성공적이었다고 느꼈다. 어쩌면 너무 성공적이었는지도 모른다. 8월 26일, 체니 부통령은 해외 참전 용사들 앞에서 연설하면서 사담 후세인의 무기 능력과 그것을 이용하려는 그의 의도에 대한 비이성적인 두려움을 이용해, 우리가 청문회에서 증언한 주장에 반박하는 공개 캠페인을 시작했다.

이라크 정권은 사실 화학 및 생물학 작용제 분야에서 그들의 능력을 향상시키느라 노력해왔습니다. 그리고 그들은 수년 전에 시작한 핵 프로그램을 계속 진행하고 있습니다. 이것들은 이라크를 방어하기 위한 무기가 아니라 대규모 살상을 목적으로 한 공격용 무기로, 사담 후세인이 자신의 지역이나 그 외 지역에서 자신이 선택한 사람의 머리 위에 위협을 가할 수 있도록 개발되었습니다. 우리 중 대부분은 사담 후세인이 곧 핵무기를 손에 넣을 거라고 확신하고 있습니다. 한마디로 사담 후세인이 현재 대량 살상 무기를 보유하고 있다는 것은 의심의 여지가 없습니다. 그가 우리의 친구와 동맹국, 그리고 우리에게 사용하기 위해 그 무기들을 축적하고 있다는 것은 의심의 여지가 없습니다.

파월 장관과 체니-럼즈펠드 간의 분열은 그 어느 때보다 커 보였고, 나는 대통령이 어느 편에 서 있는지 확실히 알 수 없었다. 체니 부통령의 부시 대통령과의 관계는 흥미로웠다. 그 두 사람과 함께 방에 있으면, 누가 대장인지 확연히 드러난다. 당연히 조지 W. 부시다. 대통령은 체니 부통령을 그의 내각, 참모, 그리고 그의 손안에 있는 모든 사람을 대하는 것과 똑같은 방식으로 대한다. 나는 부시가 "딕, 커피 한잔 줘요"라고 말하면, 체니가 벌떡 일어나 "어떻게 드릴까요?"라고 묻는 걸 봤다 하더라도 그리 놀라지 않았을 것이다. 그들 두 사람과 미팅 중이었을 때, 체니는 거의 말을 하지 않았다. 그는 그저 통나무 위의 황소개구리처럼 앉아 듣고 있을 뿐이었다. 그러나 다른 사람들이 모두 가고 나면 체니는 뒤에 남았다. 나는 항상 그가 마지막 충고를 했다고 생각했다.

부시 대통령을 중심으로 행정부는 여전히 엇갈린 신호를 보내고 있었다. 대통령은 9월 12일 유엔에서 세계가 사담 후세인이 1991년 걸프전 이후 무장해제하기로 한 약속을 이행하도록 만들어야 할 의무가 있다고 주장함으로써 올바른 방향으로 가는 힘찬 발걸음을 내디뎠다. 〈워싱턴 포스트〉는 부시 대통령이 유엔에 행동하라고 촉구한 것을 칭찬했다. 그들은 사설에서 '바그다드에서 의미를 갖고 신뢰를 얻으려면, (유엔 안전보장이사회의) 모든 새로운 조치는 반드시 기한을 정해놓고, 그 기한 내 이행되지 않을 경우 무력을 승인해야 한다'라고 썼다. 나는 대통령을 공개적으로 지지했는데 그가 후세인에게 행동을 촉구하는 것이 옳다고 생각했기 때문이었다. 국제법이 의미를 지니려면, 유엔은 이라크의 무장해제를 촉구하는 10년 묵은 결의안을 유엔 사찰단이 검증할 수 있는 방식으로 집행해야 할 때였다. 나는 그가 연설한 다음 날 "10년이 넘도록 후세인은 이라크의 대량 살상 무기 능력을 폐기하겠다는 자신의 약속을 번번이 어기면서 국제사회의 의지를 무시했습니다. 대통령은 유엔에서 사담 후세인이 세계의 문제이고 유엔은 행동할 의무가 있다는 점을 상기시키는 옳은 일을 했습니다"라고 말했다.

그 무렵 일부 국무부 관계자는 체니와 럼즈펠드, 그리고 국방부의 네오콘에 대한 우려를 털어놓았다. "강 건너편 펜타곤에 있는 저 빌어먹을 놈들." 한 국무부 고위 관계자가 전화로 내게 불평했다. "정말 미친놈들이에요. 미쳤다고요." 그러나 나는 여전히 국무부 관계자들이 무엇을 하는지 대통령이 인지할 수 있고 파월 장관과 국방부 고위 장성들이 부시가 이라크에서 불필요하게 전쟁을 벌이는 것을 막을 수 있다고 확신했다.

부시가 유엔을 방문한 지 약 일주일 후, 백악관은 그들이 통과되기를 바라는 결의안 초안을 의회에 보냈다. 거기에는 이렇게 쓰여 있다. '대통령은 상기에서 언급한 유엔 안전보장이사회 결의안을 집행하며, 이라크가 제기하는 위협에 대항해 미국의 국가 안보 이익을 방어하며, 해당 지역에서의 국제 평화와 안전을 회복하기 위해 무력을 포함해 그가 적절하다고 판단하는 모든 수단을 동원할 권한이 있다.' 결의안의 문구는 포괄적이었고, 글자 그대로 해석하면 사담 후세인이 무장해제를 한 후에도 대통령은 이라크가 바레인에서 포로들을 돌려보내기를 거부하는 경우 전쟁을 일으킬 수 있음을 의미했다. 외교위원회 소속 공화당 동료 중 한 명인 네브래스카주의 척 헤이글은 백악관이 의회를 통해 대통령에게 전해달라고 요구하는 지역의 광범위함에 고개를 저을 수밖에 없었다. "전 지역이라고 쓰여 있었어요!" 헤이글은 몇 년 후 한 기자에게 말했다. "그들은 그리스나 어디든 갈 수 있었어요. 중앙아시아가 그 지역에 있습니까? 그렇군요! 그들이 중동 전체를 의미한 것은 너무나 확실했어요. 뭐든 다였어요. 문자 그대로 전부 다요. 한도가 없었고, 제한도 없었습니다." 이에 앞서, 백악관은 의회를 우회하는 방안을 검토하고 있었다. 알베르토 곤잘레스 백악관 변호사는 이라크에서 군사행동을 취하는 데에는 의회의 결의가 필요 없다는 내용의 메모를 이미 대통령에게 보냈다.

하겔, 루거, 그리고 나는 즉시 이라크 독재자가 무장해제라는 유엔의 요구를 존중하기를 거부할 경우에만, 그리고 다른 모든 선택권이 소진된 후에만, 대통령에게 후세인을 무장해제시키기 위해 군사력을 사용할 권한을 부여하는 결의안을 마련했다. 우리의 결의안 초안은 백악관이 유엔에서의 외교 진척 상황을 의회에 보고해야 하고, 대통령이 유엔의 지원 없이 전쟁을 일으키려 한다면 후세인의 무기가 미국에 '엄중한 위협'이라는 것을 확실히 납득시키도록 의무화했다. 우리는 또한 이라크에서 벌어지는 어떠한 군사작전에서 백악관이 동맹국들을 얻었을 경우, 의회에 보고하도록 요구했다. 지난여름 청문회를 지켜본 후, 우리 셋은 부시 대통령이 이라크에서 전쟁을 벌이기로 결정할 경우 필요한 실제 비용을 미국 국민들이 확실히 알 수 있도록 하고 싶었다. 나는 사람들이 군사행동의 달러 비용에 대해 확실히 알기를 원했다. 백악관 경제 고문은 그 비용을 1000억 달러에서 2000억 달러 사이로 추산했다. (그는 이 때문에 해고되었다.) 우리 외교위원회 청문회에서 들은 바에 의하면, 평화 확보의 대가는 훨씬 더 높았다. 부시 대통령의 대폭적인 감세안을 고려하면, 우리가 포기해야 할 국내 프로그램이 많아지거나, 아니면 우리가 물려줄 빚이 상당히 많아졌다. 미국인들은 그 정보를 알 권리가 있었다. 그리고 미국인들이 그 선택을 저울질할 때 알아야 하는 것은 우리가 이라크에서 얼마나 오랫동안 있을 것인가 하는 문제였다. "우리가 이라크에 장기적으로 헌신할 것임을 미국 국민에게 분명히 해야 합니다. '내일'은 '10년 후'가 될 것입니다"라고 나는 청문회 이후로 말해왔다.

바이든-루거 결의안 지지자가 빠르게 늘어났다. 〈워싱턴 포스트〉는 2002년 10월 2일 자 사설에서 '부시 대통령은 결의안을 받아들여야 한다. 그것은 그의 뒤에서 의회를 통합하고 책임감 있는 길을 제시하게 될 것이다'라고 했다. 그러나 우리의 결의안이 상원에서 강력한 초당적 지지를 얻기 시작했다는 소식이 백악관에 들어가자 부시와 체니는 (훨씬 나중에 알았지만) 트렌트 로트 공화당 원내 대표를 방문했다. "부시의 명령은 더욱 강압적이 되었다." 로트는 자신의 자서전에서 밝혔다. "바이든 법안을 막으세요." 그가 내게 지시했다. 절대로 그 법안이 빛을 보지 못하게 하세요." 그는 또 딕 루거가 백악관의 생각을 알게 하라는 지시를 받았다고 말했다. 어느 날 밤 10시쯤 나는 집에서 루거의 전화를 받았는데 그는 부시 행정부의 관계자들이 딕 게파드 민주당 하원의원을 설득해 그들이 백악관에 좀 더 우호적인 결의안 초안을 작성할 수 있도록 도와달라고 했다고 알려줬다. 루거는 로트와 부시가 우리의 결의안에서 자신을 빼내려 했지만, 그는 남겠다는 뜻을 비쳤다고 말했다. 그는 내게 게파드 타협안이 빠르게 움직이고 있기 때문에 우리가 바이든-루거 결의안을 외교위원회에서 통과시켜 다음 날 열리는 정례 비즈니스 회의에서 상원 전체 회의로 넘기는 것이 좋을 것이고, 그렇지 않으면 우리를 지지할 준비가 되어 있는 공화당원 중 몇 명을 잃을 수도 있다고 말했다.

결의안이 위원회에서 통과되기 위해서는 민주당원들이 찬성표를 던져야 했다. 그래서 나는 톰 대슐 민주당 원내 대표에게 전화를 걸어 위원회의 민주당 의원과의 미팅을 주선해달라고 부탁했고, 그는 그렇게 했다. 우리는 다음 날 아침 민주당 원내 대표 회의실에 모였고, 나는 바이든-루거 결의안을 홍보하며, 그것이 대통령에게 줄 아주 현실적인 제약에 대해 지적했다. 대슐은 나를 지지했다. 그러나 미네소타주의 폴 웰스턴은 원칙상 내 결의안을 지지할 수 없다고 말했다. 위원회의 나머지 민주당 의원도 결국 같은 말을 했다. 나는 테이블에 앉아 원칙에 대한 강의를 들었다.

"강의는 됐습니다." 내가 말했다. "나는 우리의 목적이 불필요한 전쟁을 피하기 위해 우리가 할 수 있는 모든 일을 하는 것이라고 생각했습니다. 우리가 대통령에게 우리가 투표해야 할 결의안에 비해 그를 크게 제한하는 이 권한을 주더라도, 여러분은 원칙대로 할 거라는 말씀인가요? 여기 계신 분 중 우리가 대안이 없더라도, 백악관이 그들의 결의안에 찬성하는 55표를 얻지 못한다고 생각하는 분이 계신가요?" 나는 그들에게 최소한 위원회에서 바이든-루거 결의안을 통과시켜달라고 간청했지만, 그들은 원칙상 그렇게 할 수 없다고 분명히 밝혔다. 그들은 공정한 투표를 원했다. 나는 만일 내가 민주당원들을 충분히 확보하지 못할 경우, 더 많은 보수 공화당원들이 바이든-루거 결의안을 버릴 것을 알고 있었다.

한편 조 리버먼 상원의원은 게파트가 백악관과 함께 작성한 법안에 서명했다. 부시 팀은 그들이 원하는 것을 많이 얻었지만, 전부는 아니었다. 바이든-루거 결의안을 선호했던 우리는 실망했지만, 대통령은 그가 나라를 전쟁으로 이끌기 전에 모든 외교적 방법을 시도하겠다고 장담했다. 그리고 파월 장관과 합동참모본부 지휘관들은 이라크에서 전쟁을 벌이고 싶지 않은 것이 분명했다.

그런 점을 염두에 둔 나는 그 결의안에 찬성표를 던지기로 했다. 나는 2002년 10월 10일 원내 연설에서 다음과 같이 말했다.

우리는 이라크가 유엔에 대한 의무를 이행하도록 강제하는 것을 지지해야 합니다. 이라크의 불법 대량 살상 무기 프로그램은 우리의 국가 안보에 긴급한 위협은 아니지만, 규제 없이 방치된다면 그렇게 될 것이기 때문입니다. 그리고 의회에서의 대대적인 찬성표는 무기 사찰에 대한 새로운 강경한 유엔 결의안을 이끌어낼 가능성을 높이고, 결국 전쟁 가능성도 줄기 때문입니다. 이것은 어떤 이유에서건 이라크에 대해 무력을 사용하는 백지수표는 아닙니다. 이것은 걸프전 이후 이라크가 약속했던 대로, 필요하다면 그들을 강제로 무장해제하기 위해 무력을 사용하도록 승인하는 것입니다. 이 결의안은 사담 후세인의 축출을 명시적인 목표로 하지 않습니다. 그렇게 하면, 그 목표를 공유하지 않는 나라를 소외시켜 우리가 이라크를 무장해제하고, 어쩌면 재건하는 데 필요한 그들의 지원을 잃을 위험을 감수해야 합니다. 그것은 유엔에서 우리의 힘을 약화시킬 것입니다. 미국은 필요하다면 독자적으로 행동할 수 있는 특별한 능력을 지니고 있습니다. 우리는 그렇게 할 권리를 유지해야 하며, 이 결의안이 그렇게 해줄 것입니다. 그러나 이라크에서 단독으로 행동하면 사망자와 비용, 전 세계에 발휘하는 영향력 면에서 훨씬 더 많은 희생을 치러야 합니다. 단독 행동은 우리 정책에 대해 아직 확신하지 못하는 이들에 대한 반발적인 대응이 아니라 최후의 수단이 되어야 합니다. 또 나는 우리가 이라크를, 미국이 아닌 사담 후세인을 고립시키고, 무력을 첫 번째가 아니라 최후의 선택으로 사용하며, 의도하지 않은 결과가 아니라 원하는 결과를 내는 방식으로 다룰 시간이 있다고 믿습니다. 유엔과 미국 의회는 대통령이 이 과정을 끝까지 완수하도록 도울 의무가 있습니다. 유엔 안전보장이사회는 무기 사찰단이 임무를 완수하는 데 필요한 권한을 부여하는 강력한 새로운 결의안을 내놓아야 합니다. 결의안은 그 준수를 위한 명확한 기한을 설정해야 합니다. 그리고 사담 후세인이 무장해제를 하지 않을 경우, 그 결과를 분명히 밝혀야 하며, 여기에는 유엔 회원국에 준수를 강요하기 위해 무력을 사용할 수 있는 권한을 부여하는 것도 포함됩니다. 의회가 유엔 안보리에 올바른 메시지를 보내는 것도 매우 중요합니다. 안보리 회원국들은 이라크의 대량 살상 무기가 제기하는 문제에 대처하겠다는 우리의 결의와 필요하다면 무력을 사용하겠다는 우리의 의지를 의심하지 말아야 합니다. 이 결의안에 찬성하는 표가 많을수록, 안보리가 강경한 결의안을 승인할 가능성이 커집니다.

파월 국무장관이 유엔 안전보장이사회가 새로운 결의안을 통과시키고 집행하게 만드는 데 필요한 확고하고 단결된 지원을 의회가 통과시킨 결의안이 제공했다고 나는 믿는다. 그 결의안은 사찰단을 이라크에 복귀시키고 사담 후세인을 고립시켜 전쟁을 방지하기 위한 것이었다. 이런 믿음은 나 혼자만의 생각은 아니었다. 나는 투표 몇 달 후 파월에게 걸려온 전화를 기억한다. 그때 파월은 사담 후세인에 대한 두 번째 유엔 결의안을 통과시키려 노력했다. 파월 장관은 2002년 11월 유엔 안전보장이사회에서 만장일치로 강력한 결의안을 통과시켰고, 유엔에서의 그의 노력은 훌륭했으며 부시 대통령의 임기 중 그의 절정기를 보여주었다. 두 번째 결의안은 통과가 어려울 것이고 행정부의 강경파는 그 노력에 만족하지 않을 것이지만, 파월은 포기하지 않았다. "우린 이 일을 해낼 수 있을 거야." 파월이 단호한 어조로 말했다. "우리는 전쟁을 피할 수 있을 거라고. 전쟁이 얼마나 끔찍할까?"

19장

나의 실수

JOE BIDEN

나의 실수다. 나는 체니 부통령, 럼즈펠드 국방부 장관, 그리고 나머지 신보수주의자의 영향력을 과소평가했다. 나는 그들의 불성실함과 무능력을 지나치게 과소평가했다.

그래서 신보수주의자가 원하던 방식 그대로-국제적인 큰 지원 없이- 부시는 다시 전쟁을 시작했다. 행정부는 다른 나라들의 지지를 끈질기게 구하지 않았고, 미국인에게 충분히 동의를 구하지도 않았다. 체니 부통령은 이라크 국민의 지지에 크게 의존했다. 팀 러서트는 침공이 시작되기 3일 전 시사 대담 프로그램인 〈미트 더 프레스〉에서 부통령에게 물었다. "만약 당신의 분석이 정확하지 않고 우리가 해방자가 아니라 정복자로 취급되며, 이라크인들이 특히 바그다드에서 저항한다면 미국인들이 고비용에 피비린내 나는 장기간의 전투를 감당할 준비가 되어 있다고 생각하십니까?"

체니 부통령은 이렇게 대답했다.

일이 그렇게 되지는 않을 거라고 생각합니다, 팀, 저는 우리가 해방자로 환영받을 거라고 믿기 때문입니다. 저는 지난 몇 달 동안 많은 이라크인과 이야기를 나누었고, 그들을 백악관으로 불렀습니다. 대통령과 저는 그들, 다양한 집단과 개인, 외부에서 이라크 내부의 일에 변화를 가져오려고 헌신하는 사람들을 만났습니다. 브랜다이스 대학교의 교수이자 이라크인인 카난 마키야 같은 분들이죠. 그는 이 주제에 관련해 훌륭한 책을 썼고, 이 나라를 속속들이 알고 있으며, 민주 야당이며 저항 세력이기도 합니다. 우리가 이라크 사람들에 대해 알아본 내용대로라면 그들이 사담 후세인을 제거하기를 원한다는 사실에는 의심의 여지가 없습니다. 그들은 우리가 그곳에 갔을 때 해방자로서 미국을 환영할 것입니다.

불행히도 부시 행정부는 이라크 내의 어느 누구와도 실제로 대화하지 않았다. 그들은 이라크 망명자인 아흐메드 찰라비와 이야기를 나누었는데 그는 사담 후세인 무기 프로그램의 실행 가능성에 대한 증거를 조작했고, 미군이 이라크 국민들 사이에서 널리 환영받을 것이라고 새빨간 거짓말을 했다. 럼즈펠드-체니-울포위츠가 찰라비 정보를 통째로 사들였다는 은밀한 이야기들이 들려왔다. 미군이 바그다드를 점령하고 사담의 동상을 무너뜨린 직후, 신뢰가 가지 않는 찰라비의 정보에만 의존한 결과가 명백해졌다. 우리는 이라크군을 물리칠 수 있는 병력은 많았지만 평화를 유지하기 위한 병력은 절반도 되지 않았다. 럼즈펠드 국방부 장관은 이라크의 안전을 지키려는 계획을 세우지 않았다. 그는 전쟁 후 5000명에서 6000명의 훈련된 예비군이 필요하다는 상원 외교위원회의 권고를 무시했다. 바그다드에서 약탈이 시작되자 럼즈펠드 장관은 손을 절레절레 흔들었다. "그런 일은 생기기 마련이다!" 그는 기자회견에서 말했다. "자유란 원래 어수선하기 마련이다. 자유인은 실수를 저지르고 범죄를 저지르고 나쁜 짓을 할 자유가 있다. 그들에게도 자신의 인생을 살아가고 경이로운 일을 할 자유가 있다. 그게 바로 여기서 지금 일어나고 있는 일이다."

며칠 후 나는 내 주요 외교정책 담당자 중 한 명인 푸니트 탤워에게 전화를 걸어 그가 놀라운 장소에 가 있다는 사실을 알아냈다. 폴 울포위츠가 전후 정부를 수립하기 위해 바그다드 외부에서 망명자를 모아 만든 사무소였다. 직원들은 전후 계획을 감시하고 있었지만, 이 시설의 존재는 불과 몇 주 전에 누군가 푸니트에게 60분짜리 인터뷰 테이프를 주면서 그의 관심을 끌었다. 테이프에는 울포위츠가 그 그룹에 대해 언급한 내용이 담겨 있었다. 푸니트가 시설에 접근하는 데 거의 2주가 걸렸는데 크리스털 시티의 많은 방산업체 건물 중 한 곳의 전 층을 비밀리에 사용하고 있었다. 그가 그곳을 돌아다니고 있을 때 내가 우연히 푸니트에게 전화를 걸었는데 그는 아마추어처럼 깜짝 놀랐다. 그는 사방에 각 정부 부처를 구분하는 작은 방과 칸막이가 있었다고 설명했다. 그곳은 찰라비가 운영하는 새 이라크 정부로 추정된다고 했다. 편지지 크기의 프린터 용지를 가로로 돌려 상당히 고른 간격으로 칸막이 벽면, 각 사무실 앞에 테이프로 붙여놓았고 국방부, 재무부, 내무부 등의 명칭이 쓰여 있었다. 이미 많은 사람이 쿠웨이트로 떠났지만, 푸니트는 이 계획을 세운 몇몇 망명자와 가까스로 대화를 나눌 수 있었다. 예를 들어 에마드 디아는 곧 그중 한 그룹을 이끌었는데 거기서 미국 대사관은 이라크 재건과 개발 협의회를 소집했다. 남아 있던 망명자들은 사담 후세인의 축출 소식에 분명히 기뻐했지만, 그들의 계획은 2003년 3월 침공이 있기 불과 몇 달 전에 시작되었을 뿐이며 바그다드에 배치될 여러 부처의 기능에 대해서는 잘 모르는 것 같았다. 그리고 그들 중 이라크의 현지 상황-침공 전이나 침공 후-에 대해 대략적으로도 아는 사람은 아무도 없었다. 당시 바그다드는 불타고 있었다. 사실, 대부분의 정부 부처는 약탈당하고 아직도 불에 타고 있었다. 그래서 이 사람들은 이미 파괴되고 있는 정부 부처에 대해 운영과 '자문' 계획을 마련하고 있었다. 푸니트는 "이 사람들은 황금 시간대를 대비하고 있지 않습니다."라고 말했다.

국방부의 후원을 받는 사람들 중 국무부가 마련한 전후 이라크에 대한 광범위한 연구와 계획에 대해 조금이라도 아는 사람은 아무도 없었다. 그리고 울포위츠의 어설픈 해외 망명자 중 국무부가 제안한 전후 이라크 정치 계획에 대해 아는 사람은 아무도 없었다. 미국은 전쟁 중이었고, 부시 행정부의 외국 정책 팀을 분열시킨 샌앤드레이어스 단층은 그 어느 때보다 넓었다. 그러나 이제 대통령의 입장이 어떤 건지 분명하게 보였다. 부시는 기본적으로 이라크에서 미국을 방관해왔고 안전과 재건 문제를 럼즈펠드 장관과 국방부에 맡겼다. 수치스러운 것은 상원 외교 위원회와 국무부가 오늘날 우리가 직면한 많은 문제-이라크 사회기반 시설의 유감스러운 상태, 전후 약탈과 저항 가능성, 이라크의 석유 수익으로 재건 비용을 지불하지 못할 가능성, 이라크인을 훈련시키는 것을 돕기 위한 국제경찰 인원 5000명의 필요성 등-을 예측했다는 점이다. 그리고 아마도 가장 한탄할 만한 것은 이라크에서 지지층도 없는 망명자에게 의존하고 있다는 점이다.

나는 울포위츠 같은 신보수주의자가 나쁜 사람들이라고는 생각하지 않았다. 그들은 최선의 의도를 가지고 있었고, 이라크 사람들을 돕기를 진정으로 원했다. 사담 후세인이 물러나면서 이라크와 전 세계는 더 나아졌다. 그러나 그들은 지난 20년 동안 그들의 싱크탱크에서 꿈꿔온 이데올로기적 개념에만 사로잡혀 지상에서 벌어지고 있는 일을 완전히 이해하지 못하는 것 같았다.

사담 후세인 정부가 타도된 후 첫 주에 이라크를 담당하게 된 제이 가너는 사람들에게 백악관이 이라크에 안전을 확보하고 재건할 계획이 있는지 모르겠다며, 백악관의 어느 누구도 그와 의견을 나누지 않았다고 말했다. 한편 미국국제개발처 행정관은 17억 달러를 들여 이라크를 재건할 수 있다고 공개적으로 주장했다. 그는 "그것이 우리 계획이다"라고 말했다.

2003년 5월 1일, 부시 대통령은 샌디에이고의 평화 수역에 있는 항공모함으로 날아가-뒤에 '임무 완료'라고 쓴 현수막을 달고- 이라크에서의 주요 전투 작전은 끝났다고 발표했다. 그로부터 한 달이 채 지나지 않아 대통령은 대량 살상 무기를 발견했다고 발표했다. 하지만 그는 틀렸다.

럼즈펠드 장관이 가너의 후임으로 지목한 그 남자가 나를 찾아왔을 때 나는 정말 걱정이 되었다. 그는 나에게 이라크에 대해 설명하면서 회의를 시작했고, 상황을 수습하기 위해 어떻게 할 것인지 이야기했다. 폴 브레머는 이라크 CPA(Coalition Provisional Authority, 연합군 임시 행정처-옮긴이)의 수장으로서 자신이 해야 할 일에 확신을 갖고 있었지만, 그는 이라크의 실제 상황을 파악하고 있음에도 전혀 부담을 느끼지 않는 것처럼 보였다. 아직은 재건 계획에 대한 증거가 없기 때문에 나는 딕 루거와 이라크에서 무슨 일이 일어나고 있는지 직접 보고 듣기 위해 이라크로 떠나기로 했다. 우리는 척 헤이글 상원의원에게 함께 가자고 제안했다.

바그다드에서 처음 연 회의에는 폴 브레머도 함께했다. 주로 이라크 군을 어떻게 다룰 것인가 하는 어려운 문제에 대해 이야기를 나누었다. 우리는 모두 브레머가 최근 군을 해산하기로 한 결정 때문에 군사훈련 중 직업을 잃은 이들의 분노를 사지는 않을까 걱정했다. 브레머는 최근 일부 하급 장교들에게 다시 급여를 지급하기로 했지만, 군대는 다시 소집하지 않기로 결정했다고 말했다. 그래서 이제 분노하고 실직했는데 돈도 있고 군사훈련까지 받은 남자들이 생겼다. 그런 다음 브레머는 국영 산업을 매각하려는 자신의 계획을 이야기했는데 내가 보기에 그것은 무지몽매한 이데올로기에 근거한 불충분한 결정으로, 이라크가 중동의 레이거노믹스를 위한 임시 실험실로 변질된 것 같았다. 전혀 말이 되지 않았다. 이라크는 이런 접근 방식에는 맞지 않았고, 나는 그 결정 때문에 실업률이 증가하고 더 많은 잠재적 반란 세력을 끌어모으게 될 거라고 생각했다.

회의 중에 나는 브레머가 자신의 계획에 대해 확신하는 모습에 진저리가 났다. "당신은 정말 힘든 직업을 가졌다." 내가 그에게 말했다. "만약 전능하신 주님이 내려오셔서 우리에게 옳은 답변의 60퍼센트를 주신다 해도, 그래도 우리는 이 일을 해낼 가망조차 없을 것이다." 하지만 브레머는 꿈쩍도 하지 않았다. 그는 계속해서 그가 입국한 이후로 이라크의 안보 상황이 개선된 부분만 부각했다. 브레머는 동상이 무너진 지두 달 만에 CPA가 3만 명의 이라크 경찰을 지원했다고 말했다. 하지만 나는 의심스러웠다. 나는 경찰을 제대로 훈련시키는 데 얼마나 오랜 시간이 걸리는지 알 만큼 코소보와 보스니아에서 충분한 시간을 보냈다. 그래서 우리는 진행 상황을 확인하기 위해 바그다드 경찰 학교를 방문했다. 사담의 동상이 무너져 있는 광장을 지나면서, 나는 이라크에서 좋은 결과를 얻기 위한 가능성에 대해 생각했다. 그리고 나는 부시 팀이 이 침공에서 좋은 결과를 얻어내려면 계획을 근본적으로 변경해야 한다는 것을 알고 있었다.

부시 대통령이 어떤 일을 했든 누구의 충고를 들었든 나는 우리가 이라크에서 성공하기를 바랐다. 부시만이 정말로 그것을 실현할 수 있었다. 그의 성공은 곧 미국의 성공이었고, 그의 실패는 미국의 실패였다. 2003년 6월에도 아직까지 나는 우리가 이라크에 들어갈 때보다는 떠나기 전에 더 잘 마무리할 기회가 있다고 생각했다. 우리가 그곳에서 자유민주주의를 구현할 수 있다고는 절대 생각하지 않았지만 나는 우리가 모든 주요 공동체―시아파, 수니파, 쿠르드족― 안에서 자유로운 연합 정부를 갖춘 나라를 만들 수 있다고 확신했다. 공동체가 이해관계와 석유 수입을 일부 얻고, 소수 수니파의 권리가 존중되는 나라, 테러리스트의 온상이나 은신처가 아닌 나라, 그리고 우리나 이웃 나라에 위협이 되지 않는 나라를 만들 수 있다고 믿었다.

경찰력을 측정하는 것은 나에게 첫 단계를 판단하는 가장 확실한 방법이었다. 내게는 어떤 정부든 안보가 기본 요구라는 오랜 믿음이 있었다. 모든 것은 안보에서 비롯된다. 안보 문제가 해결되지 않은 상황에서 재건은 진전을 보일 수 없고, 시민들은 정부를 신뢰하지 않을 것이다. 안보가 위태로울 때 이라크 국민 사이의 균열은 더욱 뚜렷해질 것이다. 나는 그 첫 방문에서 시아파나 수니파라며 우리 앞에 나타난 이라크인은 거의 없다는 단순한 사실에 놀랐고, 다행이라고 생각했다. 하지만 이라크 지도자들은 이미 수니파에서 시아파, 쿠르드족에서 수니파를 끌어내기 위해 종파주의를 이용하고 있었다. 우리는 그것을 바로잡을 시간이 별로 없었다. 그리고 경찰 훈련장에서 본 모습도 그다지 고무적이진 않았다.

　당시 훈련 프로그램은 버나드 케릭이 맡고 있었지만, 그의 모습은 어디에서도 찾을 수 없었다. 그곳의 체육 시설은 최초의 적색경보였다. 건물 내부는 바닥까지 다 뜯겨 있었고, 전기 배선과 배관이 모두 밖으로 드러나 있었다. 그곳에서 일하는 한 미국 관리는 전쟁 전에는 바그다드에 경찰 병력이 많았지만, 그 부대의 베테랑들은 사담 후세인의 무장 군인이었기 때문에 별 도움이 되지 않을 것이라고 설명했다. 훈련 담당자는 근처의 5~6층짜리 아파트 단지를 가리키며 그 건물에서 살인 사건이 일어났다고 설명했다. 그는 모든 사람이 경찰에 출두해야 한다는 안내문을 건물 프런트 데스크에 붙였다. 경찰서에 나타나지 않는 사람이 있다면 사담 후세인의 경찰이 그를 죽일 것이란 사실을 모두가 알고 있었다. 우리가 들은 바로는, 그들은 암살단 그 이상도 이하도 아니었다. 그들은 아무런 조사 능력도 없었다. 순찰차도 없었다. 미국에서 경찰관에게 요구되는 지침에 따른 훈련은 없었다. 대부분은 교통을 통제하는 방법도 몰랐다.

　7만 5000명의 전문 병력을 조직하는 데 시간이 얼마나 걸리겠느냐고 물었을 때, 5년이 걸릴 것이며 5000명의 전문 교육관이 필요하다는 말을 들었다. 내가 그들에게 적합한 감옥은 있는지 물었을 때, 투자 자금이 들어오면 적어도 2년, 아마도 3년 내에는 만들 수 있을 거라고 들었다. 어느 순간 훈련생들이 우리에게 시범을 보이기 위해 연병장으로 불려 왔다. 아랍어로 명령을 외치자 신병들은 진지하지만 오합지졸 같은 모습으로 정렬했다. 그렇게 비극적인 상황이 아니었다면 영화 속 키스턴 캅스처럼 웃겼을 것이다. 나는 이 남자들이 믿을 수 없을 정도로 용감하거나 월급이 아주 절실한 사람들이라는 생각을 하지 않을 수 없었다. 나는 지금도 여전히 그들이 위아래 청색의 새 유니폼을 입고 마당에서 행군하는 모습을 떠올린다. 그리고 그중 얼마나 아직도 살아 있을지 궁금해진다. 경찰은 저항 세력과 종파 민병대의 첫 번째 가장 눈에 띄는 표적이었다. 우리는 떠나기 전, 이라크 장교에게 가장 필요한 것이 무엇인지 물었다. 그는 녹색 유니폼이 필요하다고 말했다.

"하지만 새 유니폼이 있잖습니까?" 내가 말했다.

그는 "사담의 군대는 초록색 옷을 입었다"고 말했다. "우리가 초록색 옷을 입어야 사람들이 우리 말을 들을 것이다."

나는 경찰 훈련장을 나오면서 이라크에서의 우리 앞날에 대해 걱정했다. 초기의 노력은 완전히 실패였다.

미국과 영국군은 믿을 수 없을 만큼 많은 일을 하고 있었지만, 그들은 이라크의 안전을 확보하고 이라크 주민들을 안전하게 지킬 병력이 충분치 않았다. 집에 돌아온 후 나는 이라크에서 더 많은 병력과 더 나은 경찰 훈련을 해야 할 필요성을 강하게 느꼈다. 나는 또 행정관에게 우리 군인들이 지고 있는 지나친 부담을 다른 나라와 나누자고 요청했다. 그 후 1년 동안 NBC, CNN, 상원 원내, 상원 청문회에서, 그리고 행정 관료를 개인적으로 만나 최대한 강력하게 주장했다. 우리는 낭비할 시간이 없다고 생각했기 때문이다.

전문가들은 5500명의 경찰이 필요하다고 말합니다. 유럽 경찰이죠. 우리에게는 2만 5000명의 병력이 더 필요합니다. 그 숫자를 우리 국민으로─우리 국민만으로─ 채우거나 다른 나라 국민과 함께 나눌 수도 있다는 뜻입니다. 그 부담을 다른 나라와 함께 나누는 유일한 방법은 먼저 그 부담을 나누고 싶어 해야 하고, 그런 결정을 공유해야 합니다. 신입 경찰 8만

명을 훈련시키는 동안 시민을 위해 평화와 안전을 유지하고 약탈을 멈추고, 신호등을 작동시키고 살인과 강간을 조사할 수 있는 5500명의 엄중한 유럽인 경찰, 헌병이 투입되어야 합니다. 그래서 저는 대통령께 유럽, 프랑스, 특히 독일에 대한 개인감정을 청산하고 그들에게 도움을 청할 것을 간청합니다. 저는 그들이 지원할 준비가 되어 있다고 믿기 때문입니다. 그들에게 요청해야 합니다. 우리는 또 우리 군대의 부담을 덜어줄 다른 나라의 3만 병력이 필요합니다. 우리는 더 많은 병력이 필요합니다. 더 많은 경찰이 필요합니다. 더 많은 민간 사업자가 필요합니다. 우리는 슬프게도 준비가 덜 되었고 지금은 믿을 만한 사람들이 없습니다. 그들에게는 자원이 없습니다.

나는 약 1년 후 톰 대슐 민주당 상원 원내 대표가 이끄는 의회 방문 때 경찰 훈련 프로그램을 다시 점검했다. 럼즈펠드 장관은 이제 제복 입은 이라크인-경찰과 군인-이 21만 명에 달한다고 자랑했기 때문에 나는 그때 요르단 사막 한가운데에 있던 주요 훈련 센터를 방문할 예정이었다. 한 개인 계약자가 훈련 프로그램을 운영했고, 관리들은 큰 강당을 지나 신입생들이 훈련받는 교실로 의회 대표단을 안내했다. 격납고 안에 만든 교실은 울림이 너무 심해서 3미터만 떨어져도 말소리를 알아듣기 힘들었다.

우리는 그곳에서 훈련을 지휘하던 매우 유능한 미국인 여성과 캐나다 기마경찰, 지원 나온 요르단 경찰 관계자에게 보고를 받았다. 그들이 얼마나 규모 있고 성공적인 프로그램을 운영하는지 말했을 때, 나는 그들의 말을 자르고 걸어가서 문을 닫았다. 그들은 남자들에게 거리에 나가 경찰 업무를 수행할 준비를 시키기 위한 6~8주간의 훈련 프로그램에 대해 이야기했다. 나는 "제발 우리한테는 이러지 마세요. 알겠어요?"
라고 말했다. 그러고 나서 그들에게 상황을 솔직하게 말해달라고 부탁
했다. 그들은 진짜 훈련을 할 시간이 없었다. "이 프로그램은 조금도 쓸
모가 없죠, 안 그래요?"

그중 한 사람이 말했다. "맞아요, 쓸모가 없어요."

요르단 경찰은 5개월 동안, 캐나다 경찰은 6개월 동안 신참을 훈련했
다. 그리고 전 세계의 베테랑 경찰들이 신입 경찰들을 위해 적어도 6개
월 동안 멘토 역할을 해주었다. 이 프로그램은 그야말로 부적합했다.

8주에 한 번씩 수천 명의 이라크인 훈련생을 비행기에 태워 요르단의
훈련 시설로 보내야 했다. 1000명이 갈 예정이었다면 실제로 나타나는
사람은 700명이 조금 넘었다. 신체검사나 심리검사도 없었다. 100명 중
9명은 문맹이었다. 가끔은 신병 한 명이 유죄판결을 받은 흉악범이나
심지어 살인범임이 밝혀져 집으로 돌려보내기도 했다.

우리는 훈련 관계자들에게 질문을 퍼부었다.

그들이 경찰서에 보고를 했는지 압니까?
아니요.
후속 멘토링을 받았습니까?
아니요.
그들에게 무슨 일이 일어날지 압니까?
아니요.

그들은 훈련생들에게 전과가 있는지조차 전혀 파악하지 못했다. 교육
프로그램 관계자들은 그들에게 정말 필요한 것은 16주간의 훈련 일정

과 6개월간의 후속 멘토링 프로그램이라고 털어놓았다. 한번은 그 캐나다인이 이라크 경찰에게 필요한 자동차 비용을 지원해준 것에 대해 감사 인사를 했다. 그는 이곳 요르단에서 방어 운전을 가르치고 싶었지만 대부분의 신병은 운전을 해본 적이 없었기 때문에 주로 가르친 일은 도로에서 길을 가로막지 않도록 길가로 차를 빼는 방법이었다고 말했다.

2004년 봄과 여름에 반란이 고조되었다. 미군과 이라크 민간인 사망자는 줄어들 기미가 없이 꾸준히 증가했다. 미국인들의 사망자 수는 1000명에 육박했다. 그럼에도 럼즈펠드 장관은 우리가 진전을 이루고 있다고 주장했고, 그는 미국이 21만 명의 이라크인에게 제복을 입혀주었다고 주장했다.

대통령에게 연민이 느껴질 때가 있었다. 대통령은 무식하고 깊이가 없을 뿐 아니라 그가 의지하는 고문들에게 요리당하고 있었다. 애초에 럼즈펠드 장관은 보안군에 대해 거짓되고 위험한 발언을 일삼았고, 그 발언은 정치적으로 무의미했다. 지금 이라크인들이 21만 명의 보안군을 보유하고 있는 것이 사실이라면, 나는 당시에도 물었다. 왜 이라크에 13만 명의 병력을 주둔시켰는가? 미국의 아들딸을 파병한 것을 어떻게 정당화할 것인가?

물론 미국 가정 중 소수는 희생을 요구받았다. 전쟁의 부담은 이라크에서 압도적인 전투력의 대부분을 차지하는 중산층과 가난한 미국인에게 쏠렸다. 내가 중동에서 만난 군인들은 흔쾌히 이라크로 가서 악화되고 실망스러운 상황에서도 영웅적으로 역할을 수행했다. 그들은 장비도 제대로 갖추지 못한 채 이라크에 파병되었고, 임무에 맞는 훈련도 제대로 받지 못했으며, 국방부 상사들이 신경도 쓰지 않는 반란을 진압하기에는 일손도 부족했다. 이라크 순방 중 어느 날, 나는 더 많은 병력을 확보하느라 기를 쓰는 거친 대머리 해병대 장교를 만났다. "젠장할 놈들, 의원님." 그가 말했다. "전쟁터에서 가장 먼저 배우는 건 반격입니다, 반격. 확 쓸어버리고 제압하는 거죠. 안바 지역으로 이 애들을 보내는데, 다 얻어터지고 있죠. 반란군들을 쓸어버리고 소탕한 다음에 떠납니다. 그 지역을 계속 사수할 수가 없어요. 병력이 부족하니까요. 그 지역에 주둔할 수 없어요. 주변 지역을 지킬 수 없어요. 침투를 막아낼 수도 없죠. 또다시 같은 지역에서 폭동이 일어나면 우리 아이들 몇 명이 그곳을 쓸어버리려다가 죽어요. 그게 다 수가 부족해서 그렇습니다."

이라크를 둘러보면서 나는 미국인이 전시에 대통령을 지지하려는 본능과 대통령이 이라크에서 군대를 안전하게 귀국시킬 수 있는 현실적인 계획을 가지고 있는지에 대한 의심 사이에서 갈팡질팡하고 있다는 것을 감지했다. 이라크를 방문할 때마다 상황은 더욱 악화되었다. 나는 의회 대표단과 함께 갔는데, 바그다드 공항에 착륙할 때 타깃이 되지 않도록 나선형으로 착륙해야 했다. 군인들은 우리를 C-130에서 서둘러 내리게 하고, 방탄복으로 감싼 다음, 블랙호크 헬리콥터에 태우곤 했는데, 2명의 병사가 함께 탔고 헬리콥터 양쪽에는 기관총이 달려 있었다. 우리는 겹겹이 쌓인 거대한 시멘트 벽 위, 바그다드 상공을 시속 150마일로 지나 '그린존'으로 날아갔다. 그리고 나서 그들은 구불구불한 길을 시속 40마일로 달려 회의가 열리는 4제곱마일의 안전지대로 우리를 데려갔다. 차에서 내려 밖에 서 있는 것도 허용되지 않았다. 사실 특별 훈련을 받은 보안 팀이 밖에서 차 문을 열어줄 때까지는 차에서 내리는 것이 허용되지 않았다. 그곳은 '안전지대'였는데 말이다!

심지어 장군들은 증가하고 있는 종파 간 폭력 문제에 경고를 보내기 시작했고-CIA에서 이라크가 내전으로 접어들 수 있다고 경고하기 시작했을 때도- 국방부의 민간인 지도자들은 그들의 전략을 재고하기를 거부했다. 상황은 결코 나아지지 않았고 럼즈펠드 장관과 체니 부통령은 결코 현명해지지 않았다. 두 남자가 제네바협정을 어김으로써 미국 주장의 도덕적 우위를 약화시켰음이 점점 분명해졌다. 그들은 이라크의 아부 그라이브에서 끔찍한 죄수 학대를 허용하는 정책 결정을 강요했고, 쿠바의 관타나모에 있는 우리 시설에서 이슬람교도 죄수에 대한 학대를 조장했다. 나는 럼즈펠드를 두들겨 패주고 싶었다. 2004년 4월 아부 그라이브 사건이 터진 직후 사람들은 럼즈펠드를 해고해야 한다고 생각하는지 물었다. 그리고 나는 분명히 그렇다고 대답했다. "내가 대통령이라면 그를 해고했을 것입니다. 어디까지나 이건 대통령이 결정할 일이지만 책임 문제도 있지 않습니까?" 나는 그것이 궁극적으로는 공화당에 대한 일종의 테스트라고 생각했다. "명예 때문이라도 국무장관은 사직서를 내야 할 것입니다. 그가 사임해야 하는 이유는 다른 나라들이 우리와 함께 일하는 것을 불가능하게 만들었기 때문입니다. 다른 나라들은 그와 함께 일하고 싶어 하지 않습니다."

그로부터 얼마 지나지 않아 부시 대통령, 체니 부통령과 이라크 문제로 이야기하던 중 갑자기 대통령이 물었다. "왜 자꾸 그를 괴롭히죠?" 나는 대통령이 그냥 가볍게 건넨 말이 아니라는 걸 알 수 있었다. 그는 화가 난 것 같았다. "대통령님, 외람된 말씀입니다만, 제대로 짚고 넘어가죠. 저는 그의 사임을 요청하지 않았습니다. 제가 대통령이라면 어떻게 하겠냐는 질문을 받았고 그래서 저 같으면 그를 해고하겠다고 대답했을 뿐입니다."

부시 대통령은 그 이유를 물었고, 나는 체니 부통령을 쳐다보았다. "부통령님," 내가 말했다. "정말 솔직히 말씀드리죠. 부통령님이 헌법상 선출직 공무원이 아니었다면 저는 부통령님도 해고했을 겁니다. 이유는 간단합니다, 대통령님. 이라크 전쟁을 시작할 때 들었다는 실질적인 조언 중 사실로 밝혀진 내용을 한 가지만 말해줄 수 있겠습니까? 바로 그 때문입니다, 대통령님."

체니 부통령은 아무 말도 하지 않고 몸을 흔들거리며 앉아 있었다.

얼마 전 동료의 아내 생일 파티에서 나는 루거 상원의원, 콜린 파월과 뒤쪽 테라스에 함께 있었다. 여주인이 안에서 우리를 불렀지만 파월은 테라스에 좀 더 남아 이야기를 나누고 싶어 하는 것 같았다. 그는 관타나모 감옥의 폐쇄를 촉구하는 것에 대해 백악관에서 자신을 공격한다고 불평했다. "그 빌어먹을 녀석들." 그가 말한 것이 기억난다. "이제 날 잡으려고 난리야. 다들 내 뒤를 노리고 있다고."

우리는 이라크 침공을 주도한 부시 대통령을 대하는 문제에 대해 지난 일을 회상했고, 파월 장관은 고개를 저으며 대통령이 흔들리고 있는 것 같다고 이야기했다. "그에 대해 확신이 있다고 생각했는데. 대통령도 동의하는 것 같았지. 그런데 대통령은 정반대 방향으로 가고. 도대체 뭐가 문제인지 모르겠어." 파월 장관은 대통령이 럼즈펠드 장관과 체니 부통령에게 한 방 맞았다고 생각했다.

나는 그날 밤 파월이 부시에 대해 어떻게 착각을 했을지 생각했다. 나는 그가 아직도 이 정치 게임에서 빈틈없는 늙은 두 손에 지배당했다고 스스로 합리화할 필요가 있었으리라 여겼다. 그는 여전히 부시 대통령이 잘못된 결정을 내렸을 뿐이라는 사실을 인식하지 못했다. 어떤 면에서는 나도 파월과 다를 바 없이 행동했다고 생각할 수 있는데, 부시 대통령이 직접 뽑은 아랫사람들에게 책임을 전가했던 것이다. 하지만 결국 그건 대통령의-대통령 혼자만의- 잘못이었다. 나는 조지 W. 부시 대통령의 동기에 의문을 제기하지는 않는다. 그리고 이라크에서의 일이 얼마나 힘든지는 나도 잘 안다. 브레머에게 말했듯, 만약 전능하신 주님이 이라크에서 직면하는 모든 어려운 결정에 대해 대통령에게 옳은 대답을 주었다 해도, 우리는 여전히 이라크를 바로잡을 수 있는 평균적인 가능성보다 조금 더 나은 기회를 가졌을 뿐이다. 그 일은 그만큼 어려웠다. 나는 여전히 그렇게 느낀다. 하지만 나는 부시 대통령이 지도자로서 실패했다고 생각한다. 역사는 그가 저지른 실수 때문이 아니라-우리는 누구나 실수를 하니까- 그가 낭비한 기회 때문에 그를 가혹하게 평가할 것이다.

나는 여전히 대통령이 저지른 가장 큰 실수는 이라크에서 승리하기 위해 요구되는 것에 대해 미국 국민에게 솔직하게 털어놓을 의지가 부족했던 것이라고 생각한다. 그는 전쟁에서 승리하기 위해 국민들이 얼마나 많은 희생을 해야 하는지 솔직하게 다 이야기하지 않았다. 그는 국민들에게 10만 명이 훨씬 넘는 병력이 수년 동안 필요할 것이라고 말하지 않았다. 그는 국민들에게 그 비용이 3000억 달러를 넘을 수 있다고 말하지 않았다. 그는 전 지역은커녕 한 나라를 강제로 다시 만드는 데 성공한 사례는 한 번도 없었기 때문에 그런 무거운 대가를 치르고도 성공을 보장할 수는 없다는 사실을 국민들에게 말하지 않았다.

대신 그는 성공에 필요한 병력의 반만 가지고 역사상 가장 크고 가장 편파적인 감세 조치를 단행한 후, 필요성이 대두되기도 전에, 오로지 우리 국민들만 전쟁에 데려갔다. 부시 행정부는 있지도 않은 대량 살상 무기를 찾아낸다며 팀을 파견했고, 수백 톤의 군수물자를 무방비로 방치했다가 잠재적 저항 세력에 어이없이 빼앗겼다. 정부는 이라크의 석유 대부분을 통제하면서도 터키의 침략을 두려워하는 쿠르드족은 고사하고, 사담 후세인 치하에서 오랫동안 피를 흘린 다수 시아파, 나라를 통치해온 소수 수니파, 바그다드의 강력한 중앙정부를 화해시키는 일이 얼마나 어려운 일인지 이해하려는 노력을 기울이지 않았다.

대통령은 프랑스, 독일, 러시아를 재건 계약에서 제외했고, 시라크 프랑스 대통령의 제안을 거절했다. 시라크 대통령은 부시가 나토에 어느 정도 통제권을 넘겨준다면 이라크에 병력을 파병할 의사가 있다고 내게 말했다.

2004년 여름, 존 케리를 상대로 본격적인 선거운동에 돌입했을 때도 부시 대통령은 여전히 이라크를 우리만의 문제가 아니라 세계의 문제로 만들 힘을 갖고 있었다. 그것이 미국 대통령이 가진 힘이다. 하지만 침략을 앞두고 깨진 관계를 회복해야 했고 어쩌면 겸손한 모습까지 보여야 했을 것이다. 리더십이 이보다 더 요구되는 때는 없었지만 그로 인한 잠재적 보상은 이루 말할 수 없이 높았다. 나는 그해 여름 "대통령 주변에서 '세계로 손을 내미는 개념'을 거부하라고 말한 사람들이 있을 것"이라고 말했다.

그들은 대통령에게 손을 내밀면 약해 보일 것이고, 실패를 인정하는 일이 될 거라고 말할 것이다. 나는 그들에게 자만심과 오만함의 시간은 이미 오래전에 지나갔다고 말하고 싶다. 이제는 리더십을 발휘할 때다. 그리고 지금은 오직 미국 대통령만이 리더십을 발휘할 수 있다.

세계가 우리를 따르게 하려면 단순히 우리가 옳다고 믿는다는 이유만으로 무력을 내세워 위협하고 우리의 비전에 충성하도록 요구하는 것 이상의 것을 해야 한다. 우리는 다른 사람들이 그 비전을 갈망할 이유를 제공해야 한다. 그리고 그러한 이유에는 자유와 민주주의에 관한 홍보 문구를 반복하는 것 이상의 것이 수반되어야 한다. 거기에는 실패한 정책을 수정하는 것 이상이 필요하다. 우리가 틀렸을 때 인정하고 진로를 바꿔서 문제를 해결하고 바로잡기로 결심하는 지혜가 동반되어야 한다.

20장

왜?

JOE BIDEN

나는 2004년 선거에서 미국 국민이 새 대통령을 뽑을 것이라고 믿었다. 민주당 후보자 중에는 경험과 인격을 고루 갖춘 인물이 있었다. 존 케리는 거의 20년 동안 미국 상원에서 일했고, 그동안 외교 문제에 깊이 관여했다. 더 중요한 것은, 그는 젊은이들을 전투에 투입하는 것이 어떤 의미인지 잘 알았고, 대통령이 파병을 가볍게 여겨서는 안 되며 국가의 지원을 받는 확실하고 분명한 임무 없이 파병해서는 안 된다는 사실도 잘 알았다. 존은 베트남에서 용맹을 떨친 전쟁 영웅으로 훈장까지 받았다. 그는 젊은 군인으로서 용감하게 나라를 위해 봉사했을 뿐만 아니라, 닉슨 행정부에 맞서서 베트남의 군인과 민간인에게 무슨 일이 일어나고 있는지 미국 국민에게 솔직하게 알릴 배짱도 있었다.

선거 당일 밤, 질과 나는 집에서 늦게까지 잠을 자지 않고 개표 결과를 지켜보았다. 질이 마침내 포기하고 잠자리에 들었을 때도 나는 여전히 케리가 이길 수 있다는 가느다란 희망을 버리지 않았다. 밤이 깊어가면서 그가 이기지 못할 거란 사실이 분명해졌다. 하지만 나는 밤새도록 잠들지 않고 신경질적으로 여기저기 걸어 다녔다. 존도 안됐지만 정말로 이 나라가 걱정스러웠다. 존은 나를 국무부 장관으로 세우는 것에 대해 이야기 나누었고, 나는 우리가 아프가니스탄, 이라크, 전 세계 외교계의 상황을 어떻게 해결할 것인지 정말 잘 알고 있다고 믿었다. 나는 이라크인들에게 물리적, 경제적 안전과 전기, 연료, 하수처리 등 기본적인 편의를 제공하기 위한 노력에 다시 초점을 맞추며 이라크에서 취할 첫 단계가 무엇인지 알았다. 나는 이라크를 신속하고 단호하게 우리가 생각하는 이미지대로 리메이킹할 수 있다는 신보수주의자들의 환상에 재빨리 종지부를 찍으려 했다. 산업을 민영화하고 민주적인 제도를 건설하는 것은 이 취약하고 분열된 나라에 당장 시행할 수 없는 먼 목표였다. 나는 또한 진정한 초당적 지지를 구축하기 위해 믿을 만한 공화당 핵심 지도자들을 알고 있었고, 그들과 함께할 수 있는 공통 기반을 어디서 찾아야 할지도 안다고 생각했다.

2004년 선거는 부시가 낭비한 또 하나의 기회인 것 같았다. 그는 그 선거를 민주당원에게 다가갈 수 있는 발판으로 삼았어야 했다. 그러나 대통령과 그의 정치 팀은 이라크 전쟁을 미국인을 갈라놓을 또 다른 기회로 이용했다. 마치 그들과 함께하지 않는 사람들은 애국심이 없고, 군대에 비협조적이거나 테러에 대해 물러터진 생각을 갖고 있으며, 마치 그들에게 반대하는 것이 곧 미국의 이익을 우선시하지 않는 것이라도 되는 듯 몰아 갔다.

그런 분열의 윤리는 1994년 공화당이 의회 다수를 차지한 이래로 워싱턴에 스며들었으며, 그것은 우리 정치, 제도, 일상생활을 부식시키는 비극적 요인이 되었다. 당파심이 그렇게 국가를 약화시키는 이유는 한 정당에만 국한되는 문제가 아니기 때문이다. 많은 전문가가 말하는 것과 달리, 당파심은 선거에서 승리하기 위한 정치적 도구 그 이상이다. 그것은 우리의 문화와 국가적 대화를 형성했다. 우리는 무례하게 행동하지 않으면서 상대방 의견에 반대하고, 반대편의 기본적인 체면을 깎아내리지 않으면서 핵심 문제만 가지고 언쟁하는 능력을 상실했다. 당파심은 주 당국과 주 당국을, 정당과 정당을, 시민과 시민을 결속시키는 애착을 끊어버린다.

선거날 밤을 꼬박 새우고 여전히 TV 앞에 앉아 있었는데 다음 날 아침 6시에 질이 아래층으로 내려왔다. 그녀는 부엌을 가로질러 TV가 있는 방까지 걸어왔다. 고개를 들자 그녀가 문지방에 서서 나를 빤히 쳐다보고 있었다. "어떻게 됐어?"라고 그녀가 물었다.

"끝났어. 우리가 졌어."

질이 화난 기색이 역력한 채 문간에 서 있는 것을 지켜보며 정말 뭐라고 말해야 할지 몰랐다. 질은 이 나라가 다시 조지 부시를 선출했다는 것을 믿을 수 없어 하는 것 같았다. 하지만 그보다 그녀를 더 화나게 만든 것이 있었을 것이다. 존 케리가 선거에서 이겼다면, 내가 미국 대통령 선거에 출마하는 문제는 거기서 종결되었을 것이다. 그리고 그녀는 그 질문이 다시 불거졌다는 사실에 화가 났을 것이다. 나는 질이 상황을 알고 있다는 확신이 들었다. 질의 마음속에는 딱 한 가지 생각뿐이었다. 그녀의 본능은 나와 가족을 보호하는 것이었다. 그리고 그녀는 내가 2008년 민주당 대선 경선에 출마한다면 바이든 가족 전체가 큰 희생을 치러야 한다는 의미라는 것도 알고 있었다.

존 케리가 패한 후 몇 주 동안 질은 내가 2008년 대선에 출마할 생각을 하고 있다는 걸 알았지만, 단둘이 있을 때조차 진지하게 그 이야기를 꺼낸 적은 없었다. 2004년 선거 몇 주 후에 해마다 가는 낸터킷 추수감사절 여행에서도 나는 그 얘기를 꺼내지 못했다. 추수감사절 여행은 질이 만든 전통이었다. 처음 데이트를 한 이후 그것은 우리의 가족 여행이 되었고, 그동안은 세상으로부터 차단되는 시간이기도 했다. 처음에는 질과 보, 헌터와 나, 넷이서 캠핑카를 빌려서 타고 갔다. 몇 년 후 딸 애슐리가 태어났다. 차를 타고 가는 동안 질과 나는 아이들이 크리스마스 선물 목록을 작성하는 것을 도와주었다. 질은 추수감사절 저녁 요리를 푸짐하게 준비했고 우리는 둘러앉아 보드게임을 하고, 삶에 대해 이야기하고, 그저 함께했다. 2004년까지 우리는 캠핑카를 타고 갔다. 지금은 며느리가 둘에, 손주 넷이 더 생겼다. 저녁 식사 후 아이들은 산책을 나가고 질과 나는 차 안에 머물며 어린아이들을 돌보곤 했다. 질은 카탈로그를 펼쳐놓고 아이들이 크리스마스 선물 목록을 만드는 것을 도와주었다.

낸터킷에서 그런 시간을 보내고 있으면 정치는 너무 먼 이야기처럼 느껴졌고, 식구들은 건강하고 행복했다. 아이들과 손주들 모두 진심으로 우리와 함께 있고 싶어 했다. 나는 질을 바라보았다. 그날따라 오래전 유엔 성당에서 긴장한 채 서 있던 젊은 신부, 내 삶을 되돌려준 그녀의 모습이 떠올랐다. 거의 30년이 지난 지금 우리가 갖게 된 것은 그날 내가 기대한 것 이상이었다. 이제부터 무슨 일이 생기는지는 중요하지 않았다. 질과 나는 큰일을 모두 성취했고, 함께 해냈으니까.

추수감사절 직후 나는 상원 동료 3명 - 척 헤이글, 다이앤 파인스타인, 링컨 차피 - 과 함께 네 번째 이라크 순방을 떠났다. 나는 내가 본 장면에 낙담하지 않을 수 없었다. 워싱턴 행정부의 미사여구와 현장에서 본

현실과의 괴리는 그 어느 때보다도 컸다. 대통령은 계속 "자유를 향한 여정은 착착 진행되고 있다"라고 주장했다. 사실 일명 수니파 죽음의 결사조는 우리 군대에 더 빈번하게 공격을 퍼부었고 수많은 군인이 죽어 갔다. 전쟁 전에 이라크에 없었던 알카에다는 소위 '부시의 자기충족 예언'대로 이 나라를 바꾸겠다고 위협하며 서쪽에서 실질적인 발판을 마련하고 있었다. 그리고 종파 간 긴장이 가열되었다. 사실상 모든 조치에 따라, 이라크는 후퇴하는 것처럼 보였다. 바그다드에 14시간 동안 정전이 이어졌고, 거리에 오수가 넘쳐흘러 장갑차의 휠캡까지 차올랐으며, 석유 생산량은 전쟁 전 수준 이하로 떨어졌다. 일자리는 없었고 총과 폭발물은 너무 많았다. 무계획과 병력 부족으로 우리가 확인하지 못한 탄약 저장고에는 80만 톤가량의 폭발물이 들어 있었다.

나는 이라크에서 나와 집으로 향하며 크리스마스를 보낼 생각에 들떴다. 밤이었고, 우리는 바그다드 공항의 활주로에 있던 C-130 수송기를 탔다. 보통은 이 동굴같이 휑하게 빈 내부를 파병 나가는 병사와 여행을 떠나는 민간인, 거대한 보급품 상자와 공유했다. 이번에는 바닥에 단단히 고정된 미국 국기를 덮은 기다란 금속 상자를 제외하고 비행기는 텅 비어 있었다. 한참 동안 우리는 말없이 서서 관 속에 있는 이름 모를 병사들에게 묵념했다. 우리는 고향으로 돌아가는 그들의 마지막 여행의 동반자가 될 것이다. 우리는 비행기 측면을 따라 설치된 끈 옆에 자리를 잡았다. 외교정책을 잘 파악하고 있는 외교위 담당 보좌관인 토니 블링컨 옆자리에 앉아 이번 출장에 대해 쓸 보고서에 관해 이야기를 나누었다. 그런데 받침대가 흔들리기 시작했고 보안상 예방 조치 때문에 불이 전부 꺼졌다. 소음 때문에 더 이상 대화할 수 없었다. 조종사는 비행기를 공중으로 돌진시켰다. 발칸반도와 이라크를 여러 차례 오가면서 나는 이런 나선형 이착륙에 익숙해졌다. 그러나 비행을 시작한 지 1분쯤 되었을 때 창문 밖에 거대한 하얀 빛이 번쩍이며 잠시 선실을 비추었다. 순간 비행기는 거의 완전히 수직으로 치솟았다가, 아니 그런 것처럼 보였다가, 갑자기 급강하하면서 엔진이 버거운 듯 삐걱거리는 소리를 냈다. 그리고 나서 다시 수평을 되찾았다. 어둠 속에서 토니가 내 팔을 잡고 귀에 대고 소리쳤다. "도대체 저게 뭐였죠?"

"모르겠어." 내가 말했다. "군대에서는 기내 오락을 이런 식으로 하나 보지."

조금 뒤 조종석에서 부조종사가 나왔다. "소란스럽게 해서 죄송합니다. 지대공 미사일 경보 시스템이 발동돼 회피할 수밖에 없었습니다."

"그럼, 누가 우리를 향해 총을 쐈단 말입니까?" 내가 물었다.

"확실히는 모르겠지만 그런 것 같습니다."

2시간 후 우리는 요르단에 도착했다. 나는 질에게 전화를 걸었다.

"이라크에서 나왔어. 이제 집으로 갈 거야."

다음으로 바이든 가족이 함께 모이는 것은 크리스마스 바로 전이었다. 보, 헌터, 애슐리, 그리고 나머지 식구들은 항상 며칠 먼저 와서 큰손녀 나오미의 생일을 축하해주었다. 크리스마스 며칠 전날 밤, 우리는 레이크 하우스에서 성대한 생일 파티를 열었다. 질과 내가 부엌을 청소하고 위층으로 올라갔을 때 그녀는 아주 무심하게 말했다. "내일 아침에 서재에서 가족회의를 열 거야. 당신한테 할 얘기가 있어." 그리고 나서 질은 늘 그렇듯 바로 곯아떨어졌다.

물론 나는 도저히 잠을 이룰 수 없었다. 나는 어둠 속에서 일어나 계단을 내려갔다. 그리고 지금은 빈 서재로 가 주위를 응시하며 서성거렸다. 나는 이 회의에서 무슨 이야기를 할지 알았다. 대통령 선거전에 대한 것일 터였다. 나는 선거에 출마하겠다는 뜻을 넌지시 내비쳐왔다. 내가 국가를 위해 할 수 있다고 믿었던 일-이 나라를 위해 내가 준비했다고 느꼈던 일-이 있었다. 그리고 생애 처음으로 나는 미국 상원의원으로서는 그 일을 할 수 없을 거라는 생각이 들었다. 하지만 다음 날 아침에 식구들이 무슨 말을 할지 이미 예상할 수 있었다. '우리는 이미 많은 것을 가지고 있다. 우리 집안은 매우 건재하다. 1987년 그들이 당신을 어떻게 대했는지 기억해라. 왜 더 큰 고통과 두통을 감내해야 하나? 왜 위험을 무릅써야 하나?' 머릿속에서 아이들이 하는 말이 들렸다. '출마하지 마세요, 아버지. 다시는 이런 일 겪지 않았으면 좋겠어요. 다시는 이런 일 겪지 않았으면 좋겠어요.' 나는 약간은 화가 난 채 서재에 앉아 있었다. 그러나 다음 날 아침에 해야 할 일도 알고 있었다. 다음 날에도 계속 화가 난 상태로 있으면 안 된다고 스스로에게 말했다. 나는 화를 낼 수 없었다. 식구들이 대선에 출마하길 바라지 않는다면 나는 뛸 수 없다고 생각했다. 거기에는 논쟁의 여지가 없었다. 대선에 나가려면 식구들에게 너무 많은 사생활 노출과 희생을 요구해야 했다. 나는 식구들에게 빚을 졌고, 이제는 내가 식구들의 바람을 들어주어야 했다. 얼마 후 터벅터벅 걸어가 잠자리에 들자 마음이 훨씬 더 가라앉았다.

　다음 날 아침 샤워를 하고 옷을 입고 서재로 내려갔을 때, 모두 한데 모여 있었다. 식구들은 내게 벽난로 옆에 있는 안락의자를 내주었다. 질, 여동생 발, 보, 헌터, 애슐리가 내 옆 소파에 나란히 앉아 있었다. 나의 오랜 친구이자 조언자인 테드 코프먼도 그곳에 있었다. 머릿속에서 나는 계속 이렇게 되뇌었다. '넌 아버지야. 품위 있게 행동해. 무슨 일이 있어도 화를 내면 안 돼.'

질이 "우리가 회의를 했어"라고 말했다. 식구들이 나에게 어떻게 말을 해야 할지 고민했음을 알 수 있었다.

그때 다시 질의 목소리가 들렸다. "이번에 당신이 출마했으면 좋겠어. 결정은 당신이 하는 거지만 우리가 지원할게."

잠시 동안 나는 말을 할 수 없었다. "왜?"

질이 말했다. "당신이 이 나라를 통합할 수 있다고 생각하니까. 우리는 당신이 나라를 하나로 모으는 데 가장 적합한 사람이라고 생각해."

21장

지켜야 할 약속

"우리 괜찮을까요?"

아이오와주 더뷰크에 사는 한 여성이 내 초반 선거전 행사 중 내게 직접 질문을 던졌다. 나는 요즘 그런 종류의 질문을 가장 많이 받았는데 그것이 또 다른 미국 내 테러 공격에 대한 두려움을 뛰어넘어 나라의 불안감을 반영한다고 생각한다. 나는 미래와 직업, 자녀를 보호할 능력에 있어 불안감을 느끼는 사람들에게 매일 이야기를 듣는다. 그리고 부시 행정부는 생뚱맞은 외교정책으로 실수를 저지른 이후, 우리의 긴 역사에서 어느 때보다도 세계에서 외톨이가 되어버렸다는 말을 듣는다. 조지 부시와 딕 체니는 우리를 아주 깊은 구덩이에 빠뜨렸다.

그렇다면 우리는 괜찮을까? 그건 간단한 문제가 아니다. 그러나 정치와 정부에서 내 경력을 통해 배운 교훈을 돌이켜 보면—그리고 내 삶을 돌이켜 보면— 내게는 그 답이 꽤 분명하다. 공직에서의 삶을 열망하는 젊은이로서 봤을 때 이 나라의 놀라운 약속을 의심하게 만든 경험은 한 번도 없었다. 그리고 상원에서 오랜 세월을 보내며 나는 이 나라와 기관의 심장부에 대해 덜 냉소적이 될 수 있었다.

시기도 다르고 배경도 서로 다른 두 이야기가 떠오른다. 하나는 내 전 동료인 존 스테니스의 이야기인데, 그는 내가 1972년에 처음 상원의원에 당선되었을 때 미시시피를 대표해 이미 25년 동안 상원에서 일하고 있었다. 스테니스 상원의원이 1988년에 은퇴하면서 러셀 빌딩에 있는 널찍하고 다들 눈독 들이는 그의 집무실이 비었다. 그때쯤에는 나도 그 집무실을 요구할 수 있을 만큼 충분히 연공서열을 갖추었다. 그래서 그가 상원을 떠나기 전에 오랜 친구에게 작별 인사도 하고, 솔직히 말하면 집무실도 둘러볼 겸 지나는 길에 들렀다. 존 스테니스는 그때 암으로 한 쪽 다리를 잃어 휠체어에 타고 있었다. 그는 완벽한 옷차림으로 긴 마호가니 회의 테이블에 앉아 있었다. 내가 들어가자 그는 테이블의 가죽 의자에 앉으라고 손짓했다. "앉아, 조. 앉아."

내가 자리에 앉자 그가 말했다. "조, 자네가 처음 나를 보러 왔을 때 기억나?" 나는 고개를 저었다. 기억이 나지 않았다. 그는 1972년 델라웨어에서 온 서른 살 상원의원 당선자가 인사를 하러 이 사무실에 들른 이야기를 들려주었다. 내게 왜 상원에 출마했느냐고 물었을 때, 내가 인종차별주의자였던 그의 전력을 생각하지 못하고 "민권을 위해서입니다"라고 대답했다며 그는 웃었다.

나는 "그때 제가 꽤 똑똑한 젊은이였죠, 위원장님?" 하고 말했다.

스테니스가 말했다. "조, 그때 자네에게 해주고 싶었던 말을 지금 들려주지. 이 집무실, 자네가 쓸 거지?"

"네, 위원장님."

"좋아, 좋아." 그는 매끄럽고 윤이 나는 마호가니 테이블 위를 손으로 쓰다듬었다. "조, 이 테이블 보이지? 이 테이블은 1954년부터 1968년까지 남부 연맹의 주력 상품이었어. 우리 최남부 지역 출신 의원들 대부분이 여기에 앉아 민권운동을 종식시킬 계획을 세웠지. 그리고 우리가 졌어. 조, 이제 이 테이블은 민권을 반대하던 사람의 소유에서 민권을 위해 일하는 사람의 소유로 넘어가는 거야."

나는 무슨 말을 해야 할지 몰라 일어나서 고맙다는 인사를 하고, 문쪽으로 걸어갔다. 그때 스테니스 의원이 말했다. "그리고 조, 한 가지 더. 민권운동은 흑인보다 백인을 해방시키는 데 더 큰 역할을 했어."

그는 내가 혼란스러운 표정으로 그를 바라보는 것을 지켜보았다. 그는 가슴을 쾅쾅 치며 말했다. "그건 내 영혼을 해방시켰어. 내 영혼을 해방시켰어."

내가 그를 알아온 몇 년 동안, 존 스테니스는 과거 인종차별주의자에서 돌아섰다. 그의 변화를 정치적 편의주의의 여정으로 보는 사람들도 아주 많다. 나는 그것을 마음의 여정, 미시시피인의 관대한 본능을 좀 더 반영하고 모든 미국인의 갈망을 섬기려는 진심 어린 욕망으로 보기로 했다. 본인의 말에 의하면, 존 스테니스는 상원에서 일하면서 개인적으로 성장했다. 그것이 이 기관의 힘이고 우리 연방 정부의 진정한 힘이다. 워싱턴에서 일하는 사람들은 다양한 인종, 종교, 정치적 성향을 지닌 전국의 사람들을 만난다. 그리고 마이크 맨스필드 상원의원이 내가 처음 상원의원이 되었을 때 충고한 대로 동료 의원에게서 기꺼이 선의를 찾으려는 이는 더 나은 사람, 더 유능한 국회의원이 된다.

다른 사건은 더 최근의 일로, 미국 상원의 마블 홀에서 매우 멀리 떨어진 곳에서 일어났다. 2006년 6월 이라크 순방이 끝나갈 무렵, 나는 서아프리카 차드에 있는 난민촌을 방문하기 위해 우회했다. 사막 캠프는 이웃 다르푸르 지역의 대량 학살에서 탈출한 수천 명의 고향이었다. 이 캠프 한 곳에만 이미 3만 명이 수용되어 있었고, 숫자는 점점 늘고 있다고 들었다. 다르푸르에 있는 집에서 강제로 추방된 이들은 약 30만 명에 달할 것으로 추정되었다. 우리는 사막 한가운데에 흙길에 불과한 활주로에 착륙했다. 두 줄로 길게 늘어선 바위들이 활주로 가장자리를 표시하고 있었다. 잘 다듬어진 나무도 보이지 않았다. 비행기가 털털거리며 멈춰 섰고, 내가 비행기에서 내리자 가라앉은 먼지 사이로 아프리카인 청년 구호 요원이 나타나 손을 내밀었다. 그는 "고마워요, 미국인, 와줘서"라고 말했다.

그가 수천 개의 천막 가운에 열린 공간으로 나를 안내하자, 젊은 가족이 주위로 몰려들었다. 그들이 하는 말은 한마디도 알아들을 수 없었지만, 나는 그들 눈에서 1990년대에 보스니아와 코소보에서 학살자 슬로보단 밀로셰비치의 손아귀에서 수만 명을 구했을 때와 똑같은 것을 볼 수 있었다. 불과 며칠 전 이라크에서 몇십 년 동안 수십만을 죽인 사담 후세인 정권을 지탱하던 바트 당원을 피해 숨을 필요가 없어진 시아파에게서 본 것과도 똑같은 모습이었다. 그것은 미국이 그들의 삶에 변화를 가져다줄 것만 같은 희망과 기대에 찬 표정이었다. 다르푸르의 캠프에 있던 사람들도 방문한 미국 관리에게 같은 반응을 보였을 것이다. 그 난민들이 본 것은 바지가 구겨진 중년 남자가 비행기에서 내리는 모습이 아니라 소용돌이치는 먼지 속에서 어렴풋이 윤곽을 드러낸 미국의 약속이었다.

그리고 그 순간 문득 떠오른 생각이 있었다. 가끔 미국에 있는 우리는 우리가 나머지 세계에 얼마나 중요한 존재인지 깨닫지 못한다. 단지 우리의 군사력과 외국의 원조 때문이 아니라 우리가 소중히 여기는 가치, 연민, 정직, 생각의 진실성, 관대함, 자유, 희망 때문이라는 것을. 우리는 미국이 수십억 명의 사람들에게 이 세상에 더 좋은 곳이 있다는 사실을 상기시키는 존재라는 것을 가끔 잊어버린다. 우리는 미국이 더 밝은 미래를 약속하는, '저 언덕 위의 빛나는 도시'같이 여전히 빛을 발하는 세계에서 유일한 나라임을 가끔 잊어버린다.

지난 6년 반 동안 부시 행정부의 분열과 날카로운 당파적 태도는 그 약속의 밝은 빛을 퇴색시켰고 시민들의 가장 진실하고 깊은 목소리에 귀를 닫았다. 부시와 체니 부통령은 우리에게 노골적으로 자신의 이익만 추구하고 행동하도록 부추겼고, 그렇게만 하면 나머지는 저절로 해결될 것이라고 말했다. 미국처럼 부유하고 자유롭고 강력한 국가에서는 우리 이익만 추구하는 일은 너무나 쉬운 길임을 모두가 잘 안다. 확실히 가장 구미가 당기는 일이기는 하다. 민주당원들은 윤리가 가진 스스로를 갉아먹는 경향에 대해 주의를 환기하는 데 너무 소심하고 조용했다.

그런데 최근 전국을 돌다 보니 새로운 목소리가 들려온다. 빨리 얻을 수 있는 이익을 위해 미래를 팔고 민주주의와 자본주의의 혜택이 소수에게만 부당하게 분배되는 모습—소수의 사람들이 요구했든 안 했든—에 지친 사람들의 목소리가 들려온다. 모든 미국인이 좀 더 안전하게 삶과 자유를 누리며 행복을 추구할 수 있는 미래를 요구하는 목소리가 들려온다. 그런 내일을 이루기 위해 오늘 기꺼이 희생을 감수할 사람들의 목소리가 들려온다. 이제는 대통령이 그 고조된 목소리를 듣고 증폭시켜야 할 때다. 이제는 대통령이 미국 국민에게 손길이 닿는 곳에 있는 미래를 가리키고, 그곳에 도달하려면 무엇이 필요한지 말해주고, 왜 싸울 가치가 있는지 눈에 불을 켜고 상기시켜야 할 때다. 이제는 대통령이 나서서 미국 국민에게 우리에겐 지켜야 할 약속—세계에 대한 약속, 서로에 대한 약속, 우리 아이들과 손주들에 대한 약속—이 있음을 상기시켜야 할 때다. 그 약속들을 이행하기 위한 힘든 노력에 우리 자신을 다시 헌신하면서 우리는 세계의 희망으로, 그리고 더 밝은 미래에 대한 비전으로 미국을 회복시켜야 한다.

우선 우리는 세계에 유례없는 강대국에 걸맞은 미래를 상상할 수 있을 만큼 우리 자신을 신뢰해야 한다. 나는 이라크 국민이 안전하고 번영하며, 국경은 안정되고 테러리스트가 훈련하는 모습도 사라지고, 그 지역과 세계의 국가들이 이라크의 성공에 투자하는 안정된 세계를 본다. 그것이야말로 내가 이라크에서 수송기로 실어온 성조기 덮인 관에 누운 젊은 군인들, 이라크에서 싸우며 생명과 사지, 정신적 안녕을 희생한 미국인 3만 명의 희생을 충분히 기리는 유일한 방법이다. 그것은 우리가 그들에게 반드시 해야 할 약속이고, 반드시 지켜야 할 약속이다.

나는 우리가 재생 가능한 에너지원을 발견하고 개발해 중동의 석유 과두 지배 체제에서 벗어나 지구온난화에 반전을 주는 미래를 본다. 세계 역사상 가장 부유하고 번영한 나라로서 미국은 친환경 에너지 신기술 개발을 선도할 의무가 있다.

나는 모든 미국 가정이 건강보험을 가지고, 모든 부모가 치명적인 질병이나 사고가 나도 파산하지 않으리라 믿고 밤에 편안하게 잠자리에 드는 미래를 본다. 나는 모든 미국 어린이가 예방접종을 받고, 성공적인 삶을 준비하기 위한 초·중등 교육을 받을 수 있는 미래를 본다. 나는 대학에 입학할 만큼 교육적 성취를 이루고도 학비 때문에 꿈을 포기하는 젊은이가 없는 미래를 본다. 이것들은 우리가 아이들에게 꼭 해야 할 약속이다. 이들은 다른 사람의 자녀가 아니다. 그들은 우리의 아이들, 미국의 아이들, 우리의 피와 뼈를 물려받은, 우리를 한데 묶어주는 힘이다. 우리는 우리 시대에 도달하지 못한 목표를 항상 다음 세대를 믿고 추진했으며, 우리가 모든 아이의 건강과 꿈을 지켜주지 않는다면, 그것은 자신의 최고 목표를 배반하는 것이다.

나는 연금이 안정되고 사기업이 퇴직자에게 한 약속이 존중되는 미래를 본다. 사회보장연금에 자금이 충분하고 대대로 유지되는 미래를 본다. 나는 우리 중 가장 부유한 사람들이 우리 국가의 안녕에 투자하는 것이 어떤 이익을 가져다주는지 깨닫고 세금을 공평하게 기꺼이 지불하는 미래를 본다.

나는 미국인이 우리가 공통적으로 가지고 있는 것을 무엇보다도 소중히 여길 때 우리가 성취하지 못하는 것은 아무것도 없다는 사실을 기억하는 미래를 본다. 우리는 이것을 흑인으로서 혹은 백인으로서, 남부인으로서 혹은 북부인으로서 하지 않을 것이다. 우리는 이것을 남성으로서 혹은 여성으로서, 부자로서 혹은 가난한 자로서 하지 않을 것이며—민주당원으로서 혹은 공화당원으로서는 더더욱 하지 않을 것이며— 믿음을 가진 국민으로서 함께 최선의 목소리에 귀 기울이고 우리에겐 지켜야 할 약속이 있다는 것을 기억할 것이다.

그 미래의 비전은 나를 계속 앞으로 나아가게 한다. 그것은 바로 우리의 손길이 닿는 곳에 있기 때문이다. 나는 한 가지 단순한 이유로 우리의 가능성을 낙관한다. 미국인은 더 나아지기를 원하기 때문이다. 내가 목격한 다른 수많은 대중적 변화와 마찬가지로, 존 스테니스의 구원에 대한 이야기는 미국인이 선해지기를, 서로에게 선을 베풀기를 원한다는 충분한 증거다.

더뷰크를 거쳐 선거 유세를 마치고 돌아왔을 때, 나는 집에 왔다는 기쁜 마음으로 빨랫감이 잔뜩 든 가방을 어깨에 짊어지고 현관문으로 걸어 들어갔다. 질은 나를 반기면서 "음, 이제 본격적으로 시작이네" 하고 말했다. 나는 나흘 연속 집을 비웠고, 다음 주도 거의 같은 일정이었다. 그래도 질이 웃는 걸 보니 기분이 좋았다.

그날 누구랑 만나 저녁 식사를 할지 얘기하다가 내가 말했다. "있지, 우리 한동안 얘기도 많이 못 했잖아. 그냥 우리끼리 저녁 먹으러 가자." 그래서 우리는 파스타를 먹으러 작은 식당에 갔고 질은 나에게 출장은 어땠는지 물었다. 그녀는 행사 하나하나마다 자세한 이야기를 듣고 싶어 했다. "몇 명이나 왔어?", "사람들이 무슨 얘기 하고 싶어 해?", "반응은 어땠어?" 그리고 나는 그녀에게 모두 정말 좋았다고 말했다. 많은 사람이 와주었고 내가 가장 잘 아는 이슈에 관심을 갖고 있었으며 반응도 아주 좋았다.

그녀가 "음, 당신 생각은 어때?"라고 말했는데, 그 말은 이런 뜻이었다. "경선에서 이길 것 같아?"

나는 "확실히는 모르지. 하지만 거기 있을 때 기분이 꽤 좋았어"라고 말했다. "그리고 이번 선거는 좀 다르게 느껴져. 어떻게 해야 할지 보여. 대통령 집무실에 앉아 있는 내 모습이 상상이 돼. 누구에게 전화를 걸어 정부 운영을 도와달라고 해야 할지도 알겠고. 어떤 결정을 가장 먼저 내릴지도 그려져."

그 부분이 아이러니하게도 처음 대선 경선에 출마했을 때와 백팔십도 다른 점이었다. 1987년에는 대통령으로서 일하는 내 모습을 상상할 수 없었지만, 선거운동이 끝날 때쯤에는 어떻게 하면 경선에서 이길 수 있을지 머릿속에 그려졌다. 2005년 선거운동을 시작했을 때는 정반대였다. 나는 그림이 그려지는 일을 하고 있었고 완벽하게 준비가 되어 있었다. 그러나 나는 아직 유권자를 둘러싸고 있는 미디어의 소음 사이로 어떻게 나의 메시지를 전달해야 할지 완전히 확신할 수 없었다.

질이 끼어들었다. "봐, 내가 좋은 건 당신이 이기든 지든 상관없이 다 잘될 것이기 때문이야."

"어떻게 그래?" 나는 궁금했다.

그녀는 "당신은 최선을 다할 거잖아"라고 말했다. "그리고 당신은 밖으로 나가 올바른 이유를 가지고 출마할 거고 사람들에게 왜 당신이 대통령이 되어야 하는지 말할 거야. 그리고 우린 괜찮을 거야."

이 책은 마크 즈워니처의 도움 없이는 쓸 수 없었다. 나는 전반적으로 하고 싶은 이야기를 들려주었고 마크는 이야기를 다듬고 구성하는 일을 도와주었다. 그는 단순히 내 말을 글로 옮겨주고 다듬었을 뿐 아니라 몇십 년 전 일화의 사실 확인 작업도 도와주었다. 마크는 재능 있는 작가이자 나의 친구다.

김준형 국립외교원장

2007년에 발간된 이 책은 국내에 거의 알려지지 않은 조 바이든의 인생과 정치 역정, 그리고 이념 성향과 철학을 세세하게 들려주는 회고록이다. 독자들이 책을 펼치면 정치 거물보다는 한 인간의 진솔한 인생 고백임을 곧바로 느낄 수 있을 것이다. 어느 매체의 서평처럼 그는 '이야기의 달인(a master storyteller)'으로의 면모도 볼 수 있는데, 마치 자전적 소설 같기도 하다. 지금으로부터 13년 전의 책이기는 하지만 2020년 대선의 민주당 대통령 후보인 바이든을 제대로 이해할 수 있는 안내서라고 할 수 있다.

조 바이든이 직접 들려주는 그의 인생은 파란만장 그 자체다. 엄격한 가톨릭 가정에서 자란 그는 어린 시절 말을 더듬고 왜소한 체격으로 학교에서 왕따였다. 그러나 부단한 연습으로 말 더듬는 것을 고쳤고, 자연스레 덩치도 커지면서 각종 운동에서 뛰어난 기량을 보였으며, 다양한 단체활동을 통해 리더십을 키웠다. 일찌감치 품었던 정치와 공직에 대한 소명의식은 법대를 졸업한 후 변호사 생활을 짧게 마무리하도록 만들었고, 곧바로 정치에 뛰어들었다. 1972년 케일럽 보그스라는 공화당의 거물을 대역전극으로 꺾고 델라웨어주 상원의원에 당선되는 기적을 연출했다. 26년간 주 전역에 걸쳐 한 번도 진 적이 없는 베테랑이자, 당시 리처드 닉슨 대통령의 강력한 지지를 받았던 상대를 불과 29살의 신예가 꺾어버렸던 것이다.

기쁨도 잠시, 당선 한 달 만에 아내와 13개월짜리 딸을 교통사고로 떠나보낸다. 정치를 포기하려 했던 바이든은 주위의 강력한 만류로 중상을 당한 두 아들의 병실에서 상원의원 선서를 했다. 이후 2009년까지 36년 동안 상원의원을 역임했고, 법사위원회와 외교위원회를 통해 외교, 국방, 법률 분야의 전문가이자 워싱턴 정계의 거물 정치인으로 성장했다. 바이든은 이전에 2차례 민주당 대통령 후보 경선에 출마했다. 하지만 1988년 첫 번째 도전에서 영국 노동당 키닉의 연설을 표절했다는 상대편 진영의 폭로로 중도하차했으며, 2008년 두 번째 도전에서는 오바마와 힐러리의 2파전 속에서 주목받지 못하고 포기했다. 바이든은 자신의 시간은 이미 저물었다고 판단했고, 뉴저지주 검찰총장을 지낸 아들 보 바이든이 못다 한 대통령의 꿈을 이뤄줄 것을 기대했다.

그러던 그가 2009년부터 2017년까지 오바마 행정부에서 부통령직을 수행했다. 하지만 부통령직 수행 중에 자신의 분신이자 정치적 후계자로 여겼던 장남 보 바이든을 뇌암으로 떠나보내는 비극을 맞는다. 2012년 민주당 전당대회에서 보 바이든은 부통령 후보인 아버지를 "나의 친구, 나의 아버지, 나의 영웅, 조 바이든을 환영해주십시오"라고 소개하며, 상실의 시련 속에서도 자신과 동생을 끔찍하게 아끼고 사랑했던 아버지의 진면목을 전해 많은 사람을 감동시켰다.

바이든은 결국 2020년 대선 출마를 공식적으로 선언했고, 마침내 민주당 대선후보가 되었다. 바이든의 새로운 도전은 트럼프가 만들어준 것이라고 말한다. 바이든의 측근들은 만약에 트럼프가 없었다면 바이든의 출마는 결코 없었을 것이라고 힘주어 말한다. 그는 7살에 수녀 선생님에게 대통령이 되겠다는 꿈을 말했고, 그리고 대학 시절 바하마 여행에서 만난 첫 번째 아내에게 사랑을 고백하면서 미국의 대통령이 되는 것이 꿈이라고 말했다. 이제 바이든은 그 꿈과 약속을 지킬 기회를 얻은 셈이다. 1972년 상원의원에 당선되었을 때 역사상 6번째 최연소였던 그가 이번에 당선될 경우 78세로 사상 최고령의 대통령이 된다.

돌아보면 베테랑 상원의원이었으나 대선과는 인연을 맺지 못하던 바이든에게 오바마 후보의 러닝메이트 선택은 그의 정치 인생에 있어 엄청난 전환점이었다. 두 사람의 조합은 상상 이상의 시너지를 일으켰다. 당시 초선 상원의원 출신의 신예 정치인으로서의 참신함에 비해 노련함이 부족했던 오바마를 외교 및 안보 분야의 전문가적 역량으로 8년 동안 훌륭하게 보좌했다. 단순한 정·부통령의 조합 이상으로 서로를 진정으로 아끼고 배려한 이른바 두 사람의 '브로맨스'는 미국 정계의 전설로 남을 만하다는 평가를 받는다. 하지만 불리한 점도 생겼다. 미국의 부통령은 대체로 실세보다는 보좌의 역할을 하고 대통령의 유고가 생길 때 계승할 권력자라는 의미가 크다. 따라서 부통령직의 성공적인 수행으로 2인자 또는 참모 이미지가 강해져 버렸으며, 이 이미지를 극복해야 대통령에 당선될 수 있을 것이다.

조 바이든은 좋은 사람이기는 하지만, 카리스마가 없다든지 고령이라는 점이 약점으로 자주 지적된다. 트럼프는 이를 공격 포인트로 적극적으로 활용하며, 힘없고 졸린 바이든이란 의미에서 '슬리피 조(Sleepy Joe)'라고 대놓고 조롱한다. 가끔 튀어나오는 말더듬이나 어눌함과 함께 연설 등에서 여러 번 실수해 치매 증세 등 정신적 질환이 있어 대통령직을 수행하지 못할 것이라는 프레임까지 씌워져 있다. 또한, 여러 차례 공식 석상에서 참석자와의 과도한 신체접촉으로 성추행 의혹을 받고 '소름끼치는 조(Creepy Joe)'라는 별명까지 얻기도 했다.

그러나 그에게는 장점이 많다. 무엇보다 오늘날의 혼란스러운 뉴노멀 시대가 진정으로 필요로 하는 공감의 리더로 인식된다. 어린 시절 미국의 전통적인 가족 공동체 배경에다 비극적 가족사를 겪은 슬픔이 더해져서 삶에 대한 깊은 이해를 바탕으로 어려운 삶을 이어가는 사람들에 대한 깊은 공감 능력을 지니고 있다. 또한, 고통스러운 시련을 이겨낸 경험을 통해 사람들에게 희망과 긍정의 메시지를 전해준다. 바이든은 2016년 국민으로부터 거부당했던 힐러리 클린턴이나 심지어 오바마 대통령도 가졌던 소위 '강남 좌파', 미국식으로 말하자면, '칵테일 좌파(Cocktail Left)'의 이미지가 없이 블루칼라 노동자와 잘 섞이는 낮은 자세로 어필한다.

바이든의 비극적인 가족사는 유권자들, 특히 소수자나 가난한 사람들에게 '치유자' 이미지로 다가간다. 2020년 대선 기간에도 백인 경찰관에 희생된 흑인의 유족을 만나 위로를 전하는 등 트럼프와는 대조되는 인간적인 면모를 보였다. CNN은 바이든이 "최고 치유자(Healer-in-Chief)"를 추구하고 있다고 평가했다. 이 표현은 미국 대통령을 국가안보를 위한 최고 군통수권자(Commander-in-Chief)'로 지칭하는 것에 빗댄 것이다. 트럼프가 공감 능력 없는 스트롱맨이라면, 바이든은 사람들에게 친근하게 다가가는 공감의 지도자라고 할 수 있을 것이다.

2016년 뉴욕타임스나 CNN 등 대부분의 주류 언론들은 힐러리 클린턴의 승리를 확신한 나머지 당시 미국 사회 저변에 끓고 있던 백인우

월주의와 티파티 등 극우세력의 불만을 심각하게 고려하지 않았다. 미국의 주류 사회는 사회적 통념에만 기대어 사람들이 설마 특이점에 불과한 트럼프를 선출하지는 않을 것이라고 막연히 생각했었다. 그러나 2020년의 바이든과 민주당은 이에 대한 확실한 인식을 하고 있고, 극복 의지가 있다. 고령이 약점이기는 하지만, 동시에 공화당의 주요 지지자층인 노인 연령층에도 어느 정도 침투할 수 있다. 또 바이든은 갈라진 미국을 통합하겠다는 의지를 분명히 했다. 후보지명을 위한 민주당 전당대회에서 전직 대통령을 내세우면서 민주당 내부의 통합을 부각하는 동시에, 공화당 인사인 콜린 파월 전 국무부 장관을 초청했고, 고 존 매케인 상원의원과의 친분을 조명하는 동영상을 만들어 무당파와 중도층의 지지를 호소했다.

　미국은 양당제이고, 민주당에서 공화당으로, 또는 공화당에서 민주당으로 정권이 바뀔 때, 정도의 차이는 있으나 이전 정부의 정책들을 백팔십도 바꾸는 일이 빈번하다. 부시 대통령이 집권하면서 이전 클린턴 8년의 정책을 모두 뒤집어버린 소위 "ABC(Anything but Clinton)'는 유명했다. 2016년 당선된 트럼프도 오바마가 했던 8년간의 주요 정책을 거의 모두 뒤집어버렸다. 그래서 트럼프가 재선될 경우는 지난 4년의 연장선에서 정책이 펼쳐지겠지만, 바이든이 이긴다면 트럼프 정책의 대부분이 바뀔 가능성이 농후하다. 지난 4년 트럼프 대통령에 대한 반감이 확산되는 것을 파악한 바이든의 선거전략은 트럼프가 망가뜨린 미국을 다시 회복하겠다는 것이다. 대외정책 역시 트럼프가 지난 4년간 상실해버린 세계에 대한 '미국의 리더십 회복(Renewing American Leadership)'을 기치로 내세우고 있다.

　민주당의 2020 대선공약은 트럼프 행정부와의 차별화에 초점을 맞추면서 코로나19, 경제 회복, 인종차별 항의시위 등 올해 상반기 미국 사회의 주요 현안 및 민주당 내 중도진보 진영의 통합 메시지 중심으로 작성했다고 볼 수 있다. 바이든 후보는 트럼프가 초래한 '비정상'을 '정상'으로 되돌려놓겠다는 슬로건을 내세우면서 국내부터 대외정책까지 거의 모든 부분에서 트럼프가 망가뜨린 미국을 치유하겠다고 천명했다. 그런데 단 한 가지, 중국에 대해서는 오히려 더 강경한 '트럼프 플러스' 입장이다. 미국 사회가 매우 분열적인 양태를 보임에도 불구하고, 중국에 대한 인식은 거의 일치한다.

현재 심각하게 우려되는 것은 선거 불복의 가능성이다. 만약에 트럼프 대통령이 대선에서 패배하고, 그것도 근소한 차로 패배할 경우 불복할 가능성이 크다. 극렬 지지자들을 중심으로 항의시위로 이어지면 그렇지 않아도 악화한 미국 사회의 내부 분열은 극단으로 치달을 수 있다. 선거 당일 바이든의 압승일 경우에는 트럼프가 불만 속에서도 결과를 수용할 수밖에 없을 것이지만, 당일에는 박빙이거나 트럼프가 우세하다가 최종적으로 바이든이 승리하는 경우가 되면 문제는 커질 수도 있다. 트럼프가 개표상황이 점점 자신에게 불리해지는 것을 보고 대대적인 재검표를 요구하거나, 우편투표 조작을 주장하며 선거결과에 승복하지 않을 가능성이 충분히 있다고 전문가들은 우려한다.

아무튼, 바이든은 이 책의 곳곳에서 미국이 가진 국가의 기원에 대한 존중과 이후로 지금까지 발전시킨 제도에 대해 흔들리지 않는 믿음을 피력한다. 문제는 제도를 제대로 작동시키고 있느냐의 문제인데, 사람들이 개탄하게 만드는 미국 정치의 모습이 실제로 그런 부분이 있다고 인정한다. 그러나 그는 동시에 이렇게 말한다. "사람들은 개탄을 금치 못하는 미국의 정치 상태, 한탄스러운 당파 분열에 대해, 유감스러울 정도로 조악한 담론에 대해 언제든 읽거나 들을 수 있다. 나는 그 사실을 부정하지는 않는다. 하지만 현장에 가면 돌이킬 수 없거나 치명적이라고까지 느껴지지 않는다." 우리는 여기서 개혁과 변화의 힘을 믿는 조 바이든의 긍정적 태도를 발견할 수 있다. 다음 문장은 더 인상적이다.

나는 정치가 어때야 하는지, 어떤 방향으로 나아가야 하는지에 대해 일종의 이상적인 생각을 지니고 있었다. 나는 정치를 올바로 하기만 한다면 실제로 사람들의 삶을 더 좋게 만들 수 있다고 믿는다. 그리고 그 게임에 참여하려면 통합이라는 최소 비용이 필요하다. 정치에 발을 디딘 지 거의 40년이 지난 지금도 나는 정치와 공직의 가능성에 여전히 사로잡혀 있다. 사실 나는 할아버지가 그랬던 것처럼 내가 선택한 이 직업이 고귀한 소명이라고 믿는다.

책을 읽고 난 후 조 바이든이라는 인물의 부족함에 대한 세간의 평가를 완전히 부인할 수는 없었다. 하지만 덧씌워진 프레임이 왜곡하는 부분도 크다는 생각을 하게 되었다. 그는 유년시절 말더듬증으로 인한 집단 따돌림 경험으로 주변인의 호감을 사는 것을 중시하며, 미움을 받지 않기 위해 중도 성향을 취하는 사람으로 성장하였다. 그가 관록의 현직 공화당 상원의원을 극적으로 꺾었을 때도 "죄송합니다, 의원님 죄송합니다"라고 말할 정도로 마음이 여린 사람이다. 세계 최강대국에서 최고 수장이 되기에는 누구에게나 좋게 인정받으려는 '착한 아이 콤플렉스'는 문제가 될 수도 있을 것이다. 그러나 이것이 어쩌면 현시점에서 미국에 가장 필요한 리더일 수도 있다는 생각이 뇌리를 떠나지를 않는다.

〈파이낸셜 타임스〉는 바이든의 리더십에 관한 매우 흥미로운 기사를 실었는데, 귀 기울여볼 가치가 있다. 바이든은 강한 카리스마가 있거나, 또는 열정적인 지지자가 없는 것이 약점으로 지적받지만, 그것이 오히려 바이든 리더십의 소중한 특징이라는 것이다. 미국은 최근 열정적인 추종세력을 가진 두 명의 대통령(오바마와 트럼프)이 연속적으로 집권하면서 지난 12년 동안 국민분열이 극도로 악화했다. 영웅적이고 열정적인 정치인의 가장 큰 문제는 그 리더들이 비록 좋은 의도를 가졌더라도 여러 면에서 대중에게 피해를 줄 수 있다는 것이다. 예를 들면 실현 불가능한 일에 대한 기대감을 높이는 것인데, 이런 위험성이 바이든 후보에게는 거의 없다.

바이든이 당선될 경우 아버지 부시 이후 처음으로 대다수 미국의 국민이 큰 충격 없이 살아갈 수 있는 지도자를 가질 수 있다. 열렬한 지지는 못 받을지라도 굳건한 정통성을 가지게 될 것이다. 바이든이 사람들의 열정에 불을 지피지 못한다고 비판하는 것은 부당하다. 왜냐하면, 그런 지도자를 갈구하는 심리상태가 오히려 문제이기 때문이다. 정치의 역할이 상충하는 주장을 조정하는 메커니즘이라면 바로 바이든이 적격이다. 지난 12년간 열정이라는 이름으로 평온한 미국이 없었음을 돌이켜 봤을 때 바이든에 대한 미지근한 감성은 국가 지도자로서 칭찬받을 자질이라 할 수 있다.

바이든은 지난 8월 20일 민주당 전당대회에서 당의 대통령 후보 지명 수락 연설을 마치면서 아일랜드의 시인 세이머스 히니의 '트로이의 해법(The Cure at Troy)'의 일부를 인용했다. 혼란과 불안의 상황에서도 좌절하지 않고 희망과 열정을 가지고 함께 정의로운 국가를 만들어가자는 그의 약속을 역설한 것이다.

역사는 말한다, 희망을 품지 말라고 무덤의 이쪽 편에서.

그러나 일생에 한 번은

그렇게 바라던 정의라는 밀물의 파도가 솟구칠 수 있고,

희망과 역사는 운율을 맞춘다.